KB042473

행정학입문

제2판

조계표

Introduction To Public Administration

박영사

시대의 변화에 따라 행정도 변화하고 행정학의 이론도 새롭게 구성되고 발전하고 있다. 이에 이번 본서의 개정판을 내면서 그동안 행정의 새로 개정된 법과 이론들을 보강하였다.

특히 기초이론의 새로운 이론과 내용이 보강되었으며, 각론 분야도 공부하는 학생들의 이해를 돕기 위해서 시대적으로 이론을 정리하고 재배치를 하였다. 이 책을 반복적으로 학습하다 보면 여러분들의 좋은 성과가 있을 것이다. 끝으로 이 책의 개정에 많은 노고를 하신 전채린 과장님과 김한유 대리님을 비롯한 박영사 여러분께 감사의 인사를 드린다.

2020년 10월

조계표

　사회가 다원화 되고 정치, 경제, 사회의 변화에 따라 행정도 이에 대응해야 한다. 따라서 행정학의 새로운 이론이 증가하고 내용도 방대해질 수밖에 없다. 이러한 현상은 행정학을 처음 공부하는 학생들에게는 부담이 될 수 있다. 필자는 이러한 점을 평소 인식하면서 방대한 행정학의 내용을 단권화하여 행정학을 공부하고자 하는 학생들의 부담을 덜어주어야 한다는 생각으로 지난 수년간의 행정학 강의경험 및 각종 자료를 토대로 이 책을 쓰게 되었다.

행정학을 공부하는 사람들의 목표는 다양하다. 학문의 연구를 위해서도 할 수 있고, 취업이나 시험을 위해서도 할 수 있다. 어떠한 목적에서 행정학을 공부하건 처음으로 행정학을 공부하는 사람은 어렵기 마련이다. 저자가 행정학을 공부한 경험에 비추어 보면 행정학의 영역이 어디인지, 어디까지 공부를 해야 하는지에 대해서 고민을 하지 않을 수가 없다. 이러한 현상은 사회가 다원화 되면서 행정의 영역도 넓어지고 행정학의 연구분야가 세분화되고 다양해지고 있기 때문이다. 음악을 공부한 사람이 노래를 잘해야 하듯이, 행정학을 공부한 사람이 행정을 잘해야 한다. 그러나 현실은 그렇지 못하다는 것이다. 이러한 현상은 행정학 교육의 실효성에 대해서 의문이 제기된다. 우리 행정학의 현실은 우리나라의 환경에 맞는 행정의 연구가 활발하게 이루어지지 못하고 미국 행정학의 이론을 배우고 정부운영방식과 제도에서 미국의 제도를 지나치게 모방한데도 하나의 원인이 될 수 있다. 오늘 우리의 환경은 급격히 변하고 있다. 그동안 중앙집권체제에서 지방분권체제로 전환되고, 정부의 정책결정에 주민들의 참여는 증가하고 있으며, 행정의 정보화는 주민들의 직접참여의 확대를 가져오고 있다. 또한 행정에도 기업의 생산성이 강조되면서 행정에 경영화를 강조하고 있다. 이러한 현상은 행정의 적실성이 요구되고 있다고 본다. 행정학은 이론의 정립도 중요하지만 현재 사회가 직면하고 있는 각종 문제를 해결하는 것도 중요하다고 본다. 행정학이 국가와 지방자치단체를 운영하는 데 절실히 필요하다고 인식이 될 때 행정학은 발전할 수 있고 행정학의 위기를 극복할 수 있다. 최근 일부에서 한국행정학의 위기를 초래하고 있다고 한다. 그러나 국가가 존재하면 행정학은 존재의 필요성이 있다. 그러므로 행정학 종사자들은 사명감을 가지고 행정학의 발전을 위해서 고민해야 한다.

이 책을 서술하면서 저자는 다음과 같은 점에 역점을 두었다.

첫째, 이 책은 행정학을 처음 공부하고자 하는 학생 또는 비전공 학생을 위해서 비교적 쉽게 서술하고자 노력하였다.

둘째, 이 책은 짧은 시간에 행정학에 접근할 수 있도록 가급적 간단하게 서술하였다. 따라서 행정학을 공부하는 학생들이 처음에는 이해가 되지 않는 부분이 있을 것이다. 그러나 이 책을 여러 회 반복하여 공부하면 행정학에 대한 자신감을 얻을 수 있을 것이다.

셋째, 이 책은 취업이나 시험을 준비하는 수험생에게 행정학 전반에 대한 이해와 문제풀이능력을 갖출 수 있도록 구성하였다. 객관식 시험은 행정학 전분야에서 골고루 출제되기 때문에 행정학 전반을 철저히 이해하는 것이 필요하다. 다만 주관식 시험은 사회현상에 대한 이해와 문제해결에 대한 합리적 사고가 요구된다. 행정학을 공부하는 학생들은 간혹 모든 행정의 이론과 내용들을 암기하려고 한다. 물론 공부해서 암기하는 게 중요하다. 그러나 행정은 사회현상과 밀접한 관계가 있으므로 행정의 이론과 사회현상을 비교하면서 공부하면 좋은 성과가 있을 것이다.

행정학의 구성은 크게 기초이론, 정책분야, 조직분야, 인사분야, 재무분야, 행정평가(개혁, 책임), 지방행정분야, 정보행정 등으로 세분화된다. 저자는 이 책을 쓰면서 모든 내용과 이론을 한 권의 책에 담고자 하는 욕심이 앞섰다. 그러다 보니 너무 간단하게 서술하지 않았나 하는 생각이 든다. 결과적으로 고시용 백과사전과 같은 책이 되고 말았다. 보다 충실하고 좋은 내용들은 각론의 교과서나 논문을 통해 보충했으면 한다.

이 책이 출간되기 전까지는 먼저 행정학을 연구하신 여러 교수님의 좋은 책과 논문들은 참고하였음을 밝히며 지면을 통해서 감사의 말씀을 드린다. 저자는 다만 좋은 내용을 한데 묶어 다발로 엮었을 뿐이다. 부족한 점이 많을 줄 알고 있으나 더욱더 노력하여 좋은 책이 되도록 노력하겠다. 끝으로 본서의 출간에 많은 도움을 주신 박영사 안종만 회장님, 원고정리에 수고하신 편집부 김효선님과 배근하님께 진심으로 감사를 드린다.

2013년 12월 10일

저자 씀

제1편　행정학의 기초이론

제2편 정　책

제3편 조 직 론

제4편 인사행정론

제3장 채   용 ·· 359

　　제1절 모   집 _359

　　제2절 시   험 _362

　　제3절 임   용 _365

제4장 능력발전 ··· 368

　　제1절 교육훈련 _368

　　제2절 근무성적 평가 _374

　　제3절 승진제도 _381

　　제4절 배치전환 _387

제5장 공무원의 사기앙양 ·· 390

　　제1절 사   기 _390

　　제2절 보수제도 _395

　　제3절 연금제도 _402

　　제4절 신분보장 _405

　　제5절 제안제도와 고충처리제도 _412

제6장 공무원의 행동윤리규범 ·· 416

　　제1절 정치적 중립 _416

　　제2절 공무원단체 _420

　　제3절 공직윤리와 충성 _424

　　제4절 행정상의 부패 _430

제5편 재무행정

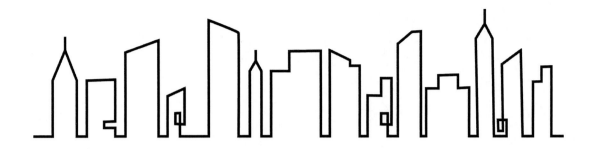

INTRODUCTION TO PUBLIC ADMINISTRATION

제1편

행정학의 기초이론

제 1 장 행정학의 의의

제 1 절 행정의 정의

행정이란 무엇인가에 대한 정의를 명확히 한다는 것은 어려우나 영어로 public administration이라는 말로 표현한다. 이는 공행정이란 국가 또는 정부가 국민의 이익을 위해서 정책을 결정하고 집행하는 기술이라고 볼 수 있다. 또는 행정을 국가의 목적달성을 위해서 두 사람 이상이 모여서 협동하는 합리적 행위이며 공익과 사회정의의 실현을 위해서 공공관료제를 중심으로 이루어지는 것이 행정이라고 정의할 수 있다.

행정은 업무를 처리하기 위해서 행정구조를 가진다. 행정구조는 대통령을 수반으로 하는 정부조직을 말한다. 우리나라의 정부조직은 중앙정부와 지방정부가 있다. 정부조직은 행정의 전문화·복잡화에 따라서 증가하고 있다. 이는 사회가 발전하고 각계각층의 다양한 욕구의 충족을 위해서이다. 행정학의 영역을 여러 분야로 나누어 볼 수 있으나 크게 조직·인사·재무로 나누어진다. 전통적 행정학은 행정의 조직과 구성, 인사, 재무, 정책결정과 집행에 관심을 가지고 연구되어 왔으나 최근의 행정은 그 영역이 확대되고 있으며, 새로운 환경에 대응하기 위한 다양한 이론들이 연구되고 있다. 오늘날 사회는 불확실성의 시대이다. 행정은 과거의 내부문제만을 연구대상으로 하였으나, 오늘날의 행정은 외부환경과의 관계 속에서 존재한다. 외부의 끊임없는 변화는 행정학이 불확실성을 다루게 된 이유가 될 수 있다. 행정이 미래의 불확실성에 대비하기 위해서 기획을 수립하고 조직을 설계하여 업무의 표준화, 공식화를 추구하는 것이 행정의 역할일 수도 있다. 최근의 행정은 다원적 주체들 간의 협력적 통치방식을 의미하는 거버넌스로서의 관점에서 행정을 설명한다. 거버넌스 (governance)란 어떤 문제를 해결하거나, 정책을 결정할 때 정책결정에 이해관계를 공유하는 모든 집단이 참여하여 문제를 해결하는 것이다.

행정의 개념을 명확히 규정하기가 매우 어렵다. 왜냐하면 행정의 한계가 불분명하고, 행정의 기능이나 내용이 확대·변동되고 있기 때문이다. 최초 학자들이 행정의 개념을 규정하는 데 있어서 근대입법국가시대의 삼권분립론을 중심으로 한 행정법학적 입장과 사실적·경험적 측면을 강조하는 행정학적 입장으로 구분하여 설명하였다. 여기서는 행정법학적 입장은 제외하고 행정학적 입장에서 행정학의 개념을 설명하고자 한다. 행정학적 행정개념은 행정을 시대적으로 변천되는 과정을 중심으로 설명한다. 이 학설의 기본적인 특징은 행정에 정치적 성격이 포함되느냐, 행정의 역할을 어떻게 파악하느냐에 따라 다음과 같이 분류된다.

(1) 행정관리설

행정관리설은 1880년대부터 1920년대 말까지 지배적이었던 견해로 행정을 이미 수립된 법령이나 정책을 구체적으로 집행·관리하는 기술적 과정으로 파악한다. 따라서 행정이란 주어진 목표를 달성하기 위한 수단을 마련하는 과정으로 본다. 행정관리설은 행정을 정치와 분리하여 설명한다. 즉 행정이란 입법부가 결정한 정책을 집행하는 과정으로 보아 가치가 개입된 정치와는 분리한다. 또한 행정을 경영과 동일시하여 공사행정일원론의 입장을 강조한다.

(2) 통치기능설(정치기능설)

통치기능설은 1930년대부터 대두되기 시작하였으며, 행정을 이미 수립된 정책의 구체화에 한정하지 않고 적극적으로 정책결정과 입법기능까지 담당하는 것으로 인식한다. 즉 행정이 단순히 사실집행뿐만 아니라 적극적으로 가치배분의 기능도 담당한다고 본다. 통치기능설은 정치행정일원론적 관점을 바탕으로 한다. 따라서 정치와 행정의 유기적 관련을 강조하면서 행정을 정치과정의 부분으로 간주한다.

(3) 행정행태설

행정행태설은 행정을 협동적 집단행동으로 파악하고 합리성과 객관성을 기본으로 한 의사결정과정으로 정의한다(simon, 1956: 3-4). 행정행태설은 제도보다는 인간의 행태에 연구의 주된 관심을 가지고 조직내의 개인들의 실제 행태에 관한 연구에 중점을 둔다. 즉 조직 속에서 관료들의 의식구조, 사고방식 등에 연구의 초점을 둔다.[1] 또한 행정학의 과학성을 확보하기 위해서는 연구대상에서 가치판단적인 것을 배제하고 사실만을 연구대상으로 하여 행정에 영향을 미칠 수 있는 정치권력적 측면을 도외시하였다. 그러므로 행태론은 정치와 행정을 구분하여 행정에 정치적 측면을 고려하지 않았다.

(4) 발전기능설

발전기능설은 행정에 의한 국가발전의 추진을 강조한다. 즉 행정은 국가목표를 달성하기 위해서 정치·경제·사회의 발전목표설정에 적극적으로 참여하여 국가발전을 주도하는 역할을 담당하는 것으로 인식한다. 발전기능설에서는 사회가 문제에 직면하면 행정이 능동적, 적극적으로 발전정책을 추진하여 문제해결을 강조하므로 행정이 정치에 대한 우위적 입장에 서 있다. 이러한 의미에서 발전기능설을 정치·행정 새 일원론이라 한다.

(5) 신공공관리설

신공공관리설은 신보수주의를 기반으로 하여 대두된 이론이다.[2] 1980년대 이후 세계는 그동안의 냉전체제를 극복하고 자본주의적 시장경제체제로 전환하게 되었다. 따라서 선진 국가들은 국가의 정책이 시장지향적 운영방향을 모색하게 되었다. 즉 기업의 경영논리를 공공부문에 도입하여 적용하게 되었다. 이러한 정책의 시행으로 공공부문도 민간과 같이 경쟁의 원리를 도입하여 서비스의 질을 높이고, 행정업무의 일부를 민간위탁을 통해서 수행토록 하는 방식이 강구되었다.

(6) 현대행정과 뉴거버넌스

1) 현대행정학은 복잡한 행정현상을 이해하기 위해서 다양한 접근방법을 강조하는 입장이다. 오늘날 정보사회·세계화 추세에 사회적 유동성은 매우 높으며 행정에 영향을 미치는 환경적 요인들도 빠르게 변하고 있다. 이러한 사회에 적응하기 위해서 행정의 적극적 역할이 강조되고 있다.

---

1) Simon은 조직구성원의 행태를 주된 연구대상으로 하여 원리주의를 비판하고, 의사결정측면을 중시하고, 논리적 실증주의적 접근을 강조했다.

2) 사회적 약자를 위한 복지정책을 주장하는 자들을 진보주의라 부르며, 복지정책을 축소하고자 하는 주장을 보수주의라 한다. 또한 자유시장에 의한 제도개선을 주장하는 자들은 신보수주의라 한다.

현대행정학의 경향은 제도보다는 인간중심적 접근방법이 중요시되고 있다. 즉 인간의 규제보다는 인간의 자율성과 창의성을 강조한다. 또한 행정의 경향이 과거의 공급자 중심에서 소비자인 국민의 입장에서 행정학의 연구가 진행되고 있다. 공공선택이론은 시장경제의 논리를 행정에 도입함으로써 국민의 선호와 선택을 존중하자는 이론이다. 소비자 중심의 행정으로는 행정서비스 품질을 고객의 기대에 부응시키는 총체적 품질관리, 행정에 대한 시민참여, 행정정보공개, 공동생산 등의 이론과 관계된다. 한편으로 행정학의 가치가 투입보다는 산출을 강조하여 행정은 성과중심으로 전환되고 있다.[3] 즉 성과중심의 행정은 투입과 절차뿐만 아니라 산출과 결과에도 중점을 두자는 것이다. 성과중심의 행정은 목표의 명확화, 성과달성을 위한 명확한 책임할당제, 적절한 인센티브제공 등을 내용으로 한다.

  2) 뉴거버넌스와 신공공서비스 : 1990년대의 행정은 다양한 사회구성원간의 신뢰와 상호협력을 강조하는 네트워크나 공동체에 의한 행정을 중요시하였다. 시민사회가 새로운 주도 세력으로 등장하여 이들이 정책결정과정에 참여하여 그들의 가치가 행정에 반영되기 시작했다. 그들은 시민을 정부의 고객으로 보지 않고, 시민을 정부의 소유주로 간주한다. 즉 시민중심적 신공공서비스론이 등장하였다.[4]

1. 공공서비스

공공서비스는 정부가 국민들에게 제공하는 유·무형의 생산물로 도로나 상수도의 보급과 같은 사회간접자본의 제공과 관련된 집합적 서비스와 취약계층의 사회복지를 제공하는 사회서비스로 설명될 수 있다. 사바스(Savas)는 공공서비스의 유형을 경합성과 배제성의 유무를 기준으로 공공재·공유재·요금재·시장재 등 4가지로 나누어 설명하였다. 비배제성이란 재화나 서비스가 공급되면 재화와 서비스를 사용하지 못하도록 금지하는 것이 불가능한 경우이다. 어떤 재화가 비배제성의 성질을 띠면 서비스가 시장에서 제공될 수 없으므로 정부가 서비스를 공급한다. 비경합성이란 어떤 재화에 대한 한 사람의 소비가 그 재화에 대한

---

3) 성과측정의 유형으로 투입과 산출, 능률과 결과가 있다. 구분개념을 설명하면 투입이란 일정기간 동안 사업수행에 사용된 자원을 의미하며, 산출은 일정기간 동안 수행한 업무 또는 제공된 서비스의 양을 의미한다. 능률은 산출 또는 서비스 단위당 비용을 말한다. 결과는 사업목표달성도 또는 고객의 요구가 충족되었느냐를 말한다.

4) 신공공서비스이론은 지역공동체를 유지하는데 시민의 참여가 중요하다고 보고 대화와 토론을 중시한 담론이론, 시민에게 봉사하는 행정, 생산성뿐만 아니라 인간존중에 바탕을 둔 서번트리더십이론 등과 관련이 있다.

다른 사람의 소비를 방해하지 않는 것을 의미한다.

(1) 시장재

1) 시장재는 시민의 일상생활에 필요한 재화를 말한다. 시장재는 시장을 통해서 수요와 공급이 조절되므로 공공이 개입할 여지가 별로 없다. 그러나 서비스의 안정성, 저소득층의 생활안정 고려차원에서 정부의 규제가 필요하다. 민간재는 요금을 지불하지 않는 사람에게는 사용할 수 없으므로 배제가 가능하며 경합성을 띤다.[5]

2) 시장재는 계층 간 수직적 형평성이 강조되면서 생활이 어려운 사람은 국가가 기본적인 수준에 대해서는 시혜를 베풀어야 한다는 입장이다. 저소득층에게는 부분적인 정부개입이 인정된다.

(2) 요 금 재

1) 요금재는 사회간접자본을 의미하며, 고속도로·전기·가스 등과 같이 시민들이 공동으로 사용하는 재화를 말한다. 따라서 요금재는 시장을 통해서 공급되며, 독점을 방지하기 위해서 정부가 개입한다. 또한 요금재는 배제가 가능하고 공동으로 소비하므로 비경합성이 적용된다.

2) 요금재는 상하수도와 도로 등의 상당부분을 정부가 공급하고 있다. 이유는 자연독점으로 시장실패의 가능성이 크기 때문이다.

(3) 공유재원

1) 공유재원은 자연의 은혜를 통해서 존재하는 자원을 말한다. 공유재원은 한정된 자원의 특성으로 공급과 소비에 대한 정부의 적극적인 규제가 따른다. 공유재원은 배제가 불가능하며, 소비는 경쟁적이어서 경합적이다. 공유재원은 경합성을 띠기 때문에 효율적인 관리체계가 구축되지 않으면 자원이 고갈된다. 따라서 공유재원은 시장기능에 맡기면 자원이 고갈될 위험성이 있다. 또한 공유재원은 사회구성원 모두가 이용하므로 한두 사람이 소비를 더 한다고 해서 추가비용(한계비용)이 들어가지 않는다. 따라서 추가비용에 대한 비용을 징수하지 못하므로 무임승차현상이 발생한다.

---

5) 경합성이란 한 사람의 소비가 다른 사람의 소비를 감소시키는 현상을 말한다. 시장에서 내가 어떤 물건을 구입하면 다른 사람이 구매할 기회를 제약하게 된다.

2) 공유재원은 배제의 불가능으로 무임승차로 비용을 회피하고 과잉소비 문제가 발생 가능성이 크기 때문에 부정적 외부효과가 나타난다. 따라서 정부 이용규칙의 설정이 필요하다.

(4) 공공재

1) 의의 : 공공재란 국가 또는 지방자치단체 등이 생산·분배·유통시키는 재화와 용역을 말한다. 공공재는 시장에 의해서 효율적으로 생산·분배될 수 없으며 공익을 위해서 꼭 필요한 재화와 용역으로 국방, 경찰, 도로 등을 예로 들 수 있다. 공공재는 시장기능에 의해서 결정되지 않고 수익을 기대하기도 어려우며 민간투자가의 저해요인이 된다. 공공재는 순수공공재와 비순수공공재로 나누어진다. 순수공공재는 비경합성과 비배제성이 완벽하게 적용되는 재화(국방, 경찰)를 말한다. 비순수공공재는 비경합성과 비배제성 중에 어느 하나가 제대로 성립되지 않는 것이다. 예를 들면 도로, 공원 등은 사용자수가 적으면 비경합적이거나 사용자수가 많으면 경합적이다. 이와 같이 사용자수가 많아질 때 정체의 문제가 발생하는 공공재를 정체공공재(혼잡재화)라 한다.

2) 공공재의 특징

① 비배제성 : 공공재는 불특정 다수인에게 공급되기 때문에 이용하는데 특정인이 배제되지 않는다.

② 무임승차 : 서비스가 공급되면 누구나 차별 없이 동일한 서비스를 향유할 수 있으며 소비자는 자발적으로 재화의 가격을 지불하지 않으려 한다.

③ 비경합성 : 어떠한 사람의 혜택으로 인해 다른 사람의 혜택이 줄지 않는다.

④ 비분할성 : 공공재는 분할하여 재화와 서비스를 제공할 수 없다.

⑤ 비시장성 : 성과를 가격으로 환산이 어려우며 시장에서 공급되지도 않는다.

⑥ 외부성 : 외부성이란 경제주체의 활동이 시장에 참여하지 않고 있는 다른 사람에게 유리하게 또는 불리하게 영향을 미치는 효과가 발생하는 것을 말한다.

⑦ 소비자 선호의 제한 : 공공재는 민간재와 달리 주어져 있는 서비스의 양과 질을 그대로 받아들여야 하므로 소비자의 선택권이 거의 없다.

⑧ 비축적성: 생산과 소비가 동시에 이루어지므로 축적되기 어렵다.

표 1-1 공공서비스유형

특　　성		경합성 여부	
		경 합 성	비경합성
배제성 여부	배 제 성	사 적 재	요 금 재
	비배제성	공유재원	공 공 재

제 2 절 행정의 변수

1. 의　　의

행정변수란 행정현상에 영향을 미치는 요인을 말한다. 행정변수는 행정이론의 핵심적 요소이다. 어떤 변수를 중시하느냐에 따라 연구대상과 접근법이 달라진다. 일반적으로 행정변수는 구조·인간·환경·발전인이나 3대 변수는 구조·인간·환경을 말한다.[6]

2. 변　　수

1) 구조 : 과학적 관리론이나 고전적 조직이론, 베버(Weber)의 관료제와 관계가 있다. 일반적으로 구조란 조직의 편제, 계층의 형태, 업무의 배분, 의사전달체계 등의 공식화된 제도일반을 말한다. 과학적 관리법이나 고전적 조직이론에서는 능률의 증진을 위해서 과학적·통일적인 구조와 직제의 편제가 중요하다고 보았다. 따라서 전통적 행정개혁에서는 구조적 접근방법의 조직개편을 강조하였으며 구조의 개편은 조직의 생산성을 향상하는 것으로 인식하였다.

2) 인간 : 인간관계론·행태론·신고전적 조직이론에서 중요시하였던 행정변수이다. 인간행태란 태도·동기·가치관·성격·의사결정 유형들을 말한다. 구조를 중요시한 고전적 조직이론은 작업이 이루어지는 과정을 강조하여 인간은 적정보수를 주면 조직의

---

6) 박동서 교수는 행정의 변수를 4기로 나누어 설명하고 있다. 1기(구조), 2기(인간·행태), 3기(환경), 4기(발전인)로 분류하였다. 1기는 고전적 조직, 과학적 관리법과 관계되며, 2기는 인간관계론·행태론과 관계되고, 3기는 체제론, 4기는 발전행정, 신행정론과 관계가 있다고 설명하고 있다(박동서, 한국행정론, p.171 참조).

생산성을 증대시킨다고 보았으나 인간관계론에서는 조직의 생산성에는 경제적 요인 보다는 개인의 감정·사회적 요인 등이 중요하다고 보았다. 또한 인간의 체계적 연구 를 위해서 인간의 행태를 분석의 대상으로 보는 이론이 행태론이다.

3) 환경 : 환경이란 행정에 영향을 미치는 외적요인을 말한다. 생태론·비교행정론·체제 론에서 강조하는 변수이다. 최근에는 개방체제 관점에서 환경의 변동에 대한 조직의 대응성이 강조되고 있다. 행정의 변수를 구조·인간으로 보는 경우는 행정현상을 야 기시킨 요인을 조직내부에서 찾으려고 했으나, 생태론부터는 행정현상에 영향을 주는 요인이 외부환경으로 파악하였다.[7] 실제로 행정은 환경과 밀접한 관련을 맺고 있어 행정이 환경으로 영향을 받기도 하고, 환경에 영향을 미치기도 한다. 오늘날 행정체제 는 환경으로부터 투입을 받아 조직속에서 행정인의 경험과 개성 등이 작용하는 전환 과정을 거쳐 환경에 산출을 내보내는 개방체제이다.

4) 발전인 : 발전행정론·신행정론과 관련이 있다. 1960년대 발전행정론과 1970년대 신 행정론에서는 행정이 사회적 문제를 해결하기 위해서는 인간이 적극적인 역할을 해야 한다고 보았다. 여기서 인간은 적극적 인간(공무원)을 의미한다. 발전행정론에서는 행 정인에 의한 목표설정을 강조하고, 신행정론에서는 소속기관의 정책이 잘못되었을 경 우에 행정인은 정책을 시정할 수 있다고 본다.

제3절 정치와 행정

1. 의 의

정치란 입법부를 중심으로 국가의사를 결정하고 정책을 형성하며 가치판단이나 목적의 설정 그리고 국민의 의견을 수렴하는 것을 의미한다. 일반적으로 정치는 정치인의 영역에 속하며 권력이나 영향력의 행사와 관련된다. 행정이란 행정부를 중심으로 이루어지는 정책 의 집행 또는 사실판단·수단·규칙의 제정 등과 관련된다. 1930년대 이전에는 행정이 정치

---

7) 생태론의 대표적 학자인 Gaus는 행정에 영향을 주고 환경요인으로 ① 주민 ② 장소 ③ 물리적 기술 ④ 사회적 기술 ⑤ 욕구 ⑥ 재난 ⑦ 인물 등의 7가지를 지적하였다.

에 포함되었으나 행정국가의 등장과 더불어 행정은 오히려 정치보다 우위입장에 있다. 정치가 본질적으로 민주성을 확보하는 과정이라 볼 때 행정은 능률성을 확보하는 과정으로 본다. 19세기에는 행정을 정책의 효율적인 집행을 위한 관리기술로 파악하며 기술적 행정학이라 한다. 그러나 19세기 근대 이후 행정의 복잡화·전문화로 인해 행정부가 정책결정에 적극적인 역할을 수행함으로써 정치와 행정이 밀접한 관계를 유지하였다. 이 시대를 기능적 행정학이라 한다.

2. 정치·행정 이원론

(1) 성립배경

정치·행정이원론은 정치와 행정을 그 본질이 다른 활동이라고 본다. 따라서 양자를 명백히 구분하는 입장으로 성립배경은 다음과 같다.

1) 엽관주의의 폐해를 극복화기 위해서 성립되었다. 엽관주의란 선거에서 이긴 정당이 관직을 독차지하는 것을 말한다. 엽관주의 하에서 행정은 정치영역에 포함되어 행정이 부패의 온상이 되고 자격이 없는 자가 행정부에 들어오게 되어 행정능률이 저하되었다.

2) 과학적 관리법의 영향으로 성립되었다. 과학적 관리법의 경영합리화 영향으로 행정에서도 능률과 절약의 중요성을 강조하고 행정을 권력이나 통치현상으로 보지 않고 관리현상으로 이해하려는 기술주의가 대두되었다.

(2) 정치·행정 이원론의 내용

1) 정치·행정 이원론은 행정의 효율적 업무수행을 위해서는 정치적 영향력을 배제해야 한다고 주장하여 정치인이 행정에 간섭을 못하게 하였다. 1887년 Wilson은 행정을 사무의 영역으로 파악함으로써 행정의 독자성을 강조하였다.

2) 정치·행정 이원론에서는 행정의 기능을 목표설정이 아니라 결정된 정책의 관리·집행으로 인식하여 가치지향적보다는 사실지향적 입장을 취하였으며 또한 행정을 정치의 하부기능으로 취급하여 행정을 순수한 기술체계로 간주하였다.

(3) 정치·행정 이원론의 영향

정치·행정 이원론은 정치에서 행정을 분리함으로써 직업공무원제와 실적주의 수립에 대한 이론적 정당성을 제공했으며 독자적 행정학을 수립하는 데 이론적 기초가 되었다. 또한 경영분야인 과학적 관리법을 행정학에 도입함으로써 행정기구 및 관리개선에 공헌하여 행정에서 비능률과 낭비를 제거함으로써 행정개혁운동의 원동력이 되었다.

(4) 정치 · 행정 이원론의 오늘날에서 본 문제점

정치 · 행정 이원론은 행정의 복잡화, 다양화로 정책결정과 재량권이 확대되고 있는 현대 행정국가에서는 정치와 행정의 완전분리는 불가능하다. 또한 정치 · 행정 이원론은 행정을 내부적인 관리작용으로만 인식하여 현실사회가 안고 있는 문제해결을 위한 대안을 제시하지 못하였다. 또한 행정의 목표설정기능을 소홀히 하여 미래의 방향을 제시하지 못했다는 비판을 받고 있다.

3. 정치 · 행정 일원론

(1) 정치 · 행정 일원론의 배경

1929년의 대공황과 제2차 세계대전을 계기로 행정기능이 확대 강화되었다. 즉 행정부에서는 과거에 없던 위임입법의 증가, 행정재량권의 확대 및 광범위한 정책형성기능까지 담당하게 되었다. 따라서 그동안 가치중립적이고 수단적인 행정이 정치의 영역까지 침범하여 행정이 목표를 설정하고 집행하는 역할을 수행하게 되었다.

(2) 정치 · 행정 일원론의 내용

정치 · 행정 일원론은 행정의 역할을 강조하는 입장이다. 즉 정치 · 행정 일원론에서는 행정은 정치과정의 일부이며 행정인의 정책형성 참여를 강조함으로써 정치와 행정의 관계를 상호연결된 과정으로 파악하였다. 또한 행정은 가치를 창출하고 행정이 입법을 추진할 수 있다고 보았다. 즉 행정담당자들은 기술과 과학뿐만 아니라 정책형성을 한다고 본다. 행정가도 정책결정 · 정책의 재량권을 행사하여 사실뿐만 아니라 가치에 관한 결정도 한다고 보았다.

(3) 정치 · 행정 일원론의 특징

행정과정을 포괄적인 정치과정의 부분요소로 파악하고 행정연구의 범위를 사회문제까지 확대함으로써 행정연구의 거시적인 안목을 제공하였으며 행정과 경영의 차이를 인정하고 행정을 정치와 관련시켜 설명하고 있다.

4. 정치 · 행정 새 이원론

(1) 성립배경

행정형태론은 사회심리학적인 접근이 시도되면서 발달되었다. 이 학설은 1940년대의 형태주의에서 출발하였으며 형태론에 가장 큰 업적을 남긴 학자는 사이먼(Simon)이다. Simon은 전통적 행정학의 원리접근법이 비과학적이라고 비판하면서 행정의 과학적 이론의 정립을 주장하였다.

(2) 정치 · 행정 새 이원론의 특징

1) 행태론은 행정연구의 과학화를 위해서 행정을 가치부분과 사실부분으로 구분하고, 행정의 연구는 정책결정 등의 가치판단적인 것을 배제하고 사실연구의 치중에 국한되어야 한다고 주장하였다. 즉 무엇이 옳고 그른지를 판단하는 가치문제는 연구대상에서 제외하고 객관시되는 현상만을 연구대상으로 삼았다. 따라서 행태론은 행정과 경영의 공통성을 강조한다.

2) 행태설은 행정을 설정된 목표의 집행뿐만 아니라 목표를 설정하고 이를 집행하는 의사결정과정의 연속체로 파악하였다. 따라서 행태론은 가치판단적인 정책결정기능을 부정한 것이 아니다. 다만 행정의 과학화를 위해서 연구대상에서 제외한 것뿐이다. 행태설의 입장은 행정관리설과 유사하나 과학적인 행정행태를 강조하고 있다는 점에서 행정관리설과 구별된다.

3) 행태론적 접근방법은 연구의 단위가 구성원의 행동에 연구의 초점을 두기 때문에 데이터의 수량화와 통계적인 처리가 요구되어 행정연구의 과학화에 기여하였다.

5. 정치 · 행정 새 일원론

(1) 배   경

1960년대 개발도상국가에서는 행정에 의한 국가발전을 추진하였다. 개발도상국가들은 한정된 자본의 효율적 활용과 경제발전을 추진하기 위해서는 행정의 적극적인 역할을 강조했다.

(2) 내   용

1) 발전기능론에서는 신생국가의 조속한 국가발전을 이룩하기 위해서는 정치보다는 행정
   이 직접 목표를 설정하여 사회변동을 적극 유도해야 한다고 보았다.
2) 발전기능설은 사회가 각종문제나 갈등에 당면하는 경우에 보다 더 적극적으로 발전정
   책을 추진하는 것과 변동대응능력을 강조하는 점에서 정치·행정 일원론(통치기능설)과
   차이가 있다. 즉 행정은 급변하는 정치·경제·사회·문화 등의 모든 측면에서 새로운
   여건에 적응하기 위해서 적극적으로 발전계획을 수립하고 집행해야 한다고 보았다.

6. 우리나라의 정치와 행정의 관계

(1) 실   태

1) 우리나라의 경우 행정이 강력한 중앙집권적 권력구조를 가지고 정치의 기능까지 수행
   하여 초기부터 행정우위론이 지배적이었다. 또한 정치발전의 수준이 낮아 행정에 대
   한 국민의 통제가 취약하였고, 행정에 대한 책임성이 확보되지 못하였다. 한편으로 국
   가의 근대화와 조속한 경제발전을 추진하면서 행정관료들의 역할이 강조되고 이들이
   새로운 세력으로 등장하였다.[8]
2) 1960년대 이후 행정우위 입장에서 국정운영은 정치적인 합의가 이루어지지 못하였다.
   따라서 국민은 정부에 대한 불신을 초래하고, 지역간·계층간의 갈등이 발생하였다.
   또한 소수에 의한 정책결정으로 권력남용현상이 발생하고, 행정정보공개가 이루어지
   지 않아 부정부패를 초래하기도 하였다.
3) 공무원의 정치적 중립은 법적으로 보장하고 있으나 현실적으로 행정은 정치권의 영향
   으로 오염되었으며 정치와 행정이 연계된 부패가 발생하여 국민으로부터 비판을 받고
   있다.

---

8) 관료들이 새로운 세력으로 등장하고 있다는 증거로 위기시 국가의 주요 정책을 입안하고 정부의 개혁추진
   과정에서 역할이 강조되기 때문이다. 특히 우리나라의 IMF이후에 부실기업의 정리과정에서 행정관료의 영
   향력과 판단력은 대통령의 정책결정에 크게 영향력을 행사하였다(예: 대우). 한편으로 정부의 개혁추진과
   정에서 관료들의 저항으로 조직의 통·폐합이 원활히 진행되지 못하였다.

(2) 개선방안

1) 그동안 행정이 비대화·전문화·복잡화함에 따라 정책결정의 권한이 행정관료들에게 주어진다. 이에 비하여 행정을 효과적으로 통제하는 체제가 미미하였다. 앞으로 행정의 독선을 예방하고 책임행정을 구현하기 위해서는 국회의 정부예산 감시기능의 강화와 주민에 의한 감시·비판 그리고 주민의 참여가 활성화되어야 한다. 이는 앞으로 우리나라도 선진국가와 같이 정치기능의 활성화를 통해서 통제하도록 해야 한다.

2) 행정의 역할강화는 행정의 영역확대를 초래하고 정부에 의한 규제강화를 초래하였다. 앞으로 확대된 영역을 축소하기 위해서는 민간을 통한 서비스의 공급과 정부기구의 축소가 요구된다. 그러기 위해서는 행정절차를 단순화시키고 국가와 지방자치단체간의 중복업무를 없애고 지방정부의 계층구조를 조정해야 한다. 이러한 변화를 통하여 수요자중심의 행정을 구현할 수 있다.

제 4 절   행정과 경영

1. 행정과 경영의 개념

운영주체의 공권력 유무에 따라서 공행정은 국가나 공공기관에서 행하는 행정을 의미하며 사행정은 민간에서 수행하는 행정을 말한다. 행정과 경영의 관계에서 행정과 경영의 유사성을 강조하는 것은 정치·행정 이원론의 입장이며 행정과 경영의 차이점의 강조는 정치·행정 일원론의 입장이다.

2. 행정과 경영의 유사점

1) 목표달성을 위한 수단 : 행정과 경영은 목표의 성격이 다르지만 목표를 달성하기 위한 수단이라는 점에서 유사하다. 즉 권한과 책임의 배열, 통제장치의 마련으로 목표에 대한 수단을 합리적으로 마련한다는 점에서 유사점이 있다.

2) 관료제적 성격 : 행정과 경영은 전문화·계층제·분업 등을 특징으로 하는 관료제적 성

격을 띠고 있다는 점에서 유사하다. 일반적으로 사적조직도 대규모화 되면서 관료제적 성격을 갖게 된다.

3) 관리·기술적 요소 : 양자는 다 같이 목표 성취과정에서 능률성을 강조한다는 점과 여기에 적용되는 관리기술이 거의 유사하다. 즉 계획수립·통제·리더십·인사·목표관리 등의 내부적인 관리기술적 측면에서 유사하다.

4) 협동적 행위 : 행정이나 경영은 목표를 달성하기 위한 인간의 협동적인 집단노력이라는 점에서 유사하다. 따라서 행정이나 경영은 인간이나 집단의 문제를 공통으로 다루고 있다.

5) 의사결정 : 행정과 경영을 막론하고 합리적인 의사결정방식을 따르고 있으며 합리적 기준에 따라서 여러 대안 중 최선의 대안을 결정하게 된다는 점에서 유사하다.

3. 행정과 경영의 차이

1) 주체와 목표 : 행정의 주체는 국가 또는 공공단체인데 비하여 경영은 사기업체가 주체가 된다. 행정은 공익을 최고 가치로 삼고 다원적 목표를 추구하지만 경영은 이윤의 극대화를 추구하며 목표는 일원적 목표를 추구한다. 행정과 경영구분의 가장 큰 핵심적인 차이점이 바로 추구하는 목표가 다르다는 점이다.

2) 법적 규제 : 행정은 권력을 내포하여 항상 남용가능성이 있어 경영에 비해 법의 제약성이 강하고 행정행위는 법적 책임의 대상이 된다. 그러나 경영은 정관이나 조직내부적인 규약에 의하여 제약을 받으므로 사행정은 공행정보다 법적 규제를 덜 받는다.

3) 권력수단과 정치적 성격 : 행정은 집행과정에서 강제성과 권력수단을 가지나 경영은 권력수단을 가지고 있지 못하다. 행정은 정당, 이익집단, 의회, 국민으로부터 통제와 비판을 직접적으로 받게 되어 정치성을 강하게 내포하나 경영은 정치적 성격이 약하다.

4) 평등의 원칙 : 행정은 법 앞에 평등하여 모든 국민에게 동등하게 대우하나 경영은 이윤추구가 목적이므로 자기 제품을 이용하는 고객에 따라 다르게 취급할 수 있다.

5) 공개성 : 행정의 과정은 국민에게 공개하는 것을 원칙으로 하여 행정에 국민의 참여를 유도하나 경영은 상대적으로 비밀에 속하는 업무와 활동이 많다. 왜냐하면 다른 회사와 경쟁을 해야 하기 때문이다. 즉 신제품이나 기술은 비밀성이 요구되기 때문이다.

6) 능률성 : 행정은 사회복지·안보 등의 가치함축성인 것이 포함되므로 능률측정이 곤란한 것이 많으나 경영은 행정에 비해 보다 구체성을 띠어 능률측정이 용이하다.

7) 자율성·획일성과 활동의 범위 : 경영은 행정에 비하여 고도의 자율성을 가지나 활동의 범위는 행정에 비하여 좁다. 왜냐하면 행정은 포괄적 지배권을 행사하고 지역적면에서 영향력이 넓으나 경영은 경제 분야에 한정되고 지역도 특정지역에 국한된다.

8) 독점의 정도 : 행정은 일반적으로 경쟁의 상대가 없는 독점적 형태를 취하나 경영은 경쟁의 원칙을 지배하여 독점성이 없다. 경영의 경우도 독과점 현상이 존재한다. 그러나 이 경우는 예외적이다. 경영의 독과점의 경우 사회후생은 저하된다. 일반으로 행정의 독점으로 인해 서비스의 질 저하를 초래할 가능성이 있다. 그러나 경영은 자유로운 경쟁으로 인해 서비스 질의 향상을 초래한다.

9) 조직구성원의 신분보장 : 행정의 경우 공무원의 신분이 보장된다. 그러나 경영의 경우는 공무원과 비교해서 상대적으로 신분보장이 미흡하다.

표 1-2 행정과 경영의 비교

비교변수	행　　정	경　　영
주　　체	국가 또는 공공기관	개인 · 민간단체
목적(목표)	공익추구(다원적)	사익추구(일원적 목표)
법적 규제	엄　　격	상대적으로 약한 법적 규제
정치적 성격	정치성 내포	비정치성
권　　력	권력수단 있음	권력수단 없음
자율성, 획일성	고도의 획일성	고도의 자율성
평등원칙	국민평등	고객에 따라 다르게 취급
활동의 범위와 긴급성	광범위하고 긴급성을 띰	범위가 좁고 긴급성이 약함
독점성	독점성이 강함	경쟁의 원칙
공개성	공개성이 강함	공개성이 약함
인적구성	신분보장이 강함	신분보장이 약함
능률측정	계량화 곤란(봉사 · 복지)	계량화 가능

4. 공행정의 임무

공행정의 임무는 시대와 상황에 따라서 그 역할이 달라질 수 있다. 과거 입법국가시대에는 공행정의 역할이 작고 소극적이었으나 행정국가시대는 그 역할이 많아지고 적극적이다. 공행정의 임무는 다음과 같다.

1) 공행정은 정치의 안정화에 기여한다. 민주주의 국가에서 선거에 의한 정권교체가 이루어진다. 정권 교체시 정책의 급격한 변화는 사회적 혼란을 초래할 수 있다. 따라서 공행정은 이러한 정권교체의 급격한 정책변화에 견제적 기능을 수행하며, 집권정치세력의 변동에도 불구하고 정부업무를 전문적·계속적으로 수행할 세력이 필요하다.

2) 공행정은 정치기관에서 결정된 공공정책을 집행한다. 공행정의 역할 중에서 가장 기본적 역할이 공공정책의 집행기능이다. 과거는 행정의 기능을 결정된 정책의 집행으로 인식하여 행정을 정치의 하부기능으로 취급하였다. 그러나 사회가 복잡화·전문화됨에 따라 공행정은 공공정책을 직접 결정하고 집행하는 데 영향력을 행사하고 있다.

3) 공행정은 민간에서 제공할 수 없는 각종 서비스를 제공한다. 재화와 용역의 생산을 시장경제에만 맡겼을 때 민간수요가 부족한 경우에는 공공부문이 서비스를 제공함으로써 시장경제의 보완기능을 수행한다.

4) 공행정은 여러 가지 개발계획을 수립하고 집행기능을 수행한다. 국가는 많은 자본이 투입되는 국토개발계획, 사회간접자본 육성, 첨단산업기지 조성, 폐광촌의 관광개발단지조성 등을 통하여 국토의 균형발전과 형평화기능을 수행하기도 한다. 국토의 균형발전과 형평화기능은 공행정의 중요한 기능이다. 부와 권력이 특정지역과 계층에 편중되면 국민의 위화감을 조성하고 사회안전을 저해한다. 공공행정은 이러한 문제점을 찾아서 치유하는 역할을 수행해야 한다. 특히 사회적 약자를 보호하는 정책에 관심을 가져야 한다. 사회적 약자를 위한 정책으로 의료보험제도, 실업보험제도를 실시하고 있다. 또한 낙후된 지방자치단체의 경제지원을 통해서 국가가 지방자치단체간 재정불균형을 조정하기도 한다.

5. 행정과 경영의 상호관계

1) 행정과 경영의 관계는 국가의 문화와 역사에 따라 다르고 시대의 변천에 따라 다르다. 일반적으로 사이먼(Simon)은 양자의 차이점은 본질적인 것이 아니라 양적·정도의 차

이에 불과한 것으로 인식하였고, 에치오니(A. Etzioni)는 제3분야를 제시함으로써 양자 구별의 상대성을 강조하였다. 특히 보즈만(B. Bozeman)은 공공성의 상대성이론에서 공공성의 문제를 절대적인 것이 아니라 상대적인 것으로 보았다.[9] 또한 정부조직은 내부조직목표(체제유지)보다는 외부환경에 대한 대응을 강조하였다. Bozeman은 내부 조직목표를 역행적 목표라 하며 환경에 대한 대응을 이행적 목표라고 하였다. 오늘날 제3분야의 등장(시민단체, 적십자단체, 민간박물관)과 대규모 기업체의 출현(다국적 기업), 민간기업의 영향력 확대, 기업의 사회적 책임성의 강조로 행정과 경영의 양자구별이 모호해지고 있다.

2) 발전도상국가는 행정과 경영의 상호관계에서 경영은 행정에 예속되어 양자는 수직적·대항적 관계에 있으며 선진국가는 민간 경영주도의 경제사회체제를 구축하여 행정과 경영은 수평적 협력관계이다.

3) 최근 단편적이고 일률적인 행정서비스에 대한 시민의 불만과 양질의 서비스에 대한 욕구 증대로 인하여 정부도 이제는 기업으로부터 배워야 한다는 인식의 변화가 일어 나고 있다. 즉 경영가에 의한 행정업무를 보좌하고 행정의 공공지출을 줄이고 작고 효율적인 정부구현은 행정의 경영화를 추구하고 있다고 볼 수 있다. 그러므로 현대국가에서는 공공부문과 사적부문의 영역이 불명확해지고 있다. 따라서 앞으로 양자의 차이가 감소될 것으로 보고 있다.

6. 행정의 경영화

(1) 대두배경

행정의 경영화는 급격히 변동하는 환경 속에서 정부역할에 대한 변화를 시도한 것이다. 그동안의 행정은 단편적이고 일률적인 서비스제공으로 국민의 서비스욕구를 충족시킬 수 없었다. 이에 행정의 경직성과 비효율성을 타파하고 그동안 공무원위주의 행정을 탈피하여 고객위주의 행정이 되도록 하기 위해서는 정부도 이제는 기업의 경영기법을 배워야 한다고

---

9) Bozeman은 공공성에 대한 기존의 이분법적인 공·사 구분론을 배격하고 공공성이란 행정에만 존재하는 절대적인 것이 아니라 상대적인 것이라 주장했다. 따라서 모든 조직은 어느 정도 공공성을 띠고 있으며 사조직도 어느 정도 정부규제와 관련이 있다는 것이다. 오늘날 사기업들은 정부의 보조금이나 규제를 통해 정부에 의존하며 정부조직도 시장경제에 더 의존하고 있다는 점을 강조하였다

보았다. 특히, 1970년대 후반부터 영국 등 여러 국가에서 심각한 경제위기를 겪게 되자 공공부문의 개혁이 필요하게 되었다. 그동안 공공부문은 지나친 복지정책의 추진으로 막대한 재원이 필요했고, 아울러 공공부문의 비대화를 초래하여 공공부문의 재정적자를 초래하게 되었다. 이러한 이유에서 1980년대에 신보수주의 등장으로 민간부문의 관리기법을 공공부문에 적용하는 노력이 전개되었다.

표 1-3 고전적 행정이론과 비교

	고전적 행정이론	최근 행정경영화
배 경	정치로부터 반작용	비대해진 관료제에 대한 부작용
내 용	민간의 관리기술의 도입강조 조직내부의 능률성강조	기업가정신 배양과 내부경쟁강조 고객위주 행정강조

(2) 의 의

행정의 경영화란 공공행정에 기업경영적 사고와 경영기법을 행정에 도입하여 공공서비스를 보다 효율적으로 운영하는 것을 의미한다. 즉 행정의 경영화는 행정에 경영주의를 도입함으로써 중복되고 불필요한 행정조직을 통폐합하거나 그동안 공공부문에서 제공하는 서비스를 민간을 통하여 제공하도록 하여 정부의 예산을 절약하고 국민들의 다양한 서비스의 요구에 대응하도록 하는 것을 의미한다. 따라서 행정의 경영화는 수익자부담 원칙에 의한 서비스제공, 공공서비스의 민간위탁, 민영화의 확대, 경쟁원리 도입 등을 강조한다.

(3) 경영화의 기본이념

1) 행정의 경영화는 행정의 생산성 증대가 중요하다. 정부사업을 투입물을 중심으로, 정부사업을 파악해서는 정부가 그 사업을 통하여 달성하고자 하는 목표를 알기 어렵기 때문에 정부활동의 평가가 사용한 자원 대신에 생산한 서비스의 양에 의해서 이루어져야 한다.[10] 이는 기업의 성과에 대한 평가가 이윤과 매출액에 의해서 이루어지는 것과 같다.
2) 행정의 경영화는 행정영역에서도 경쟁을 통한 서비스공급을 강조한다. 즉 행정의 경

---

10) 행정의 생산성의 강조는 투입보다는 결과에 의해서 조직의 성과를 측정하는 것이다.

영화는 기관중심에서 고객위주의 행정으로 전환과 행정의 운영에서도 경쟁원리에 입각하여 행정의 독점성을 지양하고 경쟁을 통한 서비스공급을 강조한다. 경쟁을 통한 서비스공급은 행정서비스에 대한 주민의 선택의 폭을 넓힐 수 있다.

3) 생산성 향상을 위해서 성과중심의 인센티브제도의 도입이 필요하다. 성과중심제도는 기업가정신의 배양과 내부경쟁을 강조하여 조직구성원들에게 자신이 노력한 만큼 인센티브를 제공함으로써 조직의 효율성을 높이는 것이다.

(4) 경영화의 내용

공공부문에서 업무를 효과적으로 추진하기 위해서는 다음과 같은 새로운 기법의 도입이 필요하다. TQM의 도입, 리엔지니어링(Reengineering),[11] 벤치마킹,[12] 책임경영방식 등이 요구된다. 또한 시장성검정, 시민헌장제도, 리오리엔테이션(Re-orientation) 등이 있다. 시장성검정은 의무경쟁 입찰제도라고도 하며 공공서비스의 공급을 정부와 민간이 경쟁을 통해서 제공함으로써 공공서비스의 질적향상을 위해서 ① 기능이 필요한지 ② 필요하다면 공공부문이 책임져야 하는지 ③ 정부가 책임을 져야 한다면 공공부문이 그 기능을 직접 수행해야 하는지 ④ 만약 정부나 민간 모두가 수행가능하다면 상호경쟁시키는 입찰을 통해서 서비스를 제공하고 ⑤ 정부가 반드시 수행해야 하면 가장 효율적인 방안을 찾아서 공공서비스를 제공한다는 것이다.

(5) 행정경영화의 한계

1) 행정경영화가 공공성을 훼손할 수 있다는 점이다. 행정에 시장원리 도입과 경쟁원리 도입은 행정의 효율성을 증진시킨다. 그러나 지나친 경영화의 집착은 공공적 이익의 총체적 수준을 떨어뜨릴 수 있다. 정부는 기업과는 달리 공공성과 기업성을 동시에 추구해야 한다. 서비스의 민영화는 자칫 서비스의 배분상의 불공평을 초래할 수 있다. 행정에서 기업성만을 강조한다면 서비스의 수요가 적은 지역이나 조직은 축소되고 서비스중단을 초래할 우려가 있다.

2) 공공부문은 사기업과는 달리 공공부문의 특수성을 고려해야 한다. 공공행정에서 지나

---

11) 리엔지니어링이란 말은 재설계한다는 의미이다. 즉 고객만족이라는 운영전략에 맞추어 업무흐름 자체는 가장 기본적인 것부터 새롭게 재설계함으로써 경영의 효율화를 획기적으로 향상시키기 위한 경영기법으로 조직업무의 전반적인 과정과 절차의 축소를 의미한다.

12) 벤치마킹이란 우수한 사례의 체계적 모방을 통한 개선 노력을 의미한다.

친 효율성위주의 행정을 강조하면 공무원들은 가시적인 성과만을 강조하게 되며 오히려 장기적인 기획이나 측정이 곤란한 업무를 기피할 우려가 있다. 행정의 업무는 개인보다는 집단에 의해서, 한 부서나 한 기관보다는 다른 부서와 다른 기관의 협력을 토대로 이루어지는 경우가 많다. 또한 행정은 목표가 추상적인 경우가 많고 다원적 목표를 추구한다. 이러한 측면으로 보아 행정의 경영화를 무리하게 추구하면 공행정의 특수성이 무시될 우려가 있다.

제5절   신공공관리론

1. 배   경

1) 세계적으로 급격한 정보기술의 발전, 세계화로 인한 국제적인 경쟁, 변동하는 외부환경에 능동적으로 대처하기 위해서 공공부문도 사기업의 관리기법을 이용하지 않을 수가 없었다. 그동안 공공부문의 계층제 중심의 관료제가 비능률적이고 변동하는 환경에 신속히 대처하지 못하자 이에 대한 대안으로 보다 효율적으로 관리하는 방식이 요구되었다. 이러한 이유로 보다 자유롭고, 개방적이고, 경쟁적인 시장경제를 활성화하자는 주장이 대두되었다.

2) 신공공관리론이 대두된 배경을 보다 구체적으로 설명하면 다음과 같다. 미국과 영국 등의 선진국가에서 정부의 적자재정이 발생하자 적자재정을 줄이기 위한 방안들이 마련되었다. 방안들을 살펴보면 공기업의 민영화를 통한 적자를 줄이는 정책을 실시하고, 국가복지정책의 추구는 정부의 막대한 복지비 부담을 초래하므로 복지정책을 대폭 감축하는 정책을 실시하였다. 또한 기업의 경쟁력이 국가의 운명과 직결된다고 보아 기업의 투자를 촉진하기 위해서 조세감축과 민간부문에 대한 정부간섭을 축소시켰다. 이러한 정책들은 그동안 정부가 재기능을 제대로 수행하지 못했다는 행정에 대한 불신에서 시작되었다.

2. 의   의

1) 신공공관리론이란 공공조직의 특수성과 절차·규칙 대신에 공사조직의 유사성을 강조하고, 공공조직의 관리자율성과 결과중심의 관리를 주장한다. 전통적 관리론이 통제지향성, 폐쇄적, 공급자 중심주의, 투입지향, 교환형 관리적 성격을 띤다. 그러나 신공공관리는 협동지향성, 외적환경에 대한 관리의 전략적 대응을 강조하는 개방적, 소비자 중심주의, 효과를 강조하는 산출지향성, 통합의 관리모형[13]의 특징을 지닌다. 신공공관리론은 공공분야의 합리적 관리방식을 의미하며 기업가적 정부라 표현되기도 한다.[14][15]

---

13) 통합형 관리란 조직의 목표와 조직구성원의 개인의 욕구를 융화시킴으로써 조직의 효용성을 높이고자 하는 것이다. 교환형 관리란 조직과 조직구성원간의 교환적 동기유발전략에 입각하여 조직구성원들을 이끌어가는 관리전략이다. 통합형 관리는 인간의 능동성을 전제로 하나, 교환형 관리는 인간의 피동성을 전제로 한다.

14) Osborne과 Gaebler의 정부개혁
Osborne과 Gaebler는 정보의 재창조라는 저술을 통해 기업가 정신에 의한 미국정부의 재창조를 역설하고 있다. 기업가 정부의 공통점은 다음과 같다.
1. 촉진적 정부(촉매적 정부)
정부는 서비스 공급보다는 정책의 개발과 목표설정기능을 강조한 것이다. 즉 정부는 서비스를 직접 전달하는 노젓기보다는 정책을 관리하고 조정하는 방향잡기 역할을 해야 한다.
2. 지역사회 중심적 정부
지역사회 중심적 정부는 지역사회시민에게 권한을 부여한다. 즉 전통적으로 관료와 전문가 중심에서 시민참여에 의한 행정이 추진되도록 하는 것을 의미한다.
즉 경찰에서 경찰의 권한과 책임을 감소시키고 지역사회의 주민이 참여토록 하여 문제를 해결하도록 하고, 교육에서도 학교와 교사의 권한보다는 학생과 학부모들의 의사와 권한이 강조되도록 하고, 지역사회 단체는 행정관료보다는 고객에게 더 헌신하는 것을 말한다.
지역사회는 관료제보다 더 신축적이고 창의적이며 자신의 문제를 잘 이해하며 문제를 잘 해결할 수 있다고 본다. 그러므로 지역사회 중심의 정부를 창조하기 위해서는 지역사회에게 정부와 국가에 대한 소유권을 인식해야 한다. 이러한 소유의식은 참여민주주의를 통하여 시민에게 권한을 부여함으로써 강화될 수 있다.
3. 경쟁적 정부
서비스 공급자간의 경쟁을 촉진함으로써 혁신과 우수성을 촉진한다.
경쟁원리는 계약·구매·체신·경찰부분에서 적용할 수 있다.
경쟁의 능률성을 높일 수 있으며 고객의 요구에 반응하도록 강요한다. 경쟁적 정부는 과거의 계층제적 통치구조에서 시장원리에 근거한 통치로의 변화를 의미한다.
4. 사명지향적 정부(임무위주 정부)
종래 규칙과 규정에 따르는 정부에서 목표와 임무를 중시하는 정부로의 전환을 의미한다.
사명지향적 정부는 보다 나은 결과를 산출해야 한다. 그러기 위해서는 예산의 신축성이 보장되는 임무위주 예산제도·성과를 중시하는 보수체계와 승진제도 등이 채택되어야 한다.

2) 신공공관리론의 개념정의는 다양하다. 신공공관리론을 최협의·협의·광의로 나누어
   서 정리하면 다음과 같다.

---

5. 결과지향적 정부

투입보다는 결과성과에 중점을 두는 정부를 말한다.

결과를 측정하지 않으면 실패와 성공여부를 알 수 없다.

성과측정이 가능하게 하려면 성과급에 따른 보상·성과의 관리가 중요하다.

6. 고객지향적 정부

시민을 고객으로 규정하여 시민에게 선택의 권한을 부여한다.

고객지향적 정부는 이용자의 편의에 역점을 두며 고객에게 책임을 진다. 고객지향적 정부는 시민의 의견을 수렴하여 서비스를 제공하고 시민들이 서비스 제공자들을 선택하도록 한다. 고객이 서비스의 공급자를 선택함으로써 민간부문에서와 같이 경쟁을 통하여 최고의 효율을 내는 공급자만이 시장에서 생존할 수 있도록 한다.

7. 기업가적 정부

정부는 지출만 하는 것이 아니라 수익사업에 노력을 기울인다.

기업의 이윤 동기를 정부에 적용하여 수입을 늘리기 위해서 정부시설을 사용하는 자에게 사용료를 부과하거나, 공급하는 서비스에 소요비용을 측정하여 예산의 낭비를 줄여야 한다.

8. 예견적 정부

예견적 정부는 문제가 발생하기 전에 예방한다.

예견적 정부는 각종 미래위원회 등을 구성하여 미래를 예측한다.

전통적 정부는 문제를 해결하기 위해서 서비스를 공급하나 예견적 정부는 문제해결 미래의 우발적 사태에 대비하는 데 관심을 갖는다.

9. 분권적 정부

정보가 확산되는 사회에서는 계층제에 따라 정보가 이동되는 것을 기다릴 시간적 여유가 없으므로 권한이 분권화된다.

분권적 정부는 집권적 조직보다 변동하는 상황과 고객의 수요에 신속하게 반응하며 문제 접근이 용이하고 업무수행 과정에서 좋은 아이디어가 나오며 생산성이 높다.

10. 시장중심적 정부

시장중심적 정부는 시장메커니즘을 선호한다. 종래는 고객보다 정책집행자·정치가 중심이었으나 시장중심적 정부는 고객중심을 강조한다.

시장지향적 정부는 시장이 규칙을 설정하고 소비자에게 정보를 제공하여 소비자는 경쟁적인 공급자 가운데서 선택을 한다. 시장중심적 정부는 통제와 명령위주의 전략을 지양하고 시장기능을 중요시한다. 그러나 시장메커니즘은 불균등한 결과를 초래한다. 그러므로 시장의 능률과 효과성을 보충하기 위해서는 이웃·지역사회의 애정이 필요하다.

15) 오스본(osborne)과 프래스트릭(plastrick)의 기업형 정부의 전략(5C)

1. 핵심전략(core strategy) : 정부의 정책수립시 명확한 목표설정을 중요시하며 정부는 핵심적 기능만 수행한다.

2. 성과전략(consequence strategy) : 정부의 비효율을 제거하기 위해서 경쟁을 도입하여 조직의 성과를 높이고자 하는 전략이다.

3. 고객전략(customer strategy) : 고객에 대한 책임성을 확보하기 위해서 경쟁을 촉진하고 영국의 시민헌장과 같이 고객에게 서비스기준을 공표하여 품질을 확보하는 방안을 제시하고 있다.

4. 통제전략(control strategy) : 관리자에 대한 중앙의 통제를 줄이고 관리자에게 재량권을 부여하여 결과에 책임을 지도록 하자는 것이다.

5. 문화전략(culture strategy) : 구성원의 사고와 행태변화를 위해서 조직문화를 창출하자는 것이다.

첫째, 최협의로 정의하면 신공공관리론이란 민간기업의 관리방식을 공공부문에 도입하는 것을 말한다. 즉 사기업의 경영기법을 행정에 적용하는 것으로 일반관리자에게 의사결정권을 부여하고 내부통제를 완화하는 정책을 추진하는 것을 말한다.

둘째, 협의로 정의하면 신공공관리론을 최협의의 신공공관리방식에서 시장의 원리를 적용하는 것이다. 즉 공공에 경쟁원리를 적용하는 것이다. 협의의 신공공관리론은 신자유주의와 같은 맥락에서 설명할 수 있다. 광의의 신공공관리론은 협의의 신공공관리방식에 참여주의를 더한 것이다. osborne과 Gaebler가 주장한 기업가적 정부는 광의의 신공공관리론에 해당된다. 그러나 시장주의와 참여주의는 다음과 같은 점에서 차이가 있다. 시장주의에서 개인은 이기적이라고 간주하므로 시민의식은 쇠퇴를 가져온다. 참여주의는 행정서비스의 향상을 위해서 시민이 정책결정에 참여한다.[16]

표 1-4 시장주의와 참여주의의 비교

시장주의	참여주의
기존의 행정의 문제점을 독점으로 보고 경쟁원리 도입을 주장	행정서비스의 향상을 위해서 시민이 정책결정에 참여주장
철학적 기초가 신보수주의	철학적 기초가 진보주의
일선관리자에게 보다 많은 재량권 부여	일선관료자에게 시민의 참여를 허용하는 정도의 재량권 행사
서비스에 불만이 있는 경우 공급자 변경	서비스의 불만시에 직접 참여하거나 항의
정부는 방향잡기로 민간유도	정부는 각종조직들과 공동생산 (주민참여로 치안활동)

자료 : 정정길, 행정학의 새로운 이해 p.522 인용.

3. 특   징

1) 신공공관리론은 공공부문에 시장원리의 도입을 강조한다. 따라서 신공공관리론은 시

---

16) 신공공관리론을 처음 사용한 H. C. Hood는 정부혁신방향을 작고 효율적인 정부, 시장지향적 정부, 고객지향적 행정, 기업형 정부, 정보화된 정부(전자정부), 성과중심의 행정 등으로 제시하였으며 이 중에서 가장 핵심적 모형은 기업형 정부이다.

장주의의 개혁을 강조하여 시장의 기능에 맡기면 시장이 가장 능률적으로 상품을 생산할 수 있다는 스미스의 자유론을 반영한다.[17] 이를 신자유주의라 한다. 따라서 신공공관리론을 지탱하는 이론적 근거는 신관리주의와 시장주의이다. 신관리주의는 사기업의 경영기법을 행정에 적용하는 것으로 행정에 과학적 관리를 새롭게 적용한 것이다. 즉 신관리주의에서는 의사결정권한이 일선관리자에게 자율성을 부여하고, 관료들의 바람직하지 못한 행태를 통제하기 위한 각종 규제를 대폭 축소하는 것을 의미한다.[18] 한편 시장주의는 공공부문에 경쟁의 원리를 도입하는 것으로 공공선택이론, 주인·대리이론, 거래비용이론 등의 기본적 가치를 수용하고 있다. 이러한 부류는 신공공관리를 경제학의 관점에서 설명하고 있다. 이상의 설명을 종합해보면 신공공관리론은 기능·활동·업무보다는 작업·임무·과정을 강조하여 조직자체의 설명보다는 제도적 설계를 강조한다. 따라서 신공공관리이론을 신관리주의, 기업가적 정부, 신자유주의, 정부혁신 등으로 불리기도 한다.

2) 신공공관리론은 고객의 요구를 존중한다. 따라서 신공공관리론에서는 민간의 참여로 행정서비스가 제공되며, 서비스는 정부와 민간이 경쟁함으로써 서비스의 질이 향상된다고 보아 공기업의 민영화, 행정서비스의 민간위탁 등을 강조한다.

3) 공공조직을 산출물단위로 분화시킨다. 신공공관리론은 조직관리자 중심의 통일적 행정조직을 탈피하고 공공조직을 산출물단위로 분화시킨다. 각 조직은 산출물을 중심으로 자체적으로 관리되는 자율성이 인정된다. 그러므로 신공공관리론은 관리자에게 권한을 주는 대신 고위관리자의 책임성과 역할을 강조한다.

4) 정부의 역할을 노젓기보다는 방향잡기로 설정하고, 행정기구보다는 시장기구에 의존하며, 투입과 절차보다는 성과를 지향하고, 공공서비스의 독점보다는 경쟁적 공급을 지향하는 정부를 말한다. 오스본(David Osborne)과 게블러(Ted Gaebler)는 정부재창조론에서 기업가적 정부운영의 10대 원리를 주장하였다. 기업가적 정부의 핵심은 공공부문에 시장원리인 경쟁을 도입하여 서비스를 제공하고, 정부의 운영방법을 관료중심에서 네트워크중심으로 전환하자는 것이다.

---

17) 신자유주의는 스미스식의 자유를 새로이 강조하였다고 하여 붙인 이름이다. 스미스식의 자유주의는 민간의 경제활동의 자유를 보장하기 위해서 정부가 민간의 경제활동에 개입하지 않아야 한다는 주장으로 복지정책을 부정한다(정정길, p.126).

18) 신관리주의를 일명 신테일러주의라고도 한다.

표 1-5 오스본과 게블러의 기업가적 정부모형

기 준	전통적 행정(관료제 정부)	거버넌스(기업가적 정부)
정부역할	노 젓 기	방향잡기
정부활동	직접 제공	할 수 있도록 해 줌
서비스공급	독점적 공급	경쟁 도입
관리방식	규칙중심 관리	임무중심 관리
예산제도	투입중심 예산	성과연계 예산
행정가치	관료중심 지출지향 사후치료	고객중심 수익창출 예측과 예방
행정주체	집권적 계층제	참여와 팀워크
운영방식	명령과 통제	협의와 네트워크 형성
주요 운영기제	행정 메커니즘	시장 메커니즘

4. 비   판

1) 신공공관리론은 공공부문에 경쟁원리 등의 새로운 기법이 적용된다. 그러나 기존의 조직에 새로운 관리조직이 적용될 경우 조직구성원의 저항이 발생하며, 기존의 관료제의 비판은 공무원의 사기저하를 초래할 수 있다. 따라서 공무원의 사기앙양방안을 마련할 필요가 있다. 공무원의 사기앙양 방안으로 보수제도가 선행되어야 한다. 즉 공무원의 보수를 민간수준과 대등하게 함으로써 열심히 일할 수 있는 분위기를 조성할 수 있다. 기타 공무원의 사기앙양 방안으로 연금제도, 공무원의 고충처리제도, 직무확충, 권한의 위임, 공무원단체의 인정 등이 있다.

2) 신공공관리론이 고위관리자의 이익에만 부합된다. 왜냐하면 신공공관리론은 생산성의 극대화와 능률적이고 효과적인 방법의 운영을 강조하기 때문이다. 또한 신공공관리론에서는 공공부문과 민간부문의 근본적인 차이가 있다는 점을 간과하고 있다. 즉 공공서비스는 대부분 계량적인 지표로 나타낼 수 없는 부문들이 있으며, 질적 목표가 많아 행정서비스를 양적으로 정확히 측정하기가 불가능하다.[19]

---

19) Hood는 신공공관리론의 비판을 4가지 유형으로 나누어 설명하고 있다. 첫째, 운명주의자들은 공공부문은 기본적으로 공무원의 부패, 공무원의 오류, 정책표류 등으로 인해 해결하기가 어렵다고 본다. 둘째, 개인주

3) 신공공관리론이 공공조직의 분화를 주장하나 기능적 분화는 정책과정의 복잡성이 더욱 증가되어 국가정책의 조정과 통합을 어렵게 할 우려가 있다. 또한 정부조직의 민간화가 국가의 정책능력을 훼손할 수 있다.

4) 신공공관리론에서는 산출과 효과를 강조한다. 즉 신공공관리론은 고객지향성·성과지향성의 강조로 행정서비스의 공급자가 주민(고객)에 대해서 책임을 지도록 하고 있다. 그러나 이러한 결과는 좁은 의미의 책임만을 강조하여 행정업무에서 법적 책임과 정치적 책임이 취약해질 수 있다.

5) 공공재의 상품화의 강조는 시민이 행정에 요구할 수 있는 권리인 시민의 정치적 요구를 저하시킬 우려가 있다. 시민은 정부의 고객이 아니라 자신들의 이해를 대변하는 지도자를 선출하는 정부의 소유주이다. 따라서 신공공관리론은 시민의 능동적인 역할을 인정하지 않고 있다.

6) 신공공관리론이 외재적 동기부여(보너스)에 치중할 경우에 내재적 동기부여를 약화시킬 수 있다. 즉 공무원은 물질적 보상보다는 사명감이나, 국가를 위한 마음이나, 봉사정신으로 업무를 수행할 수도 있다.

제6절   뉴거버넌스(신국정관리론)

1. 배   경

거버넌스란 달라진 환경과 정부기능의 변화에 따라 나타난 새로운 국가운영체계라 할 수 있다. 그동안 행정의 환경적 요인은 많은 변화를 가져왔다. 즉 신자유주의 확산으로 국가영역은 축소되고 시장이나 시민단체의 역할이 확대되었다. 더구나 정보화는 시민단체의 역할을 중시하게 되었으며 또한 주민의 직접 참여를 가능하게 하였다. 이는 사이버 공간의 확산

의자들은 개인의 능력에 믿음을 가지고 있다. 셋째, 계층주의자들은 신공공관리론의 효율성이 오히려 중앙관리기관의 장기적 기획능력의 약화와 좁은 성과의 만족으로 보다 큰 정책의 혼동을 초래할 수 있다고 보았으며, 직업공무원제의 폐지로 인한 공직윤리의 훼손을 우려했다. 넷째, 평등주의자들은 사회불평등 구조에서 분권화와 시장화전략이 고위공무원의 개인적 이해를 대변할 수 있고 부패가능성이 있으며, 조직분화로 인해서 행정책임성의 약화를 초래하며, 정책과정의 복잡성을 가져와 시민의 정책능력을 악화시킨다고 보았다.

과 네트워크 조직의 영향으로 볼 수 있다. 이러한 변화 속에서 기존의 통치나 정부를 대체하는 방안으로 시장과 시민단체가 정부와 함께 국가운영주체로 등장하게 되었다. 또한 EU와 같은 국가연합체의 출현과 세계은행, IMF와 같은 국제기구의 영향력의 강화로 시민사회와의 협력을 강조하는 거버넌스가 주목을 받기 시작했다. 즉 세계은행과 IMF가 보는 좋은 거버넌스의 조건은 국가의 자원배분을 투명하고, 공정하며 책임성 있게 배분할 수 있는 능력을 요구했고, 부정부패가 없는 법치주의 강화를 주장했다. 거버넌스의 등장배경을 요약정리하면 다음과 같다.

① 정책과정에서 시민단체나 비영리조직의 비중이 점차 확대
② 1980년대 신보수주의 등장
③ 글로벌화로 인한 국가통제의 약화
④ EU와 같은 국가연합체의 출현
⑤ 세계은행이나 IMF와 같은 국제기구의 역할강화

2. 의   의

거버넌스(governance)에 대한 개념의 정의는 다양하게 해석되나 일반적으로 새로운 국가통치방식 또는 다원적 주체들간의 협력적 통치방식을 의미하는 협력적 통치라 할 수 있다. 일반적으로 거버넌스는 학문 분야에 따라 시각과 해석을 달리 하고 있다. 즉 행정학적 관점에서는 정부중심의 사회나 시장을 관리하는 방식으로 이해되나, 경제학적 관점에서는 시장중심적 시각에서 자율관리체제로 이해하고 다양하게 사용된다. 일반적으로 뉴거버넌스는 어떤 문제를 해결하거나 정책을 결정할 때 정부가 일방적으로 결정하고 문제를 해결하는 것이 아니라 정책결정에 이해관계를 공유하는 모든 집단이 함께 참여하여 문제를 해결하는 것이다. 지방적 거버넌스는 시민생활 관련문제를 지역공동체 중심으로 해결하는 것을 의미한다.

3. 특   징

1) 뉴거버넌스는 서비스제공이 정부, 비정부조직, 개인들간의 연계망에 의한다. 연계망의 특징은 조직들간의 상호의존관계가 형성되고 연계망 구성원 사이는 신뢰를 기반으로 하면서 이들은 국가로부터 상당한 자율성을 가진다. 그러므로 뉴거버넌스는 계층적

조직의 명령과 지시가 아닌 정부, 비정부조직, 개인들의 연계망이 공공서비스를 공급
한다. 예를 들면 대도시의 교통서비스를 제공하는 데 있어서 버스회사, 지하철공사,
철도청, 택시업자, 마을버스 등이 참여하여 서비스를 제공하는 것이다. 즉 뉴거버넌스
는 시민사회를 정부의 활동영역에 포함시켜 새로운 파트너로 인정함으로써 정부조직,
기업, 시민사회 등 이들 모두가 공공서비스와 관련하여 신뢰를 통한 네트워크를 구축
하는 것을 강조한다. 시장논리보다는 협력체제를 통해서 사회문제를 해결한다.

2) 뉴거버넌스는 연계망속의 구성원들이 상호간의 신뢰를 바탕으로 한다. 연계망을 구성
하는 정부나 민간조직들은 이기적이나, 참여를 통해서 달성하고자 하는 공동의 이익
과 목표가 있다. 이러한 이익을 위해서는 구성원 사이의 상호의존이 필수적이며 연계
망의 활동에서 신뢰가 전제되어야 한다.

3) 뉴거버넌스는 시민사회의 급격한 성장으로 등장하였다. 정부는 시민단체에도 재정을
지원하고 비영리단체로 하여금 공공서비스를 공급하도록 하는 협력적 관계이다. 또한
거버넌스는 공공부문과 사적부문의 연계를 중시하므로 공공영역과 사적영역, 정치와
행정의 구분을 모호하게 한다. 다만 거버넌스는 참여를 핵심으로 하기 때문에 기본적
으로 정치적 성격을 띤다. 따라서 뉴거버넌스는 정부·시장·시민사회의 파트너십을
중시하고, 이들과 네트워크를 강조하고, 공식적 측면뿐만 아니라 비공식측면도 중요
시한다. 또한 거버넌스는 상호 이해관계를 조정해야 하므로 정치적 과정이 매우 중요
하다.

4) 뉴거버넌스의 규범적 개념으로 좋은 거버넌스는 투명성, 책임성, 형평성, 이해관계인
의 참여와 관료들의 윤리행태가 확보되는 것이다. 따라서 좋은 거버넌스는 책임감 있
는 관료집단의 역할을 중시한다. 나쁜 거버넌스는 부패가 만연한 국가를 의미한다.

5) 사회적 자본은 1990년대 중반 이후 뉴거버넌스와 함께 확대 되어가는 개념이다. 사회
적 자본은 구성원간의 협력과 신뢰를 바탕으로 한 사회적 연계망, 믿음, 규칙 등을 말
한다. 중요 이념은 신뢰이다.[20] 따라서 사회적 자본은 구성원 사이의 상호신뢰와 호
혜주의적 특성을 바탕으로 공동체를 위해 봉사한다. 사회적 자본의 특징을 보다 구체
적으로 살펴보면 다음과 같다. 첫째, 사회적 자본은 인간관계와 같은 사회적 연결망을

---

20) 신뢰성은 1990년대 투명성과 함께 강조되는 가치로, 신뢰는 사회적 자본으로 이해되고 있다. 신뢰는 개인
의 문제가 아닌 당사자간의 사회관계적 현상으로 바람직한 것에 대한 믿음을 의미한다. 신뢰가 높은 경우
정책순응도가 높아져 의도한 정책효과를 가져오고, 가외성의 필요성을 감소시켜 능률성을 높일 수 있다.
그러나 신뢰가 지나치게 되면 정책대안에 대한 검토를 소홀히 할 수 있다.

통해서 개인 혹은 집단에게 이익을 주는 무형의 자산이다. 프랑스의 사회학자 피에르 부르디외는 사회적 자본을 개인이나 집단이 제도화되어 지속되는 네트워크에 소속됨으로써 실제로 또는 잠재적으로 얻을 수 있는 자본의 합이라고 하였다

둘째, 사회적 자본은 구성원 사이의 상호신뢰를 바탕으로 하며, 구성원들은 자기에게 필요할 때 언젠가는 보답을 받을 것이라는 일반적인 기대를 가진다. 따라서 사회적 자본은 행위자들의 관계 속에 내재되어 있으며, 조정과 통합을 용이하게 만들어 거래비용감소의 긍정적 효과를 발생시킨다. 셋째, 사회적 자본은 집단결속력(폐쇄적 연고네트워크)을 조성할 경우에는 다른 집단과의 관계에 있어서 부정적인 효과를 나타낼 수 있다. 퍼트넘(Putnam)은 사회적 자본의 원천으로 사회적 연계망, 규범, 신뢰 등을 제시했다.

4. 신공공관리론과 뉴거버넌스 비교

(1) 공 통 점

신공공관리론과 뉴거버넌스를 비교하면 다음과 같은 유사점이 있다. 즉 방향잡기 역할강조, 정부역할의 축소, 공공부문과 민간부문의 구분필요성에 회의적이란 점, 경쟁과 조정원리를 심봉하고 있다는 점, 투입보다는 산출에 대한 통제를 강조한다는 점, 시장의 실패가 아닌 정부실패를 이념적 토대로 하였다는 점에서 유사하다.

(2) 신공공관리론과 뉴거버넌스의 차이점

1) 신공공관리론은 시장논리에 의한 행정문제의 해결을 강조하나, 뉴거버넌스는 공공부문과 민간부문이 함께 협력하여 문제를 해결하자는 것이다.
2) 신공공관리는 국민을 국정의 대상인 고객으로 간주하나, 뉴거버넌스는 국정의 주체로서 시민주의에 바탕을 두고 덕성을 지닌 시민으로 간주한다.
3) 신공공관리론은 행정의 경영화를 중시하므로 정치·행정 이원론의 성격이 강하지만, 뉴거버넌스는 담론 등을 바탕으로 한 구성원의 참여를 중시하므로 행정의 정치성을 중시한다.
4) 신공공관리가 결과에 초점을 두어 생산성과 효율성을 중시하지만, 뉴거버넌스는 과정에 초점을 두어 정치성·민주성을 중시한다.
5) 신공공관리는 시장·소비자들의 개별적 선택에 의해서 조정이 이루어지나, 뉴거버넌

스는 신뢰와 상호의존 등이 작용한다. 즉 신공공관리론이 부문간의 경쟁에 역점을 두나 뉴거버넌스는 부문간의 협력에 중점을 둔다.

6) 신공공관리론은 인식론적 기초가 신자유주의를 배경으로 하나, 뉴거버넌스는 공동체주의를 배경으로 한다. 공동체주의(참여주의)는 공적인 문제의 해결을 위해서 공동체 주민의 직접 참여를 강조한다.[21]

7) 신공공관리는 상호협조보다는 경쟁을 원칙으로 하나, 뉴거버넌스는 서비스공급이 상호 연계망속에 이루어진다. 서비스 연계망 속에서 활동하는 참여자들은 신뢰, 협조, 상호주의 등이 작용하여 조정과 협조가 이루어진다.

표 1-6 신공공관리론과 뉴거버넌스의 비교

구 분	신공공관리론	뉴거버넌스(신국정관리)
인식론적 기초	신자유주의	공동체주의
작동원리	부문간의 경쟁에 역점	부분간의 협력에 역점
서비스제공	민영화, 민간위탁	공동생산(시민참여)
분석수준	조직내의 관계를 다룸	조직간의 관계를 다룸
관리방식	고객지향	임무중심(신뢰)
관료역할	공공기업가	조정자
관리기구	시장	연계망
관리가치	결과(효율성, 생산성)	신뢰(과정-민주성)
이념	생산성, 효율성	민주성, 정치성(담론중시)
혁신의 초점	정부재창조(미국-우파)	시민재창조(영국-좌파)
참여의 형태	자원봉사자주의	시민주의

---

21) 공동체주의는 시장주의에 기초한 신우파의 자원봉사주의와 참여주의에 기초한 신좌파의 시민주의로 나누어 설명할 수 있다. 신우파의 공동체주의는 작동의 기본원리가 경쟁과 고객주의로, 인간관이 이기적·합리적 인간으로 보며, 공동체구성원들의 자원봉사 활동을 활용하여 서비스를 제공하면 정부기능 축소가 가능하다고 보았다. 그러나 신좌파의 공동체주의는 작동의 기본원리로 참여와 타협을 강조하면서, 이기적인 인간들이 무임승차를 원하므로 사회문제의 해결에 적극적으로 참여를 기피한다. 그러므로 정부가 앞장서서 이타적인 시민의 덕성인 시민정신·애국심 등을 함양해야 한다고 주장한다. 시민주의는 시민의 적극적인 참여를 위해서 정부가 주도적으로 시민의 덕성을 함양해야 한다는 진보주의적 공동체주의를 말한다. 이는 사회공동체 문제를 자원봉사자들의 자발적인 헌신에 의해 해결하자는 신우파적 공동체주의와 대비된다.

이상은 신공공관리론과 뉴거버넌스의 차이점을 서술하였다. 차이는 이론적 수준에서 질적인 차이가 있을 뿐이다. 신공공관리론은 뉴거버넌스 발전의 토대가 되었으며 양자의 차이가 존재하나 모든 것이 이질적이지는 않다.

(3) POST 신공공관리론

1) 탈(Post)신공공관리론이란 신공공관리론의 비판적 관점에서 신공공관리론을 수정·보완하기 위한 다양한 조치를 말한다. 탈신공공관리론의 특징으로 구조적 통합을 위한 분절화의 축소, 집권화, 중앙의 정치·행정적 역량의 강화, 재집권화와 재규제 등을 강조하였다.
2) 신공공관리론과 탈신공공관리를 비교하면 다음과 같다.
   ① 정부와 시장과의 관계에서 신공공관리가 시장주의·규제완화·능률성을 강조하나, 탈신공공관리는 정부의 행정역량강화, 재규제 주장, 민주성과 형평성의 가치를 동시 고려하는 입장이다.
   ② 공공서비스 제공 방식이 시장과 경쟁을 강조하나, 탈신공공관리는 민간과 공공의 파트너십을 강조한다.
   ③ 조직구조의 특징으로 신공공관리가 유기적구조, 소규모 조직으로 분절화, 분화를 강조하나 탈신공공관리는 집권과 분권의 조화, 집권화, 분절화 축소 등을 강조한다.

5. 피터스(Peters)의 거버넌스의 분류

피터스는 넓은 의미로 국정관리란 용어를 사용하여 시장정부모형, 참여정부모형, 신축적 정부모형, 탈규제모형 등으로 거버넌스를 분류하였다.

1) 시장정부모형 : 시장정부모형은 거버넌스의 가장 대표적 모형으로 공공부문의 시장화를 지향한다. 따라서 시장정부모형은 전통적인 관료제에 대한 불신을 전제로 시장의 효율성에 대한 신뢰를 기초로 한다.
2) 참여적 정부모형 : 참여적 정부모형은 계층제의 문제점을 지적하고 구성원의 참여를 통한 행정을 중요시한다. 따라서 정부에 대해 시민들이 적극적으로 의견을 투입하는 방향으로 정부개혁을 추진한다. 따라서 참여적 정부모형은 구조보다 과정을 중시하고, 다양한 참여의 제도화, 계층제 축소로 공공조직의 수평적 관계형성을 강조한다.

3) 신축적 정부모형 : 신축적 정부모형은 환경의 변화에 반응하여 적합한 정책을 만들려는 정부능력을 의미한다. 기존 정부조직의 영속성은 적극적인 정책대안을 제시하지 못하고 점증적 변화만을 추구하여 정부혁신을 가져오지 못한다. 따라서 정부혁신을 위해서는 조직의 대폭적인 변화·개편이 중요하다고 본다. 즉 정부조직을 유연성으로 변화시키면 관료사회의 활력을 불어올 수 있다고 본다. 전통적 관료제가 경성정부라면 연성정부는 유연하고 융통성있는 행정모형으로 공식화·표준화 정도가 낮다. 연성정부는 변화하는 환경에 적응하기 위해서 유연하고 변형가능한 조직을 말한다.

4) 탈규제모형 : 탈규제모형은 기존의 전통적인 관료제가 조직 내의 내부규제를 강조한다고 보아 구성원의 창의성을 위해서 내부규제의 철폐를 강조한다. 따라서 이 모형은 순서주의와 형식주의를 배제하고, 조직구성원의 독창적인 활동이 가능하도록 재량권 확대를 주장한다.

표 1-7 Peters 4가지 정부모형

구분	시장모형	참여모형	신축모형	탈규제모형
진단기준	독 점	계 층 제	영 속 성	내부규제
조직구조	분 권 화	평면조직	가상조직	특정제안 없음
관리방식	성 과 급	MBO, 팀제	임시적 관리	자율적 관리
조직의 정책결정	시장적 유인	협의·협상	실 험	기업가적 정부
국민의 관심	저 비용	참 여	저비용, 조정	창의성, 능동성
대 안	시장원리 적용	계층제 축소	임시고용	내부규제 철폐

6. 로드스(Rhodes)의 이론모형

로드스는 거버넌스를 전통적인 정부의 관리방식을 대체하는 개념으로 보고, 공식적인 권위보다는 공동목표를 달성하기 위한 활동에 초점을 두고 다음과 같은 6가지의 요소를 새로운 거버넌스의 형태로 보고 있다.

1) 최소국가론 : 최소국가론은 신자유주의에 이론적 토대를 둔 것으로, 정부실패를 초래한 복지국가의 관리체계를 비판하면서 그 대안으로 제시된 유형이다. 국가의 공공개입의 범위와 역할을 최소화하고, 정부가 공급해온 공공서비스를 시장과 시민사회로

이전시켜 국가의 공적업무를 축소하여, 국가영역을 최소화하고자 한다. 그럼으로써 공공영역을 효율적이고 경쟁력 있는 관리체계를 확립할 것을 강조한다. 최소국가론은 정부의 성격을 적은 문제를 다루는 작은 정부, 책임을 지는 정부, 공정한 정부, 국제적인 비전과 융통성을 지니는 정부를 주장한다.

2) 기업적 거버넌스 : 기업적 거버넌스는 정부에 기업적 경영형태의 도입을 강조한다. 즉 회사를 이끌어 가는 사람들이 주주 및 기타 사람들의 이익을 보장하기 위해서 책임성, 감독, 평가와 통제 등의 역할을 수행하는 것을 말한다. 따라서 기업적 거버넌스는 기업운영의 투명성, 정보공개, 기업에 대한 감사 등을 강조한다.

3) 좋은 거버넌스 : 세계은행과 국제통화기금 등 국제경제기구들은 개발도상국가가 국가발전이나 경제 개발에 실패하는 주요 원인 중의 하나가 나쁜 거버넌스라고 규정하고, 이를 대체하는 차원에서 좋은 거버넌스를 통해 바람직한 국가관리체계를 도출하자는 취지에서 사용된 개념이다. 이를 위해 세계은행은 행정의 투명성, 책임성, 대응성, 참여, 법치주의, 효율적인 정부, 정치적 안정 등을, 경제협력 개발기구는 투명성, 책임성, 공정성, 형평성, 능률성, 효율성, 법의 지배에 대한 존중, 높은 수준의 윤리적 행태 등을 가진 거버넌스를 좋은 거버넌스로 간주한다. 좋은 거버넌스는 자유민주주의와 신공공관리를 결합한 행정개혁이다. 좋은 거버넌스는 행정을 투명하고 예측가능하며, 관료들은 전문직업인으로서 사명감을 가지며, 시민사회는 공공문제를 참여하는 것을 내용으로 하고 있다.

4) 신공공관리론 : 신관리주의와 신제도주의 경제학이 결합된 이론으로 정부에 시장의 경쟁원리와 민간의 경영기법을 도입하여 평가 시스템을 강조한다. 또한 신공공관리론은 정책 및 집행에 대한 민간부문 및 시장의 참여 등을 골자로 하고 있다.

5) 사회적 사이버네틱체계 : 사회정치체계내에서 모든 행위자들의 상호작용 노력의 결과로서 나타나는 형태 또는 구조를 의미한다. 사회적 사이버네틱체계는 공식적 또는 상대적으로 자율적인 정치적·사회적 행위자들 사이의 상호의존성을 중시하는 거버넌스라고 할 수 있다. 사이버네틱스(인공두뇌학)는 일반적으로 생명체들, 기계들, 조직들과 또 이들의 조합들에서 조절기능으로서 피드백을 수반하는 통신과 제어에 대한 연구이다. 사이버네틱스는 키잡이, 조절기, 조타수 또는 방향타에서 기원한다.

6) 자기조직적 네트워크 : 자기조직적 네트워크란 거버넌스를 조직간 네트워크로 보는 입장으로 공공조직과 사조직 그리고 자발적 조직이 혼합된 것으로 각 영역간의 경계가 사라지고 각 행위자는 자원의 교환과 목표달성을 하는 데 상호의존적이다. 조정의 기

구로서 시장과 계층제 대안으로 등장한 자기조직적 네트워크의 중심적 작동원리가 시장의 경쟁적 가격이나 계층제를 통한 행정 명령이 아니라 신용과 협력이다. 여기서 네트워크는 스스로 조직하고, 스스로 통치하는 것이 핵심적 원리이다.[22]

7. 뉴거버넌스의 문제점

1) 참여주체들간의 수평적 네트워크는 참여자들이 보유한 정보, 재원, 권력의 차이로 계층화할 가능성이 높고, 참여 주체들간의 상호관계가 권력의 속성과 이익확보에 대한 욕구로 인해 상호대립적인 관계로 변질될 수 있다.
2) 네트워크식 거버넌스 유용성에 동의한다 할지라도 전체적인 관점에서 조정자가 필요하다. 정부는 여전히 사회문제를 해결하는 데 중요한 역할을 수행한다.
3) 뉴거버넌스는 성숙한 시민사회 존재를 전제로 하는 데 시민의식이 성숙하지 않은 사회에서는 협력을 통한 사회문제 해결이 쉽지 않다. 즉 성숙한 시민사회를 모든 민주사회에서 기대하기 힘들다. 또한 비공식참여자들의 지위가 불명확하여 문제가 발생했을 때 책임의 소재가 모호해진다.

제7절   신공공서비스론

1. 의   의

신공공서비스이론은 전통적 행정학과 신공공관리론에 대한 비판적 시각에서 성립된 이론이다. 특히 신공공관리론은 행정에 기업적 운영방식의 강조로 행정의 효율성만을 지나치게 강조하여 공행정의 특수성이 무시되고, 공공서비스의 형평성이 훼손되고 행정은 시간과 비용의 절약을 위해서 이해당사자의 동의를 구하는 절차적 민주성의 결여되었다. 따라서 신

---

[22] 시민재창조란 1990년대의 시민민주화운동으로 시민을 정부의 소유주로 간주해야 한다고 주장한다. 즉 시민들이 공공부문의 의제설정에 능동적으로 참여하여 정부가 무엇을 해야 하는가를 규명한다. 정부재창조론은 시민을 정부의 고객으로 보는 입장으로 신자유주의에 바탕을 둔 고객중심·결과중심·경쟁유도를 지향하는 입장으로 정부의 바람직한 미래상은 효율적이고 결과지향적인 행정체제를 갖춘 작고 강한 정부를 추구하는 기업가형 정부형태이다.

공공서비스론은 시민을 공동체 사회에서 권리와 의무를 갖는 주체로 보며, 시민은 광범위한 공익에 관심을 가지며 정부활동에 적극적 참여를 강조한다.

2. 신공공서비스론의 기본원칙

1) 담론이론의 중시: 시민들의 역할을 제대로 인식하기 위해서는 시민과 대화와 토론을 중시하고 시민의 요구를 적극적으로 행정에 반영해야 한다는 입장이다.
2) 공익의 중시: 공익은 부산물이 아니라 목표로 인식하여 공익이란 공유된 가치의 담론의 결과물로 인식한다. 따라서 행정가의 역할은 행정에 시민들의 참여를 촉진시켜 시민들의 공유된 가치에 근거하여 공익을 추구하도록 한다
3) 책임의 다원성: 신공공서비스론은 시민에 대한 대응성, 헌법과 법률의 준수, 사회공동체의 이익존중 등의 다양한 가치의 융합을 강조한 다원적 책임을 받아드린다.
4) 생산성보다는 인간존중: 인간을 존중하고 인간을 통한 관리를 강조한다. 따라서 신공공서비스론은 함께 하는 리더십을 통한 운영이 성공가능성이 높다고 보았다.

3. 신공공관리론과 신공공서비스론의 비교

1) 신공공관리론의 이론적 토대가 신고전학과 경제이론과 성과관리론이나, 신공공서비스론은 포스트모던행정이론과 신행정이 기반이 된다.
2) 신공공관리론의 공익이란 개인 이익의 총합으로 간주하나 신공공서비스론은 공유가치에 대한 담론이론의 결과로 본다. 따라서 시민에게 봉사하는 정부의 역할을 강조하였다.
3) 신공공관리론이 정부역할이 방향잡기를 강조하나 신공공서비스론은 정부역할의 봉사를 강조한다. 따라서 신공공관리론은 성과책임을 강조하나 신공공서비스론은 시장지향적인 성과책임보다는 다원적 책임을 강조한다. 이는 책임이란 단순한 것이 아니라 다양한 가치의 융합으로 받아들인다.

4. 신공공서비스론의 장단점

1) 장점: 행정에 민주주의정신과 시민과 담론을 통한 행정과 인간중심적 조직관리의 실현, 주인으로서 시민을 강조하였다.

2) 단점: 신공공서비스론이 다양한 사회세력의 이익을 조정하는 정부역할을 과소평가하고 규범적 가치에 대한 이론을 제시하지만, 가치를 구현하기 위한 구체적인 처방을 제시하지 못했다.

제8절   포스트모더니즘

1. 의   의

포스트모더니즘(postmodernism)이란 산업화 이후의 사회의 조건들을 이해하는 하나의 관점이다. 여기서 포스트모더니즘을 모더니즘(modernisim: 현대주의)과 비교하면 모더니즘이 서양의 지배적 사조이다. 이는 영원하고 안정된 존재와 그에 바탕을 둔 진리에 대한 신념이라 할 수 있다. 따라서 인식론적·존재론적 인본주의는 전형적인 모더니즘에 바탕을 둔 입장이다. 이와는 달리 포스트모더니즘의 중심은 과정, 활동, 생성(becoming)이라고 할 수 있다. 이를 바탕으로 진리와 존재를 이해하기 시작하며 진리와 존재를 사건으로서 인식할 수 있다. 그 결과 진리와 존재는 항상 다시 쓰이고 재해석되어야 할 대상이다. 따라서 포스트모더니즘은 모더니즘의 핵심가치인 이성과 합리성에 대한 신뢰, 경험주의, 객관주의, 실증주의적인 접근법을 거부하고, 진리는 상황에 맞게 달라질 수 있다는 입장이다.

2. 포스트모더니즘의 세계관

포스트모더니즘의 세계관을 보다 구체적으로 다음과 같이 정리할 수 있다.[23]
1) 구성주의 : 포스트모더니즘은 우리가 발견할 수 있는 객관적 사실이 있다고 보는 객관주의를 배척하고 사회적 현실이 우리들의 마음속에서 구성된다고 본다.
2) 인식론적 상대주의 : 포스트모더니즘은 사람들의 서로 다른 특성, 사회구조들의 서로 다른 특성을 존중하고, 인식론적·윤리적·심미적 상대주의를 받아들인다. 따라서 포스트모더니즘의 세계관은 상대주의적이며 다원적이다.

---

23) 오석홍 외, 2000, <조직학의 주요 이론>, 서울: 법문사.

3) 해방주의 : 포스트모더니즘은 해방주의적 성향을 지닌다. 즉 사람들은 서로의 상이성
을 인정하고 각자 자기의 특유의 개성을 가질 자유를 누려야 한다고 본다. 포스트모
던 학자들은 세계를 모호성·불확실성·위기성·다양성의 사회로 특징짓는다.

3. 포스트모더니즘 사회의 특징

1) 모더니즘의 이성을 중심에 두는 사고방식을 벗어나 개성·자율성·다양성을 중시한 포
스트모더니즘은 절대이념을 거부한다. 또한 정치·경제·사회·문화에서 다양화의 경
향이 강해져 사람들이 추구하는 이상향이 다양해진다.
2) 사회와 조직의 인위적 구조에 의한 통제를 싫어한다. 그러므로 국민생활에 대한 국가
의 규제를 반대하는 경향이 커진다. 포스트모던 소사이어티는 각기 상이성을 중시하
는 개인들로 구성되는 원자적·분권적 사회이다.
3) 구조적 측면에서 탈계층화, 반집중화 경향으로 동태적 구조가 일반화된다.
4) 인간생활은 점점 더 세계화되면서 분화되는 지방주의 경향이 나타난다. 따라서 인간
생활에서 세계주의와 국지주의가 갈등을 초래한다.
5) 다양한 경향이 강해져 다품종 소량생산 체제가 확산되고 제품의 수명은 짧아진다.
6) 모든 의사결정은 공동체에게 개방하려고 노력해야 한다. 따라서 행정이론이 타자성(他
者性)을 중심으로 변화한다. 타자성이란 상대방의 생각이 나와 다를 수도 있다고 보고
그들의 의견을 존중하는 입장을 말한다. 타자성은 다양성의 선호, 타인에 대한 개방
등을 의미한다. 이러한 타자성의 개념은 행정에 시민참여이론을 수용하게 된다.[24]

4. 담론이론과의 관계

1) 담론(discourse)이란 정책의 형성·집행·평가 등에서 참여하는 사람들을 통해서 업무
를 수행해야 한다고 본다. 담론이론은 그동안 대의민주주의가 시민의 의견을 제대로
반영하지 못하자 이에 대한 대안으로 제시되었다. 즉 정책이란 국민이 무엇을 원하는

---

24) 파머(D. Famer)는 상상(현실의 관계에서 해방되어 새로운 사고를 요구), 해체(기존의 명제에 대하 당연시
되어져 왔던 것에 대한 의문), 영역해체(탈영역화), 타자성을 주장하였다. 타자성을 도덕적 타인으로 설명
하면서 도덕적 타인이란 나와 생각이 다른 주체로서 다른 사람을 인정하는 것이며, 인식적 타인은 나와 생
각을 같이 해주는 사람을 말한다. 타자성이란 다름, 다른 사람의 의미가 내포되어 있다.

가를 파악하여 국민의 의견을 정책에 반영해야 한다고 주장한다.[25]

2) 담론이론은 구성주의의 틀을 바탕으로 관료기구와 이를 구성하는 제도를 해체한다. 즉 기존의 관료제나 대의민족주의가 국민의 실질적인 의견을 수용하지 못한다는 것이다. 따라서 담론이론의 이론적 기초는 구성주의다.

3) 현상학은 담론이론을 전개하는 데 이론적 기반이다. 현상학은 인간이 어떤 상황에 직면했을 때 수동적으로 관찰하는 데만 만족하지 않고, 그런 상황에 대처하는 어떤 행동을 취하려는 의도를 가지고 관찰하게 된다. 담론에서도 참여자들은 단지 상황을 이해하는 데 그치지 않고 그와 관련된 행동을 취하려고 한다. 따라서 담론이론은 시민참여에 의한 행정을 강조한다.

4) 담론이론은 포스트모더니즘을 통해서 행정학을 접근하고 있다. 포스트모더니즘이 행정학의 정통이론을 벗어나 담론의 정부를 만들어야 한다는 주장을 했다. 이는 그동안 관료제의 틀에서 안주했던 행정학 영역을 획기적으로 확장시켰으며 또한 새롭게 행정학을 해석하는 바탕이 되었다. 따라서 담론이론이 국민이 원하는 것을 파악하여 정책에 반영하기 때문에 정책의 정당성과 민주성의 확보가 가능하다. 뿐만 아니라 정책집행을 원활이 하며, 구성원의 화합을 도모하나 시간과 비용이 많이 소요되고 정확한 정보의 문제를 극복하지 못한다는 단점이 있다.

5. 모더니즘과 포스트모더니즘의 비교

포스트모더니즘에 대한 행정이론이 완전히 정립된 것은 아니지만 포스트모더니즘이 관료제의 한계를 극복하고 기존제도에 대한 반대 등으로 행정의 새로운 연구를 촉진시켰다는 점에서 높이 평가할 만하다. 포스트모더니즘에 대한 성격을 보다 명확히 하기 위해서 포스트모더니즘을 모더니즘과 비교해 보기로 하자.[26]

1) 모더니즘의 합리성을 강조하나, 포스트모더니즘은 상당히 중요한 역할을 수행한다고 본다. 즉 모더니즘은 행정이론의 보편성, 과학주의, 합리적 해석에 대한 우월적인 지위를 부여했으나 포스트모더니즘은 과학적 지식에 대한 우월적 지위를 인정하지 않는다.

---

25) 담론주의는 적극적으로 시민의 참여를 주장한다. 즉 시민들은 정책결정자와 직접 협상할 수 있어야 한다고 보았다. 따라서 담론적 정책결정에서는 분석을 통한 문제해결 능력보다는 상호합의할 수 있는 대안을 도출하는 능력이 중요하게 된다.

26) 강신택, 포스트모더니티의 행정이론(대영문화사, 2002), pp.41~44 참조.

2) 모더니즘이 행정이론의 보편성을 인정하고 대상영역이 한정되나, 포스트모더니즘은 행정이론에서 학문 간의 경계가 해체되고 실무에 당면한 문제해결을 위해서 행정학뿐만 아니라 다른 학문도 응용될 수 있다고 보았다.

3) 모더니즘이 대의민주정치와 관계되나, 포스트모더니즘은 국민의 의사가 행정에 반영하는 것이 중요하다고 보아 담론의 활성화를 강조한다.

6. 포스트모더니즘에 따른 행정의 변화

1) 관료제의 역할이 줄어든다. 끊임없이 변동하는 환경 속에서 관료제는 더 이상 문제의 해결에 도움이 될 수 없다고 보아 조직구조가 탈계층화 · 분권화로 변화할 것이다.

2) 행정에 정보체계의 구축과 전자정부의 구현으로 행정은 보다 더 효율적으로 업무를 처리할 수 있으며 모든 업무처리에 중앙정부에 의존하기보다는 지방정부에 의한 문제해결이 강조되어 행정의 분권화가 촉진될 것으로 본다.

3) 인사제도가 그동안 폐쇄형에서 개방형 인사제도로 전환이 될 것이다. 또한 과거의 행정은 소수관료에 의해서 업무가 수행되어 환경에 보다 능동적으로 대처하지 못했다. 포스트모더니즘시대에는 유동적인 환경에 보다 신속히 대응하기 위해서는 각 분야의 전문가가 요구된다. 예를 들면 신문도 사회가 다원화되면서 의학전문기자가 요구되듯이 행정에서도 사회의 다양화에 대응하기 위해서 각 분야별로 전문가가 필요하다. 따라서 정부의 민간과의 인력교류는 활발해지고 행정의 문제해결과정에서 그동안 관료중심에서 민간의 참여에 의한 문제해결과 정책결정이 강조될 것이다.

제2장　　　행정학의 학문적 접근과 대외적 환경

제1절　사회과학의 접근방법

사회과학이란 각종 사회현상을 과학이라는 방법을 통하여 연구하는 것을 말한다. 사회현상을 연구할 때 다음과 같이 세 가지 접근방법이 있다.

1) 실증적 접근방법 : 사회현상의 사실관계 혹은 인과관계를 탐구하는 것을 말한다(예: 우리 학교의 공무원 합격자는 몇 명인가). 어떤 주장이 참인지 거짓인지를 따진다. 연구한 결과에 대해서는 자료조사 통해서 그 주장을 판명할 수 있다(객관적 사실). 예를 들면 환자의 진단결과 질병의 상태와 관계에서 흡연과 폐암과의 관계를 설명하는 것은 실증적 접근방법이다.

2) 규범적 접근방법 : 규범적 접근방법이란 바람직한 사회상태란 무엇인가에 대해서 연구하는 것이다. 규범적 접근방법은 사실적 차원의 참 거짓여부가 아니라 가치적 차원의 선악에 대한 판정을 한다.

   따라서 규범적 차원은 무엇이 바람직한지, 무엇이 바람직하지 않는지를 따진다는 점에서 주관적 가치판단의 영역이다.

3) 처방적 접근방법 : 어떤 상태를 이상적인 목표라고 전제한 후에 그 목표를 달성하기 위해서 무엇을 어떻게 해야 할 것인가를 연구하는 것이다. 즉 특정가치가 바람직하다고 전제하고 구체적인 수단을 제시한다. 예를 남북한의 통일을 바람직한 상태라고 전제한 후에 그 목표를 달성하기 위해서 구체적으로 어떤 조치를 취해야 하는지 그 방

안을 찾는 것을 말한다.

과학성과 기술성

　행정학이 과학이냐 실천위주의 기술이냐는 시대에 따라 다르나 일반적으로 자연과학에 관심이 있는 학자들은 행정학의 과학성을 주장하였으며 실용성에 관심이 있는 학자들은 행정학의 기술성을 강조하였다. 그러나 일반적으로 행정학은 과학만도 아니고 기술만도 아니며 양면성이 있다고 본다.

1. 과 학 성

(1) 의   의

　행정학 연구에 있어서 과학성이란 객관적 자료를 수집하고 실증적·통계적·경험적 방법에 의해 이론을 정립하는 것을 말한다. 즉 행정학에서 과학이란 어떤 현상의 원인과 결과에 관한 규칙성을 발견하여 일반이론으로 만드는 것을 말한다. 과학은 검증되고 체계적이며 일반성을 띤 지식으로 이루어진다. 따라서 연구의 초점이 견고한 이론체계를 통한 행정현상을 설명하는 입장이다.[1]

(2) 과학성과 관련된 논리

1) 행정학의 과학성을 강조한 대표적 학자는 사이먼(Simon)이다. 사이먼은 논리적 실증주의에 입각하여 행정학의 과학화를 주장하였다. 사이먼이 과학성을 강조한 이유는 형식적인 원리보다는 상황을 정확하게 이해하고 진단하는 것이 중요하다고 보았기 때문이다. 또한 인간의 객관적인 분석을 통해서 연구자의 주관을 배제할 수 있다고 보았다.

2) 랜다우(Landau)는 실천위주 학문은 그때그때의 즉흥적인 문제해결에 대한 처방만을 일삼기 때문에 단편적인 지식은 될 수 있어도 일관성을 띤 과학적 지식은 될 수 없다고 주장했다.

---

1) 박연호, 2003, <행정학신론>, 서울: 박영사.

2. 기 술 성

(1) 의 의

기술성이란 정해진 목표를 어떻게 하면 효율적으로 달성하는가 하는 처방성을 의미한다. 기술이란 문제해결에 초점을 두고 있는 것으로서 현실문제의 해결을 통한 인간 복지증진에 유용한 실용적인 지식을 의미한다. 따라서 기술성은 정책문제의 해결을 위한 실질적 대안을 모색해야 한다.

(2) 기술성과 관련된 논리

1) 행정학에서 실천위주의 처방성을 강조하는 학자는 1970년대를 전후로 하여 왈도(D. waldo)를 중심으로 한 신행정학파들이다. Waldo는 기술성(art, professional)을 행정의 활동자체를 처방하고 치료하는 행위라고 설명하였다. 신행정자들은 가치를 배제한 행정학은 생각할 수도 없으며 과학성 위주의 행정학은 여러 가지 사회적 문제를 해결할 수 없다고 보았다. 즉 행태론은 조직내부의 미시적 행태를 좌우하는 요인에 대한 연구로 관리의 측면에는 도움이 되나, 사회문제 해결에 도움이 되지 못했다.

2) 1970년대 신행정학파와 정치·행정 일원론시대에서는 행정학의 과학성을 배격하면서 행정연구에 문제해결을 강조하였다. 과학성은 이론의 형성과 관련이 있으며, 기술성은 확립된 이론을 현실에 적용하는 실천과 관련된다.

3. 양자의 관계

1) 사회가 안고 있는 문제를 해결하는 것이 행정학의 목표라고 볼 수 있다. 그러나 현실의 처방은 정확한 진단을 토대로 하여야 한다. 즉 현실에 대한 객관적인 설명이 없는 처방은 무모하며 위험하기 때문이다.

2) 처방성의 강조는 과학성을 전제로 한다고 볼 수 있다. 그러므로 행정학은 과학성과 기술성의 양면성을 가지며 행정학의 연구와 사회의 문제를 해결하기 위해서는 과학성과 기술성의 조화가 필요하다.

제 3 절 행정의 가치문제

1. 배   경

1) 행정학에서 가치주의가 본격적으로 중요시 된 시기는 1960년대 신행정론시대부터이다. 형태주의에 도전하면서 나타난 신행정학은 형태주의가 행정현실에서 직면하고 있는 사회문제를 해결하는 능력이 없다고 비판하면서 기본적 입장으로 실용성과 사회적 문제에 관심을 둔 가치주의가 대두하기 시작하였다.[2]

2) 행정학의 분류는 크게 2종류로 나누어 설명할 수 있다. 즉 경험과학으로서의 행정과 규범지향의 행정이다. 경험과학으로서의 행정은 행태론을 중심으로 하여 있는 그대로의 현상세계와 경험의 세계를 대상으로 하여 그 속의 인과관계를 규명하려고 한다. 규범지향의 행정은 바람직하다고 믿는 어떤 기준, 즉 이상적인 질서를 추구한다. 여기서 규범적 지향은 행정에서 무엇이 중요하고 의미 있는가를 평가하고 해석하는 문제를 다룬다. 규범적 지향은 가치문제를 연구대상으로 하는 행정철학과 관련되며, 경험적·실증적 지식보다는 당위적·규범적 지식이 필요하다고 보았다.

2. 개   념

일반적으로 가치는 사물이 지니고 있는 의의나 중요성 따위를 말한다. 가치문제는 개인에 따라 집단에 따라 다르다. 광의의 가치란 인간관계나 사회적·정치적 관계의 기반이 되는 인간의 이상·신념·소망 등을 의미하여 개인적·사회적 행동의 규범이 된다. 협의의 가치란 판단기준으로서의 가치를 의미하는 것으로 결정규칙·평가기준을 의미한다. 따라서 행정에 가치란 행정이 지향하는 이상적인 미래상이나 지도 정신을 의미하는 것으로 바람직한 것, 중요하다고 생각되는 것을 지칭한다고 볼 수 있다.

---

[2] 신행정학은 가치주의 입장에서 행태론에서 다루지 못한 조직과 개인의 윤리, 사회적 형평성, 행정의 규범성, 시민위주의 행정 등을 다루고 있다.

3. 사실과 가치의 비교

(1) 사   실

1) 사실이란 주관의 평가의식이 개입되지 않은 현상으로 어떠한 객관적 사실을 기술하는 것을 말한다. 따라서 사실은 실증적 차원과 관련된다.
2) 사실은 사건과 대상에 대한 진술로서 경험적으로 검증될 수 있는 명제이다. 형태론에 서는 행정의 과학적·경험적 연구를 위해서 가치판단을 배제하고 사실만을 연구해야 한다고 주장하였다. 즉 행태론에서는 행정학이 자연과학처럼 가치중립적인 연구방법 을 택함으로써 과학성을 높일 수 있다고 보았다.

(2) 가   치

1) 가치란 주관의 평가의식이 개입되는 현상으로 행정학의 실용성과 현실적합성을 중요 시한다. 가치주의는 실증주의 입장에서 벗어나 행정의 규범성과 철학, 개인과 조직의 윤리성, 고객중심의 행정, 사회적 형평과 관련된다.
2) 가치란 어떤 상태 또는 목적에 도달하고자 하는 것으로 당위적·규범적 차원과 관련 된다. 행정학에서 가치주의는 초기에 왈도(Waldo) 등을 중심으로 추구되었다. Waldo 는 행태주의가 가치와 당위를 배제하고 있다고 비판하면서 행정에서 존재보다 당위가 더 중요하다고 주장하였으며, 신행정론의 기수인 프레드릭슨(Frederickson)은 가치중립 적인 행정은 존재할 수 없으며 행정의 기본은 공평성과 시민의 욕구에 대한 대응성을 강조하였다. 하몬(Harmon)은 조직행위 이론에서 행정은 정의와 형평성 등의 규범적 이론을 강조하였다.

표 2-1 사실과 가치의 비교

사 실	가 치
주관의 평가의식이 개입되지 않는 현상	주관의 평가의식이 개입된 상태
사건과 대상에 대한 진술	어떤 의식이 도달하고자 하는 원하고 바라는 것
실증적·경험적 차원(존재와 관련)	규범적 차원(당위에 관한 것)
행태론·생태론·체제론·비교행정과 관련	발전행정·신행정론과 관련

4. 가치의 내용

1) 가치는 기본적으로 선善(the good)과 의義(the right)로 구성된다. 선이란 마음에 드는 것 또는 선호를 의미한다. 義(옳은 것)는 의무적·도덕적인 것으로 책임의식, 사회적 양심 등을 의미한다. 義의 가치가 고급가치이며 발전된 가치이고 바람직한 것과 관련된다.

2) 가치는 선과 악, 옳고 그름을 의미하여 주관적인 용어와 관계가 있다. 그러나 사실은 진실과 허위 등의 객관적 용어와 관계된다.

3) 하지킨슨(Hodgkinson)은 행정과정을 의사결정 과정으로 보고 의사결정의 3가지 구성요소로 사실·가치·개연성을 주장하였다. 하지킨슨은 의사결정에 있어서 가치와 사실의 혼합비율이 상위수준으로 갈수록 가치의 비중이 커지지만 그것은 상대적이며 집행과정에서도 양자가 혼합되어 나타난다고 주장하였다.

5. 행정가치의 분류

행정의 가치는 도구성을 당위적·규범적인 본질적 가치와 행정과정에서 구체적인 지침이 되는 수단적 가치로 나누어 설명할 수 있다.

1) 본질적 가치 : 행정을 통해 이룩하고자 하는 궁극적 가치이다. 즉 정의·공익·형평성·자유·평등·복지 등이 해당된다고 볼 수 있다. 본질적 가치는 자체가 목적이 되는 가치이며 결과에 상관없이 만족을 주는 가치이다.

2) 수단적 가치 : 행정이 추구하는 본질적 가치를 달성하기 위한 수단이 되는 가치를 말한다. 수단적 가치는 사회적 가치의 배분절차나 실제적인 행정과정에서 구체적인 지침이 될 수 있다. 즉 능률성·효과성·민주성·합법성·책임성·투명성 등이 해당된다고 볼 수 있다. 수단적 가치를 도구적 가치라고도 한다.

제4절 보수주의와 진보주의

1. 진보주의

(1) 정   의

인간이 사는 사회는 이념상 다양한 견해차가 존재한다. 일반적으로 보수와 진보로 구분할 수 있다. 진보주의는 사회체제의 개혁과 변혁에 초점을 둔다. 즉 사회의 모순을 변화와 개혁을 통해서 해결해 나가려는 사고방식을 의미한다. 보수는 사회체제의 현상유지를 위하여 도전적인 사상이나 체제행동에 방어적 태세를 취한다. 일부에서 진보는 좌익, 보수는 우익이라고 보나 반드시 성립되지 않는다. 프랑스 혁명당시 좌익은 근로민중보호, 재산권 통제, 왕권체제 폐지 등을 주장하였다. 그러나 현재의 좌익은 사회주의, 공산주의, 급진주의적인 사상을 가진 인물이나 단체를 말하고, 현재의 우익은 점진적 사회개혁, 자유시장체제, 엄격한 법질서, 민족주의 등의 사상을 가진 인물이나 단체를 말한다.

(2) 진보주의 정부관

1) 보수주의의 합리적이고 이기적인 경제인의 인간관을 부정한다. 이유는 인간을 욕구, 협동, 오류가능성의 여지가 있다고 보기 때문이다. 자유시장의 잠재력은 인정하지만 시장의 결함에 주목하며, 시장실패는 정부에 의해 수정이 가능하다고 본다.

2) 진보주의자들은 자유·평등을 증진시키기 위해 실질적인 정부개입을 허용하고 요구할 수 있는 적극적 자유를 주장한다. 결과의 평등과 배분적 정의를 중시하므로, 많은 영역에서 정부의 적극적 역할을 지지하고 더 많은 정부지출과 규제를 선호한다. 따라서 진보는 일반적으로 큰 정부를 지향한다.

3) 진보는 평등(실질적 평등-의무교육, 가난한 사람의 우대)을 주장한다. 보수주의가 경쟁을 통한 효율성의 증대를 강조하나, 진보주의는 대외협동을 강조하여 사회적 결함을 해결하고자 한다. 또한 보수주의가 성장을 강조하나, 진보주의는 분배를 강조한다. 안보 측면에서 보수가 자주국방을 주장하나, 진보는 평화구축을 선호한다.

4) 소외집단을 돕기 위한 정책으로 약자보호, 여성위한 기회확대, 의료보장정책, 소득의 재분배, 환경보호, 복지정책의 확대 등의 정책을 선호한다.

2. 보수주의

(1) 정   의

보수주의는 1789년 프랑스혁명 당시에는 수세에 몰린 귀족계급 세력의 이데올로기로서 존재하면서 시민계급의 진보주의와 대립되는 것으로 시작되었다. 19세기 후반부터는 이러한 대립의 양상이 크게 변하기 시작하였다. 사회주의가 등장하기 시작하면서 기존의 자유주의 세력이 사회주의의 공격을 방어하기 위해 보수 성향을 띠게 되면서 자연스럽게 보수주의 세력으로 변하였고 사회주의는 새로운 진보주의 세력을 담당하게 되었다. 이와 같은 대립구도의 변화는 과거에 시민계급세력이었던 자유주의가 새로운 역사적 상황을 맞으면서 보수주의로 자연스레 이행되었다. 보수의 일반적 정의는 관습적인 것을 굳게 지키고 전통을 기반으로 변화에 점진적으로 적응하는 정치이념을 말한다. 정치적으로는 자유주의를 지향하며, 경제적으로는 재산권보장의 확립을 강조하여 개인의 부를 추구한다. 사회적으로는 엄격한 법질서의 구현을 기반으로 한다. 보수는 안정을 추구하며 가급적 새로운 변화를 거부하는 인간의 심리상태에 바탕을 두고 있다.

(2) 보수주의 정부관

1) 보수주의는 인간을 합리적이고 이기적인 경제인이라고 전제한다. 자유시장을 신봉하기 때문에 시장중심의 자유방임적인 자본주의와 자유시장경쟁을 강조한다. 반면 정부를 경제조건을 악화시키고 개인의 자유를 제약한다고 보기 때문에 불신한다.
2) 보수주의는 경제적 자유를 강조한다. 여기서의 자유는 정부로부터 간섭 받지 않을 소극적 자유를 말한다. 법적·경제적·사회적 질서유지와 같은 최소한의 사회보장 등에서만 정부개입을 허용하고 정부활동 축소를 선호한다. 따라서 보수는 일반적으로 작은 정부를 지향한다.
3) 엄격한 법질서 구현, 개인자유의 극대화의 기본이념을 고수하고, 교환적 정의·기회의 평등을 중시한다.
4) 보수주의 정책으로 조세 감면 또는 완화, 소외집단 지원정책 축소, 경제적 규제의 완화, 시장지향정책 등의 정책을 선호한다.

3. 한국에서의 진보와 보수주의 양상과 대안

1) 진보와 보수의 양상 : 한국 사회는 정치적으로 보수와 진보로 나누어 오로지 정권 잡기에만 몰두하여 상대를 비난하고 자신들의 정치적 입지만을 공고히 하는 데 열중하여 정당의 입장에서 정책을 판단한다는 비난을 받는다. 한편 경제적·사회적으로 이미 부익부 빈익빈 사회로 양극화가 심화되고 있고, 대기업과 중소기업의 임금격차, 세대간의 갈등, 부동산을 통한 불로소득, 지역간 경제적 격차와 수도권 인구집중 문제 등이 심각한 수준이다. 그러나 국가 정책에서 진보와 보수로 충돌하면서 한국사회를 더욱 갈라지게 만들고 있다. 이는 경제적 양극화뿐만 아닌 정치, 이념적 양극화도 심화되고 있는 것이다.

2) 대안 : 우리 사회는 사회의 각 분야에서 심한 갈등을 겪고 있다. 바람직한 갈등은 사회발전의 원동력이 되기도 하지만 사회적 갈등이 지나치면 자유민주주의 질서를 파괴시키고 국론의 분열을 가져온다. 더구나 정치인들의 권력투쟁을 위해서 반대를 위한 반대만을 하는 행위는 생산적 행정이 되지 못한다.

   보수와 진보를 떠나 국가가 처한 상황과 현실을 냉정히 분석하여 타당한 정책은 수용하도록 해야 한다. 그동안 우리 역사에서 남북의 분단으로 이념적 갈등과 진보와 보수의 정치적 대립이 얼마나 많은 사회적 혼란이 초래하는지를 경험하였다. 앞으로 사회는 다원화된 사회다. 다원화된 사회에서 정치인들은 정당의 입장보다 국민의 입장에서 정책을 실현해야 한다. 그동안 잘못된 법과 제도, 관행을 개선하여 사회를 바람직한 방향으로 변화시키고 국민의 삶의 질의 향상에 보수와 진보는 힘을 보태야 한다. 한편으로 바람직한 사회를 위해서 정부와 시장이 공생하며 기업은 사회적 책무를 하겠다는 자세가 필요하다. 자본주의 4.0에서의 공생과 협력이 정부와 민간경제의 관계에 적용되어 사회적 약자를 위한 배려와 빈부격차문제 등이 해결하도록 해야 한다.

제 3 장

미국행정학의 발달과정

1. 시대적 배경

미국의 행정학의 출범 시기는 19세기 말경으로 본다. 행정학이 19세기 말과 20세기 초에 발전된 시대적 배경을 살펴보면 첫째로 남북전쟁과 산업혁명을 계기로 독점자본주의가 형성되어 사회문제가 발생함에 따라 정부기능의 강화를 초래하였다. 둘째로 19세기 이후 엽관주의로 인한 부패 만연으로 행정의 개혁을 추진하자는 시민운동이 일어났다. 이러한 시민운동이 행정학 성립의 계기가 되었다. 셋째, 민간에서 큰 성과를 가져온 과학적 관리법의 영향이다. 과학적 관리법은 행정을 비권력현상으로 이해하고 행정능률을 향상시키는 데 기여하였다. 미국 행정학의 사상적 배경은 다음과 같다.

1) 해밀턴(Hamilton) 사상 : 미국의 초대 재무성장관인 해밀턴은 강력한 중앙집권을 주장하여 행정의 능률성을 역설하였다. 이는 정부의 적극적 역할을 통해서 행정의 목적을 달성하고자 하였다. 또한 해밀턴은 국민의 이익보다 국가적 이익을 위해서 통일적 행정이 필요하다고 주장하였다.

2) 제퍼슨(Jefferson) 사상 : 제3대 대통령인 제퍼슨은 지방분권화를 주장하였으며, 미국 행정을 민주주의적 기본이념에 충실하도록 기초를 수립하는 데 공헌하였다.

3) 잭슨(Jackson) 사상 : 제7대 대통령인 잭슨은 공직을 널리 민중에게 개방함으로써 국민의 의사를 국정에 반영시킬 수 있다는 신념으로 엽관주의를 도입하였다. 엽관주의

는 승리한 정당의 당원이 공직에 임용되므로 공직경질제를 통해서 공직의 특권화가 배제되어 평등이념을 구현할 수 있다.

2. 기술적 행정학

기술적 행정학은 1930년대까지의 행정현상으로 행정을 권력현상이 아닌 정책의 구체화인 관리현상으로 파악하는 것을 말한다. 기술적 행정학은 정치는 국가의지의 형성에 관한 것이나 행정은 정책을 집행하는 수단으로 인식한다. 관련이론으로 베버(Weber)의 관료제이론과 테일러(Taylor)의 과학적 관리론과 관계가 있다.

그 시대의 대표적인 학자와 내용은 다음과 같다. 윌슨(Wilson)은 최초로 행정의 분야는 사무분야임을 강조하였다. 화이트(White)는 행정의 관리적 측면을 강조하였으며 "행정학 입문"이라는 최초의 행정학을 저술하였다. 윌로비(Willoughby)는 행정은 비정치성을 띤 순수한 기술과정으로서 이해하고 절약과 능률을 강조하였다. 귤릭(Gulick)은 관리의 원리를 행정에 도입하였으며 행정의 제1공리는 능률이라고 주장하였다. Gulick은 원리접근법을 강조하여 분업과 조정의 2대원리에 의하여 행정조직을 서술하였다.

3. 기능적 행정학

기능적 행정학은 행정을 정책의 구체화하는 관리작용뿐만 아니라 행정의 방향과 목표를 설정하는 정책결정과정으로 인식하였다. 기능적 행정학은 정치·행정의 관계를 연속성으로 파악하여 정치행정 일원론의 입장을 취한다. 이 시대의 관련된 학자와 내용을 살펴보면 디목(Dimock)은 행정의 사회적 능률성을 주장하였으며 통치는 정치와 행정으로 이루어지며 두 과정은 배타적이라기보다는 협조적이라 주장했다. 애플비(Appleby)는 행정을 정책형성과정으로 파악하여 정책형성과 행정을 하나의 순환과정으로 인식하였다. 니그로(Nigro)는 행정이란 정책결정과정이며 정책결정은 고도의 정치적 합리성을 추구하는 의사결정이라고 하였다.

표 3-1 기술적 행정학과 기능적 행정학의 비교

	기술적 행정학	기능적 행정학
행정기능	정책집행기능 강조	정책결정과 정책집행
가치관련성	가치중립성	가치지향성
정치와 행정	정치 · 행정 이원론	정치 · 행정 일원론
체　　제	폐쇄체제(행정내부과정 중시)	개방체제(행정과 환경과의 관계중시)
능 률 관	기계적 능률성 강조	사회적 능률성 강조
인 간 관	X이론 인간관	Y이론 인간관
연구중점	행정조직의 내부	행정의 대외적 관계
행정목표	목표가 정해져 있다고 가정	목표는 수정이 가능

제 2 절　과학적 관리론과 인간관계론

1. 과학적 관리론

(1) 성립배경

과학적 관리론은 19세기 말 이후 미국에서 급격한 산업기술의 발달과 대기업의 출현을 계기로 대량생산이 이루어졌고 대량생산으로 공급에 비하여 수요가 따르지 못하여 초래된 격심한 경쟁을 타개하기 위해서 전개되었다. 이러한 상황에서 독점기업이 형성되고 공황에 의해 기업의 도산·공장폐쇄 등의 사태가 속출하여 문제가 심각하게 되자 노동자가 반대하는 임금인하를 하지 않고 기업능률을 향상시키기 위한 경영합리화가 요구되었다. 이러한 대안으로써 과학적 관리론이 성립하게 되었다.

(2) 의　　의

과학적 관리법이란 최소의 노동과 비용으로 최대의 생산효과를 확보할 수 있는 최선의 방법을 찾아내기 위한 관리이론이다.

(3) 과학적 관리법의 특징

1) 과학적 관리법은 인간의 생산활동을 시간연구와 동작연구를 통해서 정확하게 측정하고 분석하여 인간의 과학적 관리가 가능하다는 사실을 보여주었다.

2) 업무의 배분에 중점을 둔 공식구조를 중시하였다.

3) 인간을 경제적 존재로 가정하여 X이론적 인간관을 주장하였다. 따라서 인간을 수동적·종속변수로서의 기계적 인간을 강조하였다.

4) 지도정신으로 절약과 능률을 강조하였으며 이념으로 투입대비 산출로 표현되는 기계적 능률성을 강조하였다.

5) 의사결정의 집권성의 강조와 의사전달의 상의하달을 중시하였다. 즉 조직의 최고관리자가 의사결정을 하고 명령을 통해서 결정된 의사를 집행한다.

(4) 과학적 관리법이 행정에 미친 영향

1) 행정을 권력현상이 아닌 관리현상으로 인식하여 능률주의적 행정학의 발달에 공헌했으며 정치행정 이원론의 성립에 기여하였다.

2) 직위분류제 도입과 품목별 예산제도의 발전에 기여하였다.

3) 과학적 관리법은 고전적 행정학의 성립에 기반을 제공했다. 고전적 행정학은 분업, 계층적 과정, 통솔범위 등 원리접근법을 특징으로 한다.

(5) 과학적 관리법의 한계

1) 과학적 관리법은 능률을 지나치게 강조함으로써 인간을 생명이 없는 기계처럼 생각하여 명령과 지시에 의해서 행동하는 존재로 파악하였다.

2) 과학적 관리법은 행정을 이윤의 극대화를 추구하는 기업관리와 본질적으로 동일시하고 있어 적용상의 한계가 있다.[1] 즉 행정은 다원성, 형평성, 민주성도 추구하는 것이다. 또한 외부환경적 요인을 고려하지 않는 폐쇄적 이론이다.

3) 과학적 관리법은 업무의 표준화·절차의 합리화·기계화에 의한 능률성만을 추구한 나머지 능률에 대한 조직 내의 비공식집단이나 인간의 심리적·감정적 측면을 경시하여 조직의 비인간화를 조장하였다.

---

1) 과학적 관리법은 행정을 기업과 동일시하고 있으며 공행정의 특수성을 무시한 이론이라는 비판이 따른다.

2. 인간관계론

(1) 배   경

인간관계론은 과학적 관리법을 비판하는 입장에서 발달되었으나 과학적 관리론을 전적으로 부정하는 것은 아니다. 인간관계론은 과학적 관리론의 가치를 인정하면서 과학적 관리론이 등한시했던 인간의 감정적 요소와 비합리적 요소가 능률을 향상시키는 중요한 요인으로 간주하고 인간의 관리에 있어서 민주화 및 인간화를 강조한다. 1930년 Mayo교수의 호오손 전지공장의 실험결과 직원의 근무의욕은 경제적 요인에 의해서 자극을 받은 것이 아니고 심리적 요인이 크게 작용하는 결과가 나타났다.

(2) 의   의

인간관계론은 인간의 감정적·심리적·정서적 요인을 중시 여기고 이러한 요인을 효율적으로 운용함으로써 조직의 능률성을 추구하는 입장이다. 즉 모든 조직에는 비공식적 인간관계가 존재하며 비공식적 관계가 공식적 권한의 명령체계보다 더 효과적으로 작용한다고 보았다.

(3) 인간관계론의 특징

1) 인간관계론은 인간의 사회적 특성과 집단역학과 관련이 있다. 직장에서 동료들과의 관계를 원만히 하고, 소집단에서의 소속감을 중시한다. 따라서 구성원은 개인으로서가 아니라 집단의 구성원으로서 행동한다. 또한 조직구성원의 사기는 소규모 집단을 중심으로 형성되며 소집단에서는 소속감이 중시되고 집단 내에서 성립되는 인간관계는 감정적 요인에 따라 작용한다.
2) 조직을 관리하는 사람들은 기술적 능률뿐만 아니라 사회적 기술을 갖추어야 한다고 보았다. 근로자들은 관리층에서 지속적인 관심을 보이면 더욱더 열심히 일한다는 것이다. 그러므로 관리층은 종업원들의 의견을 수렴하도록 하는 민주적 리더십과 참여에 의한 의사결정 등이 중요하다고 보았다.

(4) 인간관계론의 공헌

인간관계론이 행정에 도입됨으로써 행정에 다음과 같은 영향을 미쳤다.
1) 조직관의 변화 : 공식조직보다 비공식조직을 중시하였으며 비공식조직이 작업의 생산

성과 능률성에 영향을 미친다고 보았다.

2) 인간관리의 민주화 : 조직의 운영에 인간화·인간관리의 민주화가 필요하게 되었다. 따라서 인간관계론이 인사상담제도, 고충처리제도 등 인사행정에 적용되었다.

3) 인간의 가치에 대한 새로운 평가 : 인간을 경제적 존재에서 사회심리적 욕구를 가진 인격적 존재로 인식하였다. 따라서 조직의 능률향상을 위해서는 노동자의 인간적 대우가 중요하다는 사실을 인식시켜 주었다.

4) 행태과학의 발전에 공헌 : 인간의 행동을 중심으로 연구하는 행태과학의 발달에 간접적으로 공헌하였다. 조직 관리에 있어서 비공식조직·의사전달·리더십의 강조로 경쟁에 의한 생산이 아닌 협동에 의한 생산성 향상을 강조하였다.

(5) 인간관계론의 한계

1) 비공식집단의 지나친 강조 : 인간관계론은 공식조직보다는 비공식집단의 중요성을 강조하여 지나치게 감정의 차원에 비중을 두고 있다.

2) 경제적 동기의 지나친 경시 : 인간관계론이 인간의 심리적 요인을 중요시하나 구성원의 사회심리적 욕구가 충족되었다고 해서 반드시 능률이 증진되는 것은 아니다.

3) 조직외부환경의 무시 : 조직 내의 개인을 중심으로 사회적·심리적 관계를 주로 설명하고 있어 조직과 외부환경과의 관계를 등한시하였다.

4) 관리자를 위한 인간조종의 과학 : 인간관계론이 진정한 학문적 입장보다는 종업원을 효율적으로 다루기 위한 경영자적 입장에서 연구하는 성격을 띠고 있다.

제3절　행정행태론

1. 의　　의

행태론이란 행정을 연구함에 있어서 제도 및 구조에 관심을 두지 않고 인간의 행태를 관찰하고 분석하여 행정인이 조직안에서 어떻게 행동하고 있는가를 설명하려는 방법이다. 즉 행태론은 조직구조적 측면보다는 조직구성원의 행동 양식을 통해서 행정현상을 파악한다.

2. 행태론의 영향

1) 행태론은 인간행태의 과학적이고 체계적 연구로 조직속의 집단의사결정, 리더십, 갈
   등, 권위 등의 문제를 연구하는 데 기여하였다.
2) 행태론이 행정에 도입됨으로써 행정현상의 연구가 보다 더 객관적이고 과학적으로 연
   구하는 데 기여하였다.

3. 행태론의 특징

1) 행태론은 행정현상을 과학적·경험적으로 분석하기 위해서는 눈에 보이는 객관적 사
   실만을 연구대상으로 하여 객관적·실증적 분석에 초점을 두는 연구방법이다.
2) 행태론은 가치와 사실을 구별하고 가치를 연구대상에서 제외하여야 한다고 주장하였
   다. 왜냐하면 연구자의 가치관이 연구에 영향을 미치는 것을 배제하기 위해서다. 행태
   론은 가치를 연구대상에서 제외시킴으로써 행정과 경영과의 공통점을 강조하였다. 따
   라서 행태론은 공행정의 특수성과 공공성을 경시하고, 행정과 경영과의 공통점을 강
   조하였다. 또한 행정학도 자연과학처럼 가치중립적인 연구방법을 택함으로써 과학성
   을 높여야 한다고 주장하였다. 즉 행정학은 목표가 정해져 있으며 그 목표를 성취하
   는 최선의 방법을 찾아내는 것이지 그 이상의 가치문제를 다룰 수 없다는 입장을 취
   했다.
3) 행태론은 인간행위 설명에 중점을 두어 종합과학적인 성격을 띠고 있다. 그러므로 행
   태론은 심리학·사회학 등의 이론과 연계성을 표방한다.
4) 행태론은 개별적인 행위의 집합을 통해서 전체를 설명한다. 즉 개별적인 행정인의 행
   위도 의사결정을 내리는 결정상황의 단위로 작용한다. 또한 행정인의 의식구조·사고
   방식 등에 연구의 초점을 두기 때문에 행정문화의 분석에 중점을 둔다.
5) 행태론은 인간의 자극과 반응의 존재로서 그들 행태의 규칙성, 상관성을 경험적으로
   입증하고 설명할 수 있다고 본다. 따라서 행태론은 객관적 자료를 참고, 자료의 분석
   에 계량적 기법이 사용된다.
6) 행태론은 연구의 단위가 주로 개인이나 그들의 활동이기 때문에 방법론적 개체주의
   입장이다. 즉 행태론은 인간의 사고·의식 등은 그가 속한 집단적 특성에 의해 결정되

지 않고 개인에 따라 다를 수 있다는 개체주의 방법론에 따른다.[2]

4. 행태론에 대한 비판

1) 행태론은 인간의 외면상의 객관적 행태를 관찰하기 때문에 그 행태의 진정한 내면적 의미를 파악하는 데는 한계가 있다.
2) 행태론은 가치판단을 배제하나, 가치판단의 배제는 적절하지 못하다. 왜냐하면 사회과 학자는 그의 연구에 있어서 어떤 선호와 윤리적 입장을 갖게 된다.
3) 폐쇄적 2중 구조적 사회에 적용이 곤란하다. 즉 권위주의 행정문화 속에서는 공무원 의 가치관이나 태도가 외부에 표출되기 어렵다. 개방사회에서는 심리현상이 외부로 공개되나 폐쇄사회에서는 심리적 현상이 외부로 공개되지 않는다.
4) 행태론은 가치중립성의 강조하므로 보수주의를 초래한다. 또한 지나친 논리성과 정밀 성의 강조로 행정의 실상이나 실제문제를 외면한 형식논리에 빠지기 쉬워 현실적인 행정문제에 도움을 주지 못한다.

5. 행태론의 공헌

행정이론의 과학화에 주력하였다. 행태론자들은 과학적 관리법에서 주장한 행정원리는 속담과 격언같은 형식적 과학에 불과하다는 비판을 했다. 행태론은 전통적인 행정이론에 반박을 가함으로써 행정이론을 보다 확실한 과학적 터전 위에 올려놓았다.

6. 후기행태론 대두

행태론은 행태적 요인만 중시한 이론임으로 조직의 구조와 환경 등을 고려하는 다른 이 론과 보완적으로 활용이 바람직하며, 행정의 과학성의 주장으로 행정의 처방성을 상실했다. 따라서 행태론에서 소홀히 했던 가치문제, 사회적 형평성, 철학 등을 중시하는 신행정학이

---

2) 개체적 접근방법이란 인간의 생각·의지·행태는 그가 속한 사회집단에 관계없이 각기 다르므로 개인을 분 석대상으로 하는 것을 말한다. 개인의 의식을 투표나 질문지 등으로 외면화한 뒤 분석하는 것을 개체적 방 법주의라 한다.

대두되었다. 신행정(후기행태론)은 사회문제의 해결을 강조하였다. 또한 행태주의에 대한 보완으로 등장한 현상학은 학문적 연구에 객관주의를 극복하고 인간의 주체성을 높여 생명력 있는 인간의 사회적 의미를 강조하였다.

표 3-2　특징과 비판

특　징	비　판
객관시되는 대상만 연구	연구범위ㆍ대상의 제약
가치와 사실을 구별하여 가치판단 배제	가치판단 배제의 비현실성
종합과학의 성격	보수주의 경향
행정문화의 중시	현실행정의 문제에 부적절
미시적 분석에 치중	폐쇄적 2중 구조적 사회에 적용곤란
계량적 분석	

제 4 절　생태론적 접근방법

1. 의　　의

행정학을 이해하기 위해서는 행정 내부만이 아니라 이를 둘러싸고 있고 정치ㆍ경제ㆍ사회ㆍ문화 등의 이해가 필요하다. 생태론적 접근방법은 행정체제와 이를 둘러싸고 있는 환경간의 상호작용에 연구에 초점을 두는 접근방법이다. 행정과 환경은 상호작용을 통하여 서로 영향을 주고받는 관계에 있으며 생태론은 행정이 환경으로부터 영향을 받는 것으로 본다.

2. 가우스(Gaus)의 생태론

환경이 행정에 미치는 영향을 인식하는 데 선구적인 역할을 한 Gaus는 행정에 관한 고찰에서 행정에 영향을 미치는 환경적 요소 7가지를 다음과 같이 지적하였다.

1) 주민 : 주민의 분포변화는 공공정책이나 행정자체가 영향을 받는다.
2) 장소 : 상공업이 발전하면 산업용지 확보가 필요하게 된다.
3) 물리적 기술 : 자동차 보급은 도로가 필요하므로 국가는 도로를 건설해야 한다.
4) 사회적 기술 : 자본이 집중되면 정부의 규제가 필요하다.

5) 욕구와 사상 : 국민의 욕구와 사상은 정치적 행동을 촉구하게 된다.

6) 재난 : 긴급한 사태·재난의 경우에 행정은 당면 대책을 강구해야 한다.

7) 인물 : 특정인의 인격·태도 등이 행정에 영향을 미친다.

3. 리그스(Riggs)의 프리즘적 사회

Riggs는 농업사회와 산업사회의 중간에 전이사회인 프리즘사회를 설정하여 프리즘사회의 행정체제를 사랑방으로 보아 형식적으로 생활공간과 업무공간이 분리되었으나 실질적으로는 생활공간에서 업무가 이루어진다고 설명하였다. 프리즘사회의 특징을 보다 더 자세히 설명하면 다음과 같다.

1) 이질혼합, 기능의 중복 : 전통적 요인과 현대적 요인이 혼합되어 있는 상태로 미분화된 전통사회의 구조와 분화된 발전사회가 서로 공존하고 있다.

2) 형식주의 : 형식적인 법규와 사실상의 집행이 부합되지 않는 현상을 말한다. 이유는 신생국가가 외국의 제도를 무비판적으로 수용하는 데 원인이 있다.

3) 다분파성 : 여러 개의 적대적 공동체가 존재하여 관료의 행정행태에 영향을 행사한다. 행정조직이 겉으로는 현대적 조직행태이나 실제는 파벌집단을 이룬다.

4) 가격의 불확정성 : 상품의 가격이 시장적 요인 이외에 환경적 요인이 작용한다.

5) 다규범주의 : 상황에 따라 적용되는 규범의 성격에도 심한 차이가 있다.

6) 양초점성 : 관료의 권한이 법으로 상당히 제약되나 현실적으로 큰 영향력을 행사하는 이중적 특징을 나타낸다. 고객에 대한 관료들의 대응행태가 이중적이다.

7) 가치의 응집 : 사회가치가 분화되지 못하고 사회가치가 통합되어 권력 가치를 소수엘리트가 독점하여 행사한다.

8) 의존증후군 : 권력자가 생산에 공헌하지 않으면서 권력을 이용하여 생산자로부터 재화를 수탈하는 현상을 말한다.

9) 모순적 상용성 : 관료의 의식 속에 전통적 규범의 가치와 선진국의 규범과 가치가 그때그때 편리에 따라 공존하는 현상을 말한다.

4. 생태론의 공헌

1) 생태론은 행정의 내용이나 운영이 행정외적 요인 등에 의해 영향을 받는다고 보아 행

정연구에 거시적 안목을 제공했다.

2) 행정을 어느 국가, 어느 시기에도 적용될 수 있는 보편적 이론으로 보지 않고 환경적 요인에 따라 다르게 나타나는 것으로 봄으로써 각 국의 행정현상을 체계적으로 비교·연구해야 한다는 비교행정연구의 필요성을 촉진시켰다.

3) 행정을 주위환경에 의해서 둘러싸인 존재로 파악하여 연구의 초점을 현상과 현상간의 상호인과 관계의 분석에 중점을 두어 생태론은 정치학·사회학·심리학 등 사회과학 지식을 광범위하게 활용하는 종합적 연구를 촉진시켰다.

5. 비   판

1) 생태론은 행정을 환경과의 정태적 균형관계가 유지되는 체계로 보았다. 따라서 행정은 환경에 의해서 영향을 받는다고 보아 행정의 역할을 과소평가하고 있다.

2) 행정이 환경에 좌우된다고 보아 신생국의 발전에 숙명론적 비관론을 제시하였으며, 행정이 나가야 할 방향에 대해서는 잘 설명하지 못하고 있다. 따라서 행정엘리트가 발전의 원동력이 될 수 있는 가능성을 무시하였다.

제 5 절 체제론적 접근방법

1. 의   의

체제란 총체적인 관계속에서 복수변수가 공동목표달성을 지향하는 상호연관된 사물을 말한다. 체제적 접근방법은 사회현상을 전체의 한 부분으로 본다. 모든 체제는 상호작용하는 여러 구성요소로 이루어졌다고 본다. 따라서 체제는 보다 큰 상위체제의 하위체제가 된다. 따라서 체제는 상위체제, 하위체제를 잇는 계층구조를 이루고 있다. 또한 체제론에서는 전체체제와 하위체제간, 하위체제간 상호작용을 강조한다. 체제는 자기모습을 드러내고 정체성을 나타나기 위해서 다른 체제와 구별되는 경계(boundary)를 지닌다. 경계는 의식과 같은 상징을 통해서 유지되는 것, 인간의 가치관, 국경선과 같은 물리적인 것 등을 의미한다. 따라서 체제적 접근방법은 체제와 환경간의 상호작용의 분석에 초점을 두며 이때의 관계는 혼란과 무질서가 아니라 안정과 질서의 관계를 가진다. 즉 구성요소들은 유기적으로 연결되어 있으며 질서를 이루고 있다.

2. 개방체제

(1) 의   의

1) 개방체제란 하나의 체제를 그것을 둘러싸고 있는 환경과의 상호유기적 관련 속에서 조직을 유기적 실체로 파악하는 것을 말한다.
2) 개방체제는 현대조직의 조직관이며 동태적 조직을 의미한다.

(2) 개방체제의 특징(Katz와 Kahn의 견해)

1) 투입-전환-산출-환류의 반복기능을 수행하면서 새로운 산출물을 창조한다.
2) 부정적 엔트로피 : 엔트로피의 의미는 무질서의 정도를 뜻하는 용어로서, 시스템이 붕괴되거나 소멸되는 성향을 의미한다. 폐쇄시스템에서는 환경으로부터 에너지 유입이 없으므로 엔트로피가 지속적으로 증가하나, 개방시스템은 쇠퇴의 조짐이 보이면 더 많은 자원을 확보하여 시스템의 붕괴를 막고 오히려 성장, 발전시키려는 노력을 기울인다. 따라서 부의 엔트로피는 조직의 해체·소멸현상을 부정하고 체제의 지속적인 유지를 중시한다.
3) 전체성 : 체제는 구조·기능·분화·통합 등이 복잡하게 엉켜있어 체제의 현상을 이해하기 위해서는 개별적인 분석보다는 전체적인 연관성을 중요시한다.
4) 정보투입·제어피드백(Negative feedback) : 개방체제는 에너지뿐만 아니라 체제의 기능에 관한 정보도 투입된다. 그리고 제어피드백은 체제로 하여금 정보가 그 진로로부터 이탈하는 것을 시정해준다.
5) 동적 항상성(Dynamic homeostasis) : 동태적 안정상태라고도 하며 동태적인 적응과정을 중시하면서도 체제의 속성은 불변하는 안정상태를 추구한다. 즉 개방체제는 환경과의 관계를 지속하면서 그 고유형태·상태를 유지하려는 경향을 띤다.
6) 분화(Differentiation) : 개방체제는 동질적인 것이 이질적인 여러 다양한 요소로 분화하는 것이며 분화는 발전·성장을 의미한다.
7) 등종국성(Equfinality) : 과정과 절차보다는 전체적인 결과를 중시한다. 즉 개방체제는 시작조건이 서로 다르고 여러 가지 상이한 진로를 통하여도 결국 동일한 최종성과

를 나타낸다.

8) 균형과 안정 : 개방체제는 타 체제와 또는 환경간의 균형을 중시한다. 즉 개방체제는 하위체제 상호간의 균형, 체제와 환경간의 균형을 통해서 유지될 수 있다고 보았다. 또한 변화를 적극 추구하기보다는 동태적인 적응을 중시한다.

3. 체제론적 접근방법의 공헌

1) 체제론적 접근법은 여러 행정체제(선진국, 후진국)의 비교분석으로 문제해결과 의사결정의 합리화에 기여하였으며 행정이론의 과학화에 이바지했다. 또한 행정체제와 환경, 상위체제와 하위체제 비교분석으로 지엽적인 부분이나 과정·절차보다는 거시적으로 전체를 보며, 부문간의 상호기능적인 관계를 밝혀줌으로써 복잡한 행정현상을 포괄적으로 이해하는 데 도움을 주었다.

2) 체제론은 체제분석을 통하여 어떤 문제의 해결에 합리적인 의사결정에 도움을 줄 수 있는 과학적인 분석기법의 개발에 기여하였다. 또한 체제철학을 통하여 부분의 합이 전체의 총합과 같지 않다고 주장하는 체제적 사고방식의 틀을 마련하였다.[3]

4. 문 제 점

1) 체제의 자기유지기능이나 사회체제 내의 균형 등이 강조되므로 보수적인 편견이 내재하고 있으며, 현상유지적 성격을 띠어 정치사회의 변동을 설명할 수 없다.

2) 특수한 인물의 성격, 개성 등의 큰 비중을 가지는 경우 이를 과소평가하기 쉽다.

3) 체제론적 접근방법은 체제간, 환경과 체제간의 지나친 균형을 중시한 정태적 균형이론에 치중하였다. 그러므로 체제론은 목적성을 띤 변화나 발전에 대해서는 설명할 수 없다. 따라서 체제론적 접근은 안정성을 강조한 이론이다.[4]

---

3) 체제적 접근방법은 의사결정에서 합리모형에 입각하여 체계적 분석을 통한 의사결정이 이루어진다. 따라서 분석범위는 포괄적이다. 즉 체제적 접근방법의 연구대상은 구조가 중요시되지 않는다는 측면에서 전체론적이다.

4) 정태적 방법은 조직을 개별적인 구성원들의 업무부담의 틀로 인식하거나 조직과 환경과의 일방적이고 편향된 관계가 전개되는 현상을 말한다. 동태적 방법은 구성원 상호간의 상호유기적인 관계나 외부 구성원과의 상호유기적 교류관계가 전개되는 것을 말한다. 생태론과 체제론은 개방적·정태적 조직이론이라면 발전행정과 신행정론은 개방적·동태적 조직이론이다.

4) 체제론적 접근방법에서도 변화를 다룬다. 그러나 체제론에서의 변화는 부분을 통한 파급효과로서의 변화를 말한다. 즉 행정현상에서 중요한 행정의 가치문제를 다룰 수 없다.

5) 체제론적 접근방법은 거시적 접근방법으로 체제의 전체적인 국면은 잘 다루고 있어 거시적 안목을 제공했으나 체제의 구체적인 운영, 행태적인 측면을 다루지 못한다.

제 6 절   비교행정론

1. 의   의

비교행정이란 각국의 행정에 대한 강력한 영향을 미치는 여러 환경적 요인을 비교하여 행정을 과학화하고 행정현상을 체계적으로 비교 연구하여 일반이론을 정립하는 현상을 말한다. 따라서 비교행정은 행정행태를 사회문화적 측면에서 파악하여 각 행정체제의 특징을 설명하고 행정 특징이 국가에 따라 다르게 작용하는 요인을 관찰하는 것이다.

2. 발달요인

1) 1945년 이후 미국이 후진국가에게 원조를 제공했으나 소기의 성과를 거두지 못하자 외국의 행정문제에 대한 이해와 지식이 필요하게 되었다. 이는 미국의 행정이론이 생태적 요인을 달리하는 신생국가에 적용하는 데는 한계가 있었기 때문이다. 따라서 이에 대한 새로운 연구가 필요하였다.

2) 비교정치론은 비교행정론의 발달에 기여하였다. 제2차 세계대전 후 비교정치론은 과거의 서구중심의 연구에서 신생국가의 연구로 전환하였다. 1953년 미국정치학회는 비교행정특별위원회를 설치하여 비교행정의 발전에 기여하였다.

3) 비교행정은 행정의 과학화를 위한 노력의 결과이다. 비교행정은 특정국가의 경계를 넘어서 행정에 관한 보편적인 원칙을 정립하기 위해서 성립되었다.

3. 한   계

1) 비교행정은 기능주의에 입각한 과학적 연구로서 정태적, 보수성, 비실용성 때문에 비
   판을 받았으며, 행정을 사회변화의 종속변수로 인식하여 변동담당자로서 행정인이 수
   행하는 역할을 무시하고 있다.
2) 비교행정은 신생국의 발전이나 근대화의 전망에 대해서 비관론적 입장을 견지하였으
   며 후진국가의 저개발의 원인을 신생국가의 정치와 행정환경에서 찾고 있다.

4. 발전행정론과의 관계

1) 비교행정론은 이론면이나 연구자의 범위 등에서 발전행정론을 성립시키는 데 교량적
   역할을 하였다고 볼 수 있다. 따라서 두 이론은 독립적이라기보다는 어느 정도 중복
   된 점이 있으며 상호보완적 관계에 있다고 볼 수 있다.
2) 비교행정과 발전행정론과의 차이점은 비교행정은 행정을 종속변수로 보나 발전행정론
   은 행정을 독립변수로 보아 행정인의 역할을 강조하였다. 또한 비교행정이 전이적 변
   화의 행정을 강조하나 발전행정론은 계획된 변화의 행정을 강조한다. 따라서 비교행
   정론에서는 행정인의 자격으로 정보지식의 양만을 중시하였으나 발전행정론에서는
   정보지식의 양 이외에 쇄신과 성취지향성을 중시하였다.

제 7 절 발전행정론

1. 정   의

1950년대의 비교행정론은 행정학의 과학적 연구에 공헌한 것은 사실이나 신생국의 국가
발전을 위한 실용적, 처방적 이론으로는 적합하지 않았다. 따라서 1960년대에 실용주의에
입각한 보다 새로운 차원에서 목표지향적이고, 규범적이고, 동태적인 행정연구가 강조되었
다. 발전의 개념은 매우 다양하나 일반적으로 사회구조의 변화, 계획된 변동, 변동대응능력
의 증진으로 볼 수 있으며 발전행정이란 행정체제가 사회경제적 향상과 국가발전을 위해서

계획적·의도적으로 사회변동을 유도하고 관리하는 계획·정책이라고 할 수 있다.

2. 특   징

1) 발전행정론은 국가발전목표의 효과적인 달성을 위한 인위적·계획적 변동에 역점을 두며 정치·행정 일원론의 입장으로 행정인의 정책결정능력을 강조한다. 왜냐하면 발전행정은 과학적인 원리의 발견보다는 실질적인 사업의 성과를 강조하기 때문이다.
2) 과학성보다는 사회문제의 처방을 위한 기술성·규범성을 강조하고 국가목표의 달성을 위한 효과성을 중시한다.
3) 행정인의 적극적 역할을 강조한다. 즉 행정인의 문제해결능력, 자원동원능력, 위기관리능력 등의 향상을 중시한다.
4) 발전행정론은 전통적 행정학의 영역을 넘어 목표설정, 정책결정, 환류 등의 영역을 중시한다. 왜냐하면 목표 달성도와 자원의 효율적인 사용여부에 대한 관심으로 평가와 시정조치 등을 강조하기 때문이다.
5) 발전행정은 행정의 특수성을 고려한 이론이다. 특수성이란 행정현상이 한 국가의 정치상황이나 사회문화적 환경에 의해서 크게 영향을 받는다는 것을 의미한다. 보편성은 비교행정과 관련이 있으며 보편성이란 시간과 공간의 범위를 초월하여 진실로 받아들여지는 것을 의미한다. 즉 각국의 역사적 상황이나 문화적 장벽을 뛰어넘는 행정학의 일반이론을 말한다. 외국의 제도를 도입할 때 상황의 유사성을 확인하는 것은 특수성을 의미하며 각종 행정문제의 해결을 위해서 외국제도를 도입할 수 있다는 것은 보편성을 의미한다.

3. 문 제 점

1) 발전행정은 처방적인 성격을 띠어 과학성이 결여되고 경험적 검증을 거친 이론이 드물며 가치판단을 지나치게 강조하고 있다. 또한 목표달성에 치중하여 산출기능을 강조한 나머지 정책결정과정에 시민의 참여와 관련되는 투입기능을 소홀히 하였다.
2) 행정의 주도적 역할의 강조로 발전행정은 행정의 비대화를 초래할 가능성이 많으며 상대적으로 민간부문의 발전을 저해할 가능성이 많다.
3) 발전행정론은 관료제에 의해서 발전행정의 수행으로 상대적으로 의회·정당의 기능이

약화되기 쉬우며, 또한 행정의 지나친 역할강조로 행정기구의 팽창과 공무원 수의 증
가를 초래하기 쉽고, 관료들의 역할이 강조되어 부조리 발생 우려와 가치배분의 형평
성 확보가 어렵다.

제 8 절 신행정론

1. 배   경

신행정론은 1960년대의 미국의 사회적 상황을 배경으로 성립되었다. 1960년대 미국의
정치사회의 현실, 즉 월남전 문제, 도시슬럼 문제, 인종분규 등이 발생했으나 기존의 행정
이 이러한 문제에 적극적으로 대처하지 못했다. 따라서 그동안 중산층위주의 행정이론에
불만을 품고 있었던 학자들이 1968년 Minnowbrook회에 참여하여 행정의 새로운 역할을
주장했다. 신행정론자들은 기존의 행정은 능률지상주의와 조직의 대내적 측면만을 강조하
고 환경의 변화에 대한 대응능력이 부족하다고 보았다.

2. 내   용

1) 사회적 형평성을 강조하였다. 기존의 행정이 특정집단에 편중되어 서비스의 불평등을
   초래하였다. 신행정론은 불리한 입장에 있는 계층을 위한 서비스를 강조하며 그들에
   게 보다 많은 서비스를 제공함으로써 사회적 형평성의 주장을 강조했다. 신행정학에
   서 주장한 형평성이란 시민은 누구나 똑같이 국가로부터 혜택을 받아야 한다는 것이
   다. 또한 공익을 위해서는 한 개인이 손해를 감수하는 것, 농촌지역의 철도운행을 손
   해를 보면서 운행하는 것, 농어촌지역의 보건진료소의 운영 등은 형평성과 관련된다.
2) 적극적 행정인의 역할을 강조하였다. 즉 행정인은 소속기관의 정책이 잘못되었을 때
   시정을 주장해야 한다는 점을 강조했다.
3) 신행정론은 문제해결에 시민의 참여를 강조한다. 행정은 수요자의 이익을 적극적으로
   도모해야 하며 내부관리자보다는 고객중심의 행정이 되어야 한다고 주장했다.
4) 신행정론은 조직과 개인의 대립관계보다는 조직을 통한 인간의 성장·발전욕구의 충

족 등을 목표로 한 새로운 조직론을 주장하였다. 따라서 인간의 능동성과 창의력을 발휘할 수 있는 새로운 조직형태 등을 강조하였다.

5) 신행정론은 현실문제의 해결에 중점을 둔다. 따라서 신행정론은 서술적이기보다는 처방적이고, 기관지향적이기보다는 고객지향적이며, 가치중립적이기보다는 가치지향적이다.

6) 현상학적 접근방법을 중시한다. 현상학이란 인본주의에 입각하여 인간의 주관적 내면세계와 자신과 타인간의 상호작용하는 間主觀性과 감정이입을 통한 상호인식작용을 중시한다. 신행정론의 철학적 배경은 실증주의에 대한 반발에 기초를 두고 있다. 그러므로 신행정론은 현실적합성 있는 행정을 강조하는 현상학과 직접·간접으로 관련이 있다고 본다.

3. 신행정론의 공헌

신행정학의 주요 제안들은 현대행정학의 방향에 커다란 영향을 미쳤으며 특히 행정이 가치판단을 중시하고 행정에서 공익과 형평성을 추구하는 계기가 되었다. 다만 무엇이 공익인가의 판단은 개개인의 철학과 가치관에 의해서 달라질 수 있다.

표 3-3 발전행정론과 신행정론의 비교

구 분	발전행정	신 행 정
공 통 점	정치·행정 일원론(행정인의 적극적 역할), 사회문제 중시, 처방성 강조	
차 이 점	발전도상국가/성장, 발전위주/공무원위주 행정, 기관형성 중시	선진국가/분배, 윤리위주/고객위주 행정, 기관형성 비판

4. 문 제 점

1) 행정에 시민참여를 강조하여 행정의 목표설정과 정책결정에 행정전문가보다는 비전문가에게 의존한다는 비판을 받고 있다.

2) 행정의 민주화가 정착되지 않는 발전도상국가에서는 적용이 곤란하다. 왜냐하면 발전도상국가는 주민의 행정참여는 많은 어려움이 있다.

3) 탈계층제의 강조로 구성원의 조직에의 충성이 지나치게 경시될 때에 소속감 결여와 무정부적 이상론에 빠질 우려가 있다.

4) 개발도상국가에서는 공무원의 행정윤리가 확립되지 않을 경우에 행정의 가치지향성의 지나친 강조는 행정권의 남용 우려가 있다.

5) 신행정론에서는 조직의 탈계층화를 강조한다. 그러나 탈계층제적 조직이 현실적 가능성이 있는지 문제이다. 실제로 행정분야에서 탈계층조직으로 개혁의 가능성이 있는지 의문이 있다.

5. 평　가

신행정론은 전통행정학의 비판에서 시작되었다. 전통행정학은 행정을 위한 행정이었으나 신행정학은 시민을 위한 행정학이라고 볼 수 있다. 이러한 측면에서 볼 때 기존 행정학의 문제점을 지적하고 새로운 접근방법과 새로운 가치관에 입각해서 행정을 연구함으로써 행정학이 나가야 할 방향을 제시하였다.

제 9 절　현상학적 접근방법

1. 의　의

현상학적 접근방법은 행태론적 접근방법에 비판적인 입장을 취하는 사람들의 연구로 객관화에 앞서 자연스럽게 체험된 생활세계를 찾아야 한다고 주장하며 사회적 해석행위에 주관적 의미를 강조하는 이론이다. 현상학(phenomenology)이란 현상에 대한 개개인의 지각으로부터 개개인의 행태가 나온다고 주장한다. 즉 현상이란 인간의 의식작용을 통해서 어떤 의미가 부여된다고 보아 사회적 해석에 있어서 의미를 중요시하는 심리학적 접근방법이다.[5] 따라서 현상학은 실증주의적 접근방법과는 달리 사실과 가치문제를 다룬다.

---

5) 현상학은 독일의 철학자 후셀(Husserl)에 의해서 발전되었다. Harmon은 행정학 연구에 현상학을 본격적으로 도입했다. 현상학은 일명 이해 사회학 인식론 등으로도 통용되며 의식과 주관적 의미에 의해서 사회적 행위를 해석하는 해석이론이다.

2. 특   징

1) 현상학적 접근방법은 사회현상을 관찰 가능한 요소들간의 因果관계에 대한 설명이 아니라 인간의 의식작용을 통하여 어떤 의미가 부여된다고 보았다. 그러므로 현상학에서는 사회현상이 인간의 생각·의식 등을 통하여 인식된다.

2) 조직 속에서 인간행위는 목적적·의도적이지 기계적·수동적이 아니라고 보아 개인의 자율과 책임을 강조한다.

3) 현상학은 의도된 행위와 표출된 행위를 구분하고 관심을 기울여야 할 분야는 의도된 행위라고 본다. 즉 겉으로 나타난 것 또는 구조보다는 구조안의 가치·행동을 중시하기 때문에 주관적 접근방법이다.

4) 현상학적 접근방법은 간주관성을 강조한다. 현상학에서는 인간의 내면세계(간주관성)를 중시한다. 이는 현상을 완전히 이해하기 위해서는 내적 심리동기까지 이해해야 하는데 그것은 타인과의 상호작용으로 형성된다. 즉 현상학에서는 개인의 일상생활세계는 사적세계가 아니라 상호주관적 세계로 이해한다. 그러므로 사회현상이란 사람들의 의식, 생각, 언어들로 구성되며 그들의 상호주관적인 경험으로 이룩된다.6)

5) 행위이론과 관련된다. 행위이론은 인간의 행위가 합목적적·의도적이며 인간은 자신의 활동과 관련하여 자아를 성찰할 수 있는 책임 있는 행위자임을 전제로 한다.7) 인간의 상호작용을 통해서 조직은 창조되고 유지될 수 있다고 보았다.

6) 인간의 내면세계(間主觀性)를 중시하며 분석단위는 자아개념(self-concept), 상호주관성(intersubjectivity), 현상적 세계(the phenomenological world) 등이다.

7) 현상학은 조직의 탈물화(脫物化)를 강조한다. 조직이란 대규모되고 복잡화되면 물화(物化,reification)되어 버려 인간의 정신적 면이 떠나버린다. 현상학은 이러한 탈물화의 강조로 행위자들의 의미 있는 상호작용의 활동으로 구성된다고 보았다.8) 따라서 현상학은 조직의 물화과정에 흥미를 느끼고 그것의 해석에 중점을 둔다. 이는 인간을

---

6) 김재기, 1999, <행정학>, 서울: 법문사.

7) 현상학과 행정학의 접목을 시도한 학자는 M. Harmon이며 연구는 행위이론(action theory)이다. 행위이론의 주요 특징을 살펴보면 ① 능동적·사회적 인간모형을 주장하여 행동하는 행정인의 가치와 규범을 중요시하며 ② 상호적 인간모형을 강조하며 ③ 자유로운 발의에 의한 협상을 강조하여 합의적 규칙이 가장 좋은 결정규칙으로 보며 ④ 행정행위자 비난과 책임을 타인에게 돌리지 않고 개인적 책임을 강조한다.

8) 백완기, 1997, <행정학>, 서울: 박영사.

자유의지를 지닌 자발적·능동적 존재로 인식하는 것이다.

3. 행태론과의 비교

1) 연구대상의 본질과 관련되는 존재론적 입장에서 현상학은 유명론(nominalism)에 근거한다. 유명론은 인간의 믿음과 의식행위를 중시한다. 즉 사회체계는 인간의 의식의 산물로 본다. 그러나 행태론은 객관적 사실을 중시하는 실제론(realism)에 근거한다.
2) 지식을 얻는 문제와 관련되는 인식론적 입장에서는 현상학은 반실증주의에 근거를 두고 있다. 그러나 행태론은 논리적 실증주의에 근거한다.
3) 방법론적 입장에서 현상학은 개개의 사례나 문제중심적 방법을 강조하는 개별예적 중심을 강조한다. 그러나 행태론은 일반법칙적 연구를 지향한다.
4) 인간본성의 입장에서 현상학은 인간의 자율적·능동적 측면을 중요시한다. 행태론은 인간의 행동이 환경에 의해서 좌우된다는 결정론적 입장을 취한다.

표 3-4 행태론과 현상학의 비교

구 분	행 태 론	현 상 학
인 식 론	실증주의	반실증주의
존 재 론	실제론(객관적 사실에 관심)	유명론(인간의 믿음과 의식중시)
인간성격	외부환경자극에 수동적	외부환경자극에 자율적
접근방법	객관적 접근	주관적 접근
방 법 론	일반법칙	개개의 사례와 문제중심

4. 평 가

1) 현상학적 접근방법은 과학적 접근방법을 통해서 설명할 수 없었던 인간의 주관적 관념, 의식, 동기 등의 의미를 이해할 수 있도록 하였다.
2) 인간의 가치문제를 다룸으로써 정책연구에 기여하였으며, 사회현상을 보는 데 폭넓은 사고의 틀을 제공하였다.

5. 문 제 점

1) 현상학은 개별적인 인간행위 또는 개인간의 상호작용의 해석에 중점을 두어 접근방법이 미시적이며 조직의 전체성을 파악하는 데 한계가 있다. 즉 현상학적 접근방법은 근본적으로 행정학 연구는 행정인의 일상적인 실체적 측면의 관점에서 바라보는 미시적 분석이다. 또한 현상학적 접근방법은 인간의 의식적 행위로 설명하고 있지만 인간행위에는 무의식적이고 집단규범이 작용하고 있다는 점을 간과하고 있다.
2) 현상학은 외부환경에 의한 영향요인 파악에 소홀하였다. 즉 현실적으로 인간행위의 많은 부분이 집단규범이나 문화에 의해서 제약을 받는다는 점을 간과하고 있다.

제10절　신제도론적 접근방법

1. 대두배경

행태주의는 정치를 이해하고 정치적 결과의 설명을 위해서는 정부제도보다는 정치행태·태도 등을 살펴보아야 한다고 보았다. 즉 연구대상이 과거의 유형적인 국가제도에서 무형적인 행태와 태도를 중요시하여 주요 분석단위가 개인과 집단의 행태이다. 그러나 행태주의는 정치와 행정현상에서 개별국가의 특수성을 인정하지 않고, 정치현상의 보편성과 객관성을 강조하여 국가별 정책의 차이와 다양성을 설명하는 데 한계가 있어 동일문제에 각국의 상이한 정책대응방법 등을 설명하지 못했다. 따라서 국가들이 상이한 정책을 채택한 이유를 설명하기 위해서 각국의 제도에 관심을 기울이게 되었다.

2. 의　　의

구제도론적 접근방법에서는 행정기관과 부처의 배열과 공식적 임무의 서술에 치중하는 접근방법이었다. 그러므로 구제도론적 접근방법에서는 헌법과 법률이 관심의 대상이 되어 의회·대통령·사법부 등의 권한과 임무의 기술에 중점을 두고 있다. 신제도론적 접근방법은 조직과 환경의 상호작용을 강조하는 접근방법이다. 즉 조직을 환경의 영향을 받는 제도라고 이해한다. 조직을 구성하는 사람들은 조직이라는 제도의 영향을 받으며 조직은 환경적 제도들로부터 영향을 받는다. 따라서 조직의 설계는 환경적 상황에 달려있다고 보고 성과에 영향을 미치는 제도적 장치를 규명하는 데 초점을 두고 있다.[9] 그러므로 구제도적 접근방법에서 제도란 기관을 의미하나 신제도론적 접근방법에서 제도란 개인들 상호간의 관계에 질서를 부여하기 위해 사용되는 규칙을 의미한다. 다만 신제도주의는 제도를 연구의 중심개념으로 사용하고 합리적 행동모형에 회의적이라는 점에서 구제도주의와는 공통점이다.

3. 특   징

1) 구제도주의는 행위자를 배제하고 제도자체에 초점을 두나, 신제도주의는 제도와 행위자의 상호영향력을 인정하고 있다. 또한 구제도주의가 제도의 개념을 가시적이고 구체적인 것만을 제도로 보나, 신제도주의는 공식적으로 표명되지 않는 조직이나 문제해결기구도 제도로 간주한다. 따라서 신제도주의에서는 제도의 개념을 사회질서, 규범, 규칙 등으로 규정한다. 규칙은 개인 간의 합의에 의해서 만들어지며, 이는 개인의 행위를 구속한다. 예를 들면 합의로 공동주택관리 규약이 만들어지고, 이는 아파트 입주자들이 지켜야 하는 규칙이 되는 것이다.

2) 구제도적 접근방법은 국가기관의 공식적 측면을 강조하여 구조와 행정기구의 차이를 정태적으로 기술하였으나 신제도론적 접근은 제도를 동태적으로 연구하였다. 즉 제도와 행위자간의 상호관계를 통하여 사회현상을 설명한다.

3) 신제도론자들은 행정이 인간의 복지향상을 증진하는 것이 목적이라면 행정학자들은 인간의 복리증진의 방법이 무엇인지를 지적할 수 있어야 한다고 보았다.

4) 신제도론적 접근방법은 공유재원을 어떻게 관리·운영하면 가장 좋은 결과를 가져올 수 있는가를 연구하는 데 유용하게 사용될 수 있다. 즉 공유재원을 공동으로 이용하기 위해서 일정한 규칙을 정할 필요가 있다. 규칙이 정해지면 사람들은 규칙을 준수하게 되어 공유재원이 훼손되거나 적정수준 이상의 공유재원의 사용을 자제한다. 여기서 공유재원이란 산림, 어장, 목초지, 주차장, 도로 등을 의미한다.

---

9) 행정학의 주요 이론(2000), pp.647~653 참조; 오석홍, 1998, <행정학>, 서울: 나남출판사.

표 3-5 구제도주의와 신제도주의의 비교

구 분	구제도주의(19c)	신제도주의(1980년대 이후)
제도의 개념	공식적 제도만을 의미 (공식적 통치제제·법령) 제도만을 연구 함 즉 조직속에서 개인을 연구하지 않음 개인은 제도(기구)속에 있다는 견해	공식적 제도 + 비공식적 제도 (공식적 법령 + 비공식규범이나 정책구조 등을 제도로 인정하여 제도를 넓게 봄) 개인의 행동도도 연구함. 즉 제도와 개인의 행동을 모두 연구함
견 해	제도를 정태적·보편적·거시적 연구	제도를 동태적으로 연구 (제도와 행위자 간의 상호관계를 통해 사회현상을 설명) 개인 간의 합의를 통해서 규정을 들고 이는 개인을 구속함

4. 신제도주의 유형

신제도주의는 크게 역사적 신제도주의, 합리적 신제도주의, 사회적 신제도주의로 나누어
설명할 수 있다.

(1) 역사적 신제도주의

1) 개인의 행위가 제도적 맥락 속에서 형성되고 제약된다고 본다.
2) 역사적 신제도주의에서 제도란 장기간에 걸친 인간행동의 정형화된 패턴을 의미한다.
   즉 제도란 정치와 경제 각 부문에서 개인들간의 관계를 구조화시키는 공식적 규칙,
   표준화된 관행이라 정의할 수 있다.
3) 역사적 신제도주의는 행위자들의 이익 혹은 선호가 제도에 의해 형성된다고 보았다.
   선호가 주어진 것이 아니라 제도의 맥락 속에서 형성되어 자신의 마음대로 무엇인가
   를 선택할 수 없다고 보았다. 이러한 점에서 선호가 주어져 있다고 보는 합리적 신제
   도주의와 차이가 있다. 즉 합리적 신제도주의는 선호의 형성을 분석대상에서 제외하
   고 단지 선호가 고정되고 주어진 것으로 본다. 역사적 신제도주의는 현시점에서 존재
   하는 제도가 역사적 과정의 산물이라고 본다. 과거의 시점에서 나타난 원인이 현재도
   영향을 미친다는 역사적 인과관계를 강조한다. 그러므로 역사적 제도주의는 "경로의
   존"을 강조한다. 경로의존이란 시간적으로 먼저 발생한 사건이 이후의 일련의 사건의
   결과에 영향을 미친다는 입장이다.

4) 역사적 신제도주의는 역사적 조망과 거시구조적 분석을 결합하여 정책에 대한 흐름 (맥락) 접근을 강조한다.

5) 역사적 신제도주의는 제도의 변화가 계속적이고 점진적인 것이 아니라 위기상황에 대처하는 과정에서 매우 급격하고 간헐적으로 일어난다고 본다. 크래스너(Krasner)는 이러한 현상을 단절적 균형이라 하였다.

6) 역사적 신제도주의는 연구방법론상 특징으로 개인주의가 아닌 전체주의 입장이다. 또한 구조와 같은 거시변수나 개인의 선급과 같은 미시가 아닌 중간 수준의 제도적 변수(정당체제) 등에 초점을 두고 있다. 또한 국가 간에 사례연구를 통한 귀납적 방법으로 이론화를 시도하였다. 따라서 역사적 신제도주의는 종단적 측면을 중시하면서 국가 간의 차이를 강조한다.

(2) 합리적 신제도주의

1) 합리적 신제도주의는 개인의 행위는 주어진 제약 하에 목적·수단을 연계하여 최적행동을 계산한다고 본다. 이 범주에 포함될 수 있는 이론은 공공선택이론, 대리이론, 공유이론 등이다. 합리적 신제도주의에서는 제도의 개념을 균형점으로 인식하여, 균형점을 합리적 인간들의 상호작용에 의해서 더 이상 변화가 없는 상태를 의미한다.

2) 합리적 신제도주의는 사회현상을 설명하는 데 있어 기본적 단위는 개인으로 본다. 개인의 행위는 자신의 효용을 극대화하기 위하여 합리적인 방법을 강구한다고 본다. 그러므로 합리적 신제도주의는 방법론적 개체주의에 기반을 두고 있다. 개체주의란 전체를 부분으로 분해해서 이해하려는 환원주의 관점에서 개별개체를 분석의 기초로 사회현상을 이해하였다는 접근으로 사회는 개인들이 만든 것이며, 개별구성원의 집합이 곧 사회라는 입장이다. 따라서 합리적 신제도주의는 사회현상의 이해를 위해서 전체를 분석대상으로 삼는 접근법인 전체주의가 아니다. 역사적·사회적 신제도주의는 전체주의 입장이다. 따라서 연구방법론상 합리적 신제도주의가 방법론적 개체주의, 연역적 접근, 미시적 이론에 해당되며, 역사적·사회적 신제도주의는 방법론적 전체주의·귀납법·거시적 이론에 해당된다.

3) 합리적 신제도주의는 공유지의 비극현상을 제도를 설계하여 해결할 수 있다고 보았으며, 제도란 거래비용을 최소화시키는 통치구조라 하였다. 거래비용이 존재하면 사람들은 시장거래를 이용하지 않고 조직을 이용하게 된다고 본다. 왜 기업이라는 조직이 생겨나게 되었는가에 대한 답은 거래비용을 줄이기 위해서라고 말할 수 있다. 거래비

용이란 시장거래를 이용하는 데 소요되는 제반비용을 말한다. 즉 사건거래비용으로 정보비용, 탐색비용과 사후검색비용으로 통제비용·감시비용 등을 말한다. 일반적으로 시장은 환경적 불확실성, 인간의 제한된 합리성, 기회주의적 행동이 결합되는 상황에서 시장의 실패가 나타난다.

4) 합리적 신제도주의는 개인은 합리적이며, 개인의 선호는 주어져 고정된 것으로 가정한다. 즉 자신의 기호에 따라서 자유롭게 선호를 표출할 수 있다. 이는 개인의 선호가 사회전체의 선호를 결정한다. 이를 외생적 선호라 한다.

5) 제도는 개인 또는 조직의 행태와 의사결정에 영향을 주는 것으로 인식한다.

(3) 사회적 신제도주의

1) 사회적 신제도주의에서는 개인은 사회와 문화의 산물이지 사회와 문화가 개인의 산물이 아니라고 본다. 따라서 개인으로부터 제도를 설명하는 합리적 제도주의와는 달리, 사회적 신제도주의는 제도로부터 개인을 설명하려고 한다. 사회적 신신제도주의에서 제도란 문화·상징 등을 의미하여, 사람들이 당연하다고 인식하는 대상에 초점을 맞춘다. 그러므로 사회적 신제도주의에서의 규칙이나 상징 등이 사회구성원들에 의해서 받아들여질 때 "제도"로 정의될 수 있다. 제도의 개념을 가장 넓게 해석하는 입장이다.

2) 사회적 신제도주의는 국가 간 조직 간에 어떻게 유사한 제도의 행태를 취하는가에 관심을 가진다. 또한 개인들은 행동할 때 사회규범을 고려하기 마련이며, 제도(문화)가 제공하는 판단기준에 의해서 개인들은 자신의 선호를 발견할 수 있게 된다고 보았다. 즉 사회적 제약이나 이데올로기 문제로 개인의 선호가 표출되지 못한다는 것이다. 이를 내성적 선호라 한다. 개인의 선택과 선호는 그것이 배태성(어떤 현상의 발생 원인이 되는 고유한 속성) 문화적·역사적 틀 밖에서는 제대로 이해될 수 없다고 본다.

3) 사회적 신제도주의에서 제도의 형성과 변화가 합리성이나 효율성 추구를 발생하는 것이 아니라 사회적 정당성 때문에 새로운 제도적 관행이 채택된다고 주장한다. 따라서 사회적 신제도주의는 제도 간의 동형화를 인정한다. 따라서 특정상황에서 제도는 유사성을 지닌다.

제11절 현대행정

1. 행정국가의 의의

행정국가란 3권 분립을 전제로 하여 입법이나 사법에 비해 행정이 제일 우월한 지위에 있는 국가를 말한다. 또는 행정기능의 확대 강화에 따라 정책집행기능을 수행하던 행정이 정책결정 기능까지 담당하게 된 국가를 말한다. 서구에서는 19C 중엽까지는 자유주의적 정치이념과 초기 자본주의 영향으로 정부는 최소한의 질서유지만을 담당하는 수준에 국한되었다. 그러나 자본주의는 빈부격차, 독점자본이 출현, 노사간의 갈등 등의 여러 문제가 발생하였다. 이러한 사회적 불평등문제에 대처하는 과정에서 행정기능의 확대와 행정의 질적 변화를 초래하였다. 20C에 접어들면서 행정국가 현상은 더욱 일반화되어 신생국가에서는 제2차 세계대전 후에 강대국으로부터 독립 이후에 행정국가 현상이 나타났으며, 우리나라는 1960년대부터 나타나기 시작했다. 이러한 측면으로 보아 현대행정을 행정국가시대라고 볼 수 있다.

2. 행정국가의 성립배경

1) 서구제국의 경우에 행정이 고도로 전문화 · 기술화 · 복잡화됨에 따라 입법부가 복잡해진 행정현상을 일일이 법제화할 수 없어 행정부가 입법부나 사법부의 일부기능을 처리하게 되었다. 즉 행정부가 입법부로부터 위임입법권이나 예산편성권 등의 권한을 흡수하였으며, 사법부로부터는 준사법권과 행정심판권을 흡수하였다.

2) 사회구조가 복잡하고 다원화되면서 국가기능의 역할의 변화가 필요하였다. 즉 자본주의의 모순으로 발생한 노사문제, 독점자본의 출현으로 인한 소비자보호문제와 빈부격차해소문제, 가치와 이윤배분을 둘러싼 이익집단간의 갈등문제 등의 해결을 위해서 행정부의 역할이 강조되었다.

3) 발전도상국에서는 행정국가가 성립된 요인을 살펴보면 다음과 같다. 첫째, 국가안보 강화와 강력한 경제발전의 추진을 위해서다. 둘째, 국민통합의 필요성에 의해서 행정부의 주도적인 역할이 강조되었다. 우리나라의 경우도 남북의 대치상황하에서 국가안보와 민간자본이 부족한 상태에서 정부의 주도로 경제발전이 추진되면서 행정국가가 성립되었다.

3. 행정기능의 유형

1) **전통적 기능** : 법과 질서유지, 외교활동, 국방, 공공사업의 수행, 과세 등이다. 이러한 기능은 사회안정 역할을 수행하고 정부의 독점적 활동분야에 해당된다.

2) **국민형성기능** : 국민형성기능이란 국가는 국민과의 일체감을 강화하여 정파이익보다 국가이익을 우선하고, 민족적 주체의식을 고취하는 역할을 의미한다. 2001년 미국의 테러 발생시에 미국인들의 애국심과 응집력은 다른 어떤 나라보다 높았다. 미국인들은 평소에는 국가를 비판하다가도 필요할 때는 교육수준에 상관없이 애국심을 발휘한다. 이러한 현상은 평소 미국의 교육제도에서 비롯된 것이다. 즉 미국은 훌륭하고 모든 문제를 해결할 수 있고, 국가는 여러분을 위해서 존재하고 국가가 여러분을 필요로 할 때는 국가를 위해서 봉사하고 희생하는 정신이 필요하다는 평소 교육에서 비롯된 것이다. 따라서 국민형성 기능은 교육 · 종교 · 문화 등과 관계된다.

3) **경제적 기능** : 경제적 기능은 개인과 기업의 경제활동을 보장하기 위해서 기업체나 사회단체에게 보조금과 기술 원조를 제공하는 역할을 말한다.

4) **사회복지기능** : 국민의 보건, 연금, 의무교육, 공공주택 문제해결과 관련된다.

5) **환경규제기능** : 국토의 효율적 이용, 자원보존, 환경오염 통제 등이 관련된다.

4. 현대행정의 특징

(1) 구조적 · 양적 측면

1) **행정기능의 확대 강화** : 사회가 복잡하고 도시화의 진전으로 교통, 공해, 실업문제 등이 발생함에 따라 행정기능이 확대되었다. 특히 개발도상국가의 경우 행정부에 의한 국가발전을 주도하면서 정부기능이 확대되었다.

2) **행정기구의 확대** : 행정기능의 확대와 더불어 업무량의 증가에 따라 행정기구가 확대되고 특히 환경 · 복지 · 경제 · 사회분야의 행정기구 확대가 두드러지고 있는 실정이다. 한편으로 1980년대 신공공관리론의 영향으로 공공부문의 축소, 민영화를 지향하는 추세이다.

3) **공무원 수의 증가** : 행정기능과 기구의 확대와 더불어 공무원 수가 증가하고 있다. 공무원 수의 증가에 관하여 파킨슨(Parkinson)은 공무원 수는 본질적인 업무량과 관계없이 증가한다고 주장하였다. 이를 파킨슨법칙이라 한다. 파킨슨은 상급자는 동일직급의 동료보다는 부하를 늘리고자 하는 심리현상(제1공리: 부하배증의 법칙)으로 부하공무

원이 늘어나고 부하의 신설된 직위는 새로운 업무(제2공리: 업무배증의 법칙)를 의도적으로 만들어 본질적인 업무의 증가 없이 부수적인 업무량이 증가한다고 보았다. 파킨슨법칙은 공무원의 심리적 측면만을 지나치게 강조하고 있으며 공무원의 증가현상을 부정적 측면에서 설명하고 있다. 즉 전쟁이나 경제발전의 주도적 역할로 인한 공무원의 수가 증가하고 있다는 현상을 간과하고 있다.

4) 재정규모의 확대 : 행정기구가 확대되고 공무원 수가 증가하면 국가예산도 팽창하게 된다. 니스카넨(Niskannan)은 관료들은 사회적 편익(공익)의 극대화보다는 자신과 자기부서의 권력의 극대화를 위해서 필요이상으로 자기부서의 예산을 확보하려고 한다고 주장했다. 와그너(A. Wagner)는 소득증가율보다 공공재수요증가율이 더 높은 공공재 수요의 소득 탄력적 특성으로 인해 국민경제에서 차지하는 공공부문의 크기가 지속적으로 증가한다고 보았다.

기타, 정부의 팽창에 따른 이론적 논의로 전위효과와 대체효과가 있다. 전위효과란 전쟁 등의 위기상황이 발생할 경우에 공공지출이 늘어난다. 그러나 전쟁이 끝난 후에도 공공지출은 크게 감소되지 않는 다는 것이다. 대체효과란 공공지출이 민간지출을 대체한다는 것을 의미한다.

보몰병(Baumol)효과란 공공부문의 생산성 증가가 민간부문에 비해서 느리다는 것이다. 이유는 공공부문이 노동집약적 성격 때문이다. 한편으로 공공부문의 낮은 생산성이 정부지출을 증가시키고, 사회전체의 경쟁력을 저하시키는 현상을 초래한다는 것이다.

5) 공기업의 증가 : 특정한 공공수요의 충족을 도모하고, 공익적 목적을 위해서 공기업이 증가하였다. 그러나 1980년대 이후 신공공관리론의 영향으로 공기업의 민영화가 추진되고 있다.

(2) 질적 측면

1) 행정의 전문화 · 기술화 : 사회적 변화에 대응하기 위해서 행정의 전문화의 현상이 광범위하게 나타나고 있다. 따라서 각 분야의 전문가들이 필요하게 되었다.

2) 정책결정 · 기획의 중시 : 현대행정은 법이나 정책을 단순히 집행하던 과거 행정에서 사전에 미리 예측하여 기획을 수립하고 행정이 적극적으로 사회변동을 유도하기 위해서 정책결정과 기획이 중요시되고 있다.

3) 행정통계의 활용 · 정보분석 중시 : 최근의 행정은 기획기능이 중요시되어 행정실태를 파악하고 정책결정의 질을 높이기 위해서 분석과 통계의 활용이 요구된다.

4) 행정책임·행정통제의 중시 : 최근 행정기능이 확대되고 공무원의 재량권의 증가로 행정책임이 강조되고 있으며 또한 행정책임을 효과적으로 보장하기 위해서 행정통제가 강화되고 있다.

5) 행정의 광역화와 신중앙집권화 경향 : 교통의 발달과 생활권의 확대로 지방정부는 다른 지방단체와 공동으로 사무를 처리하는 행정의 광역화의 현상과 과거의 중앙집권과 다른 새로운 형태의 신중앙집권현상이 나타나고 있다. 신중앙집권이란 중앙정부의 지방정부에 대한 통제가 지식·기술·재정에 의한 비권력적인 통제를 의미한다.

6) 행정조직의 동태화 : 불확실한 환경에 보다 신속히 대처하기 위해서 기존의 관료제나 계층제조직을 탈피한 수평조직에 의해서 업무가 수행되고 있다.

7) 예산의 기획 지향 : 기존의 통제중심과 점증주의 예산에서 자원의 최적배분을 위한 계획지향의 합리적인 예산제도를 강조하고 있다.

8) 인사행정의 적극화 : 과거의 소극적 인사행정에서 보다 유능한 인재를 등용하기 위한 적극적 인사행정이 강조되어 인사행정의 인간화·민주화가 강조되고 있다.

5. 현대행정에서 행정국가의 문제점

1) 국민이 모든 것을 국가에 지나치게 의존하는 경향이 높아지게 된다. 국민은 정부로부터 행정지원, 보조금, 각종 융자를 기대하는 경향이 있다. 이러한 현상은 개인의 자주성이 요구되는 민주주의 이념에 비추어 볼 때 바람직하지 않다.

2) 행정권의 집중화 경향이 심화된다. 즉 정부기능의 비대화의 요인을 살펴보면 도시화로 인한 주택·환경·교통문제의 해결에 막대한 재원이 필요하고, 사회복지제도의 확산 등으로 국가의 역할 강조는 행정권의 확대·강화현상을 초래한다. 이는 국가권력이 행정권으로 집중되는 현상을 초래한다. 이러한 현상은 국정운영에서 행정의 독선을 초래하고 관료집단에 의한 행정으로 시민의 의견을 행정에 반영되기 어렵게 된다.

3) 행정의 특수이익화 현상이 발생할 수 있다. 즉 행정국가에서는 행정이 이익집단과 밀착되는 현상이 발생할 수 있다. 이러한 경우 공익을 저해할 수 있다.

4) 시민의 자유를 제약할 우려가 있다. 행정기능이 확대·강화되고 행정권의 집중이 심해질수록 시민의사의 반영은 어려워지며 시민의 자유를 제약할 가능성이 크다.

5) 관료들의 힘이 커진다. 국가기능이 확대되고 행정부의 역할이 강화될수록 상대적으로 의회는 전문성의 부족으로 제기능을 못하고 정당의 조정기능이 약화되면 관료의 권한

남용의 우려가 있다.

6. 앞으로의 방향

1) 작지만 강한 정부를 지향해야 한다. 현대행정국가는 국가권력을 확대하면서 한편으로는 정부규제의 완화를 강조하고 있다. 현재 직면하고 있는 모든 문제를 정부가 해결하려면 그만큼 많은 기구와 예산을 수반하여 자연히 행정의 비대화를 초래한다. 그러므로 정부가 제공하는 서비스 중 영리성이 강한 부분을 과감히 민영화하여 비용의 절감을 가져오도록 해야 한다. 또한 불필요한 사업과 조직을 통폐합하고 정부의 기능과 역할을 축소시켜야 한다.

2) 책임행정이 확보되어야 한다. 권한의 집중은 소수에 의한 행정으로 국민의사를 행정에 반영하기 어렵다. 그러므로 권한의 위임과 더불어 책임행정이 확보되도록 해야 한다. 그러기 위해서는 각종 행정사업과 정책에 주민참여보장, 관료제의 대응성의 확립, 정책실명제 등의 도입이 필요하다. 또한 관료제를 내외적으로 통제하는 방안이 강구되어야 한다.[10]

3) 행정의 분권화를 실현해야 한다. 통신기술의 발달과 경제발전에 따른 주민수요의 증대로 행정의 역할이 강조되고 있다. 또한 세계화로 세계는 하나로 연결되고 있으며 한 국가는 다른 나라와 경쟁해야 한다. 그러므로 고도의 전문성과 막대한 예산이 요구되는 사업이나 국가적인 사업 등은 국가가 담당하고 지방주민의 일상생활과 직결되는 업무는 지방자치단체에게 위임하여 사무를 처리하도록 해야 한다. 즉 행정의 분권화를 실현하여 행정의 능률성을 증진하도록 하고, 지방 정부는 지역의 특성에 맞는 행정을 하도록 해야 한다.

---

10) 정부팽창에 따른 이론적 논의로 과다공급설과 과소공급설이 있다. 과소공급설은 정부기능 축소에 따른 이론적 논의로 Galbraith의 의존(선전)효과, Duesenberry의 전시효과, 머스그레이브(Musgrave)의 조세저항, Downs 합리적 무지가 있다. 의존효과란 소비는 광고(선전)에 의존한다고 보고 민간재에 비해서 공공재는 선전이 이루어지지 않아 소비욕구를 자극시키지 못하여 공공서비스 투자가 미흡하다고 보았다. 전시효과란 민간재의 경우는 광고나 판매전략으로 전시(과시)효과로 소비가 자극되며 주위를 의식한 체면 유지 때문에 실제 필요한 지출보다 많은 지출을 하나, 정부가 생산하는 공공재는 전시효과가 없기 때문에 소비는 민간에 쏠린다는 것이다. 조세저항이란 공공재의 경우에 자신의 부담한 것에 비해서 적게 편익을 누린다고 생각하게 되어 조세에 대한 저항이 발생하여 무지한 공공서비스의 적극적인 정보수집의 어려움으로 정보를 수집하지 않는 합리적 무지상태가 발생한다. 이는 공공서비스(조세)에 저항하는 일이 발생한다는 것이다.

행정문화

1. 의   의

행정문화란 한 국가의 행정관료들의 의식구조·사고방식·가치관·태도 등을 의미한다. 즉 행정문화란 행정체제를 구성하는 사람들이 공유하는 생활양식 또는 행동양식이다. 일반적으로 행정문화는 행정체제 구성원들의 태도와 행동을 규정한다.

2. 성   격

1) 행정문화는 일반사회문화의 하위문화를 이루고 있다. 사회문화는 행정문화의 상위문화이며 양자는 상호작용하지만 그들 사이는 경계가 있다.
2) 행정문화는 한 나라의 역사와 전통과 관련되며 현재를 과거와 미래에 연결시킨다.
3) 행정문화는 가치와 윤리기준을 결정하며 한 사회 그리고 집단의 생활양식의 성격을 띤다. 또한 행정문화는 인간의 사고와 행동을 결정한다.
4) 행정문화는 비교적 안정적이고 변동에 저항하는 성격을 지닌다. 그러나 행정문화도 시간이 흐르면 변한다.
5) 행정문화는 행정의 한 구성요소로서 다른 구성요소들과 상호작용을 하며, 조직구성원들이 학습하여 공유한다.

3. 조직문화

1) 조직문화란 조직구성원들이 공유하는 가치관이나 신념을 말한다. 조직문화는 공동된 언어와 의식에 의존하므로 규칙적 행동을 한다.

2) 조직문화의 기능은 구성원들의 정체성형성에 기여하며 조직을 결속시키는 접착제 역할을 수행한다. 따라서 조직구성원들이 개인보다는 조직에 대한 충성심을 촉진하도록 하고, 구성원들의 태도와 행동을 지도하는 역할을 하며, 통제기능의 역할을 수행하기도 한다.

3) 구성원들은 조직문화를 통해서 환경을 이해하고 대처방법에 도움을 얻어 불안과 불확실성을 감소시킬 수 있다.

4) 조직문화의 사회화 과정은 다음과 같다.

① 동화: 새로운 구성원이 조직문화에 일방적으로 적응하는 것이다.

② 격리: 조직문화에 적응력이 없는 경우에 고립시키는 것이다.

③ 탈문화: 조직의 문화와 신참자의 문화가 서로 영향이 있는 경우이다.

④ 다원화: 신참자와 조직이 상호 장점을 수용하고 변화를 추구하는 유형이다.

4. 한국행정문화의 특징

한국의 행정문화를 긍정적인 측면과 부정적인 측면으로 나누어 설명할 수 있다. 바람직한 전통적 행정문화는 여러 가지가 있으나 다음과 같이 정리할 수 있다. 예를 들면 충효사상, 개인보다 국가·조직을 중요시하는 정신, 홍익인간의 정신 등은 긍정적인 행정문화로 우리가 보존해야 할 행정문화유산이다. 부정적인 행정문화는 다음과 같다.

1) 권위주의 : 권위주의는 지배와 복종의 관계를 강조한다. 관료는 자신의 지위에 의존하여 다른 사람의 의지에 관계없이 자신의 의사를 관철시키려 한다. 권위주의는 충성과 같은 행태를 조장하며, 창의성을 억압한다.

2) 연고주의 : 지연, 혈연, 동창관계, 파벌이 행정을 지배하여 일차집단의 유대의 강조로 공·사의 구별이 명확치 않고, 행정의 합리성을 저해한다.

3) 관인지배주의 : 공직자는 공직을 국가와 사회에 봉사보다는 관직을 부와 권력과 높은 사회적 특권을 상징하는 것으로 인식한다.

4) 형식주의 : 형식·절차·선례에 지나치게 집착하여 변화에 저항한다. 형식주의는 각종

의식과 축제행사 등의 상징물을 강조하므로 예산의 낭비를 초래하고 실적보다 절차의 강조로 목표전환이 발생한다.

5) 운명주의 : 성공여부가 인간 이외의 초자연적 힘이나 신비적인 힘에 의존한다.

6) 일반주의 : 모든 것을 혼자서 다 할 수 있다는 생각으로 전문화에 지장을 초래한다. 즉 일반주의란 전문가보다는 일반행정가를 우대시키는 행태를 초래한다.

7) 현시주의 : 무엇인가를 나타내 보이려는 욕구가 지나쳐 내용보다는 외형을 중시하여 실제내용을 과장한다.

8) 온정주의 : 연대관계를 맺으려는 태도나 감정이 앞서 합리성이 결여된다.

9) 순응주의 : 순응주의는 주체성이 빈약한 행동양식으로 인간이 외재적으로 설정된 조건에 맹종하는 행동양식을 말한다. 순응주의는 스스로 삶의 방법을 결정하는 주체성이 약하나 조직의 질서에 순응하기 때문에 조직의 안정에 기여할 수 있다.[1]

5. 선진국가의 행정문화

1) 합리주의 : 사물을 인지하고 해결책을 제시하는 데 있어서 감정과 편견보다는 고도의 이성과 증거에 객관적인 분석을 중시한다.

2) 성취주의 : 미래를 적극 개척하려는 발전지향적인 사고를 갖는다.

3) 상대주의 : 어떤 가치나 관계는 상대적이며 유동적이다. 그러므로 특정가치에 대한 집착이 약하고 변화에 대한 적응력이 강하다.

4) 모험주의 : 시행착오를 두려워하지 않고 변화를 적극 추진하려는 자세를 갖는다. 모험주의는 보다 나은 사회건설의 원동력이다.

5) 사실지향주의 : 판단의 기준으로 주관적 가치나 직감보다는 사실을 선택하는 것이다.

6. 행정문화의 변동요인

1) 사회의 엘리트를 행정 이외의 다른 분야에 진출하도록 해야 한다. 엘리트의 분산과 교

---

1) 순응주의는 조직의 질서유지에 기여하나 책임 있는 능동성과 자유규제를 약화시켜 무사안일주의의 원인이 되고, 기존관리방식에 순응하므로 개혁의욕을 좌절시키며, 주체성이 빈약하므로 자기를 비하시키거나, 허세와 체면치레에 급급하다(오석홍, 1998).

류는 행정의 우월의식이나 관인지배주의를 불식시킬 수 있다.

2) 권력 이외에 예술, 부, 성직, 교육 등 모든 분야를 높이 평가하는 가치의 다원화가 이루어짐으로써 독선적 행정문화를 시정할 수 있다.

3) 사적·민간부분의 확대로 행정의 독선이나 우월의식을 감퇴시키도록 한다.

4) 교육훈련을 강화하여 관료들의 의식구조를 혁신하여 개방적이고, 과학적인 사고를 키우도록 해야 한다.

5) 절차의 간소화로 국민과 행정간의 거리감을 좁히도록 한다. 일반적으로 절차가 복잡하면 국민의 행정에 대한 불신을 가져오며 부정의 소지가 발생할 수 있다. 그러므로 규제를 완화하여 정부의 간섭을 줄여 행정에 대한 국민의 접촉이 용이하게 해야 한다.

6) 관료의 보수를 생활에 위협을 느끼지 않도록 지급해야 한다. 보수의 생활급 지급은 관료의 부정의 유혹을 예방할 수 있으며 소신껏 일할 수 있는 여건을 조성할 수 있다.

7. 행정문화의 쇄신방향

1) 국민중심주의 행정문화의 정립 : 공무원은 관료의 특권의식을 버리고 국민을 위한 봉사자로서의 행동의 전환이 요구된다. 즉 국민을 최우선시하는 행정은 고객위주의 행정, 공익존중의 사고방식과 연결된다.

2) 참여적 행정문화의 확립 : 그동안 우리나라의 행정은 상호간의 원만한 의사소통의 결여와 부하의 참여하에 의사결정이 이루어지지 못하고 있어 행정의 비민주화를 초래하였다. 앞으로의 행정문화는 하의상달의 의사전달과 국민의사가 행정에 반영되도록 하여 민주적 행정문화가 확립되도록 해야 한다.

3) 연고 중심적 행정문화의 지양과 공익중심의 행정문화 확립 : 연고중심 행정문화 속에서는 서로 감싸주기의 형태가 나타나 부정부패가 발생할 소지가 크며 공정한 경쟁을 조직적으로 제한한다. 사람을 개인적 능력으로 평가해야지 어디 출신인지로 판단해서는 조직의 발전과 국가의 발전을 저해한다. 연고중심의 행정문화를 지양하기 위해서는 행정업무의 공개성과 투명성이 확립되어야 한다. 즉 정책결정이 투명하고 민원행정이 공개적으로 이루어져야 한다. 또한 승진이 공정하게 심사하는 문화가 조성되어야 한다. 앞으로 공익에 우선을 두는 공동체지향의 행정문화가 형성되도록 해야 한다.

4) 합리적 행정문화 확립 : 주관적인 직관과 편견보다는 합리성에 입각한 결정방식이 되도록 해야 한다. 즉 어떠한 문제를 해결할 때 당면문제를 과학적인 분석을 토대로 하

여 원인을 분석하고 보다 더 합리적인 대안을 토대로 업무처리가 이루어져야 한다.

5) 임무수행과 문제해결을 중시하는 행정문화 수립 : 임무중심주의 행정문화는 현재 직면하는 문제점을 능률적으로 해결하는 능력의 배양과 행동의 실천을 강조한다. 그동안 수동적인 임무수행에서 보다 적극적으로 사회문제를 해결하는 자세가 요구된다.

제 2 절   행정이념

1. 의   의

행정이념이란 행정이 지향하고자 하는 최고가치와 지도정신을 의미한다. 행정이념은 국가사회의 역사적·문화적 가치와 규범에 의해 형성되므로 고정불변의 것이 아니고 시대와 국가에 따라 변한다. 이념간의 우선순위는 상황에 따라 결정된다고 볼 수 있다. 우선순위를 엄격하게 정할 수는 없으나 대체로 다음과 같다. 형평, 정의, 공익 등은 본질적 가치로서 분배와 관련되며 상위이념이다. 또한 본질적 가치의 현실화를 위한 수단적 가치는 민주성, 효과성, 능률성, 합법성 등이 있다. 일반적으로 투입 → 산출 → 목표는 수단가치이며 분배는 본질적 가치이다.

2. 필 요 성

행정의 지도이념은 행정에서 필수적으로 요구되는 행정철학이다. 행정이념은 일반적으로 행정이 추구해야 할 방향과 지도원칙을 제시하고 정책결정시 기준이 된다. 또한 행정이념은 정책대안을 선택·집행하고 평가하는 데 중요한 판단지표를 제시하며 사업계획 수립과 집행을 보다 용이하게 하며, 행정관리들에게 특정사회와 시대의 가치관을 제시하는 역할을 수행한다.

3. 내 용

(1) 합 법 성

1) 의의 : 행정이 법에 근거를 두고 법에 의하여 규제됨으로써 행정의 자의적인 활동이 허용되어서는 안 된다는 이념을 말한다.

2) 배경 : 19세기 후반 행정국가화 이전의 입법국가시대의 행정에서는 무엇보다 안정성, 장기예측성 등이 요청되어 이를 위한 이념으로 합법성이 대두되었다.

3) 특징 : 합법성은 행정권의 자의적인 행사로부터 국민의 자유와 권리를 보호하고 예측 가능한 행정을 확보하는 데 의의가 있다. 그러므로 합법성은 행정의 재량권행사의 엄격한 제한을 의미한다.

4) 한계 : 오늘날 행정기능의 확대, 행정의 복잡화, 전문화로 인해 행정현상을 일일이 법제화할 수 없으므로 합법성의 비중은 낮아지고 있으므로 행정목적의 실질적 타당성을 위한 법의 탄력적 운용이 요청되고 있다.

(2) 능 률 성

1) 의의 : 일반적으로 능률성이란 최소의 비용과 노력으로 최대의 효과를 가져오는 것을 의미한다. 즉 투입과 산출의 비율을 말한다.

2) 배경 : 행정에서 능률성은 엽관주의의 폐해인 행정의 비능률과 낭비를 제거하기 위한 개혁운동으로 과학적 관리법의 도입과 더불어 강조되었다.

3) 기계적 능률성과 사회적 능률성: 기계적 능률성이란 투입과 산출의 비를 의미하며 수량적인 대차대조표적 능률관이다. 기계적 능률성은 능률성의 타산적 측면을 강조하며 수량적으로 표현할 수 있는 객관적 기준에 입각한다. 또한 기계적 능률성은 가치중립적·기술적 수단으로 이해하여 기업경영에는 적용이 가능하나 행정에의 적용에는 한계가 있다.

사회적 능률성이란 사회목적의 실현, 다원적인 이익들간의 통합·조정, 인간가치의 구현 등을 내용으로 하는 능률관이다. 사회적 능률성의 개념을 민주성의 개념으로 이해하기도 한다. 기계적 능률성이 절대적·비인간적·단기적 능률을 의미하나, 사회적 능률은 상대적·인간적·장기적 능률을 의미한다.

4) 파레토(Pareto) 최적상태 : Pareto의 최적상태는 능률성을 이론적으로 뒷받침하는 기

표 4-1   기계적 능률과 사회적 능률의 비교

	기계적 능률성	사회적 능률
주 장 자	규릭(Guick)	디목(Dimock)
관 계	과학적 관리법	인간관계론
비 고	단기적 능률 절대적 능률 양적능률 가치적 능률의 미고려 비인간적 성격 합목적적인 능률의 미고려	장기적 능률 상대적 능률 질적 능률 가치적 능률의 고려 인간적인 면의 반영 합목적적인 능률의 고려

준으로, 즉 다른 사람의 후생을 감소시키지 않고는 누구의 후생도 증대시키는 것이 불가능하도록 자원이 효율적으로 배분되어 있는 상태이다. 파레토모형은 집단전체의 후생은 집단내의 모든 개인의 후생이 증대될 때 집단전체의 후생이 증대된다는 전제에 입각한다. 그러나 파레토의 최적상태는 자원배분의 효율성은 확인할 수 있으나 분배의 형평성을 확보해 주는 것은 아니다.

5) X의 효율성과 비효율성 : X의 효율성이란 기업이나 정부의 운영 측면에서 제기되는 관리상의 효율성의 문제를 말한다. 기존의 행정학에서의 조직의 효율성은 레이번슈타인(Leibenstein)이 말하는 X의 효율성과 같다. 이러한 효율성이 결여되어 있는 것을 X의 비효율성이라 한다.[2] X의 비효율성이 발생하는 이유는 조직 속에서 개인이 조직목표보다는 자신의 목표를 추구하는 경우에 발생할 수 있다. 또한 X의 비효율성은 공무원의 무사안일한 근무자세로 업무처리가 지연되는 경우에도 발생할 수 있다.

(3) 민 주 성

1) 의 의
민주성이란 국민의사가 우선하고 국민을 위한 행정을 수행하며 국민에게 책임을 지는 행

---

[2] 비효율성은 기술적 비효율성과 배분적 비효율성으로 나누어서 설명할 수 있다. 일반적으로 기술적 비효율성이란 최신의 기술을 사용하지 않거나, 관료들의 잘못된 행태에 기인하여 발생하는 경우를 말한다. 배분적 비효율성은 사업이나 대안의 선택과정에서 효율적인 자원배분이 안 되어 낭비가 초래된 경우를 말한다. 일반적으로 효율성은 능률성과 동일한 의미로 사용된다. 그러나 능률성이 투입과 산출의 관계라면 효율성은 비용과 편익(효과)으로 측정한다.

정을 의미한다. 민주성은 대외적 민주성과 대내적 민주성으로 나누어 볼 수 있다. 대외적 민주성이란 행정기관이 국민과의 관계에 있어서 민주성을 말하며 대내적 민주성이란 행정조직 내부의 관리에 있어서의 민주성을 의미한다.

2) 민주성과 능률성의 상호관계

① 민주성과 능률성은 상반관계이다. 즉 행정의 민주성은 목적가치로 능률성은 수단가치로 이해되기 때문이다. 국민의견을 수렴하는 참여관료제, 목표관리이론 등이 시간과 비용이 소요되어 행정의 능률성을 저해시켜 민주성과 능률성은 상충되는 면이 있다.

② 민주성과 능률성은 보완관계이다. 민주적 행정의 효과를 높이기 위해서 행정능률의 추구는 행정의 민주성의 방향에 부합된다. 즉 국민복지향상을 위해서는 행정상의 절차와 방법은 능률적이어야 한다.

③ 민주성과 능률성은 조화관계이다. 행정목표의 설정은 민주적으로 설정하고 설정된 목표를 달성하는 과정은 능률적으로 수행하는 방법을 생각할 수 있다.

표 4-2 대내적 민주화와 대외적 민주화의 비교

대내적 민주화	대외적 민주화
정책결정과정에 부하의 참여(MBO) 하의상달(제안제도) 공무원의 능력발전(교육훈련) 행정상의 분권화(권한위임의 촉진) 조직관리의 동태화 y이론 인간관리	행정윤리 확립 공개행정의 강화(PR의 활성화) 행정구제제도 확립 참여촉진(위원회, 공청회) 관료제의 대표성 확립 민원사무의 간소화(일회방문 민원처리) 민관협조체제의 확립

3) 절차적 민주성과 실질적 민주성

① 절차적 민주성 : 국민의 동의를 얻어서 행정업무를 수행한다는 의미로 법치주의행정, 참여보장제도 등과 관계된다.

② 실질적 민주성 : 정책의 내용이 국민을 위하고 행정체제가 사회정의 실현을 위해서 수행할 수 있는 것 등을 의미한다. 정책내용의 민주성을 강조한다(예 : 성인지예산).

4) 민주성과 생산성

민주성이란 행정이 국민의 의사를 충실히 구현하는데 초점을 두는 이념으로 민주성을 위한 가치는 합법성·대응성·신뢰성·책임성·형평성·공익성 등이 해당되며, 생산성은 행정목표의 효과적 달성에 초점을 두는 개념으로, 생산성을 위한 가치는 능률성·효과성·경제성·적응성·중립성이 해당된다. 일반적으로 민주성과 생산성은 상충(갈등)관계가 있다.

(4) 효 과 성

1) 의의

효과성이란 정해진 시기에 정한 목표를 얼마나 달성했는지를 평가하는 것으로 목표달성도를 의미한다. 일반적으로 능률성이 수단적인 개념 또는 하위목표적인 개념이나, 효과성은 목적적인 개념 또는 상위목표적인 개념이다.

2) 능률성과의 관계

효과성은 목표달성도를 의미하지만 능률성은 목표달성을 위한 투입·산출의 비율을 나타낸다. 일반적으로 능률성이란 비용의 최소화 관점에서 이행된다. 예를 들면 도로건설시 인건비·자재비의 최소화를 강조하는 것은 능률성을 의미하고, 산출에 중점을 두는 개념으로 댐의 건설로 비용보다는 홍수가 얼마나 예방되고 있는지, 관광자원이 얼마나 개발되고 있는지는 효과성을 의미한다. 일반적으로 능률성이 높아지면 효과성은 높아지지만 모든 경우에 그렇지는 않으며 양자의 비율을 적정화시켜주는 것이 생산성이다. 공공부문에 효과성 적용의 어려움이 있다. 왜냐하면 행정의 목표는 다원적 목표인 경우가 많고, 일반적으로 조직목표는 환경에 따라 동태적 성격을 띠고 변동되고 있기 때문이다.

3) 조직효과성의 접근방법

조직효과성에 대한 접근방법은 전통적 접근방법과 현대적 접근방법으로 나누어 설명할 수 있다. 전통적 접근방법은 조직활동의 특정측면을 기준으로 조직효과성을 판단하며, 현대적 접근방법은 복수의 효과성지표를 기준으로 조직효과성을 판단한다.[3]

---

3) 전통적 접근방법에서 체제자원적 접근법은 조직효과성에 대한 평가가 투입물 획득의 능력, 변환과정, 산출물의 유통능력, 안정과 균형의 유지 등에 의해서 이루어져야 한다고 본다. 장점으로 조직 활동에 대한 상호의존성을 잘 인식하게 되고, 다른 조직과의 조직효과성 비교 시 명백한 기준을 제공한다. 그러나 조직의 자원획득이라는 일부활동만을 강조하는 단점이 있다. 내부과정적 접근법은 조직의 효과성을 조직내부의 건전

(5) 사회적 형평성

1) 의 의

사회적 형평이란 행정이 대외적·대내적으로 모든 면에서 공정하고 특히 불리한 입장에 있는 층에 대한 고려를 중시하는 것이다. 형평의 정의는 다음과 같이 나누어서 설명된다.

2) 아리스토텔레스(Aristotle)의 형평의 견해

① 실적주의 : Aristotle가 주장한 실적이론은 모든 사람에게 기회가 균등하게 주어졌다면 능력의 차이에 따라 상이한 배분을 정당화하는 입장이다. 따라서 실적주의는 실적과 능력에 비례한 상대적 평등(수직적 공평)을 중시한다. 실적주의의 문제점은 사회에 공헌한 만큼 대우를 받아야 하나 실제로 그것을 연결시킬 수 있는 기준이 없다는 점이다.

② 욕구주의 : 욕구이론은 실적과 능력에 관계없이 인간욕구가 충족되어야 한다는 입장이다. 따라서 Aristotle가 주장한 욕구이론은 절대적 평등(수평적 공평)과 관계가 있다.

3) 사회적 형평에 대한 일반적 기준

① 실적이론 : 자유주의자 입장으로 기회가 동등하게 주어졌다면 그로 인하여 나타난 불평등은 정당하다고 보는 입장이다. 그러므로 일반적 기준에서는 실적이론을 기회공평을 강조하므로 수평적 공평(절대적 평등)을 주장한다. 여기서 수평적 공평은 형식적 평등, 절차적 평등을 의미한다.

② 평등이론 : 사회주의자 입장으로 일반적 기준에서의 평등이론은 수직적 공평(상대적) 평등을 주장한다. 수직적 공평은 결과의 공평을 강조하여 형식적 평등이 아닌 실질적 평등을 강조한다.

③ 수평적 공평과 수직적 공평의 비교 : 수평적 공평이란 동일한 것은 동일하게 취급되어야 한다는 입장이다. 예를 들면 집회·결사의 자유, 법 앞의 평등, 보통선거제도, 똑같이 대학등록금을 내는 것 등과 관계가 있다. 수직적 공평이란 다른 것은 다르게 취급

성과 경제성 측면에서 평가하는 것이다. 평가지표로 건전성과 관련하여 구성원간의 협력정도, 신뢰의 정도 등이 있으며, 경제성과 관련해서는 투입에 대한 산출비용, 투입에서의 변화 등이 있다. 장점으로 조직효과성 비교가 용이하다. 그러나 내부 활동이 전체의 활동이 아니므로 전체조직활동의 효과성지표로는 부족하다. 목표달성 접근법은 조직목표의 달성정도를 조직효과성의 기준으로 삼는다. 장점으로 가장 논리적이고 효과적인 접근방법이나, 목표가 누구의 목표인지, 목표의 다양성 등으로 목표의 측정이 곤란할 수 있다.

해야 한다는 입장이다. 예를 들면 서로 다른 여건에 놓여있는 사람을 동등하게 다뤄서는 안 된다는 이념으로 이는 사회주의적 평등이념에 입각하고 있다. 예를 들면 대표적 관료제, 누진세, 국가예산으로 의무교육을 실시하는 것과 관련된다. 수직적 공평성은 결과적 공평성을 확보하기 위해서 가난한 사람의 우대 등이 해당된다.

④ 결론 : 자유주의자의 입장은 기회가 동등하게 부여됐다면 그로 인하여 나타난 불평등이 정당하다고 본다. 예를 들면 실적주의, 기회공평을 중시한다. 수평적 공평은 자유주의자의 입장으로 기회를 갖게, 결과는 다르게를 강조한다.

사회주의 입장은 평등주의, 결과의 공평, 수직적 공평성을 중시하는 사회적 관점에서 동일한 기회가 주어졌다고 하더라도 결과의 불평등이 발생하면 이를 시정하기 위해서 사회적 약자를 우대하는 정책을 추구한다. 따라서 사회주의 입장은 결과는 같게, 기회는 다르게를 강조한다. 이를 정리하면 실적이론은 자유주의자의 입장으로 수평적 공평을 강조하며, 평등이론은 사회주의자의 견해로 수직적 공평을 강조한다.

(6) 생 산 성

1) 의 의

경영에서 생산성이란 투입에 대한 산출의 비율로 경제성이나 능률성과 같은 개념이나 행정에서 생산성이란 최소의 투입으로 최대의 산출을 의미하되, 그 산출이 원래 설정한 정책목표에 비추어 보아 얼마나 바람직한 효과를 미쳤는가를 나타내는 개념이다.

일반적으로 생산성의 개념을 협의로 정의하면 특정 활동을 위한 투입에 대한 산출의 비율을 의미한다. 이러한 관점은 전통적 행정학에서 본 생산성이다. 그러나 오늘날의 행정에서 생산성은 투입에 대한 산출과 산출이 바람직한 결과를 가져왔는가를 의미하여 생산성을 넓게 정의하고 있다.

2) 생산성 측정의 난점

① 행정에서는 사기업과는 달리 산출물을 돈을 받고 거래하지 않으므로 그 산출물에 대한 가치를 금전으로 측정이 불가능하다.

② 행정은 질적·다목적 기능을 가지므로 측정이 곤란하다. 또한 공공재에 대한 생산의 평가는 객관적 평가 이외에 주관적 평가를 필요로 하는 경우가 많아 개인마다 만족도가 다를 수 있다.

③ 행정의 한 기관의 업무는 타 기관과의 상호작용관계를 갖고 있어 단일기관의 생산성

은 의미가 없으며 정부전체의 생산성 측정은 더욱 어렵다.

④ 공공행정의 목표가 정치적 요인에 의해서 수정되는 경우가 많고, 생산성 측정에 필요한 적절한 자료나 정보가 부족하기 때문이다.

3) 생산성 향상을 위한 방안

① 공공서비스의 공급에서 민영화를 추진하거나, 규제완화를 시행하여 불필요한 감독과 통제를 지양해야 한다. 규제가 완화되고 간섭을 줄이면 기구와 인원을 줄여 예산을 절약할 수 있다.

② 사업부서조직에 책임경영방식 도입과 서비스공급이 독점적 공급에서 경쟁체제로 전환하도록 해야 한다.

③ 인사제도에 있어서 외부전문가를 영입할 필요성이 있다. 외부전문가의 임용은 공직에 생산성에 대한 인식을 제고하고 공직에 경쟁체제가 정착될 수 있다.

(7) 행정의 가외성

1) 의의

일반적으로 가외성은 남은 것, 여분, 초과분을 의미하며 능률성의 반대개념이다. 오늘날 행정체제가 점차 정책결정체제로 이해되면서 단기적이고 미시적인 능률과 경제성의 추구보다는 장기적이고 거시적인 관점에서 행정체제 운영의 안정성을 확보하는 노력이 강해짐에 따라 최근에 가외성이 강조되고 있다. 가외성은 낭비로 생각될 수도 있으나 초과분이 특정 체제로 하여금 장래의 불확실성에 대비한 실패를 방지해줌으로써 오히려 신뢰성을 높일 수 있다.

2) 성격

① 중복성 : 동일한 기능을 여러 기관을 통하여 수행하므로 하나의 기관이 실패하더라도 다른 기관을 통하여 예방할 수 있다.

② 동등잠재력 : 체제 내에서 주된 조직이 제 기능을 못할 때 보조기관이 주된 기능을 수행하는 경우를 가리킨다. 따라서 가외성은 불확실성에 대한 소극적 대안방안이라 볼 수 있다.

③ 반복성 : 동일한 기능을 여러 기관이 독립적으로 수행하는 것을 말한다. 그러나 반복성은 조직 간의 충돌을 초래할 수 있다.

3) 특징

① 가외성은 조직 내에서 오류를 최소화할 수 있어 신뢰성을 증진할 수 있다. 즉 중요한 기능일수록 중복성을 띨 때는 심리적으로 안정감을 갖게 된다.

② 가외성은 정책결정의 불확실성과 지식의 불완정성에 대비할 수 있다. 인간의 지식과 정보는 한계가 있어 이에 대비하여 복수의 정책대안이 필요하다.

③ 가외성은 분권화에 근거한다. 분권화는 권한의 위임으로 보고 받고 또 통제를 함으로써 오류를 최소화할 수 있다. 또한 다양하고 경쟁적 정보체계를 통해서 정보의 정확성 확보가 가능하다.

④ 가외성은 체제의 적응성을 유지하게 한다. 체제가 위험한 상태가 발생하는 경우에 어느 한 부분의 장애는 다른 부분이 작용함으로써 위험상태에 대한 적응성을 높인다. 따라서 가외성을 환경에 대한 조직의 적응성을 높여준다.

⑤ 가외성은 창의성을 유발한다. 기능이 중복되어 있으면 상호작용을 통해서 새로운 아이디어를 개발할 수 있다. 의견교환과 토론은 창의적인 사고를 촉진할 수 있다.

⑥ 가외성은 목표전환을 완화시켜 주는 장치이다. 조직이 중복이 없으면 획일적 규칙에 따라 행동하여 조직목표를 융통성 있게 수행하지 못하나 가외성은 중복성을 인정하므로 획일적인 규칙에 따라서 행동하는 경우를 방지할 수 있다.

4) 한계점

① 가외성이 불확실성 시대에 행정의 신뢰성 확보차원에서 강조되나 비용 및 규모의 증가로 경제성·능률성과 충돌가능성이 있다.

② 가외성은 기능중복으로 인한 의사결정과정이나 운영과정에서 조직 간의 충돌가능성이 있다. 또한 조직의 동질적인 기능들이 중복적으로 엮어질 때는 신뢰성은 증진되나 창의성은 떨어진다.

(8) 투명성

1) 의의 : 투명성이란 정부의 공적활동이 외부로 명확히 공개되는 것을 의미한다. 투명성은 행정의 공직 청렴성 확보를 위해서 가장 중요한 가치로 단순한 정보공개의 소극적 개념이 아닌 행정의 원하는 정보를 국민의 언제나 접근이 가능한 보다 적극적 개념이다.

2) 특징 : 투명성을 보다 구체적으로 설명하면 과정투명성·결과투명성·조직투명성으로
나누어 분류하여 설명할 수 있다.
① 과정투명성 : 정부 내의 의사결정 과정이 개방적이고 투명하게 이루어져야 한다는
것을 의미한다. 과정 투명성을 위해서는 민원처리신청과정의 온라인 공개, 정부의
사결정과정에 민간인의 참여가 보장되어야 한다.
② 결과투명성 : 결정된 의사가 제대로 집행되어있는지를 확인하는 것이다.
③ 조직투명성 : 조직운영자체를 개방하고 공개하는 것을 의미한다. 예를 들면 해당
조직의 각종 규정·정책·고시 등의 운영관련 내용을 공개하는 경우다. 일반적으
로 의사결정이 투명하게 이루어졌다 하더라도 행정결과의 정당성이나 공정성이
확보되는 것은 아니라는 것은 조직투명성의 관점이다.

3) 투명성확보가 이해충돌방지의 전제조건

이해충돌이란 공직자의 사적이익과 공익을 수행해야하는 책무가 서로 부딪히는 상황을
말한다. 공직자 윤리법에 이행충돌방지의무를 명시하고 있다. 내용은 다음과 같다. 국가 또
는 지방자치단체는 공직자가 수행하는 직무가 공직자의 재산상 이해와 관련되어 공정한 직
무수행이 어려운 상황이 일어나지 아니하도록 노력해야 하며, 공익을 우선으로 성실하게
직무를 수행해야 한다. 또한 공직자는 공직을 이용하여 사적이익을 추구하거나 개인이나
기관, 단체에 부정한 특혜를 주어서는 안 되며, 재직 중에 취득한 정보를 부당하게 사적으
로 이용하거나 타인으로 하여금 사용하게 하여서는 아니 된다.

4) 이해충돌을 회피하는 방식

이해충돌을 회피하는 방식은 주인 입장과 대리인 입장이 있다. 주인 입장이란 대리인 관
계를 아예 철회하거나 혹은 대리인의 직무를 변경하여 이해충돌을 회피하는 적극적 방식이
나, 대리인 입장은 관련된 주식이나 재산의 이익의 충돌이 발생하지 않도록 처분하는 소극
적 회피방식으로 주식백지신탁제도가 있다.

(9) 행정의 합리성

1) 개념

합리성이란 인간의 행동이 사리에 맞고, 지성적이며, 분별력이 있는 경우를 말한다. 즉
행동이 상식적으로 이해될 수 있고, 의식적이며, 심사숙고 과정을 거치면 합리성을 띤다고

본다. 일반적으로 합리성은 인간행동의 가치를 판단하는 기준으로 사용 된다.

2) 합리성의 이론

① 칼 만하임(K. Manheim)의 이론

㉠ 실질적 합리성 : 실질적 합리성은 충동이나 본능이 아닌 이성적 사고작용을 중심으로 특정상황의 상관관계를 밝히는 것을 말한다. 따라서 실질적 합리성은 사물에 대한 지적인 사유작용을 의미한다.

㉡ 기능적 합리성 : 기능적 합리성은 정해진 목표에 순기능적 행위를 할 때 나타나는 현실적 합리성을 말한다. 즉 목표의 성취에 기여하는 행위이며 현대 사회일수록 기능적 합리성이 강조되고 있다. 기능적 합리성을 형식적 합리성이라고도 한다. 일반적으로 관료제는 기능적 합리성을 띤 대표적 조직구조이다.

② 사이먼(Simon) 이론

㉠ 실질적 합리성: 실질적 합리성이란 효용이윤의 극대화를 가져오는 가장 효율적인 행위를 의미한다. 즉 주어진 목표의 달성에 도움이 되는 수단 또는 행위를 의미 한다. 따라서 결정과정보다 결과에 관심을 갖는 완전한 객관적 합리성을 말한다.

㉡ 절차적 합리성 : 절차적 합리성은 의식적인 사유과정(思惟過程)을 말하는 심리학적 개념으로 결과보다는 과정에 중점을 둔다. 의사결정과정에서 사이먼은 객관적인 절차에 의한 합리성을 중시했다. 즉 합당한 행동노선에 도달하기 위해서 다양한 정보를 수집해야 하고 그러한 정보를 서로 다른 여러 가지 방법으로 처리해야 하는 상황에서 절차적 합리성이 요구된다.[4]

③ 베버(Weber)의 합리성

㉠ 실천적 합리성(실제적 합리성) : 현실이 제기하는 곤란을 극복하는 데 가장 적합한 수단의 탐색을 의미한다. 실용주의적 행동에 중점을 둔다. 즉 사람들이 일상생활을 영위하는 가운데 실용적·이기적 관점에서 자신의 행동을 판단하는 것을 말한다. 이러한 합리성은 인간의 현실에의 예속을 시인하고 현실극복의 의지를 부정하려고 한다.

---

4) 결정절차가 합리적일 수 있는 조건으로 김영평 교수는 ① 비판의 제도화 ② 절차의 공개성 ③ 절차의 공평성 ④ 절차의 적절성 등을 주장했다.

ⓛ 이론적 합리성 : 추상적인 개념의 정립을 통하여 현실을 의식적으로 극복하려는 것과 관련된다. 이론적 합리성은 사상가·성직자 등의 인간의 현실사회에 당면하고 있는 고난을 설명하고 극복하려는 노력과 관련이 있다.

ⓒ 실질적 합리성 : 개인의 내재적 능력과 관련된 합리성이다. 실천적 합리성이 일상적인 문제를 해결하기 위한 수단의 계산에 의존하는 데 비하여 실질적 합리성은 과거·현재·잠재적 가치에 따라 행동을 취하게 한다. 즉 인간의 주관성이 내포한다.

ⓓ 형식적 합리성 : 보편적으로 적용되는 규칙에 의존하는 합리성이다.

④ 디징(P. Diesing)의 합리성5)

P. Diesing은 조직의 합리성과 관계되는 합리성으로 사회적 합리성, 법적 합리성, 정치적 합리성, 결정의 합리성과 관계되는 합리성으로 경제적 합리성으로 구분하였다.

⑤ 라인베리(Linebery)의 합리성

Linebery의 합리성을 상호대립적인 개인적 합리성·집단적 합리성·사회적 합리성으로 나누고 이를 개인들간의 관계를 죄수의 딜레마, 공유지의 비극이라는 표현으로 설명하고 있다. 죄수의 딜레마란 두 사람의 죄수가 각각 합리적이고 이기적인 전략을 추구하면 모두 나쁜 결과를 초래하게 된다는 논리이다. 그러므로 개개인의 합리적 행동이 항상 전체적인 최적결과를 가져다주지 않는다고 보았다.

죄수의 딜레마의 내용을 보다 자세히 설명하면 다음과 같다.

두 용의자가 심문을 받는 과정에서 서로 의사소통을 할 수 없게 별도로 수용되어 있다. 검사는 자백을 받아 내려고 각 용의자에게 행동여하에 따라 달라질 수 있다고 했다.

- 한 사람은 자백하고 다른 한 사람은 자백하지 않는다. 이때 자백하는 사람은 석방되고 자백하지 않는 사람은 10년형을 선고 받는다.
- 두 사람이 자백하면 5년씩 선고 받는다.
- 두 사람이 끝까지 자백하지 않으면 1년을 선고 받는다.

5) 디징(P. Diesing)은 합리성은 다음과 같이 5가지로 나누어 설명하였다. 즉 ㉠ 정치적 합리성: 보다 나은 정책을 추진할 수 있는 정책결정구조의 합리성을 말한다. 정책결정구조가 개선되면 정치적 합리성이 달성된다고 할 수 있다. ㉡ 경제적 합리성: 비용과 편익을 비교·측정하여 목적을 선택·평가하는 과정과 관련되며 비교가 가능한 대립되는 2가지 이상의 목적의 존재를 전제로 하고 있다. ㉢ 사회적 합리성: 사회전체의 구성요소간의 조화 있는 통합성을 의미한다. ㉣ 기술적 합리성: 목표를 성취하기 위한 적합한 수단을 찾는 것을 말한다. ㉤ 법적 합리성: 인간과 인간간의 의무·권리관계가 성립될 때 나타나는 합리성으로 갈등을 해결 가능하게 하고 복잡한 것을 명확하게 한다.

이 게임은 두 사람 모두 자백하는 전략이다. 자신들이 자백하지 않으면 자신들의 형량이 5년에서 1년으로 감소될 수 있음에도 이러한 해결은 어렵다. 왜냐하면 상대방이 자신을 속일 수 있을 것이라는 것을 안다면 그도 자백할 수밖에 없다. 이는 각 개인들이 최악의 결과를 피하고자 상대적으로 덜 바람직한 전략을 선택하는 상황이다.

공유지의 비극이란 공유지에서 농민들이 양을 많이 사육하면 개인의 이익을 증가하난 과중한 방목으로 목초지가 모두 황폐화되어 버린다는 주장이다. 공유지는 배제성이 없는 데 경합성이 있다. 공유지는 무임승차가 가능하다. 따라서 누구나 아끼려고 노력하지 않아 결국 황폐화 된다. 또 시장기능에 의해서 수요와 공급을 조절할 수 없다. 공유지의 비극은 정부가 공공재를 직접 공급하거나 공유제를 규제해야 한다는 정당성을 제공하는 이론이다.

(10) 공   익

1) 개념

공익이란 어떤 특정인에 대한 이익이 아니라 전체국민을 위한 이익을 말한다. 오늘날 공익은 바람직한 국가의 목표를 설정할 때 중요한 척도이며 사회전체의 공유가치이다. 또한 공익은 민주성과 함께 현대행정의 최고의 행정이념으로 정책결정 및 평가, 행정책임에 있어서 가장 상위기준의 이념이다. 사익이 행위자 개인에게 직접적인 이익을 추구하나 공익은 전체사회에 이익을 준다. 그러므로 정책은 공익을 증진시키기 위해서 형평성, 정의, 국가의 안전 등을 강조한다. 따라서 공익논의의 배경은 신행정론의 대두와 함께 시작되었다고 볼 수 있다.

2) 공익의 기능

① 정책이나 프로그램을 평가해 주는 역할을 한다. 즉 공익은 정책결정자로 하여금 도덕심을 갖게 하고 정책평가기준에서 가장 상위이념이다.

② 주관적, 편협한 가치를 객관적 가치로 전환시켜 주는 역할을 한다. 즉 자기이익보다 큰 이익이 있다는 것을 알려줌으로써 주관적 편협한 이익을 객관적이고 포괄적인 이익으로 대체시키는 역할을 한다.

③ 공존체제를 구축하는 역할을 한다. 공익은 다원화된 세력들과 이익을 공존할 수 있는 계기를 마련하여 준다. 공익이라는 요소가 없으면 각자의 세력들은 자기들의 이익만을 내세움으로써 대립과 투쟁만이 야기된다.

④ 정책결정이나 행정책임의 기준을 제시하여 정부활동의 장래의 방향을 설정하는 역할

을 한다. 또한 공익은 정책결정과 정책집행의 윤리적·규범적 기준이 된다.

3) 공익의 본질

① 실체설(규범설)

　　㉠ 의의 : 공익은 사익과 구별되는 것으로 존재하며 행정활동에 대한 구체적인 지침
　　　　이 될 수 있다는 입장이다. 이는 전체주의 시대의 접근방법으로 공익을 선험적으
　　　　로 주어진 정의·선·양심 등을 공익이라고 한다. 실체설을 사람들은 단순히 자신의
　　　　개인적 이익만을 위해서 존재하는 것이 아니라 보다 나은 공동생활을 위해서 존재한
　　　　다고 본다.

　　㉡ 특징 : 공익은 도덕적, 규범적으로 존재하며 집단주의적 공익관을 반영한다. 실체
　　　　설에서의 공익을 규범적 관점에서 전체사회가 추구해야 할 궁극적·절대적 가치
　　　　로 본다.

　　㉢ 비판 : 실체설은 사회의 최고가치를 소수인이 결정하며, 인간의 가치관에 따라 공
　　　　익관의 차이가 불가피하다는 점을 간과하고 있으며, 공익개념이 지나치게 추상적
　　　　이며, 현실적인 공익의 파악에 도움을 주지 못한다.

② 과정설

　　㉠ 의의 : 공익이란 상호대립적, 경쟁적 이익이 조정되고 균형된 결과로 본다.
　　　　과정설은 사익 또는 특수이익과 본질적으로 구별되는 공동사회적 이익은 존재하
　　　　지 않는다는 입장이다.

　　㉡ 특징 : 과정설은 다원주의적 사회의 개인주의적 공익관을 반영한다. 따라서 공익
　　　　은 현실적으로 정치과정을 통하여 형성되는 것으로 파악한다.

　　㉢ 비판 : 과정설은 국가이익과 공동이익의 존재를 고려하지 않고 있으며, 규범적·
　　　　도덕적 요인이 경시되고 있다. 과정설은 조직화되지 않은 소수국민의 의견을 반영
　　　　할 수 없으며, 토의나 경쟁과정이 발달하지 못한 신생국가는 적용상의 한계가 있
　　　　다. 또한 과정설은 특수이익간의 경합·대립이 자동적으로 일반이익으로 승화된다
　　　　는 기계적 관념을 받아들이고 있다.

표 4-3 실체설과 과정설 비교

실 체 설	과 정 설
사익과 구별되는 실체적 개념 (자연법, 정의, 선)	공익은 사익과 본질적인 차이가 있는 것이 아니라 상대적 차이
공익은 도덕적, 규범적으로 존재	도덕적, 규범적 요인 도외시
사회가치를 소수인이 결정 (관료, 소수인 공인 모색)	공익결정에 다수 이해관계자가 보다 적극적 역할 수행
투입기능이 활발하지 못한 개도국 입장	투입기능이 활발하고 선진사회에서 적용될 수 있는 이론
정책결정에 있어서 엘리트모형과 유사	정책결정으로서 점증모형, 집단모형과 유사
전체주의(집단주의) 입장	다원사회의 개인주의적 공익관 반영

비판
1. 소수가 공익결정으로 비민주적 성격
   (평등이념에 배치)
2. 통일된 공익관의 도출곤란
	비판
	1. 국가 및 공동이익을 미고려
	2. 토의와 경쟁과정이 발달하지 못한 신생국가는
	   적용곤란

제 3 절 목표설정

1. 조직의 목표

(1) 의 의

조직목표란 조직이 달성하고자 하는 미래의 바람직한 상태나 방향을 말한다. 조직이 목표는 현재 조직의 활동에 영향을 미치기도 하며 시대에 따라서는 조직이 추구하는 목표가 달라지기도 한다. 일반적으로 행정조직이 추구하는 국가목표는 국민전체의 복지증진에 있으며 인간의 삶의 질의 향상을 추구하는 것이다. 따라서 행정조직목표는 공익성, 가치지향성, 변동대응성, 다원성 등의 특징을 지닌다.

(2) 기 능

1) 조직목표는 조직이 나아갈 미래의 방향을 설정하고 조직의 활동과 그 존재 자체를 정

당화시키는 기능을 수행한다.

2) 조직의 목표는 조직의 성공도를 평가하는 기준이 된다.

3) 조직의 목표는 조직구성원들의 참여에 의한 동기를 부여하고 일체감을 갖게 하는 기능을 수행한다.

4) 외부환경으로부터 조직의 정책이나 방침에 대한 지지를 얻을 수 있는 상징적 기능을 수행한다.

5) 조직목표는 조정과 통합을 촉진하고 권위수용의 기준이 된다.

(3) 목표의 구조

일반적으로 조직은 단일의 목표보다는 둘 이상의 다원적 목표를 동시에 추구한다. 조직에서 목표의 다원성은 불가피하다. 따라서 목표를 설정할 때는 다수집단의 참여가 보장되고, 국민의 요구에 부합되도록 하고, 사회적 요구에 반응하고 탄력적으로 적응할 수 있도록 해야 한다.

1) 다원적 목표의 장점

조직의 두 개 이상의 목표를 추구할 경우 한 목표달성은 다른 목표의 달성에 공헌하며 단일목표에 비해서 우수한 인재의 등용이 가능하다. 또한 많은 사람의 지원확보가 가능하고 구성원들의 심리적 침체를 방지할 수 있다.[6]

2) 다원적 목표의 단점

한 목표가 다른 목표에 종속되어 우선순위가 달라질 수 있으며, 목표간의 충돌을 야기하기 쉽다. 다원적 목표는 여러 목표수행으로 행정의 효율성과 합리성을 확보하는 데 지장을 초래하고 목표의식의 약화와 자원획득에 대한 경쟁이 발생한다.

(4) 조직평가 방법

조직평가의 방법은 목표모형과 체제모형으로 구분할 수 있다.

1) 목표모형은 효과성을 조직의 성공도를 측정할 수 있는 유일한 기준으로 본다. 효과성의 기준은 목표의 달성정도를 말한다. 프라이스(Price)는 목표달성의 결정요인으로 생

---

6) 종교조직의 경우 신앙의 목표와 사교의 목표를 겸할 수 있다.

산성, 순응성, 사기, 적응성, 정착화를 들고 있다. 목표모형은 전통적 접근방법으로 조직을 특정한 목표를 달성하기 위한 사회단위로 본다.

2) 체제모형은 조직은 복수기능적인 사회적 단위라고 보아 목표달성만이 조직의 유일한 기능으로 생각하지 않는다. 파슨스(Parsons)는 조직이 생존하려면 목표달성기능, 통합기능, 적응기능, 체제유지기능을 수행해야 한다고 보았다. 체제모형의 조직은 환경 속에서 존재하며 환경과 상호작용을 하고 있다고 본다. 체제모형은 조직이 다른 조직들과의 경쟁을 통해서 자기조직에 유용한 희소자원을 획득하는 능력이 있느냐를 조직의 평가기준으로 한다.

(5) 조직목표와 개인목표

조직은 조직이 추구하는 조직의 목표가 있다. 조직의 목표는 조직구성원이 추구하는 목표와 동일시 될 수는 없다. 그러나 조직은 조직의 목표를 추구하면서 개인의 목표를 중요시하지 않을 수 없다. 따라서 조직은 조직의 목표를 설정할 때 개인의 목표를 고려하여 설정하는 것이 바람직하며 조직목표와 개인목표의 조화와 통합을 추구하는 것이 바람직하다. 조직목표와 개인목표의 통합의 방법은 3가지가 있다.[7]

1) 교환모형 : 조직은 개인의 목표성취에 도움이 되는 유인을 개인에게 제공하고 개인은 이에 대한 대가로 시간과 노력을 조직의 목표성취에 바친다. 교환모형은 과학적 관리법과 인간관계론의 입장을 반영한다.

2) 사회화모형 또는 교화모형 : 개인이 조직의 목표성취에 도움이 되는 행동을 가치 있는 것으로 생각하도록 설득하여 목표통합을 이룩하려는 것이다.

3) 수용모형 : 조직의 목표를 설정하고 목표를 추구하는 방법과 절차를 입안할 때 개인목표를 고려하여 수용하는 데 중점을 둔다. 이 모형은 조직의 목표를 설정할 때 개인적 목표의 추구가 가능하도록 한다. 수용모형은 대체로 자아실현적 인간관에 입각한 동기이론과 관련된다. 따라서 목표관리와 조직발전은 수용모형과 관계가 있다.

(6) 목표의 유형

1) 공식성 기준

① 공식적 목표 : 공식적 목표는 행정조직이 공식적으로 추구하는 목표이며 정부조직법

---

7) Barrett, 1970.

이나 직제 등에서 나타난다. 공식적 목표는 대개 선언적인 문장의 형식을 띤다.

② 실질적 목표 : 실질적 목표는 행정조직이 현실적으로 추구하는 목표로 운영목표 또는 진정한 목표라고도 한다. 공식적 목표와 실질적 목표가 일치할수록 조직존립의 정통성은 높다고 볼 수 있다. 그러나 양자 간의 차이가 나는 경우가 있다. 즉 조직이 실질적 목표를 달성하기 위하여 공식적 목표를 수단으로 사용하는 경우다. 예를 들면 어떤 조직이 영리가 목표이면서 대외적으로는 교육·연구 등을 표방하여 연구소, 문화재단 등을 운영하는 경우이다.

2) 유형성 여부의 기준

① 무형적 목표 : 무형적 목표는 내용이 상위목표와 같은 추상적·일반적·포괄적·장기적인 특성을 가진다. 장점으로는 포괄적 목표설정으로 행동의 융통성을 확보할 수 있으며, 상황변화에 대응이 용이하고, 가치관과 이해관계의 갈등과 대립을 광범위하게 흡수·포용할 수 있다. 단점으로는 목표가 추상적 이어서 결과측정이 곤란하며, 목표의 전환 소지가 발생하고, 구체적인 업무기준이 되지 못한다.

② 유형적 목표 : 유형적 목표는 현실적·단기적·미시적·과정적 특성을 가지며, 계량적 측정이 가능하고 결과에 대한 평가·통제가 용이하다. 또한 유형적 목표는 조직의 구체적 기준이므로 업적에 대한 불안감을 없애준다.

3) 페로우(Perrow)에 의한 목표유형8)

① 사회적 목표 : 사회적 목표는 사회가 조직에게 기대하는 내용과 관련된다. 즉 조직이 사회를 위해서 무엇인가 활동할 때에 성립된다. 예를 들면 사회를 위하여 재화나 용역을 공급한다던가 질서를 유지하는 것을 말한다.

② 생산품목표 : 생산품목표(상품목표)는 생산되는 재화와 용역의 특색에 관한 것들이다. 예를 들면 상품의 질, 양, 종류 등을 의미한다.

③ 투자가의 목표 : 자본을 제공하는 자들이 조직에 대해서 바라는 목표로 투자가가 제공하는 자원에는 자본뿐만 아니라 노력·정당성의 근거도 포함된다.

④ 체제유지 목표 : 조직이 계속 생존하면서 유지·발전코자 하는 목표이다. 체제유지목표는 최고관리자들의 관심대상으로 조직의 안정·성장·통치방법 등과 관련된다.

---

8) Perrow는 조직목표의 분류는 누구의 기대와 관계가 있느냐에 따라서 분류하였다.

⑤ 산출목표 : 고객이나 소비자를 위해서 활동하는 목표를 말한다. 산출목표는 고객의 입장에서 본 목표이기 때문에 소비상품·교육 등의 목표와 관계가 있다.

(7) 목표의 변동

조직의 목표는 고정되어 있는 것이 아니고 시대와 상황에 따라서 가변적이다. 즉 조직목표는 내적 요인과 외적 요인에 의해서 변동한다. 목표의 변동은 다음과 같다.

1) 목표의 전환(목표의 대치)

① 개념 : 수단적 가치가 종국적 가치로 되는 것으로서 행정조직이 본래의 정통적인 목표를 망각하고 다른 목표를 선택하는 것이다. 예를 들면 병원에서 환자의 생명보다는 영리에 집착하는 경우이다.

② 관련학자

ㄱ 미첼(Michels)은 최초로 체계적인 목표전환현상을 설명하였으며 과두제의 철칙을 주장했다. 과두제의 철칙이란 소수엘리트에 의한 지배체제를 의미한다. 미첼은 초기에 민주주의나 평등주의를 주장했던 조직도 목표의 효과적인 달성을 위해서는 계서적 구조를 갖추고, 소수의 지도자에 의해서 조직이 운영된다고 주장했다.

ㄴ 머튼(Merton)과· 굴드너(Gouldner)는 수단으로서의 법규가 목표보다 더 중시되는 현상을 지적하였다. 법규나 업무절차는 목표를 달성하기 위한 수단인데, 법규나 절차에 지나치게 집착하고 동조하게 되면 조직의 본래 목표인 공공이익·국민이익은 수단으로 전락된다고 주장하였다.

ㄷ 셀즈닉(Selznick)는 권한위임이나 전문화·분업 등이 전체목표보다 더 중시되는 현상을 지적하였다. 즉 전문화, 분업은 자기 담당분야나 부처이익만을 강조하여 부처간의 조정과 협조를 저해한다고 주장했다.

ㄹ 워너(Warner)와 헤이븐스(Havens)는 상위목표 대신에 하위목표가 조직행동의 사실상 기준으로 사용되는 것을 지적하였다. 상위목표는 추상적·무형성이 높으므로 보다 구체적·명확성이 높은 하위목표를 강조하게 되면 상위목표는 경시하게 된다고 주장했다.

③ 원인

ㄱ 과두제의 철칙 : 정치 조직에서 상위 층의 몇몇 지도자들이 그 조직을 계속 지배하려는 권력욕으로 인해 권력을 장악한 후에 조직의 본래목표를 추구하기 보다는

자신의 지위나 권력을 유지·강화시키는 데 더 관심을 갖는다는 것을 의미한다.

    ⓒ 조직내부 문제 중시 : 전문화·분업 등 수단적인 내부문제만 집착하고 외부환경 변화를 무시하는 경우에 부서할거주의 현상이 발생한다.

    ⓒ 규칙·절차에 집착 : 법규의 준수는 조직목표달성을 위한 수단이다. 그러나 법규·절차에 집착하면 자체가 목적이 되어서 행정의 형식주의·의식주의와 동조과잉현상을 초래할 수 있다.

    ⓔ 목표의 무형성 : 무형적 목표의 추상적 성격으로 말미암아 유형적 목표, 하위목표에 치중하게 되므로 목표전환현상이 나타나게 된다.

2) 목표의 승계 : 목표가 이미 달성되었을 경우에 새로운 목표를 발견하여 이어받는 것을 의미한다. 조직은 목표가 없으면 사회에서 정당성을 확보하지 못하므로 새로운 목표를 찾게 된다. 조직이 폐지되는 것이 아니라 새로운 목표를 설정하여 조직을 존속시키는 경우이다.

3) 목표의 다원화 : 본래의 목표에 질적으로 새로운 목표를 추가하는 것으로 예를 들면 종교의 신앙 이외에 사회봉사라는 목표가 추가되는 형태를 의미한다.

4) 목표의 확대 : 목표의 범위를 확장하는 것으로 신문사의 월간지 발행을 예로 들 수 있다. 목표달성이 낙관적일 때 목표는 확대된다. 따라서 목표의 확대는 기존목표가 상향조정되는 것을 의미한다.

5) 목표의 비중변동 : 목표나 이념이 시대가 변동함에 따라 우선순위가 바뀌어 가는 현상을 의미한다. 목표의 비중변동은 조직이 여러 개의 복수목표를 가지고 있을 때에 기존의 목표들 간의 우선순위가 변화하는 경우이다.

(8) 우리나라 행정목표의 문제점과 방향

우리나라의 경우에 목표설정이 소수에 의해서 결정되는 경우가 많다. 이러한 현상으로 집행과정에서 많은 부작용을 초래하고 있다. 또한 행정목표를 설정하는 경우에 충분한 검토와 조직 내·외의 환경 등을 고려해야 하나, 몇 명의 극소수 전문가에 의해서 외국의 제도를 무조건 우리 현실에 적용하려는 경향이 있다. 의·약분업이나 공무원의 성과급제도는 하나의 예가 될 수 있다. 의약분업은 사전에 우리의 현실, 시기의 적정성은 충분히 고려되어야 한다. 또한 성과급제도는 먼저 성과급을 평가할 만한 객관적 기준이나 직무분석 등이 전제되어야 한다. 앞으로 행정목표를 설정할 경우는 여러 사람의 참여에 의한 민주적인 목표설정이 되어야 하며, 최고관리층 한 사람의 가치관이나 정치적 영향력에 따라 목표설정이 되지 않도록 해야 한다. 또한 사전에 어떠한 문제들이 발생할 것인가를 철저히 검토하는 것이 필요하다.

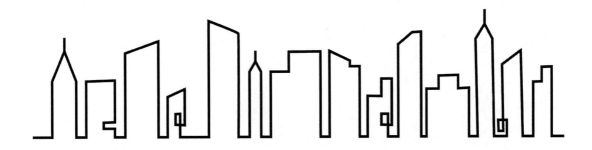

INTRODUCTION TO PUBLIC ADMINISTRATION

제2편

정 책

제 1 장 정 책

제1장   정   책

제1절 정책론의 기초

1. 의   의

정책이 무엇인가에 대하여 학자들의 견해는 다양하다. 정치학의 창시자인 라스웰 (Rasswell)은 정책을 문제해결 및 변화를 유도하기 위한 행동이라 정의하였으며 드로(Dror) 는 정책을 정부기관에 의해서 결정된 미래의 행동지침이라 정의하고 있다. 일반적으로 정 책의 정의를 다음과 같이 정리할 수 있다.

1) 정책이란 사회문제의 해결이나 공익을 추구하기 위해서 정부기관이 공식적으로 결정 한 방침이라 한다. 즉 정책이란 정부가 사회적 상황이나 사회문화 등이 바람직한 방 향으로 유지되고 변경시키는 정부의 의사결정이다.

2) 정책이란 권위 있는 행정기관의 결정으로 정부가 공식적인 절차와 방법에 의해서 결 정·공표한 것으로 정부의 기본방침을 말한다. 정책은 일반적으로 법률·명령·정부 사업계획·프로젝트(단위사업)·지침 등의 용어로 표현되기도 한다.

3) 정책은 사회적 요구에 대한 정부의 대응이다. 따라서 정책은 개인이나 집단에서 해결 하기 곤란한 문제들을 해결해야 한다. 즉 교육문제, 공해문제, 계층간·지역간의 갈등 을 해결해야 한다.

2. 정책의 특성

1) 정책은 공익을 우선시하며 그 주체는 공공기관이며 정책은 주로 정부활동과 관련된다. 즉 정책이란 정부가 어떠한 사회를 어떻게 만들겠다고 생각하는 것을 결정하는 행위 이며, 그 행위는 모든 국민의 이익을 실현하도록 해야 한다.

2) 정책은 실현하고자 하는 특정한 목표가 있고 목표를 설정하는 과정에서 정치지도자의 이념과 철학이 반영된다.

3) 정책은 인본주의적 가치와 행동을 추구한다. 즉 정책은 그 속에 가치가 내포되어 있고, 바람직스러운 가치를 창조하고 실현하는 과정이다.

4) 정책은 정치적 성격을 띤다. 정책은 자원의 배분과도 관련된다. 자원의 배분과정은 합리적·경제적 측면보다는 정치적인 힘에 의해서 좌우되기도 한다. 이러한 의미에서 정책은 정치성을 띤다. 사회가 다원화되면서 이에 따라 다양한 가치관과 이익집단이 등장하여 갈등과 경쟁이 심화되는데 정책은 이를 조정하고 통합하는 기능을 수행한다.

5) 정책은 문제해결 지향과 변동대응적 성격을 가진다. 정책은 바람직하지 않은 사회상태를 바람직한 상태로 변화시키는 기능을 수행한다. 따라서 정책은 사회문제가 발생하면 사회문제를 해결하고 사회적 환경에 대처한다.

6) 정책은 합리성을 강조하며 정부의 의도적인 노력이다. 정책은 바람직한 사회를 만들기 위한 수단을 선택하는 것이다. 수단선택에서 합리성을 강조한다. 즉 여러 대안을 비교·검토하여 최적의 대안을 선택하는 것이다. 또한 정책은 특정목표를 달성하기 위해서 환경적 요인을 극복하고 기회를 이용하려는 인위적인 노력이다.

3. 정책의 중요성

1) 정책은 사회변동의 방향을 설정한다. 정책은 바람직한 사회상태의 구현을 목적으로 하므로 현실의 문제점을 해결하고 의도적으로 변화를 추구한다. 또한 정책에 의해 이익과 손해를 보는 개인이나 집단이 발생한다. 이러한 점으로 보아 정책은 정치적 성격을 띤다고 볼 수 있으며 정치적 영향을 받으면서 사회변동의 방향을 설정한다.

2) 정책은 많은 사람들에게 영향을 미친다. 정책이란 정부의 의도적인 사회환경의 변화를 의미한다고 볼 수 있으며, 정부의 정책은 공간적으로 매우 넓은 지역에 영향을 미친다. 그러므로 정책은 사람들의 가치와 형태에 매우 중대한 영향을 미친다. 즉 정책

은 보편성을 지니며 사회전체에 광범위하게 그 영향을 미친다.

4. 정책철학

정책철학이란 정부가 추구하는 목적·가치를 의미한다. 보즈만(Bozeman)은 정책철학을 다음과 같이 전개하고 있다.

1) 합리주의 : 여러 가지 문제점들을 과학적인 분석과 계량적 조사를 통하여 해결할 수 있다는 주장이다. 합리주의는 인간의 이성을 신뢰하고 낙관주의적 인간인식에 근거하고 문제해결에 최선의 방법이 존재한다고 보고 있다. 베버의 기능적 합리성과 관계가 있다.

2) 보호주의 : 인간은 약한 존재이고 지식과 능력의 한계가 있으므로 타인으로부터 보호되어야 한다는 입장이다. 보호주의하에서는 모든 통치행위는 1인의 조직 또는 소수에게 집중되며 정부활동은 규제적 성격이 강하다. 감사원은 이러한 성격에 부합된다고 볼 수 있다.

3) 중개주의 : 중개주의는 다원적 사회관에 입각하고 있다. 따라서 정부정책이란 다양한 사회가치를 대변하는 기능으로 본다. 관료제의 대표성이나 공리주의 등은 중개주의 철학의 지침이 된다.

4) 실용주의 : 실용주의에서는 정책결정자가 전지전능하지 않다고 본다. 따라서 정책결정은 점진적이고 부분적 최적화에 입각하여 이루어져야 한다고 보는 입장이다. 실용주의의 규칙이란 영구불변한 것이 아니라 경우에 따라서 유동적으로 본다.

5) 이전주의 : 정책을 소득의 재분배과정으로 인식한다. 즉 정책을 고소득층으로부터 조세를 징수하여 저소득층에게 재분배하는 것으로 인식하는 입장이다. 재분배정책이나 복지정책은 이전주의 정책철학과 관련된다.

6) 이기주의 : 정책을 개인적 이익증가의 수단 또는 개인의 권력적 지위증진과 관계가 있다고 본다. 이기주의는 행정조직은 관료적 이익으로 보기 때문에 공익부재현상과 관계가 있다고 본다.

5. 정책의 구성요소

정책의 3대 구성요소는 정책목표·정책수단·정책대상집단이다. 여기에 정책결정자를 추가하여 4대 구성요소라고도 한다. 정책의 단계별 구성요소로 투입·산출·효과·결과·영향 등으로 구분하는 학자도 있다.

(1) 정책목표

1) 의의

정책목표란 정책을 통하여 달성하고자 하는 바람직한 상태를 말한다. 예를 들면 대도시 교통정책의 목표는 교통의 원활이다. 정책목표는 바람직한 상태나 방향으로 정책의 존재이유가 되며, 가치판단에 의존하기 때문에 주관적, 규범성, 당위성을 가지며 미래지향성을 지닌다.

2) 종류

① 치유적 목표(소극적 목표) : 문제발생 이전에 존재하던 상태를 정책목표로 삼는 경우를 말한다. 예를 들면 공해방지를 정책목표로 하는 경우이다.
② 창조적 목표(적극적 목표) : 과거에 경험해 보지 못한 새로운 상태를 창조하려는 것으로 정부는 적극적 태도를 취한다. 예를 들면 후진국가의 경제개발정책을 말한다.

3) 정책목표의 상호관계

① 정책목표는 상하의 관계를 유지한다. 상위목표와 하위목표는 목표―수단의 계층제의 관계에 있어 하위목표는 상위목표를 위한 수단으로서 역할을 한다.
② 정책목표는 하나의 문제를 해결하면 다른 문제가 악화되는 현상이 발생한다. 또한 상위목표의 달성을 위해 하위목표 등이 서로 보완관계를 형성하기도 한다.

(2) 정책수단

1) 의의

정책수단이란 정책목표를 달성하기 위한 행동방안으로 정책의 실질적 내용으로서 가장 중요한 정책의 구성요소이다. 정책수단은 국민들을 직접적으로 영향을 미치므로 이해당사자간의 갈등이 발생한다. 그러므로 정책결정시 최선의 수단을 선택하는 것이 중요하다.

2) 종류

① 실질적 정책수단 : 정책목표를 달성하기 위한 도구적 수단을 말한다. 실질적 정책수단

들은 규제·유인·자원투입 등이 있다.

② 보조적 정책수단 : 실질적 정책수단은 현실적으로 실현하기 위해서 필요한 수단을 의미한다. 예를 들면 순응확보 수단으로서 국가가 어떤 개인에게 설득하거나 유인책을 활용하거나 강압적인 방법으로 행위를 금지하는 경우이다.

(3) 정책대상

1) 의의

정책대상이란 정책집행으로 영향을 받는 집단을 말한다. 정책대상은 정책의 결정이나 집행에 적극적으로 찬성하거나 반대하기도 한다. 왜냐하면 정책들로 인해 이익 또는 손해를 볼 수 있기 때문이다.

2) 종류

① 수혜집단(이익향수집단) : 정책의 채택 또는 집행에 대하여 적극적으로 찬성하는 집단이다. 수혜집단은 정책을 통해 혜택을 받는 집단을 말한다.

② 비용부담집단 : 정책집행 때문에 희생을 당하는 사람들을 말한다. 즉 정책의 비용을 부담하는 집단이다. 이들은 정책의 실현과정에서 손해를 보게 되므로 국가가 보상하는 것이 바람직하다.

6. 정책결정의 유형

1) 정형적 결정과 비정형적 결정 : 정형적 결정이란 정책결정이 선례나 프로그램에 따라 기계적·반복적으로 이루어지는 경우를 말하며, 비정형적 결정이란 정책결정이 고도의 불확실성이 지배하는 현대행정 하에서 이루어지는 결정으로 지금까지 선례나 프로그램이 없었던 정책결정을 하는 경우를 말한다. 따라서 비정형적 결정에서는 결정자의 고도의 판단력·통찰력 등이 요구된다.

2) 가치적 결정과 사실적 결정 : 가치적 결정이란 목표의 선택과 관련되어 윤리와 선, 당위와 관련된 규범적 가치판단이 작용하는 것을 말한다. 사실적 결정이란 수단이나 방법의 선택과 관련된 결정을 말한다.

7. 정책의 유형

(1) 알몬드(Almond)와 파우얼(Powell)의 분류

알몬드와 파우얼은 정책을 분배정책, 규제정책, 추출정책, 상징정책으로 분류하여 설명하고 있다.

  1) 추출정책 : 추출정책은 정부의 체제유지를 위해서 사회환경으로부터 인적·물적자원을 동원해내는 기능과 관련되며 일반 국민들에게 부담을 시키는 동원정책이라고도 한다. 예를 들면 조세징수, 병역, 토지수용, 노력동원, 성금모금 등으로 추출정책은 국가가 국민에게 부담을 준다.

  2) 규제정책 : 정부가 개인·집단행동의 제약과 관련된 정책을 의미한다. 예를 들면 환경규제, 안전규제, 진입규제 등과 관계된다.

  3) 배분정책 : 정부의 행정서비스의 제공과 관련된 정책을 의미한다. 배분정책은 세금을 재원으로 서비스를 특정 또는 불특정다수인에게 나누어 주는 정책이다. 예를 들면 도로·항만 등의 사회간접자본건설이나 기업에 보조금지급, 택지분양, 주택자금대출, 출산장려금 등이다.

  4) 상징정책 : 정치체제의 정당성에 대한 심리적인 신뢰감을 조성하는 활동으로 국민으로 하여금 정부의 정책에 대해서 지지를 획득하는 데 목적이 있다. 국경일의 제정 등을 예로 들 수 있다. 상징정책은 다른 정책의 성공적인 촉진을 위해서 이용된다.

(2) 로위(Lowi)의 분류

로위는 정책의 성격에 따라 정책을 분배정책·규제정책·재분배정책·구성정책으로 분류하면서 정책유형에 따라 정책결정과정이 달라진다고 하였다.

  1) 분배정책 : 분배정책이란 국가가 국민에게 이익과 서비스를 분배하여 주는 정책을 말한다. 예를 들면 도로건설이나 수출특혜금융, 지방자치단체에 대한 국가보조금지급, 주택자금대출 등이다. 따라서 분배정책은 개별적인 사업단위로 나누어서 결정되어, 다수에게 이익이 분산되는 개별화정책으로 갈등이 발생하지 않는다. 배분정책은 이익의 배분과 관련되므로 하위정부모형, 포크배럴(pork-barrel)의 정치행태가 나타난다.[1]

---

  1) 구유통정치라고도 하며 정치인들이 지역구예산을 각기 나누어서 배분하는 것을 의미한다. 로그롤링(log-rolling)은 협력하여 통나무를 굴리는 현상에서 비롯된 말로 정치인들이 특정사업을 통과시키기 위해서 담합하여 자신의 선호와는 관계없이 대안에 투표하는 행위를 말한다.

분배정책의 비용은 조세로 충당한다. 따라서 일반 국민은 자신의 비용부담에 무관심하다. 수혜집단만이 배분을 요구하기 때문에 간섭보다는 상호불간섭이나 상호수용의 형태로 종결된다. 이러한 이유로 분배정책은 비용부담 집단의 반발이 제한적이며 저항이 별로 없다. 따라서 수혜집단의 혜택이 쟁점화되지 않으며 비교적 정책집행이 용이하다.

2) 규제정책 : 개인과 집단의 행동제약과 관련된 정책으로, 즉 특정개인과 집단의 재산권 행사나 행동의 자유를 구속 또는 억제하여 다른 사람을 보호하는 정책이다. 규제정책은 정책의 불응자에게는 강제력이 행사되며, 피규제자의 활동의 자유가 제약되므로 법률의 형태를 취하는 것이 원칙이다. 규제정책은 규제자와 규제를 받는 자들간에 심각한 대립이 발생한다. 따라서 규제로 인하여 손익을 보는 관련 집단이 발생하여 당사자간의 제로섬 게임이 벌어지고 포획이론이나 지대추구이론이 적용되는 다원주의 정치관계가 발생한다.

3) 구성정책 : 사회전체를 위한 이익과 정부자체를 대상으로 하는 정책으로 정부기관의 신설, 공직자의 보수결정, 선거구 조정 등이다. 구성정책은 행정체제정비와 관련되므로 대외적인 가치배분과 무관하나 대내적으로는 게임의 법칙이 적용된다.

4) 재분배정책 : 소득분배의 실질적인 변경을 목적으로 가진 자의 부를 거두어 가지지 못한 자에게 이전해주는 정책으로 누진과세, 영세민 취로사업, 세액공제와 감면 등이다. 재분배정책은 계급 간 투쟁이 발생하여 정책집행 과정에서 저항과 갈등이 일어난다. 따라서 재분배정책은 정부와 기득권층간의 정책결정과 정책집행 과정에서 갈등이 가장 심각하게 발생하고, 손해를 보는 사람과 이익을 보는 사람이 생기게 되어 치열한 제로섬게임의 전개로 계층 간의 갈등도 발생되어 추진이 어렵다.

(3) 리플리(Ripley)와 프랭클린(Franklin)의 분류

리플리와 프랭클린은 정책의 사회적 목표와 집행과정의 특징을 중심으로 정책유형을 보호적 규제정책, 경쟁적 규제정책, 분배정책, 재분배정책으로 구분하고, 정책의 유형에 따라서 정책집행과정이 달라진다고 하였다.

1) 경쟁적 규제정책 : 많은 경쟁자 중에서 특정한 재화나 용역을 제공할 수 있는 권리를 소수의 전달자에게만 허용하는 것이다. 따라서 경쟁적 규제정책은 이권을 부여받게 되는 당사자는 독과점적인 이익을 얻게 된다. 예를 들면 항공노선의 지정, 방송국 설립허가 등이 해당된다.

2) 보호적 규제정책 : 대부분 규제정책이 여기에 해당되며 보호적 규제정책이란 개인이 나 집단의 권리행사 또는 자유를 구속함으로써 일반대중을 보호하려는 것을 목적으로 하는 정책이다. 예를 들면 근로자를 위한 근로기준법, 개발제한구역의 설정 등이 해당 된다. 보호적 규제정책은 다수의 보호를 위해 소수를 규제하려는 정책으로 소수의 비 용부담집단은 적극적으로 반대하나, 다수의 수혜집단은 무임승차의 현상이 나타나므 로 정책집행의 어려움이 발생한다.

3) 분배정책 : 안정적인 제도화 가능성이 높고 반발이 별로 없어 집행이 가장 용이하다.

4) 재분배정책 : 재분배정책이란 재산소득·부·권리 등을 국민의 모든 계층에 평등하게 재분배하기 위한 정책으로 소득분배의 실질적인 변경을 목적으로 한다. 예를 들면 누 진과세, 빈민계층에 대한 의료혜택의 제공, 영세민 취로사업 등을 들 수 있다. 재분배 정책은 정책의 내용이 사회적 형평을 지향하고 있고 부의 분배가 시장의 원리가 아닌 정부정책에 의해서 조정되므로 정책과정에서 갈등과 저항을 초래한다. 왜냐하면 재분 배정책은 재산의 일부를 다른 집단에게 이전시키기 때문에 계급대립적 성격을 띠고 있기 때문이다. 재분배정책은 이전주의 정책철학에 근거하고 있다.

따라서 안정적인 집행을 위한 제도화의 가능성이 낮고, 집행에 대한 논쟁과 갈등이 높 아 집행이 가장 어렵다. 다만 동일한 사회집단들의 참여나 정상간의 제휴 등으로 집 권적·독자적·안정적으로 결정되는 정책이다. 감축을 위한 압력이나 반발도 심하다.

8. 정책을 보는 시각

정책을 보는 시각이란 정책의 내용과 정책형성과정을 어떻게 인식하고 이해하느냐에 관 한 것이다. 일반적으로 정책을 보는 관점을 다음과 같이 설명할 수 있다.

(1) 엘리트이론

엘리트이론은 사회는 권력을 가진 소수관료나 저명인사 등 사회지배계급(엘리트)에 의해 서 정책문제가 일방적으로 결정된다는 것이다. 미국의 경우 엘리트란 한 사회의 중요한 지 배체계에서 최고의 지위를 점유하여 정책결정을 담당하는 사람들로서 대도시의 상류계급. 기업의 최고간부, 군수뇌부, 대통령을 포함한 정치인 등이다. 이 중에서도 미국 사회에서 가장 중요한 파워 엘리트는 기업체와 정부 내의 행정관료와 및 군대의 수뇌부의 지도자들 이다.

1) 고전적 엘리트론

① 정책결정에 참여하는 세력들이 특정소수 엘리트에게 국한되고 엘리트에 의해 국가의 주요 정책이 좌우된다고 본다. 따라서 공공정책은 대중이익이나 사회전체이익보다는 엘리트의 이익을 추구한다.

② 엘리트가 정책대안을 검토할 때 자신들의 근본적인 가치에 합치된 대안만 검토하며 엘리트의 주된 관심은 하나의 체제유지이기 때문에 정책은 보수적이다.

③ 엘리트는 비슷한 사회적 배경, 가치관, 이해관계를 가지고 있어 그들만의 특권적인 사교 등으로 동질적인 생활양식 세계를 갖추고 있다. 그들은 폐쇄적인 계급구조 위에서 사회적 출신을 배경으로 성장한 엘리트이다.

④ 신엘리트론과 비교 : 엘리트이론이 정책과정에서 엘리트의 영향력 행사가 정책결정과정에 한정되나 신엘리트론은 정책의제형성 과정까지 확대된다.

2) 신엘리트론

① 신엘리트론은 바흐라흐와 바라츠(Bachrach & Baratz)가 1963년에 제시한 것으로 권력은 정책을 결정하는 권력과 정책의제가 채택되지 않도록 하는 권력의 2가지 차원으로 행사된다고 보았다. 따라서 신엘리트론은 1960년대 무의사결정론과 관계되며, 자신들에게 안전한 쟁점만 논의하고 불리한 문제는 거론하지 못하게 한다는 논리다. 우리나라의 1970년대의 안보와 경제성장을 지나치게 추구하면서 인권·노동·환경·복지 등의 문제를 공식의제로 다루지 않는 현상과 관계가 있다.

② 초기에는 주로 정책의제설정 과정에서 나타나지만 이 후에는 정책결정과 집행 등에서도 나타난다. 이러한 현상은 결정자가 의두적으로 은밀히 나타나며 지배계급이 자신들의 기득권이 불리해질 수 있는 사태를 방지하고자 사용한다.

(2) 다원주의이론(이익집단론)

1) 고전적 다원주의(이익집단론 · 집단과정론) : 다원주의는 정책권력이 소수의 지배집단이 아닌 다수의 이해집단에 분산되어 있으며, 이해집단의 영향력은 서로 견제하고 경쟁할 수 있을 정도의 균형을 유지한다. 따라서 정책이란 여러 이익집단간의 협상과 타협의 산물로 본다. 국가는 이러한 과정에서 소극적이고 중립적인 질서유지자의 역할에 한정한다. 이를 중립국가관(국가는 조정자), 풍향계 정부라 한다.

고전적 다원주의 입장에서 정책은 다양한 집단 간의 협상과 타협의 산물이며 집단들간의 이익갈등을 정부가 공정하고 중립적인 입장에서 조정한 결과로 본다. 고전적 다원주의는 잠재적 이익집단론과 중복회원으로 나누어 볼 수 있다. 잠재이익집단론은 실질적으로 조직화되어 있지 않지만 특수이익을 가진 지배집단이 자신의 이익을 침해할 경우에 조직화 될 수 있는 상태의 집단을 말한다. 정책결정자들은 잠재집단을 염두에 두면서 정책결정을 하기 때문에 소수의 특수이익집단이 정책을 좌우하지 못한다. 중복회원론은 이익집단의 구성원은 여러 집단의 중복소속으로 어느 한 집단이 자신들의 특수이익만을 추구할 수 없다는 것이다.

고전적 다원론의 특징을 살펴보면 권력이 다양한 세력에 분산되어 있으며 국가는 여러 이익집단으로 구성되어 있고 이러한 이익집단은 정책과정에서 동등한 기회를 가진다. 정부는 이익을 조정하는 수동적인 역할만을 수행한다. 따라서 국가는 사회 내에서 이익집단간의 힘의 균형을 반영하는 풍향계의 역할을 한다.

2) 달(R. Dahl)의 다원론 : 이 이론은 과두사회에서 다원사회로 변화하여 왔음을 설명하는 것으로 엘리트가 존재하지만 정치적 자원이 분산되어 있어 각 정책영역별로 영향력을 행사하는 엘리트들이 각기 다르게 존재 한다. 또한 다양한 엘리트 집단 간 정치적 경쟁이 발생하기 때문에 대중의 선호가 최대한 정책에 반영된다고 본다. 따라서 다원론은 다수에 의한 정치가 이루어지며 사회가치는 다양한 이익집단에 분산되어 있다.

3) 신다원론(수정다원주의) : 정부는 단순히 중립적 위치에 있지 않고 조정자가 될 수 있다고 본다. 신다원주의는 고전적 다원주의를 부분적으로 비판하면서 신엘리트론의 요소를 부분적으로 수용하여 정부의 좀 더 능동적인 입장을 지지한다. 왜냐하면 분배정책과 재분배정책에서 갈등의 조정이 필요하다고 보기 때문이다. 고전적 다원주의와 신다원주의는 집단 간의 경쟁의 중요성을 인정하는 점에서 유사하다. 다만 고전적 다원주의가 이익집단 간의 균형을 강조하고, 정부의 역할이 중립적 위치에 존재한다고 본다. 반면 신다원주의는 이익집단의 균형이 존재하지 않으며, 정부의 역할이 능동적 기능을 수행한다는 입장이다.

신다원주의 특징을 살펴보면 자본주의 국가에서 기업집단에 특권을 부여할 수밖에 없으며, 정부는 전문화된 체제를 갖춘 능동적 개입자로 인정한다. 또한 다원주의가 선거 등을 통해서 의견을 나타내는 시스템을 지향하나, 신다원주의는 선거 등의 외적 요인보다는 내적 요인인 정부기구의 분화와 국가 관료간의 견제를 통한 민주주의 확립 필요성을 강조한다.

(3) 신보수주의

신보수주의(Neo-conservatism) 또는 단순히 네오콘(Neocon)은 1970년대 생겨난 이론으로 보통 경제적으로는 자유롭지만, 정치·사회·문화적으로는 권위주의적 우파사상이다. 즉 사적영역에 대한 정부의 간섭을 최대한 배제하지만, 개인과 재산 그리고 이를 바탕으로 한 도덕적 가치의 침해에 대해선 정부의 강력한 권력행사를 요구하며, 미국과 동맹국의 국익을 위해서는 군사력의 사용도 가능하다고 보았다. 또한 평등화는 전통적 가치의 혼란, 범죄증가만 가져왔으므로 복지정책과 소수민족의 지위향상 등은 정치적·사회적 안정과 미국의 현 정치·경제체제를 증진하는 수단으로서만 고려해야 한다고 보았다. 신보수주의는 1970년대 이후 미국의 전통적 가치가 상실되자 도덕의 부활과 강력한 미국 재건을 목표로 설정되었다. 영국의 대처정부는 1980년대 과다한 복지로 정부재정이 압박을 받게 되자 작은 정부를 구현하기 위해서 공기업의 민영화와 복지예산의 과감한 삭감으로 영국의 복지병을 치유하였다. 미국의 레이건정부도 1980년대 규제완화·민영화·복지정책의 축소 등을 골자로 하는 신보수주의를 표방하였다.

(4) 신자유주의

신자유주의는 1990년대 유럽우파의 통치노선으로 기본적으로 시장기능을 중요시한다. 그리고 시장이 제 기능을 수행할 수 있도록 정부에 공정한 제도와 규칙을 재정할 기능을 부여한다. 신자유주의는 유럽좌파의 복지국가건설이 행정의 비효율과 저성장을 초래했고, 도덕적 해이 등을 가져왔다고 주장하면서 작고 효율적인 정부를 구현하기 위해서 정부역할 축소와 규제완화, 작은 정부, 공공부문의 시장화·민영화, 탄력적인 고용제도 등을 주장했다.

(5) 조합주의

1) 조합주의란 다원주의에 대한 반발로 나타난 대안적 이익대표체제의 일종으로 각 이익집단들이 단일적인 전국규모의 이익대표체계를 형성하여 공동의 목적을 위해서 연대적으로 결합된 집단을 말한다.

2) 다원주의에서는 기본적인 분석의 대상을 집단으로 삼고 그들과 대등한 경쟁관계를 전제로 하나 조합주의에서는 국가이익의 확대를 위해서 국가가 적극적으로 사회에 개입하는 국가의 능동적인 성격과 이익집단의 통제를 강조한다. 즉 조합주의 입장에서 정책은 국가가 사회를 일정한 방향으로 유도하기 위해서 의도적으로 사회집단과 개인이

익을 통제·조정하는 수단으로 본다. 따라서 조합주의는 정책결정에서 정부의 보다 적극적 역할을 인정하고 이익집단과 상호협력을 중요시한다.

3) 조합주의의 유형은 국가조합주의와 사회조합주의로 분류된다. 국가조합주의는 국가의 통치력 강화를 위해서 강제적으로 편성한 이익대표체계를 말한다. 국가조합주의의 정책은 국가가 사회를 일정한 방향으로 유도하기 위해서 의도적으로 사회집단과 개인을 통제·조정하는 수단이다. 사회조합주의는 자발적으로 조직된 이익집단이 국가기관에 침투함으로써 국가의 정당성과 기능이 사회집단에 의존한다. 사회조합주의는 국가의 통제기능이 배제되며 다원주의의 변형된 행태이다. 국가조합주의는 국가가 일방적으로 주도 세력을 형성하고, 이익집단이 국가에 의존하나, 사회조합주의는 이익집단이 자발적으로 형성되며 국가가 이익집단에 의존한다는 것이다.

4) 신조합주의는 기업들의 큰 영향력을 강조하는 이론이다. 오늘날 다국적 기업들은 국가와 긴밀한 동맹관계를 행사하여 경제정책을 만들어 내며, 국가는 산업의 규제에 필요한 정보와 전문적 기술을 기업에 의존 할 수밖에 없으며 기업을 파트너로 생각한다. 또한 자본주의 사회에서 정부와 기업이 유착하는 데 주목한다.

(6) 신베버(Weber)주의

1) 베버는 국가를 법과 합리성을 정당성의 근거로 하여 수립된 관료제를 중심으로 국가를 이해하는 입장이다. 따라서 정부관료제는 국익의 관점에서 여러 이익집단들의 이익을 권위적으로 조정하는 주체라고 보았다. 신베버주의는 베버의 입장을 지지하는 현대적 이론으로 국가가 다른 나라와의 경제관계에 관한 정책결정을 할 때 기업보다는 국가이익을 우선한다고 본다. 즉 국가는 정책결정과정에 있어 수동적인 심판관이 아니라 어느 정도 자율성을 가진 결정주체이다. 국가의 자율성이란 국가가 사회세력의 간섭이나 압력을 배제하고 독자적으로 국가의 정책을 관철하는 능력의 정도를 의미하는 것이다. 따라서 국가는 대립되는 이해관계를 조정하며 스스로 결정할 수 있는 힘이 있다고 본다.

(7) 신막스(Marx)주의

1) 막스는 국가를 자본가계급이 노동자계급을 착취하기 위한 도구로 본다. 그러므로 정책의 실질적인 결정권이 자본가에 있다고 보았다. 이러한 막스의 이론을 계승한 이론이 신막스주의이다.

2) 신막스주의는 경제를 지배하고 있는 자본가계급이 다시 국가를 장악한다는 입장으로 국가가 어느 정도의 자율성을 인정하고 있다는 점이 정통마르크스주의와 다르다. 신 마르크스주의는 민간중심의 정책결정체제를 옹호한다. 이는 신베버주의가 국가중심의 정책결정체제를 주장하는 것과 차이가 있다.

(8) 관료적 권위주의

관료적 권위주의는 제3세계의 자본주의 발전을 설명하는 것으로 오도넬(O'Donnel)이 종 속이론과 조합주의를 기초로 하여 만들어진 이론이다. 오도넬은 산업화가 어느 정도 이루 어지면 정치적으로 활발한 활동을 하던 민중들이 정치적·경제적으로 배제된다고 주장했다. 종속이론은 자본이 정책을 주도하고 국가는 허상에 불과하다고 보는 관점이다. 관료적 권 위주의는 국가의 능동적 역할을 강조하며, 대자본과 관료 그리고 군부가 국가정책의 주도 적 역할을 수행한다고 본다.

9. 정책결정의 참여자

정책결정의 참여자는 공식적 참여자와 비공식 참여자로 나눌 수 있다. 공식적 참여자는 합법적 권위가 부여된 정책결정주체로 대통령·행정관료·입법부·사법부 등이다. 비공식 참여자는 정책결정에 직접·간접으로 영향을 미치는 시민단체(NGO), 이익집단, 언론, 정당, 시민, 전문가집단 등이 있다.

(1) 입 법 부

오늘날 다양하고 복잡한 사회문제의 발생으로 인해 의회는 정부정책을 공식적으로 합법 화시켜주는 역할에 한정되고 있다. 좀 더 구체적으로 살펴보면 정책의제형성에서 정책의제 가 정부에 의해서 이루어지고 있어 의회의 역할은 약화되고 있다. 정책결정 단계에서는 정 책결정이 법률 등의 형태로 확정되므로 의회의 역할은 중요하다. 그러나 정책집행 단계에 서는 행정 관료의 역할이 강조되어 의회는 감시자의 역할에 한정된다. 정책평가 단계에서 는 예산의 결산과 국정감사를 통해서 행정부를 통제, 감시한다.

(2) 행정관료

1) 행정국가화의 추세 그리고 정부주도의 경제발전·안보강조 등으로 정책과정에서 중요

한 역할을 수행하고 있다. 현대사회에서 위임입법의 확대, 사회·경제적 위기에 신속한 대처, 사회발전으로 입법활동의 기술적 복잡성의 증대로 행정관료의 역할은 지속적으로 확대가 이루어지고 있다. 특히 후진국가의 경우에 의회의 권한이 미약하고 이익집단의 자율성이 보장되지 않아 행정관료의 역할이 상대적으로 증가하고 있다.

2) 정책의제형성 단계에서 선진국에서는 비공식적 참여자의 역할이 강조되었으나 최근에는 공식적 참여자의 역할이 강조되고 있어 행정관료들의 역할이 강조되고 있다. 행정관료들의 역할이 강조되고 있는 이유를 보면 행정관료가 재직기간의 오래됨으로 인하여 업무상 관련된 정보를 독점하고 전문적 지식과 기술의 우위성 때문이다. 특히 정책결정단계에서 행정관료에게 의존할 수밖에 없다. 왜냐하면 정치인은 정책대안을 비교·평가할 수 있는 전문성이 없기 때문이다. 정책집행단계에서는 현실적으로 행정조직에 광범위한 재량권이 위임되어 행정관료가 가장 깊이 관여한다.

(3) 행정수반

1) 선진국가의 경우 대통령의 정책과정에서 역할이 제한되나 개발도상국가의 경우 그 역할이 막강하다. 그러나 대통령의 모든 정책을 결정하기는 전문지식의 부족·시간의 부족·정보의 왜곡 등의 한계가 있어 실질적으로 정책결정의 권한이 비서관들에게 위임되고 있다. 대통령비서실은 대통령의 정책결정에 개입하게 된다. 대통령은 분배정책보다 재분배정책에서 영향력이 크다.

2) 우리나라의 대통령은 행정 전반에 걸쳐 막강한 권한 행사가 가능하다. 입법부에 대해서 법률안거부권을 행사할 수 있고, 사법부에 대해서는 대법원장과 대법원 판사에 대한 임명권을 가지며, 행정부에 대해서는 각 부 장관의 임명과 해임에 관한 권한을 행사할 수 있다.

(4) 정 당

정당은 정권 획득을 목적으로 구성된 단체로 유권자의 의지를 반영한 정책을 만들기 위해서 정책과정에 강력한 영향력을 미친다. 정당은 정책에 대한 관심의 폭이 넓고 정책형성과정에서 사회집단과 일반국민의 요구를 일반정책대안으로 전환시키는 기능을 수행한다. 선진국에서는 정당의 유력한 간부와 정책결정자간의 협상을 통하여 정책결정이 이루어지고 있다. 그러나 우리나라의 경우 국회의 권위약화, 집권당의 자율성 미약 등으로 정당의 기능을 충분히 수행하지 못하고 있다.

(5) 이익집단(압력집단)

1) 이익집단이란 특정문제에 관한 이해관계를 같이 하는 사람끼리 결합된 집단을 말한다. 이익집단은 정책과정에서 자신들에게 유리한 결정이 이루어지도록 정책결정자들에게 여러 가지 압력을 행사함으로써 압력단체로서의 활동을 한다. 최근 이익집단의 활동이 입법부로부터 행정부로 옮겨가고 있다.

2) 이익집단은 다양한 행동양식을 가진다. 즉 이익집단은 정당에 참여하여 그들의 영향력을 발휘하기도 한다. 정당은 국민의 지지를 필요로 하므로 이익집단의 힘을 빌리려 한다. 이익집단은 여론을 형성하거나, 정책결정과정에 중요한 역할을 수행하는 의원이나 관료를 자기집단의 일원으로 흡수하거나 그들에게 우호적인 입장을 견지하도록 각종수단을 동원한다. 이익집단은 구성원들이 동질성이 높고 응집성이 강할수록 영향력이 커진다.

3) 우리나라의 이익집단은 자발적 결사로서 발달하지 못해 이익집단활동이 지도자의 개인적 영향력의 형태를 취하고 있고, 정치세력과 밀착되어 권력의존도가 높고 이익집단이 실질적으로 집권당의 하위조직으로서의 역할을 담당하고 있다.

10. 정책네트워크

(1) 배경: 오늘날의 정책은 소수 엘리트에 의한 결정보다는 다양한 참여와 상호작용을 중심으로 정책이 이루어지고 있다. 따라서 정책과정에서 정부와 민간의 파트너십이 증대되고, 공적·사적 부문 간의 경계가 불분명해지고 있다. 또한 정책문제의 복잡성, 정부활동에 대한 시장논리 도입의 필요성 증대, 시민단체와 이익집단의 발전, 정부활동에서 영역별 전문성의 향상은 정책과정에 다양한 참여자들간의 상호작용을 강조한다.

(2) 의의

1) 정책네트워크란 정부의 정책이 엘리트나 관료등의 공식적 참여자들만이 아니라 다양한 집단간의 상호작용이 전개되어 이루어진다는 입장이다. 즉 정책과정에 참여하는 개인이나 조직 등 행동주체들의 상호의존적인 연계망을 의미한다.

2) 정책이란 분권적 정치체제를 전제로 다양한 공식적·비공식적 참여자들간의 참여와 상호작용의 산물로 인식한다.

(3) 정책 네트워크의 모형

정책 네트워크모형은 정책과정에 대한 국가중심적 접근방법과 사회중심적 접근방법이라는 이분법적 논리를 극복하고 정책과정을 다양한 참여자들간 상호작용 관계를 중심으로 정책과정을 분석하는 모형이다. 정책은 다양한 공식 또는 비공식 참여들의 상호작용의 산물이라는 입장이다. 다양한 세력 간의 상호작용을 통해서 정책이 형성된다고 본다. 모형으로 하위정부모형과 이슈공동체모형, 정책공동체모형 등이 있다.

1) 하위정부모형

① 하위정부모형 또는 삼각동맹 등으로도 불린다. 하위정부모형은 정책과정에 관하여는 행정기관의 관료와 의회의 소위원회 및 관련이익집단 지도자들이 상호협력적인 관계를 구축하여 정책결정을 지배하는 현상이다.

② 하위정부모형이 갖는 특징은 다음과 같다. 행위자 상호간에는 이해관계가 일치하며, 장기적이고 안정적, 자율적으로 호혜적인 공생적 관계가 형성되며, 정책결정이 참여자들 사이의 협상과 합의로 이루어져 정책결정권을 공유하게 된다. 따라서 하위정부모형은 정부재정규모의 확대를 초래하는 원인이 되기도 하며 관료들의 권력 강화를 초래한다. 하위정부모형은 결정권이 분산되어 있으므로 다원론과 관련이 있으며, 주로 분배정책과 관계에서 발생한다. 하지만 최근 사회의 다원화 이익집단의 증대와 시민사회의 등장으로 영향력이 약화되었다.

2) 이슈공동체

① 이슈공동체는 1970년대 후반 헤클로(Heclo)가 주장한 이론으로 미국에서 하위정부모형을 비판하면서 형성된 이론이다. 헤클로는 이익집단의 증가와 참여적 정치로의 변화, 의회의 파편화 등으로 안정적 하위정부체제가 깨지고 있다는 것을 주장하면서 정책이슈를 중심으로 유동적이며 개방적인 참여자들 간의 상호작용을 설명하는 이슈공동체 모형을 제안하였다. 일반적으로 이슈공동체모형은 광범위한 다수의 참여로 행위자간의 관계가 경쟁적이며 갈등적이다.

② 이슈공동체는 공통의 기술적 전문성을 가진 다양한 견해의 대규모 참여자들의 집단을 말한다. 이슈공동체는 특정한 경계가 존재하지 않는 광범위한 참여가 이루어지고, 참여는 일시적이고, 구체적으로 문제해결보다는 이슈를 제기하는 데 그친다. 따라서 구

성원간의 인식에 대한 공유나 책임감이 없이 갈등을 유발시킬 수 있다.

3) 정책공동체

① 정책공동체란 1980~1990년대에 논의된 모형으로 특정정책분야에 대해서 전문지식이 있는 사람들이 공식적·비공식적으로 접촉하면서 형성된 전문가집단을 말한다. 전문가집단은 우리나라의 경우에 한국행정연구원, 지방행정연구원 등을 그 예로 들 수 있다. 최근에는 전문가가 차지하는 역할이 점차 증대되어 가고 있으며 어떠한 정책영역에도 전문가들이 포진해 있다.

② 정책공동체 구성원들은 관심사항을 공유할 수 있고 서로 유용한 자원을 가지고 있다는 이유 때문에 정기적으로 상호접촉이 이루어진다. 따라서 정책공동체는 모든 참여자가 자원을 가지며 참여자 사이는 교환관계를 형성한다.

4) 이슈공동체와 정책공동체의 비교

① 이슈공동체가 사회적 다원론으로 등장하여 미국의 신공공관리론과 관계되나, 정책공동체는 이슈공동체를 보완하기 위해서 상대적으로 정부의 책임과 역할을 강조하는 영국의 뉴거버넌스와 관련된다.

② 이슈공동체가 참여자의 범위가 넓고 개방적이나 정책공동체는 특정분야의 전문지식이 있는 사람들의 요구가 반영된다. 즉 정책공동체는 다양한 계층의 이해관계자가 참여하는 것은 아니며 제한된 수만 참여하고 일부는 의식적으로 배제된다.

③ 이슈공동체는 구성원의 크기가 크고 누구나 참여할 수 있도록 개방성이 높으나, 정책공동체는 구성원의 크기가 작고 특정 정책문제에 대한 전문성을 가진 집단(관료, 전문가)으로 구성되어 참여가 제한적이다.

④ 이슈공동체는 관심사항이 광범위하고, 구성원의 접촉빈도가 약하고 상당한 변동이 있으나, 정책공동체는 관심사항이 전문적이며, 구성원의 접촉빈도가 높고 상당히 안정적·장기적으로 접촉한다.

⑤ 이슈공동체가 구성원들의 가치 공유가 낮으나, 정책공동체는 그 가치를 공유하고 결과의 합법성을 수용한다.

⑥ 이슈공동체의 권력개입이 승패를 추구하는 영합게임(Zero-sum game)이나, 정책공동체는 공동의 이익을 추구하는 정합게임(Positive-sum game)의 속성이 강하다.

표 1-1   이슈공동체와 정책공동체의 비교

구 분	이슈공동체	정책공동체
참여자	다수 참여자	제한적 참여
관심분야	광범위한 분야	전문적 분야
접촉빈도	접촉의 빈도가 유동적	구성원의 빈번하고 높은 교류
가치공유	공유가 약함	구성원들은 가치를 공유
참여자의 권한	일부 참여자만 자원 소유 권력의 불균형	모든 사람이 자원과 권한을 가지므로 권력이 균형
행위자간의 관계	경쟁적, 갈등적	상호의존적, 협력적
정책산출	정책산출의 예측곤란	정책산출의 예측가능
권력게임	영합게임(zerp-sum game)	정합게임(positive-sum game)

제 2 절   규   제

1. 의   의

1) 규제란 바람직한 사회적·경제적 질서의 구현을 위해서 정부가 시장에 개입하여 기업과 개인의 행위를 제약하는 것이다. 즉 국민의 기본권을 제한하기도 하고 의무를 부과하기도 한다. 규제행위는 개인·집단 또는 사업체의 자유를 억압하기도 하고 허가나 경쟁에 대한 통제를 통해서 그들의 권익을 증진하기도 한다.

2) 규제는 직접적 규제와 간접적 규제가 있다. 직접규제는 정부가 규칙과 기준을 설정하는 것으로 강제적 의무부과, 허가 등의 행정처분 등을 말한다. 즉 직접규제는 가격과 품질의 규제와 사전검사를 통하여 이루어진다. 산업재해 방지를 위해서 작업장의 안전시설의 설치는 직접규제이다. 간접규제는 시장 유인적 규제로 어떤 인센티브를 제공하여 사적부문의 의사결정에 간접적인 영향을 주려는 것이다. 외부경제가 존재시 보조금의 지원이나, 외부불경제 존재시에 과태료나 중과세 부과는 간접규제이다. 예를 들면 환경오염물질을 배출한 자에게 그 배출량에 비례하는 비용을 부담하게 하여 스스로 오염배출량을 줄이도록 하는 방법이다. 따라서 간접규제는 규제의 효율성을 확보하기 위한 정책수단이다.

2. 규제의 종류

(1) 경제적 규제

1) 의의

경제적 규제란 바람직한 경제질서의 확립을 위해 민간 경제활동에 정부가 직접 개입하여 사회적으로 바람직한 방향에 부합되도록 하는 정부의 인위적 활동을 말한다.

경제적 규제는 경쟁을 촉진시키려는 규제(독과점규제)와 경쟁을 제한시키려는 규제(진입규제)가 있으며, 경제적 규제는 개별 산업을 대상으로 재량과 집행효과의 차별적 귀속이 발생할 수 있는 규제이므로 특정기업으로부터 포획현상과 지대추구현상이 발생할 수 있다.

2) 종류

① 진입규제 : 어떤 사업이나 직종에 참여하여 사업을 할 수 있는 영업의 자유를 제약하는 규제이다. 예를 들면 각종 사업에 대한 인·허가 등이다. 진입규제는 규제기관의 포획현상이 발생할 수 있다. 진입규제와 정반대로 퇴거규제가 있다. 퇴거규제(exit regulation)란 민간이 현재 하고 있는 사업을 중단하지 못하도록 하는 것이다. 이는 특정계층이나 특정지역의 소비자를 보호하기 위해서다. 즉 개인이 운영하고 있는 버스사업을 계속하도록 하여 서민들이 불편이 없도록 하는 것을 말한다.

② 가격규제 : 기업이 생산하는 제품이나 서비스의 질을 직접적으로 규제하는 경우이다. 예를 들면 최저요금제, 공공요금규제 등이다.

③ 독과점 및 불공정거래 규제 : 독과점규제는 기업의 독점적 행위나 불공정한 거래를 방지하기 위해서다. 독과점은 총생산량을 감소시켜 물가상승을 초래한다. 이러한 폐단을 시정하기 위해서 우리나라도 공정거래위원회를 설치하였다.

(2) 사회적 규제

1) 의의

사회적 규제란 국민의 생명과 건강의 안전성을 확보하기 위한 규제를 의미한다. 사회적 규제의 목적은 인간의 삶의 질의 확보, 인간의 기본적 권리의 신장, 경제적 약자보호와 사회적 형평성을 확보하기 위해서다. 이러한 관점에서 사회적 규제는 규제의 정당성이 강하고 규제의 실패가능성이 낮아 현재 규제강화의 대상이 되고 있다. 경제적 규제가 전통적 규제와 관련되나, 사회적 규제는 현대적 규제이다. 그러므로 사회적 규제는 공익단체가 중요한 역할을 수행하며 포획현상이 거의 발생하지 않는다. 따라서 사회적 규제는 경제적 규제에 비해서 규제의 대상과 효과가 무차별적이며 광범위하다.

2) 종류

① 환경규제 : 환경오염을 방지하기 위해서 환경기준의 설정, 오염물질 배출행위제한 등의 방법을 통해 규제한다.
② 소비자 보호규제 : 소비자의 권익과 안전을 보호하기 위해서 소비자 피해구제, 물품의 안전기준의 설정, 허위·과장광고규제 등을 통해 규제한다.
③ 산업재해의 규제 : 근로자의 안전과 건강을 유지하기 위해서 안전기준 설정, 보건기준의 설정, 산업재해 보상제도 등을 통해 규제한다.
④ 사회적 차별에 대한 규제 : 인간의 존엄성과 평등을 지향하고자 고용과 임금 등에서 남녀차별 금지, 장애자에 대한 고용차별을 금지한다.

3. 규제의 발생근거

정부규제의 이유는 시장실패, 소득분배의 불공평성, 경제의 불완전성, 과다경쟁의 억제 등이 존재할 경우에 이의 시정을 위해서 정부가 개입하는 것이다. 시장실패란 경제활동을 시장에 맡긴 경우에 자원배분이나 균등한 소득분배가 실현되지 못하는 상황을 말한다. 즉 시장실패는 개인의 합리적 선택이 반드시 사회적·합리적 선택을 보장하지 않는다는 공유지의 비극론과 관련된다.

(1) 시장의 실패원인

1) 재화의 외부효과

① 의의 : 재화의 외부효과란 재화의 생산자나 소비자가 다른 경제주체의 활동에 의해 무상으로 어떤 영향을 받는 것을 의미한다. 무임승차가 가능한 재화는 시장에서 가격을 지불하지 않는 경우를 말한다. 재화의 외부효과는 외부경제와 외부불경제로 나누어 설명할 수 있다.
② 외부경제 : 어떤 재화를 생산함으로써 사회전체가 얻는 이익이 그 재화의 생산자가 얻는 개인적 이익보다 큰 경우, 또는 재화를 생산함으로써 사회전체가 부담하는 비용이 개인이 부담하는 비용보다 적은 경우이다. 교육의 경우가 예가 될 수가 있다. 교육

을 받으므로 인해 개인적으로 얻게 되는 이익(소득)은 사회적 기여에 비하여 적다. 이와 같이 사회적 편익이 생산활동을 하는 자에게 충분히 흡수되지 않는다면 외부경제효과를 가지는 활동은 사회적으로 바람직한 수준만큼 이루어지지 않는다. 즉 외부경제효과를 가진 활동에는 자원이 과소하게 투입된다. 이러한 자원배분의 왜곡성을 시정하기 위해서 정부가 개입한다. 따라서 정부는 교육의 경우에 사립학교에 재정을 보조하거나 학생에게 장학금을 지급하는 방법이다.

③ 외부불경제 : 재화를 생산함으로써 사회전체가 부담하는 비용이 개인이 부담하는 비용보다 큰 경우이다. 예를 들면 공장에서 제품을 생산함으로써 폐수가 하천으로 흘러가면 하천이 오염되는 경우이다. 이것은 기업의 생산활동이 기업의 생산비 지출에 반영되지 않고 사회적 비용으로 전가되기 때문이다. 이런 경우에 사회적 비용을 개인과 기업에 부담시키는 것이 필요하다. 정부는 이의시정을 위해서 개인과 공장주에게 벌금 등의 제재를 가한다.

2) 공공재의 존재

① 공공재는 국가가 제공하는 서비스로 특성은 비경합성과 배제불가능성을 가지기 때문에 이는 시장가격을 통해서 형성할 수 없어 시장의 실패원인이 된다.

② 공공재는 시장을 통해서만 충분한 공급이 이루어지지 않는다. 이유는 수익자인 국민 개개인은 비용부담을 타인에게 미루고 자신은 거기에서 벗어나려고 하기 때문이다.

3) 불완전한 경쟁

시장에서 재화의 생산에 참여하는 주체가 소수에 의해서 형성되는 경우 즉 독점 생산하에서는 생산의 자체감축으로 공급량이 수요량 이하로 감소하든가 하여 시장작용의 효율성을 깨뜨린다. 시장에서 공정한 경쟁이 이루어지지 않는 경우 정부는 경쟁질서의 유지를 위해서 시장에 개입하게 된다.

4) 시장의 불완전성

시장의 원리에 맡겨 놓으면 서비스의 공급을 받지 못하는 지역이나 사람들이 발생하므로 이러한 곳에 서비스의 제공을 확보하기 위해서 정부규제가 요구된다.

5) 정보의 불완전성

① 소비자들은 각종 건강식품, 운동기구, 시장의 상품품질 등에 대해서 충분한 정보를 갖

고 있지 않다. 소비자들이 시장에서 완전한 정보를 알고 있다면 불량한 제품을 구입
하지도 않고 기업가는 이런 제품을 생산하지도 않을 것이다.

② 불충분한 정보는 소비자를 속인다. 일반적으로 소비자는 공급자보다 유용한 정보를
갖지 못한다. 따라서 공급자는 소비자의 무지를 이용하여 이윤을 추구한다. 이러한 사
회적 문제의 해결을 위해서 정부가 시장에 적극 개입하는 것이다.

6) 소득배분의 불공평성

① 시장기능은 능률성을 추구하기 때문에 공평한 소득분배가 이루어질 수 없다. 즉 시장
메커니즘은 한 사회를 바람직한 후생의 상태로 도달하는 것이 어렵다. 시장원리에 맡
겨 놓으면 국민들간의 빈부격차가 더욱 심해질 수 있다. 심한 빈부격차는 국민들간의
이질감이 형성되고, 국민단합을 저해하여 사회안전망의 위기를 초래할 수 있다. 시장
원리는 한 사회를 바람직한 상태로 도달하게 하기 어렵다.

② 시장기능의 결과로 나타나는 소득분배의 불평등은 시장에 대한 정부개입을 정당화 시
켜주는 가장 중요한 요인이다.

(2) 시장실패의 대안

시장실패의 원인은 일반적으로 독점, 외부효과, 공공재, 불확실성, 정보의 비대칭성, 도덕
적 해이, 역선택 등으로 인해 발생한다. 이에 대안은 다음과 같다.

1) 정보의 비대칭성

정보의 비대칭은 특정집단이 다른 집단에 비해 더 많은, 더 좋은 정보를 가지고 있는 상
황을 말한다. 도덕적 해이와 역선택문제가 정보의 비대칭으로 나타나는 문제점이다. 정보의
비대칭이 심할수록 자원배분의 효율성도 크게 손상된다.

정보의 비대칭성으로 인한 대안으로 정보공개에 대한 법규제정, 처벌기준을 정하는 법규
제정을 한다. 그 밖에 비대칭정보의 감소를 위한 제도적 장치로 제조물책임법과 집단소송
제 등이 있다.

① 제조물책임법은 그 상품의 생산자가 생산제품의 결함으로 인해 야기되는 모든 책임을
져야 하는 제도이다.

② 집단소송제는 다수의 피해자 중 대표당사자가 소송을 하지만 그 판결효력은 피해자
전체에게 미치게 하는 제도이다.

2) 공공재

공공재의 경우 정부가 조세와 같은 일반재원을 통해 공공재를 직접 공급하거나 민간기업에 보조금을 지급함으로써 공공재 생산을 하도록 한다.

3) 불완전경쟁

불완전경쟁에 정부가 개입하여 독점산업의 경우 반독점, 경쟁제한적 불공정거래 등에 대한 규제를 가하고 자연독점산업의 경우에는 독점기업의 가격과 이윤을 직접 규제한다. 또한 불가피한 경우 그 산업을 공기업으로 전환한다.

역선택(Adverse selection)		도덕적 해이(Moral hazard)
신호보내기(signaling): 정보가 있는 쪽이 정보가 없는 상대방에게 사적 정보를 보내는 행위	골라내기(screening): 정보가 없는 쪽이 정보가 있는 쪽으로 하여금 사적 정보를 공개하도록 유도하는 행위	우선 정보가 경제주체들 사이에서 투명하게 전달될 수 있도록 한 후 계약을 정직하게 이행하는 사람이 이득을 보장받도록 인센티브 구조를 개선해야 하고 아울러 계약조건을 명확히 하고 부정직한 행동에 대한 제재를 강화해야 함
기업은 자사의 제품이 고급품이란 신호를 잠재고객들에게 보내기 위해 광고비를 지출함	중고차 구매자는 판매자에게 그 차를 정비공에게 보여 점검을 받자고 요구할 수 있음	

4. 윌슨(Wilson)의 규제정치모형

윌슨은 어떤 규제정책으로 인하여 발생하는 비용과 편익이 각각 널리 분산되어 있는지 혹은 좁게 집중되어 있는지에 따라 네 가지 상이한 상황으로 구분하였다.

표 1-2 역선택과 도덕적 해이에 대처

	비용의 분산	비용의 집중
편익의 분산	대중정치	기업가정치
편익의 집중	고객정치	이익집단정치

(1) 고객정치모형

1) 정부규제로 인한 비용이 불특정다수인에게 분산되나 편익은 소수에게 집중되는 경우이다(예: 의사, 약사, 변호사 등 각종 직업면허, 항공산업허가).

2) 규제의 수혜자는 잘 조직화되어 있으며 그러한 편익이 자신들에게 제도적으로 보장될 수 있도록 협회를 구성하여 열심히 로비를 한다.

3) 규제기관은 제품의 안정성을 위해서 규제가 불가피하다고 주장한다. 그러나 신규사업에 대한 진입제한은 해당 산업의 경쟁력 약화, 서비스 질 저하를 초래할 수 있다. 정치가들은 이익집단의 요구에 즉각적으로 반응한다.

4) 규제는 피규제산업의 요청에 의해서 이루어지고 규제기관도 이들을 보호하기 위한 목적으로 설립되는 경우가 많아 규제기관이 피규제산업에 포획되는 현상이 발생하여 정부는 소수집단의 이익을 대변한다.

(2) 대중정치모형

1) 대중적 정치모형은 이익집단모형과 정반대로 비용과 편익이 불특정다수인에게 광범위하게 분산되지만 그 크기는 상대적으로 작다(예: 독과점 및 불공정거래에 대한 규제, 언론매체의 윤리규제).

2) 모두에게 도움이 되는 측면도 있고 손해를 보는 측면도 동시에 존재하며 어느 누가 특별한 큰 이익이나 손해를 보는 것이 아니다. 따라서 규제로 인한 수혜자와 비용담자 모두에게 집단행동의 딜레마가 발생하고 정치적인 논란의 여지가 적다. 집단행동의 딜레마란 '나 하나쯤이야' 하는 마음으로 집단이 공통의 이해관계가 걸려 있는 문제를 해결하지 못하는 상황을 말한다. 개인의 문제와 달리 집단 문제에 개인의 시간과 비용을 투입하지 않으려는 일부 구성원의 무임승차 속성 때문이다.

3) 규제들이 정책의제로 등장하게 된 배경은 사회의 발전에 따라 새로운 사상이나 신념이 대두하고 국민일반의 감정이 뒷받침되고 이것을 정치적 이슈로 삼아 주도적인 역할을 담당하려는 정치인들이 있을 때 가능해진다.

(3) 기업가정치모형

고객정치모형과는 반대로 비용은 소수의 동질적인 집단에게 귀속되지만 편익은 광범위하게 분산되는 경우이다(예: 환경오염규제, 식품에 대한 위생규제).

1) 비용을 부담해야 할 기업은 잘 조직화되어 있어 정치적으로 막강한 영향력을 발휘하나 편익을 기대할 수 있는 집단은 잘 조직화 되어 있지 못하고 정치적 활동도 미약하다. 왜냐하면 다수의 수혜집단에서는 집단행동의 딜레마가 발생하며 조직화된 규제대상 집단은 규제기관을 포획하므로 정책채택이 어렵다.

2) 규제시기는 긴급재난으로 인한 경우 또는 수질오염사고 등으로 인하여 여론이 형성될 때 또는 정치적 변혁기에 정치가가 강한 리더십 확보차원에서 기업의 반대에도 불구하고 추진할 수 있다.

3) 국민의 관심이 높을 때는 규제기관과 피규제기관이 적대적 관계이나 국민의 관심이 멀어지면 규제기관은 포획현상이 발생한다.

(4) 이익집단모형

정부규제로 인한 비용과 편익이 모두 소수의 동질적인 집단에 국한되고 그것의 각각의 크기도 개개인 입장에서 볼 때 대단히 크기 때문에 조직적인 힘을 바탕으로 서로 이익의 확보를 위해 서로가 첨예하게 대립된다(예: 의약분업에서 의사와 약사, 노사관계에 대한 정부규제).

1) 소비자 또는 일반국민의 이익은 거의 무시되며 규제가 경쟁적 관계에 있는 강력한 두 이익집단 사이의 타협과 협상에 따라 좌우된다.

2) 정부는 중립적인 조정자로서의 역할에 한정된다. 즉 쌍방이 동의하는 선에서 정책이 결정되며 어느 일방이 규제정책의 집행과정을 지배할 수 없다.

3) 규제기관의 어느 한쪽의 포획가능성은 약하다. 그러나 규제기관의 책임자가 어떤 정치적 성향을 가지고 있느냐에 따라 어느 한편에 유리한 입장을 취할 가능성도 있다.

5. 정부규제의 한계(정부실패)

정부의 시장개입으로 경제가 비효율화되고 소득분배의 불공평성이 심화되는 것을 정부의 실패라 한다. 즉 정부가 효율성과 형평성을 달성하지 못한 상태를 말한다. 정부의 실패의 원인은 다음과 같다.

1) 비용과 수입의 단절로 인한 재원낭비 : 정부활동을 지탱하는 수입이 조세나 기부금과 같은 가격 외적인 요인에 기인하기 때문에 소요되는 비용과 수입이 아무런 관련이 없

이 불필요한 정부활동에 자원이 소요되고 비효율적으로 자원이 사용된다.[2] 민간조직의 경우 조직의 내부에 적용되는 기준은 시장에서 형성되는 외부적인 요인을 반영한다. 즉 기업의 판매량, 시장점유율 등은 기업의 내부조직목표에 영향을 미친다. 그러나 공조직은 행정활동의 기준을 설정하는 경우에 사회전체의 이익보다는 관료개인의 이익이나 소속기관의 이익을 우선 고려한다. 정부기관의 내부조직목표는 다음과 같다. 보다 많은 예산을 확보하려는 경향(니스카넨의 예산극대화), 비용을 감안하지 않고 최신기술에 집착하는 경향, 정보를 통제함으로써 자신의 영향력과 권력의 확대 등이다.

2) 파생적 외부효과 : 정부개입이 대상 집단과는 관계가 없는 영역에서 예상치 못한 부작용을 초래하는 경우를 파생적 외부효과라 한다. 일반적으로 파생적 외부효과는 상당한 기간이 지나서 나타난다. 이유는 정부의 활동이 정치적 압력에 따라 조급하게 이루어지거나 정부가 추진하는 경우에 정책효과가 광범위하여 파급효과를 일일이 예측하기 어렵기 때문이다.

3) 권력에 따른 소득분배의 불공평 : 시장의 실패원인에서의 소득분배의 불공평성은 소득과 부와 관련된 측면에서 문제가 발생하나, 정부의 활동으로 인해 발생한 불공평은 권력과 특혜의 측면에서 문제가 발생한다. 일반적으로 정부개입에 의한 불공평은 정치적으로 강력한 영향력을 지닌 집단의 요구에 의해서 발생한다.

4) 이익집단에 의한 포획 : 규제기관이나 공무원이 피규제기관에 포획되어 그들의 영향을 과도하게 받음으로써 규제를 제대로 하지 못하고 오히려 그들의 입장이나 이익을 보호하는 경우가 있다.

예를 들어, 자동차 수출을 늘리기 위해서 정부가 수출을 늘리려고 환율상승정책의 실시로 수출상품의 가격이 하락함에 따라 가격경쟁력이 높아져 수출이 늘어난다. 또한 수입상품가격은 올라서 경쟁관계에 있는 국내제품의 상품이 잘 팔린다. 이는 산업전반에 걸쳐 생산은 늘고 고용확대와 경제성장을 촉진한다. 수출비중이 큰 한국은 환율상승으로 효과가 크게 나타난다. 그러나 환율상승은 원자재수입의 부담으로 제조원가가 높아져 물가압력의 상승이 있다.[3]

---

2) 최병선, 1992, <정부규제론>, 서울: 법문사.

3) 서로 다른 나라 사이에 화폐를 교환하는 비율을 환율이라 한다. 국내기업이 미국에서 상품을 수입할 때 대금은 미국달러로 치르는데 이때 적용되는 원화와 달러화의 교환비율을 환율이라 한다. 달러화에 대한 원화 환율이 높으면(환율상승-미국의 달러강세) 국내수출품의 가격경쟁력이 높아져 수출이 잘 된다. 즉 환율이 상승하면 수출기업의 경우 가격경쟁력 및 환차익으로 인한 수익이 개선되어 상당부분 달러벌이에 유

5) 관료의 전문성 결여와 무사안일주의 : 정부관료가 전문지식의 부족으로 관련된 사업비용이나 편익분석을 잘못하는 경우와 관료들의 도덕적 해이로 인해 문제해결에 적극적 태도를 취하지 않는 경우에 책임회피현상이 발생할 수 있다.

6) X의 비효율성 : 정부는 불필요한 정부활동에 자원이 소요된다. 이를 X의 비효율성이라 한다. X의 비효율성은 조직에 속한 개인이 자신의 목적을 추구할 때 조직운영에 비효율성이 나타난다. 예를 들면 근무시간에 직무와 관련이 없는 책을 보거나, 인터넷을 통해서 주식을 하는 경우이다.

7) 제한된 정보와 미래예측의 어려움 : 정부가 갖고 있는 정보의 제약이 어떤 정책을 실행하려 할 때 결과를 완벽히 예측하지 못하는 경우가 발생할 수 있다. 예를 들면 정부의 부동산대책이 결과를 예측하지 못하는 경우가 있을 수 있다.

8) 정치적 과정에서의 제약 : 정부가 어떤 정책을 실시하는 경우에 상반된 이해관계를 갖고 있는 집단과 정치적으로 타협하는 경우에 정책이 엉뚱한 방향으로 변질되어 정책이 더 나쁜 결과를 초래하는 경우이다.

9) 민간부문 반응의 통제 불가능성 : 정부는 민간부문이 특정한 반응을 보일 것이라는 기대아래 특정정책을 수행한다. 그러나 정책이 실천에 옮겨진 다음에 나타나는 민간부문의 반응은 다를 수 있다. 개인은 그들의 이윤을 극대화하기 위해 노력하고, 정부는 개인의 이윤보다 공공의 이익을 우선시하거나, 소속 공무원의 이익을 극대화하기 때문이다.

10) 정치권력과 행정의 결탁 : 정치가들은 재선을 위해서 유권자들의 성향을 활용한다. 납세자들은 공공재의 공급을 위한 재원 조달시 공채발행, 외자도입을 원한다. 공채는 비용보다 편익을 과대평가한다. 공채의 비용은 다음 세대에게 전가되기 때문에 과소평가되고 편익은 특정집단에 집중되어 과대평가된다. 비용이 다음 세대로 전가된다.

6. 정부실패의 대응방식

1) 정부실패의 대응방식을 살펴보면 다음과 같다.[4] 사적 목표의 설정에는 민영화나 민간위탁방식이 있으며, X의 비효율성이 발생하는 경우는 민영화나 정부보조금의 삭감방

리하여 경제성장률에 상당한 영향을 끼친다. 반면에 수입을 하는 기업입장에서는 과거에 비해 더 많은 돈을 부담하여 원자재를 수입하여야 하므로 환차손 및 국내물가가 상승하는 부작용도 발생한다.

4) 이종수·윤영진 외, 2008, <새행정학>, 서울: 대영문화사, pp.96~97.

식이 있다. 폐생적 외부효과인 경우는 정부보조금 삭감이나 규제완화의 방법이 있다. 또한 권력의 편재인 경우는 민영화와 규제완화의 방법이 있다.

2) 한편으로 시장실패의 대응방식으로 공공재의 존재는 공적공급을 통해서, 외부효과의 발생은 보조금 지급을 통한 공적유인(유도)와 정부규제를 통해서, 자연독점은 공적공급과 공적규제를 통해서, 불완전경쟁은 정부규제를 통해서, 정보의 비대칭성은 보조금지급을 통한 공적유인과 공적규제를 통해서 각각 시장실패를 해결할 수 있다.

표 1-3 시장실패와 정부실패 대응방식

시장실패와 대응		정부실패와 대응	
공공재의 존재	공적공급	사적목표설정	민영화
외부효과의 발생	공적규제 · 공적유도	X-비효율성	민영화 · 정부보조삭감 · 규제완화
자연독점	공적공급 · 공적규제	파생적 외부효과	정부보조삭감 · 규제완화
정보의 불균형	공적유도 · 공적규제	권력의 편제	민영화 · 규제완화
불완전한 경쟁	공적규제		

7. 우리나라의 정부규제

1) 경제적 규제는 민간의 자율성과 시장경쟁을 제약하는 성향이 있다. 즉 경제적 규제는 정경유착이나 기회의 불평등이 발생하고 경쟁력의 저하요인이 될 수 있다. 따라서 경제적 규제는 완화하도록 해야 한다. 경제적 규제는 대부분 사전적 규제가 많아 민간의 자율성은 억제하고 있으며 사회적 규제는 기준이 비합리적이고 비현실적인 경우가 많다. 이로 인해 잘 준수되지 않고 있으며 한편으로 공무원 부패의 발생원인이 되기도 한다.

2) 행정규제 기본법은 규제의 신설·강화에 대한 원칙이나 심사규정을 두고 있다. 즉, 중앙행정기관의 장은 규제를 신설하거나 강화(규제의 존속기간 연장 포함)하려면 규제영향분석을 하고 규제영향분석서를 작성하도록 하고 있다. 규제영향분석은 규제의 경제적·사회적 영향을 과학적인 분석을 통해서 사회적 자원의 효율적인 배분과 정부의 규제에 대한 객관적인 정보를 전달할 수 있다.

8. 앞으로의 방향

1) 그동안 경제성장의 추진, 유교문화의 영향 등으로 규제가 확대되고 강화되었으나 최근 정부의 민간부문의 지나친 개입으로 민간의 자율성을 저해하고 있으므로 특히 경제규제의 대폭적인 완화가 요구된다. 사회적 규제는 전반적으로 강화할 필요성이 있으며 다만 국민에게 필요 이상의 부담이나 제약을 초래하지 않도록 해야 한다.

2) 앞으로의 규제는 대통령 소속의 규제개혁위원회의 건의를 받아드려 불필요한 행정규제를 폐지하고 비효율적인 행정규제의 신설을 억제하여 경제활동의 자율성이 촉진되도록 하는 것이 바람직하다. 따라서 규제는 최소한의 범위 내에서 가장 효과적인 방법으로 공정성과 객관성이 확보되도록 해야 한다.

3) 금지사항을 명시하고 이외에는 모두 허용하는 네거티브(Negative)시스템으로 전환이 필요하다. 포지티브(Positive)시스템은 일명 '열거주의'라 하며, 명시적으로 허용사항 이외에는 원칙적으로 모든 행위를 금지하는 것으로 자율성이 없다.

제 3 절 정책의제설정

1. 의   의

정책의제형성(정책의제설정)이란 정책과정의 시발점으로 정부가 정책적 해결을 위하여 사회문제를 정책의제로 채택하는 과정이나 행위를 말한다. 정책의제란 정부가 여러 가지 사회문제 중에서 정책적 해결을 위해 공식적으로 채택한 문제이다. 정책문제에 대한 잘못된 정의는 정책분석의 근본적인 오류에 해당하여 정책문제가 해결될 수 없게 된다. 일반적으로 근본적 오류를 제3종 오류라 한다. 제3종 오류가 발생하는 원인은 정책분석가가 사용하고 있는 자료가 왜곡되어 있거나, 정책분석가의 전문지식이 부족한 경우에 발생한다.

2. 정책의 설정과정

정책의제 설정과정을 코브와 엘더(Cobb & Elder)는 사회문제인지 → 사회적 issue(쟁점) →

공중의제 → 정부의제 단계로 이루어진다고 주장한다.

1) 사회문제의 인지 : 많은 사람들이 동일한 문제로 고통 받고 문제해결을 요하는 어떤 사회적인 불만이나 사회상태를 개인이나 집단에 의해서 포착하는 행위이다. 문제인지는 당사자가 문제의 존재를 자각하는 주관적 인식방법과 당사자가 아닌 제3자가 인식하는 객관적 인식방법이 있다.

2) 사회적 이슈 : 사회적 이슈란 공중의 관심이 확산되는 단계로 문제해결에 대해서 의견일치가 안 되어 논쟁의 대상이 되어 있는 사회문제를 말한다.

3) 공중의제 : 공중의제란 개인이나 집단의 관심이 집중되어 있고 정부에 의해 해결되어야 한다고 생각하는 의제를 말한다. 공중의제는 정부에 의해서 공식적으로 채택되기 이전의 단계로 문제의 해결책이 필요하다고 많은 사람들의 공감대가 형성되어야 한다. 공중의제를 흔히 체제의제, 환경의제, 토의의제라고도 한다. 사회적 쟁점이 공중의제가 되기 위해서는 많은 사람의 관심과 이해, 정부조치가 필요하다는 인식, 문제해결이 정부의 권한과 대상이 된다는 인식 등이 필요하다.

4) 정부의제(공식의제) : 공식적 권한을 가진 정부당국이 공식적인 의사결정에 의해 그 해결을 위해서 개입여부를 진지하게 검토하는 문제를 말한다. 예를 들면 국무회의의 안건, 국회에 상정된 의안 등이다. 공중의제가 공식의제화하는 계기를 진입이라 한다.

3. 정책의제 설정모형

정책의제설정모형은 메이(May)의 논쟁의 주도자가 누구인지와 대중적 지지의 정도에 따라 외부주도형, 동원형, 내부주도형, 굳히기형(대중적 지지가 높을 것으로 기대될 때에 국가가 의제설정을 주도)으로 구분한다. 콥(Cobb)과 로스(Ross)는 주도집단에 따라 정부주도냐 민간주도냐에 따라 외부주도형, 동원형, 내부접근형으로 분류하였다. Cobb와 Ross의 분류는 다음과 같다.[5]

(1) 외부주도형

1) 외부주도형이란 정부 밖에 있는 집단이 압력을 가하여 사회문제를 정부가 해결해 줄

---

5) 기타 포자형 의제설정모형은 포자가 환경이 유리하게 변화하게 되면 균사로 변하듯이 적절한 환경조건이 조성되면 정책의제화가 되는 것을 설명한 것이다.

것을 요구하는 것을 말한다.

2) 외부주도형은 정부에 대하여 압력을 가할 수 있는 집단들이 발달하고 다원화되고 민주화된 선진국 정치체제에서 나타나는 유형이다.

3) 외부주도형은 언론기관과 정당의 역할이 중요하다. 사회문제에 피해를 입고 있는 집단은 정부에게 충분한 압력을 가하기 위해 여론을 유도하려 한다.

4) 정책의제 설정과정이 사회문제 → 공중의제 → 정부의제의 순서로 진행된다.

(2) 동 원 형

1) 정부 내의 주도세력이 최고통치자들에 의해서 주도된다.

2) 동원형은 정부의 힘이 강하고 민간의 이익집단이 취약해 행정부의 영향력이 큰 후진국가에서 나타난다. 새마을운동, 가족계획사업, 올림픽 유치 등이 이에 해당된다.

3) 동원모형의 특징은 문제가 정부의제로 먼저 채택되고 정부의 의도적인 노력에 의해서 공중의제로 확산되는 것이다.

4) 정책의제 설정과정의 모델이 사회문제 → 정부의제 → 공중의제의 순서로 진행된다.

(3) 내부접근형

1) 내부접근형은 정부내의 관료집단이나, 정책결정자에게 쉽게 접근할 수 있는 외부집단에 의해서 주도되어 문제를 정책의제화 한다. 내부접근형은 사회문제가 정책담당자들에 의해서 바로 정책의제로 채택된다.

2) 동원형과 비교하여 쉽게 정부의제화 된다는 점에서 유사하나 동원형은 주도세력이 최고통치자이나 내부접근형은 고위관료이다. 또한 동원형은 홍보를 통해서 공중의제화를 하나, 내부접근형은 공중의제를 막으려 한다는 점에서 차이가 있다.

3) 내부접근형은 고위관료가 준비한 정책내용을 그대로 집행하거나 집행하는 데 꼭 필요한 사람에게 알리고 반대할 사람에게는 숨기려 한다.

4) 일반적으로 내부접근형은 권력이나 부가 집중된 나라에서 흔히 나타난다.

5) 정책의제 설정과정이 사회문제 → 정부의제 순서로 진행된다.

4. 정책의제 설정에 영향을 미치는 요인

(1) 주도집단

주도집단이 대통령 등 공식참여자 중심인 경우는 정책의제화가 쉽게 이루어진다. 그러나 주도집단이 외부주도형인 경우는 정책결정자에게 영향력을 행사할 수 있을 만큼 정치적 힘이 있느냐에 따라 달라진다. 즉 정치적 자원이 풍부한 집단은 그 규모가 작더라도 쉽게 그들의 문제를 정책의제화한다.

(2) 정치적 요소

1) 정치체제의 구조가 집권적이고 권위적인 경우는 외부의 비공식 참여자의 영향이 크게 약화된다. 이러한 경향은 후진국가에서 나타난다. 따라서 정치체제의 구조가 집권적·권위적인 경우는 동원형이나 내부접근형이 일반적이나 분권화된 체제에서는 외부주도형에 의한 의제설정이 된다.

2) 정치이념과 정치·문화적 측면도 정책의제설정에 커다란 영향을 행사한다. 우리나라의 경우 경제성장을 목표로 하던 시기는 근로자의 복지, 환경오염문제 등은 정부의제로 공식적으로 검토하지도 않았다.

3) 정치적 사건이 정책의제화 하는 데 크게 영향을 미친다. 예를 들면 정권교체에 의해서 대통령이 바뀌면 새로운 정책의제들이 채택된다.

4) 정책담당자의 태도가 정책의제화에 영향을 미친다. 정책담당자가 특정 사회문제를 해결하는 데 주도적 역할을 한다면 쉽게 정책의제화 된다.

(3) 문제의 특성

1) 사회문제가 중대하면 정부의제로 채택가능성은 커진다. 사회문제가 심각하고, 그 문제로 피해자가 많은 경우는 정부가 문제를 해결해야 한다. 콥(Cobb)과 엘더(Elder)는 이를 사회적 유의성(social significance)이라 한다.

2) 문제가 장기적으로 지속되어 많은 사람에게 고통을 줄 것으로 예상될 경우는 일시적으로 나타난 문제보다 정책의제로 채택되기 쉽다. 그러나 문제의 해결책이 없으면 정책의제로 채택가능성은 적어진다.

3) 문제의 외형적 특성으로 문제가 복잡하게 얽혀 있고 기술적으로 까다로운 문제보다는

문제가 단순하면 정부의제화가 쉽다.

4) 문제가 구체적인 경우보다 포괄적일수록 정부의제가능성은 크다고 본다. 이유는 정책 목표가 포괄적일수록 지지세력이 많아져 정책채택이 용이하다.

5) 문제의 내용상의 특성을 보면 분배정책의 경우는 정책의제가 용이하다. 왜냐하면 재화와 서비스를 향유하게 될 국민들이 정부문제 채택에 적극적 역할을 한다.

6) 과거의 선례가 있는 문제는 쉽게 정부의제화 되고 해결책이 강구된다. 또한 일종의 유행이 되어 있는 문제는 정부의제가 쉽게 된다.

7) 사회적 큰 사건이 발생하거나, 위기가 존재할 경우는 정부의제화 가능성이 높다.

8) 문제를 인지하는 집단의 규모가 클수록 정책의제화 가능성이 높다. 그러나 비용부담자가 소수이고, 이익수혜자가 다수인 정책의 경우는 의제설정가능성이 낮다. 이유는 환경 등과 같은 경우 비용부담자가 저항하기 때문이다.

5. 무의사결정

(1) 의   의

무의사결정은 문제가 공식의제로 채택되지 않는 이유에 대해서 설명하는 이론으로 정책결정자의 가치나 이익에 대한 도전을 억압하여 좌절시키는 것을 말한다. 즉 지배엘리트의 이해관계와 일치되지 않는 요구에 대해서 의사결정의 무대에 도달하기 전에 말살하거나 정책결정과정에서 무력화시키는 것을 말한다. 초기의 무의사결정은 정책의제 형성단계에서 정책의제화를 봉쇄하는 것을 의미하였으나 이후 정책결정과 집행단계까지 확대되었다.

(2) 무의사결정의 특성

무의사결정의 주체는 엘리트이며 엘리트의 가치나 이익을 보전하기 위해서 일반대중의 의사를 무력화시킨다. 따라서 무의사결정은 기존 자원배분에 대한 요구를 억압하고 좌절시키며 사회의 불이익이나 고통을 당하는 계층의 불만을 수용하지 않는다. 예를 들면 거대한 화학공장이나 자동차회사 때문에 지역사회의 정치집단이 환경오염을 거론하지 못하게 한다. 따라서 무의사결정은 기존 엘리트세력의 이익을 옹호하거나 보호하는데 목적이 있다.

(3) 무의사결정의 발생요인

1) 지배엘리트집단의 이기심 : 개발도상국가에서 경제성장을 위해서 강력한 리더십을 발

휘할 필요가 있을 때 어떤 문제가 일반대중의 관심이 집중되는 사태를 두려워하거나 발생할 사태가 그들에게 이익이 되지 않는 것을 두려워하므로 이슈를 억압한다.

2) 행정관료의 과잉충성 : 행정관료들이 엘리트집단이 특정한 이슈를 원하지 않은 것으로 추정하여 그러한 이슈를 사전에 제외시키는 경우에 발생한다.

3) 관료이익과 상충되는 경우 : 특정한 이슈가 관료이익과 상충될 때에 관료들은 고의로 정책의제화를 외면하고 억압한다.

4) 정치문화, 신념의 부정적 작용 : 가치나 신념이 특정의 문제에 부정적으로 작용하는 경우이다.

(4) 무의사결정의 방법

1) 폭력의 행사 : 무의사결정의 가장 직접적이고 극단적인 방법으로 문제를 제기하는 집단이나 집단의 지도부에 대해 테러행위를 함으로써 문제의 제기를 억제한다.

2) 현존 규칙 절차의 재편성 : 정치체계의 규범, 규칙, 절차를 수정하거나 보완하여 정책의 요구를 봉쇄하는 것이다. 이 방법은 우회적이고 간접적으로 정책의제가 채택되지 않는 방법이다.

3) 편견의 동원 : 사회의 지배적인 가치관이나 의식을 강조하여 변화를 요구하는 것을 억압하는 것이다. 과거 우리나라의 경우에 경제성장을 강조하여 환경문제의 이슈를 억압하는 경우이다.

4) 적응적 흡수 : 적응적 흡수란 조직이 외부의 반대자들을 영입하여 반대를 극복하거나 중화시키는 전략이다. 이는 반대자로 하여금 자신이 권한이 있는 것처럼 착각하게 하는 효과를 낳게 한다.

5) 지연전략 : 지배층이 문제해결을 약속해놓고 연구 검토한다는 명분으로 문제해결을 미루면서 문제해결을 하지 않는다.

6) 관심 있는 것으로 위장 : 제기된 문제에 대해서 해결할 의지가 없음에도 관심이 있는 것처럼 위장하여 문제해결의 요구에 대한 강도를 완화시키는 것을 말한다.

(5) 무의사결정의 평가

무의사결정은 일반적으로 정치체제가 집권적, 폐쇄적, 권위적 사회에서 나타난다고 볼 수 있다. 과거 우리나라의 경우도 경제성장주의로 인한 환경문제, 근로자복지문제 등의 억압은 무의사결정에 해당된다.

6. 정책결정상황

(1) 확실한 상황

확실한 상황이란 환경이 안정되어 있으며 목적과 가치가 고정되어 있고 정책결정(의사결정)에 필요한 모든 정보가 알려져 있는 경우를 말한다. 이러한 상황하에서는 정해진 목표달성을 위해서 비용의 극소화 또는 편익의 극대화 방안을 찾는다. 의사결정기법으로 가장 용이하게 사용되는 것은 선형계획모형이다.

(2) 불확실한 상황

1) 의의

불확실한 상황이란 장래 사태발생의 확률이 전혀 알려져 있지 않은 경우를 말한다. 또는 불확실성이란 의사결정의 행동노선에 영향을 미치는 요인들이 예측 불가능한 경우를 의미한다. 즉 불확실성은 정책목표설정, 대안의 탐색, 대안의 비교·분석·평가에서 전개된다. 불확실성의 원인은 자연적 환경에 대한 무지나, 인간행동에 대한 예측이 곤란하기 때문에 발생한다.

2) 불확실성의 해결방안[6]

① 공식화, 표준화를 통하여 인간의 변칙적인 행위를 억제한다.

② 가외성 장치를 마련한다. 가외성 장치는 장래에 오류가 발생할 경우에 대비하는 제도적 장치이다. 중요한 정책결정에는 여러 개의 정보가 필요하다.

③ 한정적 합리성의 확보 : 한정적 합리성이란 문제의 세분화를 의미한다. 일반적으로 문제가 복잡할수록 불확실성은 커진다. 이러한 경우에 문제를 단순화하여 얻어진 한정적 합리성은 불확실성을 줄이는 수단이 될 수 있다.

④ 문제의식적 탐색 : 문제를 발견하고 해결하겠다는 적극적 자세를 갖는 것을 말한다. 이러한 자세는 보다 체계적으로 문제를 탐색하게 한다.

⑤ 환경에 대한 조직적 대응 : 환경적 요소들이 다양하여 통제할 수 없는 경우에는 조직은 상황에 맞게 대응책을 마련해야 한다. 즉 권한의 위임을 통해서 대처한다.

⑥ 환경과 협상·연합·흥정 : 이 방법은 불확실성을 발생시키는 상황자체를 통제하는 것

---

6) 백완기, 2012, <행정학>, 서울: 박영사; 정정길, 2012, <정책학원론>, 서울: 대명출판사.

으로 환경과 타협함으로써 조직이 바라는 일정한 상태를 유지하는 것이다.

⑦ 시간지연을 통한 정보확대수집 : 성급한 결정을 자제하고 시간을 벌면서 정보를 획득
하여 예측가능성을 증가시킨다. 이 방안은 점증주의 결정과 유사하다.

⑧ 악조건 가중분석 : 대안에는 최악의 가정을 하고 다른 대안에서는 최선의 상태를 가
정하여 각 대안들의 결과를 다시 예측하는 것이다.

⑨ 민감도 분석 : 민감도분석은 불확실성하의 정책대안들의 결과를 예측하기 위해서 투
입요소에 따라서 그 산출결과가 어떠한 영향을 받는가를 분석하는 기법이다. 민감도
분석은 매개변수(파라미터)의 변화 값을 모를 때의 분석으로 분기점 분석과 악조건 가
중분석이 있다. 분기점 분석은 몇 개의 대안들을 대상으로 동일한 결과를 산출하기
위한 상황을 가정해보는 방법으로 가장 발생가능성이 높은 대안을 최선의 대안으로
선택하는 것이다. 악조건 가중분석이란 현재까지의 분석결과를 바탕으로 우수한 정책
대안에는 최악의 상태를 가정하고, 나머지 대안들은 최선의 상태를 가정하여 각 대안
들의 결과를 다시 예측하는 방법이다.

(3) 상충적 상황(불확실과 관련)

상충적 상황은 크게는 불확실성의 상황하의 의사결정과 연계된다. 상충적 상황이란 둘
이상의 의사결정자가 경쟁적 관계에 있는 경우이다. 이러한 경우는 게임이론이 대표적인
예측기법이 될 수 있다.

(4) 위험한 상황

위험한 상황이란 비록 실제적인 결과는 알려져 있지 않아 위험은 있지만 이를 각 상황들
이 일어날 것에 대한 정보는 의사결정자가 알고 있는 경우를 말한다. 이러한 경우의 의사결
정은 시뮬레이션기법이 활용된다.

(5) 위기상황

위기상황이란 예기치 않았던 일이 갑자기 발생하여 긴급하고 중대한 대응이 요구되는 상
황을 말한다. 위기상황에서 의사결정은 정보의 내용보다 출처에 우선순위를 두고 의사소통
은 증가하며 집권화 경향을 띠고 공식적 규칙이나 절차는 비공식적 과정이나 즉각적 결정
으로 대치된다.[7] 일반적으로 위기상황하의 의사결정은 집단적 사고(group think)에 빠지기
쉽다. 왜냐하면 응집력이 강한 집단이 자신의 이익을 위해서 현명한 행동방향을 설정하지

못하기 때문이다.

7. 합리적 정책결정의 의의와 과정

(1) 의의 : 의사결정자의 완전한 합리성을 전제조건으로 하고 목표나 가치가 명확히 고
정되어 있다는 가정 하에 목표달성의 극대화를 위해 최선의 대안 선택을 추구하는 의
사결정을 말한다.

일반적으로 합리적 의사결정의 단계는 ① 정책문제의 인지와 정의 ② 정책목표설정
③ 정책의 탐색 ④ 정책대안의 결과예측 ⑤ 예측결과의 비교와 평가를 거쳐서 최적
의 대안을 선택하는 순서로 진행된다.

(2) 정책결정의 단계

1) 정책문제의 인지

① 정책문제를 정확히 파악하는 것은 바람직한 정책결정을 위해서 필수적이며 정책대안
의 개발과 결과예측을 위해서도 중요하다.

② 정책문제의 인지란 무엇이 문제인지를 밝히는 것으로 문제에 대한 잠정적 진단을 내
리는 것이다. 정책문제는 문제상황을 주관적으로 정의하기 때문에 개인의 선입견이
개입된다. 또한 정책문제 자체가 유동적이므로 시간이 지남에 따라 문제의 재정의가
필요하며, 정책문제는 관련집단의 이해관계의 대립으로 정치적 갈등과 타협의 대상이
된다.

③ 정책문제는 다음과 같은 속성을 가진다. 정책문제는 공적문제이며, 문제의 해결은 공
익을 목적으로 한다. 따라서 정책문제는 복잡성, 상호의존성, 역사성(오랜 시간 동안 형
성된 것), 동태적 성격을 지닌다. 또한 정책문제는 정책문제를 정의하는 집단이나 사람
들에 의해서 선택적으로 정의되고 평가되는 주관성과 인공적 성격을 가진다.

④ 문제의 인지와 파악에는 정보의 부족과 편견이나 선입견 등으로 정책문제를 잘못 정
의한 경우는 제3종 오류를 범할 수 있다. 제3종 오류는 진실된 문제를 방치하여 자원
의 낭비를 가져온다. 왜냐하면 해결하고자 하는 것을 잘못 선택하기 때문이다. 여기서
정책오류를 살펴보면 제1종 오류란 귀무가설이 실제로는 옳은데도 불구하고 표본오

---

7) 노화준, 2003, <정책학원론>, 서울: 박영사.

차로 인해 검정결과 그 가설을 기각하는 오류를 말한다. 제2종 오류란 귀무가설이 실제로 틀린 데도 불구하고 표본오차에 기인하여 검정결과 그 가설을 옳은 것으로 받아드리는 오류이다.[8]

⑤ 정책문제의 구조화 기법

정책문제의 구조화란 복잡하고 상호의존적인 정책문제에 대해서 문제의 본질과 범위, 심각성 등을 파악하여 문제를 명료화시키는 과정을 말한다. 일반적으로 구조화 기법은 다음과 같다.

ㄱ 분류기법: 문제를 구성하고 있는 구성요소를 카테고리별로 분류·식별하여 문제를 명확하게 하는 기법이다.

ㄴ 계층분석: 문제의 원인을 계층적으로 규명해 나가는 기법으로 인과관계의 파악을 주된 목적으로 한다. 문제를 유발하는 세 가지 원인으로 가능성 있는 원인, 개연성 있는 원인(중요한 영향을 끼쳤다고 믿는 원인), 행동 가능한 원인으로 구분한다.

ㄷ 유추분석(synetics, 시네틱스): 유사문제에 대한 비교와 유추를 통해 특정문제를 명확하게 정의하는 기법이다.

ㄹ 가정분석: 이해관계자들의 확인을 통해 상충적인 가정들을 창의적으로 통합하는 분석기법이다.

ㅁ 경계분석: 정책문제의 존속기간과 형성과정의 파악을 위해서 사용하는 기법으로 문제

---

8) 제1장 오류는 사실인 귀무가설을 기각하는 오류를 말하며, 알파오류라고도 한다. 제2종 오류는 하위인 귀무가설을 채택하는 오류를 말하며, 베타오류라고도 한다. 연구를 진행하는 이유는 기존의 지식에 변화가 있다는 주장을 한다. 그런데 기존에 지식에 변화가 없다(귀무－원점으로 돌아간다)가 귀무가설이고 무언가 새로운 가설을 내세우는 가설을 대립가설(대체가설)이라 한다. 가설을 구성하는 활동을 창조적인 활동이다. 가설을 만들기 위해서는 어떤 내용의 가설, 어떤 주제나 내용을 연구할 것인가를 찾아내고 결정해야 한다. 그리고 검증가능하도록 조작해야 한다. 세상을 관찰하다 보면 궁금한 것들이 생긴다. '왜'라는 질문에 대한 답은 '왜냐하면'이기 때문이다. 이를 인과관계라 한다. 왜 암에 걸리는가? 원인은 스트레스다. 암에 걸리는 것은 스트레스를 많이 받기 때문이다. 즉 스트레스가 원인이 되어 암이 걸린다. 이때 원인으로 작용하는 요인을 원인변수(독립변수)라 하고, 그 결과 나타나는 현상을 결과변수(종속변수)라 한다. 이러한 인과관계에 대한 진술은 규범적 가치판단이 아닌 실증적 차원의 판단이다.
과학적 방법으로 인과관계를 찾아가는 과정으로 논리적 추론과 경험적 검증이 있다. 논리적 추론이란 어떤 현상의 인과관계에 대하여 논리적으로 그럴듯하고 타당한 설명을 생각해 내는 과정이다. 왜 관료들이 부패하는가에서 관료의 부패가 되는 요인을 추정하면 개인의 윤리타락, 낮은 봉급, 사회문화, 미미한 법제도 등이 원인변수로 보았다. 이들 중 가능성이 가장 큰 요인으로 낮은 봉급수준을 원인변수로 제시하는 것이다. 경험적 검증이란 연구자의 머릿속에 생각했던 논리적 추론이 현실세계에서도 그대로 적용되는지 실제로 자료를 통하여 맞추어 보는 과정을 의미한다.

의 경계를 설정하는 것이다.

ⓗ 복수관점분석: 문제상황에 대한 개인적 관점, 조직의 관점, 기술적 관점을 체계적으로
   적용하여 문제해결 방안에 대한 통찰력을 향상시키는 방법이다.

(3) 정책목표설정

1) 정책의 목표는 정책을 통하여 이룩하고자 하는 바람직한 미래상태를 말한다. 정책목
   표는 개인의 가치판단에 의존하기 때문에 주관성을 갖는다.

2) 바람직한 정책목표는 적합성(appropiateness)과 적절성(adequacy)의 속성을 지닌다. 일
   반적으로 적합성이란 특정정책의 결과가 실제로 유용성과 가치가 있느냐를 평가하는
   것으로 달성할 가치가 있는 여러 가지 목표들 중에서 가장 바람직한 목표(방향성)를
   채택했는지의 여부를 의미하나, 적절성이란 프로그램의 규모가 수요에 비추어 알맞은
   것이냐를 판단하는 기준으로 정책목표의 달성수준이 지나치게 높거나 낮지 않고 적당
   한 수준인지의 여부를 의미한다. 적합성과 적절성은 정책목표의 평가기준이 된다.

(4) 정책대안의 탐색

1) 정책대안이란 문제해결을 위한 가능한 행동방안을 의미한다. 정책결정자가 고려하는
   정책대안은 과거의 정책이나 외국 다른 정부의 정책·정책모형 그리고 관계자들의 주
   관적인 의견들을 활용한다. 정책모형은 정책대안의 탐색하는 데 도움을 준다.

2) 대안의 탐색에서 주관적 예측과 직관적 판단에 기초한다. 과거로부터 경험적 자료나
   이론이 없는 경우에 주관적·직관적 판단을 이용하는 방법으로 집단토의와 델파이기
   법이 있다. 집단토의와 델파이기법은 징책대안의 개발뿐만 아니라 정책대안의 결과
   예측에도 사용된다. 집단토의(Brainstorming)는 Osborn에 의해 제안된 이론으로 보다
   많은 독창적인 아이디어를 얻기 위해서 즉흥적이고 자유분방하게 여러 가지 아이디어
   를 창안하는 활동을 말한다. 집단토의는 창의적이고 좋은 아이디어를 얻을 수 있으나
   공격적인 성격을 지닌 소수에 의해서 회의분위기를 좌우할 가능성이 있다. 미래예측
   기법으로 질적예측기법이 있다(주관적 예측법). 질적예측기법은 인간의 판단과 정보에
   의해서 장래의 상황을 예측하는 것이다. 질적 기법의 대표적 방법으로 델파이기법이
   있다. 델파이(Delphi)란 그리스시대에 그리스의 학자들이 모여서 미래를 예측하던 장
   소를 말한다. 델파이기법은 전통적 델파이기법과 정책델파이가 있다.

① 전통적 델파이

  ㉠ 의의: 어떤 문제를 예측·진단·결정함에 있어 의견의 일치를 볼 때까지 전문가집단으로부터 반응을 체계적으로 도출하여 분석·종합하는 하나의 조사방법으로 전문가들의 의견을 종합하여 보다 합리적인 아이디어를 도출하려는 방법이다.

  ㉡ 등장배경: 델파이기법은 전통적 회의방식의 문제점을 제거하기 위해서 고안된 방법이다. 회의방식은 공개적으로 다른 사람의 의견을 반대하기 어렵고, 권위 있는 학자들에 의해서 좌우되기 쉽고, 개인은 집단의 분위기에 압도되기 쉬우며, 개인의 주관적 판단을 흐리게 하여 엉뚱한 결론에 이를 가능성이 크다. 또한 구성원은 일반 발언할 의견을 끝까지 고집하는 경향이 있다.

  ㉢ 델파이의 원칙: 개인의 익명성이 보장되며 제시된 의견들은 통계처리의 과정을 거쳐 개개인의 판단은 하나로 통합하고 다시 참가한 사람들에게 회람한다. 회람은 2~3차례 반복되며 몇 차례의 회람 후에 결국 전문가들이 최종적인 합의를 한다.

  ㉣ 델파이의 운영절차

  i) 제1단계 : 설문서를 선정된 응답자 집단에게 보낸다. 설문서는 여러 개의 항목으로 구성되며 미래예측의 경우는 예상되는 주요 사태의 발생확률을 열거하도록 한다.

  ii) 제2단계 : 첫 번째 설문의 결과를 분석하여 다수가 지적한 항목들을 종합한 제2차 설문서를 응답자에게 보내어 이에 응답하게 한다.

  iii) 제3단계 : 각 사태의 발생 시기에 관한 각자 지난번 응답을 재검토한다.

  iv) 제4단계 : 개인의 판단을 하나로 통합하고 전문가들이 최종적인 합의를 통해서 미래를 예측한다.

  ㉤ 델파이의 장점

  i) 통제된 환류과정의 반복으로 주제에 대한 관심을 유도할 수 있으며, 응답자들의 익명성 유지로 외부적인 영향으로 결론이 왜곡되는 것을 방지할 수 있다.

  ii) 전문가들의 참여로 신뢰도가 높아지며, 솔직한 의견이 반영된다.

  iii) 상호토론이 없어 구성원간의 마찰이나 한 사람의 독주행태가 발생하지 않는다.

  iv) 전문가들의 창의적인 생각이 도출될 수 있으며, 통합된 내용은 정책과정에 효과적으로 상용할 수 있다.

  ㉥ 델파이의 단점

  i) 특정분야의 전문가들은 자기의 좁은 영역에 집착하여 거시적인 전망과 예측을 못하는 경우가 발생할 수 있고, 자질 있는 전문가선정이 어렵다.

　　　ⅱ) 델파이과정에서 응답이 불성실하거나 조작된 가능성이 있으며, 설문방식이 응답
　　　　에 큰 영향을 미친다.

② 정책델파이

　　　㉠ 의의: 정책델파이는 전통적인 델파이기법 등의 문제점을 보완하기 위한 것으로 정
　　　　책대안을 표면화시켜 참가자들로 하여금 공개적으로 토론하는 것이다. 정책델파
　　　　이는 전문가뿐만 아니라 다양한 정책관련자들이 모여서 정책대안을 예측하는 데
　　　　이용된다.

　　　㉡ 특징

　　　ⅰ) 정책델파이의 참여자들은 예측의 초기에만 익명성이 유지되고 상반된 주장이 나오
　　　　면 대면하여 토론하거나 컴퓨터에 의한 의견교환을 한다.

　　　ⅱ) 참여자들은 전문가 이외에 정책의 이해관계자도 참여할 수 있다.

　　　ⅲ) 정책델파이는 보다 창의적인 아이디어를 찾기 위해서 일부러 갈등을 조성하고 갈
　　　　등으로부터 대안을 찾는다. 즉 갈등이 긍정적인 것이라는 전제하에 서로 다른 의
　　　　견을 공개적으로 도출한다. 따라서 델파이 결과가 일부는 합의형식으로 되나 일부
　　　　는 갈등이 존재한다.

(5) 정책대안의 결과예측

1) 정책대안의 결과예측은 정책결정에서 가장 어려운 단계이며 또한 정책결정자에게 정
　　책분석이 도움을 줄 수 있는 가장 중요한 단계이다. 정책대안의 결과예측이란 정책대
　　안을 집행·실시했을 경우에 나타난 결과를 미리 예상하는 것을 말한다.

2) 미래예측에는 다양한 기법들이 사용되며 다양한 기법들이 있다. 미래예측기법은 질적
　　예측기법과 양적예측기법으로 구분된다. 질적 예측법은 계층분석이 있다. 계층분석은
　　정책문제를 정확히 개념화하는 방법으로 문제 상황의 발생에 영향을 줄 수 있는 다양
　　한 원인들을 직관적으로 찾아내는 방법이다. 양적예측기법은 객관적인 사실을 토대로
　　하여 비교적 정확한 측정을 할 수 있으나 변수가 많은 사회현상을 계량화한다는 것이
　　어렵다. 양적분석기법에는 시계열분석과 회귀분석이 있다.

　　① 시계열분석이란 시간의 경과로 인한 어떤 변수의 변화경향을 분석하여 그것을 토
　　　대로 하여 미래를 예측하는 것을 말한다. 시계열분석은 자료의 타당성과 추세의
　　　지속성, 신뢰성이 보장된다는 것을 전제로 한다.

　　② 회귀분석이란 예측하고자 하는 변화를 나타내는 변수를 종속변수로 놓고 그러한

변화에 영향을 미친다고 생각되는 요인들을 독립변수로 하여 양자간의 인과적 관계를 통계를 통해 미래를 예측하는 방법이다. 상관분석은 변수들간의 상호관련성의 방향과 정도를 분석하는 통계적기법이다(흡연과 폐암의 관계). 따라서 회귀분석이 변수들 간 원인과 결과를 파악하나, 상관분석은 상호관령성의 방향과 정도를 분석하는 데 그친다.

(6) 정책대안의 비교·평가

대안의 평가기준으로 나카무라와 스몰우드는 소망성과 실현가능성을 주장했다. 소망성은 공평성(형평성), 대응성(대상집단의 욕구충족가능성), 효과성(목표달성가능성), 능률성, 노력 등을 의미한다.

1) 능률성

대안의 우선순위를 비교·평가하기 위해서 일정한 기준으로 능률성이 있다. 능률성의 대안을 판단하는 기준으로 비용·편익비(B/C ratio), 순현재가치(net present value), 내부수익률(internal rate return)이 있다.

① 순현재가치는 편익의 순현재가치에서 비용의 순현재가치를 뺀 것을 말한다. 편익·비용들이 모두 금전적 단위로 측정되었을 경우에는 순현재가치의 방법이 경제적 능률성에 대한 최선의 척도이다. 왜냐하면 여러 사업대안 중 순현재가치의 값이 가장 큰 사업이 가장 큰 이득을 가져온다는 점에서 가장 바람직한 대안이라 할 수 있기 때문이다. 다만 금전으로 평가할 수 없는 사업은 순현재가치의 계산을 할 수 없다. 일반적으로 순현재가치가 내부수익률보다 비용편익분석에서 더 정확한 의사결정방식이다. 일반적으로 사업에 투자되는 비용과 그 결과로 얻게 되는 편익을 현재가치로 나타내려면 비용과 편익과의 사이에는 시간의 흐름으로 생기는 이자, 화폐가치의 변화, 물가변동 등을 고려하지 않으면 안 된다. 이러한 관계로 사업시행의 결정시점에서 사업완공으로부터 미래에 걸쳐 발생되는 가치를 평가하는 기준이 필요하다. 이 기준이 곧 할인율이다.

② 내부수익률(기대수익률)은 편익의 현재가치와 비용의 현재가치가 동일하도록 해주는 할인율로서 이는 대안평가에 적용할 적정한 할인율을 모르는 경우에 유용하게 이용된다. 내부수익률은 사회적 할인율보다 커야 경제적으로 타당할 수 있다. 즉 사회적 할인율과 비교하여 내부수익률이 크면 투자할 가치가 있다. 예를 들면 A라는 사업의 경제타당도를 내부수익률에 의해서 평가하고자 할 때 어떤 사업의 내부수익률이 5%라면 사회적 이자율이 내부수익률 5%보다 낮으면 된다.

③ 비용편익비(Cost－Benefit ratio)란 편익의 현재가치를 비용의 현재가치로 나누어서 대안을 비교하는 방법이다. 복수의 대안일 때에는 B/C값이 큰 대안이 가장 타당성이 있는 대안이다. 비용편익비는 자의성의 소지가 있다. 왜냐하면 비용편익비는 부작용(부(負)의 효과)을 비용의 증가 또는 편익의 감소 어느쪽에 포함시키느냐에 따라 달라질 수 있다. 즉 負(정책으로 인한 부작용이나 부정적 외부효과)를 비용의 증가에 포함한 경우와 편익의 감소에 포함시키는 경우에 서로 결과가 달라진다. 일반적으로 비용편익비와 순현재가치에서 소규모 사업에는 비용편익비를 적용하는 것이 유리하고, 순현재가치는 대규모 사업에 유리하다. 왜냐하면 비용편익비는 규모보다는 비율만을 중요시하기 때문이다.9)

④ 능률성의 기준을 정책분석과정에서 적용하는 기준으로 pareto의 최적기준과 Kaldor－Hicks기준이 있다. Kaldor－Hicks의 바람직한 정책이란 어떤 정책의 실시로 어떤 사람이 전보다 더 좋아지고 또 어떤 사람들이 더 나빠질 때 더 좋은 사람이 더 나빠지

표 1-4 대안비교의 평가기준

평가기준	계산방법
순현재가치	편익의 현재가치-비용의 현재가치
내부수익률	순현재가치(NPV)=0이 되도록 하는 할인율
비용편익비	편익의 현재가치 / 비용의 현재가치

9) 순현재가치와 비용편익비와 관계를 살펴보면 다음과 같다.

대안	A	B
비용	20000	30000
편익	30000	42000
비용편익비	1.5	1.4
순현재가치	10000	12000

표에서 살펴보면 순현재가치란 편익의 현재가치－비용의 현재가치 > 0이면 경제성이 있다고 본다. 왜냐하면 편익의 합계가 비용의 합계를 초과하기 때문이다. 복수대안인 경우는 B대안의 우선순위가 높다. 비용편익비에서는 B/C>1이면 경제성이 있다. 복수대안일때는 B/C값이 큰 대안에 우선순위가 높으므로 A대안이 우선순위가 높다. B/C값이 1보다 크다는 것은 순현시점재가치가 ＋값을 가진다는 것을 의미한다. 어느 지방자치단체에서 사업을 수행하는데 투입되는 비용으로 4억원이 소요되고, 여기서 얻어지는 편익이 10억원이다. 그런데 사업을 수행하는 과정에서 환경파괴(부작용)가 되어 2억원의 비용이 발생했다고 가정하면 환경파괴비용을 비용의 증가에 포함한 경우는 4 ＋ 2가 되나, 편익에 계산하는 경우는 10 － 2가 된다.

게 되는 사람들에게 보상을 해주고 남을 때 사회전체의 후생은 증가한다고 보는 입장이다. Kaldor-Hicks기준은 순현재가치기준과 동일한 논리이다.

2) 실현가능성

실현가능성이란 정책대안이 정책으로 채택될 가능성을 의미한다. 즉 정책이 정치체제에 의해서 정책대안이 채택되고 집행될 가능성, 현재 이용가능한 기술로서 그 실현이 가능한가의 기술적 실현가능성, 재정의 확보여유의 경제적 실현가능성, 정책의 내용이 타법률의 내용과 모순되지 않는가의 법적 실현가능성을 고려해야 한다.

(6) 정책대안의 선택

목표를 최대한으로 달성하게 하는 결과를 가져올 정책이나 대안을 선택한다. 대안의 선택은 정책결정자의 가치판단에 좌우된다. 바람직한 대안의 선택으로 시대에 따라 다르나 행정에서는 능률성과 효과성도 고려해야 하나 전체국민을 위한 공익과 형평성도 고려해야 한다.

8. 정책결정의 제약요인

(1) 인간적 요인

정책결정은 정책결정자가 가지고 있는 감정·동기·가치관 그리고 과거의 경험이나 개인적 판단에 의해서 영향을 받는다. 또한 인간은 근본적으로 한계가 있다. 즉 정책결정자는 근본적으로 전문지식과 시간의 부족, 인지능력의 한계 등으로 불확실한 장래에 나타날 결과를 정확하게 예상한다는 것은 거의 불가능하다.

(2) 구조적 요인

1) 정책결정은 본질적으로 집단적 현상으로 다수의 관련자들의 집단적 사고(group think)로 인해 중대한 실책을 범할 수 있다. 왜냐하면 집단적 사고는 집단의 결정은 올바르고, 다른 집단의 경고를 무시하기 위한 집단적 합리화 노력 때문이다.

2) 행정기관 내에서 확립된 선례나 표준운영절차를 무시하기 어렵기 때문에 새로운 대안의 탐색이 곤란하다. 표준운영절차(SOP: Standard Operating Procedure)란 조직의 과거 경험에 기초하여 업무를 추진하는 것으로 정책집행에 있어서 미래의 상황에 대한 불

확실성을 극소화하려는 까닭에 표준화된 규칙을 받아들인다. SOP의 장점은 조직의 안정성과 불확실성의 극복, 시간과 노력의 절약, 체계적인 업무추진과 통제를 가능하게 하여 조직의 효율성을 도모할 수 있으며, 정책결정자의 재량의 축소로 공정성이 확보될 수 있다. 그러나 SOP는 정책의 보수화와 타당성으로 조직이 침체화 될 수 있고, 정책집행에서 전국적으로 동일한 기준이 적용되면 집행현장의 특수성이 무시될 수 있으며, 정책담당자가 환경의 변화에 대한 검토 없이 적용되는 경우에 실패할 가능성이 있다.

3) 정책결정이 관료조직의 구조적 특성에 제약을 받는다. 즉 관료제의 계층제는 상하 또는 횡적으로 의사소통이 원활하지 못하며, 하급자가 상급자에게 보고하는 과정에 자신에게 유리한 내용이나 상급자도 자신이 원하는 것만 받아들일 가능성이 있어 의사소통이 왜곡될 가능성이 있다.

(3) 환경적 요인

1) 정책결정이 환경적 요인에 의해서 영향을 받는다. 즉 조직활동의 대안으로 선택할 수 있는 목표나 문제가 다양하고 복잡한 경우, 이익집단이나 정치세력의 반대에 직면하는 경우, 사회관습과 규범의 요인에 의해서 영향을 받는다. 일반적으로 사회관습에 배치된 결정을 취한다는 것이 현실적으로 어렵다.

2) 매몰비용(Sunk Cost)의 문제이다. 매몰비용이란 어느 시기에 어떤 일을 착수하여 경비나 시간·노력을 들인 경우에 장래의 대안을 선택할 수 있는 범위가 제약을 받을 수 있다. 왜냐하면 기득권에 사로잡히면 합리적 판단은 흐려진다.

9. 우리나라 정책결정의 문제점

1) 우리나라의 정책결정과정은 기관장이 조직 내외의 의견을 수렴하지 않고 독선적이고 권위주의적으로 이루어진다. 따라서 국민의 의사와는 관련이 없는 정책이 산출되는 경우가 있다.

2) 최고관리자나 기관장에게 아이디어를 제공하는 참모기능이 미약하고, 정책결정이 소수개인이나 특정집단의 이해관계에 좌우되는 경우가 있다.

3) 정책결정이 특정집단의 로비나 이권에 따른 정책결정이 많고 최고관리층의 즉흥적 결정으로 정책집행시 많은 문제점이 발생하고 정책수정이 불가피한 경우가 많다.

제4절 정책결정

1. 정책결정의 개념

정책결정이란 정부기관이 사회문제를 해결하기 위해 복잡하고 동태적 과정을 거쳐서 바람직한 정부의 미래대안을 선택하는 과정이라 할 수 있다. 즉 정책결정이란 사회문제에 대해서 정부가 개입할 것인가, 어떤 대책을 강구할 것인가를 결정하는 행위이다.

2. 정책결정의 특징

1) 정책결정이란 수많은 참여자들의 이해관계의 대립을 조정하고 타협하는 과정이다. 따라서 정책결정은 정치성을 띠며 규범적 가치기준이 공익을 추구하는 것이다.
2) 정책결정은 많은 갈등과 상호작용을 통해서 이루어지는 동태적 과정이다.
3) 정책결정은 장래의 집행을 위하여 사전에 대책을 마련하는 것이기 때문에 미래지향적이며 불확실성을 내포한다.
4) 정책결정은 가능한 최선의 방법과 합리적인 방안을 강구하는 합리성을 띤다.
5) 정책결정은 공익의 실현을 추구하며 세부적 지시가 아니라 일반적 주요 지침을 결정하는 것이다.
6) 정책결정방법에는 분석적 결정, 정치적 결정, 직관적 결정, 관습적 결정 등이 있다. 분석적 결정은 완전분석(합리모형)과 불완전 분석에 의한 결정이 있고, 정치적 결정은 협상, 설득, 강제가 있다.

3. 정책결정과 의사결정

1) 정책결정이나 의사결정은 목표를 설정하고 그 목표를 달성하기 위해서 대안을 탐색하고 선택한다는 점에서 유사하다.
2) 의사결정은 공공문제를 비롯하여 개인문제, 집단문제, 조직문제의 해결을 위해 여러 대안 중 가장 바람직한 대안을 선택하는 행위이나 정책결정은 정부나 공공기관이 사회적 가치의 실현을 위해서 바람직한 대안을 선택하는 행위이다. 즉 의사결정의 주체는 개인뿐만 아니라 정부나 공공기관이나, 정책결정은 정부나 공공기관이다. 의사결

정은 강제성이 희박하지만 정책결정은 정치와 관련되며 강제성을 내포한다. 의사결정은 사적조직의 개별적인 이익이 목적이나 정책결정의 목표는 공익, 국가발전 등과 관련된다.

4. 정책결정의 모형

정책결정의 이론모형이 필요한 이유는 현실에서의 의사결정을 설명하거나 기술하는 틀로써 활용하거나, 바람직한 의사결정의 논리나 방향을 제시하고자 하는 목적이 있다.

(1) 정책모형

1) 합리포괄모형

① 인간은 이성과 합리성에 따라 결정하고 행동하며 목표달성을 극대화하기 위해서 가장 합리적인 대안을 탐색하고 선택한다는 가정을 전제로 한다. 따라서 합리모형은 이상적·규범적 접근방법이다.

② 정책결정자의 전지전능성을 전제로 하며, 결정에 필요한 모든 능력을 갖고 있다고 본다. 목표는 단 하나만 설정하고 또 변경되지 않게 한다.

③ 모든 대안을 총체적·체계적으로 검토하여 최적대안을 선택한다. 즉 문제의 발견과 진단, 대안의 탐색, 대안선택 등의 의사결정의 각 단계들이 순서 있게 진행된다.

④ 경제적 합리성 추구로 정해진 목표를 가장 완전하게 달성할 수 있는 대안을 검토하며, 목표와 수단을 엄격히 분리하여 목표는 부여된 것으로 간주한다.

⑤ 인간사회의 동태적 요소를 경시하는 폐쇄이론이다. 합리모형은 해결할 문제나 달성할 목표가 미리 주어진 것으로 전제하나 문제의 가변성과 복잡성으로 목표가 명확히 주어진 경우는 흔치 않으며 인간의 주관적 심리요인, 정치적 조정에 대한 설명이 없다.

⑥ 결정자의 지적능력에 한계가 있고 완전한 대안의 발견에는 많은 비용이 소요된다.

⑦ 현실의 설명보다는 논리적 당위성만을 강조하는 이론으로 매몰비용과 기득권이 무시된다.

2) 만족모형

① 사이먼의 행태론적 의사결정론의 영향으로 의사결정자가 한정된 능력만 가지고 있다

고 보고 현실적인 선에서 만족한다는 이론이다. 따라서 의사결정과정을 지배하는 것
은 최적화의 기준이 아니라 만족화의 기준이라 본다.

② 현실적으로 만족할 만한 만족대안을 찾아 최적대안이나 완전한 합리성보다 제한된 합
리성을 추구한다. 따라서 만족모형은 모든 대안의 탐색이 아닌 무작위적이고, 순차적
으로 몇 개의 대안만을 탐색한다. 또한 개인의 심리적 제약요인을 고려하고 있다는
개인적 의사결정모형이다.[10]

③ 완전한 합리성(이상적) 보다는 제한된 합리성(현실적)을 중요시하므로 현실적·실증적
접근방법이다.[11] 한편으로 점증주의는 정책대안의 선택에서 하나의 커다란 정책에서
여러 개의 세부 프로그램 구성되었다면 정책결정자들은 그들 일부를 선택하는 것이
다. 이를 가분적인 정책(Divisible)이라 한다. 따라서 비가분적인 정책의 결정에는 점증
주의는 적용이 곤란하다.

④ 만족모형은 의사결정 과정의 단순화를 강조한다. 따라서 복잡한 것을 단순화시켜 습
득할 몇 개의 대안만을 단계적으로 검토하여 대안을 선택한다.

⑤ 의사결정과정에서 개인의 주관이 지배하기 쉽고 쇄신적 대안의 탐색이 곤란하며 현상
유지적 보수주의에 빠질 우려가 있다.

3) 점증모형

① 점증모형은 인간의 지적능력의 한계와 정책결정수단의 기술적 제약을 인정하고 정책
결정과정에서의 최적의 창조적이고 쇄신적 대안보다는 기존의 대안보다 약간 향상된
수준의 대안을 선택하는 입장이다. 따라서 정책결정이 점증적·부분적으로 이루어진
다고 보는 입장으로 린드블럼(Lindblom)과 윌다브스키(Widavsky) 등이 주장하였다.

② 점증모형은 선진국 등 다원화된 사회를 배경으로 협상과 타협의 여건이 마련된 경우
에 적합하다.

③ 각 대안에 대해서 한정된 수의 중요한 결과만 평가하며, 계속적인 분석과 평가를 통
하여 당면 문제를 계속 검토하여 기존의 정책에 추가나 삭감의 방법으로 정책이 이루
어진다. 한편으로 점증주의는 정책 대안의 선택에서 하나의 커다란 정책에서 여러 개

---

10) 개인적 의사결정모형은 개인이 어떻게 의사결정을 하는가를 연구하는 모형을 말한다. 여러 개인들의 참여
로 결정모형은 집단적 의사결정모형이다. 즉 집단차원의 모형으로 회사모형이 있다.

11) 실증론은 실제의 현상을 기술하고 설명하는 경험적인 연구방법이다. 규범론은 무엇이 바람직한지를 밝히
는 당위적·처방적 이론을 의미한다.

의 세부프로그램으로 구성 되었다면 정책 결정자들은 그들의 일부를 선택하는 것이다. 이를 가분적인 정책이라 한다. 따라서 비가분적(indivisible) 정책의 결정에는 점증주의는 적용이 곤란하다.

④ 점증모형은 조직이 습득한 각종 정책관련 정보·지식 등을 가장 적게 활용해 목표와 수단을 구분하여 분석하지 않으며 양자는 상호조정할 수 있다고 보았다. 왜냐하면 정책결정자가 당면한 정책문제를 재조정하기 때문이다.

⑤ 점증모형은 정책결정의 기본방향이 설정되어 있지 않고 임기응변적 대응으로 정책결정과정을 비합리적·무계획적으로 간주하고 있다.

⑥ 점증주의는 기존의 정책이나 결정을 일단 인정하고 그보다 약간 향상된 대안에 대해서만 부분적·순차적으로 채택해야 한다는 것이다. 왜냐하면 기존의 정책은 이미 상당한 정도의 인적·물적자원이 투자되어 있기 때문이다. 따라서 점증주의는 선례의 존중과 매몰비용을 인정한다.

⑦ 점증모형은 사회변동이 심한 후진국에서는 한계가 있다. 왜냐하면 점증모형이 보수적인 성격을 내포하고 있어 환경변화에 대응력이 약하고 급격한 발전과 쇄신의 추구는 곤란하다.

⑧ 정책이 사회 각 부분에서 분산적으로 결정되기 때문에 정책들간의 상호모순 충돌이 발생할 수 있으며, 정책의 일관성이 없고 중요한 대안과 가치가 검토대상에서 제외될 수도 있다.

⑨ 외부의 압력에 약하고 권력이 강한 집단에는 유리하고 약자에게는 불리하다.

⑩ 점증주의를 다음과 같이 분류할 수 있다.

첫째, 단순점증주의는 소폭변화를 추구하며 현재보다 약간 다른 대안을 찾는 경우로 목표와 수단을 통합한다. 둘째, 분절적 점증주의는 약간 복잡한 정책문제를 해결하기 위해서 결정자들이 그들의 행태를 상호조정하는 전략이 포함되는 다원주의 사회에서의 의사결정이다. 셋째, 전략적 점증주의는 매우 복잡한 정책문제의 해결을 강조하는 입장으로 신중한 전략의 수립이 요구되는 경우에 타당하다. 따라서 합리모형에 점증주의가 가미된 전략적 결정이 이루어진다고 보았다.

4) 혼합주사모형

① 혼합주사모형은 합리모형의 비현실성과 점증모형의 보수성을 탈피하며 양자의 장점을 조화시킨 모형으로 모든 정책결정은 기본적 결정과 부분적 결정이 있다고 전제하

표 1-5   합리모형과 점증모형의 비교

구 분	합리모형	점증모형
정책범위	경제적 합리성	정치적 합리성(협상과 타협강조)
기 득 권	현실과 매몰비용 불인정	선례존중, 매몰비용 인정
최 적 화	전체적 최적화(모든 대안검토)	부분적 최적화(분할적 접근)
정책문제	정책문제간 상호연관성이 낮음	상호연관성으로 근본변화가 곤란
변 화	쇄신적 변화	점진적 변화
주 체	의사결정자	이해관계집단
분 석	모든 문제 포괄적	소수대안만의 검토
성 격	이상적 · 연역적 접근	현실적 · 귀납적 접근
국 가	전체주의 사회체제	민주주의 사회체제의 선진국가적용

고 정책결정은 기본적 결정과 세부적 결정의 상호작용에 이루어진다고 보았다. 이 모
형은 에치오니(Etioni)에 의해서 주장된 이론이다.

② 이 모형은 기본적 결정(근본적 결정)과 세부적 결정으로 나누어 설명하면 기본적 결정
에 있어서 정책결정자는 정책의 근본적인 방안을 올바로 설정하는 맥락을 결정하는
것이다. 즉 기본적인 결정은 합리모형의 방식이 적용된다. 그러나 세부적 결정은 기본
적 결정의 범위에서 점증적으로 결정한다. 대안의 탐색은 기본적 결정의 내용에 약간
의 변화가 있는 대안만을 탐색한다.

③ 새로운 모형이 아니며 이론의 독자성이 없고 현실적으로 정책결정이 기본적 결정과
점증적 결정 간에 신축성 있게 잘 이루어질 수 있는지 의문이 있다.

5) 최적모형

① 최적모형은 드로(Dror)가 주장한 모형으로 선례가 없는 새로운 결정시 합리성과 경제
성 이외에 정책결정이 결정자의 직관 · 판단력 · 창의력 · 잠재의식이 작용하여 이루어
진다는 이론이다.

② 합리적 모형과 초합리성 요인을 함께 고려한 계량적 모형이 아닌 질적 모형이다. 그
러나 계량평가도 중시한다. 합리모형과 다른 점은 최고결정자에게 흔히 볼 수 있는
초합리성을 강조하여 합리모형을 더욱 체계화시키고 인간의 노력에 의해 정책결정의

질을 높일 수 있다는 가능성을 제시했으며 결정능력의 향상을 위하여 환류작용을 강
조하며, 각 단계별 중복성과 중첩적 활동을 용인하는 구조로서 가외성을 허용한다.

③ 최적모형은 초합리성의 개념을 도입하여 합리모형을 한층 더 발전시켜 정책결정을 포
괄적으로 체계화를 시도하여 정책학에 공헌했으나 초합리성의 구체적 성격이 명확하
지 않고 너무 이상모형에 가깝다는 비판도 있다.

④ 기본적으로 경제적 합리성을 지향하므로 정책결정에 있어서 다원화된 사회적 과정에
대한 고찰이 불충분하다. 잘못하면 엘리트집단에 의한 비민주적 정책결정을 초래할
우려가 있다.

⑤ 최적모형은 정책결정과정(모형의 단계)를 상위정책결정단계(가치의 처리)—정책결정단계
(자원의 배분)—후정책결정단계(정책집행후 평가)로 나누어 설명된다.

6) 회사모형(연합모형)

① 회사모형은 개인적 차원의 만족모형을 조직(기업체)의 의사결정에 적용시킨 집단적 의
사결정으로 조직은 단일목표가 아닌 다양한 목표를 가진 독립되고 다양한 하부조직의
연합체로 보고 최선의 대안을 선택할 수 없다고 보았다.

② 회사모형은 사이어트(Cyert)와 마치(March)가 주장한 모형으로 느슨하게 연결되어 있
는 조직의 결정을 다루고 있다. 조직이란 상이한 목표를 가진 하위조직들간의 연합체
이기 때문에 하위조직들이 국지적 합리성을 도모함으로써 조직전체의 합리성을 확보
하려고 하나 단위조직체간의 서로 다른 목표추구로 갈등이 유발한다. 그러므로 조직
내에서의 의사결정은 이와 같은 갈등을 준해결하는 것으로 본다.

③ 조직목표는 연합체를 구성하는 사람들의 타협과 협상을 통해서 결정된다. 즉 조직의
의사결정은 관리자들이 연합하여 최종해결책을 선택한다.

④ 회사모형은 문제 상황의 복잡성으로 결과의 예측이 어렵다고 보고 조직은 합리모형에
서처럼 불확실성을 극복하려 하지 않고 가능한 불확실성을 줄이거나 회피하는 경향이
있다. 따라서 정책의 장기적 전략을 개발하기보다는 단기적 대응책으로 문제해결에
급급하다.

⑤ 결정자들은 능력과 시간의 제약으로 모든 상황을 고려하기보다는 특별한 관심을 끄는
부분만 고려하며, 조직업무수행의 기준이 되는 표준적인 절차를 마련해놓고 이를 활
용해 결정한다. 따라서 조직은 과거의 경험에 의해서 목표를 설정하고 문제해결방법
을 찾는다.

⑥ 조직 내의 하위조직들의 갈등이 협상을 통해서 해결될 수 있다는 가능성을 제시했다. 따라서 회사모형은 문제중심적 탐색, 갈등의 준해결 등을 특징으로 한다.

⑦ 회사모형은 민주적·분권적 조직관에 입각하고 있으므로 모든 결정이 최고관리층에 집중되어 있는 권위주의적 조직의 적용에는 한계가 있고 회사조직이라는 민간조직을 대상으로 하고 있으며 정책결정방식이 표준운영절차에 입각하여 결정되므로 정책이 현상유지적이고 보수적이다.

7) 쓰레기통 모형

① 쓰레기통 모형은 코헨(Cohen), 마치(March), 올젠(Olsen) 등이 주장한 모형으로 정책결정이 합리모형에서처럼 체계적으로 이루어지는 것이 아니라 우연히 결정된다는 이론이다. 즉 구성원의 응집성이 약하고 혼란스럽고 복잡한 상황 하에서 조직은 어떠한 정책행태를 나타내는가를 분석하는 이론이다.

② 쓰레기통 모형은 조직화된 혼란(무정부상태)에서는 비합리적인 방법으로 의사결정이 이루어진다고 보아 이를 쓰레기통이라는 용어를 사용했다. 즉 합리성을 제약하는 세 가지 전제조건하에서 정책결정의 네 가지 요소가 우연히 결합되어 이루어진다고 보았다. 세 가지 전제조건을 살펴보면 다음과 같다.

 • 첫째, 불확실한 선호 : 정책결정에 참여하는 사람들은 자신의 선호가 무엇인지
   모르는 상태에서 정책결정에 참여한다.
 • 둘째, 불명확한 기술 : 목표달성을 위해서는 어떤 수단을 선택할지도 모른다.
 • 셋째, 임시적 참여자 : 문제에 따라 참여자가 다르고 참여도 간헐적이다.

③ 정책결정의 네 가지 요소, 즉 결정하여야 할 문제, 문제의 해결책, 참여자, 선택기회가 구비되어야 되는데 이 네 가지 요소들이 독자적으로 움직이다가 정책결정의 계기는 네 가지 요소가 어떤 극적인 사건(점화의 계기)에 의해서 정책결정이 이루어진다. 쓰레기통 모형의 예를 들면 문제를 부각시키는 대형참사나 정권교체 등이다.

④ 쓰레기통 모형은 조직이나 집단의 정책결정시 응집성이 약한 측면을 강조하며 정책결정은 어떤 일정한 규칙에 따라서 행해지는 것이 아니라고 보았다.

8) 정책창모형

① 정책창(흐름창)모형 이론은 어떤 사항들이 정책의제 지위에 오르는지에 대한 연구로서 정책창이란 정책주창자들이 그들의 관심대상인 정책문제에 주의를 집중시키고 그들

이 선호하는 대안을 관철시키기 위해서 열려지는 기회를 말한다. 킹던(Kingdon)이 제창한 흐름창모형은 이론적 기초가 쓰레기통 모형이다.

② 흐름창모형은 정책결정의 상황을 조직화된 무정부상태로 가정하고 상호독립적으로 흐르는 3개의 흐름이 합류될 때 정책이 결정된다고 본다. 흐름의 3가지 요소는 문제의 흐름(문제의 특징), 정책의 흐름(특정대안), 정치적 흐름(정권교체 등)을 의미한다.

③ 정책대안이 적절한 정책문제와 합성이 되고 그 대안이 정치적 필요성과 맞아 떨어질 때에 정책창은 열린다. 대부분의 경우 정책창은 우연한 기회보다는 정치의 흐름의 상황전개에 따라 열리는 경우가 많다. 따라서 흐름창의 모형은 쓰레기통 모형의 무질서에 어느 정도 질서가 가미된 이론이다.

④ 정책창이 열리는 경우는 정권이 교체되는 경우, 의회 내의 정당의석의 변경, 국민감정이 변화되는 경우(여론변화), 시급한 공공문제가 대두되는 경우, 돌발적인 큰 사건의 발생 등이다. 정책창이 닫히는 경우는 결정이나 조치가 취해졌을 때, 사건의 퇴조, 정책의 창을 연 고위관료의 경질, 문제에 대한 대안의 부재, 정부의 행동을 유도하지 못했을 경우 등이다.

⑤ 정책창(흐름창)은 상당기간 열려 있는 상태로 유지되는 것이 아니라 짧은 기간만 열리게 된다. 따라서 정책문제에 관한 대안이 존재하지 않으면 정책의 창은 닫힌다.

9) 엘리슨(Allison)의 모형[12]

① 엘리슨모형은 집단적 의사결정을 성질별로 분류하여 국가적 정책결정에 적용한 대표적 이론이다. 엘리슨은 집단의 특성에 따라서 의사결정모형이 달라져야 한다고 설명하면서, 세 가지 정책결정모형을 제시하였다. 즉 합리적 행위자 모형은 정부를 잘 조정된 유기체로 간주하고, 조직모형은 정부를 반독립적인 하위조직들의 느슨하게 연결된 집합체로 간주하며, 관료정치모형은 정부를 서로 독립된 정치적 참여자들의 집합체로 본다.

② 합리적 행위자 모형은 개인적 차원의 합리모형을 국가의 정책결정에 응용한 것으로 정부를 합리적 행동주체로 간주하고, 정부는 통합된 목표를 가지며 목표의 달성을 위한 모든 수단을 강구한다. 또한 집단의 강한 응집성을 전제로 하며 의사결정에 작용하는 심리적 요인이나 참여자의 개성 등은 과소평가한다. 그러므로 권력이 조직의 최

---

12) Allison, 1971; 오석홍 외, 1995, <정책학의 주요 이론>, 서울: 경제원.

고지도층에 있다. 정책결정과정의 참여자들이 국익을 위해 조직전체의 목표를 공유하기 때문에 정책결정시 개인적인 이해관계와 충돌되는 경우가 없으며 국가의 존립과 관련된 외교·국방정책의 결정과정을 설명하는 데 적합하다.

③ 조직모형은 정부는 느슨하게 연결된 반독립적인 하위조직들의 집합체이며 정책은 하부조직들의 내부절차에 의해서 국가정책이 결정된다고 보며 정책결정의 참여자들은 국가목표보다는 자신이 소속해 있는 하위조직의 목표를 우선시한다. 한편으로 정책결정은 표준운영 절차에 따른다. 어떤 문제가 발생하면 조직은 합리적 선택을 시도하기보다는 기존의 프로그램을 따른다.

④ 관료정치모형은 국가정책을 결정하는 주체는 참여자 개인이라고 본다. 즉 정부의 정책이란 참여자들간의 협상과 타협에 의하여 정치적으로 결정되는 것으로 간주되므로 집단구성원의 응집성이 매우 낮고 권력의 소재는 개인의 참여자이며 참여자들은 자신의 목표를 우선적으로 추구한다.

표 1-6 모형의 비교

	합리적 행위자모형	조직모형	정치모형
조 직 관	통제가 잘된 유기체적 조직	하위조직론의 연합	개개인 행위자들의 집합체
목표의 공유도	매우 강함	약함	매우 약함
정책결정의 양태	합리적 결정	sop의한 습관적 결정	정치적 결정(협상, 타협)
권력의 소재	조직의 최고지도층	하위조직들	개인 참여자
정책결정의 일관성	정책의 일관성 유지	일관성이 약하다	매우 약하다
행위자의 목표	조직전체의 목표	조직전체의 목표와 하위조직들의 목표	조직전체의 목표와 하위조직들의 목표+개별적 행위자들의 목표
관련이론	합리모형과 유사	회사모형과 유사	쓰레기통 모형과 유사

10) 공공선택모형

① 공공선택모형은 1986년 뷰캐넌(Buchanan)을 비롯한 경제학자들에 창시되었으며 행정학분야에 접근시킨 대표적 학자는 오스트롬(ostrom)이다. 공공선택론에서는 정부를 공공재의 생산자로 규정하고 시민들은 공공재의 소비자로 규정하면서 시민의 편익을 극대화할 수 있는 서비스의 공급과 생산은 공공부문의 시장경제화를 통해 가능하다고

보았다.[13]

② 방법론적 개인주의에 입각 : 공공선택론은 국가 등의 조직을 분석의 기초단위로 삼지 않고 개인을 기초단위로 삼는다. 인간을 이기적인 합리적 효용극대화 전략을 추구하는 존재라고 가정한다.

③ 정책결정에 참여하는 관료·정치인·시민 등은 자기이익의 극대화 추구 : 관료는 보다 많은 예산을, 정치인은 보다 많은 지지를, 시민은 개인효용의 극대화를 추구한다.

④ 정치·경제학적 접근방법 : 정부의 정책결정에 경제학의 이론을 도입함과 동시에 국민의 대표적 참여와 민주적이고 분권적 구조를 강조함으로써 정치적 실현가능성을 중요시한다. 즉 개인의 선호도인 경제적 합리화와 요구를 투표 등의 방법인 정치적 과정으로 조정한다.

⑤ 신제도론적 접근방법 : 공공재의 효율적인 공급과 생산을 위해서는 제도적 장치의 마련을 통해서 가능하다고 보았다. 여기서 제도적 장치는 규칙을 의미한다. 즉 정부의 각 수준에 맞는 분권적이고 다양한 규모의 제도적 장치가 마련되어야 한다고 본다.

⑥ 공공선택모형의 문제점은 현실세계가 전적으로 효용극대화를 추구하는 개인들로 구성되었다고 보아 인간의 다양한 가치나 자유를 고려하지 않고 있다. 또한 정치체제가 분권화되고 민주화된 체제에 적합하나 집권적인 정치체제에는 적용의 한계가 있다고 볼 수 있다.

표 1-7 합리모형과의 비교

	합리모형	공공선택모형
대안선택의 주체	공식적 정책결정자	개 인
개인의 가치선호	가치선호가 통일적으로 가정	다 양 성
중 심	기관중심 조직의 능률성에 관심	고객중심 수혜자 요구에 부응
대안분석의 주도	엘리트 주도	시민 주도
목 적	조직의 가치극대화 모색이 목적	개인의 합리적 선택이 목적

---

13) 공공선택모형을 학자들에 따라 정치학에 경제학을 응용한 것, 정치의 경제학, 비시장적 결정의 경제학 연구, 행정에 관한 소비자보호운동 등으로 불리고 있다. 이는 정치현상이나 행정현상에 경제학의 이론을 통해서 설명하고 있다고 볼 수 있다.

11) 사이버네틱스(cybernetic) 의사결정

① 관료제의 업무활동에서 가장 중요한 부분을 차지하는 것이 의사결정과정으로 인식하고 정부관료제의 의사결정이 어떻게 이루어지는가를 연구하였다. 관료제의 의사결정은 분석적 결정과 사이버네틱스 결정으로 나누어 볼 수 있다. 분석적 결정(모형)은 확실하고 단순한 정책상황 하에서 합리성을 목표로 개인적 차원의 의사결정을 설명한다. 사이버네틱스모형은 합리모형과 대립되는 모형으로 복잡하고 복수의 의사결정자들이 제한된 합리성에 만족하면서 적응적·관습적 차원의 의사결정을 한다.

② 사이버네틱스는 그리스어로 조타수를 의미하며 흔히 인공두뇌학이라 한다.

③ 사이버네틱스 결정이란 의사결정이 치밀하고 복잡한 계산이 필요한 것이 아니라 미리 정해진 순서에 따라서 습관적으로 의사결정이 이루어지는 것을 말한다.

④ 사이버네틱스 결정은 변화하는 환경에 적응해 나감을 의미한다. 또한 의사결정과정에서 환경의 모든 면을 관찰하지 않고 그 중 몇 가지만을 관찰한다.

⑤ 의사결정이 시행착오에 의한 적합한 대안을 탐색한다. 즉 의사결정자가 채택한 대안이 좋은 결과를 낳으면 그대로 시행하고 그 반대인 경우에는 새로운 대안을 찾는다.

⑥ 복잡한 문제해결도 미리 준비되어 있는 레퍼토리 중에서 적당한 것을 골라서 거기에 명시된 절차에 따라서 해결한다고 보았다.

⑦ 사이버네틱스 의사결정은 완전한 합리성이 아닌 제한된 합리성, 연역적 방식이 아닌 귀납적 방식, 인과적 학습이 아닌 도구적 학습, 동시적 분석이 아닌 순차적 분석, 불확실성의 해결이 아닌 불확실하의 통제와 관련된다.

제5절 정책분석

1. 정책분석

1) 정책분석이란 정책결정자가 합리적 판단을 하도록 도와주는 활동이다. 즉 정책목표를 달성하기 위한 최선의 대안을 선택하는 데 도움을 주는 사전적 평가이다.

2) 정책분석은 문제를 명료화하여 문제의 본질을 파악하고 문제를 구조화하며 정책대안

이 가져올 결과를 사전에 예측하고 제안하는 것이다.

3) 정책분석은 협상과 타협으로 한 정치적 활동이 아니라 인간의 이성과 객관적 증거를 토대로 결과를 예측하고 비교·평가한다.

4) 정책분석은 협의의 정책분석, 체제분석, 관리과학이 있다. 협의의 정책분석은 비용·효과의 사회적 배분 등이 고려되나 체제분석은 능률적 정책대안의 선택을 강조한다. 그러므로 체제분석은 관련된 문제 등을 조직적·체계적으로 분석하며 가능한 문제의 분석에서 합리적이고 계량적인 방법을 강조한다.

5) 정책분석의 일반적인 단계는 문제의 구조화(문제의 인지) - 예측(대안의 탐색과 결과예측) - 제안(대안의 비교와 선택)의 과정을 갖는다.

2. 관리과학

관리과학이란 의사결정과정에 최적대안을 탐색하는데 활용되는 과학적·계량적 분석기법을 의미한다. 관리과학이 수단의 최적화를 추구하는 가장 하위차원의 분석이다.

관리과학의 기법은 다음과 같은 것들이 있다.

1) 사이버네틱스(Cybernetic) : 외부환경의 변화에 대응하면서 행정목적을 달성키 위한 최적의 동작을 취할 수 있도록 자동적으로 제어해 나가는 관계를 명시한 이론·설계 또는 장치이다.

2) 비용편익분석 : 비용편익분석이란 공공사업에 대한 공공지출을 평가하기 위해서 투입에 대한 비용과 초래할 편익을 비교하는 것이다. 예를 들면 정부가 댐을 건설하는 경우에 투입에 필요한 총화폐적 비용과 그 대안이 초래할 총화폐적 편익을 비교하는 정책대안의 접근방법이다. 그러므로 개인의 효용은 추정이 곤란하며 분배상의 형평성과 개인간의 효용비교가 어렵다. 또한 비용·편익분석은 공공사업이 사회에 가져다 주는 모든 비용과 편익을 측정하려고 한다. 따라서 화폐로 측정할 수 없는 불가시적인 요소까지도 측정하고자 한다. 여기서 불가시적인 것은 분석가의 주관적인 가치판단에 의해 정하며 잠재자격이라고도 한다. 비용효과분석은 효과(편익)의 화폐가치 계산이 힘들거나 비용과 효과(편익)의 측정단위가 달라 동일한 기준으로 양자를 비교하기 곤란할 때 이용한다. 비용효과분석은 국방, 경찰 등의 영역에 사용된다.

3) 선형계획(Linear programming) : 선형계획이란 한정된 자원하에서 편익을 극대화하거나 비용을 극소화하면서 특정목적을 구현할 수 있는 자원의 배분방법을 찾아내는

표 1-8 비용편익분석과 비용효과분석의 비교

비용편익분석	비용효과분석
총편익이 총비용의 초과에 역점을 두는 경제적 능률성	정책대안의 효용성의 판단에 역점을 두는 기술적 능률성 중시
양적인 표시를 바탕으로 한다.	무형적인 분석에 적합하여 외부효과 분석에 유용
관련된 요소들에 대한 종합적인 고려를 가능하게 하는 적용범위가 포괄적	주어진 문제나 대상집단에 한정하여 적용범위가 협소
측정단위가 화폐이며 시장가격에 의존	효과의 측정단위가 다양하며 시장가격에 대한 의존도가 낮다.
가변비용과 가변효과의 문제유형을 다룬다.	고정비용이나 고정효과의 문제유형의 분석에 사용

것이다.14) 여기서 선형이란 독립변수와 종속변수의 관계가 1차적인 경우를 말한다.

4) 게임이론(Game theory) : 게임이론이란 둘 이상의 복수의 결정자가 경쟁적 상황에서 경쟁당사자가 상대방에 대해서 어떻게 행동할 것인가를 논하는 것을 말한다. 게임이론은 경쟁자의 목적이 동시에 실행될 수 없는 상충적 상황에서 의사결정을 다룬다.15)

---

14) 선형계획의 기본전제는 다음과 같다. ① 이익의 극대화 또는 비용극소화를 기준으로 한 목표가 있어야 한다. ② 사용가능한 자원이 유한되어 있어야 한다. ③ 수개의 의사결정변수가 있어야 하며 그들은 상호관련성이 있어야 한다. ④ 독립변수가 종속변수에 미치는 영향은 비례적이다. 따라서 1차 방정식에 의한 선형성을 지녀야 한다. 선형계획은 비용을 동일하게 지불할 때 사회후생의 효과가 최대가 되는 정책수단의 조합을 찾으면 된다. 즉 자원이나 경비의 제약하에서 실현가능한 대안 중에서 가장 능률적인 대안을 찾는 것이다. 따라서 선행계획은 확실성이란 가정을 전제로 한다. 선형계획은 제약조건을 알고 있는 상태에서 결과를 확정적으로 예측하는 모형이다.

15) 게임이론은 전쟁 등과 같은 게임에서 참가자가 최적전략을 수학적으로 검토하여 선택하는 방법으로 다음과 같은 가정을 전제로 한다. ① 게임 참여자들은 합리적이고 지능적으로 행동하며, 참여자들은 손실의 극소화와 이익의 극대화를 추구한다. ② 모든 적절한 정보는 양측의 참여자들에게 알려져 있으며, 참여자들은 서로 상대방과 직접적인 의사소통을 하지 않은 상태에서 개인적인 의사결정을 한다. ③ 게임의 양측 참여자들이 동시에 행동방법을 선택한다. 게임이론의 종류는 다양하나 그 중에서 영합게임(Zerosum game)과 비영합게임(non-zero sum game)에 대한 설명은 다음과 같다. 영합게임은 두 경쟁참여자에 대한 이익의 총계와 손해의 총계를 합한 것이 제로가 되는 것을 의미한다. 즉 경쟁자가 둘일 때 한 사람의 이익은 다른 한 사람의 손해를 의미한다. 동일종류에서의 시장점유율 경우에 예가 될 수 있다. 따라서 영합게임은 승자와 패자가 엄격히 존재하는 경쟁적 상황이다. 비영합게임은 각 경쟁자들에 대한 수익들이 직접적으로 상대방에 대한 손실을 의미하는 것이 아니라고 본다. 즉 이익과 손해의 총합이 영이 되지 않는 상태이다. 따라서 비영합게임은 SK이동통신업체가 광고선전하는 경우에 경쟁회사인 한국통신이나 LG통신의 휴대폰 판매량이 증가하는 원리와 같다. 게임이론의 기본원리는 ① Maximin과 Maximax방법, ② 기대 순 편익의 극대화 방법이 있다. Maximin방법이란 불확실성이 큰 경우에 각 대안이 가져올 최악의 경우를

5) 대기이론 : 하나의 서비스 체계에서 대기행렬의 길이와 서비스를 하는 단위들의 대기 시간을 통제하기 위하여 적정한 서비스 절차와 통로의 수 및 대기규칙 등을 발견하기 위한 이론이다.

6) 목적계획법 : 목적계획법은 목표들이 서로 상충되는 경우에 적용되고 목표들의 만족 스런 방안을 강구한다. 예를 들면 비행장 건설시 이용자들의 접근가능성과 인근주민 들의 소음수준, 비행장의 수용능력 등이 고려되는 것을 의미한다. 이러한 측면에서 선 형계획과 비교된다. 선형계획이 단일의 목표만을 갖고 최적대안을 선택하는 데 비하여 목적계획은 여러 목표를 동시에 달성할 수 있는 대안을 선택하는 점에서 차이가 있다.

7) 민감도 분석 : 민감도 분석이란 선형계획으로 도출된 결과를 분석하고 해석을 내는 데 분석의 수단을 제공해 주는 방법이다. 따라서 민감도 분석은 계량적 분석으로 얻은 계수치가 불확실한 상황변수에 따라 어느 정도 영향을 받는지를 분석하는 것이다. 즉 민감도 분석은 투자사업의 타당성을 평가하는 경우에 투자 후에 얻게 되는 예상수익 과 사업을 추진하는 경비가 상황조건이 변화함에 따라서 어떻게 달라지는가를 보여주 는 분석에 이용된다. 따라서 민감도 분석은 최적해를 구한 후에 수행되므로 사후분석 이다.

8) 분기점 분석 : 분기점 분석은 최선 및 차선으로 예상되는 대안들을 몇 가지 두고 이 대안들이 동등한 결과를 산출하기 위해서는 불확실한 요소들에 대해서 어떠한 가정들 을 해야 하는지를 파악하는 것이다. 예를 들면 서울시가 한강다리를 하나 건설하는 경우에, 이때 2개의 대안이 비교적 좋은 대안으로 나타났다고 가정하고 비용이 같은 경우에 통행량이 증가할 것으로 예상되는 곳에 다리를 건설한다는 논리이다.

비교하여 그 중에서 가장 나은 대안을 선택하는 것이고, Maximax방법이란 낙관적이고 공격적인 문제해결 전략으로 각각의 대안이 가져올 최대편익을 비교하여 그 중에서 최대안을 선택하는 것을 말한다.

제6절 정책집행

1. 의   의

1) 정책집행이란 정부가 결정한 정책내용 및 정부사업계획을 실천해가는 활동을 말한다. 정책이란 정책집행과정을 거쳐서 정책목표를 달성할 수 있으며 또한 정책내용을 실제의 사회에 적용함으로써 바람직한 사회를 만들어갈 수 있는 것이다. 정책결정과 정책집행을 비교해보면 정책결정에서 정책내용은 기본적이고 광범위하며 정책집행보다 정치적 성격이 강하며 상위계층이 역할을 담당한다. 그러나 정책집행은 내용이 세부적이고 지엽적인 결정이 이루어지며 기술적인 성격을 띠며 하위계층에서 이루어진다.
2) 정책집행의 단계는 정책지침의 작성(정책집행에 필요한 사항)—자원의 확보 및 조직화—실현(서비스의 혜택과 규제)—감시와 환류의 순서로 집행된다.

2. 정책집행의 특징

1) 정책집행은 많은 사람과 조직이 관여하기 때문에 복합적인 성격을 띠어 정책결정과 마찬가지로 정치적 과정이다. 또한 정책집행이 기존의 정책을 수정하거나 애초의 의도와는 다른 결과를 초래할 수 있다.
2) 정책집행은 정책의도를 구현하며 정부가 국민에게 재화나 서비스를 공급하고 규제활동을 통해서 실질적인 영향력을 행사하므로 국민생활과 직결되는 정부활동이다. 그러므로 정책집행은 일반국민들과 직접적인 접촉이 빈번히 이루어지는 단계이다.
3) 정책집행단계에서 집행을 담당하는 담당자의 법규해석과 구체적인 판단과 태도는 국민들의 실생활에 많은 영향을 준다.
4) 일반적으로 발전도상국가의 경우는 정책결정과정에 투입기능이 활발하지 못하여 정책이 정치지도자나 정부관료가 결정한다. 따라서 일반국민들은 자신의 이해관계를 정책에 반영할 기회가 상실되어 정책집행단계에서 자신의 의사를 반영하려고 한다.

3. 정책집행의 유형

정책집행의 유형은 여러 가지로 분류해 볼 수 있는데 나카무라(Nakamura)와 스몰우드

(Smallwood)는 정책결정자와 집행자간의 상호관계를 중심으로 집행유형을 다섯 가지로 분류하고 있다.

(1) 고전적 기술가형

1) 정책결정자가 명확한 목표를 수립하고 집행자는 수단적·기술적 사항만을 위임받아서 정책결정자가 결정한 내용을 정책집행자가 충실히 집행하는 유형이다.
2) 정책결정자는 하위집행자들의 활동을 엄격히 통제한다.
3) 정책집행자는 목표달성을 위한 기술적인 능력을 소유하고 있다.
4) 정책집행상의 문제가 발생하면 집행자의 기술적 부족으로 본다.
5) 환경의 변동에 의한 정책수정가능성을 고려하지 않는다.

(2) 지시적 위임자형

1) 정책결정자가 구체적 목표를 수립하며 정책집행자는 정책결정자가 설정한 목표를 달성하는 데 사용될 수단을 결정할 수 있는 관리권한을 가진다.
2) 정책결정자는 정책집행자에게 목표를 성취하도록 지시하고 구체적인 집행시는 충분한 재량권을 정책집행자에게 위임한다.
3) 정책집행자들은 목표를 달성하는 데 필요한 기술적·행정적 능력을 갖추고 있다.

(3) 협상자형

1) 정책결정자가 목표를 수립하고 정책을 결정을 하나 집행과정에서 집행자들과 목표와 목표달성수단에 관하여 정책집행자들과 협상과정을 거친다.
2) 정책결정자와 정책집행자가 정책목표와 정책수단의 선택에 관하여 협상함으로써 상호적응을 한다. 즉 협상자는 목표나 구체적인 수단들에 의해서 두 집단이 서로 조정과정을 거쳐 정책의 변화를 겪는다.

(4) 재량적 실험가형

1) 정책결정자가 일반적이고 추상적인 목표를 지지하지만 지식·정보의 부족 때문에 구체적인 목표를 제시하지 못하고 광범위한 재량권을 집행자에게 위임한다.
2) 정책집행자는 목표를 명확히 하고, 적절한 수단을 마련하여 자발적이고 성실한 자세로 과업을 수행할 수 있는 의사와 능력을 가지고 있다.

3) 권력이 정책결정자로부터 정책집행자에게 위임되나 위임은 불확실한 상태의 결과로 나타난다. 이러한 결과, 정책집행자의 비리와 속임수와 책임한계가 모호하면 책임전가를 불러일으킬 수 있다. 정책결정자는 여러 분야에 활동하지만 어느 분야도 전문성이 부족하여 이러한 정책결정자들이 만든 정책은 애매하게 된다. 따라서 이러한 애매한 정책으로 인해 정책책임이 정책집행자에게 위임하게 된다.

4) 정책집행자는 정치적 재능을 발휘하여 정책형성과정을 지배한다.

(5) 관료적 기업가형

1) 정책집행자가 정책결정자의 권한을 장악하여 결정과정을 완전히 지배한다.

2) 정책집행자가 정책목표를 결정하여 정책결정자에게 받아들이도록 강제하고 설득한다. 이러한 이유는 정책집행자가 정책결정에 필요한 정보를 통제함으로써 정책과정을 지배하기 때문이다. 정책집행자가 그렇게 할 수 있는 것은 행정관료의 지속성 때문이다. 정책결정자는 수시로 바뀌지만 정책집행자는 계속 남아 있기 때문이다.

3) 정책집행자들은 기업가적이고 정치적 재능을 발휘하여 정책형성과정을 지배하게 된다.

4. 정책집행연구의 전개

(1) 고전적 정책집행론

1) 고전적 집행론은 정치행정 이원론, 과학적 관리론, 베버(Weber)의 관료제의 입장을 반영하여 정책집행은 기계적이고 자동적으로 이루어진다고 보았다.

2) 행정조직이 추구하는 기본가치는 능률성이며 정책결정자와 집행자의 역할을 엄격히 분리하고 정책집행자는 정책결정자가 지시한 내용에 따라 이것을 충실히 집행한다. 따라서 정책이 수립되면 모두 집행된다는 정책만능주의가 적용된다.

3) 행정조직은 집권화 구조를 갖추고 정책결정은 정치적 성격을 띠나 정책집행은 기술적 성격을 띠며, 목표는 수정되어서는 안 되고 충실히 집행되어야 한다.

(2) 현대적 집행론

1) 현대적 집행론은 정치행정 일원론적 입장으로 정책집행과정의 유연성을 강조하는 입장이다. 즉 정책결정과 정책집행을 엄격히 구분된 별도의 과정으로 보지 않고 상호영향을 주고받는 연결된 과정으로 인식한다.

2) 정책집행과정에서 목표수정이 가능하고 정책결정에 집행자의 참여가 필요하다.

3) 집행조직의 구조적 특성이 분권적이고 유기적 구조의 형태를 띤다. 집행의 특징은 상
   향적 집행으로 조직내의 개인을 출발점으로 한다. 정책평가의 역점이 고전적 집행에
   서는 정책산출에 역점을 두나 현대적 집행에서는 정책영향에 중점을 둔다.

5. 정책집행상의 순응과 불응

(1) 의 의

순응이란 정책집행자나 정책대상집단이 정책결정자의 의도나 정책에 대해서 일치된 행위
를 하는 것을 말하며 그렇지 않은 경우는 불응이라 한다. 정책에서 정책집행자가 정책을 집
행하지 않거나 정책대상집단이 정책내용이 요구하는 형태변화를 수반하지 않으면 정책은
실패로 돌아가기 때문에 순응은 성공적인 정책집행의 중요한 요소이다.

(2) 순응을 유발하는 요인

1) 정책담당기관의 정통성과 신뢰성이 있고 정책이 정당한 절차에 따라 결정되었다는 신
   념을 갖게 되면 정책에 순응한다.

2) 정책내용이 정치적·기술적 측면에서 실현가능성이 있고 목표가 적합하고 정책수단이
   효과적·능률적이면 정책에 순응한다.

3) 개인이나 집단이 정책규범이나 기준의 수용을 통해 직접 이익을 얻을 수 있다고 생각
   하는 사람들은 정책에 순응을 한다.

4) 정책에 대해 불응하여 벌금·처벌 등이 수반되는 경우는 정책에 순응한다.

5) 정책에 대한 수용력은 시간의 경과에 따라 증가한다. 처음에 논란이 많은 정책도 사람
   들에게 친밀하게 되면 환경조건의 일부가 된다.

(3) 불응의 원인

1) 정책집행을 하는 관료들이 조직 내의 상관의 의지를 정확하게 이해하지 못하는 경우,
   정책목표를 달성할 수단이 결여되어 있을 때, 정책집행자들이 정책의 목표에 동의하
   지 않을 때 불응이 일어난다.

2) 정책결정기관의 정통성이나 도덕성에 대한 믿음이 결여된 경우, 순응에 필요한 자원
   이 부족한 경우는 불응이 일어난다.

3) 정책담당자의 공정한 태도나 일관성이 결여된 경우, 정책집행자의 지적능력이 부족하여 정책의 내용을 정확히 모르는 경우, 정보를 획득하지 못하여 정책내용을 모르는 경우에 불응이 일어난다.

(4) 순응의 확보방안

1) 교육과 설득을 통하여 순응을 확보한다. 행정기관은 교육과 설득을 통하여 정책이 합리적이고 필요하며 사회적으로 유익하다는 것을 이해시키고 동의를 구한다.

2) 편익의 제공을 통하여 순응을 확보한다. 정책담당자는 정책에 순응하는 사람에게 경제적 이익과 같은 편익을 제공함으로써 대상집단의 자발적인 순응을 유도할 수 있다.

3) 처벌과 강압과 같은 제재수단을 통하여 순응을 확보한다. 정책의 불응에 대해 벌금을 부과하거나, 혜택을 박탈함으로써 순응을 확보한다. 그러나 이 방법은 개인의 인권과 재산권이 침해되며 감정적 적대심을 자극할 수도 있다.

4) 순응을 확보하기 위해서는 정책목표를 명확히 하고, 정책결정기관의 정통성과 신뢰성이 확보되고, 정책집행이 일관성 있고, 공정하게 이루어질 경우에 순응확보가 가능하다.

5) 정책을 잘모르는 집단에게 정보를 제공하여 정책에 협조하도록 한다.

6. 정책집행의 연구시각

정책집행에 관한 연구는 크게 두 가지 방면에서 이루어진다. 하향적 접근방법은 성공적인 정책집행의 요건을 파악하기 위해서이며, 상향적 집행은 집행현장에서 일어나는 실제상태를 관찰하고 서술하기 위해서 필요하다.

(1) 하향적 접근방법

1) 정책이란 상위부서의 정책결정자들에 의해서 만들어져 집행담당자에게 내려지는 지침으로 본다. 따라서 하향적 접근방법은 집행과정에 영향을 미치는 요인들을 연역적으로 밝힘으로써 거시적·연역적 접근법이며 바람직한 집행을 위한 규범적 처방을 정책결정자에게 제시하는 데 있다.

2) 하향적 접근방법은 정책의 명확성과 정형적 집행전략에 근거하여 성공적인 정책집행의 요건을 파악하고 그 조건이 충족되지 못한 이유를 밝히는 데 역점을 둔다.

3) 하향적 접근방법은 하위집행 담당공무원들의 역할을 과소평가하고 상위결정자들의 뜻이 존중되므로 결정권자의 리더십을 성공적 집행의 핵심조건으로 본다.

(2) 상향적 접근방법

1) 정책집행을 조직 내 개인의 활동을 출발점으로 한다. 따라서 일선공무원들이 조직의 최고관리층보다 조직의 목표를 달성하는 효과적인 방법을 찾을 수 있다는 믿음을 바탕으로 한다. 그러므로 정책집행의 성공은 각 집행자가 자신의 역할을 얼마나 충실히 수행하느냐에 달려 있다고 본다. 립스키(Lipsky)의 일선관료제이론과 관련이 있다.[16]
2) 집행과정의 실제 행위자 중심의 연구로서 미시적 접근이며, 개별 집행 현장의 사례를 기반으로 하여 일반화된 이론을 구축하는 귀납적 접근방법이다.
3) 일선 집행요원들의 활동과 사고방식을 연구초점으로 하며, 정책을 동태적인 것으로 보며 정책결정구조가 분권화되어 있고, 관료들은 상당한 재량권을 보유한다.
4) 정책집행은 민주적이며, 집행현장의 문제점들을 쉽게 파악할 수 있는 장점을 가지나 집행과정에 영향을 미치는 법적·사회적·경제적 요인들을 무시하기 쉽다.

표 1-9 하향식 접근법과 상향식 접근법의 비교

비 교	하향식 접근방법	상향식 접근방법
연구목적	성공적 정책집행을 좌우하는 요인 탐구	집행현장에서 일어나는 상태의 설명
연구방향	정부의 정책결정에서부터 연구	일선 집행현장의 집행요원들로부터 연구
주된 참여자	집행담당조직의 최고관리층	일선관료, 대상집단
평가기준	목표달성도	불명확
적용상황	핵심적 정책이 있고 정형화된 상황	핵심적 정책이 없고 동태적 상황에 적합
정 책 관	정태적 과정	동태적 과정

---

16) 일선관료제란 정책의 최종적 과정에서 고객과 접촉하면서 상당한 재량권을 행사하는 하위직 관료를 말한다. 일선관료들이 상당한 재량권을 행사하는 이유는 일반관료는 서면처리로 업무를 수행하나 일선관료들은 사람을 대면하기 때문이다. 주로 서민층의 대면이 많고 이들의 서비스제공에 있어서 상당한 재량권을 행사한다. 또한 일선행정관료들이 처한 집행현장이나 업무상황들은 일률적으로 정형화가 어려울 만큼 너무 다양하고 복잡하기 때문이다. 립스키는 일선업무환경이 자원의 부족, 권위에 대한 도전과 위협의 존재(예: 경찰·교사들의 현장), 일선관료의 집행성과에 대해 객관적으로 판단할 기준의 결여(부서의 목표가 불명확·고객집단이 일선관료를 평가할 능력부족)가 있다고 보았다. 따라서 일선관료들은 정형화와 단순화 또는 고객의 요구를 원천적으로 줄이거나 수혜조건이나 절차를 까다롭게 하는 방법 등을 통하여 일선행정의 비효율성이 초래된다고 보았다.

7. 버만(Berman)의 정책집행의 유형

(1) 정형적 집행

1) 정형적 집행은 비교적 안정된 상황에서 요청되는 집행방법으로 집행기관의 구조는 계층제의 형태를 띤다. 따라서 정형적 집행은 정책이 요구하는 변화의 범위가 적고, 수립된 정책목표가 정당한 경우에 적용된다.

2) 정형적 집행은 정책집행자들이 설정된 목표를 충실히 구현하는 것으로 보기 때문에 집행자의 재량은 가능한 통제되며, 명확한 목표에 의거하여 사전에 수립된 집행계획에 따라 일사분란하게 이루어지는 집행을 말하며, 정형적 집행에서 평가의 목적은 수립된 정책목표를 얼마나 충실하게 달성했는가에 있다.

(2) 적응적 집행

1) 적응적 집행은 적응적 관점에서 집행현장의 중요성을 강조한다. 환경의 안정성이 낮고 정책목표와 수단을 둘러싼 갈등이 심하고 정책이 요구하는 변화의 범위가 광범위한 상황에서 요청되는 집행방법이다.

2) 불명확한 정책목표에 의거하여 다수의 참여자들이 협상과 타협을 통해 정책을 집행해 가는 것을 말하며, 집행자들이 현지 실정에 맞는 집행을 할 수 있도록 많은 재량을 인정하고, 정책집행과 관계되는 사람들의 적극적인 참여가 요구된다.

3) 적응적 집행에 관한 평가는 목표가 불분명하기 때문에 정책목표의 달성보다는 적응이 적절하게 이루어지는가에 초점을 두어야 한다.

8. 성공적인 정책집행을 위한 고려요인

성공적인 정책집행을 좌우하는 요인은 정책내용이 실현가능성이 있어야 한다. 즉 정책이 바람직스럽고(소망성), 정책내용이 기술적·재정적·정치적 측면에서 실현가능성이 있으면 성공가능성은 커진다. 또한 정책내용이 명확하고 일관성이 있어야 한다. 분배정책인 경우는 성공가능성이 높다. 그러나 규제정책이나 재분배정책인 경우에는 성공가능성이 희박하다. 사바티어(Sabatier)와 매즈매니언(Mazmanian) 등이 제시한 효과적인 정책집행을 위한 선행조건은 다음과 같다.[17]

---

17) 사바티어와 매즈매니언은 성공적인 정책집행을 위해서는 문제의 성격(대상집단의 규모가 작고, 요구되는

(1) 정책의 성격

1) 정책의 중요성과 문제 상황의 특성 : 정책이 중요하면 고위층의 주목을 받기 쉽고 이들의 강력한 지원을 얻어 정책집행이 용이하다. 그러나 정책문제와 그를 둘러싼 상황이 복잡하고 불확실성이 높으면 정책집행의 성공가능성이 낮다.

2) 행태의 다양성 : 일반적으로 변화시키려고 하는 대상집단의 행태가 다양할수록 효율적인 집행이 곤란하다. 그러므로 변화대상으로서의 행태는 단순할 때 집행이 용이하다. 또한 정책내용이 명확하고, 정책내용이 일관성이 있으면 정책집행은 성공가능성이 높다.

3) 대상집단의 규모 : 일반적으로 대상집단의 규모가 작고 격리되어 있으면 집행이 용이하다. 따라서 정책집행의 대상집단의 규모가 클수록 정책집행이 곤란하다.

4) 요구되는 행태변화의 정도 : 정책집행이 대상집단의 행태변화를 요구하는 범위가 넓고 그 정도가 심각할수록 많은 시간과 노력이 요구되므로 정책집행이 어려워질 수 있다.

5) 정책내용의 소망성 : 정책집행과정에서 관여하는 사람들이 사업계획의 내용을 바람직하게 인식하는 소망성이 높을수록 정책집행의 성공가능성이 높다.

(2) 내부적 요인

1) 재원 : 집행을 위한 재원이 충분하지 못한 경우에 정책을 효율적으로 집행될 수 없다. 정책의 효율적인 집행을 위해서는 충분한 재원이 마련되어야 한다.

2) 내부구조 : 정책은 기존행정기관을 통해서 집행되므로 해당 내부기관의 내부규정이 정책집행에 많은 영향을 미친다. 정상적인 상황하에서는 민주적 구조를 지닌 집행조직이 효과성이 높다. 그러나 신속한 집행이 요구되는 상황은 권위주의적 구조를 지닌 집행기관이 보다 효과적일 수 있다.

3) 집행담당자의 태도 : 정책집행자가 정책의 목표와 내용에 대해서 어떤 태도를 취하느냐가 집행의 성공을 좌우한다. 정책담당기관의 공무원들이 정책목표달성에 적극적이면 정책은 순조롭게 추진될 수 있다.

행태의 변화의 정도가 크지 않고, 대상집단 행태가 단순할수록 집행이 용이하고, 정책수단과 정책목표간의 인과관계가 성립), 법적요인(목표가 명확하고, 재원확보, 국외자의 공식적 참여가 널리 인정, 적극적인 행정인), 정치적 요인(대중매체 관심, 대중의 지지, 지배기관의 후원, 집행인의 적극성, 사회·경제·기술적 상황) 등이 영향을 미친다고 보았다.

4) 이해관계자의 참여정도 : 정책집행에 참여하고 있는 관련기관의 범위나 정도에 따라 정책집행이 영향을 받게 된다. 일반적으로 정책집행에 가능한 관련기관의 참여가 허용되고, 이들의 협조가 확보되면 집행은 용이하다. 그러나 지나치게 많은 사람의 참여는 집행을 어렵게 할 수도 있다.

(3) 외부적 요인

1) 관련 집단의 자원과 지원 : 정책집행시 해당 정책과 연계된 관련단체들이 정책집행이 적극성을 보이고 자원을 지원하면 정책집행이 용이하다.
2) 사회·경제적 여건 및 상황 : 사회·경제적 여건이 정책집행상의 우선순위에 영향을 미친다. 예를 들면 재정자립도의 차이는 두 지역 간의 다른 정책집행을 예상할 수 있다. 그러므로 정책에 대한 대상 집단 간의 경제적 능력이나 사회·문화적 수준의 차이가 있을 때는 동일한 정책이라도 지역에 따라 정책집행이 어려워질 수 있다.
3) 대중매체의 관심과 여론의 지지 : 대중매체와 국민의 여론이 정책에 얼마만큼 지속적으로 관심을 표명하느냐가 중요하다. 일반적으로 매스컴의 관심도가 깊고 지속적인 경우는 정책의 집행에 크게 기여할 수 있다.
4) 정책결정기관의 지지 : 대통령과 국회와 같은 정책결정기관은 정책집행에 중대한 영향을 미친다. 왜냐하면 정책집행에 필요한 자원의 배분권한이 있기 때문이다. 우리나라의 경우 대통령의 지원여부는 정책의 성공에 크게 영향을 미친다.

제 7 절   정책평가

1. 의   의

1) 정책평가란 정부가 설정한 목표를 사후적으로 판단하는 것이다. 즉 정책이나 사업계획의 집행결과, 의도된 정책목표를 달성하였는가, 정책문제는 해결되었는가, 파급효과는 가져왔는가를 분석하려는 활동을 말한다. 정책평가에서 정치인은 대응성과 체제유지를 강조하나 행정인은 능률성을 중시한다. 정책평가에서 조직내부(자체평가)의 평가는 평가의 전문성과 경험을 활용할 수 있으나 평가의 공정성 유지가 곤란하다. 한편

으로 조직외부에서 정책을 평가하는 경우는 중립적이고 객관적인 평가와 공정성은 유지되나 평가결과가 활용되지 않는 단점이 있다.

2) 정책평가는 일반적으로 정책개요 작성과 정책목표규명─평가성 사정(예비적인 평가기획)─기준의 설정─인과모형의 설정(정책효과에 관한 인과관계의 추론)─평가연구설계─자료수집·분석─평가의 환류의 과정을 거친다.

2. 정책평가의 목적

1) 정책평가는 정책담당자에게 정책결정과 집행과정에 필요한 정보를 제공한다. 즉 정책의 집행과정이나 정책집행 후의 결과를 검토하여 확보한 정보를 환류시킴으로써 정책운영과 방향을 개선하려는 것이다.

2) 정책담당자의 책임성을 확보하려는 것이다. 즉 정책이 법률에 합치되도록 집행했는지, 자금의 적절한 사용여부, 예정된 사람들에게 서비스가 전달되었는지 등을 확인할 수 있다.

3) 정책이 국민의 요구에 어느 정도 대응하고 있는가를 알 수 있으며, 목표가 얼마나 충족되었는가, 성공과 실패의 원인은 무엇인가를 구체적으로 제시해준다.

4) 정책평가를 통해서 학자들에게 새로운 지식을 얻는데 필요한 증거자료를 얻기 위해서 실시한다. 즉 정책평가를 통해서 사회현상에 대한 새로운 지식을 발전시키고 학문적 발전에도 기여하게 된다.

5) 정책평가는 정부의 정책이나 사업계획의 효과성과 능률성을 평가할 수 있다. 즉 정책평가를 통해서 정책의 계속 추진여부, 정책의 확대와 축소를 결정하는 데 도움을 준다.

6) 정책평가의 결과는 조직의 생존과도 직결되는 경우가 있다. 따라서 정책집행자는 평가가 가져올 불이익에 대한 두려움이 있다. 특히 행정의 경우 복수의 목표, 다원적인 목표가 많아 합리적이고 객관적 평가가 어려운 경우가 있다. 따라서 때로는 조직 및 기관의 전략적 수단으로 사용되는 경우이다. 예를 들면 평가대상 정책이 심각한 논란이 되는 경우에 관련 정책평가를 연기시켜서 대중의 관심이 사라지는 시기에 평가활동을 하는 경우가 있다. 또한 정책의 성공적이고 좋은 부분만 평가하는 경우와 책임회피 목적으로 인기 없는 정책에는 정책평가위원회에 외부인사를 참여시켜 정책을 합리화하려는 목적으로 평가하는 경우 등이 있다.

3. 정책평가의 유형

(1) 평가시기에 의한 분류

1) 형성평가(집행평가)

정책이 진행되는 도중이나 사업계획을 형성·개발하는 과정에서 이루어진 평가이다. 형성평가는 정책집행과정에서 나타나는 문제점들을 해결하고 사업계획 개선과 효율적인 집행전략을 수립하기 위한 것이다.

2) 총괄평가(사후평가)

총괄평가는 정책결과를 평가대상으로 한다. 즉 정책이 집행된 후에 그 정책이 의도했던 효과를 성취하였는가를 판단하는 활동이다. 총괄평가는 정책이 집행된 후에 사회에 미치는 영향을 확인하려는 사실판단적 활동으로 정책의 영향에는 정책효과뿐만 아니라 부수적 효과도 평가한다. 일반적으로 정책평가란 총괄평가를 의미하며 총괄적 평가는 효과성 평가, 능률성 평가, 공평성 평가 등으로 구분되기도 한다.

① 효과성 평가는 총괄평가의 가장 핵심적 작업으로 의도한 정책효과가 그 정책 때문에 효과가 있었는지를 알아보는 것이다. 효과성 평가의 목적은 정책의 부진 여부의 결정과 정책내용을 수정하는 데 필요한 정보를 제공한다.

② 능률성 평가는 주로 경제학자들이 중심이 되어 투입과 산출의 관계를 분석한다. 능률성 평가는 정책 효과뿐만 아니라 정책의 비용까지도 고려한다.

③ 공평성 평가는 사회집단간 또는 지역간의 배분이 공정한가의 여부를 평가하는 것이다.

(2) 평가의 목적에 따른 분류

1) 과정평가 : 평가의 대상이 집행과정인 평가로 다시 평가의 내용과 목적에 따라서 집행과정평가와 협의의 과정평가로 나누어진다.

① 집행과정평가 : 본래의 집행계획이나 설계에 따라 정책집행이 이루어졌는지를 확인하는 것을 의미한다. 즉 서비스가 정책대상집단에게 전달되었는지, 서비스가 시간 내에 전달되었는지, 법규 등이 잘 준수되었는지 등을 점검하여 문제점이 발견되면 시정하고 효율적인 집행전략을 수립하고자 하는데 있다. 집행과정 평가는 형성평가와 관계된다.

② 협의의 과정평가 : 정책효과가 어떠한 경로를 통하여 발생했는지를 밝히는 것으로

인과관계의 경로를 검증·확보하려는 평가이다.

2) 영향평가 : 정책이 집행된 후에 정책이 사후 미치는 영향을 평가하는 것이다. 영향평가
는 정책집행 완료 후에 정책이 의도한 방향으로 변화를 가져왔는지 여부를 평가하므로
총괄평가의 한 유형으로 보기도 한다. 다만 환경영향평가, 교통영향평가는 사업계획을
수립하고자 할 때에 그 사업의 시행이 환경에 미치는 영향을 미리 조사·예측·평가하
는 것으로 정책평가라기보다는 정책분석에 해당된다.

(3) 평가성 검토와 메타평가

1) 평가성 검토(시정) : 정책에 대한 본격적인 평가에 앞서 평가전략을 설계하는 것이다.
즉 평가전략이란 사업의 어떠한 부분을 평가해야 유용한 평가가 될 것인가를 결정하
기 위한 예비 평가로 기술적 가능성, 유용성 등을 조사하는 평가이다.

2) 메타평가(상위평가) : 평가결과를 다시 재확인하는 것이다. 즉 평가결과를 다양한 관
점에서 다시 평가하는 것으로 평가기획, 진행중인 평가, 완료된 평가를 일반적으로 상
급자나 외부전문가들에 의해서 이루어지는 것이 바람직하다.

4. 정책평가의 기준

1) 효과성 : 정책이 의도한 본래 목표를 어느 정도 달성하였는가를 파악하는 것이다. 효
과성은 결과에 초점을 두며 목표의 명확성이 요구되는 기준이다.

2) 능률성 : 적은 비용으로 산출의 극대화를 달성했는지의 여부를 의미한다. 즉 적은 투
입(input)으로 보다 많은 산출(output)을 의미한다.

3) 대응성 : 정책이 특정집단의 요구나 선호·가치를 만족시켜 주는 정도를 의미한다. 즉
국민이 정책에 의해서 어떠한 혜택을 받았으며 그 혜택이 수익자의 요구에 어느 정도
대응하고 있는가를 의미한다.

4) 형평성 : 형평성이란 비용과 편익이 상이한 집단간에 공정하게 배분되고 있는가에 대
한 기준을 의미한다.

5) 적정성 : 프로그램의 규모가 수요에 비추어 볼 때 알맞은 것이냐를 판단하는 기준으
로 문제의 해결 정도를 의미한다. 적정성은 문제의 해결을 위한 수단의 충분성을 의
미하며, 적절성의 하위개념이다.

6) 적합성(적절성) : 정책목표들 자체가 가치가 있고 사회적으로 바람직하며 목표에 내재

　　된 가정들이 방어능력을 갖추고 있느냐를 나타낸다.

　7) 체제유지도 : 정책이 국가체제유지와 발전에 기여한 정도를 의미하며 정책집행의 종
　　합적 지표로 활용된다.

5. 정책평가의 타당도

(1) 의　　의

　　평가의 타당도란 정책의 효과를 얼마나 진실에 가깝게 추론해 내느냐의 정도를 말한다. 타당도는 쿡(Cook)와 캠벨(Cambel)l의 분류에 따라 내적 타당도, 외적 타당도, 구성적 타당도, 결론 타당도 등으로 분류한다.

1) 내적 타당도

　　내적 타당도란 어떤 특정한 상황에서 정책이 집행된 후에 변화가 일어났을 때 변화가 정책 때문에 발생했는지 아니면 다른 요인에 의해서 발생했는지를 명백히 하게 되면 정책평가의 내적 타당도를 알 수 있게 된다. 따라서 내적 타당도는 정책수단과 정책효과 사이의 인과관계를 정확하게 파악할 수 있다. 즉 효과가 다른 외생변수가 아닌 조작화된 처리(원인변수)에 기인한 것으로 볼 수 있다. 내적타당도는 정책평가시에 1차적으로 확보해야 할 타당도이다.

　　원인(독립변수)란 정책효과를 가져오게 하는 요인이 되는 변수를 말하며, 결과변수(종속변수)란 독립변수에 의해서 나타난 효과와 관련된 변수를 말한다. 일반적으로 인과적 추론을 어렵게 만드는 제3의 변수는 허위변수와 혼란변수가 있다. 허위변수란 원인변수와 결과변수 사이에 전혀 관계가 없는데도 제3의 변수가 영향을 미쳐서 마치 두 변수 사이에 관계가 있는 것처럼 보이게 하는 것이다. 허위변수는 정책평가자가 가장 주의해야할 변수로 허위변수 제거 시에 정책효과가 사라진다. 즉 A와 B사에 전혀 관계가 없는데도 마치 관계가 있는 듯 보이는 경우에 두 변수관계를 허위상관이라 하며 허위상관을 유발하는 제3의 변수를 허위변수라 한다. 혼란변수란 원인변수와 결과변수 사이에 제3의 변수가 부분적으로 영향을 미쳐 두 변수 사이의 인과관계의 파악에 혼란을 주는 경우를 말한다. 그러므로 혼란변수는 두 변수 사이에 관계가 있지만 관계크기를 관대 또는 과소평가 하는 변수이다. 따라서 혼란변수 제거 시에 정책효과의 크기 변화가 발생한다. 내적 타당도의 저해요인은 다음과 같다.

① 선정요소 : 정책실시 전에 이미 차이가 있는 두 비교집단을 선정함으로써 평가결과의 타당성이 문제시되는 경우로 외재적 요인에 의해서 발생한다.

② 성숙요소(성장효과) : 정책 실시 기간 동안의 시간의 경과로 인해 발생하는 대상 집단의 자연스러운 변화를 말한다. 이때 사후 테스트에서 그 집단의 평균점수가 영향을 받을 수 있다.

③ 역사적 요소(사건효과) : 실험기간 동안에 일어나는 역사적 사건이 실험에 영향을 미치는 것으로 실험기간이 길수록 사건효과는 커진다.

④ 상실요소 : 조사기간 중에 실험집단과 비교집단의 구성원들이 불균등하게 빠져나감으로써 인과적 추론의 타당성이 저해되는 경우를 말한다.

⑤ 회귀인공요소 : 일반적으로 불완전하게 측정된 사전측정에서 특별히 높거나 낮은 점수를 받은 사람은 사후측정에서 평균치에 가까운 점수를 받을 가능성이 높게 나타난다. 즉 실험전의 측정결과를 토대로 집단을 구성하면 평소와는 다른 결과를 얻는 사람이 선발되는 수가 있다. 이러한 사람들은 실험이 진행되는 동안에 자신의 위치로 돌아간다. 따라서 이러한 현상은 실험에 영향을 미칠 수 있다.

⑥ 측정요소(시험요소) : 조사 전에 대상 집단이 유사한 검사를 경험한 경우가 있으면 사전검사가 조사대상에 영향을 미쳐 사후검사에 영향을 미친다고 보는 것이다.

⑦ 측정수단의 변화(도구요인) : 사전검사와 사후검사의 측정기준이 달라지거나 측정수단이 변화함에 따라 측정값이 왜곡되는 경우를 말한다.

⑧ 선발과 성숙의 상호작용 : 실험집단과 비교집단에 선발된 개인들이 최초에도 다를 뿐만 아니라 성장의 비율도 달라 내적 타당도를 저해할 수 있다.

⑨ 오염효과 : 통제집단의 구성원이 실험집단 구성원의 행동을 모방하는 오염 또는 확산효과로 모방이나 정책의 누출 등이 해당된다.

2) 외적 타당도

외적 타당도란 특정상황하에서 내적 타당도를 확보한 정책평가가 그 상황 외에서도 그대로 적용될 수 있는가를 말한다. 따라서 조사의 결론을 다른 모집단에 어느 정도 일반화할 수 있어야 한다. 즉 정책이 다른 상황에서도 실험에서 발견된 효과들이 그대로 나타날 수 있는지를 의미한다. 외적 타당도를 저해하는 요인을 보면 다음과 같다.

① 다수적 처리에 의한 간섭 : 한 집단에만 여러 번의 실험적 처리의 시행으로 대상자가 익숙해져 영향을 미칠 수 있다. 이는 실험결과를 일반화하기가 곤란하다.

② 표본의 대표성이 부족한 경우 : 양 집단 간의 동질성이 있다하더라도 사회적 대표성이 없는 경우 일반화가 곤란하다.

③ 실험조작과 측정의 상호작용 : 사전측정을 받아본 적이 있는 실험대상자들에게 나온 결과를 사전측정을 받아본 적이 없는 모집단에는 일반화하여 적용하기가 곤란하다는 것이다.

④ 크리밍효과 : 효과가 크게 나타날 사람만을 실험대상에 배정한 경우에 일반화가 곤란하다. 즉 조건이 양호한 대상만을 실험한 경우에 그 결과를 다른 상황에 적용하려는 외적타당도의 문제가 발생할 수 있다는 것이다.

⑤ 호오손효과 : 구성원이 실험대상이라는 심리적 요인으로 평소와는 다른 행동을 보이는 현상이다. 실험조작의 반응 효과라고도 한다.

3) 구성타당도

개념적 타당도라 부르기도 하며 처리, 결과, 모집단 및 상황들에 대한 이론적 구성요소들이 성공적으로 조작화(측정 가능하게 변환 시키는 것)된 정도를 말한다. 따라서 평가에 이용된 구성개념과 이를 측정하는 평가수단 간에 일치하는 정도를 의미한다.

4) 통계적 결론타당도

정책실시와 영향과의 관계에서 관련이 있는 경우에 있다고 하고 없을 때 없다고 결론을 내리면 결론은 타당성이 있는 것이다. 결론타당도란 정책실시와 영향의 관계에서 정확도를 의미한다. 통계적 의사결정의 정확성(타당성)은 1종 오류와 2종 오류의 발생을 방지할 수 있다.

6. 정책평가의 신뢰도

1) 의의 : 정책평가의 신뢰도란 평가결과가 믿을 만한가를 의미한다. 신뢰도는 동일한 측정도구를 반복해서 사용했을 때 동일한 결과를 얻을 확률을 나타내는 것을 의미한다. 신뢰도는 타당성의 필요조건이다. 어떤 측정이 타당성이 높다면 그 측정의 신뢰도는 높다.

2) 특징 : 신뢰도는 정책을 측정하거나 평가한 도구가 그와 유사한 다른 현상을 되풀이하여 측정·평가했을 때 결과가 일관성 있게 나타나는 것을 의미한다. 일반적으로 정

책의 신뢰도가 낮으면 누구의 관심도 받을 수가 없다. 일반적으로 정책평가에서 신뢰도를 떨어뜨리는 요인들을 살펴보면 정책평가 대상자의 태도, 상황적 요소, 측정도구, 관찰자의 영향 등이다.

7. 정책평가의 방법

(1) 비실험적 방법

1) 의의 : 비실험적 방법은 실험적 방법과는 달리 비교집단(통제집단)이 없이 실험집단에만 정책을 처리하여 정책효과의 여부를 판단하는 것이다. 그러나 편의상 일종의 비교집단을 사후적으로 설정하는 경우도 있다.

2) 비실험의 종류는 단일집단 사후측정설계와 단일집단 사전·사후측정설계가 있다. 단일집단 사전·사후측정설계는 정책실시 전후 비교방법은 하나의 정책대상집단에 대하여 정책을 실시하기 전의 상태와 정책을 실시한 후의 상태를 단순히 비교하여 정책효과를 추정하는 방법이며, 단일집단 사후측정설계는 다른 집단을 정책집행 후에 찾아내어 비교하는 것이다.
   - 단일집단 사후측정설계 : 실험집단만을 대상으로 정책효과추정
   - 단일집단 사전·사후측정설계 : 실험집단만을 대상으로 정책의 시행 전과 시행 후를 측정하여 효과를 추정

3) 비실험은 사건효과·성숙효과 등으로 내적 타당도가 낮으나 외적 타당도와 실현가능성은 상대적으로 높아 대다수 정책평가에서 많이 활용되고 있다.

(2) 실험적 방법

실험의 기본논리는 실험대상을 실험집단과 비교집단으로 나누어서 실험집단에게는 일정한 정책처리를 실시하고 통제집단은 정책처리를 않는 상태에서 일정한 시간이 지난 후에 양집단의 결과의 차이를 정책효과로 판단하는 것이다.

1) 진실험

① 진실험이란 실험집단과 통제집단의 동질성을 확보하여 두 집단을 사전에 구분하고 실험집단에만 정책을 실시하여 일정시간이 지난 후 양집단에 나타난 결과의 차이를 설명하는 것이다.

② 진실험은 실험집단과 통제집단의 동질성의 확보로 내적 타당성이 비교적 높다. 왜냐 하면 성숙효과나 사건효과가 발생하지 않기 때문이다. 그러나 내적 타당도를 위협하는 요인으로 모방효과, 정책내용의 유출, 체제의 변화로 인한 영향 등이다. 모방효과란 정책효과로 실험집단 구성원이 형태변화가 있을 때 통제집단 구성원이 모방하는 경우이며 정책내용의 유출이란 실험집단에 제공되는 정책내용이 통제집단에 제공되므로 정책효과의 추정에 오류가 발생하는 경우이다. 이러한 경우 해결방법은 두 집단 구성원들의 상호접촉으로 발생하므로 대상집단들이 상호접촉을 못하도록 두 집단을 구성하는 것이다.

③ 진실험은 외적 타당도는 낮다. 이유는 실험집단의 자신이 실험대상으로 타인에 의해 관찰되고 있다는 사실을 알게 됨으로써 평소와는 다른 행동을 보인다. 이를 호손효과라 한다. 이러한 평가결과를 일상적인 상황에도 일반화시키기는 곤란한 점이 최대약점이다.

④ 진실험은 실행가능성이 희박하다는 점이다. 즉 두 집단을 무작위로 나누어서 하나의 집단에만 정책을 실험하는 것이 도덕적·정치적으로 불가능한 경우가 있다. 이러한 이유로 진실험은 이상적이나 현실적으로 많이 사용되지 못한다.

2) 준실험

① 실험집단과 통제집단의 구성에서 동질성을 확보하지 않고 정책효과를 평가하는 방법이다. 일반적으로 준실험은 비교집단이 실험집단과 비동질적이라는 점에서 진실험과 차이가 있으며 또한 비교집단을 사전에 확보하여 실험을 하는 것이 사후에 비교집단을 찾아내는 비실험과 구별된다.

② 준실험의 방법으로 비동질적 비교집단의 설계, 사후측정 비교집단설계, 회귀불연속설계, 단절적 시계열 분석 등이 있다.

③ 준실험은 실험집단과 통제집단의 비동질성으로 인해서 성숙효과·선정효과·사건효과 등이 달라 상대적으로 내적 타당도는 낮다.

④ 준실험은 외적 타당도와 실행가능성은 높다. 즉 준실험은 자연상태에서 실험을 실시하므로 실험대상자들은 실험대상임을 잘 모르게 되어 외적 타당도가 높다.

3) 진실험과 준실험의 비교

진실험이 내적 타당도가 상대적으로 높으며 외적 타당도와 실행가능성은 준실험이 약간 우수하다.

8. 정책평가의 한계

1) 방법론상의 장애 : 정책평가에 있어서 방법론상 서로 다른 접근법을 사용하게 되면 성과의 평가에 영향을 미친다. 방법론상 비판으로는 기본철학에 대한 불일치, 제시된 방법론의 유용성에 대한 불일치, 제시된 방법론의 적용성에 대한 불일치 등이다.

2) 유용화 과정에서 평가자의 역할인지 : 평가자가 학자인 경우 실제 문제에 대한 답변보다 전문직업적인 성격과 학문적인 것에 더 치우친 경향이 있다.

3) 공식적 저항 : 일반적으로 조직은 변화저항적이다. 조직 내의 관료들은 자신의 지위유지를 위해서 평가연구를 기피하고 자료의 접근을 봉쇄한다.

4) 정책목표의 불확실성 : 정책목표가 애매한 경우 정책목표를 객관적으로 파악하기 어렵다.

5) 정책영향의 확산 : 정책은 구체적으로 지정된 대상집단 외에 다른 집단에도 영향을 미쳐 상호관련성이 존재하므로 정책의 효과를 정확히 판단하기가 곤란하다.

6) 정책평가에 필요한 인적·물적자원 부족 : 평가에 필요한 정보, 자금, 인원이 부족하면 정책효과의 심층적이고 체계적인 인과관계의 분석이 곤란하다.

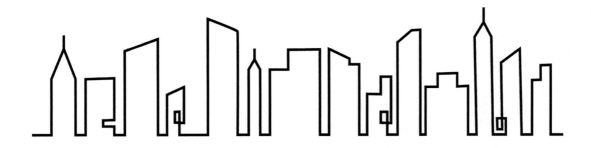

INTRODUCTION TO PUBLIC ADMINISTRATION

제3편

조 직 론

제 1 장   조직이론

제 1 절   조직의 의의

1. 조직의 개념

조직이란 어떤 특정한 목적을 달성하기 위해서 여러 개체나 요소를 모아 체계 있는 집단을 이루고 있는 것을 말한다. 또한 조직은 인간의 집합체로서 공식화된 구조와 과정을 포함한다. 조직은 그 자체의 목표를 가진다. 목표가 없는 조직은 존재할 수가 없다. 일반적으로 대규모 조직일수록 복수의 목표를 가진다. 조직은 두 사람 이상이 모여서 이루어지는 사회적 단위이다. 그러므로 조직은 사람들의 상호작용에 의해서 역할분담이 이루어지고 각자가 분업관계에 있으면서 상호협조하는 유기적 관계가 있다.

대부분의 인간들은 조직과 관계를 맺고 살아간다. 인간은 조직을 떠나서 인간의 삶을 영위하는 것은 불가능하다. 인간들은 개인적 목적을 달성하기 위해서 조직을 수단으로 한다. 조직속에서 개인은 배우면서 성장하고 자신의 원하는 목적을 달성하기도 한다. 따라서 현대사회는 조직사회이며 개인의 생활이 조직의 영향을 받는다. 왜냐하면 효과적인 조직관리는 조직구성원들의 의욕과 보람을 갖게 한다.

베버는 조직을 특정한 목적을 가지고 그 목적을 달성하기 위해 구성원 간에 상호작용하는 인간들의 협동집단이라고 정의하였다.

2. 조직의 특성

1) 조직은 달성하고자 하는 특정한 목표 내지 목적을 가진다. 행정조직이 추구하는 목표는 대개 복수이며 종류도 여러 가지이다. 조직은 환경과 영향을 주고받는 상호작용을 하며 조직은 경계가 있다. 따라서 조직은 환경에 영향을 주기도 하고 환경의 영향을 받기도 한다. 조직은 경계를 가지므로 다른 조직이나 환경과 구분될 수 있다.

2) 조직은 사회체제속의 한 부분체제이고 자체 내의 여러 하위체제로 구성되며 조직은 시대에 따라 변화한다. 행정조직은 환경의 변화에 적절히 대응하기 위한 전략을 수립하고 환경의 변화에 따라 조직의 설계도 달라진다.

3. 조직이론의 계보

왈도(Waldo)의 이론을 중심으로 조직이론을 고전적 조직이론, 신고전적 조직이론, 현대적 조직이론으로 나누어 설명할 수 있다.

(1) 고전적 조직이론

1) 의의

고전적 조직이론은 과학적 관리법의 영향아래 성립·발전되었다. 이 시기는 산업혁명의 영향으로 조직의 생산성을 높이기 위한 연구가 활발히 진행되었고 경제적 자유주의와 개인주의가 팽배하여 자유경쟁과 합리주의가 강조되었다. 고전적 조직이론은 안정된 환경속에서 조직이 정해진 목표를 달성하기 위해서 업무를 배분하고 분담된 업무에 권한과 책임·의무사항을 명확히 하는 과정을 중시하였다. 이 시기는 조직을 가장 합리적으로 편성하고 능률적으로 관리하는 방안 등을 강조한다.

고전적 이론의 학파는 테일러(Taylor)의 과학적 관리학파, 최고관리자의 기능으로서 POSDCORB와 조직의 원리를 제시한 굴릭(L. Gulick), 윌슨(W. Wilson)의 행정관리학파, 합법적 관료제의 이념을 제시한 베버(M. Weber)의 관료제이론과 관련된다.

2) 특징

① 고전적 이론은 조직의 공식적인 구조와 과정을 중심으로 설명하고 있다. 즉 조직은 공식적 계획에 의해서 성립되고 계획에 따라 운영된다고 보았다.

② 조직을 둘러싼 외부환경이 복잡하지 않고 영향도 적어 조직을 환경과 상호작용이 없는 폐쇄체제로 인식하였다.

③ 인간을 X이론으로 인식하였고 인간을 타산적인 존재로 보았다. 즉 고전적 조직이론은 조직과 인간이 합리적, 경제적 원리에 따라 행동한다고 보았다. 그러므로 인간의 동기유발이 경제적인 요인이다.

④ 조직의 최고 가치로 경제적 능률성을 강조하였다. 즉 조직의 능률향상을 위해서 투입을 산출로 전환시키는 과정에서 비용의 최소화를 강조하였다.

⑤ 고전적 조직이론은 정치행정이원론의 입장으로 행정을 정책집행과정으로 인식하여 가치·목적·이상보다는 관리·수단·현실을 강조하였다. 따라서 고전적 조직이론은 인간의 사회적 성격을 무시하였다.

(2) 신고전적 조직이론

1) 의의
과학적 관리론의 문제점을 파악하고 개선책을 강구하기 위해서 호손실험이 행해지고 호손실험의 결론을 중심으로 조직이나 인간관리가 이루어졌다. 이것이 인간관계론을 중심으로 한 신고전적 조직이론이다.

2) 특징
① 신고전적 이론은 조직 내의 비공식관계와 조직참여자의 사회적·심리적 측면을 강조하여 사회적 능률을 새로운 가치기준으로 삼았다. 이 시기는 인간의 동기유발이 경제적 요인보다는 조직구성원의 만족도를 중요시하였다.

② 조직과 환경과의 상호관계를 중요시하여 환경유관론적 입장이다. 다만 신고전적 조직이론은 개방체제모형에 부합된다고 볼 수 없다. 왜냐하면 조직내부의 비공식적 요인을 강조하였고 환경과 관계가 있다는 점을 시사하는 정도였다.

③ 조직의 목표달성도가 구성원의 시기에 의해서 크게 영향을 받는다고 보아 사기앙양요인인 비공식집단의 중요성을 강조하였다.

(3) 현대적 조직이론

1) 의의
현대적 이론은 1950년대 후반부터 시작된 이론으로 환경을 조직의 주요한 변수로 인식하고 조직과 환경 간의 관계의 상호작용을 강조하였다.

2) 특징

① 현대적 조직이론은 다양한 학문적 배경을 공유하고 여러 이론의 영향을 받고 발전되어 왔다. 조직을 복잡한 체계로 인식하여 획일화를 배제하고 가치의 다원화와 행정현상의 다양성을 강조함으로써 상황에 따라 대안이 달라질 수 있다고 보았다.

② 현대이론은 비교의 연구사례를 포함한 실증적 연구가 상대적으로 넓어지고 있다. 또한 조직의 외부환경은 복잡하고 다양하므로 이에 적절한 대응책을 마련해야 한다. 조직의 변동·갈등의 순기능을 인정하고 조직발전을 중시했다. 따라서 팀조직·행렬조직 등의 유기적 조직을 중요시한다.

③ 현대적이론은 인간을 복잡인으로 인식한다. 해당된 이론은 체제이론, 상황론, 조직동태화, 조직군생태론, 자원의존론 등이다.

제 2 절 조직과 환경

1. 환경에 대한 조직의 대응전략

스콧(Scott)는 환경에 대한 조직의 대응전략으로 완충전략과 연결전략을 제시하였다. 완충전략으로 분류, 비축, 예측, 성장, 형평화 등을 설명하였으며 연결전략으로는 권위주의, 경쟁, 계약, 합병 등을 설명하였다. 완충전략이란 조직을 보호하기 위해서다. 그러나 완충전략은 조직의 생존능력을 신장시켜주지만 조직의 취약성을 근본적으로 해결하지는 못한다. 그렇지만 연결전략은 조직간의 연결을 통하여 환경을 구성하는 외부집단과의 관계를 자신이 원하는 방향으로 재편성하는 것을 말한다.

(1) 완충전략

1) 분류 : 환경의 요구가 조직으로 투입되기 전에 시급성을 파악하여 이를 분류하고 적합한 부서를 결정하는 것을 말한다.

2) 비축 : 공급이나 가격이 불확실한 경우에 대비하여 산출량을 계획적으로 통제하는 것

을 말한다. 예를 들면 곡물을 비축하는 경우이다.

3) 형평화 : 수요발생자체를 통제하는 것으로 비축보다 더 적극적으로 환경의 변이성을 억제하는 것이다.

4) 예측 : 자원공급이나 수요의 변화를 예견하고 그에 적응하는 것을 말한다.

5) 성장 : 조직이 기술적 핵심을 강화하여 조직을 튼튼하게 하여 외부환경의 변화에 강력한 권력과 수완을 갖는 것을 말한다.

(2) 연결전략

1) 권위주의 : 중심조직이 지배적인 위치를 차지하여 외부조직이 필요로 하는 자원이나 정보를 통제할 수 있는 위치에 놓이게 될 경우를 말한다.

2) 경쟁 : 조직은 경쟁을 통하여 조직의 능력과 서비스의 질을 향상시킬 수 있다. 국공립 의료기관을 민영화하는 경우이다.

3) 계약 : 두 조직 간에 공식적 또는 비공식적으로 자원교환을 협상하여 합의하는 것이다. 정부조직이 사무를 민간단체에 위탁하는 계약을 체결하는 것이 그 예가 된다.

4) 합병 : 여러 조직이 자원을 통합하고 연대하는 것을 말한다.

2. 조직이론의 일반적 분류

스콧(Scott)은 조직이론을 환경적 요인의 고려(폐쇄와 개방)와 구성원 행태에 대한 가정(합리와 자연)을 기준으로 4가지로 분류했다.

(1) 폐쇄적 · 합리적 조직이론

1) 조직은 외부환경과 단절된 폐쇄체제로 간주되고, 테일러의 과학적 관리론, 베버의 고전적 관료제 등과 관계가 깊다.

2) 시대적으로 1900년부터 1930년대까지의 이론으로 조직의 구조가 조직구성원의 행태를 통제할 수 있다는 점을 강조하여 조직구성원들이 합리적으로 사고하고 행동하는 것으로 간주된다. 다만 조직 내의 불확실성과 환경적 요인을 간과하고 공식적 요인의 연구에 집착한 점, 인간을 합리적 · 경제적 존재로서 파악한 점, 조직과 조직구성원을 기계적 존재로 간주했다는 점 등이 비판의 대상이 된다.

(2) 폐쇄적 · 자연적 조직이론

1) 조직을 외부환경과 단절된 폐쇄체제로 보면서 조직구성원들은 합리적이 아닌 자연적 관점으로 보는 것으로 조직구성원의 사회적 욕구가 어느 정도로 충족되었는가 하는 사회적 능률을 중요시했다.

2) 시대적으로 1930년부터 1960년까지의 이론으로 인간관계론, 환경유관론, 맥그리거의 XY이론 등이 해당된다. 이 이론을 조직과 인간을 민주적이고 참여적인 관리방식과 개방적인 의사전달체계를 사용하여 조직구성원의 사회적 · 심리적 욕구를 충족시켜야 한다고 주장했다. 다만 환경적 측면을 무시하고 비공식적 측면만을 강조했다는 단점이 있다.

(3) 개방적 · 합리적 조직이론

1) 조직환경의 중요성을 강조하지만 조직이나 인간의 합리성 추구를 다시 강조하는 이론이다. 즉 조직을 둘러싼 환경변수를 본격적으로 고려하기 시작했다. 그러나 조직환경을 이론에 반영하기 시작했다는 것은 이론적 발전을 가져왔으나, 조직과 구성원을 다시 합리적 존재로 간주했다고 볼 수 있다.

2) 시대적으로 1960년대부터 1970년대의 체제이론과 구조적 상황이론 등과 관계된다. 개방적 · 합리적이론은 환경에 적합한 조직구조설계에 초점을 두고 있다. 다만 조직의 전략적 선택의 중요성과 구성원의 사회성을 미고려했다는 비판을 받고 있다.

(4) 개방적 · 자연적 조직이론

1) 시대적으로 1970년대 이후의 이론으로 쓰레기통모형, 자원선택이론, 혼돈이론 등이 해당된다.

2) 개방적 · 자연적 조직이론은 조직환경의 중요성을 강조하면서 조직의 목표달성보다는 생존을 중시하고 조직 속의 비공식성 · 비합리적 측면을 다루고 있다. 다만 처방적 측면의 연구가 부족했다는 비판을 받는다. 이 이론은 조직의 자기조직화와 학습을 중요시 했다. 혼돈이론은 불규칙한 무질서현상의 배후에 감추어져 있는 규칙성을 찾는 이론적 접근이다. 자기조직화란 시스템의 구조가 외부로부터의 압력과 관계없이 스스로 혁신적인 방법으로 조직을 꾸려나가는 것을 말한다.

3. 거시조직이론

1970년대 이후 발달된 거시조직이론은 결정론적 정향과 임의론으로 나누어 볼 수 있다. 결정론적 정향은 개인이나 조직의 행동은 환경의 구조적 제약에 결정되고 수동적으로 반응한다고 본다. 임의론은 개인과 조직은 자율적으로 환경에 대해 행동한다고 본다.

(1) 결정론적 입장의 이론

1) 조직군생태학이론

① 조직의 변동이 외부환경의 선택에 의해서 좌우한다고 보며 환경의 절대성을 강조하는 극단적인 환경이론이다. 조직군생태론은 환경이 조직생존에 결정적 의미를 갖는다고 본다.

② 조직은 환경에 잘 적응하는 방향으로 변화해 나가며 환경에 잘 적응하지 못하는 조직은 존속할 수 없다고 보았다. 따라서 조직군 생태학은 자연선택이나 적자생존의 생물학적 개념을 인간조직군에 적용시키고 있다.

③ 조직을 수동적·소극적 존재로 파악하고 조직의 변동이 환경에 좌우된다고 보아 조직의 전략적 선택을 도외시한다.

④ 조직군 생태학은 어떤 개별조직의 운명은 그 조직 자체의 적응능력이나 의지보다는 조직이 속한 조직군의 운명에 달려 있다고 본다. 그러므로 조직을 개별적으로 이해하지 않고 개별조직군의 집합체로 정의된다.

2) 구조적 상황론

① 상황론은 행정원리론에서 추구한 보편적인 조직 원리를 비판하면서 등장한 이론으로 환경의 변화에 따라서 조직설계가 달라질 수 있다고 보아 조직구조와 조직의 효과성은 상황, 즉 규모·기술·전략·환경 등에 따라 다르다고 보고 조직의 효과성에 미치는 상황의 요인을 규명하였다.

② 상황이론 또는 상황적응모형은 조직을 환경에 대응하려는 존재라고 본다. 따라서 조직이 처한 상황이 다르면 상이한 조직형태가 적합하다고 본다.

③ 조직이 환경과 상호작용에 유효성을 가지기 위해서는 환경조건에 적합한 방식은 최선 유일방식이 아니라 환경의 변화에 적절히 적응함으로써 조직은 생존할 수 있다고 보았다. 이러한 논리는 상황변수에 따라 조직을 적합하게 설계하면 조직성과가 높아진

다고 보았다.

④ 상황이론은 조직 내의 개인과 집단행위가 아닌 조직의 구조적 특성과 기능에 관심을 가지며 개별적이고 1대 1의 경우에 의한 주장을 경험적 검증에 의해서 정립한 확률적 이론이다. 즉 상황이론은 경험적 자료의 수집과 체계적 검증에 의한 객관적 법칙을 강조한다. 상황이론은 상황에 따라 유효하고 적합한 방안을 강구할 수밖에 없다고 보아 최선의 방법을 부인한다. 따라서 상황론은 흑백론과 선악론 등 이원적 세계관을 부인한다.

3) 주인-대리인이론

① 인간관계론은 조직과 개인이 모두 승리한다고 가정한다. 즉 개인은 자신의 이익을 위하나 속이는 것을 전제로 하지 않는다. 그러나 대리이론에서는 인간은 기회주의적 속성으로 불이익을 줄 수 있다고 지적하고 있다. 대리이론에서는 주인과 대리인의 이해관계가 상충되는 경우가 많다. 현대사회는 주인이 업무를 대리인과 계약을 체결하고 업무의 위임을 받은 대리인이 주인이 원하는 대로 임무를 수행해야지만 대리인은 주인의 이익보다는 자신의 이익극대화를 추구한다. 왜냐하면 주인은 대리인이 알고 있는 정보를 알고 있지 못하며 대리인의 행동을 일일이 관찰할 수 없기 때문이다.

② 대리인이론에서는 주인은 정확한 정보가 없으므로 역선택과 도적적 해이(moral hazard)가 발생할 수 있다. 그렇다고 주인이 대리인을 일일이 감시할 수도 없다. 그래서 문제는 어떻게 대리인이 자신의 이익보다는 주인의 이익을 위해서 일하게 만드는가 하는 것이다. 주인이 대리인을 통제하기 위한 방법들로 성과급이나 유인책을 사용할 수 있다. 그러나 성과급은 기업성이 강조되고 공공성을 소홀히 할 수 있다. 주인과 대리인의 이익을 일치시키는 방법은 정보를 공개하여 주인이 대리인의 업무를 알 수 있도록 해야 한다.

4) 거래비용이론

① 거래비용은 대리인 이론을 기반으로 발전된 이론으로 조직은 재화와 용역의 거래비용을 줄이기 위해서 만들어 놓은 장치라고 보았다. 거래비용은 경제적 접근방법이다. 조직경제학은 인간의 기회주의적 속성으로 거래관계에서 자기이익을 추구하기 위해서 사기성을 띠거나 헛된 약속을 한다. 오늘날의 시장은 완전경쟁을 전제로 할 수 없는 정보의 불완전상태에 있다. 또한 거래에 있어서 거래당사자의 숫자가 소수로 제한되는

경우에 거래당사자는 자기에게 유리한 조건을 고집하여 거래비용과 기회주의적 거래로 인한 간접손실이 발생한다. 따라서 거래비용을 줄이려는 시도로 조직이 필요하다.

② 거래비용은 환경적 불확실성이 존재하는 상황을 배경으로 한다. 환경이 복잡해지고 불확실성이 높은 환경 속에서 거래상대방들의 합리성은 제약된다. 그러므로 조직이 거래를 관리하고 정보흐름을 다루는 능력이 우수하다. 거래비용에서는 조직의 계층제적 구조가 시장의 실패상황에서 이익을 얻게 하는 수단이다.

③ 윌리엄슨(Williamson)은 거래비용이 관료제적 조정비용보다 크면 거래비용의 최소화를 위해서 조직화(대규모조직)가 효과적이라 주장하였다. 따라서 윌리엄슨은 대규모조직의 발생이유를 비용최소화로 설명하고 있다. 한편으로 윌리엄슨은 M형 구조와 U형 구조를 통해서 거래비용을 설명하면서 M형이 보다 효율적이라고 보았다. M형 조직은 제품과 서비스를 사업단위로 하여 각기 독자적인 생산과 판매하는 기능을 갖춘 사업부제조직모형이며, U형 조직은 유사한 활동을 집단화하는 기능별 부서화조직이다.

5) 제도화이론

① 조직이 환경의 영향을 강하게 받는 개방체제이지만 조직에 가장 결정적으로 작용하는 요인은 예전부터 전해오는 습관에 부합되도록 하는 사회적·문화적 압력의 결과이다. 조직이 유사한 조직들로 형성되는 장(場)에 존재하며 시간이 경과할수록 동질성을 띠게 되며, 사회적 기대와 가치에 적합한 조직이 생존한다고 보았다.

② 조직은 다른 조직과의 구조적인 유사성을 통하여 생존을 모색한다. 이러한 점에서 조직군 생태론이 적자생존의 원리를 강조하나 제도화이론은 유자생존(類者生存, survival of the similar)을 강조한다.

③ 제도화이론에서는 조직을 독립변수로 본다. 그러므로 경제학에서 보는 합리적 행위자모형의 가설을 배격한다. 즉 조직을 구성하는 개인은 의사결정을 함에 있어서 유사한 상황에 직면한 다른 사람의 경험 또는 기준에 따라 방향을 모색한다고 본다.

④ 제도화이론은 조직의 합리성과 효율성보다는 사회규범적 환경에 순응함으로써 정당성을 확보하는 것이 조직생존의 기초가 된다고 본다. 예를 들면 어떤 조직이 복지와 문화의 예산이 빈약한데도 불구하고 복지와 문화를 담당하는 기구와 조직을 두고 있는 경우이다. 이렇게 함으로써 조직다워 보일 수 있다는 것이다. 제도화이론은 조직의 절대적 합리성을 추구하지 않는다는 점에서 쓰레기통모형과 궤를 같이 하고 있으며, 조직이 환경에 적응해야만 생존할 수 있다는 점과 적응능력이 있다는 점에서 상황이

론과 유사하다. 상황이론은 환경의 비능률을 지양하나, 제도화이론에서의 환경은 그 자체모순과 비능률이 있다는 점에서 차이가 있다.

(2) 임의론 입장의 이론

1) 전략적 선택이론

조직의 생존과 발전을 좌우하는 것은 환경이 아니라 재량권이 부여된 관료들의 자율적 판단이라고 보았다. 전략적 선택이론은 목적달성에 조직구조가 중요하다는 것을 인정하는 점에서 상황론과 유사하나 조직구조가 관리자가 선택한 전략에 따라 결정된다는 점에서 차이가 있다.

2) 자원의존이론

① 자원의존이론은 어떠한 조직도 필요로 하는 다양한 모든 자원을 획득할 수 없다는 것을 전제로 하면서 조직이 환경적 요인을 피동적으로 받아들이지 않고 스스로의 이익을 위하여 환경에 적극적으로 대처한다. 자원의존이론은 조직이 환경에 영향을 받는다는 점에서 상황론과 유사하나, 환경을 변화시킬 수 있다고 하는 점에서 차이가 있다.

② 자원의존이론의 최종목표는 조직의 유효성을 증대시키는 것이다. 이를 위해서는 조직의 환경에 대한 의존도와 불확실성을 감소시키는 것이 필요하다고 본다. 그러므로 조직은 가급적 환경에의 의존정도를 변화시키려고 노력한다.

③ 전략적 선택이론은 일반적인 환경에 관한 이론이나 자원의존이론은 주로 개별적이고 구체적인 조직간의 관계에 관한 이론이다. 자원의존이론은 환경에 대한 임의론에 입각한 전략적 선택이론의 일종으로 간주하나 자원이론은 관리자의 선택 중에서 자원선택만을 강조하고 있다. 즉 자원선택에 따라 조직 결과가 달라진다고 보았다.

3) 공동체생태학이론

① 공동체생태론은 조직군생태론의 비판에서 시작되었다. 조직군생태론은 진화적 관점, 즉 조직의 생존이 환경의 선택에 달려 있다고 보아 개별조직 하나하나를 분석의 대상으로 삼았다.

② 공동체생태론은 조직간의 협동적인 노력으로 환경에 능동적으로 적응할 수 있다고 보았다. 공동체생태론은 교원노조, 다원화된 이익단체들의 결속 등의 집단적 행동이론을 정당화시키는 이론이다.

③ 조직군생태론과 비교해보면 조직군생태론에서는 환경이 통제불가능하고 자연적 환경으로 인식하나, 공동체생태론은 환경의 통제가 가능하다고 본다. 조직군생태론은 적응방식이 환경에 의해 선택되나, 공동체생태론은 공동노력에 의해서 능동적으로 환경에 적응한다. 또한 조직군생태론은 조직간의 관계가 경쟁적이나, 공동체생태론은 조직간의 관계가 호혜적이다. 관리자의 역할에서도 차이가 있다. 조직군생태론에서 관리자의 역할은 무기력하나, 공동체생태론은 관리자가 적극적으로 상호작용을 한다.

4. 혼돈이론-카오스이론

1) 혼돈이론은 전통적인 균형이론에 대한 대안으로 작은 변화가 예측할 수 없는 엄청난 결과를 낳는 것처럼 비선형적 관계를 설명한다. 1961년 미국의 기상학자 로렌츠는 나비효과(butterfly effect)를 발표하여 브라질에 있는 나비의 날갯짓이 미국 텍사스에 토네이도를 발생시킬 수도 있다는 비유로, 지구상 어디에선가 일어난 조그만 변화가 예측할 수 없는 변화무쌍한 날씨를 만들어낼 수도 있다는 것을 의미한다. 로렌츠의 이러한 생각은 초기 조건에의 민감한 의존성, 즉 작은 변화가 결과적으로 엄청난 변화를 일으킬 수 있다는 사실을 설명한다. 카오스이론은 작은 변화가 예측할 수 없는 엄청난 결과를 낳는 것처럼 겉으로 보기에는 한없이 무질서하고 불규칙해 보이면서도, 나름대로 어떤 질서와 규칙성을 가지고 있는 현상을 설명하려는 이론이다. 이는 혼돈 현상 속에도 어떤 숨겨진 질서가 있다는 것을 밝히려는 이론이다. 즉 완전한 혼란이 아닌 한정적 혼란이며 질서 있는 무질서의 상태를 의미한다. 따라서 혼돈이론은 질서를 발견하는 것이 중요하다고 보았다.

2) 오늘날의 사회적 변화의 특징은 무질서·불안정·다양성·비균형성 등의 특징을 지닌다. 혼돈이론에 의하면 모든 체제들은 끊임없이 요동치고 있는 종속적인 체제들을 포함하고 있다는 것이다. 즉 환경으로부터의 위기가 증가함에 따라 환경의 분석가능성의 정도가 떨어질 뿐만 아니라 항상성의 유지 자체가 곤란해지는 분기점에 이르는 혁명적인 순간에는 변화가 어느 방향으로 일어날 것인가 하는 것을 미리 결정하는 것이 본질적으로 불가능하다고 주장한다.

3) 혼돈이론의 특성

① 창의적인 학습과 개혁의 촉진을 위해서 제한적 무질서를 허용하고 탈관료제적이고 구

성원의 자율적이고 창의적인 업무수행을 강조한다.

② 혼돈이론은 조직의 자생적 학습능력과 자기조직화능력을 전제로 한다. 자기조직화란 시스템의 구조가 외부로부터의 압력과 관련 없이 스스로 혁신적인 방법으로 조직을 꾸려나가는 것을 말한다. 조직은 자생적으로 환경변화에 대처할 수 있어야 한다.

③ 사회문제에 대한 통합적 접근이 필요하다. 왜냐하면 오늘날은 다양성, 무질서, 비정형적, 불안정의 시대이기 때문이다.

④ 혼돈(비선형)을 회피와 통제의 대상보다는 발전의 기회로 간주한다. 혼돈을 극복이 불가능한 대상으로 보지 않고 극복이 가능한 대상으로 보기 때문이다. 따라서 혼돈을 통제의 대상이 아닌 발전의 필수적인 조건으로 이해하고 긍정적인 활용대상으로 인식하였다.

⑤ 부정적 엔트로피와 긍정적 엔트로피의 통합적 인식을 중요시한다. 혼돈이론은 부정적 엔트로피를 통한 균형을 중시하면서 새로운 변화를 수용하기 위해서 기존의 규범을 수정한다. 부정적 엔트로피란 해체, 소멸, 무질서로 가는 엔트로피를 부정하고 사회체제는 반영구적으로 존속 가능하다고 본다.

제 3 절   기   술

1. 의   의

기술이란 일하는 방법을 말한다. 즉 조직을 형성케 하는 구성요소를 변화시키는 모든 활동이라 말할 수 있으며 일반적으로 지식·운영방법 등을 중심으로 개념화한다.

2. 영   향

오늘날 조직간의 차이를 결정하는 요인은 조직의 구조 또는 조직구성원 못지 않게 기술이 큰 영향을 미친다. 컴퓨터의 발달은 많은 업무들을 신속하고 정확하게 처리하여 전반적인 업무구조에 큰 변화를 주고 있다. 오늘날 행정업무의 전산화로 업무처리과정에서 의사소통은 더욱 원활해지며 행정업무에 컴퓨터의 활용으로 서비스의 질은 크게 향상될 것이다.

뿐만 아니라 그동안 관주도와 행정을 탈피하여 주민들의 의견을 수렴하고 주민 등을 위한 정책과 프로그램의 개발이 활성화될 것이다. 정부조직구조에서 컴퓨터가 도입되면 의사결정이 기계화로 최고관리자의 통제력은 강화되어 의사결정의 집권화를 촉진시킨다. 그러나 한편으로 개인용 컴퓨터의 도입은 중간관리자의 정보접근이 용이하게 되어 의사결정의 분권화를 가져올 수도 있다.

3. 이 론

(1) 톰슨(Thompson)의 이론

1) 연계형 기술 : 여러 가지 기술이 순차적으로 의존관계를 이루고 있는 것으로 조립라인에 의한 대량생산을 예로 들 수 있다. 길게 연결된 기술이 근거를 두는 의존관계는 순차적 상호의존성이다. 조정은 중간정도이다.

2) 중개기술 : 상호의존하기를 원하는 고객들을 연결시켜주는 활동에 쓰이는 기술을 뜻한다. 예를 들면 은행, 직업소개소, 전화사업자 등이다. 중개기술이 근거를 두는 의존관계는 집단적 상호의존성이며, 조정방법이 표준화이며 조정이 용이한 편이다.

3) 집약적 기술 : 어떤 사물에 변동을 일으키기 위해 끌어 모은 다양한 기술복합체를 뜻한다. 병원에서 환자치료를 예로 들 수 있다. 집약적 기술이 근거를 두는 의존관계는 교호적 상호의존성이며, 조정방법이 상호적응을 통해서 하며 조정이 가장 곤란하다. 또한 집약적 기술은 갈등 가능성이 높고, 기술이 가장 복잡하다.

(2) 페로우(Perrow)의 이론

페로우는 기술을 구체적인 생산기술로 보기보다는 지식을 바탕으로 한 기술에 관심을 두고 지식이란 어떤 대상을 변화시키기 위한 모든 활동으로 설명하고 있다.

1) 일상적인 기술

예를 들면 표준화된 제품의 생산에 쓰이는 기술을 들 수 있다. 일상적 기술은 과제의 다양성은 낮고, 분석가능성은 높다. 과업의 다양성이란 업무를 수행하는 과정에서 직면하는 예외적인 사건을 말한다. 따라서 과업의 다양성이 낮으면 예외가 발생하지 않는다. 문제의 분석가능성이란 과업의 변이성에 적절하게 대처하기 위한 탐색과정의 난이도를 말한다. 분석가능성이 높다는 것은 발생하는 문제가 잘 구조화되어 있는 경우이다. 반대로 분석가능

성이 낮다는 것은 문제가 잘 정의되어 있다는 뜻으로 일반적으로 직관에 의존하여 시행착
오를 거듭한다.

① 일상적인 기술은 단순한 정보처리가 필요하므로 조직의 일상적인 거래를 자동으로 처
리해주는 거래처리시스템이 활용될 수 있고, 집단간의 상호의존도가 낮다.

② 장래사태의 예측가능성이 크기 때문에 조정은 계획에 의존한다.

③ 부서에서 수행하는 과정의 내용이 분명하여 집권화의 구조를 갖는다.

2) 비일상화된 기술

예를 들면 원자력추진장치생산을 들 수 있다. 비일상화된 기술은 과제의 다양성은 높고
분석가능성이 낮다. 즉 과업의 다양성이 높아 이를 해결하기 위한 탐색절차가 매우 복잡
하다.

① 중간관리층과 하급관리층의 권력 및 재량범위는 다 같이 크다.

② 비일상적인 기술은 정보의 불확실성과 정보모호성이 높아 관리정보시스템·의사결정
지원시스템 등이 활용될 수 있으며 집단간의 상호의존도가 높다.

③ 구조는 유기적이며 조정은 상호작용을 통해서 이루어진다.

3) 공학적 기술

예를 들면 주문을 받아 전동기 생산에 쓰이는 기술을 말한다. 공학적 기술은 과제의 다양
성이 높고, 분석가능성은 높은 경우이다. 업무수행과정에서 다양한 문제들이 발생하지만 분
석가능성이 높아 탐색과정에 의해서 해결될 수 있다.

① 공학적 기술을 사용하는 조직에서는 중간관리층과 하급관리층의 재량범위와 권력이
크며 집단간의 상호의존성이 높다.

② 공학기술은 과업의 다양성으로 많은 정보의 양이 요구된다. 따라서 공학적 기술은 의
사결정지원시스템·관리정보시스템 등이 필요하다.

③ 구조는 집권화되어 있어 대체로 기계적 구조이며 공식화의 정도는 낮으나 조직의 유
연성을 유지한다.

4) 장인기술

장인기술의 예는 고급 유리그릇 생산과 같은 경우로 과제의 다양성이 낮고, 분석가능성
도 낮은 경우이다. 따라서 발생하는 문제가 일상적이지 않아 문제해결이 매우 어렵다. 따라

서 조직구조는 대체로 유기적 구조다.

① 하급관리층의 재량범위와 권력은 크며 하급관리층에서의 조정은 환류에 의존한다. 왜 냐하면 과업을 해결하는데 지식이 풍부한 사람에게 의존하여 집단간의 상호의존도가 낮기 때문이다. 이러한 업무를 수행하는 관리자는 많은 지혜가 필요하므로 광범위하고 다양한 기술과 경험이 요구된다.

② 장인기술은 과업수행에 있어서 많은 정보를 필요로 하며 개인적 관찰이나 대면토론과 같은 기법의 사용이 효과적이다.

③ 생산활동을 감독하는 하위관리층의 재량범위와 권한이 큰 분권적인 구조를 갖는다.

제 4 절 조직의 유형

1. 에치오니(Etzioni)의 유형

에치오니는 조직구성원들이 조직의 권위에 복종하는 형태를 기준으로 하여 다음과 같이 세 가지 유형으로 구분하였다.

1) 강제적 조직 : 조직의 통제수단이 강제적이고 구성원들이 고도의 소외의식을 갖는다. 예를 들면 교도소, 수용소, 정신병원이 이에 해당된다. 강제적 조직은 강제적 권력과 소외적 관여의 결합에 의한 조직이다.

2) 공리적 조직 : 조직이 구성원에 대하여 임금을 제공하고 구성원은 조직으로부터 지급되는 보상만큼 일한다는 입장이다. 따라서 공리적 조직은 보상적 관여와 타산적 관여가 이루어지는 조직이다. 대부분의 사기업체는 공리적 조직이다.

3) 규범적 조직 : 통제의 원천이 규범적 권한과 도덕적 복종이 부합되어 있는 조직이다. 규범적 조직에서의 권한행사는 지도자의 개인적 영향력에 의존하거나 공식적 제재보다 비공식적 제재가 사용된다. 종교단체, 병원, 이념정당 등을 예로 들 수 있다.

2. 민즈버그(Minzberg)의 유형

민즈버그는 조직이 처한 상황적 특성에 따라 조직구조가 달라진다는 가정하에 조직구조를 다섯 가지로 분류하였다.

1) 단순구조 : 단순구조는 상대적으로 소규모이고 주로 초창기조직에서 발견되며 단지 2개의 계층으로 구성되어 있다. 즉 정점과 실무계층으로 구성된다. 단순구조는 변동상황에 대한 모든 권한을 최고관리자가 가지며 직원간의 조정은 정점에서 이루어진다. 단순구조의 장점은 한 사람이 전체적인 조직운영을 일시에 변화시킬 수 있어 신축성과 적응성이 있다. 그러나 단순구조는 한 개인에게 의존함으로써 변화와 장기적 전략을 무시할 가능성이 있다.

2) 기계적 관료제 : 전형적으로 단순하고 안정적인 환경하에서 적절한 조직구조이다. 조직의 역사는 길고 규모가 크며 지배적 구성부분은 기술구조이다. 기술구조는 작업의 설계와 변경, 작업과정의 계획을 담당하는 전문가들로 구성된다. 기계적 관료제는 집권화되고 높은 공식화 수준, 높은 분화, 조직단위가 기능별로 구성되고 경직성의 특성을 지닌다. 기계적 관료제는 변화하는 환경에 적응보다는 능률성을 향상시키는 데 적합한 조직이다. 기계적 관료제는 표준화된 절차에 의해서 업무가 수행된다.

3) 전문적 관료제 : 구조가 수평·수직으로 분권화된 조직행태로 복잡하고 안정적인 환경하에서 적절한 형태이다. 대학, 종합병원 등을 예로 들 수 있다. 전문적 관료제는 표준화를 통한 효율성을 유지하면서 핵심운영에 고도로 훈련받은 전문가를 고용하여 운영되는 조직이다. 기계적 관료제가 업무(작업)표준화를 중시하나, 전문적 관료제는 기술의 표준화를 중시한다. 또한 전문적 관료제는 공식화는 낮으며, 권력은 전문가에게 있다.

4) 사업부제조직 : 상대적으로 안정적인 상황에서 운영되는 오래된 대규모 조직에서 발견된다. 사업부제 조직은 고객의 다양성에 대처하기 위해서 각 사업부서가 스스로 책임을 지고 자율적인 활동을 전개한다. 사업부제조직은 성과(산출)의 표준화를 중시하며 운영에서 중간관리층의 역할이 중요시된다. 사업부제조직은 공식화는 높다. 재벌기업을 예로 들 수 있다.

5) 임시체제(애드호크라시) : 광고회사, 우주센터 등을 예로 들 수 있다. 동태적이고 복잡한 환경이 적절하다. 계선과 참모의 구분이 불명확하고 사용하는 기술이 복잡하다. 애드호크라시는 유기적 구조의 특성을 지니며, 복잡하고 불확실한 과업을 수행하므로 분권화된 유기적 구조가 필요하다. 구성원들은 전문성이 매우 높으며 구성원 상호간의 조정은 상관의 지시가 아닌 개인적인 의사전달에 의해 이루어진다.

표 1-1 민즈버그의 유형비교

분 류	단순구조	행정부 체계적 관료제	학교 전문적 관료제	재벌기업 사업부제	연구소 애드호크라시
통제수단 핵심부문 규모 기술 환경 권력 전문화정도 공식화	직접감독 전략층 소규모 단순 단순 · 동태적 최고관리자 낮음 낮음	작업의 표준화 기술구조 대규모 비교적 단순 단순 · 안정적 기술관료 높음 높음	기술표준화 핵심운영층(작업층) 가변적 복잡 복잡 · 안정적 전문가 높음 낮음	성과(산출)표준화 중간관리층 대규모 가변적 단순 · 안정적 중간관리층 중간 높음	상호조절 지원시스템 가변적 매우 복잡 복잡 · 동태적 전문가 높음 낮음
장점	신축성, 적응성 높다	효율성 증진	전문성 향상	적응성, 신속성 높다	창의력
단점	전략적 결정소홀	환경에 적응이 어려움	환경에 적응이 곤란	영역간의 마찰소지	책임한계 불분명

3. 퀸(R. Quimn)과 로어바우(J. Rohrbaugh)의 모형

퀸과 로어바우는 조직효과성 측정의 경쟁적 가치접근법에 포함되는 조직가치의 하부모형을 다음과 같이 설명하고 있다.

1) 내부과정모형 : 조직내부의 효율적인 통제에 중점을 두면서 통제는 정보관리와 조정을 통한 통제를 강조한다.

2) 인간관계모형 : 조직내의 인간을 중시하여 인간통제보다는 인간의 유연성을 강조한다. 조직의 효과성은 구성원의 사기와 응집성이 좌우한다고 본다.

3) 개방체제모형 : 환경과 조직간의 상호관계를 강조하여 환경과 바람직한 관계를 유지하기 위해서 조직구조의 유연성을 강조한다. 즉 환경에 신속히 대응하기 위해서는 조직의 유연성을 강조한다.

4) 합리적 목표모형 : 조직과 통제를 중시한다. 따라서 인간보다는 조직자체를 강조하여 통제를 중시하고 합리적인 기획 · 목표설정 · 평가 등을 동원하여 생산적이고 효율적인 목표달성을 중시한다.

제5절　조직과 개인

1. 조직과 개인의 관계

조직은 구성원들의 상호작용을 통해서 조직의 목표를 실현한다. 또한 인간은 조직을 통하여 자기 자신의 목표를 실현하려고 한다. 조직의 목표와 개인의 목표가 조화되고 일치할 수도 있지만 양자 간의 대립과 갈등이 발생할 수도 있다. 조직은 인간이 모여서 상호작용을 하면서 조직의 일을 수행한다. 따라서 조직을 운영하는 리더들은 조직에서 활동하는 인간에 관심을 갖고 그 본질을 이해하는 데 노력해야 한다. 조직 내의 인간의 속성을 어떻게 이해하고 관리하느냐에 따라 조직의 성장과 발전, 조직의 운명을 좌우한다. 관리자는 조직 속의 인간의 성격을 파악하고 그 적합한 업무를 수행하게 한다면 조직의 생산성이 보다 높아질 것이다. 따라서 조직인의 성격유형의 파악도 필요하다. 인간의 성격은 사람과 사람을 구별해주는 특성이며 상황의 변화에도 불리하고 비교적 지속성을 지닌다. 성격형성은 유전적 요인과 환경적 요인에 의해서 작용한다. 사람의 성격이 유아기의 경험에 의해서 형성되고 사람의 행동은 스스로 모르고 있는 성격내부의 힘에 의해서 촉발될 수도 있다는 견해도 있다. 즉 사람의 행동이 통제할 수 없는 무의식세계에 의해서 결정된다는 것이다. 그러나 나쁜 유전자를 가져도 좋은 환경을 만나면 성공적으로 잘 살 수도 있다.

2. 인간의 성격유형

(1) 매클리랜드(Mcclelland)의 성격유형

개인의 행동을 동기화시키는 잠재력을 지니고 있는 욕구는 학습되는 것이므로 개인마다 그 욕구의 계층에 차이가 있다고 주장했다. 매클리랜드는 조직내 성취욕구의 중요성에 중점을 둔 성취동기이론을 주장했다. 성취욕구가 강한 사람은 문제를 해결하는 데 책임지는 것을 좋아하며, 변화를 추구하고 미래지향적이다.

인간의 동기가 권력욕구, 친교욕구, 성취욕구의 순으로 발달되어가며 성취욕구가 높을수록 생산성이 높아진다고 보았다.

　1) 권력욕구 : 타인에게 강력한 영향력을 행사하려고 한다. 권력욕을 가진 인간은 경쟁적 상황을 선호하고 효과적인 직무수행보다는 자신의 명성에 관심을 갖는다.
　2) 성취욕구 : 성공을 위해서 노력하려는 욕구를 가진다. 성취욕인간은 문제해결에 대해

서 개인적인 책임을 지는 상황을 좋아한다. 또한 자기가 얼마나 일을 잘하고 있는가에 관하여 명확한 환류를 바란다. 왜냐하면 자기의 업적성취를 알 수 없으면 만족을 얻을 수 없기 때문이다. 성취 욕구는 자신의 능력을 스스로 성공적으로 발휘하면서 자부심을 갖는다.

3) 친교욕구 : 타인과 우호적인 관계를 맺고자 노력하며 경쟁적인 상황보다는 협조적인 상황을 선호한다.

(2) 플레서스(Plesthus)의 성격유형

1) 상승형 : 조직생활에 만족하여 조직에 적극 참여하는 형으로 승진욕구가 강하며 정책이나 방향에 일체감이 높다. 조직상층부에 형성이 되며 조직과 직무를 출세의 수단으로 여긴다.

2) 무관심형 : 조직에 소외감을 느끼며 직무만족도가 낮고, 권력·성공에 대한 야망이 없고 조직생활에 갈등 없이 순응한다. 대체로 조직의 하위계층에 많다.

3) 애매형 : 조직에 적극 참여도 못하고 거부도 못하는 형으로 독립심이 강하고 내성적이나 권위나 규제에 저항한다. 대인관계는 원만하지 않으며 대체로 참모조직에서 많다.

3. 조직 내의 인간과 관리전략

(1) 리커트(Likert)의 관리체제이론

1) 체제 1(수탈적 권위형) : 관리자는 부하를 신뢰하지 않으며 부하는 의사결정에 참여할 수 없다. 통제는 강압적이며 비공식집단은 조직의 공식목표에 저항하게 된다.

2) 체제 2(온정적 권위형) : 관리자는 부하에 대하여 인자한 은혜적 관계를 가지며 의사소통은 대체로 하향적이다. 중요한 결정은 상급 관리층에서 한다. 하급 관리층은 위에서 정해준 범위 내에서만 의사결정을 할 수 있다.

3) 체제 3(협의형) : 관리자는 부하에게 상당한 신뢰감을 가지며 의사소통이 활발하고 의사결정에의 참여도 널리 인정된다. 비공식집단은 조직의 공식적 목표를 지지하거나 약간의 저항을 한다.

4) 체제 4(참여집단형) : 관리자는 부하를 전적으로 신뢰한다. 관리자와 부하간의 의사소통이 매우 활발하며 조직구성원들은 직무성취에 만족을 얻으며 비공식집단은 조직의 공식적 목표에 지원하고 협력한다.

(2) 샤인(Schein)의 인간관

1) 합리적 경제적 인간관

① 고전적 조직이론의 인간관이며 인간을 합리적·타산적·경제적인 존재로 보고 있다. 인간은 조직이 요구하는 직무수행에 피동적이다. 인간은 경제적 유인에 의하여 좌우되며 자기이익의 극대화를 추구한다.

② 관리전략은 관리자는 공식조직을 활용하고 구성원들에게 경제적 유인을 제공하여 생산성을 추구하고 통제 등의 방법으로 능률적 업무수행을 강조한다. 또한 관리전략은 교환모형에 입각한 관리이다. 즉 사람들이 일을 하는 고통과 희생을 조건으로 경제적 보상을 받도록 한다.

2) 사회적 인간관

① 인간 관계론의 인간관과 동일하며 인간의 경제성보다는 인간의 사회성을 강조한다. 즉 인간은 주로 애정·우정·집단에의 귀속 등을 원하는 욕구를 지닌 존재로서 이를 충족시켜 주는 요인이 제공될 때 동기가 유발된다. 인간행동은 인간은 개인으로서가 아니라 집단의 구성원으로 행동한다고 보았다.

② 관리전략이 자생적 집단의 인정과 수용을 기본전략으로 하며, 교환모형에 입각해 관리한다.

3) 자기실현인간관

① 인간은 자기의 능력·자질을 최대한 활용하고자 하는 자아실현의 욕구를 가지고 있으며 자율적으로 자기규제를 할 수 있다고 보는 인간관이다.

② 관리전략은 관리자는 사람들을 적소에 배치하고 스스로 일을 성취하도록 여건을 조성하고 지원하는 역할을 수행해야 한다.

③ 관리전략으로 개인목표와 조직목표의 통합형관리전략을 적용하여 개인과 조직의 목표를 융화하고 통합하는 방향으로 한다.

4) 복잡한 인간관

① 경험적 연구가 축적됨에 따라 인간은 다양한 욕구와 잠재력을 가지고 있으며 인간의 동기는 때와 장소에 따라 달라질 수 있다고 보았다. 그러므로 인간이란 단순하게 일

반화하거나 유형화할 수 없는 복잡한 존재라고 본다.

② 관리자는 조직구성원의 개인 차이를 발견할 수 있어야 하며 사람의 욕구와 동기가 서
   로 다르므로 사람에 따라서 달리 대응하는 다원적 관리전략이 필요하다고 본다.

(3) 맥그리거(Mcgregor)의 X · Y이론

1) X이론

① 의의 : 인간을 보는 관점이 근본적으로 부정적이며 강압이 수반되어야만 조직은 목적
   을 달성할 수 있다고 보았다.

② 인간에 대한 가정 : 인간은 게으르고 일을 싫어하며 책임지기를 싫어한다.

③ 관리전략 : 조직구성원의 동기를 유발하는 데는 경제적 보상이 효과적이므로 엄격한
   감독과 통제체제가 확립된다.

2) Y이론

① 의의 : 조직 속에서 인간은 긍정적이며 민주적인 동기부여의 관리가 필요하다.

② 인간에 대한 가정 : 인간은 일을 싫어하지 않으며 부지런하고 인간은 책임감을 갖고
   일을 하며, 상호협조적이다. 인간은 창의성과 도전성을 지니며 조직의 목표에서 보람
   을 찾는다. ·

③ 관리전략 : 조직의 구성원들이 조직목표의 달성에 스스로 자기역할의 중요성을 인식
   하고 있으므로 민주적 리더십이 요구된다. 조직구성원들이 스스로 알아서 판단하고
   행동함으로써 분권화와 권한의 위임이 일어난다.

(4) 골렘비브스키(Golembievski)의 압력이론과 견인이론

골렘비브스키는 고전적 조직이론을 압력이라고 보고 조직설계가 권위주의에 입각한다고
보았다. 압력이론은 조직구성원의 창의성을 발휘할 수 없고 구성원들은 직무에 대해서 만
족감을 느끼지 못한다고 보았다. 견인이론은 조직구성원의 자율성을 존중하는 입장이기 때
문에 견인이론의 계층의 수는 적고 통솔범위는 넓다. Y이론과 관련된다.

4. 동기이론의 분류

동기여부란 인간을 바람직한 방향으로 행동하도록 유도하는 것이다. 동기부여이론은 욕

구이론과 과정이론으로 나누어 볼 수 있다. 욕구이론은 주로 어떤 욕구를 충족시키면 동기가 유발될 것인가를 강조한다. 과정이론은 관련요인들이 교호작용을 통해서 동기가 유발되는지를 강조한 이론이다. 과정이론은 기대이론, 형평이론, 목표설정이론, 순치이론 등이 해당된다.

(1) 욕구이론의 종류

1) 매슬로우(Maslow)의 욕구단계이론

① 의의

인간의 동기가 되는 욕구를 일정한 순서로 체계화하고, 인간욕구는 단계적으로 충족되어질 수 있도록 예정된 질서라 하였다. 매슬로우는 인간이 상위욕구단계에 있을수록 조직과 개인간의 갈등이 가장 심화될 수 있다고 보았다.

② 이론

　㉠ 생리적 욕구 : 가장 기본적이며 가장 선행되어야 할 욕구로서 의식주에 대한 충족이며 이 욕구충족 이전에는 어떤 욕구도 일어나지 않는다고 한다.

　㉡ 안전욕구 : 자기의 생명과 소유물을 안전하게 보호하고 싶어 하는 욕구이며 질서 있고 안정된 생활유지를 위해 공포나 불확실·위협으로부터 벗어나고 싶어 하는 욕구이다.

　㉢ 애정적 욕구 : 조직내외적 환경변수에 대한 적응욕구이며 이웃과의 따뜻한 사랑, 소속감을 유지하고자 하는 것이다.

　㉣ 존경의 욕구 : 다른 사람들로부터 존경받거나, 존경하고 싶어 하는 욕구로서 자존심, 명예, 위신, 인정감 등을 말한다.

　㉤ 자아실현욕구 : 자기가 진실로 되고 싶어 하는 자기를 만드는 욕구로서 가장 고차적이며 최종적인 욕구단계이며, 이러한 욕구가 조직목표와 가장 많은 갈등을 야기시킨다고 하였다. 자신의 잠재력을 발휘하여 인류의 발전에 이바지하려는 욕구이다.

③ 문제점 : 매슬로우의 욕구이론은 인간의 개인차를 고려하지 않았으며, 인간의 욕구가 반드시 단계별로 충족된다는 가정은 비현실적이라는 비판을 받고 있다.

2) 허즈버그(Herzberg)의 욕구충족요인 2원론

① 인간욕구체계는 서로 다른 2개의 욕구로 구성되어 있다는 가정을 바탕으로 허즈버그는 사람들의 직무태도를 결정하는 요인에는 두 가지가 있다고 보았다. 즉 불만요인(위

생요인)과 만족요인(동기부여요인)으로 분류하였다. 이 요인들은 직무태도를 좌우하며 결국 직무의 효과를 좌우한다.

② 위생요인은 조직구성원들에게 불만을 주는 요인으로 보수, 작업조건, 회사의 정책, 기술적 감독, 상사와 대인관계 등이 포함된다. 위생요인은 일하고 있는 환경과 관련되며 욕구가 충족되지 않으면 직무에 대한 불만을 초래하고 직무수행의 효과를 떨어지게 만든다.

③ 동기요인은 조직구성원들에게 만족을 주는 요인으로 승진, 인정, 책임, 성취, 작업자체, 발전 등이 이에 속한다. 이러한 동기요인들은 직무만족을 초래하고 직무수행의 효과는 높아진다. 위생요인이 매슬로우의 하위욕구와 관련이 있으며 동기요인은 매슬로우의 상위욕구, 즉 자아실현욕구와 같은 고차원의 정신욕구와 관련된다.

④ 위생요인의 개선은 직무만족을 가져오나 직무동기를 유발하지 못한다. 왜냐하면 위생요인은 인간의 정신적 성장과 무관하기 때문이다. 그러므로 위생요인의 개선은 동기요인의 충분요건이 되지 못한다. 동기유발요인은 조직의 인간관리의 효율화가 단순히 위생요인을 개선하는 것만으로 불충분하다고 보아 추가적인 동기요인의 제공이 필수적으로 요구된다고 보았다. 허즈버그는 동기여부의 새로운 실천방안으로 직무확충을 제시하였다. 즉 직무확장과 직무충실을 통해서 발전과 성장, 책임, 직무의 성취감과 안정감을 조직구성원들에게 부여하여 직무동기를 유발한다고 보았다.

3) 아지리스(Argyris)의 성숙과 미성숙이론

아지리스는 조직의 문화를 권위적 조직문화와 민주적 조직문화로 나누어 설명하였다. 권위적 조직문화는 과학적 관리관의 조직문화로 조직인을 미성숙인으로 간주하고 민주적 조직문화를 성숙인으로 보았다. 미성숙인의 특성은 성향이 수동적이며 타인과의 관계에서 종속적 지위에 있다. 행동능력이 단순하고 단기적 안목을 강조하며 자아의식이 결여되어 있다. 성숙인의 특성은 성향이 능동적이며 타인과의 관계에서 독립성을 갖게 된다. 행동능력이 다양하며 장기적 안목을 중시하며 스스로 통제능력이 있다.

4) 해크먼과 올드햄(Hackman&Oldham)의 직무특성이론

① 정의 : 직무특성이론은 직무의 특성이 직무수행자의 성장욕구수준에 부합될 때에 직무가 그 직무 수행자에게 더 큰 의미와 책임감을 주고 이로 인해 동기유발의 측면에서 긍정적인 성과를 얻게 된다는 것이다. 즉 직무특성이론은 직무가 조직과

　　구성원에게 미치는 영향을 설명한 것이다.
　② 직무특성의 모형

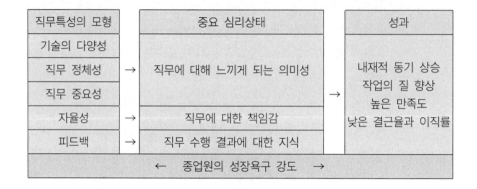

　③ 직무의 특성
　　㉠ 기술의 다양성 : 종업원들이 직무를 수행하는 데 있어서 다양한 기술과 능력을 사
　　　용하는 활동이 요구되는 정도를 의미한다.
　　㉡ 직무의 정체성 : 직무가 요구하는 전체로서의 완결정도를 의미한다. 즉 시작부터
　　　끝까지의 전체적인 작업 중에서 직무가 차지하고 있는 범위의 정도를 의미한다.
　　　직무의 어느 한 부분을 하는 것보다는 전체적인 직무를 수행할 때 자신의 직무가
　　　가치 있게 느끼는 것을 의미한다.
　　㉢ 직무(과업)의 중요성 : 자신의 직무의 결과가 다른 사람의 행복·건강·안전에 얼
　　　마나 큰 영향을 미치는가를 의미한다.
　　㉣ 자율성 : 직무를 수행하는 사람의 재량권 정도를 의미한다. 즉 자율성은 개인적으
　　　로 느끼는 책임감 정도를 말한다.
　　㉤ 환류 : 직무 결과에 대한 지식이나 성과에 대한 정보 유무를 의미한다.
　④ 직무특성이론의 평가
　　㉠ 잠재적 동기지수(Motivating Potential score) : 어떤 직무가 갖는 잠재적 동기 지
　　　수(점수)에서 다섯 가지의 직무의 특성이 모두 영향을 미치지만 자율성과 환류가
　　　더 큰 영향을 미친다.
　　㉡ 직무 성과는 구성원의 성장욕구가 강할 때는 기술의 다양성과 정체성, 중요성이
　　　높은 직무를 부여함으로써 내적 동기가 유발된다.
　　㉢ 구성원의 성장욕구가 낮을 때는 정형화된 단순 업무로 내재적 동기가 유발된다는

것이다.

(2) 과정이론의 종류

1) 기대이론

기대이론은 동기부여의 크기는 어떤 결과에 부여하는 가치와 특정한 행동이 원하는 결과를 가져다 줄 것이라는 기대에 달려 있다고 한다.[1] 기대이론의 종류는 다음과 같다.

① 브룸(V. H. Vroom)의 기대이론

　　㉠ 개념 : 동기부여 수단에 대한 반응이 다를 수 있다는 전제하에 인간은 욕구가 충족되면 자동적으로 동기가 부여되지 않고 욕구충족과 동기유발 사이에 주관적인 지각과정(평가과정)이 개재되어 있다고 보며 그 지각과정을 통한 기대요인의 충족에 의해 동기부여가 결정된다는 것이다.

　　㉡ 구성요인 : 부룸의 기대이론은 사람이 조직 내에서 어떠한 일을 수행할 것인가의 여부의 결정은 선택한 행위의 결과로서 주어지는 산물의 가치(유인가)와 행위가 그 결과를 초래할 가능성(수단성)과 어떠한 행위를 해낼 수 있는 기대감이 작용한다고 보았다.

　　㉢ 동기부여의 변수 : 동기부여=(유인가×기대×수단성)

1. 유인가(가치성, 유의성(valence))란 기대효과라고도 한다. 개인이 최종결과에 대해 갖는 주관적인 선호의 강도(승진이 매력적인 것으로 간주될 때): 관리자가 주는 보상이 자기마음에 들어야 한다.

2. 수단성이란 1차 결과가 2차 결과를 가져다 줄 것이라는 주관적인 지각(성적이 자신의 승진에 주요 수단이 된다고 판단될 때): 생산성(1차)을 달성했다면 승진(2차)이 되는 것이다. 생산성을 제고시키려는 노력은 결국 승진이라는 보상을 성취하려는 수단이라 할 것이다.

3. 기대감이란 노력하면 성과가 있을 것이라는 주관적인 것(노력한 만큼 성적을 낼 수 있다고 생각으로 열심히 일한 경우에 그가 달성할 수 있는 생산성은 어느 정도 될 것인가에 대한 지각된 활용)

개인은 특정결과에 대해서 주관적으로 부여하는 가치가 중요하고, 어떤 행동이 특정결과를 가져올 활용이 높다고 믿을 때 행동한다.

---

1) 오석홍, 2013(행정학), 서울: 박영사.

② 포터(Poter)와 로울러(Lowler)의 업적(성과)만족이론 : 개인은 자신의 업적에 의해 보상을 받게 되는데 그 보상은 자기가 받아야 한다고 기대하는 정당한 수준 이상에 도달해야만 그 보상에 대한 만족감에 의해서 동기부여가 된다고 보았다. 즉 업적과 동기부여간에 업적(성과)이 보상으로 이어지고, 보상에 의해서 만족감이 있을 때 동기가 부여된다고 보는 입장이다. 성과만족이론은 기대이론을 발전시킨 이론으로 만족 – 성과 관점이 아닌 성과(직무성취수준) – 만족의 원인이 된다고 설명한 이론이다. 개인의 노력이 보상을 가져다 줄 것이라는 확률을 높이고 그 보상이 가치 있다고 느낄 때 동기부여의 수준이 높아진다. 외재적 보상(승진 · 보수인상)보다 내재적 보상(직무자체에 대해 느끼는 성취감)이 더 중요하다고 본다.

③ 애틴슨(Athinson)의 기대이론 : 개인은 작업에 대해서 한편으로는 그것을 성공적으로 이룩하고자 하는 동기를 갖고 있고 다른 한편으로는 그 작업을 하지 않음으로써 실패를 피하려는 동기를 갖고 있는바 이 쌍방간의 상호작용에 의해서 개인동기가 결정된다고 보았다.

④ 조로폴로스(Georgopoulos)의 통로목표이론 : 조직의 생산활동이 얼마나 조직구성원의 개인목표달성의 통로로서 유효하게 작용하는지가 생산활동을 규제한다고 보았다. 즉 근로자가 열심히 일하고자 하는 것은 추구하는 목표가 개인의 욕구를 충족시켜 줄 수 있는가와 노력이 목표달성의 수단으로서 얼마나 유효하게 작용하느냐에 달려 있다고 보았다.

2) 아담스(J. S. Adams)의 공정성(형평성)이론

① 공정성이론은 비교라는 개념을 도입한 것으로 처우의 형평에 대한 사람들의 지각과 신념이 직무행태에 영향을 미친다고 본다. 사람들은 그들의 투입에 대한 소득을 비교 · 평가하여 그들의 공평한 처우를 받고 있는지의 여부에 대하여 신념을 형성한다. 형평이론의 대표적 학자로 Adams가 있다. 아담스는 조직인들의 업무수행과정에서 느끼는 공평감 혹은 불공평감의 차이가 발생하는데 자기가 불공평한 대우를 받는다고 믿으면 그것을 시정하기 위해 행동의 동기가 유발한다고 보았다.

② 구성요소로 투입(직무수행에 동원된 노력 · 기술 등), 산출(대가로 보수 등), 준거인물(비교하는 대상인물), 공정성 또는 불공정성(비교인물과 비교하여 발생한 지각) 등의 4가지로 보면서 인간의 행위는 보상의 불공평을 지각할 때 그 불공평성을 제거하는 방향으로 유발된다고 설명하였다.

3) 학습이론(강화이론)

① 학습이론이란 외적자극에 의해 행동과 학습이 유발되는 과정을 설명한 이론으로 행태 변화에 초점을 둔 행태론적 동기이론이다. 학습이론은 어떤 행위가 왜 지속되는가에 대한 설명을 해주고 있다. 동물의 훈련은 학습이론과 관련된다. 즉 동물의 묘기훈련에서 조련사는 동물이 바라는 행동을 했을 때 동물에게 먹이를 주어 이 행위가 지속되도록 하는 것을 의미한다. 학습이론을 강화이론이라고도 한다. 강화이론은 행동의 원인보다 결과에 초점을 두며 보상받는 행태는 반복되고 보상받지 않는 행태는 중단된다고 보았다. 그러므로 행동의 결과를 조건화함으로써 행태적 반응을 이끌어 내는 과정을 설명한다.

② 기대이론과 학습이론은 보상 또는 강화요인을 직무수행과 결부시킨다는 점에서는 유사하나 기대이론은 행동의 원인을 인간의 내면적 신념에서 찾는 반면 학습이론은 선행적 자극과 행동의 외적자극에 의해서 찾는다는 점에서 차이가 있다.

③ 보상(강화)의 유형을 구분하면 다음과 같다. 바람직한 행동을 유도하는 유형으로 적극적 강화와 소극적 강화가 있다. 적극적 강화는 바람직한 행동 시에 원하는 것을 제공하는 것으로 예를 들면 급여인상과 승진이 있다. 소극적 강화(부정적 강화)는 바람직한 행동 시 행동자가 원하지 않는 상황을 제거하는 것이다. 바람직하지 않은 행동의 감소하는 유형으로 처벌과 중단(소거)이 있다. 처벌은 불만족스럽거나 불쾌한 상태를 제거하며 기대행동을 유도하는 것으로 바람직하지 않은 행동할 경우에 징계하는 경우다. 소거(중단)란 바람직하지 않는 행동 시에 상대가 원하는 상황의 제공을 중단하는 경우로 성과급의 폐지가 예가 될 수 있다.

④ 강화일정은 연속적 강화와 단속적 강화가 있다. 연속적 강화는 바람직한 행동이 나올 때마다 보상(강화)하는 것이다. 연속적 강화는 초기단계의 학습에는 바람직한 행동의 빈도를 늘리는데 효과적이나 보상효과가 빨리 소멸되는 단점이 있다. 단속적 강화는 간격강화(시간)와 비율강화(빈도)로 나누어지며 간격강화는 고정적 간격강화와 변동간격강화로 분류된다. 고정적 간격 강화는 부과의 행동이 얼마나 발생하든 미리 결정되어 있는 일정한 규칙이나 시간 간격으로 보상(강화)을 제공하는 것이다. 예를 들면 매월 15일에 월급을 지급하는 것이다. 변동적 간격 강화는 불규칙한 시간 간격으로 강화요인을 사용하는 경우로 때에 따라서 칭찬하는 경우다. 비율강화는 고정비율강화와 변동비율강화로 나누어 설명할 수 있다. 고정비용강화는 생산량에 비례하여 임금을 지급하는 성과급과 같이 성과에 따라서 보상(강화)하는 것이다. 변동비율강화는 불규

칙적인 빈도나 비율의 성과에 따라서 강화(보상)를 제공하는 것이다.

4) 로크(Locke)의 목표설정이론

① 인간의 행동이 의식적 목표와 성취의도에 의해서 결정된다고 보고 내용보다는 목표의 특성에 의해서 개인의 성과가 결정된다고 보았다.

② 목표설정이론은 목표의 곤란도와 구체성에 의하여 직무성과가 결정된다고 본다. 즉 목표가 달성하기 용이하거나 애매한 목표보다는 목표가 구체적이고 어느 정도 달성하기 곤란한 목표가 직무성과를 향상시킬 수 있다고 주장하였다.

제2장   조직의 구조

정부조직체계

1. 정부조직

(1) 정부의 형태

정부형태란 나라의 행정에 관련된 사람, 제도, 또 그들간의 관계로 구성된 사회적 제도로 국가권력구조가 어떠한 형태로 되어 있느냐 하는 것을 말한다. 정부형태는 국가형태를 전제로 한다. 국가형태란 그 국가의 기본질서가 군주를 중심으로 하느냐(군주국), 국민을 중심으로 하느냐(공화국)에 따라서 결정된다. 그러나 오늘날의 거의 대다수의 국가는 공화국이므로 국가의 기본질서의 문제도 국민의 지배를 표준으로 하지 않고 자유민주주의냐 공산주의냐 하는 것을 기준으로 한다. 권력구조는 이러한 국가의 기본질서와 밀접한 관계가 있는 까닭에 오늘날에 있어서는 대체로 국가형태의 문제는 정부형태를 중심으로 하여 고찰하게 된다. 정부형태에는 입법과 행정과의 관계의 여하를 기준으로 하여 대체로 대통령제와 내각책임제로 구별된다.

(2) 정부의 구조

정부란 국가의 통치권을 행사하는 기관이다. 즉 정부란 사람들의 요구를 받아들이고 그것들을 조정하여 법률, 정책을 만들고, 법률, 정책을 집행하여 분쟁을 조정하는 기능을 행사하는 것을 통하여 전체로서 정치공동체를 다스리는 것을 말한다. 광의로는 입법부, 행정부, 사법부로 구성된 국가의 정치기구 전체를 의미하지만 협의로는 행정부만을 가리킨다. 정부의 기능은 국가뿐만 아니라 지방자치단체도 가지고 있기 때문에 지방자치단체도 지방 정부로서 인정된다. 일반적으로 일본과 독일은 강한 군주주권하에서 행정부가 중심이 되어 근대국가를 형성하였으며, 다른 한편으로 의회는 정부와 대립하는 것으로서 이해되었기 때문에 정부를 협의로 사용하는 경향이 강하다. 영국과 미국 등은 넓은 뜻의 정부를 사용한다. 한국에서는 좁은 의미로 사용되며, 대통령과 행정부로 구성되며, 행정권은 대통령을 수반으로 하는 정부에 속한다. 대통령은 행정권의 수반일 뿐만 아니라 국가원수이며, 국군통수권, 긴급처분·명령권, 국민투표부의권 등 강력한 권위와 권한을 지닌다. 현재 한국의 정부형태는 대통령중심제라 할 수 있다.

(3) 공공서비스의 공급주체

행정권의 주체는 정부이지만 공공서비스를 공급하는 공공기관은 다양하다.

전통적으로 정부는 공공서비스를 직접 생산·공급해 왔으나, 뉴거버넌스의 등장으로 다양한 형태의 공공서비스 공급방식을 표출하고 있다.

공공서비스의 공급 주체는 공공부문과 민간부문으로 나누어지며, 공공부문은 정부부문과 준정부부문으로, 민간부문은 비영리부문과 영리부문으로 나누어진다. 최근 시민사회와 뉴거버넌스의 등장으로 민간부문에 의한 공공서비스 공급이 확대되고 있다.

한국도 공공서비스부문에 정부와 민간이 경쟁적으로 참여하는 공공·민간 경쟁입찰제도가 시행되고 있다. 정부와 민간부문간의 경쟁촉진을 통해 정부혁신을 꾀하고 있다.

공공·민간 경쟁입찰제도는, 공공과 민간이 공개경쟁입찰을 통해 적은 예산으로 더 좋은 서비스를 제공하기 위해서 공개경쟁을 통해 사업주체로 선정하는 것이다. 이러한 개혁은 폐쇄적으로 운용되던 정부업무를 민간과 경쟁함으로써 자발적으로 정부 및 공공부문의 혁신을 유도할 수 있고 민간과의 경쟁을 통해 민간의 최신 업무 노하우가 전수됨으로써 정부서비스의 품질향상과 고객만족도를 더욱 높일 수 있게 된다.

(4) 정부조직개편

1) 문재인정부의 조직개편의 단행으로 중앙행정기관은 18부5처18청7위원회로 구성되었다. 1차 정부조직법 개편으로 중소기업벤처기업부가 신설되었으며 미래창조과학부를 과학기술정보통신부로 변경하였다. 또한 소방청 및 해양경찰청의 독립과 행정자치부와 국민안전처의 안전정책, 재난관리, 비상대비·민방위 및 특수재난업무를 통합하여

행정안전부로 개편하였다. 대통령경호실을 개편하여 이름을 대통령경호처로 변경하고 처장직급을 장관에서 차관급으로 조정했다. 국가보훈처의 위상을 강화하기 위해 처장을 장관급으로 격상하였다. 코로나 사태 등을 겪으며 2차 정부조직법 개편으로 질병관리본부의 질병관리청으로 승격되었고 보건복지부의 복수차관제가 도입되었다. 또한 개인정보 보호위원회가 국무총리 소속으로 중앙행정기관에 추가되었다. 다만 행정중심복합도시건설청과 새만금개발청은 정부조직법상의 중앙행정기관이 아닌 각 개별법률에 의해 규정하고 있다.

2) 복수차관제를 운영하는 부처는 기획재정부, 과학기술정보통신부, 외교부, 문화체육관광부, 국토교통부, 보건복지부가 있다.

3) 대통령 소속으로 방송통신위원회, 대통령비서실, 대통령경호처, 국가안보실, 국가정보원, 감사원 등이 있다. 국무총리 소속으로는 국무조정실, 국무총리비서실, 인사혁신처, 법제처, 국가보훈처, 식품의약품안전처, 공정거래위원회, 금융위원회, 국민권익위원회, 원자력안전위원회, 개인정보보호위원회 등을 두고 있다.

4) 중앙행정기관과 지방행정기관

중앙행정기관이란 관할구역의 범위 또는 그 사무의 적용범위에 관한 분류방법에 따른 행정기관의 한 유형으로 전국적 단위의 행정사무를 수행하는 기관을 말한다. 중앙행정기관은 정부조직법에 명시된 독임제인 부·처 및 청과 합의제인 위원회(의사결정자가 복수)로 구성된다. 지방행정기관은 광역자치단체인 특별시·광역시·특별자치도·특별자치시와 기초자치단체인 시·군·자치구가 있다.

표 2-1   헌법상 정부기관과 법률상 기구

헌법상 정부기관	법률상 기구
감사원 국가안정보장회의 국무회의 국가원로자문회의 중앙선거관리위원회 민주평화통일자문회의, 국민경제자문회의 국무총리	정부조직법상의 18부5처18청7위원회 공정거래위원회, 국민권익위원회 중앙노동위원회, 방송통신위원회 소청심사위원회, 금융위원회, 국가정보원, 개인정보보호위원회

그림 2-1 정부조직도표

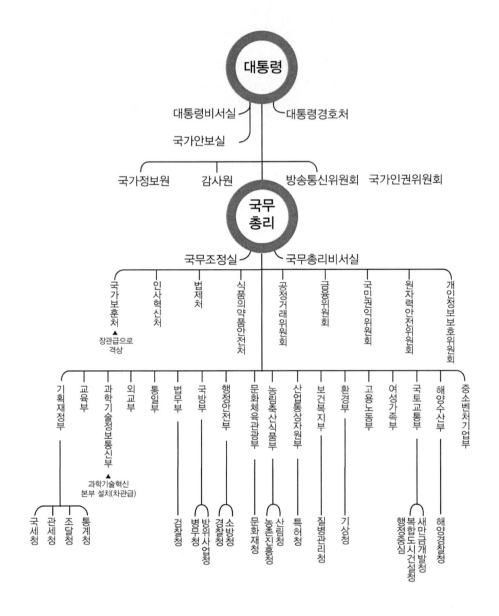

제 2 절 조직의 구조

1. 조직구조와 결정요인

(1) 의   의

조직구조란 조직의 일정한 기능의 수행을 위해서 확립된 역할 및 행위의 체계를 말한다. 조직구조는 조직목표를 달성하기 위해서 필수적인 존재이며 구성원들의 행위를 규제하고 질서를 유지하기 위해서 권력과 권한이 행사된다. 조직구조는 상황에 따라서는 동태적이며 조직구조는 각자의 지위와 역할이 있다. 조직구조를 설계할 때는 조직내부의 명령체계, 통솔범위, 공식화, 집권화와 분권화 문제 등을 고려해야 한다.

(2) 조직구조의 기본변수

1) 복잡성

① 복잡성이란 분화의 정도를 말한다. 분화는 수평적 분화와 수직적 분화로 나누어 볼 수 있으며 수평적 분화란 조직내의 전문화(분업)의 정도를 말하며, 수직적 분화는 계층의 수를 말한다. 수평적 분화는 과업의 세분화를 의미한다. 이는 상이한 직위의 수를 의미하는 전문화와 같은 의미이다. 일반적으로 직무의 전문화는 업무를 나누어서 비전문가들도 할 수 있는 업무의 분업(분화)을 말한다. 수직적 분화는 직무의 책임도와 난이도에 따른 계층화의 정도를 말한다. 고전적·기계적 구조는 통솔범위가 좁아 계층제가 많아 수직적 분화가 높으나 애드호크라시(유기적 구조)는 수직적 분화의 정도가 낮다.

② 조직의 복잡성(분화의 정도)이 높을수록 조직 내의 갈등은 많아져서 통합노력의 필요성은 증대되어 행정농도가 높아지고, 분권화되며 통솔범위는 좁아진다.

③ 조직의 복잡성은 조직 내의 인간관계를 해친다. 포괄적인 직무를 수행하는 사람은 사기가 높으나 직무를 지나치게 세분화하면 사기가 저하될 가능성이 크다.

④ 조직의 과도한 복잡성은 조정과 감독의 필요로 유지관리부분의 비대화를 가져온다.

⑤ 조직의 복잡성이 높을수록 사업변동률이 높다. 즉 조직 내의 전문직업단이 많고 전문화수준이 높으면 전문가정신을 갖게 되어 고객을 위한 봉사와 지식에 대한 연구를 촉진한다. 새로운 봉사방법과 새로운 지식은 조직의 변화를 가져온다. 조직전문가를 영입하면 조직의 운영방식의 변화를 가져온다.

2) 공식화

① 공식화란 조직 내의 업무가 정형화·표준화되어 있는 정도를 말한다. 즉 업무수행에 관한 규칙과 절차가 공식적으로 정해져 있는 경우를 말한다.

② 공식화는 조직구성원의 행위를 규제하며 조정을 촉진할 수 있다. 즉 조직구성원들은 다양한 인간들로 구성되어 조직목표나 조직방침에 거슬리는 행동을 할 수 있다. 그런데 공식화는 이를 해결할 수 있다.

③ 조직의 공식화는 규칙, 절차 등이 잘 정비되어 있어 짧은 시간에 업무를 효과적으로 수행할 수 있으며, 또한 조직의 공식화는 예측가능성과 안정성을 높여준다.

④ 공식화와 조직구조와의 관계를 보면 공식화와 집권화는 비례적인 관계에 있으며 조직의 규모가 커지면 공식화의 정도는 높아진다. 왜냐하면 규모가 커지면 통제를 위해서 업무의 표준화·세분화가 불가피하다. 일반적으로 조직의 규모가 작으면 사람에 의해서 관리되나 조직의 규모가 크면 법령이나 규정에 의해서 관리하는 것이 효과적이다. 공식화는 구성원의 자율성·창의성·다양성을 저해한다.

3) 집권화

① 집권화란 결정권이 조직의 상위층에 집중되어 있는 것을 말한다.

② 기계적 관료제는 집권성이 높고, 유기적 구조는 집권성이 낮다.

③ 분권은 수평적 분권(전문구성원이나 스텝에게 권력을 분산)과 수직적 분권(일반하급자에게 권력분산)으로 나누어 설명되나, 일반적 의미의 분권은 수직적 분권을 의미한다. 분권화함으로써의 장점은 조직참여자들의 창의성을 촉진시키고, 신속한 서비스를 제공하고, 구성원들에게 힘을 실어준다. 조직구성원들에게 힘을 실어줌으로써 창의적, 효율적인 업무수행이 가능하다. 왜냐하면 힘을 실어주는 것이 담당자에게 필요한 권한(권력과 업무수행에 필요한 수단부여)을 부여하기 때문이다.

(3) 조직구조의 결정을 영향을 미치는 요인들(상황변수)

1) 조직규모

① 조직규모란 일반적으로 조직을 구성하는 사람의 수를 말한다. 또한 조직규모는 물적 수용능력, 업무량, 고객의 수 등도 지표로 사용되고 있다. 규모가 큰 조직이 작은 조직보다 더 전문화, 표준화를 띤다. 규모가 커지면 기본적인 주요 업무와는 관련이 적은 부수적인 업무가 많아진다. 일반적으로 규모가 클수록 공식화에 의존하게 되고, 집

단의 응집성은 약하며, 구성원들의 비인간화와 보수화를 초래한다.

② 규모가 커질수록 막료기능의 일종인 유지관리부문이 많아진다. 유지관리구조란 직접적으로 생산활동에 종사하는 구조를 지원하는 구조적 단위를 의미한다. 즉 일반관리구조·참모를 말한다.[1] 유지관리구조는 행정적 두상조직으로 부르기도 한다.

③ 일반적으로 규모가 커지면 공식화는 높아지고, 공식화는 집권화와 비례적인 관계에 있다. 그러나 규모가 커지면 분권화된다. 왜냐하면 규모가 커지면 업무량이 증가하기 때문에 업무가 위임되고 내려간다. 즉 대규모 조직은 집권화가 아닌 분권화가 나타난다. 또한 규모가 클수록 계층적·수평적 분화가 촉진되어 복잡성은 커진다.

2) 기술

기술이란 직무를 수행하는 방법을 말한다. 조직의 구성요소를 변화시키는 모든 활동(지식·도구·기법 등)을 말한다. 대체로 일상적인 기술은 복잡성이 낮아지고 통솔범위가 넓어지며, 기계적 구조가 적합하다. 그러나 비일상적인 기술은 복잡성이 높아져 유기적 구조가 적합하므로 낮은 공식화, 적은 통솔범위, 수평적 의사소통이 이루어진다.

여기서 기계적 구조란 안정된 환경하에서 정해진 목표를 능률적으로 달성하도록 설계된 계층제 형태를 띤 조직을 말한다. 유기적 조직은 불확실하고 동태적인 환경변화에 신축적으로 대응할 수 있는 조직으로 넓은 직무범위, 적은 규칙과 절차, 모호한 책임관계, 분화된 채널, 비공식적·인간적 대면관계의 조직특성을 지닌다. 그러나 기계적 조직은 좁은 직무범위, 표준운영절차, 분명한 책임관계, 계층제, 공식적·몰인간적 대면관계의 조직특성을 지닌다.

3) 환경

환경이란 조직의 활동에 영향을 미치는 모든 요소를 말한다.

① 일반적으로 단순하고 안정적 환경(불확실성이 낮은 환경)은 기계적 조직(공식적), 집권화, 관료제조직, 낮은 분화(수직적 분화)와 관계되며, 복잡하고 불안정적인 환경(불확실성이 높은 환경)은 유기적 조직(비공식적), 분권화, 동태적 조직, 높은 분화(수평적 분화)의 형태를 가진다.

② 환경의 불확실성이 높아질 때 분화(수평적 분화)의 정도가 높아진다.

---

[1] 오석홍, 2013, <행정학>, 서울: 박영사.

(4) 조직구조모형

조직구조의 일반적 모형을 Daft는 5가지 모형으로 나누어 설명하고 있다. 즉 기능구조—사업구조—매트릭스구조—수평구조—네트워크구조 순으로 설명하였다.

① 기능구조

기능구조는 같은 일을 하는 사람을 같은 부서에 일하도록 하는 방식으로 전문지식과 기술을 적용하여 기능별로 부서화 한다. 기능구조는 인사부, 회계부 등으로 나누어져 안정적 조직 환경과 일상적 기술의 사용에 효과적이다. 또한 구성들의 비슷한 기술과 경력으로 부서 내 의사소통과 조정이 유리하다. 다만 각 부서간의 조정이 어려움이 발생하고, 고도의 전문화로 인해 동기부여에 불리한 단점이 있다.

② 사업구조

사업구조는 산출물별 사업부서화 방식이다. 사업구조는 모든 기능이 부서 내로 배치된 자기 완결적 단위이므로 기능간 조정이 극대화 될 수 있는 조직구조이다. 또한 사업구조는 불확실한 환경에 효과적이며, 성과책임에 대한 소재가 분명하여 성과관리에 유리하다. 다만 사업구조 내의 조정은 용이하지만 부서간 조정은 어려워지고, 기능이 부서별로 분산되어 기술적 전문지식과 기술발전에 불리하며, 산출물별로 생산라인이 중복되어 규모경제의 실현이 어렵다는 단점이 있다.

③ 매트릭스 구조(Matrix Structure)

매트릭스구조는 기능구조와 사업구조의 결합으로 기능부서의 기술적 전문성과 사업부서의 신속한 대응성에 대한 필요가 요청되면서 등장하였다. 매트릭스 구조는 환경적 변화가 심하고 불확실성이 높을 때 유용하다.

④ 팀구조

팀 구조는 핵심업무과정 중심의 조직화를 추구하는 조직으로 부서간의 경계가 없어지고 고객의 수용변화에 신속히 대응할 수 있는 장점이 있다. 다만 팀원들의 무임승차 현상이 발생 시에 업무의 공동화 현상이 나타날 수 있으며 권한과 책임의 소재가 불분명하다는 단점이 있다.

⑤ 네트워크 구조

네트워크 구조는 조직의 자체기능은 핵심역량 위주로 합리화하고 기타 기능은 외부와의 계약관계를 통해서 업무를 수행하는 구조다. 장점으로 조직의 간소화와 환경의 변화에 신축적이고 신속한 대응이 가능하며 구성원의 자율성이 높고 구성원의 관계가 수평적이다.

다만 계약관계를 맺은 외부기관의 직접 통제가 어렵고, 대리인의 기회주의가 발생할 가능성이 있으며 정체성이 약해서 응집력 있는 조직분화를 갖기 어렵다는 단점이 있다. 한편으로 네트워크 구조가 위임수준이 높아 분권적이면서도 공동목표를 위한 통합관리를 추구하는 집권적 특성을 동시에 가진다고 볼 수 있다.

제 3 절 조직의 원리

1. 의   의

조직의 원리란 복잡하고 거대한 조직을 가장 합리적으로 편성하고 능률적으로 관리하여 조직목표를 효율적으로 달성하는 데 적용되는 일반원칙을 말한다. 이와 같은 조직의 원리는 고전적 조직이론에서 중시하던 이론이다. 조직의 원리이론이 사이몬의 행태론에서는 많은 비판을 받아왔으나 관료제를 구조적으로 완성시킨 이론적 장치라는 의미에서 중요한 의미를 갖는다.

2. 내   용

(1) 계층제의 원리

1) 개념

계층제란 조직에 있어서 직무를 권한과 책임의 정도에 따라 등급화하고 구성원들간에 상하의 등급을 설정하여 지휘·명령·복종관계를 확정하는 것을 의미한다. 일반적으로 계층제는 권한위임이 이루어지는 통로가 되며, 분업(수직적)의 원리와 조정·통합의 원리로 설명된다.

2) 계층제의 특징

① 조직의 규모가 커지고 전문화되면 조직의 계층도 증가한다.
② 통솔범위가 넓어지면 계층제의 수는 줄고, 좁아지면 계층제의 수는 많아진다.
③ 계층수준이 높을수록 주요 정책·장기정책·비정형적 업무에 중점을 두고 계층이 낮

을수록 정형적 업무·구체적 운영에 중점을 둔다.

④ 계층제와 계선·참모와의 관계를 보면 계층제는 계선조직을 중심으로 형성된다.

3) 순기능

① 행정의 질서와 통일성이 확보되며, 신속하고 능률적인 업무수행이 가능하다.

② 행정의 책임성을 명확히 보장하는 수단이며, 상하 의사전달의 통로가 된다.

③ 조직내부에서 분쟁의 조정과 해결의 수단이 되며, 하급자가 상급자로 승진의 통로가 되어 사기가 앙양되며, 권한과 책임한계 설정기준이 된다.

4) 역기능

① 계층제는 기관장의 독선화할 우려가 있고, 의사소통이 왜곡되기 쉽다.

② 새로운 지식과 기술의 신속한 도입을 어렵게 하며 할거주의가 발생할 수 있다.

③ 구성원들은 상사의 지시에 의한 업무수행으로 자아실현의 활동무대가 되기 어렵고 구성원의 개성과 창의성을 저해한다.

④ 높은 수직적 계층제는 구성원들의 귀속감을 감소시켜 인간관계의 형성을 방해하고, 외부환경의 변화에 보다 신속한 대응이 어렵고, 집단적 사고의 폐단이 발생할 수 있다.[2]

(2) 통솔범위의 원리

1) 개념

통솔범위란 한 사람의 상관이 효과적으로 감독할 수 있는 부하의 수를 말한다. 상관의 능

---

2) 집단적 사고란 집단구성원이 어떤 문제에 관하여 서로 의견이나 아이디어·정보 등을 교환하고 토의하여 집단의 견해를 집약하는 과정으로 설명하기도 하나, 계층제의 부작용으로 집단사고의 폐단이란 개인들이 집단화되어 반대의견의 제시보다는 집단규범에 의한 지나친 집착으로 의사결정이 동일화 방향으로 구성원들은 획일적이고, 기계적 사고를 하게 된다. 이러한 경우 구성원들의 창의력·다양성이 사라지고 도덕성, 현실에 대한 깊은 사고 없이 결정된다. 즉 문제에 대한 엄격한 조사나 비판적이고 합리적인 사고가 아닌 조직의 순응에 비롯한 결정을 내리게 된다. 만약 구성원들은 집단적 의견에 비판을 가하거나, 개인의 새로운 발견이나 해석은 집단에 반기를 드는 사람으로 비치게 될 수 있다. 조직의 리더는 합리적 의사결정에 도달하려면 무엇보다 그 과정에서 민주적 다양성이 필요하다. 왜냐하면 현실적합성 있는 합리적 생각과 창의적인 아이디어를 가진 구성원도 있을 수 있기 때문이다. 반대 의견을 낼 수 없고, 주변의 아첨하는 사람들로 둘러싸인 리더들은 조직이 잘못된 정보에 의한 의사결정으로 조직은 심각한 문제들을 제대로 인식하지 못하여 실제와는 동떨어진 결정을 하고 위험할 수 있다. 리더는 편안하게 반대 의견을 표현할 수 있는 분위기를 조성하도록 해야 한다. 잘못된 정보에 의한 미국의 이라크 침공과 1961년에 발생한 쿠바의 피그만 미사일 위기가 하나의 좋은 예가 될 수 있다. 당시 미국 정부는 참모진과 침공을 논의했을 때 이들에게는 반대 의견이 없었으며 반대 의견을 개진한 사람들은 침묵하도록 제지당했다.

률적인 감독을 보장하기 위해서는 상관이 통제하는 인원의 범위를 적정하게 제한한다는 원리이다. 조직의 최고관리자는 단지 소수의 부하만을 직접 통제할 수 있을 뿐이며 그 아래의 부하는 자기가 직접 거느리는 부하에게 통제하도록 한다는 것이다.

2) 통솔범위의 결정요인

① 시간적 요인으로 신설조직보다는 기존조직이나 안정조직일수록 통솔범위는 넓어진다. 일반적으로 조직이 오래될수록 기능적 분화가 진전되어 통솔범위가 넓어진다.

② 공간적 요인으로 분산된 장소보다는 동일장소의 경우 통솔범위가 넓어진다.

③ 업무성질과의 관계를 보면 복잡한 업무보다는 단순한 업무의 경우 넓어진다. 또한 업무의 책임도가 높을수록, 업무성과측정이 어려울수록, 부하들 사이의 업무상의 상호의존성이 높아질수록, 비일상적인 기술인 경우는 통솔범위가 좁아진다.

④ 조직에서 상사의 부하의 신임이 높을수록, 부하들이 잘 훈련된 경우는 상사의 통솔범위가 넓어진다.

⑤ 비공식조직이 존재하더라도 공식조직에 협동적이며 통솔범위는 넓어진다.

⑥ 정보관리체제의 발달은 최고관리자의 모든 정보의 통제와 파악을 가능케 하여 통솔범위는 넓어진다.

⑦ 통솔범위가 확대되면 계층의 수가 줄어들고, 통솔범위가 좁아지면 계층의 수는 많아진다.

(3) 명령통일의 원리

1) 개념

명령통일의 원리란 조직의 구성원들은 한 사람의 상관에게만 보고하고 명령을 받아야 한다는 것의 의미로 명령을 말하는 사람의 업적이 아니라 명령을 받는 사람의 입장에 관한 원리이다.

2) 장점

① 지위의 안정감을 가져오고, 조직 내 혼란을 방지한다.

② 전체적인 조정이 가능하며 업무의 신속성, 능률성이 확보된다.

③ 각 계층의 감독자들이 부하의 통제를 가능하게 하며 책임한계가 명확화된다.

3) 단점

① 한 사람의 상관에 의한 업무수행은 현대행정에서 중시되는 막료기능의 무력화를 초래하며 명령통일의 원리의 무리한 강요는 횡적인 조정을 저해한다.

② 분권화와 권한위임이 저해되며, 의사소통시 하급자가 심리적 부담을 과도하게 받는다.

(4) 분업의 원리(전문화의 원리)

1) 의의

분업의 원리란 조직관리의 능률을 향상시키기 위하여 업무를 세분화시켜 조직구성원에게 가능한 한 가지 주된 업무를 분담시키는 것을 말한다. 전문화는 업무의 분담이라는 점에서 분업이라고도 한다. 현대행정국가에 있어서 행정의 각 부문은 고도로 전문화되고 있으며 행정인은 고도의 전문적 지식과 기술이 요구되고 있다.

2) 필요성

분업은 조직의 목표달성을 위한 능률적 수단이며, 분업으로 개인 차이를 고려하여 업무를 전담케 하는 효과를 가져올 수 있다. 일반적으로 분업의 정도가 높을수록 각 직무는 소수의 과업을 반복적으로 수행하기 때문에 생산성을 향상할 수 있다.

3) 전문화의 유형

① 수평적 전문화는 동일수준간의 업무부담으로써 행정사무는 각 부처별·국별·과별로 분담된다. 따라서 수평적 전문화는 직무의 범위를 결정한다.

② 수직적 전문화는 상하간의 업무분담을 말한다. 전문화는 수직적 측면에서 직무의 깊이를 결정한다. 일반적으로 단순직무는 높은 수평적 전문화, 높은 수직적 전문화가 효과적이나, 조직의 정책을 결정하는 고위관리직무는 낮은 수평적 전문화, 낮은 수직적 전문화가 효과적이다.

4) 문제점

① 구성원들에게 한 가지 정형화된 업무를 반복시켜 일에 대한 흥미를 상실하게 한다.

② 고도로 전문화된 대규모 조직의 비정의성(非情誼性)으로 구성원은 소외감을 느끼게 되고, 직무의 단조로움으로 스트레스의 발생과 같은 현상이 발생할 수 있다.

③ 지나친 분업은 직무간, 부서간 조정과 통합을 어렵게 한다.

④ 전문화에 의하여 자기분야는 잘 알지만 시야가 좁아지고 행정문제를 전체적인 시각에서 보는 넓은 통찰력을 가지기 어렵다.

5) 전문화의 문제점 극복방안으로 직무확장과 직무충실

① 직무확장은 한 사람이 여러 개의 직무를 동시에 수행하도록 하는 방법이다. 즉 기존의 직무에 수평적으로 연관된 직무요소들을 첨가하는 수평적 직무부가이다. 직무확장의 목적은 직무담당자들의 대기시간을 줄여 작업량을 늘리고 직무수행의 지루함을 줄이고 생산활동의 질을 높이고 노동비용을 감축할 수 있다.

② 직무충실은 하급자로 하여금 직무수행의 자율성과 책임성을 증대시키는 것으로 개편대상인 직무는 수직적으로 연결된 기능들이며 수직적으로 연관된 기능들이란 책임수준이 다른 기능들과 연관된 것을 의미한다. 직무확장은 기존의 직무에 수평적 관계에 있는 직무요소와 기능을 첨가한다. 여기서 수평적 관계의 직무요소는 책임수준이 같은 직무요소를 의미한다.

(5) 조정의 원리

1) 개념

조정의 원리란 공동의 목표를 향하여 구성원들의 활동이 조화를 이루도록 하는 것이다. 즉 구성원들이 행동의 통일을 이루도록 집단적 노력을 질서정연하게 배열하는 과정을 말한다. 대규모 조직이 전문화·할거주의 등의 발생으로 화합과 갈등해소가 필요하다.

2) 저해요인

① 정치세력의 이해관계로 여러 파벌성을 띠는 경우와 행정에 대한 정치적 영향력이 복잡하게 미칠 때, 조직구성원의 이해관계나 기관목표의 차이 등은 조정을 어렵게 한다.

② 관리자의 조정능력 부족과 조정기구가 결여되면 조정을 곤란하게 한다.

③ 조정을 저해하는 근본적인 원인으로 전근대적인 가치관이 조정을 저해한다. 즉 학연·지연·파벌은 폐쇄적인 인간관계를 형성하고 타협을 어렵게 만든다.

④ 행정기능의 확대·강화에 따라 조직이 대규모화되어 계층의 수가 증가되고, 행정이 세분화되면 조정을 어렵게 한다.

3) 방안

① 일반적 조정방법을 살펴보면 권한과 책임의 명확화, 목표관리의 활용, 위원회나 회의 제도, 인사교류, 참모기관의 활용 등을 통해서 문제점들을 조정할 수 있다.

② 조정의 방법은 기구를 통해서 가능하다. 따라서 조직구조가 수직적, 수평적인 정보의 흐름이 가능하도록 설계되어야 한다. 왜냐하면 조정에 필수적인 것은 정보이기 때문이다. 조직의 상하간의 활동을 조정하는 수직연결을 위한 구조적 장치는 계층제, 규칙과 계획, 계층직위의 추가, 수직정보시스템 등이다.[3]

조직부서간 수평적인 연결을 위한 구조적 장치로는 컴퓨터를 통한 정보체계의 구축으로 정보를 공유하는 방안과 부서와 부서 간에서로 연락을 통해서 조정하는 방법이 있다. 즉 한 사람의 연락책임자를 두어 책임자로 하여금 조정의 업무를 수행하게 한다. 따라서 수평적 연결기제(장치)는 정보시스템, 직접접촉(연락), 임시사업단(Taskforce), 프로젝트 매니저(부서 간 조정을 책임), 프로젝트팀(Project team) 등이다.

제 4 절   관 료 제

1. 관료제 개념

관료제는 매우 다양한 의미를 갖고 있으며 불확정 개념이다. 일반적으로 관료제란 계층제적 구조를 가진 대규모의 복잡하고 합리적인 관리조직을 말한다. 좁은 의미의 관료제는 정부관료제만을 의미하나 넓은 의미의 관료제는 사기업과 같은 특징을 가진 조직도 관료제로 본다. 베버의 관료제는 계층제의 형태를 갖는 합법적 지배가 제도화되어 보편성을 지닌 안정적 대규모 조직을 말한다.

---

3) 계층직위의 추가란 관리자의 업무부담을 줄이기 위해서 계선계층에 참모를 신설하는 것을 의미한다. 수직 정보시스템이란 조직 상하간의 의사소통을 위해서 전자문서 교환과 같은 컴퓨터에 의한 의사소통제도를 마련하는 것이나 정기보고서를 통한 의사전달을 의미한다.

2. 관료제 유형

관료제론을 최초로 전개한 베버는 관료제를 지배의 수단으로 파악하고 권위를 지배유형에 따라 전통적 지배, 카리스마적 지배, 합법적 지배의 3가지 유형으로 분류하였다.

1) 전통적 권위 : 지배의 정당성의 근거가 전통이나 지배자의 권력의 신성성에 대한 신념에 입각하고 있다. 우리나라의 조선시대의 관료제는 하나의 예가 될 수 있다.

2) 카리스마적 권위 : 지도자의 비범한 능력이나 능력에 대한 경외심이 지배의 정당성의 근거가 된다. 카리스마 분포에 따른 조직구조를 살펴보면 카리스마 소유자들이 조직의 최상층에 있는 경우를 T(Top)구조라 한다. 예를 들면 회사, 군대조직을 들 수 있다. 카리스마 소유자들이 조직의 상하관계로 있을 때 L(Line)이라 한다. 예를 들면 천주교 조직을 들 수 있다. 카리스마 소유자가 조직에 횡적으로 분포되어 있을 때 R(Rank)구조라 한다. R구조의 예로는 대학교 교수들을 들 수 있다.

3) 합법적 권위 : 지배의 정당성이 합법성에 입각하고 있는 지배유형을 말한다. 합법적 관료제가 근대관료제이며 근대관료제가 본래의 베버의 이념형이고 관료제이다. 베버의 근대관료제는 법규의 준수, 공식적 구조, 권한과 책임의 명확화, 대규모성, 신분의 안정성, 정태적 조직관 등의 특징을 지닌다.

3. 립스키(Lipsky)의 일선관료제

1) 립스키는 일선관료들이 일반적으로 처하게 되는 업무환경을 관찰하며 일선관료제이론을 구성하였다. 일선관료제란 시민들과 직접 접촉하는 하위공무원으로 교사·경찰·사회복지요원 등을 말한다. 일선관료는 서비스를 제공하는 데 있어서 상당한 재량권을 행사한다. 따라서 일선관료는 시민들과 끊임없이 상호작용하며 직무의 자율성이 상당히 광범위하다. 그러나 일선관료의 작업환경을 살펴보면 자원이 불충분하고 권위에 대한 도전과 위협을 받고 있다.

2) 일선관료는 업무 간 경계가 불분명한 경우도 존재하며, 부서의 목표가 모호한 경우도 많다. 또한 객관적인 성과 평가기준이 결여되어 있다.

3) 업무수행이 유연한 업무가 아닌 정형화되고 습관적인 행태로 수행된다.

4. 근대관료제

베버(Weber)의 관료제모형은 이념적 관료제이다. 즉 그의 일이 현실에 존재하는 기존의 조직현상으로 도출되는 것이 아니라 가설적 모형이다. 또한 보편성(모든 조직이 계층제 형태), 합리성을 띤 조직을 의미한다.

(1) 특   징

1) 법규의 지배 : 공식적인 의사결정과 활동은 규칙과 절차에 의존해서 수행되고 관료의 권한의 배분·자격요건 등이 명백히 법규로 규정되어 있다. 따라서 업무처리에서 인간의 주관적 판단이 배제된다.
2) 문서주의 : 관료제에 있어서의 직무수행은 문서로서 하는 것을 원칙으로 한다. 문서의 행정은 장래의 유사한 사안에 대하여 선례를 제공한다.
3) 계서제적 구조 : 권한의 계층이 뚜렷히 구획되어 있는 계급과 서열중심의 구조에서 모든 직위들이 배치된다. 상명하복의 질서정연한 체제로서 하급자는 상급자의 엄격한 감독과 통제 하에 임무를 수행한다.
4) 임무의 비정의성 : 직무수행의 과정에서 개인적인 이익에 구애되는 일 없이 공평무사함을 유지한다.
5) 관료의 전문화와 전임화 : 근대관료제는 채용에 있어서 전문적인 능력을 중시하고 일생동안 종사하는 전임직업이다.
6) 항구화의 경향 : 관료제가 성숙하면 파괴하기 어려운 실체가 된다. 권력관계의 사회화를 통해 권력의 망을 형성하여 스스로를 지속시키려는 관성과 변동에 저항하는 행태가 형성된다.

(2) 비   판

1930년대 이후 미국 사회학자들은 근대관료제가 공식 측면만을 중시하고 비공식측면을 도외시하며, 합리적인 측면만 강조하고 비합리적 측면을 등한시하며, 관료제의 순기능측면을 강조하고 역기능측면을 무시하고 있으며, 환경과 관련해서 보지 않고 내부문제에 한정하고 있으며, 관료제를 가치중립적인 도구로 인식한 결과 관료제 내외에서 일어나는 권력현상을 도외시하고 있다는 비판을 가했다. 즉 관료제는 국민과 대립양상을 띠고 있다는 점을 간과하였다.

5. 관료제의 순기능

1) 업무처리의 객관성 : 관료제는 법과 규칙에 의한 업무를 처리함으로써 조직활동의 객관성과 일관성을 확보할 수 있다. 관료제는 감정주의, 편견이나 직관에 의한 비합리적인 행동을 억제할 수가 있다.

2) 효율적 집행체제로 능률성과 생산성의 제고 : 정책이 결정되면 집행이 요구되는데 집행에 적합한 조직구조는 계층제의 관료제가 적절하다. 집행은 신속성과 획일성이 요구되는데 관료제는 수직적 체제로서 업무의 능률성과 생산성을 향상할 수 있는 조직이다.

3) 개인의 능력차이를 반영 : 인간은 타고날 때부터 능력의 차이가 있으며 관료제는 이를 반영할 수 있다고 본다. 관료제는 인간의 능력과 책임의 정도에 따라 계층적으로 배열된 조직구조이기 때문이다. 일반적으로 조직 내에서 권한의 계층화가 권한의 평등화보다 더욱 효과적일 수 있다.

4) 비정의성의 강조(몰정의성) : 관료제는 객관적인 업무처리를 강조함으로써 인간의 감정을 배제하고 공정하게 업무처리를 할 수 있도록 한다.

5) 공직에 기회균등과 성취주의 실현 : 관료제는 자격과 능력에 의한 임용을 원칙으로 하므로 기회균등을 고취시키며, 또한 승진·전보 등에 연고주의나 정실주의를 배제하고 객관적 기준이 적용됨으로써 능력주의와 성취주의를 실현할 수 있다.

6) 조정의 역할의 수행 : 인간사회에서 갈등은 보편적이다. 갈등의 해결은 타협과 협상이 바람직하다. 협상에 의한 갈등의 해결이 곤란할 경우에 갈등을 해결할 수 있는 방법이 계층제이다. 관료제는 계층제로 구성되며 계층제는 내부의 문제를 조정하는 역할을 수행한다.

7) 사회의 각 부분 균형적 발전의 조절 : 관료제는 환경과 상호작용을 하면서 사회의 불균형을 조정하여 사회의 각 부분이 균형적으로 발전하도록 하는 역할을 수행하기도 한다.

8) 사고의 합리화 역할 수행 : 관료제는 감정적이고 비합리적인 사람들이 관료제와 맺음으로써 공·사를 구별하고 질서의식을 갖도록 한다. 왜냐하면 관료제가 합리화와 능률성을 강조하기 때문이다.

6. 관료제의 역기능

관료제는 기본적으로 능률성과 합리성을 강조한다. 즉 규칙과 절차를 통한 업무수행으로 행정의 통일성이 확보되며 책임의 이행을 강조한다. 그러나 관료제는 본래 의도와는 다른 변화가 초래되어 조직목표의 수행을 저해하는 현상이 발생한다. 이를 관료제의 역기능이라 한다.

1) 문서주의의 강조로 업무처리가 지연 : 관료제의 모든 업무처리는 기본적으로 문서에 의한 업무처리를 한다. 그러나 필요 없는 활동까지도 문서화함으로써 문서화하는 데 불필요한 시간낭비와 과다한 문서로 인한 업무의 번잡성과 혼란을 초래하는 현상이 발생한다. 이를 번문욕례(red tape · 문서다작주의)라 한다.

2) 인간발전의 저해 : 관료제의 계층제나 업무통일은 관료제 구성원은 대규모 조직의 부속품처럼 기계화되어 인간의 심리적 요인과 구성원들의 발전을 저해한다.

3) 목표의 전환 : 관료제의 조직구성원들이 업무수행과정에서 규칙과 절차에 지나치게 집착함으로써 동조과잉현상과 법규의 준수가 오히려 목적이 되어버리는 현상이 발생한다.

4) 무사안일주의 초래 : 관료제의 구성원들은 문제해결에 적극적 태도를 취하지 않고 상급자의 명령에만 맹종하고 책임의 회피현상이 발생한다. 무사안일주의는 업무상 책임지기를 싫어하는 행태와 자신의 신분보장에만 관심을 갖게 된다.

5) 부처 할거주의 현상 초래 : 셀즈닉(Selznick)은 부처할거주의 현상을 지적하면서 관료제는 자기가 소속한 조직단위나 기관에만 충성을 갖고 다른 부서에 대해서는 편협한 태도를 취하여 조정과 협조가 잘되지 않는다.

6) 전문화에 의한 무능 초래 : 관료제의 구성원은 담당분야에 대한 과도한 집중으로 타분야에 대한 문외한이 되어 훈련된 무능현상이 발생한다.

7) 변화에 저항 : 관료들은 자기유지에 대한 불안감으로 보수성을 띤다. 또한 보수주의는 관료제의 경직성을 초래하여 환경의 요구에 적절한 대응능력을 상실한다.

8) 무능력자의 승진 초래 : 관료제는 계층제를 원칙으로 하고 무한한 신분보장으로 능력을 넘는 수준까지 승진하는 현상이 발생하여 직위가 무능력자로 채워지는 경향이 발생한다. 이러한 경향을 피터의 원리라 한다.

7. 관료제에 대한 새로운 시각

1) 굿셀(Goodsell)의 관료제 옹호론 : 1985년 Goodsell은 사람들의 관료제에 대한 부정적 시각은 관료제에 대한 이해 부족에서 비롯되었다고 주장하면서 관료제를 적극 옹호하였다. 그 이유는 다음과 같다. 관료제가 기득권의 이익을 옹호하고 관료자신의 이익을 추구한다는 비판에 대해서 관료제는 국민전체이익을 대변하고 있으며 관료제가 자신만의 이익을 추구하지 않는다고 반박하였다. 또한 관료제가 비민주성과 관료의 비인간화를 초래한다고 주장하나, 관료제의 공식화는 구성원들의 역할이 모호성을 줄이고 소외감을 해소할 수 있다고 주장했다. 비대해진 관료제의 통제가 어렵다는 비판에 대해서 현실적으로 보통의 통제수단은 다양화되어 있으며 오히려 오늘날 관료의 행동은 행정의 시민참여, 정보공개 등의 방법에 의해 관료에 대한 통제는 강화되고 있다. 관료제는 독점성과 독선적 의사결정으로 공공재의 비효율적인 배분의 비판에 대한 공공부문과 민간은 근본적 차이가 있으므로 비교 자체가 어렵다고 주장했다.

2) 관료제의 옹호론에 대한 평가 : 굿셀(Goodsell)에 의한 관료제의 재평가는 그동안 부정적 시각에서만 바라보던 관료제를 우수한 측면에서 재조명했다는 데 의의가 있다. 그러나 관료제의 부정적 측면에 대해서 충분한 실증적 논리를 제시하지 못했다. 앞으로 관료제의 역기능을 해결할 수 있는 방안을 찾고 통제장치를 강화하는 방안에 대해서 연구할 필요성이 있다.

8. 관료제의 쇄신방안

(1) 구조적 측면

1) 행정조직의 동태화 : 환경에 신축성 있게 적응하기 위해서 관료제 조직을 동태적 조직으로 전환하여 구성원들이 스스로 행동하도록 해야 한다.

2) 참여, 의사전달의 촉진 : 기관장의 독선을 시정하고 권위주의 행정문화를 지양하기 위해서는 구성원의 참여를 촉진해야 한다. 특히 하의상달을 장려하여 문제해결에 새로운 아이디어를 쉽게 고안할 수 있도록 해야 한다.

3) 분권화와 권한위임의 촉진 : 집권화에 따른 경직성의 제거를 위해서 적절한 분권화를 실현하고 권한의 위임이 이루어지도록 해야 한다.

4) 할거성의 배제와 조정의 개선 : 할거주의 현상으로 말미암아 각 기관 부·국·과간의

의사전달이 원활하지 못하고 횡적 조정이 어려워진다. 따라서 직접 접촉이나 사업관리자의 수평연결장치가 필요하다.

5) 보수제도의 개선 : 공직의 부패를 예방하기 위해서 하급공무원들의 생활보장이 되도록 보수를 지급하여야 한다. 적정한 보수는 공무원의 사기앙양과 부정부패 방지에 도움이 된다.

(2) 인간적 측면

1) 발전지향적인 행태의 확보 : 행정인이 발전지향적 행태를 지향하지 않거나 가치관과 의식구조의 개혁이 없이는 행정의 목표는 달성할 수 없다. 따라서 관료의 미래지향적이고 발전지향적인 가치의 확보가 중요하다.

2) 신분보장 및 전문직업의식과 공복의식을 갖는 윤리정립 : 최소한의 신분보장과 자기직무에 대한 전문직업의식 그리고 국민에 봉사한다는 사명과 자부심을 지닌 민주적 공복의식과 윤리정립은 쇄신적 관료제의 발전에 불가결한 요소이다.

3) 창조적 소수관료 엘리트의 존재 : 관료제의 쇄신을 위해서는 리더십을 가지고 있고, 창의성을 가진 소수발전 엘리트의 동원이 필요하다.

4) 대내적 인간관리의 민주화 : 구성원의 인간적 가치가 중시되는 대내적 행정관리의 민주화가 구현되어야 한다. 조직관리의 민주화는 구성원들의 하고자 하는 근무의욕을 고취시키고 업무를 보다 능동적으로 처리하는 계기가 될 수 있다.

(3) 환경적 요인

1) 사회환경의 정화 : 관료제는 사회적 환경이 영향을 받으므로 사회환경을 정화하는 사회풍조의 개선이 이루어져야 한다.

2) 민주통제의 강화 : 발전도상국가는 행정의 복잡화·전문화로 인하여 관료의 역할이 확대되고 강조되고 있다. 이에 대처하기 위해서 주민통제가 필요하다.

9. 관료제와 민주주의와의 관계

(1) 상관관계

관료제는 설정된 조직목표를 효율적으로 집행하기 위해서 능률을 기본원리로 하는 수단가치이나, 민주주의는 조직의 공동목표를 설정하는 과정에서 다수결의 원리를 적용하는 목적가치이다. 예이츠(Yates)는 관료제와 민주주의자의 조화가 가능하다는 대안을 제시하였으며, 킹슬리(Kingsley)는 사회집단의 구성비에 따라 관료를 충원하는 대표관료제를 제안하였다.

(2) 관료제의 민주주의에 대한 공헌

1) 공직의 기회균등 : 관료제는 사회적 신분의 차별 없이 전문적 지식과 능력에 따른 관료의 임용을 원칙으로 하기 때문에 공직에 기회가 균등하게 보장된다.
2) 법 앞의 평등 : 관료제는 일반적인 규칙과 절차에 의한 사무처리로 정실을 배제하고 법 앞의 평등을 확립하는 데 공헌한다.
3) 민주적 목표의 능률적 수행 : 민주적으로 결정된 조직의 목표는 고도의 기술적 합리성과 능률성을 가진 관료제를 통해서 달성할 수 있다.
4) 입법기능의 보완 : 최근 복잡하고 전문화된 행정현상의 입법화가 어려워지므로 관료제가 위임입법을 통해 이를 보완한다.

(3) 관료제의 민주주의에 대한 폐해

1) 권한의 독점 : 관료제는 소수의 간부에게 권력이 집중되는 현상이 발생한다.
2) 민중의 요구에 무책임한 행위자행 가능성 : 관료가 공공기능을 독점하여 처리하는 과정에서 관료들의 아집과 독선으로 무책임한 행위를 자행할 가능성이 크다.
3) 정책결정에서 역할과대 : 행정의 역할이 강화됨에 따라 관료제는 정책결정을 실질적으로 주도하게 되어 시민의 소외가 발생할 수 있다.
4) 임의단체의 비민주적 보수화 경향 : 구성원의 민주적 참여를 통한 자발적 임의단체가 구성되고 그 의견을 반영하게 되지만 이러한 임의단체도 점차적으로 관료주의화 경향으로 나가게 되어 조직이 소수에 의해서 운영될 수 있다.
5) 권력의 집중현상 초래 : 관료제는 소수인에게 지나친 권력의 집중으로 권력의 불균형현상이 초래하여 민주주의를 저해할 위험성이 있다.

(4) 관료제와 민주주의의 바람직한 관계

1) 관료제와 민주주의의 바람직한 조화를 위해서는 행정의 목표수립을 민주적으로 하고 설정된 목표의 집행은 능률적인 관료제가 수행하도록 해야 한다.

2) 관료제의 부패와 책임회피를 막기 위해서는 국민의 통제 · 비판 · 감시의 강화와 신문
   과 방송 등의 여론의 역할이 중요하다.
3) 현대행정의 전문화 · 복잡화로 인하여 외부통제는 사실상의 일정한 한계가 있으므로
   내부통제수단에 의해서 관료제를 통제하여야 한다. 즉 대표관료제의 확립, 내부고발
   자 보호, 행정윤리 등의 방안을 강구해야 한다. 내부고발자 보호법이란 새로운 행정통
   제방안으로서 조직구성원인 개인 · 집단이 조직 내의 불법 · 부당 · 부도덕한 행위들을
   고발할 경우에 고발자를 법적으로 보호해주는 것을 말한다.
4) 유동적인 환경에 능동적으로 대처하기 위해서는 탈관료제를 활용하고 조직내의 민주
   화를 실현하기 위해서 Y론적 인간관리, 참여 등의 방법을 활용하도록 한다.

10. 한국관료제

(1) 의   의

우리나라 관료제는 조선왕조의 성장과 더불어 시작되었다고 볼 수 있다. 조선시대의 관
료제는 유교를 기본바탕으로 하고 있으며 일반적으로 베버(Weber)의 가산적 관료제의 특징
을 가지고 있다. 정부수립 후 한국의 관료제는 근대적 관료제가 형성된 시기에 해당된다.
1950년대의 관료제는 정태적 · 현상유지적 성격이 강하여 체제를 유지하고 질서유지 등의
성격을 띠고 있었다. 1960~1970년대의 관료제는 가산적 관료제와 근대적 관료제가 혼재하
는 이원적 관료제의 성격을 띠면서 한편으로 전문성과 발전지향성이 강한 발전지향적 관료
제의 특징을 지녔다.

(2) 특   성

1) 구조적 특성
① 이원적 구조 : 가산적 관료제와 근대관료제가 혼합에 의한 이원적 구조의 특성을 보
   이고 있다. 이러한 영향으로 관료들이 개별적 사례의 업무처리에 있어 자의적이고 가
   변적인 행태를 보이고 있다.
② 집권적 구조현상 : 행정권한이 중앙이나 상급기관에 지나치게 집중되어 있다. 지나친
   집권화로 관료제의 경직성을 초래하고 있다.
③ 역관료화현상 초래 : 관료제가 확고한 공익관을 갖지 못하고 특수한 집단이나 지역에
   집착하는 현상을 초래하고 있다.

④ 과잉관료화현상 초래 : 관료가 민간부문보다 상대적으로 권한이 크며 사회집단의 자율성을 저해하는 현상이 나타나고 있다.

⑤ 계선조직과 일반직 우월화 현상 : 참모보다는 계선, 기능직이나 전문직보다는 일반직이 우위를 차지하고 있다. 이러한 현상으로 우수한 인재가 참모역할을 기피하는 현상이 발생하고 전문직 공무원들의 사기저하를 초래하고 있다.

2) 행태적 특성

한국관료제의 특징은 관료제의 역기능인 무사안일주의 행태, 부처할거주의, 변화에 대한 저항, 법규만능주의, 관료조직이 특정집단에 포섭되는 현상이 나타나고 있다. 또한 유교문화의 영향으로 권위주의 의식이 강하고, 관료의 행태에 지연·학연 등이 폭넓게 작용되며, 관료가 직무를 수행하는 데 인사권자나 상사의 기분에 영합하는 경향이 있다.

(3) 한국관료제의 발전방향

1970년대의 발전관료제는 신속한 국가발전을 가능케 하였으나 사회전체의 불균형의 심화를 초래하였고 민간부문의 자율성을 침해하였다. 앞으로 관료제의 바람직한 방향은 무엇보다도 관료제의 민주화의 실현이 필요하다. 관료제의 민주화를 위해서는 중앙정부의 권한이 지방정부로 위임하도록 하고, 고객중심의 행정이 되도록 탈관료제적 조직을 활용하도록 해야 한다. 탈관료제는 적은 규정과 규칙을 적용하고, 조직구성원이 문제해결에 참여하고, 변화하는 환경에 탄력적으로 대응할 수 있다.

제 5 절 계선기관과 참모기관

1. 의　　의

계선기관이란 기관장을 중심으로 차관, 국장, 과장, 계장으로 이어지는 선에 위치한 직위를 의미한다. 계선기관은 일반적으로 조직의 목표달성을 위해서 정책결정과 정책집행기능을 수행하는 단일기관의 조직형태이다. 막료기관이란 차관보, 담당관, 기획관리실 등이 해당되며 계선기관의 기능을 원활히 수행하도록 지원, 보조하는 목표달성에 간접적으로 공헌

표 2-2 계선기관과 막료기관의 비교

	계선기관	막료기관
기 능 면	직접 직무수행(명령, 집행, 감독)	간접적 직무(기획, 자문, 조정, 통제)
대국민관계	일반국민과 직접 접촉, 봉사	간접적 봉사
형 태 면	계층적, 수직적 조직으로 의사결정권, 지휘명령권이 있다.	수평적 조직으로 의사결정권, 지휘명령권이 없다.
태 도 면	현실적, 보수적 경향	이상적, 개혁적 경향
지적 배경	일반적인 지식과 기술 요구	전문적인 지식과 기술 요구

하는 기관이다.[4] 현대의 대규모 조직에서는 계선과 막료의 역할을 명확히 구분할 수 없게 되고 있다. 어떤 조직에서 계선과 막료의 구분은 그 직위를 어떻게 보느냐에 따라 때로는 막료가 되고 때로는 계선이 되기도 한다. 또한 최근에 막료가 집행기능까지 담당하고 있다.

2. 계선기관의 장·단점

(1) 장   점

1) 조직이 안정적이고 권한과 책임의 한계가 명확하여 업무수행이 능률적이다. 또한 참모기관을 설치했을 경우에 비하여 계선기관만을 운영하는 경우 경비가 절약된다.

2) 의사결정이 신속하고 명령·복종관계에 의해서 강력한 통솔력을 행사할 수 있다.

3) 소규모 조직에서는 고도의 전문적 지식을 지닌 참모의 필요성이 적기 때문에 계선중심의 조직운영에 유리하다.

(2) 단   점

1) 의사결정권이 계층의 최고관리층에 집중되어 책임자의 주관적, 독단적인 결정가능성이 있으며 이로 인한 의사결정의 질적 저하를 가져온다.

---

4) 막료기관을 보좌기관이라고도 한다. 보좌기관은 중앙행정기관에는 그 기관의 장·차관·실장·국장 밑에 정책의 기획·조사·연구 등을 위해서 보좌기관을 둘 수 있으며 명칭은 담당관·단장 등으로 정한다. 행정관청에 소속되어 행정관청의 권한행사를 보조하는 행정기관을 말한다. 차관보제도는 우리나라의 대표적인 막료기관이다. 차관보는 전문적 지식과 경험을 활용하여 장관의 의사결정을 보좌하고 정책을 입안하고 기획하는 기능을 수행한다. 차관보 밑에는 하부조직을 둘 수 없다.

2) 조직에 전문가의 지식과 경험을 이용할 수 없으므로 조직이 경직성을 띤다.
3) 조직이 커질 경우 참모의 도움이 없다면 계선의 업무가 과중하게 되고 부처간의 효과
   적인 조정이 곤란하여 조직운영의 능률 및 효과가 약화되기 쉽다.

3. 막료기관의 장·단점

막료란 최고관리층의 의사결정을 돕기 위해 정보의 수집과 분석을 하며 최고관리층에게
조언을 한다. 막료의 장·단점은 다음과 같다.

(1) 장 점

1) 막료는 전문적인 경험과 지식의 활용으로 합리적인 결정을 가능하게 한다.
2) 막료는 계선의 통솔범위를 확대시킨다.
3) 막료는 조직운영의 융통성과 신축성을 부여한다.

(2) 단 점

1) 계선기관과 참모기관 사이에 대립과 알력이 조성될 가능성이 있다.
2) 참모는 결과에 대해서 책임을 지지 않고 책임전가의 우려가 있다.
3) 참모기관의 설치는 예산의 증가현상과 행정의 지연을 초래할 수 있다.
4) 참모기관의 설치는 최고관리자의 통솔범위의 확대화를 초래하고 행정의 중앙집권화의
   원인이 된다.

4. 계선과 막료간의 갈등원인

1) 권한과 책임의 불명확 : 계선과 참모 상호간의 권한과 책임의 한계가 불분명한 경우는
   갈등이 발생할 수 있다.
2) 지식·능력·행태의 차이 : 막료는 계선조직보다 개인주의적이고 교육수준이 높은 반
   면, 계선은 막료에 비해서 전문지식이 부족하고 현실적이고 보수적인 태도를 갖게 되
   어 갈등이 초래된다.
3) 개혁과 현상유지 : 막료는 전문적 지식을 가지고 있어 변화를 추구하려는 개혁지향적
   성격이 강하나 계선은 직접 업무를 수행하기 때문에 현상유지적 성격이 강하다.

4) 계선과 막료의 문제를 보는 시각 : 계선은 조직을 전체적인 면에서 관찰하나 막료는 부분적이고 전문적인 입장에서 보기 때문에 견해차이가 발생한다.

5. 해결방법

1) 권한과 책임한계의 명확화 : 상급자는 부하인 계선직원과 참모직원의 책임한계를 명확히 규정함으로써 갈등을 예방할 수 있다.

2) 인사교류 : 계선기관과 참모기관간의 인사교류가 있어야 한다. 인사교류를 통하여 참모와 계선은 서로의 입장을 더 잘 이해할 수 있게 되고 능력발전을 도모할 수 있게 된다.

3) 기관장의 올바른 인식과 충분한 이해 : 기관장이 참모기능에 대하여 올바른 인식을 하여 부하인 계선직원과 참모직원이 원만한 협조관계를 이룰 수 있는 분위기가 조성되도록 해야 한다.

4) 상호간 접촉의 촉진 : 참모기관과 계선기관은 서로 친밀해지도록 노력하여야 하며 상호간에 접촉이 적은 경우에는 기관장이 적극적으로 유도해야 한다.

5) 참모의 전문가적 사고방식의 지양과 교육훈련의 필요성 : 참모의 폭넓고 다양한 교육훈련을 통하여 시야가 좁은 전문가적 사고방식으로부터 벗어나도록 노력하여야 한다.

6. 계선과 참모의 관계에 관한 연구

(1) 골렘비에스키(Golembiewski)의 모형

1) 중립적 · 열등적 도구모형 : 계선이 주된 조직이며 참모는 보조조직이다. 참모의 역할은 계선에 보조하는 것이며 계선만이 국민에게 직접 봉사한다.

2) 변형된 자아모형 : 막료가 지휘관의 지휘권 행사를 지원하는 방식이다. 참모는 최고관리자의 명의로 명령을 내리기도 하고 그 결과로 하위계층의 지휘관에게 복종을 요구할 수도 있다. 우리나라의 경우 비서실이 변형된 자아의 막료가 되어 계선과 갈등이 발생하기도 한다.

3) 동료모형 : 막료가 계선과 동등하거나 계선과 하나의 Team을 형성한다는 현대모형이다. Golembiewski는 NII형 → Alter Ego형 → 동료형으로 갈수록 참모의 지위가 높아지고 발언권도 강화되며 동료형은 Y이론을 지지하는 입장이고 그 중에서도 가장 이

상형은 동료모형이라고 주장했다.

(2) 행정농도

전통적 입장은 행정농도란 조직의 전체인력에 대한 유지관리인력의 비율을 말하며, 대체로 선진국가는 행정농도가 높고 후진국가는 행정농도가 낮다. 그러므로 선진국가는 조직이 보다 민주적이고 동태적이다. 현대적 견해는 행정농도를 자원인력(유지관리인력)에 관리자를 포함하고 있다. 전통적 견해와는 다르게 현대적 견해는 행정농도가 낮은 조직이 고객지향적·유기적 구조라는 입장이다.

제 6 절   위 원 회

1. 의   의

위원회란 합의제 행정기관을 말한다. 위원회는 계층제 조직의 경직성의 완화와 민주적 결정과 조정의 촉진을 위하여 복수의 구성원으로 이루어지는 합의제 기관이다. 위원회의 기본특징은 여러 사람이 대등한 관계에서 집단토론을 통해서 합의적으로 결정을 내리도록 하는 데 목적이 있다. 위원회의 유형은 행정위원회와 자문위원회로 나누어 설명할 수 있다. 행정위원회는 의사결정의 법정구속력이 있다. 자문위원회는 자문에 한정하여 결정권과 집행권이 없다.

2. 위원회의 특징

1) 합의제 조직 : 일반적으로 계층제 피라미드 구조를 가지면서 의사결정의 권한이 한 사람에 의해서 이루어지는 조직이나, 위원회는 위원들의 합의에 의하여 의사결정이 이루어진다.
2) 분권성 : 일반적으로 행정조직은 상급기관과 하급기관간에 계층적인 상하관계가 형성되어 의사결정권이 집권화되어 있어 행정의 통일성이 확보된다. 그런데 위원회제는 의사결정과정이 소속위원들의 참여를 통해서 이루어지므로 분권성을 갖는다.

3) 민주적 성격 : 위원회제는 국민의 의견을 국정에 널리 반영시키고 국정에 대한 참여의
　식을 높일 수 있으며, 어떠한 의제에 대하여 여러 사람이 토의를 거쳐 신중하고 합리
　적인 결정에 도달할 수 있다는 점에서 민주성을 띤다.

3. 위원회의 용도

위원회의 광범위하고 상이한 정보를 수집하고 종합화가 가능하고 조정을 필요로 하는 문
제들을 다룰 경우에 필요하다. 또한 특정한 행정분야를 계층제로부터 분리시켜 독립적인
기관에서 처리가 요구될 때 필요하다. 우리나라의 경우 중앙인사위원회, 선거관리위원회 등
은 행정계층제로부터 분리되어 독자적으로 업무를 수행하는 기관이다.

4. 위원회의 장·단점

(1) 장   점

1) 집단적 결정으로 신중하고 공정한 결정을 내릴 수 있다.
2) 전문가의 참여로 보다 합리적이고 창의적인 정책결정을 내릴 수 있다.
3) 정책의 지속성과 안정성을 확보할 수 있다.
4) 위원들은 서로 대면하여 토론함으로써 인간관계를 원활히 한다.
5) 관료주의의 병리현상을 방지하고 독단적인 의사결정을 억제할 수 있다.
6) 위원회에 참석함으로써 새로운 사실을 알게 되고 합리적인 판단능력을 터득하게 되어
　관리자 양성의 효과가 있다.
7) 결정과정에 여러 사람들의 참여로 지지와 만족을 얻어 집행이 용이하다.

(2) 단   점

1) 신속한 결정을 내리기 어렵다. 위원회는 위원들간에 의견의 일치를 시키는 데 시간이
　오래 걸려 적시성의 확보가 곤란하다.
2) 위원회는 상대방의 감정을 고려하여 비판적인 태도를 취하지 않으려 하고 타협적 결
　정이 되기 쉽다.
3) 강력한 지도력의 결여로 행정의 무기력·비능률을 초래할 가능성이 있다.
4) 위원회는 여러 사람에게 책임이 분산되어 있기 때문에 책임전가현상과 무책임한 행정

을 초래할 가능성이 있다.

5) 위원회는 여러 사람의 구성으로 행정의 비밀의 확보가 곤란하다.

5. 위원회의 유형

(1) 자문위원회

가장 초보적인 행태의 위원회로 자문기능만 수행하여 법적 구속력은 갖지 않는다. 자문위원회는 시민의사를 반영하는 통로역할을 하여 시민의 지지를 얻기 위한 수단으로 이용되기도 한다. 공식적인 행정관청이 아니다. 예를 들면 평화통일자문회의가 있다.

(2) 조정위원회

단체 간 혹은 개인 간 상이한 의견을 조정, 통합을 목적으로 설치된 합의제 기관으로 그 결정이 법적 구속력을 갖는 경우와 갖지 않는 경우가 있다. 조정위원회에는 언론중재위원회, 환경분쟁위원회 등이 있다.

(3) 행정위원회

1) 개념

행정위원회란 체계상으로 행정각부에 소속되면서도 직무에 관해서는 어느 정도의 중립성과 독립성을 가진 합의제 행정관청으로 행정권의 일부를 담당한다.

2) 특징

① 위원회는 법률로 설치하며 직접 행정 객체에 대하여 행정을 처리할 권한을 가진다. 즉 준입법적 성격과 준사법권을 가지고 있다. 우리나라의 경우 방송통신위원회, 금융위원회, 공정거래위원회, 국민권익위원회 등이 있다.

② 행정위원회는 발생하는 분쟁을 해결하는 일을 주로 행사한다.

③ 행정위원회는 정부나 외부세력의 압력을 덜 받게 되어 직무의 독립을 기할 수 있고 각계각층의 의견을 반영할 수 있으므로 행정의 민주화를 실현할 수 있다.

(4) 독립규제위원회

1) 의의

독립규제위원회는 19세기말 미국에서 행정기관으로부터 독립하여 구성된 합의제 행태의 기관이다. 독립규제위원회란 행정관청으로서의 성격을 가지면서 준입법, 준사법 기능을 수행하는 합의제 기관이다. 독립규제위원회는 주로 행정의 안정성, 중립성, 전문성을 확보하기 위해서 설립된다. 독립규제위원회의 업무는 주로 규제업무이며 미국에서 산업경제의 급격한 발달로 초래된 경제적·사회적 병폐를 바로 잡기 위하여 대통령이나 의회의 압력을 받지 않고 독자적으로 업무를 처리한다. 우리나라의 경우 행정위원회가 유사하다.

2) 설치이유

① 행정권의 비대화를 방지하고 규제사무가 기존 행정기관에서 다루기 곤란하기 때문에 합의제 기관을 설치하여 해결하는 것이 바람직하기 때문이다.

② 처리해야 할 규제사무가 전문성과 특수성이 요구되기 때문이다.

③ 경제활동에 대한 정치적 영향력을 배제하기 위해서다.

3) 성격

① 정부로부터 독립적 성격을 지니면서 경제·사회문제에 대한 규제를 담당한다.

② 규제는 사적 거래관계나 시민의 재산문제에 대한 정부의 통제가 가능하다.

③ 독립규제위원회를 머리 없는 제4부 또는 의회의 팔이라는 비판도 있다.

4) 미국 독립규제위원회 구성

① 초당파적으로 구성되며 대통령은 위원을 임명한다. 위원의 임명시 상원의 동의가 필요하며, 임명 후에는 마음대로 해임하지 못한다.

② 임기는 대통령의 임기보다 길고, 대통령이나 국회에 대해서 책임을 지지 않는다.

③ 위원회의 결정은 그 자체가 최종적인 것으로 법적 구속력을 갖는다.

④ 업무수행 중 대통령이나 행정각부 국회로부터 영향을 받지 않는다. 그러나 업무수행상의 독립성은 사법부만큼 강하지 못하며 압력단체의 영향을 받기도 한다.

5) 문제점

① 지나친 독립성으로 인하여 일반행정기관과의 정책의 조정이 곤란하며 책임이 분산된

다. 정부보다 오히려 의회와 긴밀한 관계를 유지한다(의회의 팔).

② 업무상 대통령으로부터 독립되어 정책의 일관성이 결여되어 정책의 통합성이 어렵고 정치권력의 뒷받침 없이는 규제위원회의 정책을 강력히 추진하기 곤란하다.

③ 독립규제위원회의 결정이 합의제를 원칙으로 하고 있어 경제 · 사회의 변동에 신속한 적응이 어렵고, 타협안을 초래한다.

6. 우리나라 위원회 조직

1) 위원회에 관한 법률: 행정기관 소속 위원회의 설치·운영에 관한 법률에 의하면 중앙행정기관의 장은 위원회를 설치하려면 미리 행정안전부장관의 협의를 거쳐야한다. 행정위원회의 운영은 대통령령으로 필요최소한의 상임위원과 사무기구 설치 가능하나, 자문위원회는 비상임위원으로 구성하며, 사무기구나 상임위원을 둘 수 없도록 하였다. 또한 행정기관의 장은 위원회의 현황과 활동내역을 국회 소관 상임위원회에 보고하도록 되어 있다.

2) 문제점 : 위원회의 구성이 전문가보다는 사회적 저명인사로 구성되어 있어 전문성이 약하고 위원회의 지위가 불명확하고 형식적인 위원회가 많다. 또한 위원회의 수가 너무 많아 국가예산의 낭비를 초래하고 위원회가 관련부처의 장관이나 정치적 영향을 많이 받고 있으며 위원회의 운영이 위원장 중심으로 운영되고 있다.

3) 개선방안 : 위원회의 구성원인 위원의 선정이 신중해야 한다. 사회적 저명인사보다는 그 분야의 전문가들로 구성되도록 해야 한다. 위원회의 구성원들을 실무자 · 현장인사들을 중심으로 구성하면 원론적이고 추상적인 이야기보다는 현실성 있는 대안을 제시할 수 있다. 각 부처는 위원회의 설치를 전문적인 의견의 반영보다는 책임을 전가하기 위해서 형식적으로 운영되고 있는 실정이다. 작은 정부 구현과 규제완화라는 현실에 비추어 불필요한 위원회를 과감히 폐지하도록 하고, 위원회의 독립성을 보장하도록 해야 한다. 또한 위원회가 소속부처의 자문기구로 전락하여 형식적으로 운영되지 않기 위해서 위원회의 임기를 임용권자보다 더 연장시키는 방안이 검토되어야 한다.

제 7 절   공 기 업

1. 의   의

1) 공기업이란 국가 또는 지방자치단체가 수행하는 사업 중 기업적 성격을 지닌 사업을 말한다. 공기업은 행정기관에서와 같은 공공성, 공익성과 기업체와 같은 능률성, 기업성을 동시에 추구한다. 공기업은 사회공공복리를 위하여 경영하는 비권력적 사업이며 정부가 직·간접으로 투자하여 사업운영·회계 등을 정부가 감독한다. 공기업은 기업성으로 인하여 조직, 운영방식, 예산과정, 인적 충원방식 등에서 일반행정기관과 달리한다. 우리나라의 공기업 유형이 2007년 이전에는 정부기업, 정부투자기관, 정부산하기관으로 분류되었으나, 2007년 이후 정부기업(정부기업예산법의 적용)과 공공기관(공공기관의 운영에 관한 법률의 적용)으로 분류되었다. 즉 정부기업은 순수정부기업과 책임운영기관(기업형)으로, 공공기관은 공기업, 준정부기관으로 세분화되었다.

2) 공공기관은 개인의 이익이 아니라 공적인 이익을 목적으로 하는 기관으로 정부의 투자·출자 또는 정책의 재정지원 등으로 설립·운영되는 기관으로서 공공기관의 운영에 관한 법률 제4조 1항의 각 호의 요건에 해당하며 기획재정부 장관이 지정한 기관을 가리킨다. 공공기관의 구분은 공기업·준정부기관·기타공공기관으로 구분된다.

(1) 공기업은 자체수입액이 총수입액의 1/2을 초과하고 정원이 50명 이상인 기관으로 시장형과 준시장형으로 구분된다. 시장형과 준시장형은 통제의 필요성이 커 감사위원회의 설치를 의무화하고 있으며 기관장과 이사회가 분리되어 있다.

　① 시장형 : 자산규모가 2조 이상이고, 자체 수입액 대통령이 정하는 기준 85% 이상인 기관으로 한국전력공사, 인천국제공항공사, 한국석유공사, 한국지역난방공사, 한국서부발전 등이다.

　② 준시장형(주식회사) : 시장형 공기업이 아닌 공기업으로 한국관광공사, 한국마사회, 한국도로공사, 한국철도공사, 대한석탄공사 등이 있다.

(2) 준정부기관 : 정원이 50명 이상이고 공기업이 아닌 공공기관 중에서 공기업보다는 기업적 성경이 약하고 정부 업무를 위탁집행하는 공공기관으로 기획재정부장관이 지정한 기관을 말한다. 준정부기관을 기금관리형과 위탁집행형으로 나누어진다. 기금관리형은 국가재정법에 따라 기금을 관리하거나 기금의 관리를 위탁 받은 준정부기관을 말한다. 국민연금관리공단, 공무원연금고단 등을 말하며, 위탁집행형은 기금관리형 준

정부기관이 아닌 준정부기관으로 한국장학재단, 한국가스안정공사 등이 있다.

(3) 기타 공공기관 : 공기업과 준정부기관이 아닌 공공기관으로 한국산업은행, 대한법률구조공단 등이 있다.

표 2-3 우리나라의 공공기관의 정리

① 공기업 (정원 50인 이상, 자체수입액이 총수입액의 1/2 초과하는 기관)	시장형	자산규모가 2조 이상, 주체수입이 85% 이상인 공기업	
	준시장형	2조 이상	시장형 공기업이 아닌 공기업
		2조 이하	
② 준정부기관 (직원이 50명 이상)	기금관리형	국가재정법에 따라 기금을 관리하거나 위탁받은 준정부기관	
	위탁집행형	기금관리형 준정부기관이 아닌 준정부기관	
③ 기타 공공기관	공기업, 준정부기관이 아닌 공공기관		

2. 설립동기

1) 민간자본의 부족 : 발전도상국가의 경우 민간부문의 자본과 기술이 부족할 때에 국가가 직접 공기업을 설립하여 운영한다. 철도나 전력사업을 예로 들 수 있다.

2) 국방상 이유 : 군수산업 등 국방상의 이유로 국가가 이를 운영할 필요가 있을 때 공기업의 발전을 촉진시킨다. 제2차 세계대전시 미국의 국방시설공사를 예로 들 수 있다.

3) 독점적 서비스 : 국민생활과 직결되어 독점적 성격이 강한 사업은 이를 사기업에 맡길 수 없어서 국가가 운영한다. 예를 들면 철도·전력 등이다.

4) 위기적 사업 : 원자력관리와 같이 국가의 직접 관리가 필요한 경우다.

5) 정치적 동기 : 영국의 경우에 산업의 국유화를 신조로 하는 노동당이 집권하면서 공기업이 설립되었다. 프랑스의 경우도 전기·가스 등의 산업을 개인보다는 국가가 운영할 것을 요구하는 정치적 압력으로 공기업이 설립되었다.

6) 부실사기업의 구제 : 부실사기업을 구제하기 위한 수단으로서 공기업화하는 경우가 있다. 1930년대 이탈리아의 경우 사기업의 재정적 위기로 인한 도산을 막기 위하여 공기업화가 이루어졌다.

7) 수익상 목적 : 국가가 수익상 이유로 공기업을 운영하는 경우가 있다. 과거 우리나라의 담배인삼공사의 경우가 해당된다.

8) 역사적 유산 : 우리나라의 경우 해방전 일본의 소유였던 사업체를 정부가 운영하는 경우이다. 예를 들면 대한석탄공사는 해방전 일본인 소유였다.

3. 공기업의 성격

1) 소유주체설 : 소유주체설은 국가나 공공단체가 소유하는 기업을 공기업이라고 보며 정부가 공기업의 자본금을 전액 출자한 기업에 한정하고 있다.

2) 관리주체설 : 관리주체설은 국가 또는 공공단체가 지배의 주체인 경우로 정부가 공기업의 자본금을 전액 출자하지 않았으나 운영에 대한 최종책임을 지니고 있는 경우이다. 우리나라의 경우 전액 출자하지 않더라도 국가의 지배가 되면 공기업에 포함시키므로 관리주체설에 따르고 있다.

4. 공기업의 유형

공기업의 종류를 이론적으로 구분하면 존립형태에 따라 정부부처의 형태를 지닌 공기업, 주식회사의 형태를 띤 공기업, 공사형태의 공기업으로 분류된다(Friedman).

(1) 정부부처 형태의 공기업(정부기업)

1) 의의

공기업이 취하는 가장 전통적인 형태로 우편사업, 조달사업, 양곡관리사업, 책임운영기관 등이다. 실정법상 정부기업이다.

2) 특징

① 정부조직법에 의해서 설립되며, 매년 국회의 의결을 거쳐 운영되고, 일반행정기관에 적용되는 예산·회계 및 감사원법의 적용을 받는다.

② 직원은 공무원이며, 중앙관서 또는 소속기관의 형태로 운영된다.

③ 운영이 관료화되기 쉽고 기업운영에 필요한 창의력과 탄력성을 상실하기 쉽다.

(2) 주식회사 형태의 공기업

1) 의의

정부가 주식의 전부 또는 일부를 소유하는 경우로 회사의 자본금은 주식출자형식으로 조달된다. 주식회사의 공기업이 설립되는 경우는 사기업체의 도산위기를 구제하기 위해서 그 기업체의 주식을 정부가 매입하는 경우, 개발도상국가의 경우 기술과 자본을 제공하는 사기업과 제휴하여 새로운 기업체를 설립하는 경우, 장차 공기업의 민영화를 위하여 주식회사의 형태를 취하는 경우 등이다.

2) 특징

① 상법이나 특별법에 의하여 주식회사 형태로 설립되며 설립절차가 용이하다.
② 국가와 사인과의 공동출자를 원칙으로 하며 정부는 출자분에 대해서만 책임을 진다.
③ 임원은 주주총회에서 선출됨을 원칙으로 한다.

표 2-4 공기업의 유형 비교

구 분	정부기업형	주식회사형	공 사 형
설치근거	정부조직법	회사법(상법) 또는 특별법	특별법
회 계 법	국가예산특별회계(정부예산)	독립채산제(국가예산 아님)	독립채산제(국가예산 아님)
조직특징	독임형	합의제	합의제
독 립 성	법인격 없다	법인격 인정	법인격 인정
출 자	정부예산전액	정부 5할 이상 출자	정부전액출자
특 징	공공성 강조	기업성 강조	공공성과 기업성의 조화
직 원	공무원	임원 : 준공무원 사원 : 회사원	임원 : 준공무원 사원 : 회사원
감사원의 회계감사	감사대상	검사대상 (50% 미만은 선택적 검사사항)	감사대상
예산의 성립	국회의결	이사회의결	의사회의결
예	우편, 우체국예금, 조달, 양곡관리, 책임운영기관	한국전력공사, 한국가스공사	대한석탄공사, 한국철도공사
특 징	관료주의적 운영	대륙형	영미형

④ 독립된 법인격을 가지며, 직원은 공무원이 아니며 직원의 인사규정은 자체적으로 제정한다.

⑤ 일반행정기관에 적용되는 예산회계의 법령의 적용을 받지 않는다. 우리나라의 경우 주식회사의 형태를 지닌 공기업은 감사원법의 적용을 받는다.

(3) 공사형 공기업

1) 의의

정부가 전액 출자하여 변형 공기업이다. 출자란 법인이 사업을 하는데 필요한 자본에 대한 금전적 급부행위로 정부가 출자한 경우에 자본금에 대한 일정 지분을 가진다.

2) 특징

① 공사는 특별한 목적을 위하여 특별법에 의해 설립된다.

② 공사는 전액 정부투자를 원칙으로 한다.

③ 정부가 운영의 최종책임을 진다. 공사의 결산상 이익금은 정부에 납부하며 결산상 손실은 정부가 보충할 수 있다.

④ 정부가 임명하는 임원이 회사를 운영하며, 임원은 정부가 임명하므로 준공무원이나 직원은 회사의 신분이다.

⑤ 공사는 원칙적으로 일반행정기관에 적용되는 예산·회계·감사 등에 관한 법령의 적용을 받지 않으며, 감사에 있어서는 감사원법의 적용을 받는다.

5. 공기업의 특징

1) 공기업은 정부의 직접 관리하에 있으므로 기업활동에 있어서 자유재량이 좁고 정치적 간섭을 배제할 수 없다는 단점이 있으나 자금력이 부족한 사기업에 비해 자본조달이 비교적 쉽고 국가적으로 필요한 기간산업이나 필수적인 공공서비스를 지속적으로 생산할 수 있는 기초가 된다. 이러한 점에서 공기업이 사업에 실패한 경우에 공적인 원조나 무상대부를 기대할 수 있다.

2) 공기업의 4대 관리원칙은 공공성을 위해서 공공서비스의 원칙과 공공규제의 원칙이 있으며 기업성을 위해서 생산성의 원칙과 독립채산체의 원칙이 있다.

3) 공기업은 공공성, 공익성, 기업성, 능률성을 이념으로 한다. 이러한 이념을 효율적으로

실천할 수 있도록 정부의 통제가 따르기 마련이다. 공기업의 조직은 단독제와 합의제가 있다. 단독제는 이사회가 없이 기관장이 책임을 진다. 합의제는 최고의사결정기관으로 이사회를 두고 권한·책임이 동등한 이사들에 의해서 의사결정하는 방안이다.

4) 공기업은 주무부처 장관의 직접적인 지휘로부터 독립되며 경영정책의 결정권이 이사회에 있다. 또한 공기업은 독립회사체로 운영하므로 자본의 자기조달, 이익과 손해의 자기처분을 통하여 요금과 가격결정에 있어서 자율성이 인정된다.

6. 공기업의 통제

1) 주무부장관에 의한 통제를 받는다. 즉 주무부장관은 공기업 임원임명제청을 행사하거나, 정관승인, 일반적인 감독원을 갖는다. 공기업기관장은 주무기관장의 제청으로 대통령이 임명하며, 준정부기관장은 주무기관장이 임명한다.

2) 예산·회계관계정관에 의한 통제를 받는다. 기획재정부장관은 경영지침과 경영실적평가, 정부의 결산승인 등을 통하여 통제한다. 즉 기획재정부장관은 조직운영, 정원, 인사, 예산 등에 관한 경영지침을 정한다. 또한 주무기관장은 기관장과 성과체결을 하며, 기획재정부장관은 공기업과 준정부기관의 경영실적을 평가하고 실적이 부진하면 해임을 건의하거나 요구할 수 있도록 하였다.

3) 감사기관에 의한 통제를 받는다. 감사원은 공기업과 준정부기관의 업무와 회계처리에 관하여 감사를 실시할 수 있다.

4) 의회에 의한 통제를 받는다. 의회에 의한 공기업의 감독과 통제를 할 수 있다.

7. 우리나라 공기업의 문제점과 개선방향

(1) 문 제 점

1) 공기업이 설립목적과는 무관한 사업에 진출하여 적자를 내고 있는 경우가 많고, 불필요한 조직을 신설하거나, 필요이상의 직원을 채용하여 인건비 부담이 크고 사업성도 없는 지역에 해외사무소를 설치하거나 근거도 없는 수당을 신설하거나, 복리후생비를 증액하거나, 과도한 퇴직금의 지급 등으로 예산의 낭비를 초래하고 있다.

2) 상위직급자가 상대적으로 비대하고 있다. 이는 인건비 부담이 늘고 업무의 효율성을

떨어뜨리고 있다. 또한 민간위탁으로 할 수 있는 사업 등을 자체적으로 하거나 자회사를 만들어 자리를 늘리고 있다.

3) 경영진의 비전문가의 임명으로 공기업의 부실과 방만한 경영의 원인이 되고 있다. 공기업의 경영진의 임명이 전문성과 경영능력이 있느냐 보다는 대통령선거에 공헌했으니 한자리 차지해야 한다는 논리가 우선되고 있다. 이는 정치인 출신이 경영자일 경우에 경영에 정치논리가 우선할 수도 있다. 또한 정치인의 임명은 공기업의 구조조정이 본격화될 경우에 정치권 로비창구가 될 가능성이 높다.

4) 공기업이 공익성을 지나치게 강조하여 수익성을 등한시한다는 것이다. 또한 공기업은 위임자와 대리인 사이에 목표설정과 운영에 있어서 시각의 차이가 발생한다. 위임자는 경영의 합리화·장기적인 목표를 중시하나 대리인은 단기적 목표에 중점을 둔다.

5) 민간은 수익성이 약화되면 비효율적인 경영에 대한 문책으로 책임이 따른다. 즉 성과가 나쁘면 책임을 지고 물러난다. 그러나 공기업은 결과에 대한 책임정신이 희박하다.

(2) 개선방향

기업부실화의 주원인인 정실인사를 배제하고, 실적중심의 인사관리가 이루어져야 한다. 낙하산 인사는 업무장악력에 많은 시간이 걸리고 내부승진의 차단으로 조직의 사기도 떨어뜨린다. 따라서 공기업에 대한 지나친 통제를 지양하고 경영방침의 일관성과 계속성이 유지되도록 운영상의 자주성이 광범위하게 이루어져야 한다. 아울러 공기업의 민영화를 추진해야 한다. 공기업의 민영화는 정부재정부담을 줄이고 자본시장의 저변을 확대하고 국민경제에 대한 정부개입을 줄일 수 있다.

제 8 절   공공부문의 민영화

1. 의   의

민간화란 공공서비스의 제공이나 재산의 소유에서 정부의 영역을 줄이고 민간의 영역을 늘리는 것을 말한다. 협의의 민영화란 국가가 운영하는 공기업을 민간에게 매각함으로써 국가의 기능을 축소시켜 시장기능의 적용범위를 확대하는 것을 말한다. 공공부문의 민영화는 외부민영화와 내부민영화로 구분된다. 외부민영화는 공기업의 민영화, 준정부조직, NGO의 활용을 통해서 서비스를 제공하는 것을 말한다. 내부민영화는 조직내에서 민간기법을 사용하는 방법들로 책임운영기관제도의 도입, 성과급제, 개방임용제 및 성과급 도입, 발생주의 회계제도, 수익자부담방법, 민간위탁 등과 관련된다.

2. 민간위탁(outsoursing)과 비교

공기업의 민영화는 민간위탁과는 다르다. 민간위탁은 행정기능을 민간에게 완전히 이양하지 않고 행정기관이 그에 권한을 여전히 유보하고 있으면서 민간이 자기책임하에 해당 업무를 처리하는 것을 말한다. 민간위탁의 대상업무는 세금, 수수료 등 단순한 사실행위 사무, 통계·조사·연구 등 특수한 전문지식과 기술이 요구되는 사무, 출판·인쇄, 급식 등 단순한 행정사무 등이다. 그러나 특허심사 등과 공정성이 요구되는 사무와 전염병예방접종 등 공익성이 요구되는 사무는 제외된다. 민간위탁은 위탁기관이 수탁기관을 지휘·감독할 수 있는 권한이 있으며, 사무처리가 위법·부당하는 경우는 취소·정지할 수 있다.

3. 민영화의 필요성

1) 공공부문의 민영화가 개인의 경제활동의 범위를 확대시킨다. 즉 공공부문의 독점을 줄이면 경쟁의 범위가 넓어진다. 따라서 공기업의 민영화를 통해서 개인의 경제활동의 자유를 증진시킬 수 있고, 개인은 보다 많은 재산을 보유할 수 있게 된다.
2) 능률성을 높이기 위해서 민영화를 추진한다. 민간화는 경쟁과 벤치마킹으로 비용의 절감과 업무의 능률성 수행을 가져온다.
3) 재정적자의 공기업을 민영화함으로써 재정적자를 줄일 수 있다. 공기업매각대금이 정부의 세입을 늘려준다. 공기업의 예산이 정부부문의 차입으로 계상되기 때문에 공기업의 민영화는 정부재정부담을 줄일 수 있다.
4) 민간화를 통해서 민간기업의 전문지식과 기술을 활용할 수 있어 업무의 전문성이 높아지고, 행정의 부담완화를 작은 정부를 구현할 수 있다.
5) 정부가 각종사업을 위한 자금조달에 어려움이 있을 경우에 공기업의 민영화를 통해서 필요한 자금을 조달할 수 있다. 공기업의 주식매각은 우량주의 자금확대를 통하여 자본시장의 안정과 통화의 안정적 관리를 할 수 있다.

6) 공기업의 민영화는 독점체제를 경쟁체제로 전환하기 때문에 주민의 선택의 폭이 넓어 지고 서비스의 질을 향상할 수 있다.

7) 공기업을 통한 공공서비스의 반복적인 대리구조로 인해서 대리손실의 비효율성을 더 악화시킨다고 보고 있다. 대리인문제는 위탁인의 위탁을 받아 대리인이 행동을 취함 을 통해 위탁인을 위해 목표를 달성하는 것을 의미한다. 그런데 여기서 다른 문제가 발생하게 된다. 즉 위탁인이 정보 부족과 열세로 대리인을 완전히 감시할 수 없는 상 황에서, 대리인은 자신의 이익을 위해 위탁인의 이익을 손상시키는 행위를 할 수 있 는 것이다. 즉 위탁인의 이익이 손상되는 경우가 있다. 따라서 민영화가 필요하고 더 효율적이라고 본다.

4. 민간위탁의 다양한 방식

공공서비스의 혁신방안으로 민간위탁방식이 있다. 민간위탁은 국가 또는 지방자치단체가 자신들의 사무를 민간부문에서 대신 수행하도록 하는 것을 의미한다. 민간위탁은 사업의 전체를 의미한다. 아웃소싱이 관련업무의 일부를 대행한다는 점에서 민간위탁과 차이가 있 다. 사바스(E. Savas)에 의하면 민간위탁의 방식은 다음과 같다.

1) 민간위탁(Contrcting-out) : 정부와 민간업자간의 계약에 의해 공공서비스를 생산하게 하는 방법이다. 즉 정부가 경쟁 입찰을 통해서 선정된 민간기업과 계약을 통해서 행정 기능을 민간에게 완전히 이양하지 않고 행정기관이 권한과 책임을 가지면서 민간에게 서비스생산만 의뢰한다. 민간위탁은 정부의 재정부담의 경감과 관료제의 팽창을 억제 하는 효과가 발생하나 책임소재가 불분명하고 공급중단의 문제가 발생할 수도 있다.

2) 면허(Franchise) : 특정 민간조직에게 일정한 구역 내에서 공공서비스를 제공하는 권 리를 인정해 주는 방식이다. 정부가 서비스 수준 및 요금체계를 통제하면서 생산은 민간부문에 이양하는 장점이 있으나 경쟁이 미약하면 이용자의 비용부담이 과중될 수 있다. 예를 들면 폐기물수거처리, 청소대행, 공공시설관리 등이 해당된다.

3) 바우처 (Voucher) : 정부가 서비스제공에 필요한 자금을 부담하고 수혜자는 이를 기 반으로 하여 시장에서 서비스를 구입할 수 있도록 하는 것이다. 즉 특정계층의 소비 자에게 특정재화와 서비스를 구매할 수 있는 쿠폰을 제공하는 방식을 말한다. 바우처 제도는 혜택이 빈곤층에게 돌아가므로 소득의 재배분적 수단을 가진다. 이 제도는 공 공선택론자들이 선호한다.

4) 보조금의 지급 : 교육시설이나 탁아시설과 같이 서비스가 공공성을 가지고 있으나 공공부문만으로는 서비스나 재화의 생산과 공급이 수요에 미치지 못할 경우에 민간이 이러한 서비스를 공급하면 재정자원이나 조세감면으로 혜택을 제공한다.

5) 기타 민관공동출자사업의 활용 : 서비스 생산과 관련된 직접적인 보수를 받지 않은 봉사자들이 생산을 담당해 신축적 인력운영이 가능한 자원봉사활동, 주민순찰, 녹색어머니회와 같이 이웃끼리 서로 돕는 서비스를 공급하는(생산을 대체하기보다는 보조) 자조활동이 있다.

5. 민간자본 유치제도

(1) 의의

그동안 정부가 투자했던 사회간접자본(soc)에 민간이 투자하도록 정부가 지원하는 제도이다. 이 제도는 사회기반시설에 대한 민간 투자가 촉진함으로써 창의적이고 효율적인 사회기반시설의 확충·운영을 도모하여 국민에게 더 좋은 시설과 서비스의 제공하고자 하는데 목적이 있다. 사회기반시설은 공공재의 성격이 강하고 그 건설비용이 크기 때문에 정부의 재원만으로 감당하기 어렵다. 따라서 정부는 비교적 수익성이 있는 사회기반시설에 민간의 자본을 유치하여 사회기반시설 조성하여 국민경제의 발전에 기여하고자 하는 것이다.

(2) 추진방식

1) BTO(Build-Transfer-Operate): 민간이 건설하고 준공과 동시에 당해 시설의 소유권이 정부에 이전한 다음 투자비가 회수될 때까지 민간이 운영하는 방식이다.

2) BOT(Build-Own-Transfer): 민간이 민간자본으로 건설하고 투자비가 회수될 때까지 민간이 시설관리를 운영한 후 소유권을 정부에 이전하는 방식이다.

3) BTL(Build-Transfer-Lease): 민간사업자가 민간자본으로 시설을 건설하고 준공 즉시 소유권을 정부로 이전하는 대신 정부는 시설을 임차하여 약정기간 동안 임대료를 받아서 투자비를 회수하는 방법이다.

4) BLT(Build Lease Transfer): 민간사업자가 민간자본으로 시설을 건설한 후 민간이 일정기간 시설을 정부에 임대하고 정부로부터 임대료를 받아 투자비를 회수하는 방식이다(건설·임대 후 양도방식).

5) BOO(Build-Own-Operate): 민간투자유치 방식의 하나로, 민간자본으로 민간이 건설 (build)한 후 소유권(own)을 가지며 직접 운용(operate)해 투자비를 회수하는 방식이다

(3) 민간투자유치방식의 장점

1) 민간의 투자를 촉진하여 정부투자재원 부족 문제를 해결하고, 민간참여로 경영의 효율성을 향상시킬 수 있으며 투자위험을 분산할 수 있다.
2) 사회기반시설의 적기공급이 가능하고 사용자가 비용을 부담하는 수익자부담의 원칙을 구현할 수 있다.
3) 사회기반시설의 투자로 고용의 증대와 국채발행을 민간투자로 대신하여 재정건정성이 확보된다.

(4) 민간투자유치방식의 단점

1) 추종수요, 총사업비, 운영비의 과다추정으로 재정부담이 오히려 증가할 수 있으며 금리수수료가 발생할 수 있다.
2) 일정기간에 원가를 회수해야 하는 부담감이 있어 사용료의 과다부과로 오히려 국민부담의 증가 우려가 있다.

6. 민영화의 성공조건

1) 시장지향적 체제의 확립 : 민영화의 성공을 위해서는 무엇보다도 특정집단이 시장지배를 왜곡하지 못하도록 관계법령의 정비가 이루어져야 한다. 예를 들면 은행을 민영화하면서 대기업의 소유를 일정규모로 제한하든가, 한 기업이 특정업종에 독과점을 초래하지 않는 법령을 마련해야 한다.
2) 규제완화 : 규제완화를 통해서 정부의 강제된 제약조건을 제거하고 민간부문과 공공부문이 시장기능에 의해서 해결하도록 해야 한다. 그러나 규제의 전적인 부재는 시장에서 독점을 초래할 우려가 있다.
3) 분권화된 체계의 확립 : 기업의 경영진이 관련사업과 관련하여 자율성과 재량권을 갖도록 해야 한다. 이 경우는 특히 부분적 민영화의 경우에 더욱 필요하다.
4) 정치적 제약조건의 극복 : 민영화의 추진과정에서 여러 가지 부작용이 발생할 수 있다. 공기업의 민영화는 공기업 구성원들의 신분의 변화를 초래하므로 종업원층에서는

공기업의 민영화에 반대한다. 일반적으로 공기업이 민영화되면 고용인원의 감축과 노
조위상의 약화를 가져올 수 있다.

5) 집행과정의 적실성 확보 : 민영화추진계획도 중요하지만 구체적인 방법과 시행상 적실
    상의 확보가 중요하다. 개발도상국가의 경우 자산매각과정에서 자산이 실제 이하로
    평가절하되거나, 특정집단에 특혜가 될 우려가 있다. 그러므로 매각과정의 공정성과
    적실성이 확보되도록 해야 한다.

6. 공공부문의 민영화의 문제점

민간을 통해서 서비스를 제공하면 민간은 영리를 추구하게 되어 결국 서비스 가격 인상
을 초래한다. 이러한 경우에 서민층은 서비스를 제공받지 못할 수가 있어 수혜의 불공평을
초래할 수 있다.5) 또한 국가가 서비스를 공급할 경우 적자가 계속되더라도 공공성에 입각
하여 서비스를 제공하지만 민간기업의 경우는 적자가 계속되면 서비스를 중단할 수도 있다.
공기업을 민영화하면 지나치게 수익성만을 고려하게 되어 서비스의 안정적 공급이 위협을
받게 되고 공기업의 민영화는 결국 대기업 등 소수에게 주식이 집중되므로 경제력의 남용
과 소수의 계층에게 부의 집중을 초래할 우려가 있다.

제 9 절   사회적 기업

1. 의의

1) 비영리조직과 영리기업의 중간 형태로, 사회적 목적을 추구하면서 영업활동을 수행하
    는 기업을 말한다. 사회적 기업은 취약계층에게 사회서비스 또는 일자리를 제공하여

---

5) 민영화 이후에 공공서비스가 제대로 공급되지 못할 수도 있다는 논리를 뒷받침하는 이론이 역대리이다. 역
   대리란 공공서비스를 민영화한다 할지라도 민간기업이 윤리적·도덕적으로 문제가 있는 경우에 정치권과
   의 결탁이나 이권에 연류 등의 이유나, 정부가 최적의 민간업체를 선정하지 못하는 경우에 공공서비스가
   제대로 공급되지 못할 수도 있다는 것이다. 복대리란 대리인이 다시 주인의 입장에서 대리인을 선임하는
   관계를 말한다. 주인-대리인의 문제가 반복되면 비금융의 문제가 반복된다.

지역주민의 삶의 질을 높이는 등의 사회적 목적을 추구하면서 재화 및 서비스의 생산·판매 등 영업활동을 수행하는 기업을 말한다(사회적기업육성법 제2조 제1호).

2) 정부는 취약계층에게 사회서비스 또는 일자리를 제공하거나 지역사회에 공헌함으로써 지역주민의 삶의 질을 높이는 사회적 목적을 추구하기 위해 2007년 사회적 기업 육성법을 제정하였다.

2. 특징

1) 사회적 목표를 추구하기 위해서 재화 및 서비스의 생산·판매 등의 영업활동을 한다(고용노동부장관의 인증을 받은 기업).

2) 특정한 사회적 기업에 대하여 재정지원, 경영자문 등의 다양한 지원을 하는 연계기업은 독립되어 있다. 따라서 연계기업은 사회적기업의 근로자에 대해서 고용상의 책임을 지지 않는다.

3) 사회적 기업은 조직행태를 갖추고 유급근로자를 고용하여 생산이나 판매 등의 영업활동을 해야 하며 이윤이 발생할 경우에 이윤의 3분의 2 이상을 사회적 목적을 위해 사용해야 한다는 규정을 두고 있다.

4) 사회적 기업에 대한 감독기관은 고용노동부이며, 고용노동부장관은 사회적 기업육성 기본계획을 5년마다 수립하고 활동실태를 5년마다 조사해야 한다.

3. 문제점

사회적기업의 성장속도에 비해서 사회적기업의 실질적 경쟁력에 대한 대안이나 정책이 부족하다. 즉 정부주도하의 일자리 인건비 지원 중심의 정책에 한정되고 있다. 이는 장기적으로 정부의 인건비 지원이 끝났을 때 다른 기업과의 경쟁에서 살아남을 수 있는 차별화된 정책이 없다는 것이다. 미국의 경우 사회적 기업은 수익창출가치를 두고 있다. 따라서 초기의 인건비지원에서 벗어나 사회적기업의 경쟁력을 키울 수 있는 지원과 제도가 필요하다.

제 3 장 조직관리론

제 1 절　리더십

1. 의　　의

　리더십이란 조직의 목표달성을 위해서 리더가 집단에 영향을 미칠 수 있는 기술과 능력을 말한다. 리더십은 조직의 공식지도자 외에 비공식지도자도 행사할 수 있다. 따라서 리더십은 1930년대 인간관계로부터 시작되었으며, 1960년대 발전행정론에서 결정적 발전의 계기가 되었다. 리더십은 조직의 목표달성과 관련되며 지도자와 추종자의 사회적 관계에 의해서 형성되며 권위를 바탕으로 추종자에게 영향을 미친다.[1] 리더십 이론의 변천은 1920년대의 특성론에서 1950년대 행태론으로, 1970년대 상황론에서 1980년대 이후 신속성론으로 발달해왔다. 신속성론은 통합적 접근으로 조직사회의 현실을 배경으로 처방적 이론들이 관심을 끌기 시작했다. 리더의 카리스마나 신념 등 개인적 특성을 리더십의 중요한 요인으로 보는 카리스마 리더십, 변혁적 리더십, 문화적 리더십이 발달하였다.

---

1) 리더십은 지도자와 추종자간의 심리적 유대가 형성되고 자발적·일체감의 성격을 가지나, 직권력은 공식적으로 상위직에 있으면서 직권이나 명령권을 행사하는 것을 말한다. 따라서 직권력은 강제적 성격을 띤다.

2. 리더십 기능

1) 리더십은 조직에서 부하의 임무·역할을 명백히 하고 목표달성을 위해서 인적, 물적자원과 정치적 자원을 효율적으로 동원한다.
2) 조직의 일체성을 높이고 내부갈등을 조정하며, 외부환경의 문제점들을 조정하는 역할을 수행한다.

3. 리더십 이론

(1) 자질론

리더십은 리더의 천부적인 자질에 의존한다는 가정에 입각하여 사람의 선천적이고 공통된 자질의 발견에 관심을 두고 있다.

1) 단일적 자질론 : 자질론은 자질이 인내력, 결단력, 설득력, 책임감, 지적능력, 통솔력 등으로 지도자는 하나의 단일적, 통일적 자질을 구비한다고 본다. 이러한 자질을 가진 자는 어느 집단이나 어느 상황에서도 지도자가 된다.
2) 성좌적 자질론 : 단일적 자질론을 수정한 이론으로서 개개의 자질을 분석대상으로 하지 않고 몇 개 자질의 결합에 의해서 지도자의 개성을 특징지으려는 이론이다.
3) 자질론의 비판 : 리더십이란 집단의 특징, 조직목표, 상황에 따라 리더십의 자질도 전혀 다를 수 있다. 이러한 점으로 보아 자질론은 상황적 요인을 무시한다는 비판을 받고 있다.

(2) 행태론

1) 의의

행태이론은 리더의 개인의 행태 또는 리더십의 스타일에 중점을 둔 이론으로 성공적인 지도자들이 보이고 있는 리더십의 행태는 어떠한가를 분석하는 것이다. 행태이론은 지도자들이 실제 어떤 행동을 하는가에 중점을 두고 분석하는 이론이다.

2) 유형

① 화이트(White)와 리피트(Lippitt)의 유형

화이트와 리피트는 리더십의 유형을 권위형, 민주형, 자유방임형으로 나누어 실험을 설명

하고 있다. 즉 총생산성은 권위형 리더십의 집단이 가장 높으나 리더가 부재지시는 민주형이 높았다. 민주형 리더십은 작업원들간의 협력과 집단통합에 가장 이상적이었다. 방임형은 모든 정책이 전적으로 집단과 개인에 맡겨지며 리더의 참여는 최소한의 명목적으로만 지도자의 권리를 지키고 전혀 지도자의 역할을 하지 않는다. White와 Lippitt는 권위형 리더는 의사결정에 추종자의 참여를 배제하여 추종자들의 행동을 감시한다. 민주형 리더를 의사결정을 추종자의 참여로 이루어지며 권력과 책임을 추종자들에게 적당히 위임한다. 자유방임형은 추종자들의 자유행동을 최대한 허용하고 리더는 모든 결정을 추종자에게 맡긴다. 따라서 리더는 명목상으로만 존재한다.

② 블레이크와 머튼(Blake & Mouton)의 관리유형도

블레이크와 머튼은 리더의 인간에 대한 관심과 생산에 대한 관심의 정도에 따라 리더의 행동유형을 5가지로 나누고 행동유형이 생산에 미치는 영향을 분석하였다. 분석결과 단합형이 가장 이상적인 리더의 유형이라고 보았다. 리더의 유형은 다음과 같이 설명할 수 있다.

　㉠ 빈약형은 생산과 인간에 대한 관심이 다같이 낮으며 조직구성원으로서의 자격을 유지할 정도의 최소한의 노력을 한다.

　㉡ 친목형은 추종자에게 관심이 높으며 조직구성원의 욕구에 배려를 하는 리더이다.

　㉢ 과업형은 생산에 대한 관심이 높은 리더이다.

　㉣ 절충형은 생산과 인간의 절반에 관심이 높은 리더이다.

　㉤ 단합형은 생산과 인간에 대한 관심이 함께 높은 리더로 가장 바람직한 관리유형이다.

그림 3-1   브레크와 머튼 관리망

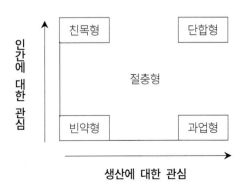

③ 미시간(Michigan) 주립대의 연구

리더십유형을 종업원 중심형과 생산중심형으로 구별하고 리더가 부하직원의 생산과 기술 측면을 중시하는 생산중심형보다는 동료직원 사이의 관계와 개인적 욕구의 실현에 관심을 가지는 종업원 중심형리더가 더 효과적이라고 보았다.

④ 오하이오(Ohio)의 주립대의 연구

리더십 유형을 임무중심적 행태인 구조주도와 인간관계 중심적 행태인 배려의 두 가지 국면을 네 가지 리더십 유형으로 분류하였다. 구조주도는 부하에게 지시하는 것을, 배려는 부하를 생각하는 마음을 의미한다. 이를 기반으로 구조설정과 배려가 다 같이 높을 때 생산 성이 가장 높다고 설명했다.

그림 3-2 구조설정 - 배려 리더십 행동 유형

높음 **배려** 낮음	① 높은 배려, 낮은 구조 설정	② 높은 배려, 높은 구조 설정
	③ 낮은 배려, 낮은 구조 설정	④ 낮은 배려 높은 구조 설정
낮음	**구조 설정**	높음

(3) 상 황 론

1) 의의

리더십은 지도자의 개인의 자질과는 상관없이 그때그때의 상황에 따라 결정된다는 입장 이다. 즉 과업의 특성, 조직의 성격, 문화적 전통에 따라 리더십이 달라진다는 것이다. 상황 론에서는 리더행동의 효과성은 리더와 부하간의 관계에 의존하며, 최선의 보편적인 리더는 존재하지 않으며 상황의 변화에 따라 리더십의 변화를 가져온다고 보았다.

2) 유형

① 피들러(Fiedler)의 상황적응모형(목표성취이론)이론 : 피들러는 인간관계 중심적 리더 십과 업무중심적 리더십으로 분류하고 가장 유리한 상황과 가장 불리한 상황은 업무

관계 리더십이 적합하고, 중간정도로 유리한 상황은 인간관계 중심형이 적합하다고
보았다. 여기서 상황이 유리하다는 것은 과업이 명확하고 상하관계가 우호적이고 리
더가 충분한 권력을 보유한 경우이다.

② 타넨봄(Tannenbaun)과 슈미트(Schmit) 이론 : 리더십의 유형은 보스중심형과 부하
중심의 리더십으로 분류하고 보스의 권위나 부하의 자유재량은 반비례한다고 주장하
였다.

③ 하우스와 에반스(House & Evans) 경로-목표 이론 : 추종자들이 업무목표와 개인목표
의 연계성(통로)을 지각하는 데 미치는 리더의 영향을 중요시 하였고 그 상황을 설명
한 이론이다. 상황변수로 부하의 특성과 근무환경의 특성을 고려하여 리더십의 유형
을 지시적·지원적·참여적·성취지향적으로 나누어 설명하였다.

④ 허쉬와 블랜차드(Hersey와 Blanchard)의 3차원 리더십 : 인간관계 중심적 형태와 과
업지향적 형태에 부하의 성숙이라는 차원을 추가하여 리더십 이론을 전개했다. 성공
적인 리더십은 부하의 행동에 의존한다고 보아 특정과업을 성취하려는 적극성과 능력
의 정도가 리더십의 효과성을 좌우한다고 보았다. 부하의 성숙이란 과업과 관련되는
기술을 말한다. 따라서 부하의 성숙도(기술)가 낮으면 지시에 의한 리더가, 부하의 성
숙도가 높으면 부하에게 권한을 위임하여 과업을 수행하도록 한다.[2]

(4) 1980년대 이후 리더십(현대적 리더십)

1980년대 이후 리더십은 리더의 가치관이나 감정 등을 강조하는 연구가 시작되었다. 이
는 1920년대부터 1950년대 사이의 리더 개인의 특성(속성·자질)에 초점을 맞춘 이론과는
달리 리더의 보편적인 자질을 규명하려 하지는 않았다.

1) 카리스마적 리더십

카리스마적 리더십은 베버(Weber)의 카리스마적 지배이론과 관계가 있다. 카리스마적 리
더십이란 뛰어난 개인적 능력으로 부하와 추종하는 세력에 에너지와 용기를 불어넣어 전에

---

2) 리더십의 유형은 1차원적 유형, 2차원적 유형, 3차원적 유형으로 나누어 볼 수 있다(오석홍).
  1차원적 유형은 Lippit와 White의 유형이 있으며, 2차원적 유형은 Blake와 Mouton의 관리유형도, 3차원
  적 유형은 Redden의 유형 등이 있다. 1차원 리더십은 특성론에 해당되며 리더의 기본유형을 단선으로 설
  명하며, 2차원은 과업과 인간을 중심으로 연구하고, 3차원 리더십은 과업, 인간 그리고 상황이라는 요인들
  을 중심으로 설명한다.

할 수 없었던 일을 하도록 하는 것이다. 카리스마적 리더는 장래의 비전, 자신감, 개인적 위험을 무릅쓰는 희생정신과 추진력, 목표를 강력히 명시, 남들에게 강한 인상을 남기는 행동 등을 추구한다. 카리스마적 리더는 법과 제도보다는 초인적인 능력을 통해서 발휘된다.

2) 변혁적 리더십

변혁적 리더십은 조직의 노선과 문화를 변동시키려고 노력하는 개혁적 리더십을 말한다. 변혁적 리더십은 카리스마적 리더십을 기반으로 한다. 카리스마적 리더는 부하가 리더의 세계관에 따르도록 하는 데 비해 변혁적 리더십은 조직과 개인의 공생적 관계를 형성하고 부하의 문제제기를 수용한다. 거래적 리더십과 비교하면 거래적 리더십은 업무를 할당하고 그 결과를 평가하여 의사결정을 하는 리더십을 말한다. 거래적 리더십은 안정을 지향하나, 변혁적 리더십의 특징은 ① 개인의 특성을 파악하고 개인의 존재가치를 인정하며 부하로 하여금 형식적 관행을 타파하고 창조적인 아이디어와 새로운 사고를 촉발하도록 지적 자극을 부여한다. ② 리더는 비전을 제시하고 구성원들과 공유하며, 중요한 목표를 공유하여 구성원들의 동기를 유발시킨다. ③ 리더는 부하들에게 자긍심을 심어주고 부하들로부터 존경과 신뢰를 얻는다. 변혁적 리더십은 변화를 지향하고, 접근관점이 거래적 리더십이 점진적·단기적·현실지향적이나 변혁적 리더십은 급진적·장기적·미래지향적이다. 거래적 리더십이 의사소통이 하향적이나 변혁적 리더십은 다방향적이다. 일반적으로 거래적 리더십은 관료제 조직이 적합하고 관리전략이 지시와 통제이며 대상이 중하위관리자들이다.

3) 서번트(Servant) 리더십

① 1977년 로버트 그린리프(Robert K. Greenleaf)가 처음으로 제시된 이론으로 하인의 리더십 또는 섬김의 리더십이라 한다. 존경받는 리더가 되기 위해서는 과감히 하인이 되어야 한다는 의미로 부하나 종업원을 부림의 대상이 아닌 섬김의 대상으로 삼아야 한다는 것이다. 그러기 위해서는 명령보다는 소신껏 일할 수 있도록 도와주고, 나보다 먼저 남을 배려하는 리더십을 가져야 한다고 보았다.

② 일반적으로 섬기는 리더의 공통적인 요소들은 다음과 같다.

첫째, 다른 사람의 요구에 귀를 기울이는 경청과 공감하는 자세와 치유에 대한 관심을 가지며, 둘째, 합의를 이끌어 낼 때에도 권위에 의존하기보다는 설득을 통하여 의견을 조율하고 셋째, 폭넓은 사고를 통해 미래에 대한 비전을 가지고 현실에 적합한 조치를 취하기 위해 노력하며, 넷째, 통찰력을 통하여 사람들에게 현실을 제대로 인식하게 하여 미래의 결과에 대한 예측을 가능케 하며, 다섯째, 청지기 의식을 가진다. 청지기 의식은 타인을 섬기려는 자세이며 서번트 리더십의 바탕을 이루는 가치관이다. 여섯째, 조직 안에서 일하는 사람들 사이에 공동체 의식을 형성할 수 있는 도움을 주는 것 등이다.

4) 귀인이론

인간은 다른 사람의 행동을 관찰한 후에 그러한 행동의 원인을 분석하는 것을 의미한다. 예를 들면 부하의 근무성적 부진이 노력이나 능력이 부족한 경우는 질책과 해고로 이어지나, 부하의 근무성적 부진이 과중한 업무 때문인 경우는 업무부담을 줄여주는 데서 해답을 찾으려는 것을 말한다.

5) 수직적·쌍방관계이론

수직적·쌍방관계란 리더와 각각의 부하가 이루는 쌍을 의미한다. 리더는 각각의 부하와 1대 1의 관계를 맺는다. 리더는 부하들과 상호작용을 하는 초기에 내집단관계 또는 외집단관계를 맺게 되는데, 내집단구성원들이 외집단구성원들보다 근무성과가 높다고 본다. 여기서 내집단이란 리더가 자신이 신뢰하는 소수의 부하들과 집단을 형성하여 그들과 특별한 관계를 맺는 경우이다.

6) 키와 저미어(Kerr&Jermier)의 리더십 대체물접근법

이론은 리더십을 필요없게 만들거나 리더십의 중요성을 감소시키는 상황적 요인으로 대체물과 중화물을 제시한다. 즉 대체물의 경우는 과업이 일상적이거나 구조화되어 있을 경우 등을 의미하며, 중화물의 경우는 조직내의 명확한 계획과 목표, 높은 응집력 등이 해당된다. 이 이론은 전통적 이론과는 다르게 많은 상황에서 리더의 행동이 그다지 중요하지 않다고 주장했다.

7) 문화적 리더십

문화적 리더십은 변혁적 리더십이 진보한 것으로 리더의 역할과 가치관에 따라 조직문화가 영향을 받는다고 보는 입장이다. 예를 들면 교회에서 예배를 통하여 신도들에게 리더십을 행사하는 성직자의 리더십을 말한다. 문화적 리더십은 1980년대 이후 도덕적 리더십에 해당되며, 문화적 지도자는 규범, 가치·신념 등의 강화를 통하여 리더십을 행사한다.

8) 발전적 리더십

부하직원의 발전을 강조하여 조직개혁과 경쟁의 향상이 직원의 손에 달려있다는 인식을 기초로 리더는 구성원의 발전을 돕기 위한 리더의 종복정신을 강조한 이론이다.

9) 지식정보사회의 리더십

① 탭스코트(Tapscott)는 지식정보화시대의 리더는 한 명의 총명한 최고관리자만의 리더가 아닌 파급효과를 지닌 비전과 집합적 행동력을 가진 인간지능의 결합자체를 리더라고 보았다. 따라서 구성원들은 공유된 비전을 가져야 하며 끊임없는 학습의지를 보유해야 하며 누구나 리더로서 기능해야 하므로 네트워크화된 지능의 시대에 맞는 효과적 기술의 사용이 요구된다.

② 예측불가능한 시대의 리더십은 상호 연계된 리더십을 형성하고 발휘하는 데 있어서 최고관리자의 역할을 강조한다.

제2절 권력과 권위

1. 권 력

(1) 개 념

권력이란 개인이나 조직이 갖고 있는 자원에 대한 통제능력이다. 즉 권력은 특정개인이나 집단으로 하여금 어떤 일을 하도록 하는 힘을 말한다. 베버는 권력을 어떤 사람이 저항에도 불구하고 자신의 의지를 실현시킬 수 있는 확률이라고 정의하였다. 권력은 직위권력(직위자체로서 부여받은 권력, 권한과 유사)과 개인권력(직위와 관계없이 개인자체로 발생하는 권력 ─ 준거적권력, 전문적권력)이 있다. 직위권력과 개인권력 모두가 큰 사람이 전체권력이 크다.

(2) 권력의 특징

1) 권력은 권위보다 넓고 포괄적이다. 즉 권력은 타인의 복종을 강요할 수 있는 힘의 범위가 넓다. 또한 권력은 공식적 직위에 한정하지 않고 비공식적 측면과도 관련된다.
2) 권력은 행동지향적 성격을 지니며 개인과 집단이 갖는 권력은 유동적이다.

3) 권력관계는 의존관계를 의미한다. 즉 권력은 상호관계에 있는 두 사람 또는 두 집단 사이의 의존관계에서 발생한다. 일반적으로 의존성을 구성하는 요인으로 중요성, 희소성, 대체불가능이 있다. 중요성이란 어떤 사람이나 집단이 다른 사람이나 집단이 중요하게 생각하는 무엇을 가지고 있는 것을 말한다. 희소성이란 어떤 자원이 최소성을 가지는 경우 통제할 수 있는 사람에 대한 의존성을 높인다. 대체불능성은 어떤 자원이 대체가 없는 경우 그 자원을 통제하는 사람에 대한 의존성이 높아진다.

4) 권력은 목표달성을 촉진시키는 수단이다. 그러므로 리더는 집단의 목표달성을 위해서 권력을 이용한다. 리더십과 권력은 다음과 같은 점에서 차이가 있다. 즉 리더십이 리더와 부하 사이에 목표가 어느 정도 일치되고 개인의 역량이나 행태와 관련되나, 권력은 리더와 부하 사이에 목표의 양립성이 요구되지 않고 개인과 집단에 의해서도 행사된다.

(3) 권력의 유형화

프랜치(French)와 라벤(Raven)은 권력을 다음과 같이 5가지로 유형화했다.

1) 보상적 권력 : 다른 사람이 가치 있다고 생각하는 보상을 줄 수 있는 권력을 말한다. 예를 들면 승진·급여·직위 등을 제공할 수 있는 능력이다.

2) 강제적 권력 : 다른 사람에게 제재를 가할 수 있는 권력을 말한다.

3) 정통적 권력 : 흔히 권한 또는 권위라고도 하며 합법적 권력이라고도 한다. 정통적 권력은 사회구조의 인정 등에서 유래하는 권력으로 조직에 의해서 권력이 부여된다.

4) 준거적 권력 : 권력을 행사하는 사람과 동화되기를 원함으로써 상대방을 좋아하는 데 근거한다. 준거적 권력은 어떤 사람이 특별한 자질을 가지고 있거나, 어떤 매력을 지니고 있을 때 형성되는 권력으로 공식적 권위와 반드시 일치하지 않는다.

5) 전문적 권력 : 전문지식이나 기술에 기초한 권력을 의미하며 다른 사람이 필요로 하는 전문적 지식이나 기술을 어떤 사람이 갖고 있을 때 발생한다. 따라서 전문적 권력은 공식적 지위와 일치하지 않을 수 있다.

2. 권 위

(1) 개 념

권위란 타인의 의사결정에 영향을 미칠 수 있는 능력 또는 조직의 규범에 의하여 정당성이 부여된 권력을 말한다. 권력은 어떤 의사가 다른 의사를 지배할 수 있는 힘을 말한다. 즉 다른 사람이나 집단을 복종시킬 수 있는 힘을 말한다. 권력이 당사자간의 힘이 우열에서 나오는 반면 권위는 가치상의 차이에 기인한다. 따라서 권위는 행동의 변화가 자율적 성격에 기인하여 강제력이 수반되지 않는다.

(2) 특 질

1) 권위는 정당성이 부여된 권력이며 다른 사람의 행태를 결정한다. 즉 권위란 두 사람 이상의 관계에서 다른 사람의 행위를 유도할 수 있는 능력이다.
2) 권위는 상대방의 존재를 전제로 하는 사회적 관계에서 발생한다. 즉 권위는 두 사람과의 관계에서 성립된다. 그러나 명령에 대한 복종은 수용자의 자유의사에 의한다.
3) 권위는 조직에 있어서 공식적 역할과 관계에서 성립된다. 따라서 권위는 단순한 영향력이 아니라 제도화된 권력이다.

(3) 기 능

1) 일반적으로 과학자·의사·교수 등과 같이 특수한 분야에 전문지식이 있으면 권위도 높아지고 잘 수용되므로 권위는 전문화를 촉진시킨다.
2) 권위는 집단이나 권위행사자가 설정한 규범을 준수하도록 강제한다.
3) 권위는 조직 내의 갈등을 해소하고 조직단위의 활동을 일관성 있게 조정하는 기능을 한다.
4) 권위는 효율성이 높은 의사결정이 가능하므로 정책결정에서 합리성과 전문성을 확보한다. 권위를 행사하는 사람이 부하의 개인책임을 강제할 수 있게 한다.
5) 그러나 일방적으로 권위만을 강조하면 조직의 갈등이 발생하고 하위직의 사기저하를 초래하며 조직의 성과를 저해하기도 한다.

(4) 권위수용의 변수

1) 충성심의 강약 : 구성원들의 조직에 대한 충성심이 강할수록 권위를 잘 받아들인다.
2) 행정의 전문화 정도 : 특수분야의 전문성이 높을수록 권위도 높아진다.
3) 윤리적 신념과 전통문화 : 상관의 권위를 존중해야 한다는 윤리적 신념이 강하고 전통문화의 집착은 권위를 잘 수용한다.
4) 제재방법과 과다 : 제재나 위험이 수반되면 상급자의 권위는 잘 수용된다.

(5) 권위의 본질

1) 명령권위설(하향적 권위설)

① 권위를 상관이 부하에게 일방적으로 명령할 수 있는 권리로 본다. 그러므로 상관의 권위가 부하에게 다 받아들여진다고 생각한다. 일반적으로 대규모 조직에서는 하향적 권위를 행사하는 수직적 권위관계가 형성된다.

② 명령권위설은 권위의 형식적 측면을 강조하며 과학적 관리론과 관련된다.

2) 수용권설(상향적 권위설)

① 인간관계론자나 형태론자들의 주장으로 상관의 권위는 계층제적 직위와는 무관하며 상관의 권위를 부하가 어느 정도 수용하느냐에 따라 권위가 좌우된다고 본다.

② 수용권설에서는 상관의 권위에 대한 부하의 동의를 중요시한다.

(6) 권위의 유형

1) 베버(M. Weber)의 분류

① 전통적 권위 : 권위의 정당성의 근거를 전통이나 지배자 권력의 신성성에 대한 신념에 두고 있다. 가부장적인 권위는 전통적 권위와 관계가 있다.

② 카리스마적 권위 : 카리스마적 권위는 지배자 개인의 초인적 자질이나 영웅성, 신비성에 의하여 발생하는 권위를 말한다.

③ 합법적 권위 : 권위의 정당성을 법규화된 질서나 합법성에 대한 신념에 두고 있다.

2) 사이먼(H. A. Simon)의 분류

① 신뢰의 권위 : 상관의 능력과 경험과 실천력을 전적으로 믿고 그에 대해 복종하도록 하는 권위이다. 신뢰의 권위는 심리적 공감대에 의하여 형성되는 권위이다.

② 정당성의 권위 : 구성원의 의식 속에 공통되는 가치관, 규범, 관습 등에 근거한 권위이다.

③ 동일화(일체화)의 권위 : 자기가 속해 있는 집단의 모든 결정에 무조건 복종하려는 경우 나타나는 것으로써 조직에 대한 귀속감과 충성에서 나오는 권위이다.

④ 제재의 권위 : 제재가 두려워 복종하려는 권위이다. 제재의 권위는 규범이나 준칙을 의미 있게 실행하기 위해서 보상과 형벌을 가하는 것이다.

제 3 절   최고관리층과 중간관리층

1. 최고관리층

(1) 의   의

최고관리층이란 계층구조의 최상층에 위치하여 행정의 주요 정책과 기본방침을 결정하고 조직전체의 활동을 지휘·감독·통제하는 계층을 말한다. 우리나라에서 최고관리층에 속하는 관리자는 대통령, 각부장관, 도지사, 시장, 대통령의 막료, 차관보 등이다.

(2) 귤릭(Gulick)의 최고관리층의 기능

1) 기획(planning) : 목표를 달성하기 위해서 준비하는 과정이다. 기획에서는 특정목표를 어떤 방법으로 어느 정도의 예산으로 할 것인가를 결정하는 것이다.
2) 조직(organizing) : 인원과 자원을 세분하고 권한을 배정하는 것을 말한다.
3) 인사(sfaffing) : 직원의 채용, 훈련하는 기능을 의미한다.
4) 지휘(directing) : 결정을 내리고 명령과 지시를 구체화하는 것이다.
5) 조정(coordinating) : 조직의 여러 부문의 단위활동을 통일화하는 과정이다.
6) 보고(Reporting) : 국회와 국민에게 업무를 알리는 기능과 관련된다.
7) 예산(budgeting) : 예산을 편성하고 관리하고 통제하는 활동과 관련된다.

(3) 최고관리층의 자질

방향과 목표설정능력이 요구된다. 따라서 최고관리층은 직관력, 창의력, 판단력, 통찰력 등이 요구된다. 방향과 목표가 설정되면 이를 적극적으로 실천에 옮기는 추진력이 있어야 한다. 또한 여러 사람들의 이해관계를 조정할 수 있는 능력이 요구된다. 최고관리자는 당면 문제를 해결하는 데 예산, 인원, 정보, 상징 등을 동원할 수 있는 정치적 영향력이 있어야 한다.

2. 중간관리층

(1) 의   의

최고관리층의 바로 아래서 전반적인 업무를 집행하는 책임자를 말한다. 우리나라에서 국장, 과장이 중간관리층에 해당된다.

(2) 중간관리층의 기능

1) 전문가로서 최고관리층에 정보나 새로운 아이디어를 제공하는 기능을 수행함으로써 장래의 정책방향에 대해서 영향을 미친다.
2) 직접 정책집행의 감독자로서 중간관리자는 하급관리자에게 정책을 정확히 주지시키고 일선직원들을 지도한다.
3) 중간관리층은 관료제의 중추세력으로 행정의 핵심적인 역할을 담당하며, 변동의 담당자로서 행정의 환경에 대한 적응성과 사회변동기능을 수행한다.

(3) 자   질

1) 중간관리층은 전문가로서 담당하는 업무에 관한 전문지식·기술이 요구된다.
2) 사업계획을 성공적으로 수행하기 위해서 성실한 자세가 요구된다. 중간관리층은 정책이 결정되면 정책이 차질 없이 집행하기 위해서는 직무수행에서 강한 책임의식과 인내심이 요구된다.
3) 직업공무원으로서 중립적인 윤리의식이 요구된다. 중간관리층의 직업공무원의 핵심으로 조직에 충성심을 가지고 업무를 공정하게 수행하는 민주적인 윤리의식이 필요하다. 최고관리층이 설정한 정책·목표를 구체화할 수 있는 지도력과 관리능력이 요구된다.

3. 최고관리층과 중간관리층의 관계

최고관리층은 조직의 방향을 설정하고 장기적인 기획을 수립해야 한다. 따라서 업무의 전문성보다는 조직전체의 입장에서 미래를 내다볼 수 있는 창의력과 판단력이 요구되므로 태도와 가치관의 변화가 중요하다. 중간관리층은 업무를 직접 수행하므로 담당업무에 대한 전문적인 기술과 지식이 있어야 한다. 또한 중간관리층은 관료제의 핵심으로 행정의 안정성·영속성을 위해서 정권교체와 상관없이 신분이 보장되나 최고관리층은 정권이 교체되면 신분을 상실한다.

제 4 절   갈   등

1. 의   의

갈등이란 조직 내의 의사결정에 있어서 대안의 선택기준이 모호하여 결정자인 개인이나 집단이 곤란을 겪는 심리적 현상을 말한다. 갈등의 주체는 개인·조직 등 다양하며 갈등은 심리적 대립상태뿐만 아니라 행동적 표출도 의미한다. 갈등은 순기능과 역기능의 양면성을 가지고 있다. 행정에서 일어나는 갈등은 주로 각 부·국·과간에 발생하기도 하며, 목표·자원·절차 등에 관한 의견대립에서 발생한다. 또한 갈등은 비공식집단간에도 발생하고 행정인 등 행정주체간에도 발생한다.

2. 갈등의 기능

1) 갈등의 순기능 : 갈등을 사회화의 한 형태로 파악하며 갈등의 긍정적 측면을 인정하는 입장이다. 갈등이 전혀 없는 조직은 오히려 정태적이며 변화에 대응할 수 없다고 보았다. 따라서 갈등은 조직발전의 계기가 된다고 본다. 건설적 갈등은 선의의 경쟁을 통하여 발전과 쇄신을 촉진시키며, 갈등의 해결을 위한 조직의 창의력·융통성·적응성을 높여 준다고 보았다. 행태론자들의 주장이다. 따라서 행태론자들은 조직 내의 갈등은 필연적 현상으로 갈등의 완전한 제거는 불가능하다고 보았다.

2) 갈등의 역기능 : 메이요(Mayo) 등의 인간관계론자들은 모든 갈등이 조직에 역기능을 초래한다고 본다. 즉 갈등은 조직의 불안을 조성하고 쇄신과 발전을 저해하며, 구성원과 조직단위간의 반목과 적대감을 유발시키며, 행정능률의 향상이나 신속한 의사결정을 저해한다고 보았다. 따라서 전통적 입장(인간관계론)은 모든 갈등이 조직성과에 부정적 영향을 미치므로 제거되어야 한다고 보았다.

3. 갈등의 원인

(1) 개인적 갈등의 원인

결정자로서 개인이 대안의 선택에 있어서 곤란을 겪는 경우이다.

1) 비수락성 : 제기된 대안들이 어느 것도 그의 만족기준을 충족시키지 못하기 때문에

선택에 곤란을 겪는 상태를 말한다.

2) 비비교성 : 어느 것이 최선의 대안인지 비교할 수 없는 경우에 곤란을 겪는 상황이다. 비비교성은 명백히 뛰어난 대안이 없는 경우에 갈등이 생긴다.

3) 불확실성 : 각 대안의 초래할 결과를 알 수 없는 경우에 겪는 곤란을 겪는 상태를 말한다. 불확실성은 대안이 성공가능성에 대한 의심이 있는 경우에 일어난다.

(2) 집단간 갈등의 원인

1) 상호적 업무의존

상호적 업무의존이란 조직 내의 두 부서가 각자의 업무를 효과적으로 수행하기 위해서 정보·순응·조정 등에 의존하는 관계를 말하며 이러한 경우에 갈등이 발생할 수 있다. 상호의존성은 다음과 같이 나누어 설명할 수 있다.

① 집합적 의존성(공통적 의존성) : 두 집단이 동일한 모집단에 속해 있기 때문에 나타내는 경우이다. 모조직으로부터 인적자원과 물적자원을 받는다. 이 경우 직접적인 상호의존성이 제한되므로 갈등은 거의 없다. 예를 들면 거래기업에 속해 있는 자회사의 경우이다.

② 서열적 의존성(순차적 의존성) : 한 집단의 활동이 다른 집단에 앞서 일어나는 경우이다. 예를 들면 구매부서에서 필요한 물품을 구입한 다음 각 부서의 활동에 공급되는 경우이다. 이 경우 후자의 업무수행에 전자가 커다란 영향을 미친다. 업무순서에 의해서 상호의존적인 집단간의 갈등이 발생한다.

③ 교호적 의존성 : 다수집단이 상호작용하는 경우 상호의존성이 가장 높은 상태이다. 상호의존성에 놓여 있는 집단들은 다른 모든 집단에 의존하는 동시에 그들 활동의 전제가 된다. 이 경우 갈등가능성이 높다(thompson).

2) 목표의 상충과 인지의 차이

개인 또는 조직단위가 추구하는 목표가 대립되는 경우나 동일한 대상을 가치관의 차이에서 오는 인지에서 갈등이 발생한다.

3) 자원의 한정성

조직 각부서간에 일어나는 자원확보의 과정에서 제한된 자원을 누가 차지할 것인가에 대하여 행동주체간에 경쟁이 생기면 갈등이 발생한다.

4) 의사소통의 왜곡

언어의 추상적 성격으로 갈등이 발생할 수 있으며 또한 정보의 왜곡과 정보가 충분히 교류되지 않은 경우도 갈등이 발생한다.

5) 구조의 분화 · 전문화현상

사회가 발전할수록 구조의 분화와 전문화가 이루어진다. 구조의 지나친 분화와 전문화는 갈등을 발생시킨다.

6) 기타 지위신분상의 차이가 날 때, 권력의 차이가 없을 때, 업무책임이 모호한 경우, 갈등당사자들의 신뢰결여, 조직이 변동하는 경우 등에 갈등이 발생할 수 있다.

4. 갈등의 해결방안

(1) 개인적 갈등의 해결방안

1) 비수락성 : 수용가능토록 목표수정하거나 새로운 대안을 탐색한다.
2) 비비교성 : 비교기준을 명확히 해보고 유인력이 강한 대안을 선택한다.
3) 불확실성 : 각 대안이 초래할 결과를 알 수 없는 경우에 새로운 정보를 모집한다.

(2) 집단간 갈등의 해결방안

1) 마치(March)와 사이먼(Simon)의 전략

March와 Simon은 의사결정주체간의 갈등의 해결방법으로 4가지 방안을 제시하였다. 문제해결과 설득은 목표에 대한 합의가 이루어진 상태로 보고 갈등의 원인이 사소하다고 본다. 협상과 전략은 목표에 대한 합의가 이루어지지 않는 상태에서 갈등의 원인이 보다 근본적이라 본다.

① 목표의 합의가 이루어진 경우로 합리적 · 분석적 접근
  ㉠ 문제해결 : 문제해결은 목표에 대한 합의가 이루어졌다고 보고 다만 이에 대한 해결책을 어떻게 마련할 것인가를 두고 갈등이 존재한 경우이다. 이런 경우는 당사자들이 직접 접촉하여 갈등상황이 되는 문제를 해결한다. 정보수집이나 탐색활동을 강화하여 대안을 모색한다.
  ㉡ 설득 : 상위목표에 대한 공유가능성을 인정하고 조직 내의 개개의 하위목표를 둘러싼 의견의 불일치를 조정하는 방법으로 상위목표와 하위목표와의 모순을 제거

하고 일치하는 데 중점을 둔다.
② 목표에 대한 합의가 이루어지지 않은 상태로 정치적 접근
  ㉠ 협상 : 목표에 대한 차이가 근본적으로 존재하고 당사자간의 목표가 대립되는 경
    우는 이해당사자들이 직접 참여하여 상대방의 설득보다는 협상을 통해서 문제를
    해결한다. 협상은 갈등당사자간의 이해관계를 조절하기 위해서 직접 교섭의 형태
    를 취한다(예: 노사간의 교섭).
  ㉡ 정략 : 교섭과정에서 갈등을 일으키는 각 당사자들이 정부·여론·국민의 지지를
    획득하기 위해서 노력하고 이들을 협상과정에 끌고 들어가는 것을 말한다.

2) 토마스(Thomas)의 전략

토마스는 대인적(집단적) 갈등의 관리방안을 두 가지 독립적 차원을 이용해 분류하였다.
두 가지 차원이란 자신의 이익을 만족시키려는 정도와 상대방의 이익을 만족시키려는 정도
를 기준으로 5가지 갈등해결 전략을 제시했다.
  ① 경쟁전략 : 갈등의 한 당사자가 자신의 이익만을 도모하는 전략을 말한다. 주로 신속
    한 결단이 요구될 때에 나타난다.
  ② 협력전략 : 자신과 상대방의 이익 모두를 만족시키려는 갈등관리방안이다.
  ③ 회피전략 : 자신의 이익이나 상대방의 이익 모두에 무관심한 경우이다.
  ④ 수용전략 : 갈등당사자가 자신의 이익을 희생하면서 상대방의 이익을 만족시키려는
    갈등관리방안이다. 조직의 안정성과 사회적 신뢰를 중요시할 때, 자신의 결정이 잘못
    되었을 때 나타난다.
  ⑤ 타협전략 : 자신과 상대방 이익의 중간정도를 만족시키려는 전략이다. 즉 갈등의 한
    당사자가 얻고자 하는 일부를 포기하여 갈등을 해결한다. 주로 시간적 여유가 없거나
    복잡한 문제에 잠정적 해결이 요구된 때에 나타나는 전략이다.

(3) 갈등관리 : 해소전략과 조성전략

1) 갈등은 복잡한 동태적 현상이므로, 갈등의 상황적 조건에 맞게 갈등관리 전략을 사용
  해야 한다. 파괴적 갈등(부정적 갈등)은 해소되어야 하며, 생산적 갈등(건설적 갈등)은
  구성원의 능동적 행동을 촉진하고 팀워크와 단결의 촉진하며 창조와 성장 등의 조직
  변동의 원동력으로 기능을 한다.
2) 갈등을 해소하는 전략: 갈등상황을 근본적으로 변동시키지 않고 거기에 적응하도록 하

는 전략을 수립하여 갈등상황을 제거하는 전략이다.

① 상위목표의 제시 : 갈등 대상자들에게 공동의 상위목표를 제시한다.

② 상관의 명령과 강제 : 공식적 권한으로 갈등을 해소한다.

③ 구조요인의 개편 : 인사교류, 조정담당기구설치 등의 조직개편을 통해 갈등을 근본적으로 해소하는 것이다.

④ 태도변화의 훈련 : 훈련을 통해 갈등 당사자들의 태도를 바꾸는 것이다.

⑤ 공동의 적을 확인 : 공동의 적을 확인함으로써 갈등을 해결하는 방법이다.

⑥ 자원의 증대 : 자원을 늘리는 방법을 통해서 갈등을 해결하는 방안이다.

⑦ 회피·완화 : 의사결정의 연기, 공동이익의 강조로 갈등을 해소하는 방법이다.

⑧ 협상 : 분배적 협상을 통해 갈등문제를 해결해나간다.

⑨ 타협 : 당사자들의 대립되는 주장을 부분적으로 양보하여 해결한다.

⑩ 문제해결 : 갈등을 일으킨 당사자들이 직접 접촉을 통해서 문제를 해결한다.

3) 갈등을 조성하는 전략 : 조직의 생존이나 발전에 유익한 갈등을 인위적으로 조성하는 전략이다.

① 의사전달 통로의 변경 : 의사전달통로변경을 통해 정보 및 권력의 재분배를 초래하기 때문에 갈등을 야기한다.

② 구조의 분화(계층의 수 증가) : 조직 내의 계층 수를 늘려서 서로 견제하게 한다.

③ 인사이동 : 조직구성원을 이동시켜 갈등을 조성하는 것이다.

④ 리더십스타일의 변경 : 리더십유형을 적절히 교체함으로써 갈등을 야기하고 대상집단을 활성화하는 것이다.

⑤ 개방형 임용제도 : 다른 사람을 임용함으로써 갈등을 조성하는 것이다.

제 5 절   책임운영기관

1. 의   의

책임운영기관이란 정부가 수행하는 집행적 사업 중 공공성을 유지하면서도 경쟁원리에 따라 운영하는 것이 바람직하거나 전문성이 있어 성과관리를 강화할 필요가 있는 사무에 대하여 책임운영기관의 장에게 행정과 재정상의 자율성을 부여하고 그 운영성과에 대하여 책임을 지도록 하는 행정기관이다. 책임운영기관은 신공공관리론에 따라 등장한 정부형태의 조직이다.

2. 책임운영기관의 특징

1) 중앙정부의 기능 중에서 정책과 집행 및 서비스 전달기능을 분리하여 수행하므로 책임운영기관은 집행중심의 사업부서조직이다. 따라서 책임운영기관은 정책결정기능과 단순한 정책집행기능이 명확히 분리되는 영역부터 실시한다.
2) 장관과 기관장간의 합의를 통하여 달성하여야 성과목표를 설정하고, 기관장은 결과에 대해서 장관에게 책임을 진다.
3) 기관장은 공직내·외에서 공개모집하여 계약직으로 채용하고 성과에 따라 연봉을 지급한다.
4) 기관장에게 인사, 예산, 조직의 관리권한에 융통성이 부여되며 그 운영결과에 대해서 책임을 지도록 한다.
5) 민간경영방식으로 운영되는 기업화된 조직이나, 내부기관의 성격은 정부조직이며 구성원도 공무원이다.

3. 적용대상사무

1) 적용대상분야 사무가 사업적·집행적 성질의 행정서비스를 제공하고 성과측정기준의 개발과 성과의 측정이 가능한 사무이다.
2) 사용료, 수수료 등 수익자부담주의가 적용되어 자체적으로 운영재원의 전부 또는 일부를 충당이 가능한 분야이다.
3) 내부시장화가 필요한 분야로 당장 외부시장화 등의 추진이 곤란한 사무로서 기관상호간의 경쟁을 통해서 내부시장을 창출할 수 있는 분야 등이 해당된다.
4) 공공성이 강하여 민영화가 곤란한 분야와 서비스 통합이 필요한 분야이다.

4. 책임운영기관의 문제점

1) 정부팽창 은폐수단으로 활용되거나 민영화 회피수단으로 악용될 가능성이 있다.
2) 기관장의 신분보장의 미흡으로 소신행정이 곤란하고, 기관장의 책무에 관하여 구체적으로 규정한다 하더라도 정책과 운영면에서 책임한계의 문제가 발생할 수 있다.
3) 정부조직의 운영을 정책결정과 집행을 분리한다는 것은 기술적으로 용이하지 않으며, 책임운영기관제도는 기본적으로 수익성을 기반으로 해당 기관을 평가하므로 공공성의 약화를 가져올 수 있다. 예를 들면 국립중앙극장의 경우 유효관람객의 확보에 치중한다면 시민의 공연예술에 대한 접근성이 감소할 수 있다.

5. 우리나라의 책임운영기관

(1) 설   치

행정안전부장관은 기획재정부 및 해당 중앙행정기관의 장과 협의하여 대통령령으로 책임운영기관을 설치할 수 있다. 그러므로 중앙행정기관의 장이 직접 설치할 수 없다. 우리나라 책임운영기관은 운전면허시험관리단, 국립중앙극장, 지방통계청, 특허청 등이 선정 운영되고 있다. 책임운영기관은 독립성과 자율성이 보장되고, 기관의 사무성격에 따라 6개 유형으로 구분한다.

① 조사연구형 책임운영기관(조사·품질관리형-지방통계청, 연구형-국립과학수사연구원)
② 교육훈련형 책임운영기관(한국농수산대학, 국립 국제교육원)
③ 문화형 책임운영기관(국립중앙극장, 국립현대미술관)
④ 의료형 책임운영기관(경찰병원, 국립서울병원, 국립재활원)
⑤ 시설관리형 책임운영기관(해양경비안전정비창, 국립자연휴양림관리소)
⑥ 기타 책임운영기관(특허청, 국세청고객만족센터, 고용노동부고객상담센터)

(2) 종   류

1) 중앙책임운영기관
① 중앙책임운영기관은 현재 특허청이 해당되며, 기관장은 임기 2년이며 1차에 한하여 연임이 가능하다.
② 중앙책임운영기관의 장은 고위공무원단에 속하는 공무원 외의 소속공무원에 대한 일

체의 임용권을 가진다. 임용시험도 중앙책임운영기관의 장이 실시한다.

2) 소속책임운영기관

① 채용은 소속중앙행정기관의 장이 공직내외 전문가 중에서 공개모집절차에 따라 임기
   제 공무원으로 채용한다. 기관장의 채용기간은 5년 이내의 범위 안에서 2년 이상으로
   한다. 다만 성과가 탁월한 경우는 근무기간을 3년의 범위 내에서 추가로 연장할 수
   있다(5＋3).

② 책임운영기관 소속공무원의 임용권한은 소속중앙행정기관장에게 부여한다. 소속공무
   원의 임용시험은 책임운영기관장이 실시한다. 총 정원 및 계급별 정원의 규정은 기관
   별 총 정원 한도는 대통령령, 종류별·계급별 정원 및 고위공무원단에 속하는 공무원
   의 정원은 총리령 또는 부령, 소속기관의 하부조직의 분장 사무 및 직급별 정원은 기
   본운영규정으로 자율적으로 정한다.

③ 행정안전부장관은 기획재정부 및 해당 중앙행정기관의 장과 협의하여 책임운영기관
   의 설치, 해제가 가능하다.

④ 재정수입의 전부 또는 일부를 자체적으로 확보할 수 있는 사무를 주로 하는 책임운영
   기관은 책임운영기관 특별회계로 운영하며 소속책임운영기관별로 계정을 구분한다.

⑤ 특별회계는 계정별로 소속중앙행정기관의 장이 운용하고, 기획재정부장관이 이를 통
   합하여 관리한다.

⑥ 사업성과의 평가 등을 심의하기 위해서 소속중앙행정기관 산하에 소속책임운영기관
   운영심의회를 둔다. 한편으로 운영심의회의의 평가결과 및 책임운영기관의 존속여부
   등에 관한 사항을 심의·평가를 위해서 행정안전부 소속하에 책임운영기관 운영위원
   회를 둔다. 성과계약은 중앙책임운영기관장은 국무총리와 성과계약을 체결하고, 소속
   책임운영기관장은 소속중앙행정기관장과 성과계약을 체결한다.

제 6 절   행정에의 시민참여

1. 의   의

시민참여란 시민들이 행정의 의사결정과정에 개인적·집단적으로 영향을 미치거나 관여하는 것을 말한다. 오늘날 시민참여는 전통적 정치참여가 아닌 실질적·구체적 참여이다. 또한 과거에 비해서 중산층보다는 이해관계자와 하층인 위주의 참여이며, 정책집행뿐만 아니라 정책결정과정에 참여가 강조되고 있다. 최근에는 사회적 시민단체와 비정부조직(NGO)의 행정참여가 증대되고 있다.

2. 시민참여의 필요성

1) 입법통제·사법통제 등의 약화로 시민이 직접 참여하게 되었다. 오늘날 행정이 전문화·복잡화되고 재량권의 확대 등으로 입법부가 행정을 감시·비판하는 대외역할이 한계에 부딪혀 이에 대한 대안으로 시민이 직접 행정에 참여하게 되었다.
2) 관료제의 한계를 극복하기 위해서 시민참여가 요구된다. 관료제의 획일적·기계적인 행정처리로 인하여 그동안 관료제가 시민의 요구에 부응하지 못하고 변동하는 환경에 능동적으로 대응하지 못하자 이를 극복하기 위해서 시민의 직접 참여가 필요하게 되었다.
3) 지역주민의 의사를 반영하기 위해서다. 지역주민의 정책결정에 참여하여 주민들이 의견을 수용하면 주민의 요구에 부합한 사업계획을 실현할 수 있다. 따라서 시민참여는 시민들의 권익을 보호하고 행정에 대한 시민들의 이해를 증진시킬 수 있다.
4) 선거방식의 한계를 극복하기 위해서다. 행정국가시대에서 정책형성기능이 입법부에서 행정부로 이동함에 따라 국회는 국민의 의사를 행정에 반영하기가 어렵게 되었다. 따라서 국민이 국회의원 등의 선거를 통해서 국민들이 국가의 정책을 변동시키는 데 한계가 있으므로 시민이 직접 참여하게 되었다.

3. 시민참여의 유형

시민참여는 제도성에 따라 제도적 참여와 비제도적 참여로 분류한다.[3]

---

3) 정세욱·최창호, 1990, <행정학>, 서울: 법문사.

1) 제도적 참여(공식적 참여) : 제도적 참여란 국가 또는 지방자치단체의 명문화된 법규에 의해서 참여가 공식적으로 보장되는 것을 의미한다. 제도적 참여의 형태를 보면 각종자문위원회, 공청회, 심의회, 청원, 주민투표, 주민소환, 주민발안 등이 있다.

2) 비제도적 참여 : 비제도적 참여란 주민이 비공식적으로 행정기관과 접촉을 통하여 참여의 실질적인 효과를 달성해 가는 것을 의미한다. 비제도적 참여의 행태는 집단시위·주민운동·교섭 등이 있다.

4. 시민참여의 유용성

1) 정책결정과정에 시민들이 참여함으로써 정치적 민주성을 확보할 수 있다. 또한 시민참여는 관료들의 독선적 행동을 방지하여 행정에 대한 시민의 통제를 가능케 한다.

2) 행정과 시민과의 협조체제를 강화시키고, 정부와 시민과의 갈등을 해소시킬 수 있다.

3) 정책결정비용은 증대되나 정책순응비용을 줄일 수 있어 집행과정의 효율성을 가져온다. 그러므로 시민참여를 총체적으로 보면 정책집행이 훨씬 용이해질 수 있다.

4) 시민들의 요구나 여론에 보다 민감하게 반응함으로써 행정의 대응성을 촉진하고 고객지향적 정부이념을 실현할 수 있다.

5) 현지의 주민들의 의견을 수렴함으로써 적실성 있는 행정을 할 수 있어 정책의 질을 높이며 행정의 자원의 낭비를 막을 수 있다.

6) 시민이 참여함으로써 정부의 행동을 감시할 수 있다. 시민참여는 관료들의 도덕적 해이를 감소시켜 행정의 능률향상을 가져온다. 또한 시민참여는 사회구성원들의 공동체의식을 함양하여 정치적 통합을 촉진할 수 있다.

7) 시민의 참여는 시민들에게 유용한 정보제공으로 행정의 효율성을 높일 수 있다. 즉 참여를 통하여 정보가 공개되고, 논의되는 과정에서 민간에게 유용한 정보가 제공되고, 민간전문가의 행정에 참여로 민간의 창의성과 전문성이 사회발전에 공헌할 수 있다.

5. 시민참여의 한계

1) 시민참여가 이해관계에 치중하고 있다. 우리나라의 시민참여는 자기지역에 혐오시설의 설치를 반대하거나 이해관계에 있는 이슈에만 참여하고 거시적인 환경문제, 도시교통, 주택문제 등의 정책대안의 제시가 미비하다.

2) 시민참여는 여러 사람들의 의견을 수렴하고 결정하는 과정에서 문제해결을 지연시키고 시간을 낭비하여 신속하고 능률적인 행정을 저해한다.

3) 잘 조직화되고 강력한 집단은 정책결정자에게 쉽게 접근하여 큰 영향력을 행사한다. 이러한 경우에 참여의 불균형을 초래할 수 있다. 또한 시민참여가 일부 조직화된 소수에 의해서 독점될 경우에 침묵하는 다수의견을 정책에 반영하지 않을 우려가 있다. 이러한 점은 시민참여의 대표성에 문제가 발생할 수 있다.

4) 시민은 행정인에 비해 전문지식의 부족으로 행정의 전문성을 저해할 수 있다. 그러므로 참여의 전제조건으로 민간의 전문성과 정보기술이 향상되어야 한다. 이는 곧 정부활동에 대한 참여·감시를 용이하게 할 수 있다.

5) 시민참여가 공직을 가장한 집단이기주의가 표출될 가능성이 있다. 집단이기주의 표출로 합의와 조정이 안 된 경우에 사회적 혼란을 초래하고 정부의 업무집행을 지연시킬 수 있다.

6. 우리나라의 시민참여의 문제점과 방향

1) 문제점 : 정책결정과정에서 실질적인 결정권을 행정기관이 보유하고 있어 시민이 국가정책결정과 집행과정에 주도적인 역할을 하지 못하고 있다. 또한 행정과정에 시민참여를 기피하는 관료들의 의식이나 태도가 지배적이다. 이러한 태도는 행정당국이 정보를 사전에 공개하지 않아 시민들의 능동적이고 준비된 참여가 이루어지지 못하기 때문이다.

2) 앞으로의 방향 : 시민참여가 정착되고 활발하기 위해서는 행정활동과 지역사회 전체에 대한 책임이 시민에게 있다는 시민의식이 확립되어야 한다. 시민들은 지역사회에 주인의식을 갖고 보다 능동적으로 행정에 참여하도록 해야 한다. 시민참여가 활발하도록 하기 위해서는 공무원들의 사고방식의 전환도 요구된다. 행정은 관료중심이 아니라 고객중심이 되도록 해야 한다. 그러기 위해서는 시민의 의견을 수렴하고, 민·관의 협조를 강화하여 정책의 집행이 용이하도록 해야 한다.[4]

정부는 정보공개를 통해서 시민의 참여를 유도하고 열린 행정이 되도록 해야 한다. 이

---

[4] 주민참여방법으로 우리나라 지방자치법은 주민이 직접 조례의 제정이나 개폐를 청구할 수 있도록 하였다(자치법 13조). 또한 주민에 의한 감사청구도 인정되고 있다.

러한 열린 행정이 되기 위해서는 행정기관의 적극적 자세가 요구된다. 즉 시민들의 의사를 경청하고, 타당시 정책에 반영해야 하며 최고관리자는 업무를 하급기관에게 대폭 위임하여 시민과 직접 접촉할 수 있는 제도적인 장치를 마련해야 한다. 하급기관의 권한이 없으면 시민은 행정에 참여하지 않는다.

제 7 절   공동생산

1. 의   의

공동생산이란 주민참여방식의 일환으로 공공서비스의 공급에 있어서 주민의 자발적 참여와 주민과 행정기관의 상호작용을 통하여 서비스가 제공되는 것을 의미한다. 즉 자원봉사자를 통하여 행정서비스가 제공되는 것을 공동생산이라 한다. 예를 들면 월드컵이 우리나라에서 개최될 때 자원봉사자를 통해서 경기장을 안내하거나 통역을 하는 현상을 말한다.

2. 공동생산의 유형

1) 개인적 공동생산 : 지역주민의 참여가 조직화되지 못한채 개개의 주민에 의해서 이루어지는 형태를 말한다.
2) 집단적 공동생산 : 상당수 시민들이 자발적으로 참여가 이루어지고 공공기관과 시민집단 사이의 공식적인 조정체계 등을 내용으로 하고 있다.
3) 총체적 공동생산 : 서비스의 생산에 기여하지 않더라도 특정인을 서비스의 향유로부터 배제시키지 않는 경우를 말한다.

3. 공동생산의 장점

1) 자원봉사자로서 서비스를 제공하므로 정부는 필요한 경비를 절감할 수 있다.
2) 주민과 행정기관과의 상호작용의 빈도수의 증가로 주민의 요구에 부응하는 서비스를 제공할 수 있다.

3) 행정기관에 주민의 참여로 주민은 공공서비스에 대한 많은 지식과 정보를 얻을 수 있으며, 행정기관은 서비스 배분에 있어서 양질의 서비스를 제공할 수 있다.

4. 공동생산의 단점

1) 자원봉사자로 서비스를 제공하면 국가의 예산이 절약되나 공무원들의 영역이 축소되어 행정기관의 저항을 초래할 수 있다.
2) 자원봉사자들의 행정의 무경험과 비전문성으로 인해 효율성이 있는 업무를 처리하지 못하는 경우가 있다. 따라서 공동생산이 항상 양질의 서비스를 제공할 수 있는 것은 아니다.

제 8 절 비정부조직

1. 의 의

비정부조직(Non Government Organization)란 정부조직이 아니면서 공공의 이익을 위해 활동하는 단체를 말한다. 즉 NGO란 비정부조직이라고 정의할 수 있다. 비정부조직은 정부대표가 아닌 민간인들로 이루어진 조직을 의미하므로 시민사회단체(civil society organization)와 유사하다. 초기의 NGO는 봉사활동을 목적으로 출발하였다. 즉 1863년 스위스에서 국제적십자운동이 시발점이 되었으며 1948년 유엔은 후진국가의 경제개발을 지원하면서 민간기구에게 감시를 맡겼다. 오늘날 비정부조직은 공익을 축구할 목적으로 비영리조직으로 주로 정책결정부분보다는 정책집행부분에서 정부와 시장에 대한 견제와 감시기능을 수행하고 있다.

2. 한국 NGO의 기원

1970년대 신자유주의 영향으로 시민단체가 사회문제의 해결을 위한 대안으로 등장하였다. 우리나라에서 NGO가 보편적으로 활동하게 된 것은 1986년 6월 항쟁과 관련되며, 군부정권을 굴복시키고 정치적 민주화를 성취함에 따라 언론, 표현, 결사의 자유가 보장되자 시민사회운동이 활발히 전개되기 시작했다. 시민단체는 주로 환경, 인권, 반부패, 여성, 평화문제 등을 다루기 시작했다. 시민단체는 사회적 가치를 공유한 시민들이 공동의 목적을 위해서 자발적인 모임으로 회원가입에 배타성이 없다. 주로 봉사활동에 의해서 사업수행하며 사무실 없어도 인터넷으로도 활동가능하다.

초기의 주민운동은 자신의 주변 생활의 문제점 등을 해결하면서 운동의 연대성, 상설 조직화, 정부정책의 개혁요구 등의 필요에 의해서 소수 명망가중심으로 이슈를 개발하기 시작했다. 시민단체의 활동이 공공기관으로부터 억압과 사회적인 무관심으로 언론과 대중의 주목을 받지 못했으나 가시적 효과가 나타나자 대중이 주목하기 시작했고, 상근 조직화하면서 회원의 증가를 가져왔다. 그러나 회원들은 조직목표에 대한 외형적 동조에 불과했으며 회원의 상당수가 활동하지 않았다. 그러자 시민단체의 활동을 지속화하기 위해 이슈를 확장하고, 회원을 참여시키기 보다는 명망가중심의 활동에 주력하였다. 시민단체가 언론의 구미에 맞는 아이디어 창출에 골몰하여 주목을 받자 공공기관과 대기업의 기부가 이어졌다. 이는 시민단체가 공공기관과 대기업의 감시의 끈을 느슨하게 된 원인이 되었다.

정치, 경제, 사회적 변화, 시장실패 그리고 정부실패에 대한 대중의 관심이 증가함에 따라 각 제도부문의 역할은 많은 변화를 보여 왔다. 과거 주로 자선사업에 주력하였던 NGO부문은 이제 교육 및 연구, 보건복지, 환경 및 인권보호, 문화 및 예술 등에 이르기까지 확장되고 있으며 이러한 추세는 비영리 추구를 목적으로 하고 민간의 자발적 활동으로 특징지어지는 NGO부문의 거의 모든 활동영역에 걸쳐 나타나고 있다.

3. 등장배경

1) 정부실패 때문이다 : 비정부조직의 등장배경은 사회의 분화와 다양성으로 인한 사회적 욕구를 충족시키는 데는 정부의 한계가 있기 때문이다. 정부는 국민선호를 정확히 대변할 수 없다고 보았다. 즉 관료들이 정책결정과정에서 국민의 이익보다는 관료이익을 우선시하고 정보를 통제하기도 한다. 또한 국가에 대해서 대중의 요구는 증가하는데 이에 상응하는 욕구를 충족하기는 한계가 있다.

2) 시장기능의 한계 때문이다 : 시장영역은 지나친 경쟁과 이윤추구의 속성 때문에 NGO가 발달되었다고 볼 수 있다. 즉 시장논리에 의한 경쟁사회는 빈부격차, 세대간의 갈등을 발생시키고 있다. 이 때문에 인권보호, 환경보호, 소비자보호, 경제정의 구현 등

의 조직이 결성되어 활동하게 되었다.

3) 정보통신기술의 발전 때문이다 : 최근 정보통신의 발전은 공간적 개념을 뛰어넘어 지구가 하나의 공동체로서 역할을 하는 데 기여하였다. 즉 각국 간의 신속한 정보교환을 통해서 시민단체들은 보다 계획적이고 전문적인 대안을 제시하게 되었다.

4) 기타 : 시민단체의 등장배경은 신자유주의 등장과 참여민주의 확산, 시민이 공공서비스의 생산자인 국가권력을 감시하고 통제하기 위해서 등장하였다.

4. 기 능

1) 정부의 보완적 기능을 수행한다 : NGO는 정부의 지원을 통해 활동에 필요한 자원을 획득할 수 있다. 정부는 NGO를 활용하여 복지와 환경관련 공공서비스나 정보창출이 가능하다.

2) 정부감시 통제기능을 수행한다 : NGO는 압력집단 또는 경쟁적 행위자로서 국가활동에 대한 감사와 대안을 제시한다. 즉 납세자 주권의 관점에서 예산을 정부예산을 감시하고 제도개혁과 대안을 제시한다.

3) 행정의 형평성과 민주성을 촉진한다 : 시민단체의 등장으로 시민들의 행정에 대한 관심을 갖게 되고 사회의 다양한 가치와 이익을 대변하여 행정의 형평성, 민주성을 촉진하는 계기가 되었다. 그동안 우리나라의 짧은 기간에도 시민단체가 우리 사회를 변화시키는 데는 상당한 기여를 했다. 이는 일반시민들의 적극적인 지원과 언론의 관심 때문이다.

5. 한국 NGO

1) 시민단체를 보면 경실련, 참여연대, 시민사회단체 연대회의, 언론개혁 시민연대가 있다. 경실련은 경제정의의 안정적 유지를 통해 공정하고 깨끗한 사회를 만들기 위한 목적으로 1989년 7월 시민·청년·서민층 등이 결성한 시민단체이다. 참여연대는 국가권력 감시 및 시민권리 획득을 목적으로 1994년 9월 10일에 설립되었으며, 시민참여, 시민연대, 시민감시, 시민대안을 목표로 범사회적 운동을 전개하고 있다. 기타 시민단체로 녹색소비자연대, 한국소비자생활연구원, 우리 농산물 살리기 운동본부, 환경운동연합, 녹색연합, 녹색교통운동 등이 있다. 한편으로 세계적인 NGO는 국경없는 의사

회와 그린피스가 있다. 국경없는 의사회는 레바논 내전, 아프가니스탄 전쟁 등의 희생자를 지원하고 부상자를 치료했으며, 그린피스는 핵실험을 반대하고 자연보호운동을 목적으로, 1971년 캐나다 밴쿠버항구에 12명의 환경보호운동가들이 모여 결성한 국제적인 환경보호단체이다.

2) 우리나라의 시민단체 역사는 외국에 비해서 짧다고 볼 수 있다. 그러나 최근의 시민역량 향상, 정치의 민주화, 사회의 자율성이 높아짐에 따라 시민단체의 활동이 활발해지고 있고 시민단체의 종류와 단체도 증가하고 있다.

3) 시민단체의 회원수가 적고 재정상 어려움을 겪고 있다. 이러한 문제점을 해결하기 위해서 우리나라의 경우 비영리단체의 지원법이 마련되고 있다. 주무장관이나 지방자치단체장은 등록된 공익단체의 공익사업의 소요경비를 지원하고 있다.

4) 시민운동가가 정치가로 변신하여 정당활동을 하고 있다. 외국의 경우 시민운동가 정치가로 재등장하거나, 시민운동가가 당으로 탈바꿈하는 경우는 드물다. 시민운동과 정당의 존재목적은 다르고, 시민운동가가 대 정치판으로 가면 시민운동은 누가하며 시민단체의 도덕성, 공공성으로 개인의 이미지를 고양시켜 시민운동을 정치기반의 발판으로 삼았다는 비난을 면하기 어렵다. 진정으로 사회의 정의와 봉사를 원한다면 시민단체에 계속 몸담아 권력과 사회를 감시하는 것이 바람직하다고 본다.

5) 우리나라의 시민단체의 문제점 등을 살펴보면 첫째, 소수의 명망가중심의 시민운동의 전개로 시민 없는 시민운동이 전개되고 있고, 사회의 공동이익보다는 특정집단의 이익을 추구하는 경향, 정부의 정책에 대한 많은 비판을 하지만 그에 대한 책임성의 부족, 일부 간부들의 독선적 운영으로 다수 구성원의 의사가 소외되고 있으며, 시민운동가들의 전문성이 부족하다는 것 등이다.

6. 정부와 비정부조직간의 관계

1) 대체적 관계 : 국가의 한계로 인해 실패된 공공재의 공급을 시민단체가 제공하는 경우이다. 즉 국가가 시민들에게 제공해야 할 공공재의 공급역할을 비영리단체가 대신 제공하는 경우이다. 이 경우는 정부와 비영리단체가 각기 상대방으로 하여금 투명하고 생산적이 되도록 상호감시하는 관계이다.

2) 보완적 관계 : 정부와 비정부조직이 서로 긴밀한 협조관계가 형성되도록 하는 경우이다. 이 경우는 비정부조직이 제공하는 서비스비용을 정부가 지원한다.

3) 대립적 관계 : 정부와 비정부조직이 공공재의 공급에 대해 근본적으로 시각차이가 일어 서로 긴장상태에 있는 경우이다.

4) 의존적 관계 : 의존관계는 정부의 지지나 지원의 필요성으로 특정한 비정부조직 분야의 성장을 유도한 경우이다. 주로 개발도상국가에서 많이 나타나는 관계이다.

7. 시민단체 활동방향

1) 행정의 독선과 견제기능을 수행 : 정치·행정에 대한 민주통제를 함으로써 행정의 능률을 기대할 수 있다. 최근 행정이 전문화되면서 소수관료에 의한 행정의 운영으로 행정의 독선화 경향이 발생하고 있다. 비정부조직은 행정의 독선기능을 견제하고 행정이 시민의 욕구에 부응하도록 하는 역할을 수행해야 한다.

2) 국민들에게 도움이 되는 복지사업의 확대 : 그동안 우리나라는 국민이 국가에 세무나 병역 등의 의무를 강조하였다. 반대로 국가가 국민을 위해서 제공할 복지사업의 확충은 소홀히 하였다. 앞으로 시민에게 도움이 되는 서비스 질의 향상을 위해서 시민단체의 활동이 요구된다. 따라서 시민단체는 환경·의료·노동·소비자 보호분야에서 시민단체의 활동이 요구되고 있다.

3) 조정적인 기능을 수행 : 사회생활에서 인간의 대립과 갈등이 발생하는 것은 당연하다. 따라서 제3자의 개입조정을 필요로 하고 있다. 문제의 해결은 행정부에서 할 수 있으나 행정은 상관의 지시나 언론에 문제시 될 때는 문제해결에 적극적이나 그렇지 않는 경우는 문제에 능동적으로 대치하지 않는다. 따라서 시민단체는 사회문제를 정부가 해결하는데 있어서 정책제언자와 조정자의 역할이 요구된다.

4) 정부의 정책의 감시자 역할 수행 : 비정부조직의 행정에 참여는 정부가 특정집단에 의해서 포획되는 것을 예방할 수 있으며, 정책결정의 합리성을 높일 수 있다. 또한 비정부조직의 참여로 정책의 정당성을 국민에 인식시켜 정책순응비용도 줄일 수 있다.

5) 운영의 투명성과 운영자들의 전문성과 도덕성 요구 : 우리나라의 시민단체는 시민단체 간부들의 자질과 도덕성이 도마 위에 오르내리고 있다. 앞으로 시민단체가 시민의 믿음과 지지를 얻기 위해서는 운영의 투명성과 운영자들의 자기분야에 대한 전문성이 있어야 하며 다른 사회집단보다 더 많은 도덕성과 윤리성이 요구된다.

6) 시민운동이 성공하기 위해서는 대중의 기반을 둔 시민운동이 되어야 한다. 시민운동은 사회적 저명인사 몇 명이 운영해서는 성공할 수 없다.

7) 시민단체가 정부를 제대로 감시하기 위해서는 권력과 경제력이 풍족한 것보다는 약간 부족한 것이 좋다. NGO가 돈과 권력이 많아지면 정치적, 경제적으로 중립을 유지하기 어렵고 감시비판을 제대로 할 수 없다.

제 9 절 조직문화

1. 의 의

조직문화란 사회문화의 하위체제로서 조직구성원들이 공유하는 보편적인 행동양식을 말한다. 즉 구성원의 신념, 의식구조, 행동규범, 사고방식을 의미한다.

2. 조직문화의 특성

1) 조직문화는 역사적 유산으로 전수되고, 후천적 학습에 의해서 생성·공유되는 사회적 유산이다.
2) 조직문화는 인간의 사고와 행동을 결성하며, 쉽게 변동되지 않는 변동저항성과 안정성을 지닌다.
3) 조직문화는 규범이 존재하고, 구성원들의 철학을 공유하고, 구성원들이 공통으로 사용하는 언어나 행태의 규칙성 등이 있다.

3. 조직문화의 순기능과 역기능

순기능적 측면을 살펴보면 공동규범의 공유로 조직에 대한 충성심과 복종심이 생기며, 구성원들을 통합하여 응집력과 일체감을 갖게 한다. 또한 조직문화는 조직의 안정성과 정체성을 유지시키며 구성원들의 일탈행위에 통제기능을 수행한다. 그러나 집단적 사고방식은 구성원들의 유연성과 창의력을 저하시킨다.

4. 더글라스(Douglas)의 신문화이론

더글라스는 인간의 사고유형이 사회조직의 형태와 연결된다고 보면서 개인들은 자신이 경험하는 사회관계의 형태를 정당화시켜주는 가치를 지지한다고 설명했다. 더글라스는 집단성과 규칙성의 강도에 따라 네 가지 유형의 문화가 형성된다고 보았다. 집단성은 개별집단 내에서 자발적 결속력을 의미하며, 규칙성은 개인의 행동을 통제하는 외부조건으로 억압적인 힘을 의미한다.

1) 개인주의 : 개인주의자들은 자연은 자정능력을 갖고 있으며, 인간은 본질적으로 자아추구적이며, 공정성은 기회의 균등이고 기본욕구충족은 개인책임으로 본다.
2) 운명주의 : 운명주의자들은 자연은 변덕스럽다고 믿으며, 인간관은 인간본성에 대한 의구심으로 자신을 고립시키며, 공정성은 존재하지도 않는다고 본다.
3) 계층주의 : 계층주의자들은 자연은 완고하면서 관대하다고 믿으며, 인간은 죄를 갖고 태어나지만 제도에 의해서 구제될 수 있다고 믿으며, 공정성은 법 앞의 평등을 의미한다.
4) 평등주의 : 평등주의자들은 자연이 무상하고 덧없다고 믿는다. 인간은 타인배려적으로 간주한다. 공정성은 결과의 평등을 중요시한다.

표 3-1   더글라스의 문화 유형이론

구 분		집 단 성	
		약	강
규 칙 성	약	개인주의	평등주의
	강	전체주의	계층주의

제10절   공공선택론과 관계이론

1. 의   의

정부를 공공재의 생산자로 그리고 시민을 소비자로 규정하고, 시민의 편익을 극대화할 수 있는 서비스의 공급과 생산은 공공부문의 시장경제화를 통해 가능하다고 주장하는 이론을 말한다. 공공선택론은 정부에 대한 개인의 행태를 과학적으로 분석한 것이며 과거는 인간의 본성과 정부에 대한 지배적인 견해는 도덕성과 공익적 접근이 기반이나 공공선택론은 개인은 일차적으로 자신의 이익에 관심이 있다고 본다.

2. 배   경

공공부문에 대한 의사결정을 분석하기 위해 경제학적 방법을 사용한 이론으로 공공재는 비배제성과 비경합성 때문에 사회전체의 손해에 개의치 않고 자신의 이익만을 위해 공짜로 사용하려는 이른바 무임승차자 문제가 생겨나서 공공재의 효율적 공급의 문제를 해결하기 위한 접근방법으로서 제시된 이론이다.

3. 가   정

1) 개인은 이기적이라는 가정 : 사람은 자신의 개인적 이익을 우선시하며 현재보다 나은 상황을 위하여 계산된 선택을 하게 된다. 이 같은 이기적인 합리적 선택은 개인선택에서 뿐만 아니라 공공선택에서도 나타난다는 입장이다. 여기서 이기적이란 의미는 각 개인은 의사결정에 영향을 미치는 자신의 선호가 있으며, 또한 선호는 개인에 따라 다를 수 있다고 본다.
2) 방법론적 개인주의 : 모든 사회적 실체는 기본적으로 개인행위자들의 집합이라는 시각이다. 즉 공동체가 아닌 개개인에 초점을 두고 있다. 따라서 공익이나 사회가치를 중시하는 방법론적 전체주의와는 반대로 개인의 특징에 관심을 가진다.
3) 개인들의 극대화 전략추구 : 공공선택이론은 개인들은 자신의 선호에 비추어 가장 높은 순이익을 제공해주는 극대화 전략을 선택한다고 가정한다.

4. 특   징

1) 공공선택론은 분석의 기초단위인 개인으로서의 인간의 자기이익을 추구하고, 합리적
   이고 효용극대화 전략을 추구하는 존재라고 가정한다. 따라서 자기이익 추구가 민간
   부문에서 뿐만 아니라 공공부문에서도 적용된다고 보아 정책결정에 참여하는 관료,
   정치인, 시민들은 자기이익 극대화를 추구한다고 본다. 예를 들면 관료는 보다 많은
   예산을 확보하여 사업을 확장하고, 승진과 봉급인상에 관심을 가진다. 정치인은 보다
   많은 지지를 얻기 위해 득표의 극대화 추구로 전체보다는 특정한 이익집단이나 지역
   구의 이익을 대변한다. 시민들은 개인효용 극대화 추구로 자신에게 많은 서비스가 제
   공되길 바란다. 이는 정부지출의 확대를 가져와 공채발행, 외자도입의 원인이 된다.
2) 공공선택이론은 정부의 정책결정에 전통적 관료제의 구조와 활동에 중대한 변혁을 요
   구하여 분권화되고 다원적 공급체계와 소비자집단과 협상, 계약, 공동생산 등의 시장
   적 방안을 강조한다. 따라서 행정개혁의 처방으로 다원적 조직제, 관할중첩의 허용으
   로 공공재 공급의 경쟁성을 높일 수 있고, 행정서비스의 질의 향상을 가져올 수 있다
   고 보았다.

5. 공공선택론에 입각한 상호관계 분석

1) 관료의 정치가의 관계 : 정치가는 예산심의과정에서 관료에 대해서 통제가 아닌 후원
   자가 된다. 왜냐하면 의원들은 재선을 위해서 유권자들에게 더 많은 서비스제공을 원
   하기 때문에 관료가 확대 편성한 예산을 지지한다.
2) 관료와 유권자와의 관계 : 관료조직에서 유권자가 관료에 대해서 영향력을 행사할 수
   있는 방법은 상대적으로 제한되어 있고, 유권자들은 관료의 예산안에 대해서 대체로
   수동적이다. 이는 행정과정에 대한 정보를 획득함으로써 얻게 되는 편익보다 시간과
   비용이 많이 들기 때문이다. 공공재는 외부성을 가지고 있어 그 효과와 비용을 추정
   하는데 많은 비용과 시간이 소요되기 때문에 유권자는 관료의 확대지향적인 예산을
   아무런 분석도 못하고 받아들여질 수밖에 없다.
3) 정치가와 유권자의 관계 : 정치가들은 재선을 위해서 유권자들의 성향을 활용한다. 유
   권자들은 이기적 성향을 드러내 공공재의 공급을 요구한다. 그러나 공공재의 공급을
   위한 재원을 조달할 때는 납세보다 공채발행을 원한다. 그런데 공채는 비용보다는 편

익을 과대평가하여 사업을 시행한다. 결과적으로 공채의 비용은 다음 세대에 전가되는 반면에 편익은 특정집단에 집중된다. 공채는 나이가 많은 사람들이 선호하고 비용부담은 다음 세대로 전가된다. 정치가들은 유권자들의 지지를 얻기 위해 조세보다 공채를 선호한다.

6. 공공선택론과 관련된 이론

(1) 투표의 역설

1) 의의

투표의 역설은 18세기 후반 콩도르세가 지적한 것으로, 단순다수결을 통한 투표가 구성원의 선호를 제대로 반영하지 못하는 현상을 말한다. 투표의 역설은 애로우(K. Arrow)의 '불가능성정리'라고도 하며 투표행위가 그 역설적 현상으로 인하여 바람직한 사회적 선택을 확보해 주지 못한다는 이론이다.

2) 내용

개인의 선택을 충분히 반영할 수 있는 윤리적인 사회적 선택의 다섯 가지 전제조건을 모두 충족시켜주는 집단적 선택규칙은 존재하지 않는다는 것인데 Arrow는 다음 다섯 가지 공리를 모두 충족시키는 사회적 선택은 존재하지 않는다는 것을 입증하였다.

3) 가능성의 조건

① 파레토원리 : 모두가 A보다 B를 원하면 사회적 선택도 B가 되어야 한다.
② 이행성원리 : $A > B$이고 $B > C$이면 $A > C$가 되어야 한다.
③ 독립성원리 : 무관한 선택대상으로부터 영향을 받지 않고 결정되어야 한다.
④ 비독재성원리 : 한 사람에 의한 의사결정은 안 된다.
⑤ 선호의 비제한성 원리 : 자기선호에 일치하는 대안을 선택할 수 있는 자유가 보장되어야 한다.

4) 투표의 역설 예시

투표자 1, 2, 3 세 사람이 있고, 대안을 x, y, z라고 할 때 투표자가 다음과 같은 선호배열을 가지고 있을 때이다.

$$1: \quad x > y > z$$
$$2: \quad y > z > x$$
$$3: \quad z > x > y$$

x와 y 사이에 투표를 부치면 x가 2 : 1로 승리하며 z와 x 사이에 투표를 부치면 z가 2 : 1로 승리한다. 따라서 사회적 선호는 $z > x > y$로 되어 z가 사회적 결정이 될 것 같다. 그러나 정작 z와 y 사이에 투표를 부쳐보면 y가 승리하게 되어 사회적 선호는 $y > z > x > y$와 같이 되어 모순적인 사회적 결정이 이루어지게 된다.

5) 결론

콩도르세의 역설을 통해 두 개 이상의 선택이 있을 때 의제를 어떤 순서로 정하는가가 투표결과에 큰 영향을 미칠 수 있다는 것을 알 수 있으며, 다수결투표에 의한 결정이 반드시 투표자들의 진의를 반영하지 못할 수 있다는 것을 알 수 있다.

(2) 중위투표자원리

민주주의 국가의 다수결제도를 통한 의사결정에서는 정치적 선호가 중간에 위치한 유권자의 선호가 선거결과에 영향을 미치므로 중위투표자 선호가 반영된 정책의제가 채택된다. 그 결과 공공재와 행정서비스의 공급에 비효율적인 자원배분이 나타난다.

(3) 투표의 역설을 보완한 비례대표제

다수대표제나 소수대표제의 단점을 보완하기 위해 고안된 제도로서, 정당의 득표수에 비례하여 국회의원을 선출하는 선거제도이다. 둘 이상의 정당이 있는 경우에 각 정당의 득표수에 비례하여 당선자수를 정함을 특징으로 삼는 선거제도이다.

비례대표제는 각 정치세력의 득표율에 비례하여 대표자를 배분하는 선거제도이다. 이 제도는 국민의사를 보다 정확히 반영할 수 있다. 장점으로 소수파의 의회진출로 다수파의 횡포방지와 정당정치의 활성화에도 기여하며 다만 군소정당의 난립으로 정국불안을 초래하고 대선거구의 채택으로 선거인과 대표자의 관계가 소원해질 수 있다.

독일식 혼합대표제는 각 정당이 득표한 비율대로 배분하고 그렇게 산출된 의석수가 그 정당이 획득한 최종 의석수가 된다. 즉 독일식은 정당득표율을 통해 전체 의석수가 정해져 있고 그 전체의 의석수에서 지역구를 뺀 나머지 숫자만큼 비례대표의석이 된다.

(4) 주인 대리이론

주인 대리인의 관계에서 정보의 비대칭으로 발생하는 문제는 역선택과 도덕적 해이가 있다. 해결방안으로 신호보내기와 거르기가 있다. 신호보내기는 보다 많은 정보를 가진 당사자는 상대방이 잘 모르고 있는 자신의 특성을 알리기 위한 행동을 말한다. 즉 정보를 가진 사람이 학력이나 경력을 과시하는 방법 등을 말한다.

거르기는 시장에서 정보를 덜 소유하고 있는 자가 정보를 많이 소유하고 있는 자를 분류하기 위하여 사용되는 하나의 장치를 말한다. 주인이 대리인에게 일정한 자격과 요건을 요구하거나 복수의 계약을 제시함으로써 대리인의 능력과 정보를 얻는 방법을 말한다.

(5) 티부가설

1) 티부모형은 지방공공재의 경우 각 지방정부가 독자적으로 그 공급에 대한 결정을 내리는 분권화된 체계가 효율적인 배분을 가져온다는 이론이다. 지방정부가 차별적인 공공재를 공급할 경우 다양한 공공재에 대한 주민들의 선택이 가능하기 때문에 시장에서 소비자가 사적 재화를 선택하는 상황과 유사한 조건이 성립될 수 있다는 것이다. 분권화된 체제에서는 각 지방정부마다 서로 다른 재정 프로그램을 공급하게 되어 사람들은 자신의 선호에 따라 마음에 드는 지역을 골라 거주지를 선택한다는 것이다.

2) 특징

① 어떤 조직에 불만이 있을 때 그 조직을 떠나버림으로써 불만이 있음을 표시하는 발에 의한 투표라 하는데 티부모형은 자신의 발에 의해 각 지방정부가 제시하고 있는 재정 프로그램에 대한 의견을 표시하는 셈이다.

② 지방정부는 발에 의한 투표를 하게 된다는 사실을 알기 때문에 사람들의 선호를 잘 파악하고 이에 적합한 재정 프로그램을 만들려고 노력한다.

③ 티부모형은 각 마을에는 비슷한 기호와 소득을 갖고 있는 사람들이 모여사는 양상이 나타난다. 즉 부유한 사람은 여가와 관련된 공공재를, 가난한 사람은 일상생활과 관련된 공공재를 선호할 것이다.

3) 한 계

완전이동성의 문제가 발생한다. 대부분의 사람들이 주거지를 다른 지역으로 옮기고자 할 때 실제로 상당한 수준의 비용을 지불할 수밖에 없다. 또한 충분한 수의 지방단체가 존재하지 않는다면 주민의 선호를 만족시킬 수 없다. 한편으로 공공재가 외부효과를 가지고 있다면 굳이 이주하지 않고도 주민은 편익을 누릴 수 있다. 외부성이 없으려면 서비스를 공급하는 지역이 넓어야 한다.

7. 평   가

1) 공공선택론은 기존의 전통적 관료제의 문제점을 극복하고자 여러 가지 개혁방안을 제시했다. 개혁대안들을 살펴보면 행정서비스의 고객중심으로의 변화, 정부관료제의 상황적응적 제고 노력으로 공공조직의 관할중첩 허용, 분권화 추진, 시민참여의 확대, 시장논리의 도입 등 오늘날 행정개혁의 처방에서 광범위하게 활용되고 있다. 또한 개인의 참여에 의한 선호가 반영된다는 점에서 민주주의 행정모형이다.

2) 공공선택론은 공공부문에 시장원리 및 경쟁개념을 도입하여 시민들의 다양한 요구와 선호에 민감하게 부응할 수 있는 제도적 장치 마련의 계기가 되었다. 그러나 인간의 본성과 행태에 관한 지나친 경제학적 가정의 편협성과 시장논리에 의한 경제적 동기만을 중시하고 있다. 즉 인간을 이기적·합리적 존재로 가정한 것은 지나친 단순화이다. 또한 행정에 시민의 참여는 시민참여의 수준이 높은 문화를 전제로 하기 때문에 후진국가와 같은 시민참여의 문화가 성숙되지 못한 나라와 집단에는 적용상의 한계가 있다.

제 4 장   조직의 변동

제 1 절   조직의 혁신

1. 의   의

조직혁신이란 조직을 보다 더 바람직한 상태로 변동시키는 것을 말한다. 혁신은 쇄신·개혁이라도 하며 조직이 환경에 대응하기 위해서 새로운 아이디어를 창조하여 의도적으로 변화를 추구하는 동태적 과정이다. 조직혁신은 조직발전보다 포괄적이다. 조직발전이 행태적 측면만의 변화를 강조하나, 조직혁신은 구조·기술의 변화까지를 포함한다.

2. 조직혁신의 특성

조직혁신은 계획적이며, 의도적이며, 목표지향적 성격을 띤다. 혁신은 의도적인 변화를 추구하므로 기득권자들의 저항이 발생한다. 따라서 혁신추진세력들이 저항세력을 압도해야만 혁신은 성공할 수 있다. 조직현실은 조직내적 요인과 환경적 요인이 복잡하게 작용하는 동태적 과정이다. 또한 혁신은 단발적이 아니라 지속적으로 추진되는 것이다. 조직내의 혁신의 필요성은 언제나 상존하기 때문이다.

조직혁신이 추진되는 계기는 정치적 환경의 변화, 과학기술의 발달, 고객의 다양한 서비스의 요구, 조직의 비능률을 제거하기 위해서 혁신이 요구된다.

3. 혁신의 대상변수

조직혁신의 대상변수란 어떤 요소를 가지고 조직을 혁신할 것인가에 대한 것들을 말한다. 리어릿(Learitt)은 이러한 변수로 구조·인간·과업·기술을 제시하였다.
1) 구조 : 의사전달, 권위와 역할 등의 체제를 말한다.
2) 인간 : 조직 내의 인간의 가치관, 태도 등을 말한다.
3) 기술 : 문제해결에 사용되는 기법 등을 말한다.
4) 과업 : 조직의 존립목적이 되는 기본적 활동을 말한다.

4. 혁신담당자의 유형

1) 착상자 : 착상자는 혁신의 첫 단계에서 새 아이디어를 착상해 내는 자를 말한다. 착상자는 통찰력, 창의력, 집념을 가지고 있어야 한다.
2) 창도자 : 아이디어가 유용하다고 최초로 주장하는 자를 말한다. 창도자는 아이디어가 국가와 조직에 기여할 수 있다고 보는 선경지명과 추진력이 있어야 한다.
3) 채택자 : 새로운 착상이나 계획을 선도하는 관리층을 말한다. 채택자는 아이디어를 채택해 주는 자로서 최고관리층이 이 기능을 수행한다.

5. 조직혁신의 접근방법

1) 구조적 접근방법 : 조직의 구조적 측면을 주요 대상으로 하며 전통적 조직이론에서 주장되었다. 주요 내용을 보면 책임의 명확화, 통솔범위의 재조정, 기능중복의 제거, 분권화의 확대, 의사결정권의 재검토 등이다.
2) 기술적 접근방법 : 조직내의 과정 또는 업무의 흐름을 개선하는 접근방법이다. 최근 정보통신기술의 발전으로 인간의 생활에 커다란 변화를 가져오고 있다. 즉 과학기술의 발전으로 행정업무환경을 변화시켜 조직구조가 수직조직이 수평조직으로 변화되고, 공무원 한 사람이 여러 시민들에게 서비스를 제공하고, 의사소통수단이 변하여 전자결제 등의 사용이 일상화된다.
3) 행태적 접근방법 : 인간의 행동·가치관을 변동시킴으로써 조직의 혁신을 추구하는 방법으로 최근에 관심을 끌고 있는 조직발전이론이다. 즉 인간의 가치관을 변화시킴

으로써 새로운 기법을 창의적으로 개발할 수도 있고 조직구조도 변화시킬 수 있다고 본다.

제 2 절 조직발전

1. 의   의

조직발전(OD: Organization Development)이란 조직혁신의 행태론적 접근방법이다. 즉 조직발전이란 행태과정의 지식을 이용하여 최고관리층이나 행태과학적 조언자의 지원하에 조직구성원의 가치관·태도·신념 등을 변혁하고자 하는 의도적인 교육전략을 말한다.[1] 조직발전의 과정은 ① 문제인지, ② 조직의 진단, ③ 대안의 작성과 선택, ④ 실행, ⑤ 평가와 환류로 이루어진다.

2. 조직발전의 특성

1) 조직발전은 계획적 변화를 추구하는 노력이다. 이때 변화는 조직전반에 관한 변화이지 부분적 변화는 아니며 변화는 최고관리층과 하위계층이 협동적으로 이루어져 하위층의 자발적인 참여가 이루어진다.

2) 조직발전은 행태과학의 지식이나 기법을 활용하여 일차적으로 태도변화가 목적이나 궁극적으로는 조직 전체의 변화에 관련된다. 그러므로 조직발전의 궁극적 목적은 조직의 효과성을 증진하는 것이다.

3) 조직발전에서 인간의 가정은 y이론에 입각한다. 즉 인간은 자기실현과 발전을 원하는 욕구를 가지고 있다고 본다. 조직발전에서는 인간을 조정하는 것이 아니라 인간의 심리적 에너지와 자아실현욕구를 증진시켜 조직발전을 추구한다.

4) 조직발전은 조직의 효과성을 증진시키기 위해서 환경과의 관계를 지속적으로 전개한

---

1) 조직발전과 관련하여 Golembiewski는 조직의 지향해야 할 변화를 조직발전이라 하였다. 조직발전은 인간의 가치관과 태도를 변화시켜 조직의 변화를 도모하려는 것으로 주로 행태과학자들에 의해서 연구되었다. 조직발전이 조직의 전반적인 변화를 강조하나, 관리발전은 관리자 개인발전을 강조한다.

다. 따라서 조직발전은 장기적 노력이 요구된다.

5) 조직발전은 조직을 하나의 체제로 보아 조직이라는 총체적 체제의 개선을 궁극적 목
표로 삼는다. 따라서 조직발전은 개별적 활동을 통합하고 조정하여 조직전체를 개혁
한다. 또한 관심의 초점이 집단에 있다. 집단내의 업무수행방법과 과정 그리고 문화
등을 바꾸는 것이 조직의 변화를 가져오는 주된 방법이다.

6) 조직발전은 행태과학적 지식이 있는 상담자, 행태과학자, 개혁추진자, 전문가 등을 참
여시켜 개혁을 추진한다. 또한 조직발전은 최고관리자를 중심으로 하여 외부상담자의
도움에 의해서 추진된다.

3. 조직발전의 기법

(1) 감수성 훈련(실험실 훈련)

1) 의의

감수성 훈련은 훈련참여자들로 하여금 자신의 행동이 다른 사람들에게 어떠한 영향을 미
치는가를 깨닫게 함으로써 대인관계 기술을 개선시키는데 필요한 태도와 행동의 변화를 초
래하려는 것이다. 감수성 훈련은 조직발전의 가장 핵심적 기법이다.

2) 특징

① 외부의 영향이나 방해를 받지 않는 고립된 장소에서 실시한다. 즉 외적간섭이나 기존
질서 영향이 최소화되도록 꾸며진 모호한 상황하에서 실시한다.
② 참여자간의 상호작용을 통하여 대인관계와 집단관계의 인식능력을 향상하는 방법을
배우게 하는 기법이다. 따라서 실험실 훈련은 내용보다 과정에 중점을 두고 있다.
③ 인원은 대개 10명 내외로 구성되며 기간은 1~2주간이다.
④ 참여자들은 직접적인 상호작용을 통하여 다른 사람을 통해 자신을 돌아볼 기회를 가
짐으로써 그동안의 태도와 행동의 변화를 추구한다.

3) 장점

① 자기표현기술의 향상으로 대인관계를 원만히 유지할 수 있는 능력이 함양된다.
② 타인에 대한 관심과 타인을 신뢰하고 협동하는 태도가 함양된다.

4) 단점

① 다수의 참여가 곤란하며, 사전에 사회자가 정해져 있지 않으므로 수동적인 교육방식
   에 익숙한 사람에게는 효과가 적다.

② 성인의 태도가 바뀌기가 쉽지 않다.

(2) 팀형성(team building)

1) 팀형성은 D. McGregor에 의해서 주장된 이론으로 집단내 또는 집단간의 협동적이고
   자율적·개방적·유기적 관계를 형성하여 과업을 수행하는 것을 말한다.

2) 조직발전에서 가장 널리 사용되는 기법으로 집단구축의 전제조건은 조직의 과업은 개
   인에 의해서 수행되는 것이 아니라 팀에 의해서 수행된다고 본다.

3) 팀형성은 감수성훈련처럼 집단을 인위적으로 구성하는 것이 아니라 기존의 작업집단
   을 대상으로 한다. 팀형성은 개인발전위주의 조직발전 전략(예: 감수성 훈련)을 집단차
   원으로 발전시킨 것이다. 그러므로 팀형성은 계층제의 한계를 극복하고 감수성 훈련
   이 실효성이 적다는 한계점을 극복하기 위해서 고안되었다.

(3) 과정상담

과정상담이란 외부상담자로 하여금 개인 또는 집단이 조직 내의 과정, 즉 조직이 업무구
조나 조직의 속에서 구성원들 사이의 비공식적 관계 등을 파악할 수 있도록 도와주는 활동
이다. 과정상담자는 능동적이지만 조언자로서의 역할에 한정한다. 왜냐하면 과정상담자의
궁극목적은 개인 또는 조직의 능력을 길러주는 것이다. 이러한 점에서 단순히 지식의 전달
만이 아니라 가치관과 통찰력의 향상에 도움을 주는 것이다.

4. 조직발전의 성공조건

1) 개혁을 요구하는 조직 내외의 압력이 있어야 한다. 즉 조직내의 책임있는 지위에 있는
   사람이 개혁의 필요성을 인지하고 결심해야 한다. 조직발전은 조직의 상층부의 지지
   가 있어야 성공을 거두기 용이하다. 따라서 조직발전은 최고관리층에 지휘본부를 두
   고 외부전문가의 도움을 받아서 추진하는 것이 바람직하다.

2) 조직의 진단을 위해서 외부의 전문가를 초빙하는 것이 필요하며 또한 구성원과의 협
   조가 이루어져야 한다. 조직발전은 조직과 구성원간의 조화에 역점을 둔다.

3) 추진과정에서 비밀주의를 지양하고 개방적으로 추진되어야 한다. 조직발전은 조직구성원의 각자가 조직에 대해서 어떤 생각과 가치를 가지고 있느냐가 중요하다.

5. 조직발전의 장점

1) 조직발전은 인간은 발전을 원한다고 가정하여 인간중심적인 조직개선을 추구한다.
2) 인간의 창의성을 촉진하고 조직의 인간화와 민주화를 추구한다. 왜냐하면 조직발전은 인간의 자아실현욕구를 증진시켜 조직의 발전을 추구하기 때문이다.
3) 조직의 목표는 문제해결능력을 향상시키는 것이다. 즉 조직의 효과성을 증진하는 것이다.

6. 조직발전의 제약성

1) 조직발전은 인간의 가치관의 변화에 치중하여 업무관계나 기술적 측면 등을 등한시한다. 조직발전에서는 인간을 자아실현적 인간으로 간주하여 인간의 피동적 측면을 간과하고 있으며, 조직구성원들의 태도변화가 장기적으로 지속된다는 보장은 없다.
2) 유능한 전문가 확보가 곤란하고, 외부전문가에 의존하여 외부전문가와 불협화음이 발생할 수도 있다.
3) 조직발전은 개인과 집단간의 직접적인 대응이 강조되므로 사생활이 침해되기 쉽다.
4) 조직발전은 인간의 협동적 상호신뢰를 중시하고 있어 인간의 경쟁과 권력적 요인을 경시하고 있다.

7. 정부조직에 적용하는 데 문제점

1) 최고관리층의 빈번한 교체와 단기적인 정책성과의 요구로 조직발전의 일관성 있는 추진이 어렵다.
2) 조직발전이 외부전문가에게 의존하는 경우 조직내부 구성원들이 반발한다.
3) 조직발전이 정부조직에 적용하는 데는 관료체제내의 복잡한 과정을 거쳐서 입안되어야 하고 외부의 권력세력들의 승인을 얻어야 하므로 사업진행의 적시성의 확보가 어렵다.

제 3 절 후기관료제(애드호크라시)

1. 배 경

현대사회에서는 조직을 둘러싼 환경은 안정되고 예측할 수 있는 환경이 아니라 시시각각으로 변한다. 유동적 환경에 보다 신속히 대처하기 위해서는 종래의 관료제적 구조는 한계가 있다. 즉 1970년대 고전적 관료제의 한계가 지적되면서 후기관료제가 제기되었다. 왜냐하면 관료제는 기본적으로 폐쇄성을 띤다. 즉 관료제가 사회에 대한 영향만을 고려할 뿐 사회가 관료제에 미치는 영향은 고려하지 않는다. 일반적으로 환경이 복잡해지고 유동적일수록 조직은 환경에 대해 의존한다. 조직이 생활권을 확보하고 지속하기 위해서는 환경의 변화에 스스로 대응능력이 있어야 한다.

2. 의 의

1) 후기관료제란 이전의 관료제와 대비되는 개념으로 기원은 제2차 세계대전 당시 투입되었던 기동타격대(Task Force)이다. 애드호크 팀(Ad Hoc Team)으로 불린 기동타격대는 임무를 완수하고 해산하였다가 새로운 임무가 부여되면 재구성되어 활동하는 특징을 가졌다. 이 특수부대처럼 애드호크라시는 기존의 관료제처럼 역할이나 직제에 따라 종적으로 분리되지 않고, 유연하게 기능별로 분화되어 직무를 수행하는 횡적 구조를 가진다.

2) 베니스(Warren G. Bennis)는 애드호크라시를 "다양한 전문기술을 가진 비교적 이질적인 전문가들이 프로젝트를 중심으로 집단을 구성해 문제를 해결하는, 변화가 빠르고 적응적이며 임시적인 체제"로 정의한다. 오늘날 모든 국가에서 대규모 조직이 채택하고 있는 관료제는 그 보수성으로 인해 쇄신과 변화에 적응이 곤란하다. 따라서 급변하는 사회환경에 대응하면서 국민의 요구와 국가목표를 효율적이고 신속하게 수행하기 위해서 종래의 관료제 이론을 비판하고 새로 등장한 모형이 애드호크라시(adhocracy)이다.

3. 후기관료제의 특징

1) 후기관료제는 구조적 차원에서 볼 때 복잡성·공식화·권화의 정도가 모두 낮다는 특

징을 지닌다. 즉 낮은 수준의 복잡성으로 수직적 분화(계층제)가 낮고, 수평적 분화는 높다. 즉 애드호크라시에서 각 분야의 전문가들로 구성되어 창의성이 요구되어 사람의 전문화가 높은 편이나 기능의 분업화는 낮다. 대체로 영구적인 부서나 공식화된 규칙, 그리고 일상적인 문제를 처리하기 위한 표준화된 절차가 없이 전문요원들이 팀을 구성해 상황에 맞게 문제를 해결해 가는 특성을 지닌다.

2) 후기관료제는 실제로 존재하며 운영되고 있는 현실적 조직모형이 아니라 관료제와 같은 하나의 추상적인 이념형이다.

3) 후기관료제는 표준화를 거부하며, 업무수행기준은 상황적 조건에 적합해야 한다.

4) 후기관료제는 공식적 성격이 약한 반면에 비정형적 전문성이 강하다. 왜냐하면 공식성을 강조하게 되면 형식에 치우치고 융통성이 없게 되며 새로운 사고나 기술혁신이 없게 된다. 그러므로 전문성은 자연히 공식성을 배격하게 되는 것이다. 동태적 조직은 규칙과 절차에 의해서 업무를 수행하지 않는다.

5) 후기관료제는 분권적 구조이며 권한의 위임을 촉진하고 업무수행에 자율성·창의성·융통성을 증진한다. 따라서 수평적 의사소통이 원활하게 이루어진다.

6) 후기관료제는 일시적 조직이며 팀중심의 문제해결을 강조한다.

7) 후기관료제는 Y이론적 관리방식을 선호하며, 불확실한 상황에 적응하기 위해서 변동대응능력을 강조하며, 전문적이고 창의적인 문제해결을 위해서 막료의 역할이 강조되고 담당관제를 운영한다. 따라서 애드호크라시는 행정농도가 높다.

4. 후기관료제의 주요 모형

(1) 팀(Team)조직

1) 의의

팀조직이란 상호보완적인 기능을 가진 소수의 사람들이 조직의 공동목표를 달성하기 위해서 책임을 공유하고 문제해결을 위해서 공동의 접근방법을 사용하는 조직단위를 말한다. 팀제가 적합한 상황은 수행하는 과업이 단순하고 반복적 임무보다는 복잡한 업무가, 오래된 조직보다는 신설조직, 관리보다는 현업이 강한 조직이 적합하다. 일반적으로 팀제가 정부조직에 도입되면 팀장과 팀원에게 대폭적인 권한위임으로 결재단계의 축소와 성과중심의 책임행정이 실현된다. 또한 구성원의 전문화와 다기능화가 가능하며 구성원의 선발에서 팀장에게 팀원선발의 권한이 주어지며 성과평가에서 경쟁체제의 도입이 가능하다.

2) 장점

① 팀조직은 수평적 조직구조로 팀에 대한 권한 부여와 자율적인 업무처리를 통해서 팀
    간의 유기적 조정이 중시된다.
② 의사결정단계의 축소로 조직의 기동성이 확보되며, 팀의 자율성 보장으로 개인의 창
    의력을 발휘할 수 있고, 업무의 효율성을 높일 수 있다.
③ 팀 내의 여러 가지 업무를 경험함으로써 팀원의 능력을 개발하고 공동직무의 수행을
    통해서 조직 내 단결심이 강화된다. 또한 연공중심의 인사관행이 사라지고 성과중심
    의 문화가 형성된다.
④ 조직구조가 기능이나 지역이 아닌 핵심업무의 진행에 중점을 둔다.

3) 단점

① 업무의 가변성으로 인해 의사결정의 일관성이나 안정성이 결여될 우려가 있으며 관리
    자의 능력이 부족할 경우 조직의 갈등이 증폭될 우려가 있다.
② 계층구조의 부재로 인한 조직구성원의 긴장과 갈등이 발생할 수 있다.
③ 구성원 중 무사안일자가 있을 경우 팀원들의 무임승차문제가 발생한다.

(2) 매트릭스(matrix)조직

1) 의의

매트릭스조직이란 기능조직과 사업조직의 결합이다. 매트릭스조직을 복합조직이라고도
한다. 행렬조직은 종적인 기능부서와 횡적인 프로젝트 부서로 구성되어 있고 조직구성원은
동시에 양 부서에 소속되어 이중의 지휘를 받는다. 매트릭스가 적용되는 경우는 대학교의
특수대학원을 예로 들 수 있다. 특수대학원의 경우 여러 개의 학과교수들로 운영된다. 그러
나 교수들은 동시에 해당학과의 활동도 수행한다.

2) 특징

매트릭스조직은 두 사람의 상사를 가진다. 즉 행렬조직에 속하는 팀의 일반구성원은 기
능부서장과 사업부서장 모두로부터 지시와 통제를 받는다. 민간부문의 경우에 지사의 조직
구조는 본사의 해당 부서로부터 감독과 통제를 받아 한 사람의 부하는 두 사람의 상사를
모시고 있어 명령통일의 원리가 적용되기 어렵다.

3) 전제조건

매트릭스조직이 성공하기 위해서는 다음과 같은 점을 유의하도록 해야 한다. 매트릭스조직은 두 구조가 공존하므로 두 기관간에 일어날 수 있는 갈등을 해소시켜야 하고 권한과 책임의 명확화가 요구된다. 한편으로 조직의 환경이 매우 복잡하고 불확실할 때에는 상호의존성이 커지므로 두 구조에 모두 효과적 관리기술이 요구된다.

4) 장점

① 조직의 내부자원을 효율적으로 사용할 수 있고, 조직의 요구와 외부요구에 대한 반응에 신속히 대처할 수 있다.
② 조직이 수행하고자 하는 특정사업의 일관성 유지가 가능하며, 전문가들을 신축성 있게 활용할 수 있다.
③ 여러 분야의 전문가의 참여로 새로운 아이디어가 개발되어 창의적인 발생이 촉진되고 기존조직내의 인력사용으로 조직운영의 경제화가 가능하다.
④ 새로운 프로젝트의 추진이 용이하고, 환경의 불확실성과 조직의 복잡성에 대응이 용이하다.

5) 단점

① 2개의 명령계통의 지시와 통제로 책임소재가 명확하지 않고, 상사는 하급자들을 완전히 통제하는 것이 어려울 수 있다.
② 행렬조직 내에서의 결정은 집단결정으로 생각하므로 문제해결이 느리다.
③ 구성원들은 종적인 상관과 횡적인 사업조직의 상관을 모심으로 인해 역할에 갈등이 발생할 수 있으므로 갈등을 해결할 수 있는 대인관계기술이 필요하다.

(3) 골렘뷰스키(Golembiewski)의 견인이론적 구조

① 골렘뷰스키는 관리이론을 압박이론과 견인이론으로 나누어 설명하였다. 압박(Push)이론은 멕그리거의 X이론과 같은 전통적 이론으로 사람들이 고통스런 결과를 피하기 위해서 일하는 방안인 반면, 견인(Pull)이론은 보람을 느끼면서 일하는 방안이라고 주장하면서 기능보다는 일의 과정(흐름)을, 분화보다는 통합을, 억압보다는 자유를, 안전보다는 변화를 중시하였다.

② 견인이론은 자유스런 분위기를 조성하고 구성원들로 하여금 일하면서 보람과 만족을 느끼도록 방안을 처방하는 유기적 구조를 대안으로 제시하였다. 즉 목표지향적 구조로서 분권화, 목표관리, 태스크포스 등이다. 이러한 구조의 특징은 기능의 동질성이 아닌 일의 흐름을 중심으로 한 수평적 분화, 억압의 최소화를 띠게 된다.

③ 따라서 향후 관리이론은 압박이론보다는 견인이론의 처방에 따라야 할 것이라고 주장하였다. 왜냐하면 견인이론은 통합의 강조, 유기적 구조의 처방, 자율성과 창의성의 강조, 변동에 대한 높은 적응성이 있기 때문이다.

(4) 베니스(Bennis)의 적응적·유기적 구조

미래사회의 여건 변화에 적합한 조직으로 적응적·유기적 구조를 처방하였다. 왜냐하면 적응적·유기적 구조는 직위보다는 능력을 중시하고 비계층적 조직이기 때문이라고 보았다.

(5) 화이트(White)의 변증법적조직

화이트는 고객중심적지향을 강조하는 반관료제모형을 제시했다. 즉 화이트는 관료제 조직을 변동대응적인 조직을 변화하기 위해서는 구조적 배열을 고착시키지 않고 조직 내의 역할들을 유동적인 상태로 하는 것이 바람직하다고 주장하였다.

(6) 린덴(Linden)의 이음매 없는 조직

소비자 중심의 사회에서 다양한 요구에 대응하려면 전통적 분산적 조직(이음매 있는 조직)보다는 이음매 없는 조직을 주장하였다.[2]

(7) 세이어(Thayer)의 계서제 없는 조직

세이어는 계서제의 원리가 타파되지 않는 한 진정한 조직의 변화는 없다고 주장하면서 고객의 참여, 의사결정의 이양, 조직경계의 타파를 통해서 계서제를 소멸시키고 집단적 의사결정장치를 제시하였다.

---

2) 분산적 조직은 전통적인 관료제 구조를 가진 조직으로 분업, 전문화, 표준화, 계서제, 개인별 책임 등을 특징으로 한다. 이음매 없는 조직(탈관료제)는 높은 자율성, 소비자 중심, 분권화 지향, 통합과정적 팀구조, 개인간 조직들간의 구분의 명확성이 낮아 교차기능적 팀들이 활용된다. 이음매 있는 조직(관료제)는 낮은 자율성, 생산자중심(공무원중심), 집권화 지향, 조직단위와 기능을 분산시키는 구조, 개인간·조직단위간의 역할구분이 뚜렷하다.

5. 조직동태화의 장 · 단점

(1) 장   점

1) 동태적 조직은 높은 적응성과 창의성이 요구되는 조직에 적합하다.
2) 환경의 급변시에 쉽게 적응할 수 있고 문제해결에 새로운 방법을 쉽게 고안할 수 있으며 인적자원의 효율적 활용과 전문가의 순환이 촉진된다.
3) 조직구성원은 스스로 행동하므로 구성원의 자율성을 향유할 수 있으며 자신의 역할의 중요성을 인식하게 된다.

(2) 단   점

1) 임시조직의 구성원들이 전문가이므로 전문가 조직이 갖는 제약점이 있다. 즉 편협한 시야, 책임감 결여 등의 문제점이 발생한다.
2) 조직구성원들은 사회적·심리적 불안감이 발생한다. 어떤 임무에 종사하다가 그 임무가 완수되면 새로운 임무에 적응해야 하므로 구성원들은 심리적 불안감이 발생한다.
3) 조직의 동태화는 상·하간의 명확한 구분이 없기 때문에 갈등이 발생한다.

제 4 절   정보화 시대의 조직

1. 배경과 의의

정보화시대란 정보로 가공된 지식과 관료가 사회구조나 습관, 인간의 가치관에 큰 영향을 미치는 시대이다. 현대 사회에서 정부는 해결해야 될 과제의 예측이 불가능하게 되면서 과거의 규칙과 절차에 의한 문제해결이 불가능해지고 정보통신의 발달로 새로운 정보와 지식이 지속적 요구되는 시대가 되었다. 정보기술의 혁신으로 정치적·사회적 과정의 네트워크가 강화되고 기존 조직의 시간적·공간적 경계를 벗어난 가상조직이 확산되고 있다. 따라서 공공서비스의 전달에서 분권화, 시민의 참여가 가능하게 되었다. 한편으로 수직적·수평적 조정기제로서 정보통신의 발달하면서 조직 내의 중간관리자의 감축할 수 있어 조직은 소규모화·저층구조로 변화된다.

2. 정보화시대의 조직

(1) 네트워크(network)조직

1) 의의 : 네트워크구조는 조직자체의 기능은 핵심역량 위주로 하고 여타의 기능은 외부 기관들과의 전략적 제휴나 아웃소싱 등의 방법으로 업무를 수행하는 것을 말한다.

2) 기본원리

① 네트워크조직은 고도로 분권화되어 있으면서, 상호영향력과 의사소통을 극대화하는 고도로 통합되고 群集化(군집화)된 사회체제이다. 즉 환경이 제공하는 복잡한 문제를 해결하기 위해서 서로 독립성을 유지하는 조직들이 상대방의 지원을 마치 자신의 자원처럼 활용하기 위해서 수직적, 수평적, 공간적으로 연결된 조직이다.

② 서비스는 여러 조직 간의 파트너관계로 생산되며, 연계조직 간의 공동목적을 소유한다. 또한 네트워크 조직은 정보통신망으로 연결된 가상조직과 계약관계인 임시체제의 속성을 내포하고 있다.

③ 조직행위자간의 상호의존성을 중요시하며, 조직단위간의 계층제가 존재하지 않거나, 계층구조가 약하므로 조직단위들의 업무수행과정에서 자율성이 매우 높다.

3) 네트워크조직의 특징

① 환경변화에 신축적으로 적응하기 위해서 환경과의 교호작용이 다원적·분산적이며 조직의 경계는 유동적이며 느슨하다.

② 네트워크조직은 다양한 정보기술의 활용하고, 조직의 크기는 인원이 아닌 네트워크의 크기로 파악하며, 자율적인 업무수행, 공동목표의 추구를 위해 수직적·수평적 통합을 추구한다. 또한 의사결정의 분권성과 집권성을 동시에 가진다. 왜냐하면 권한 위임수준이 높기 때문에 분권적이면서 공동목표를 위한 의사전달과 정보의 통합관리를 추구하므로 집권적인 특성도 띠게 된다.

4) 네트워크구조의 장점

① 조직의 슬림화의 가능으로 불필요한 인적·물적자원을 줄일 수 있고, 환경변화에 신축적인 대응이 가능하며 창의성을 촉진시킨다.

② 핵심적 사업에 집중하고 나머지 활동을 계약에 의한 업무수행으로 신속히 신사업에 진출할 수 있으며, 구성원들에게는 자율과 책임, 동기부여가 된다.

5) 네트워크의 단점

① 조직의 정체성이 약해 응집성 있는 조직문화가 없고, 구성원의 충성심을 기대하기 어렵고, 고용의 잠정화로 구성원들의 이직이 잦다.

② 계약관계에 있는 외부기관의 직접통제가 어려워 제품의 품질관리에 어려움이 발생할 수 있다. 따라서 대리인 문제가 발생할 가능성이 높다.

③ 네트워크 체제 내에서 권한과 책임의 소재와 계통이 모호하여 지연·낭비초래되고 정보유출이나 기회주의적 행태 등이 발생할 수 있다.

(2) 학습조직

1) 학습조직의 일반적 특징

① 학습조직은 모든 조직구조구성원들이 문재해결능력을 높이려고 시행착오를 거치면서 지속적으로 실험할 수 있는 조직이다. 학습조직은 관료제의 효율성 추구가치가 아닌 문제해결이 필수적 가치로 인식한다.

② 학습조직은 구성원의 권한강화를 위해서 충분한 학습기회를 제공할 수 있는 훈련을 강조한다. 또한 전략의 수립은 중앙집권이 아닌 여러 방향에서 등장하고 리더의 헌신과 적극적 참여를 위해서 부서 간의 경계의 최소화, 부분보다는 전체를 중시하고 의사소통을 원할히 하는 공동체 문화를 강조한다.

③ 불확실한 환경에 신축적 적응을 위해서 네트워크 조직과 가상조직의 활용, 개인별 보상이 아닌 팀워크와 조직전체를 강조하는 집단별 보상체제를 강조한다.

2) 셍게(Senge)의 학습조직

셍게는 학습조직이란 자신의 능력을 지속적으로 확대시켜 가는 조직이라고 하였다. 즉 조직구성원들이 자신이 원하는 결과를 창출하기 위해서 끊임없이 새로운 기술을 배우고 개발시켜 나가는 것을 말한다. 불확실성이 높은 사회에서는 학습이 매우 중요한 동기부여 수단이 될 수 있다. 따라서 학습조직에서는 개방적이고 창의적인 사고를 장려하며 구성원들이 함께 학습해 나가는 방식을 지속적으로 배울 수 있는 조건을 갖춘 조직을 말한다. 학습조직은 조직과 환경간의 상호작용을 통해서 조직의 모든 구성원들이 끊임없이 학습하고 학습과정을 의식적으로 관리하는 조직을 말한다.

셍게(senge)는 학습조직 구축에 필요한 기반을 다섯 가지로 제시했다.

① 자기완성 : 무엇이 중요한지를 규명하고 실체를 좀 더 구체적으로 파악하는 방법을
지속적으로 학습하는 것을 의미한다.

② 사고의 틀 : 현실인식과 행동양식에 영향을 미치는 세계를 보는 관점을 새롭게 하는
것을 의미한다. 학습조직은 지속적으로 구성원의 세계관을 성찰과 쇄신을 필요로 한다.

③ 공동의 비전 : 조직구성원들이 공동으로 추구하는 목표에 대해서 공감대를 형성하는
것이다. 일체감과 사명감에 대한 공감대라 할 수 있다.

④ 집단적 학습 : 집단구성원들의 대화와 집단적인 사고의 과정을 통하여 지혜와 능력을
배양하는 것이다. 집단적 학습은 팀의 역량을 구축하고 개발하는 과정이다.

⑤ 체계중심의 사고 : 체제를 구성하는 여러 연관요인들을 통합적인 체계로 융합시키는
능력을 키우는 훈련이다. 체계중심의 사고를 통해서 구성원들은 조직이 어떻게 움직
이는지를 볼 수 있다.

3) 셍게(Senge) 이후 학자들이 학습조직을 다음과 같이 정리하고 있다.

① 구성원들은 바람직한 미래창조를 위하여 적극적인 자세를 취하고 학습조직은 다른 사
람의 강압이 아닌 조직구성원 스스로가 새로운 지식의 창조활동을 한다.

② 조직과 환경간의 상호작용에 초점을 두고 조직 내 자원 간 협력, 부서 간 협력, 외부
경쟁사이의 협력을 강조하며 학습을 통해서 지속적으로 행동을 변화해 가는 것을 추
구한다.

③ 공식적·의도적인 학습보다도 일상적인 경험을 통한 자연스럽고 비공식적인 학습에
초점을 둔다. 그리고 학습의 장기적인 효과를 강조한다.

④ 학습조직은 분권적이며 계층의 수가 적은 구조를 가진다. 따라서 학습조직은 업무중
심의 수평구조, 구성원의 재량권 인정, 조직구성원의 정보 공유, 개방성, 구성원의 협
력과 상호작용을 강조한다.

(3) 삼엽조직

삼엽조직은 핸디(C.Handy)의 이론으로 미래조직을 구성하는 세 가지 행태의 근로자 집단
을 나타내기 위해서 붙여진 이름이다. 1엽은 가장 핵심적인 소규모 전문직 근로자, 2엽은
계약직 근로자, 3엽은 일용직 임시근로자로 구분한다. 삼엽조직은 직원들의 수를 소규모로

유지하여 산출의 극대화를 가능하도록 설계한 것이다. 장점으로 계층의 수가 적으며 고품질의 상품과 서비스를 적게 공급하는 장점을 가진다.

(4) 공동(hollow)정부

텅빈 정부라 한다. 정부는 기획과 조정, 통제, 감독 등 중요한 업무만 수행하고 정부가 공급하는 행정서비스의 생산 및 공급업무를 제3자에게 위임이나 위탁을 통해서 공급하는 행태이다. 흔히 그림자 국가, 대리정부, 제3자정부, 계약레짐의 형태로 불린다.

(5) 모래시계형 조직

모래시계와 같이 중간조직이 홀쭉한 모양의 조직을 말한다. 정보화의 영향으로 중간 관리층이 대폭 줄고, 소수의 관리층과 다수의 일선 조직구성원으로 구성되는 형태이다.

(6) 후기기업가조직

좀 더 유연하고 신축적인 조직을 위해서 직원과 고객과의 밀접한 관계가 강조되고, 신속한 행동, 창의적 탐색, 신축성 등이 강조된다. 기존 기업가 조직이 대규모 관료제를 의미한다면 후기기업가조직은 신축적인 조직을 의미한다.

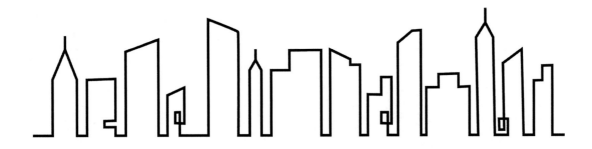

INTRODUCTION TO PUBLIC ADMINISTRATION

제4편

인사행정론

제 1 장

인사행정의 기초이론

제 1 절   인사행정의 의의

1. 인사행정의 개념

인사행정이란 정부조직에 필요한 인적자원을 동원하고 관리하는 체제이다. 즉 유능한 인재를 공직에 유치하여 능력발전과 사기앙양을 통하여 조직과 개인의 목적을 실현하면서 정부의 과업을 실현하는 것을 말한다. 현대국가의 인사행정은 과거의 공무원 채용과 통제중심에서 인적자원에 대한 종합적이고 실체적 관리의 효율성을 강조한다. 현대인사행정은 개방체제적 성격을 지닌다. 인사행정은 다양한 요구를 수용하고 그에 대해 적절히 대응해야 한다. 인사행정은 환경의 영향을 받는다. 즉 인사행정을 지배하는 가치나 기본원칙은 그 정부가 속해 있는 정치, 경제, 사회의 특성에 따라 달라질 수 있다. 그러므로 현대의 인사행정은 전문화되고 적응성의 특징을 가진다.

2. 인사행정의 발달단계

인사행정의 발달과정을 과학적 관리법과 고전적 조직이론에 바탕을 둔 소극적 인사행정, 인간관계론에 바탕을 두고 조직에 참여하는 인간을 사회적 존재로 이해하여 인사행정의 민주화·인간화를 강조한 적극적 인사행정, 인사행정의 평등화를 강조하는 현대적 인사행정으로 나누어 볼 수 있다.

(1) 소극적 인사행정

소극적 인사행정은 엽관주의를 배격하고 실적주의를 확립시키는데 목적이 있다. 따라서 인사의 절차와 방법에 주안점을 두고 집권적인 인사행정을 강조한다. 소극적 인사행정은 행정에서 능률성을 강조한다. 소극적 인사행정은 인사행정의 과학화·합리화를 강조하여 인사행정의 표준화의 틀을 마련했으나 인사행정의 경직화를 초래하고 목적보다는 수단을 중시하는 형식주의를 초래하였다.

(2) 적극적인 인사행정

실적주의 인사행정이 과학적 관리론에 바탕을 두고 엽관주의의 배격에만 역점을 두고 인사행정의 경직성과 비융통성을 초래하였다. 이러한 실적주의 인사원칙을 보다 신축적으로 확대·발전시켜 나가기 위한 인사행정이 발전적(적극적) 인사행정이다. 적극적 인사행정은 인사행정의 민주화에 중점을 둔다. 적극적 인사행정의 내용은 다음과 같다.

1) 적극적 모집 : 공직사회에 유능한 인재를 유치할 수 있도록 적극적인 모집활동을 전개한다. 적극적 모집은 개방형인사제도 등을 수용하는 태도를 취한다.
2) 재직자의 능력발전 : 재직자의 능력발전을 위해서는 각종 교육훈련, 합리적인 승진제도, 전직·전보, 근무평정제도 등을 활용한다.
3) 인사행정의 분권화 : 중앙집권적인 인사권 및 인사관리기능을 각 운영부처에 위임하여 인사의 자유성과 전문성을 살리도록 한다.
4) 지나친 과학주의의 지양 : 인사행정에 있어서 지나친 과학주의는 인간성을 상실하고 기계화된 인간을 만들게 되므로 이를 완화할 수 있는 방향으로 조정한다.
5) 고위직의 정치적 임명 : 고위의 정책결정 담당자는 행정수반과 이념을 같이 할 수 있도록 정치적인 임명을 할 수 있게 한다.
6) 행정의 인간화 : 공직자들이 심리적인 귀속감·안정감·성공감을 가질 수 있도록 사기를 높여주고 조직구성원간의 원만한 인간관계를 유지할 수 있도록 한다. 이를 위해서 인사상담제도, 공무원단체, 제안제도, 신분보장, 하의상달적 의사전달체계의 확립, 민주적 리더십 등을 중요시한다.

(3) 신인사행정

1960년대 이후 인사행정의 평등화·형평화를 추구하는 신인사행정론이 대두되었다. 신인사행정론의 경향은 공무원 노동활동의 강조와 평등고용계획의 실현, 대표적 관료제의 도입 등을 내용으로 한다. 신인사행정은 적극적 인사행정에 포함되기도 한다. 적극적 인사행정과 신인사행정의 명확한 구분은 곤란하다.

표 1-1 인사행정원리의 비교

구 분	원 리	내 용
소극적 인사행정	인사행정의 능률화 · 과학화	엽관주의 배격 실적주의 확립, 공무원의 신분보장 공무원의 공개채용과 소극적 모집 인사행정의 집권화 정치적 중립성 보장 중앙인사행정기관의 설치
적극적 인사행정	인사행정의 민주화 · 인간화	적극적 모집 인사행정의 분권화 강조 공무원의 능력발전(교육훈련, 근무성적 평정, 전직) 인간관리의 민주화(고충처리제도, 인사상담제도, 제안제도)
신인사행정	인사행정의 평등화 · 형평화	공무원의 노조활동 강조 평등고용계획의 실현 대표적 관료제 도입

3. 인사행정의 특징

정부의 인사행정은 사기업의 인사관리와 비교하여 다음과 같은 차이점이 있다.

1) 비시장성 : 행정의 공익성으로 인해 수익성이나 경제성이 인사행정의 평가의 결정기준이 되지 못한다. 즉 정부활동의 독점성이나 비시장적으로 인하여 인사행정의 평가에 경제적 기준이 결정적 척도는 아니다.

2) 법정주의 : 정부의 인사행정의 주요한 원리와 절차는 법률에 의하여 규정되고, 공무원의 행동규범은 법에 의해서 통제된다. 예를 들면 공무원의 정치활동이나 영리행위 등을 법으로 금지하고 있다.

3) 정치성 : 공공부문의 인사행정은 정치권력의 영향을 광범위하게 받으므로 합리성 보장이 곤란하다. 인사행정은 외부의 정치적 관여가 있으며, 인사에 대한 정책결정과 집

행이 정치적인 타협과 협상을 통해서 이루어진다.

4. 인사행정의 3대 변수

1) 채용(임용) : 채용이란 정부조직의 외부로부터 인력을 획득하여 배치하는 것을 의미하는 것으로 필요한 자격을 갖추었거나 갖출 수 있는 잠재력을 가진 사람들을 모집하여 선발하고 적합한 직위에 배치하는 것이다. 주요 고려사항은 인력계획, 모집, 시험, 임명의 문제 등이다.

2) 능력발전 : 공무원은 직위가 상승하고 시간이 지남에 따라 계속적인 능력발전이 없이는 공직적응이 어려워지므로 지속적인 능력의 신장이 중요하다. 이와 관련된 주요 내용은 교육훈련, 근무성적평정, 승진, 전직, 전보 및 파견 등이다.

3) 사기 : 유능한 인재를 모집·선발하고 그들의 능력이 신장되어 있어도 사기가 낮으면 조직목표의 달성은 어렵게 되므로 공무원의 사기앙양이 중요하다. 사기앙양을 위한 방법으로는 보수·연금 등의 경제적 요인과 인간관계·참여감 등의 사회적·심리적 요인이 있다.

5. 인사행정의 체제

인사행정체제는 내적체계와 외적체계로 나누어 볼 수 있다. 내적체계는 인사행정의 기능을 의미하며, 외적체계란 인사행정과 환경과의 관계를 의미한다.[1]

1) 인사행정의 내적체계 : ① 인력계획(인력의 수요와 공급의 예측, 직무설계 및 분석), ② 임용(모집·임용), ③ 능력발전(교육훈련·근무평정), ④ 동기부여(보수·연금·사기관리제도), ⑤ 통제(행동규범, 징계) 등이다. 인사행정의 주요 기능은 서로 유기적으로 연계된 과정 속에서 수행된다. 즉 공무원의 보수와 신분보장은 임용과 인력계획에 영향을 미친다.

2) 인사행정의 외적체계 : 외적체계는 인사행정과 환경과의 관계이다. 환경은 행정체제를 둘러싸고 있는 정치상황, 사회적 규범 등을 말한다. 따라서 인사행정은 환경의 영향을 받는다. 즉 사회적 형평의 추구, 행정의 전문성과 능률성의 향상 등 정치적·사회적 요구형태로 인사행정에 투입된다. 인사행정에 대한 투입은 인사행정체제내에서의 전

---

1) 강성철 외 4인 공저, 2001, <새인사행정론>, 서울: 대영문화사.

환과정을 거쳐서 산출된다. 산출이란 환경에 응답하는 결과로 외부환경의 요구를 수용하여 인사행정의 새로운 법안의 제정이나, 정책 등을 수립하는 것을 말한다. 이와 같이 인사행정은 개방체제의 성격을 지닌다. 오늘날의 인사행정은 외부환경의 다양한 요구를 수용하고 이에 적절히 대응해야 한다.

3) 인력계획과정 : 인력계획과정을 살펴보면 인력수요예측단계, 인력공급대안결정단계, 시행단계, 평가단계의 과정을 거친다.

표 1-2 인사행정의 체제

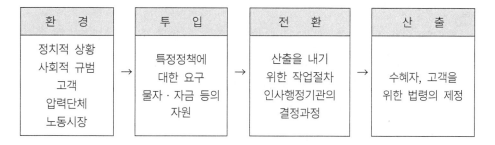

환 경	투 입	전 환	산 출
정치적 상황 사회적 규범 고객 압력단체 노동시장	특정정책에 대한 요구 물자 · 자금 등의 자원	산출을 내기 위한 작업절차 인사행정기관의 결정과정	수혜자, 고객을 위한 법령의 제정

제 2 절 엽관주의와 실적주의

1. 엽관주의

(1) 개 념

1) 엽관(spoils)이란 미국에서 나온 말로서 본래 전리품을 의미한다. 즉 선거에서 승리한 정당이 모든 관직을 마음대로 처분할 수 있는 전리품으로 본다는 것이다. 따라서 승리한 정당은 선거에 패배한 정당의 소속원을 행정부에서 몰아내고 자기정당의 당원 등을 공무원으로 임명하는 제도를 말한다. 엽관주의와 정실주의의 관계는 오늘날 동일한 뜻으로 통용되고 있으나 정실주의는 정치적 요인을 중요시하는 엽관주의보다 넓은 개념으로 인식된다. 왜냐하면 정실주의는 공직의 임명을 정당관계 내지 인사권자와의 개인적 충성, 혈연, 지연 및 학연관계 등을 기준으로 하는 제도를 말한다.

2) 엽관주의는 미국에서 처음으로 인사행정에 도입된 제도로서 집권정당의 추종자들에게 정당활동에 대한 공헌도와 충성심의 정도에 따라 공직을 배분해야 한다는 주장이다.

3) 정실주의는 영국에서 발달되기 시작한 인사제도로서 미국의 엽관주의와의 차이점은 엽관주의하의 미국에서는 정권이 교체되면 공직의 광범한 경질이 단행되었으나 정실주의하에서는 공직의 대내적인 교체가 없었다는 점, 신분이 보장되지 않았던 미국과 달리 정실주의는 임용되면 관직은 종신적 성격을 띠어 신분이 보장되었다는 점, 정실주의는 정당에 대한 충성이 아닌 국왕 개인에 대한 충성을 기준으로 한다는 점에서 차이가 있다.

(2) 배　경

엽관주의가 처음으로 시작된 시기는 Jefferson시대였으나, 엽관주의가 확립된 계기는 Jackson시대이다. 잭슨시대에는 공직의 특권화를 방지하기 위해서 공직을 널리 국민에게 개방하고 공직경질제를 통해서 대통령이 바뀌면 공무원 전체가 교체되도록 하였다. 그러나 남북전쟁 이후 엽관주의는 서서히 쇠퇴의 길로 접어들었다.

(3) 발달요인

1) 정당정치의 발달 : 정당의 지도자들은 정당의 유지와 정당원의 통솔을 위해 정당의 충성도를 공직 임명의 기준으로 하는 엽관주의가 필요하였다. 그 당시 미국은 동질적인 양대정당이 존재하였고 대통령의 강력한 정책의 추진을 위한 측근의 정치적 임용이 필요하였다.

2) 행정사무의 단순성 : 당시의 정부의 기능은 법질서 유지에 국한되어 공무원의 자격은 아마추어로도 충분하였다. Jackson대통령은 보통의 식견을 가진 사람이면 누구나 관료가 될 수 있다고 보았다.

3) 민주정치의 발전 : 공직을 새로운 대중에게 개방하여 민주주의를 실현하기 위한 실천적인 방안으로서 엽관주의가 채택되었다. 잭슨시대에는 자유와 평등의 정치적 민주주의를 추구하였다. 공직의 특권화를 방지함으로써 민주주의 이념을 실현할 수 있다고 보았다.

4) 대부분의 국민은 경제활동에 전념 : 그 당시 대부분의 국민들은 공직에 별로 매력을 느끼지 못하였고 공직보다는 개척적인 경제활동에 몰두하여 정부의 업무는 소수정치인들에 의해서 수행되고 있었으며 당시의 행정기능도 소극성을 띠고 있었다.

(4) 장   점

1) 엽관주의는 정당에 대한 공헌도와 충성도를 임용기준으로 한다. 따라서 정당이념의 구현이 가능하고 정당정치의 발전에 기여한다.
2) 공직의 특권화를 배제함으로써 평등의 이념에 부합할 수 있다. 즉 엽관제도는 정부관료제의 민주화에 기여한다. 공직의 교체로 보다 많은 사람들이 정부에 참여할 기회를 얻을 수 있으며 공직의 개방으로 정부관료제가 일부계층의 독점물이 되는 것을 예방할 수 있기 때문이다.
3) 선거를 통해 집권한 정당의 당원이 관직에 임용되므로 민주통제의 강화와 책임행정의 구현을 실현할 수 있고, 국민의 요구에 대한 행정의 대응성을 향상시킨다.
4) 공직의 개방으로 특정지역이나 특정정당에 의한 관직의 독점을 배제할 수 있으며 공직경질을 통하여 공직의 침체화를 방지할 수 있다.

(5) 단   점

1) 선거 때마다 공직의 교체로 행정의 무질서와 정치자금과 정치활동에 의한 공헌도에 의한 공직임용으로 행정의 부패가 발생한다.
2) 관료의 정당사병화로 관료가 국민이 아닌 정당을 위해서 봉사한다.
3) 정당의 추종자들을 위한 불필요한 관직의 신설로 예산의 낭비를 초래한다.
4) 행정경험이 부족하고 전문성이 없는 무능력자의 임명으로 행정능률이 저하된다.
5) 정권교체마다 공무원이 대량 경질되어 행정의 안정성, 일관성, 계속성 등이 훼손된다. 또한 비전문가의 임명으로 행정의 전문화를 저해한다.

(6) 최근의 경향

1) 엽관주의의 필요성 : 오늘날의 인사행정은 실적주의에 엽관주의를 적절히 가미하고 있다. 이유는 고위직의 조직은 정치적 신념의 지지자가 필요하고, 정권교체시 새로운 정책의 추진이나 강력한 정책을 실현하기 위해서다. 우리나라에서도 현재 정무직과 별정직 공무원의 엽관적 임용을 공식적으로 허용하고 있다.
2) 엽관주의 지속이유 : 실적주의 부작용 때문이기도 하다. 실적주의는 지나친 신분보장으로 행정의 대응성과 책임성의 확보가 곤란하다. 또한 직업공무원들은 점차 관료주의화되고 있으나, 국민에 의해서 직접 선출된 정치지도자와 집권당은 관료들을 제대

로 통제하지 못하고 있다. 이러한 문제점들이 발생하자 관료의 통제확보수단으로서 엽관주의가 필요하게 되었다. 따라서 엽관주의는 정치지도자들이 공무원에 대한 통제를 용이하게 한다.

2. 실적주의

(1) 의   의

실적주의란 인사행정의 기준을 당파성이나 정실·혈연·지연이 아니라 능력·자격·성적에 두는 제도이다. 즉 인사행정이 실적기준에 바탕을 두고 있다. 실적주의는 종래의 단순한 반엽관주의라는 소극적 성격으로부터 적극적 성격으로 변모하고 있다. 즉 실적주의가 수립된 초기에는 공직에 엽관주의 배격에 급급하여 소극적으로 정의되나 오늘날의 실적주의는 신규채용 이외에 승진·보수 등의 요인도 강조하고 있다. 실적주의는 기회균등의 원칙, 실력에 의한 임용, 신분보장을 주요 내용으로 한다. 그러므로 실적주의는 공무원의 정치적 중립을 요구한다. 정치로부터 중립은 신분보장을 확립하기 위한 것이다.

(2) 실적주의의 대두요인

1) 엽관주의 폐해의 극복 : 엽관주의하에서는 비전문가에 의한 행정으로 행정능률의 저하를 가져오며, 예산의 낭비와 행정질서의 문란을 초래하며, 관료가 국민보다는 정당을 위해서 일하는 관료의 정당사병화 현상이 나타나고, 공무원의 신분보장의 불안 등으로 엽관주의의 병폐가 뚜렷해짐에 따라 이를 극복하기 위해서 실적주의의 채택이 불가피하였다. 이는 실적제가 대두된 가장 근본적인 요인이다.
2) 정당정치의 부패 : 정당정치의 부패현상이 나타나면서 정당이 시민의 이익대변을 위한 본래의 참다운 민주적 의미가 상실되었다.
3) 행정국가의 등장 : 행정기능이 양적으로 증대되고 질적으로 변동하게 됨으로써 전문능력을 갖춘 유능한 관료가 요구되었다.
4) 행정능률화의 요청 : 정당정치의 부패로 행정의 비능률을 초래하였다. 이러한 배경하에서 정부개혁운동과 행정조사운동이 벌어지고 실적주의 수립을 위한 공무원제도 개혁운동이 전개되었다.
5) 정치적 영향 : 1884년 미국대통령선거에서 승리할 자신감을 상실한 공화당이 자신의 정당출신 공무원들을 보호하기 위해서 실적주의를 도입하게 되었다.

(3) 연   혁

1) 영국은 1870년 추밀원령에 의해서 실적주의에 입각하는 근대적 공무원제도가 확립되었다. 추밀원령의 주요한 내용은 공개경쟁시험제도의 확립, 공직의 계급분류, 재무성의 인사권의 강화 등이다.

2) 미국은 pendleton법의 제정으로 실적주의가 정식으로 확립되었다. 미국의 실적주의는 개방형 실적주의를 채택하여 직업공무원제도의 확립에는 기여하지 못하였다. 펜들톤법의 주요 내용은 다음과 같다.

   ① 독립인사위원회를 설치하여 공무원의 임용절차의 간소화와 능률화를 추구하였다. 인사위원회는 상원의 동의를 얻어 대통령이 임명하였다.

   ② 일정한 연령에 도달한 사람에게 공개경쟁 채용시험을 실시하여 공무원으로 채용한다. 시험내용은 실무와 관련성이 있는 것으로 했다.

   ③ 공무원시험 합격자에게 시보기간을 설정하였으며 시험은 정기적으로 실시하고 제대군인에게 특혜를 인정했다.

   ④ 행정의 지속성을 위하여 공무원 정치활동의 금지와 공무원의 정치적 중립을 최초로 규정하였다. 또한 민간과 정부간의 인사교류를 폭넓게 인정하였다.

(4) 내   용

1) 실적주의는 공직임용에서 정치적 당파성이나 혈연·학연·지연·인종 등의 기준을 배제하고 능력·자격·실적을 공직임용의 기준으로 한다.

2) 공개경쟁시험제도를 핵심적 내용으로 한다. 실적주의는 기회균등의 원칙과 실적에 의한 임용을 보장하기 위해서 공개경쟁시험을 실시한다.

3) 공직이 모든 국민에게 개방되며 성별·신앙·지역출신 등의 차별을 받지 않는다. 이는 공직의 기회균등으로 진정한 민주주의적 평등이념을 실현하는 데 기여한다.

4) 실적주의는 공무원의 정치적 중립을 요구한다. 정치적 중립으로 공무원은 공익을 추구할 수 있으며 신분이 보장된다.

(5) 실적주의의 장점

1) 정치적 중립의 확보 : 공무원의 정치적 중립을 통하여 정치의 개입으로부터 인사행정을 보호할 수 있다. 또한 인사행정에 대한 정치권력의 간섭에서 비롯되는 여러 가지

폐단들을 극복하여 행정의 독자성을 확립할 수 있다.

2) 민주주의적 평등구현 : 공무원의 임용상의 기회균등을 통하여 사회적 차별을 배제하고 진정한 민주주의적 평등이념의 실현이 가능하게 한다.

3) 행정능률과 전문화의 향상 : 능력·자격·성적에 의한 인사관리로 행정능률의 향상과 공무원의 질적 향상에 이바지할 수 있다.

4) 신분보장 : 공무원의 신분보장을 통하여 행정의 계속성과 공무원의 직업적 안정성을 확보할 수 있다.

5) 직업공무원제도의 확립 : 실적주의는 정치적 영향의 배제로 신분이 보장되어 이를 통해 직업공무원제도를 확립할 수 있다.

(6) 실적주의의 단점

1) 인사행정의 소극화 : 초기의 실적주의 인사행정에서는 공직에 부적격한 자를 제거하고 정실을 배제하는 과정을 중시할 뿐 적극적으로 유능한 인재를 공직에 유인하거나 장기적으로 공무원의 능력을 발전시키는 일에는 소홀하였다.

2) 인사행정의 경직성 : 실적주의 인사행정에서는 공무원의 임용기준으로 공개시험방법이 많이 이용되나, 이 방법은 정실주의를 배제하려는 데 목적이 있는 것이다. 이러한 방법이 지나치게 강조됨으로써 중요한 정책변동기에 그 정책을 집행할 전문적이고 유능한 공무원의 확보가 어렵다.

3) 인사권의 지나친 집중화 : 중앙인사기관을 설립하여 인사권을 집중시키는 것은 각 부처인사기관과의 실정에 적응하는 신축적인 인사행정을 어렵게 한다.

4) 관료제에 대한 민주통제의 곤란 : 실적주의는 관료들의 신분보장만을 강조하여 관료들이 국민에 대한 책임성이 결여되고 민주통제가 곤란하다.

5) 관료의 특권화 초래 : 실적주의는 신분보장이 강조되므로 관료들은 여론에 대한 반응성과 국민을 위한 행정보다는 자기집단의 이익을 우선시하는 관료의 특권화를 초래할 수 있다.

6) 인사행정의 비인간화 초래 : 실적주의가 과학적 관리와 기술성의 강조로 인간의 소외현상을 일으키는 요인이 될 수 있다.

7) 정치적 중립으로 인한 공무원의 국민요구에 무감각한 현상 우려 : 공무원의 정치적 중립에 대한 요구는 국민이나 정치지도자의 요구에 공무원이 무감각하도록 만드는 요인이 될 수 있다. 정부의 정책결정과정에서 주도적인 역할을 담당하는 고급공무원들에

게 정치적 중립의 요구가 자칫 국민들의 의견을 수렴하지 못하는 폐쇄집단으로 만들 우려가 있으며 민주주의 원리에도 어긋난다고 본다.[2]

8) 형평성 추구의 형식성 : 실적주의가 공식적으로 형평성을 추구한다고 선언하지만 실질적으로 형평성을 추구하지 못한다. 즉 기회균등만을 강조할 뿐 사회적 약자에게 불리하다.

(7) 실적주의의 새로운 방향

최근 인사행정의 운영이 사회적 환경에 대응하기 위해서 신축성과 경쟁성이 강조되고 있다. 이러한 방안으로 엽관주의 확대, 공무원의 정치적 중립완화, 대표적 관료제의 등이 행정에 도입되고 있다. 실적주의 폐단을 줄이기 위해서 인사권의 분권화를 실현하여 각 부처에게 인사에 관한 재량권을 인정하고, 고위직급의 외부임용, 보수의 성과급 도입 등으로 인사행정의 생산성을 향상시키도록 해야 한다. 또한, 정치지도자와 정치적 이념을 공유하는 상위직은 정책의 강력한 추진을 위해서 엽관적 임용이 바람직하다고 볼 수 있다. 그러나 하위직과 같은 다수의 직업공무원들은 실적에 의해 임용하여 행정의 안정성·공정성·지속성을 확보할 수 있도록 해야 한다.

제 3 절   대표적 관료제

1. 대두배경

행정체제가 대규모화되고 광범위한 기능을 갖게 되면서 관료집단의 활동이 국민의 의사에 부합되고 책임질 수 있는 방안이 필요하게 되었다. 또한 기존의 실적주의가 각계계층의 이익을 대변하지 못한다는 인식이 확산되어가면서 형평성과 대표성에 부응할 수 있는 새로운 제도가 필요하게 되었다. 즉 전통적 실적주의가 실질적 기회균등(결과적 공평)을 못한다는 한계를 보완하기 위해서 성립되었다. 따라서 관료가 각계각층과 이해관계를 대변하는 사람들로 구성되면 다양한 이해관계집단의 의견을 행정에 반영하여 행정의 민주성과 형평

---

2) 강성철 외 4인 공저, 2011, <새인사행정론>, 서울: 대영문화사.

328 제 4 편　인사행정

성을 구현할 수 있다고 보았다.

2. 대표적 관료제의 개념

　　대표적 관료제란 관료조직을 인종·직업·신분·지역 등을 비례하여 사회 각계각층의 이익을 대변하는 사람들로 구성하여 다양한 의사가 행정에 반영하도록 하는 것이다. 즉 대표적 관료제는 여러 계층의 국민이 출신배경에 따른 차별대우를 받지 않고 각 집단의 인구분포에 알맞도록 각 집단이 골고루 공직에 진출하는 것을 말한다.

3. 대표적 관료제의 의미

1) 적극적 대표적 관료제 : 한 나라의 관료제의 구성이 그 나라의 사회경제적 인구구성의 비율을 그대로 반영할 뿐만 아니라 관료들이 자신들의 출신집단이나 계층을 대변하여 그들의 의견을 행정에 반영하기를 기대하는 행위까지를 말한다.
2) 소극적 대표적 관료제 : 한 나라의 관료제의 구성이 그 나라의 사회경제적 인구구성의 특징을 그대로 반영하는 것을 말한다.

4. 대표적 관료제의 특징

1) 대표적 관료제는 관료들이 자기출신집단의 가치와 이익을 정책과정에 반영할 것이라는 가정에 기반을 두고 있다.
2) 대표적 관료제는 공직자가 자신의 업무처리 분야에서 자신의 출신분야나 계층을 대표함으로써 개인보다는 집단에 중점을 두고 있다. 이는 개인의 존엄을 존중하는 자유주의 원칙과 조화되지 않는다.
3) 대표적 관료제는 관료조직을 각계각층에서 구성하여 대외적 민주성을 실현할 수 있으며, 임명되면 관료들이 다양한 이해관계를 견제하고 조정할 수 있으므로 내부적 비공식통제가 된다.
4) 대표적 관료제는 국가전체의 부분별 인력을 고루 충원함을 원칙으로 하므로 대표성은 비례적으로 본다. 이러한 점에서 대표적 관료제는 사회적 대표성을 의미한다. 사회적 대표성은 피동적 대표성으로도 표현된다. 그런데 사회적 대표성은 능동적 대표성을

보장한다는 것을 전제로 한다. 즉 관료들이 자신의 사회적 배경이 되는 집단의 이익을 대변할 것이라고 본다.

5) 대표적 관료제는 개인의 직업적인 성공은 개인의 능력보다는 사회적 출신 배경이 큰 영향을 미친다고 본다.

5. 대표적 관료제의 기능

1) 대표적 관료제는 행정의 책임성을 확보한다. 관료제가 대표성을 지님으로써 소수권력의 독점을 견제하고 정책결정과정에 폭넓게 참여하여 정책에 대한 관료의 책임성을 향상시킨다. 또한 대표적 관료제는 사회 각계각층을 대표함으로써 민주적인 가치에 부합한다. 즉 관료제의 민주화를 촉진한다.

2) 대표적 관료제는 기회균등을 보장한다. 대표적 관료제가 혜택을 받지 못한 소수집단의 기회균등을 적극적으로 보장한다. 따라서 대표적 관료제가 사회정의 구현에 이바지하며 정부에 대한 충성심을 강화할 수 있다.

3) 대표적 관료제가 실적주의의 폐단을 시정할 수 있다. 실적주의는 행정의 합리주의의 추구로 개인의 능력과 지식에 의존하므로 실질적으로 여러 가지 부작용을 낳고 있다. 즉 능률적 실적주의는 여성과 소외집단의 차별을 가져온다. 그러므로 대표적 관료제가 실적주의의 불리한 점을 시정할 수 있다.

4) 대표적 관료제는 형평을 강조한 개념이다. 대표성을 가진 관료제는 관료들의 의사결정시 국민의 이익을 골고루 반영함으로써 관료가 국민을 위한 서비스기능을 제대로 수행할 수 있다. 즉 대표적 관료제는 소수집단·여성 등의 의견을 정책결정과정에 반영되므로 정부의 정책결정과 정책서비스의 질을 높이고 정부의 고객에 대한 대응성, 평등주의를 기할 수 있다.

6. 대표적 관료제의 비판

1) 대표적 관료제가 행정의 전문성을 저해한다. 대표적 관료제가 관료구성의 안배만 고려하여 전문가를 유치하는 데 등한시 할 우려가 있다.

2) 실적주의와 충돌한다. 대표적 관료제가 고급관료들을 대표성에 따라서 임용될 경우 능력을 중시하는 실적주의를 훼손한다. 왜냐하면 대표적 관료제는 개인의 능력과 자

질보다는 소속집단에 공직임용의 기준을 두기 때문이다.

3) 대표적 관료제가 관료의 사회화과정을 고려하지 않고 있다. 대표적 관료제는 피동적 대표성이 능동적 대표성을 보장한다고 하나 관료의 공직취임 후는 출신집단의 영향은 약화되며 공무원의 행태는 변한다고 보아야 한다. 즉 관료는 가치관과 행태는 불변하는 것이 아니라 상황과 환경이 바뀌면 이에 따라 가치관도 변한다는 것이다.

4) 대표적 관료제가 공무원의 충원을 능력보다는 인구비례위주의 선발로 이루어지면 행정의 능률성과 생산성의 저하를 가져오고, 우수한 집단의 공직참여 기회가 줄어들어 역차별이 발생할 수 있다.

7. 우리나라의 대표적 관료제의 추진방안

우리나라의 지역주의 행태가 정치, 경제, 사회 등 각 분야에서 광범위하게 나타나 심각한 문제로 대두되고 있다. 이는 국민들의 정부에 대한 불신을 초래하고 국가의 응집력을 저해하여 국가경쟁력을 저하시킨다. 이러한 문제점을 해결하기 위해서는 무엇보다도 인사의 공정성의 확보가 중요하다. 공정한 인사행정의 한 방법으로 대표적 관료제를 실시하여 인재를 각계각층과 지역적 안배를 통해서 특정집단의 독점현상을 방지해야 한다. 또한 무엇보다도 정치지도자의 의식전환과 제도적 장치를 마련해야 한다. 예를 들면 제도적 장치로 저소득층의 채용목표제, 지방인재채용목표제, 장애인의무고용제, 여성관리자임용확대, 양성평등목표제 등이다.

제 4 절   직업공무원제도

1. 직업공무원제도의 개념

직업공무원제도란 공직이 유능하고 인품 있는 젊은 남·여에게 개방되고 능력에 따라 승진이 보장되어 공직에 생애를 바칠 만한 보람 있는 일로 생각될 수 있는 조치가 마련되고 있는 제도를 말한다. 우리나라의 경우 경력직 공무원은 실적과 자격에 의해서 임용되고 그 신분이 보장되는 공무원으로서 평생토록 공무원으로 근무할 것이 예정되는 공무원이라 규정하고 있다. 이러한 측면으로 보아 직업공무원이란 경력직 공무원을 말하며, 직업공무원이란 용어는 법률상 용어는 아니다.

2. 직업공무원제의 필요성

직업공무원제는 정권교체가 되는 경우도 신분이 보장되어 독립적으로 행정을 집행함으로써 정권교체에 따른 행정의 무정부상태를 방지할 수 있다. 직업공무원제도는 공무원을 전문직업분야로 인식하여 전문직업의식을 가지므로 국가와 조직에 대해서 일체감과 충성심이 강하고, 장기적 근무에 따른 행정의 안정성과 일관성을 유지할 수 있다.

3. 직업공무원제의 특징

1) 직업공무원제는 정권교체에 의해서 영향을 받지 않고 행정의 안정성·중립성·계속성을 유지하게 하는 제도적 장치이다. 즉 정권교체에도 정치적 중립성의 유지로 행정의 지속적 실현으로 국가의 안정과 국민에게 봉사할 수 있는 방안이 될 수 있으며 의회정치의 폐단을 방지할 수 있다.

2) 직업공무원제는 정년퇴임시까지 장기간에 걸쳐 성실하게 근무하게 하는 제도이다. 그러므로 젊은 인재의 채용을 기본으로 한다. 또한 장기간 근무함으로써 여러 분야의 다양한 경험을 쌓게 되어 폭넓은 시각을 가진 일반행정가를 양성할 수 있다.

3) 직업공무원제는 일반적으로 계급제를 기반으로 하는 폐쇄적 조직구조를 채택하고 있다. 신규채용자는 원칙적으로 해당 계급의 최하위직에 임용되며 고위직에 결원이 발생했을 때 충원이 주로 승진에 의한다. 또한 응시자의 학력과 연령은 엄격히 제한되며, 선발기준은 전문적 직무수행능력보다는 장기적 발전가능성을 중요시한다.

4. 직업공무원제의 확립요건

1) 실적주의 확립 : 직업공무원제가 확립되고 발전되기 위해서는 우선적으로 공개경쟁시험, 정치적 중립, 신분보장을 내용으로 하는 실적주의가 확립되어야 한다. 오늘날 직업공무원제도는 실적주의에 입각하고 있다.

2) 공직에 대한 높은 사회적 평가 : 관직을 특권의 향유라는 사고방식이 아니라 민주적

공직관에 입각한 봉사자로서 사회적 평가가 높아야 한다.

3) 젊은 인재 채용 : 실적주의가 확립되기 위해서는 젊은 인재를 하위계층에 채용하여 개인의 능력에 따라 고위직까지 승진할 수 있도록 하여야 한다.

4) 보수의 적정화 : 보수가 낮으면 우수한 사람을 공직에 유치하기 곤란하므로 보수를 사기업체와 비교하여 어느 정도 균형이 유지되도록 해야 한다. 적정한 보수는 유능한 인재를 공직에 유치할 수 있는 방안이 된다.

5) 지속적인 능력발전 : 교육훈련과 합리적인 전직, 전보제도 등의 운영으로 잠재적 능력 개발과 새로운 기술과 지식을 습득할 수 있도록 기회를 부여해야 한다.

6) 승진제도의 활성화 : 직업공무원제가 확립되려면 공무원들의 승진을 보장하여 그들이 발전할 수 있는 기회가 주어져야 한다. 외부로부터 신규채용이 많은 경우에는 재직자의 승진기회가 줄어들어 사기의 저하를 가져온다. 그러므로 상위직(5급 이상의 직급)에는 신규·특채·내부승진의 비율을 정하여 지나친 특별채용이나 신규채용을 지양하여 하위공무원의 승진을 활성화해야 한다.

7) 적절한 연금제도의 확립 : 공무원이 공직을 떠난 후에 생계에 위협을 받지 않도록 하기 위해서는 연금제도가 확립되도록 하여야 한다. 퇴직 후에 생활에 대한 불안감이 없으면 공무원의 근무의욕은 고취된다.

8) 신분보장 : 공무원이 스스로 잘못이 없는 한 평생토록 근무할 수 있도록 해야 한다. 신분보장은 행정의 안정성·계속성을 확보하고 공무원의 심리적 안정감을 갖게 되므로 공무원의 사기가 앙양되어 직업공무원제의 확립에 기여한다.

9) 장기적 인력수급계획의 수립 : 정부는 공무원의 이직률, 연령구조, 정부의 사업계획 등을 파악하여 장기적으로 인력계획을 수립함으로써 인사행정의 효과적인 운영을 할 수 있다.

5. 직업공무원제와 실적주의 비교

직업공무원제와 실적주의는 공직임용에서 신분보장, 정치적 중립, 자격과 능력에 의한 채용과 승진을 원칙으로 한다는 점에서 유사하나 다음과 같은 차이점이 있다. 첫째, 직업공무원제가 계급제와 폐쇄형 공무원제도에 입각하나, 실적주의는 직위분류제와 개방형 공무원제에 입각한다. 둘째, 직업공무원제도가 연령과 학력제한 등을 기본으로 기회균등을 제한하고 있으나, 실적주의는 능력에 따라 공무원을 임용하여 공직에 기회균등을 보장한다. 셋째,

직업공무원제가 일반능력가주의를 지향하나, 실적주의는 전문가주의에 입각하고 있다.

6. 직업공무원제도의 장점

1) 승진으로 공무원의 사기가 앙양된다. 직업공무원제하에서는 능력 있는 공무원은 보다 높은 직위로 성장·발전할 수 있어 사기가 앙양된다.
2) 장기간 근무할 수 있어 행정의 안정성·계속성을 확보할 수 있다. 신분보장은 공직사회의 안정감을 확보하고 정치적 중립을 보장한다.
3) 공직에 대한 직업적 연대의식을 갖게 되므로 공무원사회의 일체감이 강화되고, 높은 수준의 봉사정신을 유지하는 데 도움이 된다.
4) 직업공무원제도는 신분보장이 되므로 유능한 인재의 이직을 방지하여 공무원의 질을 높일 수 있고, 공무원의 오랜 경험을 활용할 수 있어 행정의 능률을 증진할 수 있다.

7. 직업공무원제의 문제점

1) 직업공무원제하의 공무원은 전통을 중시하고 보수적이므로 변동과 개혁에 저항하는 경향이 있다.
2) 직업공무원제도는 공무원을 특수집단화하여 민주적 통제가 곤란하다.
3) 자격요건(학력·연령 등)의 엄격한 제한은 공직임용에의 기회균등을 저해하여 민주주의적 평등의 원칙에 위배된다.
4) 직업공무원제도는 외부인의 임용을 배제하는 폐쇄제를 채택하므로 특정분야의 전문인가를 채용하기 어려워 행정의 전문화, 기술화를 저해한다.
5) 정부에서만 필요로 하는 직업인으로 굳어져 공직을 떠날 수 없고 사고방식이 경직되어 융통성이 없는 인간형이 되기 쉽다.

8. 한국의 직업공무원제의 문제점

1) 모집상의 학력제한을 철폐하고 있으나 현실적으로 타당성이 없으며 연령제한을 하고 있으나 제한선이 너무 높다. 최근 군가산점의 불인정으로 연령상한선이 다시 조정되었다. 이는 직업공무원제에 역행하고 있다.

2) 고위직의 개방형으로 현직공무원의 사기를 저하시키고 있다.

3) 합리적인 보수제도·연금제도가 확립되지 못하여 우수한 인재의 이직률이 높고 공무
원들의 비위·부정이 빈번한 현실이다.

4) 공무원은 시간이 지남에 따라 지속적인 능력발전이 요구되나 능력발전을 위한 합리적
인 교육훈련제도가 미비하다.

5) 공무원에 대한 사회적 평가는 어느 정도 높으나 이는 사회가 다원화되어 있지 않아
민간의 취업이 어렵기 때문이지 직업공무원제를 발달케 하는 제도적 장치가 확립되어
있기 때문은 아니다.

6) 장기적인 측면에서 인력수급계획이 이루어지지 않고 있으며 변동하는 사회에 적응할
수 있는 전문가의 공직임용이 잘 이루어지지 못하고 있다.

9. 최근 직업공무원제의 변화

직업공무원제가 공무원의 신분보장과 관료의 특권화를 초래하여 급격한 환경변화에 대응
능력이 약하고 행정발전을 저해한다고 보고 있다. 이러한 대안으로 개방형 임용제도의 도
입과 행정에 전문가의 영입을 강조하고 있다. 또한 대표적 관료제의 도입으로 능력을 중시
하는 실적주의와 직업관료집단이 위협을 받고 있다. 전통적으로 폐쇄제를 채택하고 있는
국가들은 미국식의 개방형과 직위분류제의 특성을 도입하고자 노력하고 있다. 이러한 변화
에 대비한 직업공무원제의 발전방향을 다음과 같이 정리할 수 있다.

1) 공직자의 부정부패 예방과 우수한 인재의 공무원으로 유치하기 위해서는 적절한 보수
가 지급되도록 해야 한다. 공무원의 보수가 적정화되어 있지 않은 경우 부패의 유혹
을 뿌리치기가 어렵고, 유능한 인재의 공직으로 유인하기가 어렵다.

2) 유능한 인재의 유치를 위하여 모집에 있어서 학력과 연령을 제한하여야 한다. 연령의
상한선을 더 낮게 할 필요가 있다.

3) 특수전문가를 제외하고는 외부인사채용을 제한하고 내부승진에 의한 충원을 하며, 승
진이 정실이 아닌 실적과 능력에 의한 것이 되도록 해야 한다.

4) 재직자의 교육훈련으로 공무원의 능력과 기술을 향상시켜야 한다. 공직의 생산성은
보수인상 등의 물질적 요인에 의해서 증가하지 않는다. 공무원의 직위가 상승함에 따
라 새로운 지식이 필요하고, 공직의 생산성은 교육으로부터 출발하는 것이다.

5) 장기적 인력수급계획에 의한 산학협동으로 유능한 인재의 흡수체계를 갖출 필요가 있

으며, 공직의 질을 향상하기 위해서 자격증소지자에게 인센티브제도를 부여해야 한다.

6) 직업공무원제도의 확립을 위해서는 고위공직자의 정치적 임용을 억제해야 한다. 고위공직자의 정치적 임용은 일관된 정책추진보다는 전시행정에 치우칠 우려가 있다.

제 5 절　중앙인사기관

1. 의　　의

중앙인사기관이란 정부의 인사행정을 전문적·집중적으로 관장하는 기관을 의미한다. 중앙인사기관의 설치목적과 필요성은 다음과 같다.

1) 합리적인 인사관리를 수행하기 위해서다. 국가기능이 확대되고 공무원수가 증가하면 인사정책을 전문적·과학적으로 관리하는 부서가 요구된다.

2) 엽관제나 정실임용을 방지하고 인사행정의 공정성과 중립성을 지키기 위해서다.

3) 공무원의 권익을 보호하고 직업공무원제의 확립을 위해서 필요하다.

4) 인사행정상의 할거주의를 억제하고 통일된 인사정책의 수립을 위해서 필요하다. 각 행정기관이 인사행정을 분권적으로 처리하면 행정 전체적인 면에서 통일성이 결여되어 인사행정에 여러 가지 혼란을 초래하기 쉽다. 그러나 중앙인사기관의 설치는 통일되고 일관성 있는 인사정책을 수립할 수 있다.

2. 중앙인사기관의 유형

중앙인사기관은 각 나라마다 제각기 역사적으로 다르게 발전해 왔고 또 행정문화가 다르기 때문에 형태가 다르다. 중앙인사기관의 유형 구분은 일반적으로 기관의 독립성과 의사결정의 합의성을 기준으로 독립합의형, 비독립 독형, 그리고 질충형으로 분류한다.

1) 독립합의형

독립합의형 기관은 일반 행정조직에서 분리되어 있고, 행정수단으로부터 독립된 지위를 가지며, 인사위원회의 합의에 의해서 인사문제가 결정된다. 그러나 이러한 형태의 중앙인사기관으로만 인사행정을 수행하는 나라는 오늘날 그 예를 찾아볼 수 없고 과거 몇몇 나라에

서만 운영된 바 있다. 독립합의형의 중앙인사기관의 예로는 1978년 이전 미국의 연방인사
위원회와 1965년 이전 일본의 인사원 있다. 독립합의형의 장점은 엽관주의 영향력의 배제
와 실적제의 확립에 기여한다. 또한 합의제에 의한 신중한 의결정과 이익집단의 요구를 균
형 있게 수용 할 수 있다. 단점으로 합의 형태로 책임소재가 불분명 하고, 의사결정의 지연
된다. 또한 행정수반의 인사권의 배제로 강력한 정책 추진의 어려움이 있다.

2) 비독립단독형

행정수반에 의하여 임명된 한 장관이 중앙인사기관의 책임을 맡는 조직 형태다. 현재 우
리나라의 인사혁신처가 해당된다. 비독립 단독형은 인사행정에 있어서 책임소재가 분명하
고, 신속한 의사결정을 할 수 있으며, 행정수단이 행정전반에 관한 지휘권 행사를 원활하게
할 수 있는 장점이 있다. 단점으로 인사행정이 정당의 압력이나 정실에 의해서 이루어지기
쉽다.

3) 절충형

절충형에는 두 가지가 있다. 첫째, 비독립합의형이다. 이는 비독립단독형의 중앙인사기관
에 자문 또는 심사의 기능을 가지는 인사위원회를 부설하는 경우다. 현재 우리나라의 중앙
인사기관이 해당된다. 둘째, 독립단독형으로 중앙인사기관을 이원화시켜 독립합의형 기관
과 비독립단독형 기관을 나란히 설치하고 두 기관에 각각 인사기능을 적절히 분담시키는
형태이다. 과거에 우리나라의 중앙인사위원회가 유형에 해당된다.

3. 기 능

1) 준입법적 기능 : 중앙인사행정기관은 국회에서 제정한 법률의 범위내에서 인사행정 전
   반에 관한 명령과 규칙을 제정하는 것을 말한다. 준입법적 기능은 인사규칙을 제정하
   고 공직의 분류와 보수제도를 결정하는 권한을 행사한다.
2) 준사법적 기능 : 준사법적 기능이란 중앙인사행정기관이 위법 또는 부당한 처분에 대
   한 공무원으로부터의 소송을 재결(裁決)할 수 있는 권한을 갖고 있는 것을 말한다. 우
   리나라의 소청심사위원회는 준사법적 기능을 수행하는 독립적인 합의제 기관이다. 소
   청심사위원회의 결정은 처분행정청을 기속한다.
3) 집행기능 : 집행기능은 인사기관의 고유한 권한으로 임용·교육훈련·연금·보수·근

무성적평정 등 구체적인 인사행정사무를 처리한다.

4) 감사기능 : 감사기능은 법령에 의하여 각 부처 인사기관을 감사·감독하는 기능을 말한다. 감사기능은 인사행정의 분권화에 따라 그 중요성이 증대되어 간다. 중앙인사기관의 감사가 인사행정업무를 통제하거나 비위사실의 발견보다는 공무원의 능력발전과 행정성과의 향상에 적극적으로 노력하고 있는가에 역점을 두도록 해야 한다.

5) 보좌적 기능 : 보좌적 기능이란 중앙인사기관이 행정수반에게 인사행정 전반에 대해서 보고·자문·지원하는 것을 말한다. 일반적으로 독립성이 강한 중앙인사기관은 보좌기능보다는 준사법·준입법기능을 강조한다.

4. 우리나라 중앙인사기관

1) 중앙인사기관의 역사 : 1948년에 설치된 내무부와 국무총리 산하의 총무처를 모체로한다. 1998년 내무부와 총무처가 통합되어 행정자치부가 출범했고, 김대중 정부시절 행정자치부에 집중한 인사권한을 완화하고 인사정책의 효율화를 위해서 1999년 중앙인사위원회를 설립하였다. 따라서 한국의 중앙인사기관은 행정자치부와 중앙인사위원회로 이원화되었다. 중앙인사위원회의 설치는 행정자치부에 집중되었던 인사정책을 분리하여 중앙인사위원회는 인사개혁을 수립하고, 행정자치부는 인사정책의 집행을 담당하여, 인사행정의 공정성과 중립성을 확보하고자 했다. 그러나 이명박 정부가 집권하면서 2008년 행정자치부와 중앙인사위원회가 통합되어 행정안전부로 개편되었다. 2013년 박근혜정부 출범과 함께 시행된 정부조직개편에 따라 안전관리기능을 강화한 안전행정부로 개편되었다.

2) 인사혁신처 : 2014년 11월에 인사혁신처가 신설 독립부처로 출범하였다. 인사혁신처는 인사행정의 전문성·독립성·집중성이 강화를 위해서 설치되었다. 인사혁신처는 종래의 안전행정부로부터 인사실의 기능뿐만 아니라 공직윤리·복무·급여 기능도 함께 포괄적으로 처리한다. 국무총리 직속기관으로 설치된 준독립성 중앙인사기관이다.

제 2 장   공직의 분류

제1절 **경력직과 특수경력직 공무원**

공직의 분류는 행정조직속의 직위를 일정한 기준에 따라 질서 있게 배열하는 것을 의미한다. 공무원의 직종개편 공무원법 개정안이 국회에서 통과되어 그동안 6개의 직종을 4개 직종으로 개편하였다. 주요 내용은 기능직은 일반직으로 통합되었으며, 별정직을 재정의하여 비서관·비서 등의 정무직 공무원을 보좌하기 위하여 임용되는 공무원 및 다른 법령에서 별정직으로 지정하는 공무원으로 재정의하였다. 계약직은 폐지하고 일반직과 별정직으로 재분류하였다.

1. 경력직 공무원

(1) 개   념

경력직 공무원이란 공무원법의 적용을 받는 공무원으로서 실적과 자격에 의하여 임용되고 그 신분이 보장되며 평생토록 공무원으로 근무할 것이 예정되는 공무원을 말한다. 경력직 공무원은 실적제와 직업공무원제의 적용을 받으며 그 범위를 일반직 공무원, 특정직 공무원으로 분류한다.

(2) 분   류

1) 일반직 공무원 : 기술·연구업무 또는 행정일반에 대한 업무를 담당하며, 직군·직렬·
   직류별로 분류되는 공무원을 말한다. 일반적으로 계급은 1급 내지 9급으로 구분한다.
   고위공무원단은 계급이 없다. 다만 대통령으로 정하는 연구 또는 특수기술직렬은 계
   급구분을 적용하지 않을 수 있다. 일반직 공무원이 직업공무원의 주류를 형성한다.
2) 특정직 공무원 : 법관·검사·외무공무원·경찰공무원·소방공무원·교육공무원·군인·
   군무원 및 국가정보원의 직원과 특수분야의 업무를 담당하는 공무원을 말하며, 특정
   직 공무원의 인사는 실적주의나 직업공무원제의 적용을 받는다. 다만 일반직과 다른
   것은 국가공무원법이 아니고 개별적으로 제정된 법률의 적용을 받는다.

2. 특수경력직 공무원

(1) 개   념

특수경력직 공무원이란 공무원법이나 실적주의의 획일적 운용을 받지 않으며 정치적 임
용이 필요하거나, 특수한 직무를 담당하는 공무원을 말한다. 다시 말해서 경력직 공무원 이
외의 공무원을 말한다. 특수경력직은 신분이 보장되지 않는다. 다만 예외적으로 감사위원과
같이 자격에 의해 임용되고 일정기간 동안 신분이 보장되는 공무원도 있다. 특수경력직 공
무원은 정무직 공무원, 별정직 공무원으로 분류한다.

(2) 분   류

1) 정무직 공무원(차관급 이상의 공무원) : 정무직 공무원은 선거에 의하여 취임하거나,
   임용에 있어서 국회의 동의를 필요로 하는 공무원으로 주로 정치적 판단이나 정책결
   정을 담당하는 차관급 이상의 공무원을 말한다. 예를 들면 감사원의 원장·감사위원
   및 사무총장, 국회의 사무총장·차장 및 도서관장, 헌법재판소의 재판관 및 사무처장,
   중앙선관위의 상임위원 및 사무처장, 국무총리, 국무위원, 처의 처장, 각 원·부·처의
   차관 또는 차장, 청장, 행정조정실장, 특별시장, 광역시장, 도지사, 차관급 담당 이상
   의 보수를 받는 비서관, 국가정보원장 및 차장 등이 포함된다.
2) 별정직 공무원 : 별정직 공무원은 비서관, 비서, 장관정책보좌관 등 정무직 공무원을
   보조·보좌하기 위해서 임용되는 공무원을 말한다.

제 2 절   폐쇄제와 개방제

1. 폐 쇄 형

(1) 의   의

폐쇄형이란 외부로부터의 신규채용은 반드시 그 직급의 최하위에서만 이루어지고 중간계급에 임용될 수 없으며, 상위계급은 최하위에 임명된 사람이 승진에 의해서 임용되는 것을 의미한다. 폐쇄형은 내부승진기회가 많고 공무원의 경력발전을 위한 제도가 마련된다. 또한 계급제를 토대로 하여 일반행정가 중심의 인사체계를 이루고 있다. 폐쇄형제도는 하위계층에 있는 사람이 모두 승진하는 것은 아니다. 이러한 제도적 장치가 계급정년제도이다. 영국, 독일, 프랑스 등의 국가는 폐쇄제를 운영하고 있고, 미국은 직업외교관과 군인을 제외한 모든 공직에 개방제를 적용하고 있다.

(2) 폐쇄제 인사제도의 한계점

폐쇄제 인사제도는 직업공무원제를 기본으로 하고 있어 신분보장과 안정성이 있다. 그러나 신분보장과 안정성이 오히려 공직사회의 침체화를 가져온다고 본다. 행정에 새로운 환경이 도래되면 공무원들에게도 고도의 전문성과 적응성이 요구된다. 또한 최근에 행정에 새로운 패러다임이 전개되고 있다. 즉 신공공관리론, TQM, 포스트 모더니즘 등이 강조되고 있어 이러한 상황에서는 폐쇄형의 인재충원으로는 행정환경에 신속하게 대응할 수 없다.

(3) 폐쇄형의 장ㆍ단점

1) 폐쇄형의 장점을 살펴보면 다음과 같다. 승진기회의 폭이 확대되어 재직자의 사기를 앙양시킬 수 있으며, 이직률의 둔화로 직업공무원제의 수립에 도움이 된다. 또한 계급을 바탕으로 한 장기적인 공직생활의 보장은 공무원의 충성심을 높일 수 있으며 폐쇄형에서는 직무가 폐지되더라도 전직ㆍ전보가 가능하여 신분보장이 된다. 신분보장의 강화는 행정의 안정성과 일관성을 유지하는 데 유리하다.

2) 폐쇄형의 단점으로는 공무원을 장기근속하므로 관료특권화를 초래하여 국민의 요구에 민감하게 대응하지 못하고 무사안일한 행정을 초래할 수 있다.

2. 개방형 임용제도

(1) 의   의

개방형제도는 원칙상 공직의 모든 계층에서 신규임용을 허용하는 인사제도를 말한다. 주로 직무중심인 공직분류를 채택하고 있는 미국 등에서 발달했다. 개방형은 외부로부터 유능하고 전문지식을 가진 사람을 공직에 유치하여 공직의 침체화를 예방하기 위해서다. 따라서 개방형 임용제도란 직무내용상 고도의 전문성이 요구되는 직위에 외부전문가나 공직의 내부에 있는 사람 모두에게 공직을 개방하여 공개적 경쟁을 통해서 공무원을 임용하는 제도를 말한다.[1]

(2) 한국의 개방제의 인사관리

1) 중앙행정기관은 소속장관별로 고위공무원단 총수의 20% 범위에서 지정하되, 소속장관은 과장급 직위의 20% 범위 내에서 개방형 직위를 지정 운영한다.
2) 지방자치단체는 광역자치단체인 경우 1~5급의 10%와 기초자치단체의 2~5급 직위의 10% 지정 운영한다.
3) 공모직위에 임용된 공무원은 임용된 날로부터 2년 이내에 다른 직위로 임용될 수 없다. 원칙적으로 개방형 직위에 임용되는 공무원은 임기제 일반직 공무원이다.

(3) 필 요 성

인사행정을 둘러싸고 있는 행정환경의 변화는 개방형 임용제도의 도입을 요구하고 있다. 개방형 임용제도는 OECD국가의 정부혁신의 일환으로서 채택되고 있다. 영국의 경우를 살펴보면 영국은 고위직에 외부임용활성화, 고위공무원단의 개편, 급여체제의 개편 등 각종 개혁을 추진하였다. 최근 우리나라도 행정의 전문성 향상, 실적에 의한 공직평가, 공직경쟁력 강화를 위해서 개방제를 채택하고 있다. 개방형 제도는 그동안 침체된 공직사회에 새로운 자극과 발전의 계기가 될 수 있다.

---

1) 개방형 임용의 정의는 1999년 5월에 도입한 국가공무원법 제28조에 근거한 것이다.

(4) 개방형의 장점

1) 개방형은 직책에 필요한 우수한 인재를 등용할 수 있다. 개방형 인사제도는 조직 내외의 광범위한 인재를 대상으로 가장 적합한 인재를 등용할 수 있다.
2) 조직의 새로운 문화를 형성하며, 조직의 침체화를 예방할 수 있다. 개방형 인사제도는 외부에서 일정비율을 채용하므로 조직에 새로운 정보와 지식, 공직에 새로운 가치관을 유입하여 조직에 새로운 문화를 형성할 수 있다.
3) 적합한 인재의 등용으로 교육훈련 등에 소요되는 시간과 비용을 줄일 수 있다.
4) 제작자들의 자기개발에 기여한다. 외부임용확대는 행정의 경쟁력을 촉진시켜 공직분위기를 쇄신하고 재직공무원의 자기발전을 촉진시키고 무능하거나 무사안일한 공무원들의 조기퇴직도 유도할 수 있다.
5) 행정에 대한 민주통제를 실현할 수 있다. 개방형 인사제도는 직무의 성격상 대부분 3년 임기로 임용할 것을 예상되고 있다. 계약직 공무원은 장기적·수시로 업무수행실적을 평가하여 성과결과를 토대로 계약을 해지하거나 연장할 수 있어 행정에 대한 민중통제를 강화할 수 있다.

(5) 개방형의 단점

1) 행정업무의 안정성과 계속성을 저해한다. 개방형제도에서 외부인사 전문가가 기용될 경우 하급자들의 통솔이 어렵고 외부전문가가 조직의 리더십을 제대로 발휘하지 못하는 경우가 발생할 수 있다. 이러한 경우 기존 구성원들과 갈등이 발생하여 행정업무의 안정성과 계속성을 저해할 수 있다.
2) 충원시 능력있는 전문가보다는 정치적 영향력이 작용될 수 있다.
3) 개방인사제도는 직업공무원제를 근간으로 하는 공무원들의 안정된 고용관계가 흔들려 하급공무원들의 사기를 저하시킬 수 있다.
4) 개방형인사제도는 계약에 의한 한시적 임용이기 때문에 공무원들의 빈번한 교체는 행정의 책임성과 공익성을 훼손할 수 있다. 일반적으로 계약직은 장기적 측면보다는 단기적·가시적인 성과에 집착할 가능성이 있다.

표 2-1 개방제와 폐쇄제의 비교

구 분	개 방 제	폐 쇄 제
기 준	직위분류제와 관련	직업공무원제도와 관계
신분보장	임 의 적	보장
모 집	모든 계급	계급의 최하위
임용기준	직무수행능력(전문성)	일반교양
보 수	직무급 적용	생활급 적용
양성공무원	특수전문가	일반행정가
승진기준	능 력	서 열
직원관계	사 무 적	온 정 적
장 점	재직자 자기개발 기여	재직자의 사기향상
단 점	행정업무의 안정성 저해	관료의 특권화 초래

3. 공직의 앞으로의 방향

일반적으로 우리나라의 인사제도는 폐쇄형이 강한 편이었다. 그러나 폐쇄형제도가 관료집단이 외부환경에 민감하지 못하고 관료의 특권화를 초래하기 쉽다는 문제점이 있다. 앞으로 작은 정부의 구현과 행정의 경영화를 위해서는 외부인사의 공직임용이 바람직하다고 볼 수 있다. 현재 우리나라는 폐쇄형 제도를 원칙으로 하면서 개방형 제도를 고위직에 한해서 실시하고 있다. 개방형 임용제도가 확립되고 성공하기 위해서는 과학적인 직무분석이 이루어져야 한다. 어떤 직위를 어느 정도 개방할 것인가, 개방대상의 직위선정, 선발기준, 대우문제 등을 명확히 제시해야 한다.

개방대상직위의 선정시 공직 내 전문성 요구정도, 조직 내의 저항 등을 고려하도록 해야 한다. 선발기준의 요건은 그 직위가 요구되는 전문성, 경력요건, 학력요건, 외국어 등 기타요건 등을 명시해야 한다. 이러한 기준설정은 개방형 선발과정의 투명성을 확보하여 정실주의적 인사가능성을 배제할 수 있다. 개방형 임용제도는 우수한 인재를 공직에 흡수해 공직의 생산성을 향상하는 데 목적이 있으므로 보수는 높게 책정하는 것이 바람직하다. 왜냐하면 보수수준이 낮으면 유능한 인재의 공직으로 유인이 되지 않기 때문이다. 행정의 변화와 개혁은 참신하고 유능한 인재를 공직에 유치함으로써 가능하다.

제3절 **직위분류제와 계급제**

1. 직위분류제

직위분류제는 직무의 특성이나 차이를 중심으로 공직구조를 형성하는 직무지향적 분류이다. 직위분류제는 직무자체의 특성을 분석·평가하여 구조를 만들고 그에 따라 직무담당자의 자격을 설정한다. 직위분류제는 1923년 미국에서 직위분류법이 제정됨에 따라 발달하게 되었는데 그 발달요인은 다음과 같다.

① 미국은 농업사회를 배경으로 한 신분적 관료제의 전통이 없었다.

② 엽관주의의 폐단을 극복할 필요성으로 발달했다. 엽관제하에 의한 보수의 불평등이 심화되어 공무원의 사기저하를 가져왔고 공무원의 이직을 촉진시켰다.

③ 실적주의의 발달로 전문적 지식과 기술이 요구되었다.

④ 과학적 관리법의 발달은 직무분석과 직무평가를 촉진시켜 정부의 인사행정에 영향을 미쳐서 이를 바탕으로 동일직무에 대한 동일보수가 요구되었으며 결과적으로 이는 직위분류제도의 발달을 촉진시켰다.

(1) 직위분류제의 특성[2]

1) 직위분류제는 사회적 출신배경이나 학력에 관계없이 개인의 업무수행능력과 지식·기술을 중시하여 공무원을 채용한다.

2) 직위분류제는 개방형 인사제도이다. 즉 직무를 수행하는데 적격자를 조직내부뿐만 아니라 외부인사 중에서도 찾는다.

3) 직위분류제는 노동의 분화를 기본으로 하여 일반행정가보다는 전문행정가를 선호한다.

4) 직위분류제는 직급과 등급이 직무의 책임도·곤란도를 기준으로 하므로 직위를 정하고 있는 사람들의 사회적 신분이나 지위를 나타내지 않아 상·하직 공무원간의 계급의식이 크지 않다.

5) 직위분류제는 직무분석과 직무평가를 통한 직무의 정확한 평가와 거기에 적합한 인물을 임용하므로 인사행정의 능률성을 가져온다.

---

2) 강철선 외 4인 공저, 2011, <새인사행정론>, 서울: 대영문화사.

(2) 직위분류제의 구조

직위분류는 종적 분류와 횡적 분류로 이루어지며, 종적 분류는 직무의 종류에 따라 분류되며 직군·직렬·직류로 세분화된다. 이러한 종적 분류를 직무분석이라 한다. 횡적 분류는 직무의 곤란성과 책임도 정도에 따라 분류되며 등급과 직급을 정하는 것이다. 이러한 횡적 분류를 직무평가라 한다. 직무분석과 직무평가를 통해 직위를 결정한다.

1) 직위 : 한 사람의 공무원에게 부여할 수 있는 직무와 책임을 말한다. 직무는 각 지위에 배당된 업무를 말하며 가장 최소한의 기초가 되는 단위이다. (ex.○○담당)

2) 직급 : 직위에 내포되는 직무의 종류·곤란도·책임도·자격요건 등이 상당히 유사하여 채용·보수 기타 인사행정상 동일하게 다룰 수 있는 직위의 집단을 의미한다. (ex. 행정9급, 세무9급)

3) 직렬 : 직무의 종류는 유사하나 곤란도와 책임도의 정도가 상이한 직급의 군을 말한다. 즉 직렬은 직무는 같은 종류에 해당하지만 책임의 수준이나 곤란성이 서로 다른 직급들을 모아 놓는 것이다. (ex.행정직군 내 행정직렬과 세무직렬)

4) 직류 : 동일한 직렬내에서 담당분야가 동일한 직무의 군을 말한다. (ex. 행정직렬 내 일반행정직류와 재경직류)

5) 직군 : 직군은 직렬의 집단으로 가장 포괄적 단위이다. 직군은 직무의 종류가 광범위하게 유사한 직렬의 군을 말한다. (ex.행정직군, 기술직군)

6) 등급 : 직무의 종류 및 성질은 다르지만 곤란도·책임도 및 자격요건이 유사하여 동일한 보수를 줄 수 있는 모든 직위를 말한다. 우리나라의 경우 1~9급이 해당된다.[3] (ex. 9급 서기보)

(3) 수립절차

1) 준비작업단계

준비작업단계에서는 직위분류사업을 주관할 기관을 선정하고 분류대상직위를 결정한다. 분류할 대상직위가 명확하게 규정되어야 직위분류작업을 진행할 수 있다. 직위분류제를 채

---

3) 직무등급: 직무의 곤란성·책임도가 유사하여 해당 직무 담당자에게 비슷한 보수를 지급할 필요가 있는 직위의 군을 말한다. 외무직 공무원은 계급제의 폐지로 보수지급기준을 활용하기 위해서 직위를 모두 14개 직무등급으로 구분하였다.

택하고 실천하는 과정에서는 대내적인 관련자들이 취지를 이해하고 받아들이도록 홍보활동을 강화해야 한다. 일선관리자들은 직위분류에 관해서 비교적 상세한 지식을 가져야 하므로 교육훈련을 실시하여 능동적으로 동참하게 해야 한다.

2) 직무조사(직무기술서의 작성)

실제로 개개의 공무원이 수행하는 직무내용을 기술하는 것으로 공무원들에게 기술서를 배부하여 기입케 한다. 즉 직무분석과 직무평가에 필요한 정보를 수집하는 단계이다. 직무조사에서는 직무의 내용과 책임의 정도, 직무수행의 난이도, 직무수행에 필요한 자격요건 등에 관한 자료이다.

3) 직무분석

직무조사에 의하여 수집된 직무자료에 입각하여 직무의 종류별로 분석작업이 이루어지는 것을 말한다. 즉 직무를 종류(행정, 공안, 외무, 농업, 공업 등)에 따라 직군·직렬로 분류하는 것을 의미하며, 종적인 수직적 분류를 하게 된다. 따라서 직무분석에 있어서 고려해야 할 사항을 요약해 보면 다음과 같다. 첫째, 분류에서 고려되어야 할 직무의 내용을 확인한다. 직군간·직렬간 분별을 명확히 한다. 둘째, 채용시험·승진·전직을 달리해야 할 명백한 기준을 설정한다. 셋째, 혼합직에 대한 적절한 처리를 한다. 여기서 혼합직이란 종류가 다른 직무를 두 가지 이상 포함하는 경우나 등급수준이 다른 직무를 포함하는 직위를 말한다.

4) 직무평가

① 직무를 수준별로 등급화시키는 분류작업으로서 직무수행의 곤란성, 책임도 및 직원의 자격요건 등에 의하여 직위의 수준, 즉 등급을 정하는 것이다. 직무평가는 직위들의 상대적인 수준을 결정하는 것이다.

② 직무평가에서 고려할 사항은 직무평가시 등급의 수를 적정하게 하여야 한다. 일반적으로 등급의 수가 많으면 정확한 직무급을 할 수 있다. 그러나 인사관리에 융통성을 상실하고 등급간의 보수의 차이가 적어 등급구별의 의미가 없다.

③ 직무평가의 방법 : 직무평가방법에는 비계량적인 서열법과 분류법, 계량적 방법인 점수법과 요소비교법으로 나누어진다.

㉠ 비계량적방법 : 서열법은 직무총체를 서로 비교하여 상대적인 중요도를 결정한다. 즉 최상위 직위와 최하위 직위를 먼저 결정하고 그것을 토대로 하여 다른 직위를 결정한

다. 서열법은 직무평가가 비교적 단순하고 비용과 노력이 적게 드나 정확도가 결여되기 쉽다. 분류법은 등급기준표를 미리 정해놓고 각 직위를 등급의 정의에 비추어 배치하는 것이다. 등급을 정의할 때는 직위의 책임, 곤란도, 자격요건, 감독의 책임, 직무의 상대적 중요성 등을 고려한다. 분류법은 서열법보다 만족할 만한 평가결과를 얻을 수 있는 장점이 있으나 등급이 정의가 어렵다.

ⓒ 계량적인 방법 : 점수법은 직무의 구성요소별로 계량적 평가를 한다. 각 직위의 직무를 구성요소별로 구분하고 각 요소의 비중을 결정한 다음에 그에 따라 각 요소를 평점한다. 과정은 평가요소를 선정하고 각각 몇 단계로 구분한 다음 직위별 총점을 계산한다. 점수법은 비교적 객관적 기준의 적용으로 객관도·타당도가 높으나 고도의 기술과 시간과 노력이 많이 소요되며 평가요소 점수화도 자의적이다. 요소비교법은 대표적이라 생각되는 기준직위를 선정하여 기준직위의 평가요소에 부여된 수치에 평가하려는 각 요소를 대비시켜 서로 비교하는 것이다. 요소비교법의 장점은 기준직위와의 비교로 평가의 정확성이 높으나 작업량이 많고 시간이 많이 소요되는 단점이 있다.

표 2-2 직무평가방법의 유형

평가대상	직무비중 결정방법	직무의 비교대상	
		직무와 등급표	직무와 직무
직위의 직무총제	비계량적 방법	분 류 법	서 열 법
직무의 구성요소	계량적 방법	점 수 법	요소비교법

참고: 오석홍, <인사행정>, p.153 참조.

5) 직급명세서의 작성

직무분석과 직무평가를 통해 분류구조를 형성한 다음에 각 직급에 직급명세서를 만든다. 직급명세서는 직급명, 직무의 개요, 직무수행의 예시, 최저자격요건, 보수액 등을 명시하는 것을 말한다. 따라서 인사행정의 기초가 되는 직급명세서 작성은 직위분류계획의 기본이 되는 문서이며 공무원의 채용·교육훈련·근무성적평정 등에 기준이 되는 문서로 활용할 수 있다.

6) 정급

정급이란 지금까지의 자료와 추가정보를 수집하여 각 직위를 해당 직급에 배치하는 것을
말한다.

7) 사후평가

직위분류제가 수립된 이후 사후평가를 하여 제반 문제점을 발견하여 시정·보완하고 유
지·관리토록 하여야 한다.

표 2-3   직무분석과 직무평가의 비교

구 분	직무분석	직무평가
분류구조	직무의 종류에 따라 직군·직렬·직류별로 수직적·종적 분류	상대적인 수준, 또는 비중을 결정하는 수평적·횡적 분류
기초자료	직무기술서	직무분석의 자료에 기초
선 · 후	직무평가보다는 먼저	직무분석 후
목 적	직무중심의 객관화·과학화·합리화	보수의 공정성·합리화

(4) 직위분류제의 장점과 단점

1) 장점

① 보수결정의 합리적 기준을 제공 : 직위분류제는 동일직무에 대한 동일보수를 전제로
   하여 보수결정시 합리적 기준이 된다.
② 인사행정상의 기준을 제공 : 직위가 요구하는 직무의 성질이나 내용에 따라 공무원을
   임용 배치함으로써 그 직위에 알맞은 사람을 선발할 수 있게 한다.
③ 훈련수요의 명확화 : 공무원의 직무수행상 자격요건이 미달하는 경우 그 수요가 발생
   하는데 직위분류제는 훈련에 필요한 구체적 내용을 제시해 준다.
④ 행정의 전문화 : 직위분류제하에서는 동일직무를 장기간 계속적으로 수행하기 때문에
   행정의 전문화가 가능하다.
⑤ 근무성적평정의 자료 및 기준의 제공 : 근무성적을 평정하려면 공무원이 담당하는 직
   책의 내용을 파악해야 하는데 바로 그 직책을 용이하게 알려준다.
⑥ 권한과 책임한계의 명확화 : 조직의 상하간 수평적인 책임과 권한의 한계를 명확히

해주므로 행정의 능률성을 확보한다.

⑦ 행정관리자료의 제공 : 직무분석을 통해 계속적인 작업연구가 가능하며 직원의 업무
 분담을 합리화하여 효율적인 행정관리를 할 수 있다.

⑧ 평등사상의 제공 : 직위분류제는 모든 사람을 평등하게 대우하여 그 사람이 지니고
 있는 능력과 자격의 정도에 따라 동일한 처우를 하게 된다. 이 밖에도 전문행정가의
 양성과 민주통제가 용이하다.

2) 단점

① 공무원의 능력발전을 성취하기 힘들다. 즉 직위분류제는 극히 제한된 범위내에서의
 전문가를 요구하기 때문이다.

② 인사배치상에 있어서 융통성이 없다. 이유는 공무원은 동일직렬이나 동일직급에 한정
 되어 다른 직렬이나 직급으로 전직·전보가 불가능하기 때문이다.

③ 유능한 일반행정가의 확보가 곤란하다.

④ 공무원의 신분보장이 불안하다. 즉 공무원의 신분이 직책에 따라 영향을 받으므로 기
 구개편의 영향을 크게 받아 행정의 안정성이 저해된다.

⑤ 행정업무의 전문화·분업화로 전문가간의 의사소통이 이루어지기 어려우며 행정상의
 협조나 조정이 힘들다.

⑥ 직업공무원제의 확립이 곤란하다.

(5) 우리나라의 직위분류제도

우리나라에서는 1963년에 직위분류법이 제정되었으나 본격적인 도입은 아직 이루어지고
있지 않으며, 채용·승진·전직에 있어서는 직위분류제의 원칙이 부분적으로 이용되고 있
다. 1981년의 국가공무원법 개정으로 공무원의 계급구조가 9단계로 세분화되었는데, 이러
한 개편은 직위분류제의 도입에 대비한 것이라고 볼 수 있다.

(6) 직위분류제 도입의 문제점

1) 새로운 직위관의 미확립 : 직위분류제에서는 직무상의 상하관계만이 있을 뿐 신분상의
 상하관계는 없다. 그러므로 오랫동안 계급의식이 강한 우리나라에서 직위분류제가 도
 입되는 경우 저항을 어떻게 극복하느냐 하는 것이 문제가 된다.

2) 혼합직의 문제 : 지방의 일선기관에는 한 직위에서 이질적인 여러 직무를 동시에 수

행하고 있고 또는 시기에 따라 직무의 내용이 변동되는 이른바 혼합직이 많은 우리나라의 경우 직위의 세분화는 곤란하다.

3) 직무급수립이 곤란 : 공무원보수의 비현실성으로 직무급 체계를 도입하기 어렵고 또한 보수액의 결정기준에 생계비, 학력 등이 아니라 업무성과만이 고려되어야 하는데 현실적으로는 어려운 문제다.

4) 직무분석과 직무평가의 정확성·객관성 문제 : 분류담당자의 경험과 능력이 부족하고 그 직위보다는 개인적 특성이 직위의 분류에 영향을 미치므로 직무분석과 직무평가의 객관성이 우려된다.

5) 직위분류제의 형태에 관한 문제 : 직렬의 수를 어떻게 하며, 등급 및 직급을 어떻게 하느냐 하는 문제가 어렵다.

6) 지나친 세분화·전문화의 곤란 : 직위분류제는 행정의 전문화를 강조한다. 그러나 지나친 세분화·전문화는 오히려 인사행정의 융통성을 저해하게 된다.

2. 계 급 제

(1) 의의 및 특징

1) 의의

계급제의 직위·직무를 중심으로 하는 직위분류제와는 달리 인간을 자격 및 교육정도 등을 기준으로 하여 공직을 계급으로 분류하는 제도이다. 따라서 계급제는 사회적 신분을 중시하고 관료제적 전통이 오랜 영국, 독일, 프랑스, 일본 등에서 발달하였으며 우리나라에서도 유교적 전통 및 조선시대에 관료제 등의 영향으로 계급제가 발달하였다.

2) 특징

① 영국에서는 교육제도와 관련된 4대 계급제를 채택한다. 즉 행정계급, 집행계급, 서기계급, 서기보계급으로 구분하고 있다.

② 계급간의 차별이 크다. 즉 4대 계급제를 운영하고 있는 국가에서는 각 계급에 따라 사회적 평가·보수·출신성분·학력 등에 있어서 차별이 크다. 계급간에 승진의 기회는 거의 없다.

③ 고급공무원의 정예화 현상이 강하다. 즉 가능한 한 고급공무원의 수를 적게 하여 이들에 대한 특별한 배려를 하려는 경향이 있다.

④ 폐쇄형의 충원방식을 택한다. 즉 외부로부터의 충원을 배제하고 신규채용자는 원칙적으로 그 계급의 최하위로부터 승진해야 한다. 폐쇄형을 채택함으로써 공무원의 사기를 앙양시키고 행정의 안정을 기할 수는 있으나, 공무원의 질이 저하되고 공무원집단이 보수화될 우려성이 있으며, 또한 관료주의화 될 가능성이 높다.

(2) 장 · 단점

1) 장점

① 일반적 교양을 갖춘 능력있는 자의 채용이 용이 : 공무원을 채용함에 있어서 계급제하에서는 직급의 분류가 되어 있지 않으므로 특수전문가보다는 일반적 교양을 갖는 능력자를 요구하게 된다.

② 인사배치의 신축성 유지 : 계급제하에서는 계급만 동일하면 전직 · 전보가 가능하여 적재적소에 신축성 있게 인사배치가 가능하다.

③ 직업공무원제의 확립에 기여 : 신축성 있는 인사배치가 가능하므로 승진 · 전직 · 전보가 융통성 있게 행해질 수 있다. 또한 장기간에 걸쳐 근무하게 되므로 공무원의 능력발전 및 환경대응능력이 향상되어 충성심이 고양될 수 있다.

④ 조정과 협조의 용이 : 계급제하의 공무원은 일반교양인을 요구하므로 행정전반에 대한 이해 및 시야가 넓어서 횡적인 조정이나 협조체제가 잘 이루어질 수 있다.

⑤ 계획 수립의 용이 : 횡적 이동이 활성화되어 폭넓은 안목으로 장기적인 행정계획 수립에 용이하며, 능력을 다방면에 발전시키는 데 도움이 된다.

⑥ 공무원의 신분보장 : 계급제는 사람을 중심으로 한 분류이기 때문에 신분을 중시하게 되며, 직책과는 관계없이 그 사람의 신분을 유지시켜 줌으로써 조직에 안정성을 제공한다.

2) 단점

① 일반행정가들이 권력의 핵심을 차지하여 전문가들을 소외시킬 우려가 있으며 인사행정의 합리화와 형평성의 요구에 대응하는 기준이 없다.

② 계급제는 직위에 적합한 인재를 채용하지 못하므로 행정능률이 저하되고, 특수분야의 기술의 도입이 어렵다.

③ 계급제는 직무가 명확하지 않으므로 갈등의 소지가 있으며 직무를 다른 사람에게 전가할 가능성이 있다.

④ 고급공무원을 정예화시켜서 그들에 대한 특별대우를 할 경우에는 특권의식과 관료주의적 병리를 초래할 우려가 있다.

⑤ 생활급 위주이기 때문에 직무내용이 달라도 동일계급이면 동일보수를 받는 비합리성이 발생할 수 있다.

3. 직위분류제와 계급제의 관계

(1) 양제도의 상관성

직위분류제와 계급제는 상호모순되고 대립적이지만 상호보완적인 관계로서 조화시켜 발전을 시도하고 있다. 계급제를 채택하고 있는 국가에서는 산업의 분화에 따른 행정수요의 변동에 대처하기 위해서 직위분류제의 요소를 부분적으로 도입하여 계급제와 절충시키려 하고 있으며, 직위분류제를 채택하고 있는 국가에서도 행정의 적응성을 높이고 신축성을 확보키 위해서 계급제의 요소를 부분적으로 도입하여 절충·조화시키려는 경향이 있다.

(2) 한국의 계급제도 현황

1) 한국의 계급제도는 고급공무원에 대한 특별배려를 하지 않으며 우수한 고급공무원을 양성하여 엘리트화 하지도 않는다.

2) 한국의 계급제는 폐쇄형을 채택하면서 동시에 개방형의 성격도 지니고 있다. 그것은 상위계급이 거의 승진으로 충원되고는 있지만 동시에 어떠한 계급이든 중간에서의 신규채용이 행하여지고 있는 상황이다.

3) 한국의 계급제는 유럽제국의 그것과는 달리 계급간의 차이가 크지 않으며 상·하계급 간에 사실상 학력·보수의 차이가 크지 않다. 그리고 고위계급의 수가 많은데다 그 충원이 주로 승진에 의하여 이루어지므로 상대적으로 승진이 용이한 편이다.

(3) 직위분류제와 계급제의 비교

1) 채용과 시험 : 직위분류제는 공무원의 전문성을 강조하여 채용시 직무수행에 필요한 자격이나 능력을 테스트하나, 계급제는 당장의 직무수행보다 발전가능성과 잠재력을 중요시하므로 일반소양과 지식에 관한 내용을 테스트한다.

2) 보직관리 : 직위분류제는 특정직위의 의무와 책임 등에 따라 분류체계가 형성되어 보직관리를 객관적 기준에 따라 합리화할 수 있으나, 계급제는 직무의 상세한 규정이

없어 보직관리의 합리성을 확보하기 어렵다.

3) 인사이동 : 직위분류제는 직무의 종류와 각 직위에 자격요인이 명시되어 있어 직무성
   격이 다른 직위로 이동이 어렵다. 그러나 계급제는 동일계급이면 직무의 종류에 관계
   없이 인사이동이 자유롭다.

4) 조직계획의 수립 : 직위분류제가 현재의 조직에 존재하는 직무의 성격을 기준하기 때
   문에 조직계획 수립에 있어서 현재의 조직배열에 가장 알맞은 제도이다. 그러나 계급
   제는 현재의 직무중심의 조직분류가 아니므로 단기계획의 수립보다는 장기적 조직계
   획 수립에 유용하다. 일반적으로 직위분류제는 인력운용의 경직성을 초래하여 조직설
   계의 장기적인 발전을 저해한다.

5) 보수제도 : 직위분류제는 책임과 직무의 난이도에 따라 합리적인 보수를 책정할 수 있
   으나, 계급제에서의 보수는 공무원의 생계유지·품위유지의 생활급적 성격을 지닌다.

6) 교육훈련 : 직위분류에서는 특정직위가 요구되는 기대수준이 있으므로 공무원의 현재
   의 수준을 파악할 수 있으며 교육훈련 수요를 파악할 수 있다. 그러나 계급제는 개인
   의 직무에 대해서 자세한 규정이 없어 공무원의 현재수준의 파악과 교육훈련의 수요
   파악이 곤란하다.

7) 행정상의 조정 : 직위분류제는 전문화로 인한 갈등이 발생하는 경우에 조정이 어렵다.
   다만, 직위분류제도에서는 공무원들의 직무한계와 책임소재를 명백하게 하므로 역할

표 2-4 직위분류제와 계급제의 비교

비 교	직위분류제	계 급 제
분류기준	직무의 종류, 책임도, 곤란도	개개인의 자격, 능력
인간과 직무	직무중심(일중심)	인간중심
채용시험	직무와 관련	직무와 관련없음
보수책정	직무급	생활급
인사배치	비융통성	인사배치의 신축성(융통성)
행정계획	단기계획에 적합	장기계획에 적합
교육훈련	전문지식	일반지식의 습득
일반·전문행정가	전문행정가 중심	일반행정가 중심
조정·협조	조정곤란	조정이 원활
개방·폐쇄형	개방형	폐쇄형
신분보장	약함	강함

에 따른 갈등은 사전에 예방된다. 계급제는 직무구분이 명백하지 않으므로 갈등의 조정과 예방은 어렵다. 그러나 갈등이 발생하였을 때는 쉽게 해결할 수 있다. 왜냐하면 계급제하에서는 일반행정가의 양성이 용이하여 일반행정가는 행정사무를 전체적인 입장에서 조정하는 역할을 수행하기 때문이다.

8) 신분보장 : 직위분류제가 신분이 직위와 밀접한 관계가 있어 현재의 직위가 폐지되면 공무원의 신분보장이 어렵다. 계급제는 직위가 폐지되어도 동일계급의 순환보직을 통하여 신분이 보장된다.

제4절   고위공무원단

1. 의   의

고위공무원단제도는 정부의 중요 정책에 핵심역할을 수행하는 실·국장급 국가공무원의 인사관리를 계급에 구애받지 않고 운영함으로써 행정의 성과·책임성·경쟁을 극대화하고자 하는 제도이다. 따라서 고위공무원단의 운영은 공무원의 자질향상과 업무성과를 위해서다. 고위공무원단제도는 과거의 1~3급의 계급이 폐지되고 직무중심의 인사관리가 이루어져 계급별 정원관리방식이 직무와 직위중심으로 전환되는 것이다. 기본방향으로 개방형직위의 공모로 경쟁을 강화하고, 성과를 통한 승진과 보직을 부여함으로써 행정의 생산성을 높이는 것이다.

2. 고위공무원단의 특징

1) 고위공무원단제도는 2006년 노무현정부에서 출범하여 계급제에 직위분류제요소를 도입하여 행정의 전문성을 강화하고자하는 제도이다. 이 제도는 과거의 1~3급의 계급을 폐지하고 실·국장급 관료들은 계급에 구애받지 않고 직무와 직위에 따라 폭넓은 인사로 적격자를 임용함으로써 범정부차원의 통합적 시야를 확보하기 위함을 목적으로 한다.

2) 고위공무원단의 구성은 실·국장급 이상 일반직·별정직 외무공무원, 국가공무원으로

보하는 부시장·부지사·부교육감 등 지방자치단체 등의 고위직이 포함된다. 다만 지방직공무원, 정무직공무원, 특정직 중 소방경찰군인, 광역자치단체의 정무부시장과 정무부지사는 제외된다.

3) 고위공무원단제도는 민간부문과 경쟁하는 개방형 직위(20%)와 타 부처 공무원과 경쟁하는 공모 직위(30%)를 개방해야 하고 부처자율직위(50%)는 당해 부처 소속 공무원으로 제청이 가능하다. 아울러 공정한 심사를 위해서 선발심사위원회에 민간전문가가 포함된다.

3. 고위공무원의 관리

1) 인사혁신처는 고위공무원에게 필요한 역량을 함양하기 위해 교육과정을 운영하고 있다. 실제 정책 과제에 대한 해결책을 모색하는 문제해결형교육인 액션러닝(Action learning)을 고위공무원 후보자교육과정을 이수하고 역량평가제를 통과해야 한다. 역량평가제는 모의 상황에서 역할연기 등을 통해 고위공무원으로서 요구되는 역량을 구비했는지 사전에 테스트하는 제도이다.

2) 직무와 성과중심의 인사관리를 위해서 직무성과계약제를 실시하며 근무지 기관장과 1년 단위 성과계약을 체결한다. 성과계약의 평가는 5등급으로 평가하며 매우 우수, 우수, 보통, 미흡, 매우 미흡으로 한다. 평가는 상대평가로 매우 우수 20% 이내로, 미흡과 매우 미흡은 10% 이상을 강제적으로 설정한다.

3) 직무성과급적 연봉제를 도입하며 성과에 따라 보수를 차등 지급한다.

4) 인력검증시스템을 강화하기 위해서 석격성심사세도를 도입하여 일반직 공무원은 근무성적평정과 무보직기간에 따라서 적격심사를 받아야 한다. 보다 더 구체적으로 살펴보면 근무성적평정은 총 2년 이상 최하위등급의 평정을 받을 때, 무보직인 경우 총 1년 동안 직위를 부여받지 못할 때, 근무성적평정에서 최하위 등급을 1년 이상 받은 있는 사실이 있는 경우와 6개월 이상 직위를 부여받지 못한 사실이 있는 경우는 고위공무원임용심사위원회에서 적격심사를 실시한다. 심사에서 해당 사유가 발생한 경우는 직위해제가 가능하다. 다만 부적격결정자 중에서 교육훈련과 연구과제를 통하여 근무성적이나 능력 향상이 기대되는 자는 조건부 적격자로 지정할 수 있다.

4. 고위공무원단의 장·단점

1) 장점

① 고위공무원단의 도입은 개방형 직위제도의 도입으로 개방과 경쟁, 성과와 책임을 강조함으로써 부처의 할거주의와 행정의 성과주의를 강화하여 공직의 경쟁력을 향상시킬 수 있다.

② 부처간의 인사교류 등을 통한 공무원의 폭넓은 시야를 배양하고 책임성을 향상시킬 수 있다.

③ 통치자의 정책의지를 관료사회에 투입할 수 있고 고위공무원의 정치적 역할 활성화를 기할 수 있다. 또한 정치권의 가치관이 반영되는 정책의 추진이 용이하다.

2) 단점

① 공무원 등의 사기가 저하되어 직업공무원제를 약화시키고, 정치적 영향력이 확대되면 연고인사나 정실개입의 우려가 있다.

② 임용권자의 재량의 남용으로 정실개입의 우려와 운영상의 온정주의 가능성이 있으며 성과관리에 필요한 각종 평가에서 적정성 보장의 어려움이 있다.

③ 외부의 전문인력이 현실적으로 해당 조직의 조직원들을 통솔하기 어려운 점이 있다. 왜냐하면 상급자는 행정능력도 중요하지만 조직에 오래 있음으로써 함양되는 인맥의 형성도 업무의 효율적인 수행에 장점도 있다. 오히려 외부전문인력의 투입으로 비효율이 발생할 수도 있다.

제 5 절 시간선택제 공무원

1. 의의

시간선택제 공무원이란 근무시간이 통상적인 근무시간보다 짧은 공무원을 말한다. 시간선택제 공무원은 전일제로 근무하기 어려운 인재들에게 일자리를 제공하고자 하는 취지에서 만들어졌다. 즉 가정과 일을 병행하고자 하는 경우에 적합하다.

2. 시간선택제 공무원의 유형

(1) 시간선택제 전환공무원(전일제공무원의 시간선택제 전환)

1) 통상적인 근무시간(주 40시간, 하루 8시간) 동안 근무하던 공무원이 본인의 필요에 따라 시간선택제 근무를 신청하여 근무하는 제도이다.

2) 적용범위는 일반직(임기제 포함), 별정직공무원은 직위·계급 및 직무분야 등의 제한 없이 시간선택제 근무 신청 가능하다

3) 근무기간은 최소 1개월 이상, 최대 사용기간은 제한 없으며 본인이 원하는 기간만큼 시간선택제로 전환하여 근무를 하고 다시 전일제공무원으로 전환이 가능하다. 시간단위 신청이 가능하며 근무시간은 1일 최소 3시간 이상, 주당 15~35시간 근무가 가능하다.

4) 근무형태는 격일제 가능하나 격주제 및 격월제 불가능하다.

(2) 시간선택제 채용공무원(시간선택제일반직공무원 채용/신규 도입)

1) 시간선택제 채용공무원제도는 출산, 육아 등으로 경력이 단절된 여성 등에게 양질의 일자리를 제공하며 일과 가정이 양립하는 근무환경을 조성한다는 취지로 2014년 1월 도입되었다. 이제도는 능력과 근무의욕이 있으나 종일 근무는 곤란한 인재들에게 근무 시간을 선택하여 근무하면서 정년이 보장되는 공무원이다.

2) 그동안 하루 4시간 이상 일하기 어려웠던 시간선택제공무원의 근무시간 범위가 주 15~35시간으로 늘어났다. 근무시강 연장으로 업무 집중도와 성과를 향상시킬 수 있도록 하였다. 승진과 보수는 근무시간에 비례하고 복리후생적 수당은 전일제 공무원과 동일하다.

3) 채용대상으로 7급 이하 공무원만 채용하며, 중앙부처의 경우 전문분야는 인사혁신처 협의를 거쳐 상위직급 채용이 가능하다.

4) 근무시간 은 임용권자 또는 임용제청권자가 15~35시간 범위에서 지정하며 근무유형은 주 5일 근무(오전·오후) 및 격일제 가능하다.

5) 승진과 보수는 근무시간에 비례하여 인정되며, 복리후생적 수당은 전일제 동일하게 적용되며, 공무원연금 가입이 인정하며, 겸직의 경우는 영리업무가 원칙상 금지되나, 기관장 허가 시 겸직이 가능하다

6) 전일제 전환의 경우에는 경쟁에 따른 신규채용절차를 거쳐야 한다.

7) 시간선택제 채용공무원을 통상적인 근무시간 동안 근무하는 공무원으로 임용하는 경우에는 어떠한 우선권도 인정하지 아니한다.

(3) 시간선택제임기제 공무원

1) 한시적인 사업 수행 또는 시간선택제 전환자의 업무대체를 위해 일시적으로 채용되는 공무원이다. 근무시간은 1일 최소 3시간 이상, 주당 15~35시간 근무가 가능하다.

2) 시간선택제 임기제공무원에는 시간선택제일반 임기제 공무원과 특정 분야에 대한 전문적 지식이나 기술 등이 요구되는 업무를 수행하기 위하여 임용되는 시간선택제전문 임기제 공무원이 있다.

제 3 장 　　　　　　　　　　　　　　　　　　　　　　　　　채　　용

제1절　모　　집

1. 의　　의

공무원의 모집이란 유능한 인재가 공직에 지원하도록 유치하는 과정을 말한다. 유능한 인재를 공직에 유치할 수 있느냐 없느냐 하는 것은 인사행정의 성패와 관련된다. 국가정책의 수립과 집행은 이들에 의해서 행해진다는 점에서 유능한 인재의 채용은 중요한 의의를 가진다. 과거에는 엽관제를 배제하거나 부적격자를 배제하려는 소극적 모집이었으나, 현대에는 유능한 인재를 적극적으로 공직으로 유치하는 적극적 모집이 중요시되고 있다.

2. 적극적 모집의 중요성

선진국가의 경우는 사회가치의 분화로 공직에 대한 사회적 평가가 낮고 공무원의 이직률이 높으며 공무원의 보수수준이 민간기업의 보수보다 낮으며 승진의 기회가 적기 때문에 유능한 인재가 공직보다는 사기업분야로 진출이 많아 적극적 모집이 중요시되고 있다.

일반적으로 발전도상국에서는 공직에 대한 사회적 평가가 아직은 높고 사회가 덜 분화되어 있어 적극적 모집이 이루어지지 않고 있다고 볼 수 있다. 그러나 현대행정에서 정부업무의 전문화가 높아지고 있고, 민간기업과 우수한 인력의 확보를 위해 경쟁하게 되어 적극적 모집의 필요성이 높아지고 있다.

3. 적극적 모집방법

1) 장기적인 인력수급계획의 마련 : 국가기능의 변화, 사회변화, 산업구조의 변화를 예측 하여 장기적인 안목에서 교육투자, 인사제도면에서의 개선 등이 이루어져야 한다.

2) 공직에 대한 사회적 평가 향상 : 공직의 사회적 평가의 향상이란 일반국민이 공무원으 로 취직하는 것이 바람직하다는 것으로 생각하는 것을 말한다. 사회적 평가는 과거에 는 공직에 들어가면 국민을 지배하는 우월한 지위를 얻을 수 있으므로 개인의 출세의 길이 열린다고 생각했으나 오늘날의 사회적 평가는 국민에 대한 봉사자로서 보람 있 는 일에 종사하는 명제가 공직의 내외에서 받아들여지는 것을 의미한다.

3) 모집시기의 정기화 : 매년마다 일정한 시기에 공무원을 채용하게 되면 잠재적 수요자 가 공직을 장기적으로 준비할 수 있다.

4) 지원절차의 간소화 : 지원서의 제출을 위시한 모든 절차를 간소화한다.

5) 임용절차의 신속화 : 임용절차를 신속화하여 합격한 유능한 인재가 다른 사기업으로 진출되지 않도록 해야 한다. 합격한 이후 신속한 임용이 되지 않는 경우에 공무원준 비하는 동안의 실력으로 민간기업이나 공기업에 진출할 가능성이 있다.

6) 시험의 공정성과 효율화 : 유능한 인재를 유치하기 위하여 시험의 타당도·신뢰도·객 관도·실용도를 높여야 하며 난이도를 고려하는 등 효율적인 시험이 되도록 한다.

7) 공고방법의 개선 : 누구나 시험에 응할 수 있는 기회를 갖도록 신문·방송 등 매스컴 을 통하여 전국적으로 홍보하도록 시험공고방법을 개선한다.

8) 노동시장의 개척 : 정부는 유관 육성기관과 지속적인 관계를 맺음으로써 능동적으로 유능한 인재의 양성과 확보를 위한 방법을 강구해야 한다. 즉 장학금제도를 실시하여 유능한 인재를 미리 확보한다든가, 실무수습, 전문분야의 자격증을 가진 사람의 특별 채용 등의 방법을 통해서 유능한 인재를 확보한다.

9) 인사제도의 개선 : 유능한 인재들이 공직으로 진출하여 실력을 발휘할 수 있도록 승 진, 교육훈련방법 등을 개선한다.

10) 모집결과에 대한 사후 평가 : 효과적인 모집계획을 수립하여 유능한 인재를 유치하고 또한 모집의 결과를 평가하여 새로운 모집계획이 수립될 수 있게 한다.

4. 모집대상자의 자격요건

공직을 지원하는 후보자의 자격요인으로는 학력, 연령, 국적, 성별, 경력, 거주지 등을 들수 있다. 이와 같이 모집과정에서 자격요건을 제시하는 목적은 부적격자를 사전에 배제하는 데 있다. 다만 이러한 자격요건은 사회적 상황에 따라 유동적이다.

1) 학력 : 응시자의 학력에 관한 요건에 대해서는 계급제를 채택하고 있는 국가에서는 엄격히 제한하나, 직위분류제하에서는 학력제한을 두지 않는 것이 일반적이다. 우리나라의 경우 실질적으로 직위분류제가 실시되지는 않지만 학력제한이 철폐되었다.

2) 연령 : 연령요건에 대해서는 나라마다 다르다. 일반적으로 연령을 제한함으로써 공직에 경험을 쌓고 성장해가면서 공직에 대한 일체감이 높고 나이가 많은 사람을 채용하면 부양가족이 많아 공무원보수로서 생활유지가 어렵기 때문이다. 연령제한을 엄격하게 하는 이유를 살펴보면 공직에 유능한 젊은 인재를 채용하여 생애에 걸쳐 지식 · 기술을 활용시킬 수 있기 때문이며, 젊은 인재의 채용으로 직업공무원제의 확립에 기여하기 때문이다. 연령제한을 무시하는 이유를 살펴보면 행정부의 관료주의화를 방지할수 있고, 모든 국민에게 공직기회의 개방으로 민주주의 이념을 실현할 수 있기 때문이다.

3) 거주지와 국적 : 거주지에 따른 제한은 하지 않고 있으나 다만 지방행정기관에서는 가급적 지역출신을 임용하고 있다. 그러나 최근 인구의 지역적 이동이 활발해지고 지방행정의 전문화로 거주지 제한을 완화하는 방향으로 가고 있다. 국적은 제한하고 있으며 외국인은 공무원이 될 수 없다.

4) 성별 : 공무원 시험에 성별의 요건을 규정하는 경우는 드물다. 그러나 직무의 성격상제한되는 직종이 있다. 일부 공무원시험이나 특수한 직종의 공무원시험의 경우 여성을 제한하고 있다.

제2절   시   험

1. 의   의

시험이란 공직에의 적격여부를 측정하고 우수한 사람을 선정하는 수단이며 공직이 필요로 하는 능력을 가진 사람과 그렇지 못한 사람을 분별해 내는 과정을 의미한다. 시험은 실적주의 확립에 최선의 방법이다. 실적주의하에서의 공개경쟁시험은 공적에의 기회균등이라는 민주주의 이념과 행정능률을 동시에 실현하는 수단인 것이다. 따라서 시험의 목적은 직무수행능력과 업적을 측정하는 것이다. 일반적인 능력과 업적을 측정하는 시험은 필기시험이 있으며 성격과 자질에 관한 시험은 면접시험이 있다.

2. 시험의 효용도의 측정기준

시험은 효용성이 있어야 한다. 효용성이 있는 시험은 목적하는 바를 효과적으로 성취할 수 있다. 효율성이 있는 시험이 되기 위해서 갖추어야 할 요건은 타당도, 신뢰도, 난이도, 객관도, 실용도 등이 있다.

(1) 타당도

수많은 응시자 중에서 직무수행능력이 우수한 사람과 능력을 발휘하면서 일을 할 사람을 얼마나 정확하게 식별해 내느냐 하는 것이다. 타당도란 측정하려는 내용을 얼마나 정확하게 측정하고 있느냐의 목적상의 일치를 말한다. 타당도의 유형은 기준타당도, 내용타당도, 구성타당도가 있다. 그 내용은 다음과 같다.

① 기준타당도 : 기준타당도란 시험이 직무수행에 필요한 능력을 얼마나 정확하게 측정하느냐의 기준을 의미하는 것으로 응시자들이 보여줄 장래의 업무실적을 예측하는 문제이다. 기준타당도는 시험성적과 업무실적을 비교하여 측정할 수 있다.

기준타당도의 검증방법으로 예측적 타당성 검증과 동시적 타당성 검증이 있다. 예측적 타당성 검증은 시험에 합격한 사람이 일정기간 직장생활을 한 다음 그 채용시험과 업무실적을 비교하며 양자의 상관관계를 확인하는 것이다. 예측적 타당성 검증은 시차가 존재한다. 동시적 타당성 검증은 앞으로 사용할 시험을 재직 중인 공무원들에게 실시하여 그들의 업무실적과 시험실적을 비교하여 그 상관관계를 확인하는 것을 말한다.

② 내용타당도 : 내용타당도란 특정한 직위의 의무와 책임에 직결되는 요소들을 시험이 어느 정도 측정할 수 있느냐에 관한 기준으로 직무수행에 필요한 지식과 기술을 측정할 수 있는 시험이다. 예를 들면 타자기술, 수학기술, 용접기술에 필요한 기술은 내용타당도와 관련된다. 기준타당도가 응시자들이 보여줄 장래의 업무실적의 예측과 관련되나 내용타당도란 응시자의 능력요소를 현재 얼마나 가지고 있는지를 알아내는 것이다.

③ 구성타당도 : 구성타당도란 시험이 이론적으로 구성된 능력요소를 얼마나 정확하게 측정할 수 있느냐의 기준을 말한다. 즉 경험적으로 포착하기 어려운 것이나 구체성이 희박하고 모호한 내용과 관련된다. 예를 들면 소방공무원의 채용시에 근력과 지구력 측정의 정도를 의미한다.

(2) 신뢰도

동일한 시험을 동일한 사람에게 시간을 달리하여 반복하여도 동일한 성적이 나오는 것을 말한다. 신뢰도를 일관성이라고도 한다. 또한 신뢰성은 타당성의 전제조건이다. 신뢰성이 없는 시험이 타당성이 있을 수 없다. 그러나 신뢰성이 있다고 항상 타당한 시험이 되는 것은 아니다.

(3) 난이도

성적이 적절히 분포되도록 출제하는 것을 말한다. 시험이 너무 쉽거나 너무 어려운 경우 응시자의 득점이 한 곳에 집중한다.

(4) 객관도

누가 채점하더라도 동일한 결과가 나오는 것을 말한다. 즉 객관도는 시험결과가 채점자의 편견에 의해서 좌우되지 않고 시험 외적인 요인이 채점에 개입되지 않는 정도를 말한다. 객관도는 타당도와 직결된다. 왜냐하면 채점이 잘못되면 근무성적과 채용시험의 비교가 무의미하기 때문이다.

(5) 실용도

실용도란 시험이 어느 정도 실용성이 있느냐 하는 것으로 실시비용의 저렴성, 실시용이성, 채점의 용이성, 이용가치가 높은 것을 의미한다.

3. 시험의 종류

(1) 형식에 의한 분류

1) 필기시험 : 필기시험은 시험관리가 용이하고, 시간과 경비가 적게 들며 객관 도·타당도·신뢰도를 높일 수 있고, 행정의 PR이 용이하다. 필기시험은 주관식 시험과 객관식 시험으로 분류된다. 주관적 시험의 장점은 출제가 용이하며, 고급공무원의 시험에 적합하고, 추리력·판단력의 평가가 가능하며, 응시자의 복잡·다양한 능력측정에 유용하다. 주관식 시험의 단점은 채점에 시간과 경비가 많이 들며, 채점의 고도의 능력·기술·성의가 요구되며, 채점의 공정화·객관화·표준화 및 균형있는 test가 곤란하며, 단순한 표현기술이나 문장력이 득점에 영향을 미칠 수 있다.

2) 실기시험 : 직무수행에 필요한 지식과 기술을 시험·실습·실기 등에 의해서 실제로 행하게 하여 검증하는 방법이다. 장점으로는 실제 직무내용을 그대로 시험의 내용으로 하여 테스트할 수 있어 시험의 타당도가 높다는 점이다. 단점은 다수의 응시자를 테스트하기 힘들다는 점과 실시가 어려워 실용도가 낮다는 것이다.

3) 면접시험 : 면접시험은 응시자의 자질이나 직무수행능력에 요구되는 능력·적격성을 알아보는 데 목적이 있다. 장점은 사람의 자질이나 직무수행에 필요한 능력을 효과적으로 검증할 수 있다. 단점으로는 시험관의 정실·주관이 개입되기 쉬우며, 신뢰도·객관도를 보장하기 어려우며, 외부의 영향을 받기 쉽다는 것이다.

4) 서류심사 : 다른 시험을 위한 보완적인 수단으로서 응시자가 제출한 서류를 토대로 적격성을 판정하는 심사이다. 고급직위를 선발할 때는 서류심사를 활용한다.

5) 전력검사 : 전력검사란 타시험에서 알아낼 수 없는 사항을 알아보기 위한 것이다. 예컨대 제출된 서류의 진위나 전력업적에 대한 지적인 수준 등을 알아보기 위해서 필요하다. 전력조사는 적극적 조사활동이 이루어진다는 측면에서 서류심사와 구별한다.

(2) 목적에 의한 분류

1) 지능검사 : 인간의 일반적인 지능이나 정신적인 능력을 알아보기 위한 수단이다.

2) 적성검사 : 사람이 지니고 있는 소질과 잠재적 능력을 측정하는 검사이다.

3) 성격검사 : 응시자의 활동성·사교성·협동성 등의 성격을 측정하는 검사이다.

4) 업적검사 : 응시자가 그동안 쌓은 기술·실적 등을 측정하는 검사이다.

5) 신체검사 : 신체검사는 공직을 수행할 때에 장애요인이 되는 신체적 결함을 알고자

하는 검사이다.

6) 흥미검사 : 사람의 관심의 유형을 알아내어 직무와 적합한지를 확인하려는 것이다.

4. 우리나라 시험제도의 문제점과 개선방향

공무원의 지식·기술 및 가치관·태도의 중요성이 강조되고 있는 점에 비추어 적성검사법, 성격검사법 등의 활용이 요청되며, 면접시험을 형식적으로 생각하는 태도를 지양하여 보다 더 철저한 면접시험이 되도록 집단면접을 실시하도록 해야 한다. 또한 법률과목위주에서 탈피해야 하며 다양하고 불확실한 환경에 대응할 수 있는 발전지향적인 전문과목을 추가하도록 해야 한다.

제 3 절　임　용

1. 의　의

임용이란 공직의 결원을 보완하는 활동으로서 외부로부터 채용하는 신규채용과 내부에서의 승진, 강임, 전직, 전보, 파견근무 등을 말한다. 따라서 공무원 임용은 정치세력이나 혈연, 지연, 학벌과 같은 정적 연고주의 또는 금권적인 영향을 배제하고 오로지 본인이 수행한 실적이나 시험성적 등 공정한 능력의 평가에 의하여 이루어져야 한다.

2. 임용의 절차

(1) 임용후보자 명부와 추천

1) 임용후보자 명부작성 : 시험의 합격자가 결정되면 시험시행기관은 임용후보자 명부를 작성한다. 채용후보자 명부는 시험합격자를 상대로 직급별로 성적순에 의해서 작성하되, 훈련성적·전공분야 등을 기재하여야 한다. 5급 공무원의 경우 공개경쟁시험에 합격한 자의 임용후보자 명부의 유효기간은 5년이며, 기타의 임용후보자 명부의 유효기간은 2년의 범위내에서 대통령령 또는 대법원 규칙·국회 규칙으로 정한다.

2) 임용후보자 추천 : 시험실시기관의 장은 각 기관의 결원 및 예상결원인원을 감안하여
채용후보자 명부에 등재된 채용후보자를 시험성적·훈련성적·경력·전공분야 등을
참작하여 임용권자나 채용제청권을 갖는 기관에 추천한다.

(2) 시보임용

공개채용에 의해서 각 부처에 신규공무원이 임용되면 바로 정규공무원이 되는 것이 아니
고 일정한 시보기간을 거쳐야 한다. 이 기간의 임용을 시보임용이라 한다. 이 기간 동안 공
무원으로서 부적격하다고 생각되면 정규공무원으로 임명하지 못하며 적격성이 판단되면 정
규공무원으로 임용하는 제도이다. 시보제도의 목적은 임용후보자에게 업무를 상당기간 실
제로 수행할 기회를 주고 이를 관찰하여 적격성을 판단하는 것이며 실무를 예비적으로 실
습시키는 의미를 가진다. 시보기간은 단순하고 기계적인 작업을 하는 과정으로 우리나라는
5급 공무원의 경우는 1년이며, 6급 이하 공무원과 기능직 공무원은 6개월이다. 시보임용 중
의 공무원은 정규공무원이 아니다. 그러나 시보공무원이 소청심사청구를 인정하고 있다. 즉
시보의 경우 신분보장이 약하다고 하여 소청 심사청구를 할 수 없는 것은 아니다.

(3) 보직(배치)

보직이란 임명권자 또는 임용제청권자가 소속공무원의 직급과 직류를 고려하여 그 직급
에 상응하는 일정한 직위를 부여하는 것을 말한다.

3. 임용의 유형

(1) 외부임용

공직에 우수한 인재를 유치하기 위해 외부로부터 채용하는 것으로 공개경쟁채용과 특별
채용이 있다. 현행 국가공무원에서는 특별채용의 경우에 제한경쟁제도, 연고지 특채제도 등
이 있다.

(2) 내부임용

1) 배치전환 : 담당직위의 수평적 이동으로 전직, 전보, 전입, 파견근무가 이에 해당된다.
여기서 전직이란 횡적 이동으로서 등급은 같으나 직렬을 달리하는 직위로 옮기는 것을
말한다. 전보란 직렬이 같은 동일한 직급내에서 직위만 바꾸는 횡적 이동을 말한다.

2) 승진 : 하위계급의 직위에서 상위계급의 직위로 수직적인 상향이동을 하는 것으로 일
   반승진과 공개경쟁승진, 특별승진이 있다.
3) 강임 : 동일직렬내에서 하위의 직급에 임명되거나 하위직급이 없어 다른 직렬의 하위
   직급으로 임명하는 것을 말한다.
4) 겸임 : 한 공무원에게 둘 이상의 직위를 부여하는 것을 말한다. 겸임은 임용예정직 위
   에 전문인력이 필요한 경우, 각급 교육훈련기관의 교관요원을 임용하는 경우에 본직
   의 직무수행에 지장이 없는 범위 내에서 겸임기관의 장이 본직기관의 장의 동의를 얻
   어 임용한다. 기간은 2년 이내의 범위에서 가능하며 5급 이상의 공무원이 국가기관이
   외의 기관에 겸임할 때는 행정자치부 장관과 협의하여야 한다.
5) 직무대행 : 상위직급의 결원시나 유고시 하급자로 하여금 그 직무를 임시로 대행케
   하는 잠정적인 임용방식이다.

제 4 장   능력발전

공무원의 능력발전이란 공무원이 가치관과 행태를 새롭게 하고 지식과 기술을 습득하여 바람직한 지위로 이동하는 것을 의미한다. 능력발전의 방안에는 교육훈련, 근무성적평정, 승진, 배치전환, 제안제도, 권한위임, 직무확충 등이 있다.

제 1 절   교육훈련

1. 의   의

교육훈련이란 공무원이 직무수행에 필요한 지식과 기술을 배우고 공무원의 가치관과 태도를 변화시켜 나가는 계획적인 활동을 의미한다. 오늘날 교육훈련은 공무원이 담당하고 있는 직무수행에 필요한 기술과 지식의 향상에 그치지 않고 공무원의 능력을 개발하고 국민전체의 봉사자로서 갖추어야 할 자세의 확립 등을 포괄하는 개념이다.

2. 교육훈련의 목적

1) 직무수행의 생산성을 향상하기 위해서 필요하다. 공무원이 훈련을 통해서 새로운 지식과 기술을 습득함으로써 직무수행의 생산성을 높일 수 있다.
2) 공무원의 사기앙양과 조직의 융통성을 높이기 위해서다. 훈련을 통해서 직무기술의

습득으로 일에 대한 자신감을 얻게 되므로 교육훈련을 통해서 공무원의 사기를 앙양 시킬 수 있다. 또한 훈련을 통해서 다양한 업무습득으로 필요에 따라 옮겨 활용할 수 있는 훈련된 인력을 보유할 수 있어 조직의 융통성을 높일 수 있다.

3) 직무수행과정에서의 잘못을 예방하고 시간을 절약할 수 있다. 훈련을 통해서 일이 숙 달되면 직무수행과정에서의 과실을 예방할 수 있으며, 업무를 수행하는 데 시간을 절 약할 수 있다.

4) 상급자의 통제와 조정의 필요를 줄일 수 있다. 훈련을 통해서 공무원은 조직생활의 규 범을 잘 알고 조직체의 요구에 맞게 행동하도록 가르쳐 상급자의 통제와 조정의 필요 를 감소시킬 수 있다.

5) 조직의 변화를 추구하기 위해서다. 훈련은 변동하는 환경에 대응하고 행정체제의 침 체를 예방할 수 있다. 교육훈련을 통해서 관료제에 내재하는 특권의식, 무사안일, 부 패 등의 병폐를 극복할 수 있다.

6) 관리능력의 향상을 위해서 필요하다. 중간관리층에게는 부하를 통제하고 관리하는 능 력이 요구되는데 이러한 관리능력의 향상을 위해서 교육훈련을 한다.

3. 교육훈련의 방법

(1) 현장훈련

현장훈련이란 훈련대상자가 자기의 소속기관내에서 자기의 직무를 수행하면서 상관으로 부터 지도를 받는 방법이다. 장점으로는 실용적 효과가 크고, 경비가 절약되며, 원만한 인 간관계를 유지할 수 있다. 단점으로는 상관의 시간이 많이 소요되고, 상사의 지도기술이 미 숙할 때 비효과적이며, 현장에서 받을 수 있는 직무에 한계가 있고, 피훈련자의 수가 많은 경우에는 비능률적이다. 현장훈련은 신규채용자 훈련에는 적합하나 고급공무원의 훈련방법 으로는 적당하지 않다.

(2) 순환보직(근무처의 계획적인 재배치)

이는 보직을 바꾸어 가면서 직무를 처리하도록 하는 훈련방법을 말한다. 순환보직은 조 직과 조직 사이에서 일어날 수도 있으며 계선과 막료 사이에서도 일어날 수 있다. 따라서 이 방법은 행정적인 시야를 넓히고 행정 전반에 걸친 지식을 습득함으로써 일반행정가로서 의 능력을 기르게 하는 방법이다.

(3) 강   의

강의는 훈련대상자를 한 곳에 모아 놓고 훈련담당관이 일방적으로 정보를 전달하는 방법이다. 장점으로는 조직적이고 체계적인 훈련을 시킬 수 있고, 훈련내용을 신축성 있게 조정할 수 있고, 일시에 많은 사람을 훈련시킬 수 있다는 것이다. 단점으로는 일방적인 주입식교육으로 인해 훈련대상자의 흥미를 잃게 하기 쉬우며, 실무와 거리가 먼 이론에 치우치기 쉽다는 것이다.

(4) 토 론 회

토론회란 몇 사람의 연사로 하여금 주제를 발표하게 하고 훈련대상자들을 이에 참여시켜 자유로운 분위기 속에서 자신들의 의견을 제시하고 다른 사람들의 의견을 듣는 것이다.

1) 토론의 종류

① 포럼 : 피훈련자들이 연사와 토론·질의를 할 수 있는 토론방식이다.
② 패널과 심포지엄 : 패널이란 주로 동일한 주제를 여러 연사가 논의하는 것을 말하며, 심포지엄이란 여러 연사들이 각자 별개의 주제를 다루는 것을 말한다. 그러나 양자의 공통점은 여러 사람의 연사가 토론을 하며 피훈련자인 청중이 토론에 참여하는 것이 제약된다는 점이다.

2) 토론의 장 · 단점

토론방식의 장점으로는 보다 민주적이고 신중하게 사고할 수 있게 되며, 독창적인 사고능력의 개발과 실무활용에 유용하며, 어떠한 문제의 모색이나 정보를 교환하는 데 유리하다는 것이다. 단점으로 회의지도에 유능한 리더의 확보가 필요하며, 참가인원의 제약과 시간낭비의 우려가 있으며, 어떤 문제에 결론이 나오지 않을 가능성이 크다.

(5) 감수성 훈련(실험실 훈련)

감수성 훈련이란 사전에 과제나 사회자를 정해주지 않고 외부와 격리된 장소에서 10명 내외의 이질적인 피훈련자끼리 자유로이 솔직한 토론을 하여 상호 대인관계를 통해서 집단 내에서의 자기위치를 확인하고, 대인관계의 이해를 높여서 원만한 인간관계를 형성하도록 하기 위해서다.

(6) 사례연구

사례연구란 사전에 선정된 특수한 사례를 여러 사람이 사회자의 지도하에 문제점을 도출하고 그에 대한 원인을 추구하고 대책을 검토하는 것을 의미한다. 장점으로 분석적인 사고능력과 문제해결능력을 개발시키고, 자유로운 토의가 가능하며, 독단을 피할 수 있고, 경험을 활용할 수 있다는 것 등이다. 단점으로는 다수 훈련대상자의 훈련에 부적합하고, 문제에 대한 단편적인 파악에 그치기 쉽고, 자료준비에 많은 노력이 필요하며, 시간이 많이 소요된다는 점이다.

(7) 신디케이트(syndicate)

신디케이트란 훈련대상자를 몇 개의 소그룹으로 편성하여 각 그룹별로 문제를 연구하고 전원에게 보고를 하면 비판을 가하는 훈련방법이다. 즉 우리나라 공무원 훈련의 분임토의가 이와 유사하다. 이 제도는 관리자 훈련의 새로운 효과적 방법으로 높이 평가되고 있으며, 장점으로는 상대방의 의견을 존중하며, 참가자의 관심을 유도할 수 있다. 단점은 비경제적이고, 충분한 시간이 필요하다는 것이다.

(8) 역할연기

이는 다수의 참여자들 앞에서 행동을 통한 훈련방법이다. 장점으로 인간관계의 개선훈련에 도움이 되고, 태도와 행동의 변경에 유효하다. 단점으로는 출연자는 연기에 소질이 있어야 하고, 보다 유능한 사회자의 리더십이 요구되며, 사전준비가 철저해야 실효를 거둘 수 있다는 것이다.

(9) 시뮬레이션과 관리게임(simulation and management game)

이는 피훈련자가 직무를 수행해 감에 있어서 직면하게 될 '가상적인 상황'을 설계해 놓고 그에 대처토록 하는 것으로서 일명 모의실험이라고 한다. 다수의 모의실험이 있는데 그 중의 하나가 관리게임이다. 관리게임은 조직의 어느 부분의 관리현황을 가상적으로 설정하여 놓은 뒤 피훈련자들로 하여금 그러한 상황속에서 그 조직을 운영해 볼 것을 요구하는 방법이다. 장점으로는 피훈련자를 자극시켜 동기를 부여하고, 이론과 실무에서 발생하는 격차를 해소한다.

(10) 시   찰

이는 훈련을 받는 사람이 실제로 현장에 가서 어떠한 일이 어떠한 상황에서 일어나고 있는가를 목격하는 방법이다. 장점은 피훈련자의 시야와 이해력을 넓히는 데 효과적이다. 단점은 막대한 경비와 시간이 소요된다는 것이다.

4. 교육훈련의 종류

1) 신규채용자 훈련(적응훈련) : 공무원으로 새로 임용된 자에 대하여 적응훈련과 기초훈련을 시키는 것으로 시보임용이 이에 속한다. 따라서 신규채용자 훈련은 정부 고유의 업무에 대한 인식과 수행능력의 배양을 위해 단기간 동안 강의식을 활용하는 것이 일반적이다.
2) 재직자 훈련 : 신규채용자·감독자 및 고급관리자를 제외한 현재 재직하고 있는 공무원들에 대한 훈련을 말한다. 그 목적으로는 새로운 지식 및 기술의 습득과 급변하는 사회에 적응할 수 있는 변동대응능력의 향상을 위해서 실시한다.
3) 감독자 훈련 : 행정조직내에서 일선 감독을 맡고 있는 과장 또는 계장을 대상으로 하는 훈련으로서 감독자의 자격과 능력을 갖게 하고, 인사관리, 의사전달, 인간관계, 리더십, 업적평가, 안전관리, 사무의 관리, 개선 등을 내용으로 한다.

표 4-1 교육훈련의 종류

종 류	대 상	내 용	방 법
적응훈련	신규채용자	공직사회에 대한 적응능력	강의
재직자 훈련 (보수훈련)	재직자	능력부족의 보완, 새로운 지식이나 기술습득	실습(직무내용의 변화에 대응)
감독자 훈련	부하를 갖는 직원 (계장, 과장)	감독자로서 리더십, 인간관계관리, 작업지도방법	현장실습, 분임연구, 세미나
관리자 훈련	전문가를 일반행정가로 만드는 훈련 (정책담당자)	집단적 사고, 판단력, 이해력, 쇄신력, 정책결정분석능력, 문제해결능력	사례연구, 회의식, 분임토의가 효과적인 장소는 외부에서, 기간은 장기간이 효과적
윤리훈련	전체대상	윤리성 제고를 위한 가치관과 태도변화	장기적, 지속적 실시

4) 관리자 훈련 : 고급관리층에 속하는 공무원이나 이러한 직위에 승진할 공무원을 대상
   으로 행정지식과 사회적인 식견을 넓힘으로써 합리적인 정책결정능력 및 지휘능력을
   향상시키는 훈련이다. 관리자 훈련은 참여식 교육훈련기법이 바람직하다. 관리자 훈
   련은 의사결정능력, 통찰력, 창의력 등을 다루도록 해야 한다.
5) 정부고유업무 담당훈련 : 정부만 고유한 경찰, 소방, 세무업무와 관련된다. 이러한 업
   무는 장기적으로 전문적인 교육훈련기관에서 실시한다.

5. 교육훈련에 대한 저항과 대책

(1) 훈련에 대한 저항요인

1) 예산의 증가로 국민의 조세부담 증가와 훈련성과에 대한 효과성이 의문시되어 입법기
   관이나 일반국민은 반대한다. 이들은 공무원을 원래 채용시에 직무능력이 있는 사람
   을 선발해야 한다고 본다.
2) 훈련대상자는 훈련으로 인한 그동안의 업무공백으로 그 전의 좋은 자리를 잃을 염려
   가 있기 때문에 장기간이 요구되는 훈련을 기피한다.
3) 관리자, 감독자들은 부하나 동료가 훈련 때문에 직장을 떠나면 직무수행에 지장을 주
   기 때문에 반대한다. 또한 그들은 교육훈련으로 인한 부하직원들의 능력발전과 앞으
   로 잠재적 도전에 대한 우려가 있다.
4) 훈련대상자는 무능력자라고 보는 훈련에 대한 그릇된 인식과 훈련과정이 학생의 취급
   을 받고 체면손상의 가능성 때문에 저항한다.
5) 관료집단은 변동과 개혁을 싫어하는 속성으로 교육훈련에 저항한다. 지금까지 익숙했
   던 작업방법과 태도를 바꾼다는 것이 부담을 초래할 수 있다.

(2) 저항에 대한 극복방안

1) 피교육자가 직무수행에 필요한 지식과 경험을 습득할 수 있도록 실무교육기법을 확대
   와 직무와 관련이 있는 위탁교육을 실시로 직무의 전문성을 높여야 한다.
2) 훈련의 결과를 인사에 반영하는 등 훈련의 중요성을 인식할 수 있는 환경을 조성하고
   훈련의 목적을 명확히 제시한다.
3) 교육훈련의 목적·내용을 결정함에 있어서 피훈련자 및 감독관의 의견을 반영한다.
4) 교육훈련 내용이 부실하고 실용적이지 못하면 교육훈련이 소기의 성과를 가져오지 못

하므로 훈련기법을 다양화시켜야 한다. 즉 강의실에서 벗어나 세미나, 사례중심, 참여식 교육을 확대시켜야 한다.

5) 정부 교육훈련기관에 의한 훈련방식을 벗어나 민간위탁이나, 해외연수제도의 실시, 민간과 공동으로 실시하는 방안 등이 강구되어야 한다.

6) 우리나라의 공무원 교육훈련의 문제점이 수요자 중심의 교육이 아닌 공급자 중심의 교육이 실시되고 있다는 것이다. 이는 훈련수요조사가 부실하다는 점에서 나타난다. 이러한 문제점을 해결하기 위해서는 훈련수요조사를 실시해야 한다. 훈련수요조사란 공무원들이 필요한 내용이 무엇인지를 파악하는 것을 말한다. 공급자 중심의 교육훈련은 수요에 입각해서 교과과정을 편성하거나, 다양한 프로그램을 개발하고, 공무원들이 직무에 필요로 하는 교과목을 집중적으로 이수할 수 있도록 하는 방안 등이 있다.

제 2 절   근무성적 평가

1. 의   의

근무성적평가제도란 공무원이 일정기간 동안에 수행한 근무실적 등 객관적 기준에 따라 정기적·체계적으로 평가하여 인사관리에 활용하는 절차를 말한다. 현대의 인사행정경향은 과거의 행정능률의 향상 외에 공무원의 적극적인 능력발전과 행정의 객관화를 강조함에 따라 공무원들의 근무성적, 능력, 가치관 등을 정확히 알아야만 그들의 능력을 발전시키고 인사관리상 공정한 대우를 할 수 있으며 행정능률도 향상시킬 수 있으므로 근무성적평정은 인사행정의 필수적인 요건으로 대두되었다. 근무성적평가제도가 과거는 징벌의 목적으로 사용되었으나 오늘날은 부하의 능력발전을 위해서 상담자 역할을 하는 적극적 목적으로 사용된다. 근무성적평정은 피평정자의 동기유발을 통해서 조직전체의 생산성을 높이는데 주 목적이 있다. 따라서 근무성적의 결과를 본인에게 공개하는 것이 옳다고 본다.

2. 근무성적 평정목적

공무원의 근무성적을 평정하는 목적은 다음과 같다. 즉 다음의 용도를 위하여 근무성적

평정제도가 활용된다고 하겠다.

  1) 상·벌의 목적으로 이용하며 인사관리의 기준으로 활용된다. 그러나 최근에는 부하직
     원의 능력발전을 위한 역할이 강조되고 있다.

  2) 채용시험의 타당도를 측정하는 데 활용된다. 즉 공무원의 채용시험성적과 근무성적을
     비교함으로써 시험의 타당도를 측정할 수 있다.

  3) 공무원의 훈련수요를 파악하는데 도움이 된다. 근무성적평정을 통해 공무원의 현재
     능력이 파악되면 직책이 요구하는 능력과 비교하여 훈련의 기초자료로 활용된다.

  4) 행정능력의 향상 및 공무원의 능력발전의 수단이 된다. 근무성적평정이 스스로 파악
     하기 힘든 자신의 장·단점을 감독자가 지적하여 능력발전을 위한 수단이 될 수 있다.

  5) 근무성적 평정을 통하여 감독자와 부하간의 협력과 이해의 증진으로 원만한 인간관계
     를 형성할 수 있다. 즉 감독자가 부하에게 근무성적 평정결과를 공개하여 솔직한 의
     견교환을 통하여 원만한 인간관계를 기여할 수 있다.

  6) 근무성적 평정을 통해서 부하직원의 근무실태를 파악하므로 적절한 인사배치의 자료
     로 활용할 수 있다. 근무성적 평정의 결과가 승진, 특진, 상여금 지급, 교육훈련, 보직
     관리 등의 각종 인사관리의 기준으로 활용된다.

3. 근무성적 평정방법

근무평정의 유형은 방법을 기준으로 한 평정의 유형과 평정자를 기준으로 한 평정의 유
형으로 나누어 볼 수 있다.

(1) 방법을 기준으로 한 평정

1) 도표식평정척도법

도표식평정척도법이란 평정의 요소를 정하여 놓고 그 요소에 대하여 숫자화 또는 문자화
시키는 평정방법을 말한다. 이는 가장 오래되고 광범위하게 활용되고 있는 것으로서 우리
나라에서도 활용되고 있다.

  ① 장점으로는 한 번에 많은 직원을 대상으로 할 수 있으며, 분석적 평가방법이기 때문
     에 객관성을 확보할 수 있다. 또한 평정양식의 작성이 용이하여 비용이 절약되며, 평
     정결과가 숫자화되기 때문에 조정이 용이하다.

  ② 단점으로는 평정요소의 선택이 곤란하고 등급의 추상성이 높으며, 평정의 연쇄효과

(halo)·집중화·관대화가 나타날 우려가 크다는 점이다. 또한 평정자의 주관이나 편견
이 개입될 우려가 있다.

표 4-2 근무성적 평정방법(도표식)

평정요소 \ 평정등급	5점	4점	3점	2점	1점
협조성	협동심이 매우 좋다	협동심이 좋다	보통이다	협동심이 없다	—

2) 강제배분법

강제배분법이란 수많은 사람을 대상으로 평정을 실시할 때는 그 성적분포의 비율을 미리
정해 놓은 평정방법이다. 강제배분법의 장점은 성적의 집중화, 관대화 경향을 방지할 수 있
다. 단점으로는 피평정자의 수가 적고, 평정자 중에 탁월한 인물이 없을 경우에도 강제배분
때문에 최상의 등급으로 평정될 수 있는 모순이 있다는 것이다. 우리나라의 경우 근무성적
평정위원회에서 기관의 전체 평정대상자를 대상으로 직급별 평정등급과 평정점을 정할 때
적용한다.

3) 인물비교법

인물비교법이란 가장 우수한 자와 가장 열등한 자를 뽑아 최상위등급과 최하위등급으로
배치하고 그 중간에 해당되는 사람을 또 뽑아 중간등급으로 배치한 다음 피평장자들과 비
교한다.

4) 강제선택법

강제선택법은 단문으로 되어 있는 4~5개의 체크리스트를 만들어서 피평정자가 스스로
자기에게 가장 적합한 표현과 가장 부적합한 표현을 선택하도록 하는 것이다. 일반적으로
한 조를 이루는 항목의 수가 네 개인 경우, 두 개의 항목은 피평정자에게 유리한 것으로 생
각되는 것이고, 두 개는 불리한 것으로 생각되는 것이다. 각 항목의 실제적인 가치 또는 가
중치는 평정자 또는 피평정자에게 알려져 있지 않다. 평정자는 피평정자를 평가할 때 어느
항목이 그에게 유리하거나 불리하게 계산될 것인지를 모른다.[1] 장점으로는 평정자가 어떤

---

1) 박연호, 1999, <인사행정론>, 서울: 법문사.

항목이 피평정자에게 유리한지를 모르기 때문에 평정자의 정실을 막을 수 있고 신뢰성과 타당도가 높다. 단점으로는 평정요소의 작성에 비용이 많이 들고, 평정자 자신도 각 항목이 어떻게 계산되는지 모르기 때문에 평정자가 나중이 피평정자의 평정에 관해서 협의가 곤란하다.

표 4-3 강제선택법

	최 적	부 적
1. 권위자인 체하고 독선에 빠진다	ㄷㄱ	ㄷㄱ
2. 직무에 대하여 주의가 산만하다	ㄷㄱ	ㄷㄱ
3. 어느 누구도 그의 능력을 의심한 적은 없다	ㄷㄱ	ㄷㄱ
4. 공직생활의 모든 면에 소양이 있다	ㄷㄱ	ㄷㄱ

5) 사실기록법

사실기록법은 공무원이 달성한 작업량이 평가의 대상이 되는 것이다. 사실기록법은 산출기록법, 주기적 시험법, 가감점수법, 근태기록법 등으로 나누어 볼 수 있다.

① 산출기록법 : 공무원이 일정한 작업량을 달성하는 데 소요시간을 계산하여 그 성적을 결정하는 방법이다. 이 방법은 표준작업량의 선정이 가능한 직종에 적합하다.

② 주기적 검사법 : 주기적 검사법이란 평정기간 중 특정시간을 정하고 그 때만의 생산기록을 가지고 전 기간의 성적을 평정한다.

③ 가감점수법 : 가감점수법이란 공무원의 직무수행상 나타난 긍정적 요소와 부정적 요소를 점수로 환산하여 가점 또는 감점을 주는 방법이다. 이 방법은 공무원의 지도·감독의 자료로 이용할 경우 유용하다. 그러나 잘못 활용하는 경우에는 감독자는 부하의 결점만을 감시하게 되고 부하는 가점을 받기 위한 형식적 근무에 집착할 우려가 있다.

④ 근태기록법 : 이 방법은 공무원의 지각·결근 등을 참고하여 평정하는 방법이다.

6) 체크리스트법

프로브스트가 고안한 것으로 직무와 관련된 일련의 항목을 나열해 놓고 그 중에서 평정대상자에 해당하는 항목을 체크하여 나가는 방법이다.

7) 목표관리형 평정법

목표관리란 평정자와 피평정자가 함께 실적기준으로 사용할 목표를 설정하고 일정기간 후 목표달성도를 측정하는 것이다. 목표관리제는 명확한 목표를 설정함으로써 목표달성을 위한 동기를 유발할 수 있고 목표설정에 참여함으로써 목표의 이해와 수용을 향상시킬 수 있다. 우리나라 정부는 1999년 1월 1일부터 4급 이상 공무원의 근무성적 평정방식으로 목표관리제를 도입하였다.

8) 다면평정제

근무평정제도를 상사, 동료, 부하직원, 고객 등이 평가하는 제도를 다면평정제라 한다. 공무원 임용령 제35조는 인사권자는 공무원 승진임용시 승진대상 공무원과 동일하거나 하위계급의 공무원 또는 업무와 관련있는 민원인 등이 평가에 참여할 수 있다고 규정되어 있다. 다면평가의 장점은 공정하고 객관적 평가가 가능하고, 공무원의 충성을 특정상관에게 고객중심으로 전환할 수 있다. 또한 공정한 평가환류는 구성원에게 자기개발을 위한 동기유발효과가 있다. 그러나 평정단 선정이 객관적이지 않을 수가 있으며, 한 부서만 장기근무자가 불리하고, 구성원들은 목표의 달성보다는 원만한 인간관계 유지에 치중할 우려가 있다.

(2) 평정자를 기준으로 한 평정

1) 동료평정법 : 집단의 동등한 위치에 있는 피평정자들이 서로 평정하는 방법이다.
2) 자기평정법 : 피평정자가 자신의 근무성적을 스스로 평가하는 방법이다. 우리나라의 경우 5급 이하의 공무원의 경우 스스로 근무성적 평정에 기재하도록 되어 있다.
3) 감독자평정법 : 상관인 감독자가 부하의 직무수행을 평가하는 것이다. 이 방법은 각국에서 원칙적으로 사용하고 있다.
4) 부하평정법 : 부하가 상관을 평정하는 방법으로 아직 널리 사용되고 있지 않다.
5) 집단평정법 : 피평정자의 직무수행이 관련된 여러 분야의 계층의 사람들이 평정하는 방법이다. 장점으로 균형있는 평가를 할 수 있다.

4. 우리나라의 근무성적 평정

(1) 의   의

4급 이상 및 고위공무원단은 성과계약에 의한 목표달성도 등을 평가하고, 5급 이하는 근무실적 및 능력에 대한 평가로 근무성적평가를 실시한다. 성과계약은 연 1회 실시하나, 근무성적평가는 연 2회 실시한다.

(2) 성과계약평가

1) 성과계약평가는 평가자(상급감독자)와 확인자(평가자의 상급 또는 상위감독자 중에서 각각 소속장관이 지정)가 실시한다.
2) 소속장관은 평가대상 공무원과 평가자간 1년 단위로 성과계약을 체결한다.
3) 평가항목은 성과목표달성도이며, 평가등급은 5등급으로 부분적 상대평가를 실시한다 (매우 우수, 우수, 보통, 미흡, 매우 미흡).

(3) 근무성적평가

1) 평가항목의 기본항목으로 근무실적 및 근무수행능력으로 하되, 소속장관이 필요하다고 인정하는 경우 직무수행태도 또는 부서단위의 운영평가를 평가항목에 추가할 수 있다. 항목비중은 하나의 항목이 70%를 넘지 못한다.
2) 평가자는 근무실적 및 직무수행능력 등을 감안하고, 성과목표달성도 등을 고려하여 근무성적을 평가한다. 평가등급은 3등급 이상으로 하고 최상위 20%, 최하위 10% 이상 비율로 부분적 상대평가를 실시한다.

(4) 공개성 여부

근무성적을 본인에게 공개한다. 즉 본인의 요청이 없는 경우도 본인의 능력발전을 위해서 본인에게 알려주도록 하고 있다. 그러나 과거 우리나라의 경우 근무평가가 지나치게 관대화 우려와 평정자와의 불화조성을 이유로 비공개하였다.

(5) 근무성적 결과의 이의신청과 소청

1) 근무평정 대상공무원은 평정결과에 이의가 있는 경우에 확인자에게 이의를 신청할 수

있다. 이의신청에 불복할 경우에는 평가대상 공무원은 근무성적평가위원회에 근무평가 결과의 조정을 신청할 수 있다.

2) 소청은 근무성적 평정자가 범하기 쉬운 편견이나 정실을 배제하고 평정의 공정성과 객관성을 높이기 위한 것인데 우리나라의 경우 소청불가의 입장이다. 이외에도 소청 불가는 승진탈락도 해당된다.

5. 근무성적 평정상의 오차

1) 관대화 : 관대화란 실제의 점수보다 후한 점수를 주는 경향을 말한다. 원인은 집단내에서 우수한 사람이 많거나, 뚜렷한 차등이 곤란하거나, 평정자가 부하를 아끼는 경우에 발생할 수 있다. 관대화경향은 집중화경향과 유사하나 평정이 우수한 쪽에 집중되는 현상이 있다. 우리나라의 경우 이러한 현상이 두드러지게 나타난다.

2) 집중화 : 근무성적 평정을 실시할 때에 평정결과의 분포가 중간에 집중하는 경향을 말한다. 집중화경향을 방지하기 위한 방안으로 강제배분식이 있다. 일반적으로 집중화경향은 비공식집단 구성원간의 인간관계로 인한 심리적 부담 때문에 대부분 중간수준의 점수를 준다. 또한 평정자가 피평정자를 잘 모르는 경우도 발생한다.

3) 연쇄효과 : 현혹, 후광효과(Halo Effect)로서 전반적인 인상이나 타 평정결과에 의해 영향을 받는 것을 말한다. 연쇄효과는 평정자가 부하를 잘 모르는 경우, 관찰을 태만히 하는 경우, 어떤 특성에 대하여 특히 인상이 깊었던 경우 등에 나타난다. 연쇄효과는 근무평정의 객관성·타당도를 저해하는 중요한 요인이다. 이에 대한 방법으로 강제선택방법 등을 사용하여 평정할 수 있다.

4) 논리적 오차 : 근무평정과정에서 평정요소간에 논리적 상관관계가 있는 경우 양 요소 중 하나의 요소가 특별히 좋은 경우 다른 요소도 높게 평정하는 경우를 말한다. 예를 들면 작업량이 많으면 숙련도가 높다고 평정하는 경향을 말한다.

5) 규칙적 오차 : 평정자의 가치관에 의해서 지속적으로 발생하는 오차를 말한다. 규칙적 오차는 한 평정자가 다른 평정자보다 항상 후한 점수 또는 나쁜 점수를 준다. 규칙적(일관적) 오차는 집중화·관대화·엄격화현상이 규칙적으로 나타나면 발생한다.

6) 역산제 : 연공서열에 의해 근무성적 평정의 순위를 정한 다음에 이에 맞게 근무성적 평정을 하는 것을 말한다.

7) 유형화 착오(상동적 오차) : 선입견에 의한 착오로 피평정자의 선입견이 평정에 영향

을 주어 평정의 정확성을 해치는 것을 말한다.

8) 최근 행태에 의한 착오(근접오류) : 근무평정실시의 시점에서의 근무성적이 근무평정 성적에 더 많은 영향을 미친다는 것이다. 즉 최근의 실적을 중심으로 평가하므로 발생하는 경우이다. 이는 중요사건기록이나 MBO의 평정법으로 방지할 수 있다. 최근 행태에 의한 착오를 일명 시간적 오류라고도 한다.

9) 엄격화 착오 : 평정결과의 점수분포가 열등한 쪽에 집중되는 경향을 의미한다. 이러한 엄격한 착오를 예방하기 위해서 강제배분법이 활용된다.

10) 총계적 착오 : 평정자의 평정기준이 일정치 않는 경우로 관대화경향이 불규칙하게 나타나는 경우이다. 이는 일정치 않는 평가기준에 의한 일관성 없는 불규칙한 오류현상이다.

11) 유사성 착오 : 평정자가 자기 자신의 특성을 다른 사람에게 투사하는 데서 오는 착오를 말한다. 즉, 평정자가 자기 자신과 성향이 유사한 부하에게 후한 점수를 주는 오차를 의미한다.

12) 귀인적 편견 : 근무평가를 진행할 때 여러 가지 추리 과정에서 잘못된 추리로 인해 편견을 가지게 되어 평가를 제대로 하지 못하는 경우를 말한다. 즉, 드러나는 행위를 기초로 해서 피평가자의 내적상태를 추론함으로써 발생하는 오류다.

13) 선택적 지각의 착오(추측에 의한 착오) : 모호한 상황에서 부분적인 정보만을 추론함으로써 발생하는 오류다.

14) 근복적 귀속의 착오(이기적 착오) : 타인의 실패를 평가함에 있어서 상황적 요인의 영향을 과소평가하고 개인적 요인의 영향은 과대평가하는 경향을 말한다. 즉 실적이 부진한 경우에 개인의 능력부족 때문이라고 보는 경우이다. 반면에 타인의 성공을 평가할 때는 상황적 요인을 과대평가하고 개인적 요인은 과소평가하는 경향을 의미한다.

제 3 절 　 승진제도

1. 의　　의

승진이란 직무의 책임도와 곤란도가 낮은 하위직급에서 책임도와 곤란도가 높은 상위직급으로의 수직적 이동을 의미한다. 따라서 승진은 종적 이동이라는 점에서 횡적·수평적 이동을 의미하는 전직 및 전보와 구별된다. 일반적으로 승진은 직무의 책임증대를 수반하여 보수가 증가하며 보다 큰 지위를 가짐으로써 공무원의 사기를 앙양할 수 있다. 이러한 측면에서 승진은 동일한 등급내에서 호봉만 올라가는 승급과 구별된다.

2. 승진제도의 필요성

1) 승진은 하위직급에서 상위직급으로 이동하는 고위공무원을 내부에서 양성하는 체제이므로 직업공무원제의 확립에 기여한다.
2) 공무원의 능력발전을 가져온다. 직급이 높아지면 그만큼 시야와 안목이 확대되고 개인의 능력과 기술을 발전시키는 요인이 된다.
3) 공무원의 사기를 앙양시킨다. 공무원이 조직에서 상위직급으로 승진함으로써 성공에 대한 기댓값이 충족되어 사기가 높아지며 구성원의 동기를 유발한다.
4) 기타 승진의 필요성을 살펴보면 공무원들이 자기발전을 위해서 노력하며, 유능한 공무원들의 이직을 예방할 수 있으며, 하급직에서 쌓은 행정경험을 활용할 수 있다.

3. 승진의 범위

(1) 승진의 한계

1) 승진의 한계는 국가에 따라 상이하나 일반적으로 계급제를 운영하는 국가는 승진의 한계가 높고, 직위분류제를 운영하는 국가는 승진의 한계가 낮다. 우리나라는 중간 정도로서 일반직 공무원은 국장까지 승진할 수 있다. 따라서 승진의 한계가 높은 경우의 장점으로는 재직자의 사기를 앙양시키는 방법이 되며, 공무원의 하급직에서 쌓은 경험을 활용할 수 있으며, 직업공무원제의 발달에 도움이 되는 것이다. 단점으로는 관료의 권력이 강해지고, 민주적 통제가 어려우며, 관료사회의 침체를 가져올 우려성이 있다는 점이다.
2) 승진은 공무원의 능력발전과 사기앙양, 그리고 직업공무원제도를 확립시키는 수단이지만 현재는 승진기회가 축소되는 경향이 있다. 그 이유를 살펴보면 각국에서 진행되고 있는 작은 정부 구현으로 인한 감축관리, 지방자치실시로 지방과 중앙과의 이동이 차단되었기 때문이다. 과거는 중앙부처에서 근무하다 지방정부로 이동이 자유로웠으

나 최근 지방자치실시로 이동이 불가능하다. 또한 공무원의 개방형 인사제도 도입도 승진이 축소되는 이유이다. 이에 대한 조치로 우리나라에도 대우공무원제도가 있다. 대우공무원제도란 승진 최저근무연수를 충족하고 승진제한사유가 없을 때 근무실적이 우수한 자를 바로 상위직급의 대우공무원으로 선발할 수 있도록 하는 제도이다. 예를 들면 6급이지만 대우사무관제도이다. 이는 사무관으로 승진하는 것은 아니지만 수당은 지급한다.

(2) 재직자간의 승진경쟁 범위

재직자간의 승진경쟁에 있어서 동일 부·처에 한정시킬 때 비교류제(폐쇄적 승진경쟁)이고, 다른 부·처까지 포함할 때 교류제(개방적 승진경쟁)이다. 대부분의 국가가 비교류제이며 우리나라도 비교류제이다.

1) 교류제의 장·단점

① 장점으로는 승진의 범위가 넓어 유능한 후보자가 많으며, 인사의 정체성을 방지할 수 있고, 공무원 자질의 균형을 가져올 수 있으며, 공무원의 질의 향상을 가져오며, 부·처간의 할거성을 방지할 수 있다.

② 단점으로는 소속 부·처에서 승진기회를 상실함으로써 기득권의 상실을 초래하여 사기가 저하되며, 타 부·처로의 승진에 따른 생소한 직무는 능력저하를 초래하고, 인간관계형성(협동심)을 저해한다는 점이다.

2) 비교류제의 장·단점

① 장점은 인간관계형성에 도움이 되며 유사한 직무로 행정의 능률화를 기할 수 있으며, 각 부처의 업무특이성을 유지할 수 있다.

② 단점으로는 부·처 내의 유능한 후보자가 적고 승진기회의 불균형을 가져올 수 있으며, 부·처간의 공무원 질의 불균형을 초래하며 다수경쟁의 원칙에 위배된다는 점이다.

4. 승진의 종류

1) 일반승진 : 임용권자가 승진후보자 명부의 순위에 의하여 적격자를 승진임용하는 방법이다.

2) 특별승진 : 소속장관이 특별한 공적이 있다고 인정받거나, 청백리상을 포상받은 공무

원, 행정발전에 지대한 공헌이 있다고 인정받은 공무원, 창안제도에서 동상 이상을 받은 공무원을 승진후보자 명부에 관계없이 승진임용하는 방법을 말한다.

5. 승진의 기준

승진후보자를 선발하는 기준으로 경력과 실적이 있다. 경력은 근무연한·학력·경험을 의미한다. 실적은 시험성적·근무성적·교육훈련성적 등을 의미한다. 우리나라의 경우 5급 이하의 공무원이 상위계급으로 승진할 때 30점의 경력평정점을 반영한다. 현재 5급 이하의 승진임용기준은 근무성적 70%, 경력 30%를 고려하여 승진후보자 명부순위에 의해서 승진한다.

(1) 경   력

경력이란 공직에 근무한 연한, 학력, 근무경력 등을 의미하며 일반적으로 장기근속자가 일을 더 잘할 수 있다는 데 근거하고 있다.

1) 장·단점

① 장점으로는 승진의 고도의 객관성이 유지되며 정실을 방지할 수 있다. 또한 승진관리의 안정성을 유지할 수 있으며 직업공무원제의 확립에 도움이 된다는 점이다.

② 단점으로는 유능한 인재의 등용이 곤란하며 행정이 침체화할 우려가 있다. 또한 행정의 질을 저하시킬 가능성이 있고 기관장의 부하통솔이 곤란하다는 점 등이다.

2) 경력평정의 원칙

① 근시성의 원칙 : 실효성 있는 경력을 중시하는 것으로 가장 최근의 경력에 좋은 점수를 주는 것을 의미한다.

② 습숙성의 원칙 : 직무에 대한 숙련도를 고려하여 숙련도가 높은 상위직급의 경력에 숙련도가 낮은 하위직급의 경력보다 많은 점수를 주는 것으로 업무의 난이도가 높은 경력에 좋은 점수를 주는 것을 말한다.

③ 친근성의 원칙 : 직무와 관련된 경력에 비중을 두어야 한다는 것으로 대상계급의 해당 직렬과 가장 유사한 경력에 좋은 점수를 주는 것을 의미한다.

④ 발전성의 원칙 : 담당직무와 관련된 학력, 자격증, 교육훈련 등을 고려하여 평가하는 것을 말한다.

(2) 실   적

1) 시험성적

① 실적에 대한 평가는 주관적 평가방법과 객관적 평가방법이 있다. 주관적 평가방법으로는 근무성적 평정, 승진심사위원회의 심사결정, 교육훈련성적 등이 있다. 객관적 평가방법으로는 시험이 있다. 실적주의제도하에서는 시험을 통한 승진후보자의 선발방법이 보편화되어 있다. 우리나라의 경우 5급 공무원의 승진규정을 승진시험을 거치도록 하되 필요에 따라서 승진심사위원회의 심사를 거쳐 임용하도록 했다.

② 객관적 평가방법으로서의 시험은 다음과 같은 장단점을 지니고 있다. 장점은 정실의 배제로 객관도·타당도를 높일 수 있으며, 지적 수준이 높은 공무원을 승진시킬 수 있으며, 승진의 공정성을 기할 수 있고, 새로운 발전능력과 이론을 습득할 수 있다. 단점으로는 근무보다 시험공부에 치중할 우려가 있으며, 시험성적을 기준으로 하기 때문에 근무연한·근무성적이 무시되어 장기근속자·성실한 공무원의 사기가 저하된다는 점이다.

2) 근무성적

이 제도는 현직에서의 근무성적을 승진의 기준으로 삼아 근무성적이 우수한 사람을 승진하도록 하는 제도이다. 이 제도의 장점은 성실한 근무자에 대한 보상이 될 수 있으며 인사권자의 의견을 반영할 수 있다. 그러나 단점으로는 주관성이 강하여 정실화할 우려가 크고, 과거 및 현재의 근무성적이 좋다고 해서 장래에 맡게 될 상급직의 업무를 잘 수행할 수 있을지 의문이라는 점, 즉 현재보다 상급의 직무에 적응할 수 있는 잠재적 능력의 평가에 소홀하기 쉽다는 점이다.

3) 교육훈련성적

교육훈련의 성적이 승진으로의 기준으로 활용되면 교육훈련의 효과를 확보할 수 있다. 교육훈련의 기본목적이 공무원의 직무수행능력의 향상과 승진에 대비하기 위한 훈련도 있다.

4) 승진예정직에서의 근무성적

이 방법은 공무원을 승진예정직에서 시험적으로 그 직무를 수행하도록 해보고 그 실적을 승진의 기준으로 삼는 방법이다. 이러한 방법이 제대로 적용되면 승진의 타당성·객관성을 높일 수 있으나 시간이 많이 걸리고 절차가 복잡하다.

6. 승진의 문제점

계층제를 기본으로 한 관료제는 상급자의 결정에 의해서 하급자가 업무를 수행하므로 업무수행이 통제중심적이다. 또한 공무원에 대한 사회적 평가가 계급을 중심으로 이루어지고 있다. 이러한 현실은 공무원의 승진지향이 높을 수밖에 없다. 우리나라의 승진의 문제점들을 살펴보면 다음과 같다.

  1) 정실에 의한 임용 및 공정성 결여 : 승진에 있어 능력이나 실적보다는 금력·인맥·연줄 등 비합리적 요인이 크게 작용하여 공정성이 결여되고 있다. 승진의 공정성을 위한 제도가 갖추어져 있으나, 운영하는 사람들의 인식부족으로 객관적이고 신뢰성이 있는 승진이 이루어지지 않고 있다. 더구나 최근 5급으로의 승진이 심사승진도 가능하다고 되어 있어 기관장의 정실에 의한 승진이 이루어지고 있다.

  2) 낮은 신규채용 비율과 부처간의 불균형성 : 신규채용보다는 내부승진과 특별채용 비율이 높고 6급에서 5급에의 승진의 범위를 동일부처에 한정시킴으로써 승진기회의 불균형 및 공무원의 질적 불균형이 초래하고 있다.

  3) 승진의 한계성 : 제도상으로는 국장선이 승진한계로 되어 있으나 최근에는 대학교수 등 외부전문가를 국장으로 보하는 예가 있어 승진은 더욱 어렵다고 할 수 있다. 또한 상위직으로 갈수록 기술직 공무원들이 승진하는 데 한계가 있어 기술직 공무원들의 사기가 저하되고 있다.

7. 승진제도의 개선방향

  1) 인사제도에서 승진문제를 획기적으로 하게 할 수 있는 방안을 찾기는 어려우나 일반적으로 단기대책의 방안으로 대우공무원제실시, 필수실무요원제,[2] 하위직공무원에 대한 총정원제실시, 명예퇴직제, 복수직급제[3] 등이 대안이 될 수 있다. 이러한 제도는

---

  2) 필수 실무요원제란 6급 공무원인 대우공무원 중에서 실무수행능력이 우수하고 기관운영에 특히 필요한 사람이 6급에 계속 머물기 원한다면 필수실무요원으로 임명하는 것이다.

현재 우리나라에서도 실시하고 있다.

2) 승진의 공정성을 기하고 능력 있는 사람이 승진하기 위해서는 인사위원회를 활용해야 한다. 인사위원회는 그동안의 근무성적·교육성적 등을 고려하여 승진의 기준을 마련해야 한다. 또한 5급 이상의 승진에는 관리자로서의 지식과 판단력이 요구되므로 일정한 시험제도를 실시하여 시험에 합격한 사람이 승진하도록 해야 한다.

3) 지나친 경력위주의 승진은 젊은 공무원의 사기저하를 초래하고 소규모 조직의 경우는 기관전체의 무능을 초래할 우려가 있다. 한 사람의 리더가 조직의 운영에 큰 영향을 미치므로 유능한 인재가 승진하도록 해야 한다.

제4절 배치전환

1. 의 의

배치전환이란 담당직위의 수평적 변동을 의미한다. 즉 동일직급내에서의 인사이동을 말하며 전직, 전보 등을 포함한다. 이는 책임도나 보수액에는 변동이 없는 횡적·수평적 이동이다. 전직과 전보는 공무원 인력의 효율적인 활용을 위한 수단이 된다. 또한 공무원들의 넓은 안목과 조정능력과 관리능력의 향상에 기여한다. 전직, 전보, 파견근무에 대해서 간단히 설명하면 다음과 같다. 전직이란 직급은 동일하나 직렬을 달리하는 직위로의 수평적 이동을 말하고, 전보란 직무의 성격이 같은 동일직급의 이동을 말한다. 파견근무란 전직·전보와 유사한 수평적 이동이지만 원래의 소속을 바꾸지 않고 보수도 원래의 소속부서에서 받으면서 임시로 일정기간 동안 타기관에서 근무하는 것을 말한다.

---

3) 복수직급제란 조직계층상의 동일수준의 직위에 계급이 다른 사람을 배치할 수 있게 하는 제도이다. 이 제도는 직책의 수준을 그대로 있는데 계급을 올린 제도이다. 이 제도의 문제점은 계급인플레이션을 초래하여 예산의 낭비를 초래하고 있으며 기존의 인사체계를 교란시키고 있다.

2. 전직·전보의 용도

(1) 합리적인 용도

1) 공무원의 능력발전 : 한 기관에서의 장기근무보다는 다른 부서와 교류를 하여 경험을 쌓는 것이 능력발전에 효과적이다. 특히 고급공무원의 훈련에는 순환보직을 함으로써 공무원의 시야를 넓히고 다양한 경험을 쌓을 수 있어 능력발전의 계기가 되고 부하를 효과적으로 통제할 수 있다.

2) 직무수행에 대한 권태방지 : 공무원이 한 자리에 장기간에 걸쳐 동일한 직책을 담당하게 되면 권태감을 느끼게 되어 자발성·창의성을 잃게 되어서 사기가 저하되고, 능력의 정치현상이 발생할 수 있다. 직무를 주기적으로 바꾸어 줌으로써 직무수행의 권태를 방지할 수 있다.

3) 보직 부적응 해소와 인간관계의 개선 : 공무원의 보직이 적성에 맞지 않거나 동료간이나 상하급자간에 원만한 인간관계가 조성되지 못하는 경우에는 전보를 통해서 재적응의 기회를 줄 수 있다.

4) 개인적 희망의 존중 : 인사행정의 원칙을 깨뜨리지 않는 범위내에서 공무원의 개인적 사정을 고려하여 전보하는 것이 바람직하다.

5) 기타 공직사유관의 배제 및 비공식집단의 폐해를 제거할 수 있다.

(2) 전직·전보의 남용

1) 징계의 수단으로 활용 : 공무원의 비리에 대하여 공식 징계절차를 통해서 처벌해야 하나 징계절차를 거치지 않고 한직으로 좌천시키거나 지방으로 전출시켜 징계와 같은 효과를 얻으려는 목적으로 사용한다.

2) 해임의 강요수단 : 음성수입이나 권력 등 비공식적인 비중이 낮은 직책을 담당케 함으로써 해임을 강요하는 수단으로 이용되기도 하였다.

3) 개인적 특혜의 제공수단 : 인사권자가 전보권을 남용하여 특정인에게 혜택을 주기 위한 수단으로 이용되기도 한다.

4) 추종세력의 집결수단 : 전직전보는 비공식조직의 추종세력을 집결시켜 자기세력의 확대수단으로 이용하여 파벌을 조정하는 경우이다.

3. 전직 · 전보의 제한

전직 · 전보는 개인의 능력발전과 같은 합리적인 수단으로 사용되지 못하고 특정개인에게 혜택을 주거나 징계수단으로 남용되는 것을 막기 위해서 일정한 제한규정이 있다.

1) 전직 : 전직은 일부 예외규정을 제외하고는 전직 시험을 거쳐야 한다. 공무원 임용령에 의하면 특수자격증소지사, 특수목적학교 졸업생 등의 자격으로 특별채용공무원은 3년간 다른 직렬로 전직할 수 없다.

2) 전보 : 특별채용된 공무원은 4년 이내에 다른 직위로 전보될 수 없으며, 일반공무원은 당해 직위에 임용된 날로부터 1년 이내에 연구직은 2년 이내에 다른 직위로 전보될 수 없다. 별정직 공무원은 원칙적으로 다른 직위로 전보가 불가능하다.

4. 전직 · 전보의 문제점

1) 기관장의 전직 · 전보에 대한 인식부족으로 유능한 직원이 다른 부나 기관으로 이동하는 것에 대해서 소극적 태도를 가진다. 이는 장기적으로 공무원의 능력발전을 저해시킨다. 또한 기관장이나 상관의 인사이동시 같이 근무했던 부하들을 데리고 가는 경향이 있어 추종세력을 집결시키는 요인이 되고 공무원은 조직보다 상관 개인에 대한 충성심이 강화되는 부작용을 가져온다.

2) 우리나라의 경우 인사에 관한 객관적인 기준보다는 인사권자의 개인적인 신임과 외부의 압력으로 인해 보직변경이 지나치게 자주 이루어진다. 이는 행정의 전문화를 저해하고 전직 · 전보가 정실인사의 수단으로 사용되고 있다.

5. 전직 · 전보의 개선방향

전직 · 전보제도가 보다 더 바람직한 방향으로 운영되기 위해서는 전직 · 전보에 대한 일반적인 원칙과 기준이 설정되어야 한다. 즉 근무성적, 전문성, 개인의 능력 등을 고려하여 직위를 부여하고 전직과 전보의 제한규정을 두도록 해야 한다. 전직과 전보의 제한규정은 인사권자의 교체에 의한 빈번한 정실인사를 배제할 수 있다. 한편으로 최근 행정의 흐름이 한 분야의 전문성을 강조하므로 일정한 분야에서 어느 정도 근무하도록 하여 행정의 전문성과 능률성을 높일 수 있도록 해야 한다.

제 5 장
공무원의 사기앙양

제1절 **사 기**

1. 의 의

(1) 개 념

사기(morale)에 대한 정의는 다양하다. 사기는 개인과 집단의 정신상태이다. 또는 조직에서 요구하는 직무수행동기이다. 사람들이 일 하고자 하는 의욕을 사기라 정의하기도 한다. 일반적으로 사기를 정의하면 다음과 같다. 사기란 조직의 구성원이 소속된 조직의 공동목표를 달성하기 위하여 자발적으로 노력하는 정신상태, 즉 조직구성원이 자기직무에 충실하고 자기가 속해 있는 조직에 충성하고자 하는 근무의욕을 말한다.

(2) 사기의 특성

1) 개인적·자발적 성격 : 사기란 구성원 각자의 심리에 기초를 둔 개인적·자발적 근무의욕이다. 즉 타율을 배제한 개인의 자율적 근무의욕이다. 그러므로 사기는 구성원들로 하여금 조직의 목표달성에 자발적으로 협력하도록 한다.
2) 집단적·조직적 성격 : 사기는 조직전체의 목표달성에 이바지하는 것으로 협동과 집결의 집단정신으로 나타난다. 또한 사기는 개인적 근무의욕에 그치지 않고 조직전체의 목표달성에 이바지하는 것이어야 한다. 그러므로 사기는 조직의 생산성 향상에 기여하는 요인이며 조직에 유리하도록 각자의 능력을 최고도로 발휘하도록 노력하는 자세를 가진다.
3) 사회적 성격 : 사기는 사회적 발전에 공헌하는 것이어야 한다. 사기가 반사회성을 띨

- 390 -

때에는 참다운 사기가 될 수 없다. 민주국가에서는 사기의 사회적 성격이 더욱더 요구된다.

2. 사기의 중요성

(1) 일반적 중요성

1) 조직구성원들의 사기가 높으면 소속한 조직과 지도자에 대한 충성심을 갖게 되며 소속집단에 대한 강한 동질감이 형성되어 동료와의 관계가 원만하다.
2) 사기가 높으면 조직의 법규나 규칙을 자발적으로 준수하며, 조직의 생산성 향상에 중요한 요인이 될 수 있다.
3) 사기가 높은 사람은 소속한 조직의 목표달성에 전념하고 구성원들이 업무를 창의적·능동적으로 처리한다.

(2) 사기와 생산성과의 관계

1) 사기와 생산성과의 밀접한 관계성을 인정하는 입장(욕구이론과 관계) : 초기의 사기이론의 주류를 이루는 것으로 동기부여의 욕구이론과 관계가 있다. 욕구이론은 어떤 욕구가 충족되면 동기가 유발된다고 보았다. 허즈버그이론을 중심으로 보면 사기가 높아지게 되면 생산성이 향상한다고 본다. 재직자의 심리적 만족감과 근무의욕은 동기요인의 충족을 도모하고 생산성을 향상한다고 주장했다.
2) 관계성을 부인하는 입장 : 초생산성은 근무의욕과 작업수행능력의 결합인데 이 중 근무의욕이 아무리 높다고 하더라도 작업수행능력이 미숙하거나 사기작용 방향이 부정적일 때에는 생산성이 증진되지 않는다고 주장했다. 사기와 생산성과의 관계를 부인하는 입장은 동기이론의 기대이론과 관계가 있다. 동기부여의 기대이론은 동기의 과정을 분석한 이론이다. 즉 인간의 일에 대한 노력은 그것이 가져오는 보상에 대한 기대와 관련이 있다고 본다. 일반적으로 사기와 생산성의 관계를 인정하는 입장은 사기실제론이며, 부인하는 입장은 사기명목론이라 한다.
    사기는 생산성에 영향을 미치는 변수 중에서 매우 중요한 하나의 요인이나 사기와 생산성간에 직접적이거나 정비례적인 관계는 없다고 볼 수 있다.

3. 사기의 결정요인

(1) 경제적 요인

물질적 보수는 사기에 지대한 영향을 미친다고 볼 수 있다. 제1차적인 인간의 욕구에 해당된다. 제1차적 욕구가 충족됨으로써 보다 더 고차적인 사회적 욕구를 충족시키는 경향이 일어난다. 맥그리거의 X이론과 허즈버그의 불만요인과 관련이 있다.

(2) 사회·심리적 요인

공무원은 사회적으로 높은 평가와 인정을 받고자 하는 사회심리적 욕구를 갖는다. 전통적 행정학에서는 행정에 성과를 미치는 요인을 개인의 능력이라고 보았지만 인간관계론 이후는 근무의욕이 성과에 미치는 영향이 크다고 보았다.

1) 안정감 : 안정감이란 집단에서 일어나고 있는 일이나 사정을 알고 상사나 동료가 자기의 일을 원하고 있으며 자기의 일에 대하여 자기표현을 할 수 있는 충분한 기회가 부여되고 있다고 느끼는 심리적 안정감을 의미한다.
2) 성공감 : 승진에 대한 기대욕구로 자기가 발전하고 있다는 것을 말한다.
3) 인정감 : 인간으로서의 가치와 존재를 인정받고 싶은 마음으로 조직내에서 구성원의 역할을 인정받고 잘한 일은 칭찬을 받고자 하는 욕구이다.
4) 귀속감 : 집단에 소속하여 동료의식을 느끼려는 심정으로 인간이란 어떤 집단에 소속하려고 하면 그 구성원과 친밀감을 형성함으로써 자기의 존재를 인정받고자 한다.
5) 참여감 : 구성원이 조직목표의 수립이나 달성과정에 참여할 수 있는 기회가 부여되는 경우로 조직의 목표달성에 직접 참여할 수 있는 기회가 부여되면 사기가 높아진다.

4. 사기의 측정방법

1) 태도조사법 : 공무원의 태도조사를 통하여 측정하는 방법을 말한다. 태도조사법은 사기의 심리적 기초, 사기요인, 욕구충족의 기대 등에 관한 조사항목에 대해서 각자의 의견을 조사한다. 일명 여론조사라고도 한다. 태도조사법에는 면접에 의한 방법, 질문지에 의한 방법, 일상적인 관찰과 정보수집으로 사기를 파악하는 방법, 피조사자가 무엇에 관한 조사를 받는지 모르는 가운데 솔직한 태도를 이끌어 내도록 하여 그 결과를 분석하는 방법(투사법), 집단구성원 상호간의 인간관계를 조사하여 사기를 측정하

는 사회측정법 등이 있다. 사회측정법은 집단구성원의 관계가 원만하면 사기가 높다고 본다.

2) 사례기록법 : 사례기록법에는 작업능률 기록, 결근율 기록, 사고 기록, 이직률 기록 등의 방법이 있다. 구체적으로 살펴보면 작업능률은 단위시간당의 업적(생산고)을 말하며, 이는 사기업체의 경우에 많이 이용되나 일반행정의 경우는 객관적인 측정단위가 없어 어려움이 있다. 사고율은 사기가 낮으면 심리적 불안정으로 빈번한 사고가 야기되기 쉽다. 이직률은 이직률이 높으면 사기가 낮다는 것을 전제로 공무원의 자발적 퇴직상황을 조사·분석하는 것이다.

5. 사기를 저해시키는 요인

1) 민간과 비교하여 낮은 보수체계 : 우리나라의 경우 공무원의 보수체계가 민간기업·공기업과 비교해서 낮다. 특히 하위직 공무원들은 일상생활을 유지하는 데 지장이 없는 정도의 보수를 지급하고 있다. 보수를 국가재정능력, 물가수준·민간과 비교하여 어느 정도 균형을 유지하도록 해야 한다. 보수인상은 공무원의 사기앙양과 부정부패의 예방에도 도움이 된다.

2) 비민주적 내부통제 : 조직내에서 업무가 상관의 명령에 의해서 수행되고 있어 공무원의 창의력을 저해하고 개인의 능력을 발휘하지 못하고 있다. 지나친 통제는 공무원의 사기를 저하시킨다.

3) 공무원조직에 대한 사회의 부정적 시각 : 과거에 비해서 공직에 대한 신뢰가 저하되고 있다. 공무원은 무사안일주의라는 생각, 언론에 보도되는 비리, 개혁에 저항하는 모습으로 비추어진 모습 등은 일반국민들로부터 공무원들에 대한 불신을 초래하고 있다. 이러한 모습은 공무원들의 신뢰성을 떨어뜨린다. 따라서 공직의 국민들로부터 불신을 당하면 공무원의 사기는 저하된다.

4) 과중한 업무와 승진의 정체 : 과거 정부에서는 작은 정부의 구현이라는 슬로건 아래 공공부문의 구조조정은 인원의 감축을 초래하여 일부공무원들의 업무과다를 초래하였다. 그러나 최근 복지에 대한 국민의 관심이 커지고 복지행정에 대한 수요가 많아져 공무원의 업무량이 증가하고 있다. 이는 공무원의 사기저하를 가져온다. 또한 계급제를 기본으로 한 공무원조직에서 승진의 정체는 공무원의 사기를 저해한다.

6. 사기앙양방법

사기의 앙양방법을 매슬로우(Maslow)의 욕구단계와 일반적 방안으로 나누어 설명하면 다음과 같다.

(1) 매슬로우의 욕구단계와 연계

1) 생리적 욕구

① 적정보수제도 : 보수를 근무에 대한 대가의 의미 외에 생계비의 의미도 고려하여 그 수준을 물가수준, 일반임금수준 등에 상응하도록 결정한다.

② 휴양제도 : 공무원들이 적절한 여가를 보낼 수 있도록 각종 제도적 장치를 마련한다.

2) 안전적 욕구

① 신분보장 : 법령에 따라 충실히 근무를 하는 한 신분을 보장해 준다.

② 연금제도 : 공무원이 퇴직 또는 재해를 입었을 경우 퇴직금 또는 치료와 보상금 등을 지급함으로써 공무원의 직무상의 안정성을 유지시켜 준다.

3) 사회적 욕구

① 인간관계의 개선 : 공무원의 사기는 동료관계의 불화에 의해 많이 좌우되므로 이들간의 불화와 불신을 치유하고 비공식적 집단을 유용하게 활용한다.

② 고충처리·상담 : 공무원들의 여러 가지 고충에 대한 상담을 통해서 사기를 앙양할 수 있다. 우리나라의 경우 공무원의 근무조건이나 신상문제 등과 관련하여 고충의 심사를 청구할 수 있으며 이를 이유로 불이익을 받지 않는다.

4) 존경욕구

① 참여확대·권한의 위임 : 구성원을 목표설정과 달성과정에 참여시킴으로써 상사의 부하에 대한 신뢰를 느끼게 하여 사기를 높일 수 있다.

② 제안제도와 포상제도 : 공무원의 의견 및 아이디어를 상사가 채택·존중해 줌으로써 참여의식을 고양시키며 사기를 앙양시킬 수 있다.

5) 자기실현욕구의 충족

① 합리적 승진 : 공무원의 승진의 기회가 불공정하거나, 인사가 적재되어 승진이 되지

않으면 사기가 극히 저하되므로 정치적 압력이나 학연·지연을 배제한 공정한 승진제
도와 적절한 승진제도를 보장해 줌으로써 사기를 앙양시킬 수 있다.
② 공무원단체 : 공무원에게 그들의 불이익의 제거와 행정의 대내적 민주화를 위한 방법
으로 공무원단체를 인정함으로써 사기를 앙양시킬 수 있다.

(2) 일반적인 공무원의 사기앙양방법

일반적인 공무원의 사기앙양방법에서 개인과 관계되는 방안으로는 민간기업과 물가수준
을 고려한 적정한 보수지급, 신분보장, 공정하고 합리적 승진제도, 연금제도 등이 있다. 조
직속에서 개인의 사기앙양방법으로는 공무원의 개인사정에 대한 고충처리제도의 마련하는
방안, 참여의 보장, 제안제도의 장치마련, 성과를 냈을 때의 포상제도 등이다. 또한 공무원
단체를 인정하여 권익을 보장하는 것, 직무확충제도의 활용도 공무원의 사기앙양방법이 될
수 있다.

제 2 절 보수제도

1. 의   의

(1) 개   념

보수란 공무원이 근무의 대가로 받는 금전적인 보상을 의미한다. 보수는 봉급과 각종 수
당으로 이루어진다. 일반적으로 보수는 공무원의 근무와 직무수행에 대한 반대급부이며 공
무원과 그 가족의 생활을 보장하기 위한 생활보장적 급부라는 이중적 성질을 지닌다. 여기
서 보수의 반대급부란 공무원의 직무에 대한 보상적 성격을 의미하며, 생활보장적 급부란
공무원의 보수가 공무원의 생계유지와 연관되었다는 의미다. 그러므로 공무원의 보수는 민
간의 임금을 고려하여 결정하고 보수의 압류가 제한되고 있다.

(2) 공무원 보수의 특성

1) 공무원 보수는 법정화되어 있어 융통성이 없고 경직성을 지니고 있다. 공무원 보수의
증가는 인건비 지출의 증가를 수반하여 국가재정에 커다란 부담을 준다. 이러한 요인

으로 공무원 보수의 탄력적 운용을 저해한다.

2) 공무원은 노동 3권의 제약 및 당정협의과정을 거치므로 정치권 통제의 대상이 되어 보수수준의 결정에 적극적으로 영향력을 행사하지 못한다.

3) 정부는 모범고용자로서 사회적·윤리적 의무가 강조된다. 그러므로 정부는 공무원에게 기본적인 생활유지가 가능하도록 해야 하므로 기본적 생계비 수준을 고려하여야 한다.

4) 정부활동이 비시장적 성격을 띠어 공무원의 노동가치와 기여도를 계산하기 어렵다. 공무원의 보수는 노동가치에 의해서 지불할 수 없으며 화폐나 시장가치로 환산이 어렵다.

5) 보수는 공무원의 근무의무의 사기와 밀접한 관계가 있다. 일반적으로 낮은 보수를 공무원의 사기를 저하시키고 유용한 인재를 확보하는 데 지장을 초래한다.

2. 공무원 보수결정의 요건

(1) 보수결정시 대외적 · 대내적 요인

공무원의 보수수준의 결정은 대외적 측면일 일반수준에서 먼저 결정하고 대내적 측면을 고려해야 한다. 보수의 결정시 대외적 측면과 대내적 측면은 다음과 같다.

1) 대외적 측면에서 결정요인 : 공무원의 보수가 대외적인 균형을 유지하는 것이 바람직하다. 민간기업과 비교하여 균형을 유지하도록 함으로써 유능한 인재를 공직에 유치할 수 있고 재직자의 이직을 막을 수 있다.

2) 대내적 측면에서 결정요인 : 보수가 대내적 측면에서도 형평성을 이루도록 해야 한다. 즉 이는 조직내에서의 보수가 상대적 관계를 나타내는 격차요인을 명확히 해야 한다. 즉 직무의 양, 작업조건, 학력·자격, 근속연한·부양가족수 등을 고려해야 한다.

(2) 보수수준의 결정요인

공무원의 보수는 상한선과 하한선을 고려하여 정한다. 상한선은 보수결정시 정부의 지불능력의 범위내에서 결정된다. 보수수준이 고용주의 지불능력에 의하여 제약되는 것은 정부나 민간기업이나 같다. 정부의 경우 공무원의 일반적인 보수수준은 납세자인 국민의 소득수준과 담세능력에 의해서 좌우된다. 보수수준의 하안선은 생계비 수준에 의해 결정된다. 보수수준을 결정할 때 다음과 같은 요인들을 고려한다.

1) 경제적 요인 : 첫째, 공무원의 보수는 국민소득 수준과 담세능력에 의해 제약된다. 또

한 공무원 보수는 국가의 지불능력에 의해 결정된다. 둘째, 민간기업의 임금수준과 비교하여 어느 정도 균형을 유지하는 수준에서 결정된다. 공무원 보수는 대외적으로 공평하게 보수가 지급되어야 한다. 셋째, 자원배분정책·경기변동정책으로서의 경제정책에 따라 고려된다. 넷째, 물가변동에 따른 물가수준을 고려해야 한다. 경제적 요인은 공무원의 보수수준을 최고로 어느 수준까지 정할 수 있느냐를 결정한다.

2) 사회적·윤리적 요인 : 사회·윤리적 요인으로 공무원 보수는 공익을 추구하는 정부는 모범적 고용주로서 정부에 노동력을 제공하는 공무원에게 생계비·생활비를 지급하여야 할 사회적·윤리적 의무를 가진다. 생계비의 수준은 일반적으로 빈곤수준, 최저생활 수준, 건강·체면유지 수준, 안락수준, 문화수준 등으로 구분할 수 있는데 적어도 건강·품위유지 수준의 생계비 수준에서 보수수준을 결정해야 한다. 한편으로 공무원은 국가에 대한 봉사자로의 역할도 강조되므로 지나치게 높은 임금을 받아서는 안 된다는 관념에서의 사회적·윤리적 요인도 있다. 사회적·윤리적 요인은 공무원의 보수수준을 최저로 어느 수준에서 결정해야 하느냐 하는 요인이다.

3) 부가적·정책적 요인 : 공무원의 보수를 결정함에 있어서는 휴가시간, 근무조건, 연금제도, 퇴직수당, 신분보장, 복지후생 등의 편익과 특혜 등의 부가적 요인이 고려된다.

4) 공무원집단의 기대와 노동시장의 요인 : 공무원의 보수결정에 있어서 공무원의 보수수준에 대한 기대와 요구도 고려해야 한다. 공무원의 생활수준을 고려하지 않고 보수나 수당을 삭감하는 것은 오히려 공무원의 반발과 행정의 비능률을 가져온다. 또한 노동시장의 조건도 고려해야 한다. 일반적으로 인력획득에 대한 경쟁이 심할 경우에는 보수수준을 높여야 한다.

5) 우리나라의 경우 국가공무원법 제46조는 공무원의 보수는 일반의 표준생계비·민간의 임금·기타 사정을 고려하여 직무의 곤란성과 책임의 정도에 상응하도록 계급별·직위별·직무등급별로 정한다고 되어 있다. 공무원의 보수가 과장급은 연봉제, 과장급 미만은 호봉제가 적용되고 있다.

3. 보수체계

(1) 형식적 분류

보수체계를 살펴보면 보수는 기본급과 부가급(수당)으로 되어 있다. 기본급은 매월 고정적으로 지급되는 보수이다. 하위직은 근무연한과 직급에 따라서 연공급의 직무급이 적용되며, 과장급 이상의 상위직은 연봉제가 적용되어 성과에 따라서 보수가 결정된다. 기본급은 직무급(노동의 가치 직무), 생활급, 연공급(근무연수), 직능급 등으로 나눈다. 부가급은 근무조건이나 기타 생활여건 등을 고려하여 지역수당, 초과근무수당, 위험수당, 특수업무수당으로 나누어진다. 부가급은 수당을 의미한다.

(2) 실질적 분류

1) 직무급체계

직무급이란 보수지급의 기준을 직무자체에 두어 동일직무에 대해 동일보수를 지급하는 보수제도를 말한다. 직위분류제를 채택하는 나라에서 실시한다. 직무급은 개개인이 맡고 있는 직무의 가치를 평가하여 임금을 결정한다. 즉 직무의 곤란도·책임도 등의 직무가치를 평가한다. 우리나라의 경우 직무수당을 기본급에 포함하고 있어 이를 부분적으로 수용하고 있다. 직무급은 공공부문에서 생산성 향상을 위한 적절한 제도이다. 직무급제도가 정착되기 위해서는 직무분석과 직무평가를 적절히 해야 한다. 일반적으로 직무급의 장점은 인건비의 효율적 관리와 책정이 용이하고, 개인별 임금격차로 인한 불만을 해소할 수 있고, 직무에 상응하는 급여의 지급이 가능하며, 노동시장에의 적응이 용이하고, 능력위주의 인사풍조가 조성되며, 하위직에 적용이 용이하다. 그러나 직무급은 절차가 복잡하고, 인사관리의 융통성이 결여되며, 학력과 연공중심문화에서는 저항이 심하고, 구성원들의 종신고용이 어렵다는 단점이 있다.

2) 생활급체계

생활급(연령급)은 개인의 연령과 가족상황을 기준으로 하여 보수를 지급하는 제도를 말한다. 생활급은 생계비를 기준으로 하는 보수체계로서 공무원과 부양가족의 생활을 보장하기 위한 제도이다.

3) 종합결정급체계

공무원의 생계비, 연령, 자격, 근속, 능력, 직무, 근무성적 등을 종합적으로 고려하여 지급하는 보수제도를 말한다. 현실적으로 대개 종합결정급체계 성격을 띠고 있다.

4) 근속급(연공급)

공무원의 근속연수를 기준으로 하여 임금수준을 결정한다. 근속급의 장점을 살펴보면 개개인의 생활을 유지·보전하고 폐쇄적 노동시장에서 인력관리가 용이하며, 생활보장으로 조직에 귀속의식이 확대되며, 연공서열중심의 문화에서 질서를 확립시킬 수 있다. 그러나 인건비부담이 가중되고, 능력 있고 젊은 직원의 사기가 저하되고, 전문직원의 확보가 곤란하고, 동일노동에 대한 동일임금의 실시가 곤란하고, 수동적·무사안일주의적인 근무태도가 나타나는 단점이 있다. 근속급의 설정기준은 직선형, 오목형, 볼록형, 혼합포물선형 등이 있다. 직선형은 호봉간의 봉급액이 일정하다. 오목형은 승급률은 일정하지만 승급액은 체증한다. 이는 근속연수가 많으면 인상폭이 커진다. 주로 전문직·일반관리직에 적용되며 가장 일반적이다. 볼록(철)형은 승급률과 승급액이 체감한다. 이는 근속연수가 많을수록 인상액이 점차 감소한다. 주로 육체, 단순부문에 적용된다. S자형은 승급률이 일정하다가 체감하기 시작하면 체증하던 승급액도 체감한다. S자형은 중간층을 우대할 수 있는 모형으로 가장 합리적 모형이다.

5) 자격급과 직능급

자격급은 공무원의 학력·면허증 등 자격을 기초로 결정하는 것이며, 직능급은 공무원의 직무수행능력에 따라서 보수를 지급하는 제도이다.

6) 실적급(성과급)

① 직무수행의 실적과 성과를 기준으로 한다. 즉 실적급은 실적이나 성과, 업적 등에 따라 급여를 지급하는 제도로 성과중심의 인사행정시스템을 구축할 수 있다.

② 성과급제도가 OECD의 많은 나라에서 채택하고 있다. 캐나다와 미국은 1980년 초, 호주·뉴질랜드·영국은 1980년대 후반부터 각각 도입하기 시작했다. 성과급제도는 주로 관리자계층을 대상으로 하고 있다. OECD국가에서 나타나 성과급의 문제점을 살펴보면 다음과 같다. 성과급 보상이 여러 사람에게 분배의 성격을 띠고 있으며, 중앙의 과도한 통제로 융통성이 결여되고, 국가재정의 부족으로 예산지원이 불충분하다. 일반적으로 성과에 대한 보상이 불충분할 때 공무원들이 냉소적인 태도를 유발하기도 한다.

③ 우리나라의 경우 그동안의 공무원 보수를 계급별에서 계급별 또는 직위별로 정하도록 하여 고급공무원들에게 연봉제를 적용하기 위한 제도의 틀을 마련하였다. 성과급을 도입하면 일반적으로 실적이 임금과 직결되어 직원들에게 직무에 대한 동기를 부여하고 연봉제를 통하여 우수한 인재를 확보할 수 있으며, 보수체계를 단순화시켜 보수관

리가 용이해진다. 또한 생산성에 관한 상하간의 의사전달을 촉진시킨다. 즉 부하는 목표수립과 업무수행과정에서 상사에게 자신의 의견을 밝힐 수 있다. 성과급은 공무원 개개인이 맡은 직무의 공헌도를 대상으로 하기 때문에 보수지급에서 형평성을 구현할 수 있다. 그러나 성과급은 개인과 집단간의 경쟁을 초래하며 바람직하지 못한 여러 가지 부작용을 초래할 수 있다. 우리 실정의 경우 업무가 협동이 필요한 경우가 많고 동료들간의 보수격차는 위화감을 조성할 수 있다. 민간과는 달리 공무원의 업무가 명확히 객관화가 어려우며 공무원의 실적을 정확히 측정하기 곤란한 경우가 많다. 또한 성과급이 공무원들의 맡은 직무만 매달려 다른 직무를 소홀히 할 경우 오히려 조직의 효율성은 저해된다. 우리나라의 경우 전통적으로 선임자우대원칙을 강조하는 문화인데 상급자의 연봉이 적은 경우 오히려 사기를 저하시킬 수 있다. 성과급을 정착시키기 위해서는 직무수행실적의 공정성이 중요하다고 본다.

4. 봉 급 표

봉급표는 기본급의 전체를 체계적으로 표시할 금액표이다. 봉급표는 대규모 조직의 보수관리에 불가결한 도구이다. 그러므로 봉급표는 보수관리의 표준화·체계화에 기여하며 인사행정에 필요한 정보를 제공하기도 한다. 봉급표를 작성할 때 중요결정사항으로 등급(계급)의 수, 등급의 폭(호봉), 등급간의 보수액의 중첩, 보수곡선 등이다.

1) 등급의 수 : 등급이란 직무급에서 직무의 가치를 표시한다. 등급은 공무원이 받는 보수액의 격차에 관한 단계를 구분하는 것이다. 등급의 수가 많아지면 동일직무에 대한 동일보수의 실현이 가능하나 보수액의 차가 적어진다. 일반적으로 직위분류제 국가는 등급의 수가 많아 기본급 중심이나 계급제 국가는 등급의 수가 적고 수당중심의 보수를 지급한다.

2) 등급의 폭 : 각 등급에는 최고액과 최저액 사이의 폭을 인정하고 그 사이에 폭을 설정하여 복수의 호봉을 책정하고 있다. 이와 같이 단일호봉이 아닌 복수의 호봉을 두는 것은 근무연한을 고려하여 줌으로써 근무의욕을 높이고, 능률을 향상시키고 만족감을 주어 장기근속자를 유도하기 위해서다. 호봉이란 각 등급내의 봉급단계이다.

3) 등급간의 보수액의 중첩 : 각 등급의 보수액을 책정하는 데 있어서 어떤 등급의 보수액의 폭이 상위등급이나 하위등급의 보수액의 폭과 일부가 중복되는 경우이다. 이는 승진이 어려운 장기근속자에게 혜택을 주고, 경험있는 공무원의 가치를 인정하기 위

해서다. 일반적으로 계급제하에서 중첩현상이 발생한다.

4) 보수곡선 : 공무원의 보수를 결정할 때에 등급 또는 호봉에 따라 보수액을 어떻게 책정하는 것이 적정한가의 문제인데, 일반적으로 고위직일수록 많은 보수를 지급하여 등급과 보수액간의 그래프가 J자형이 되도록 하는 것이 바람직하다는 것이다. 이유는 고위공무원일수록 곤란도·책임도가 증가하기 때문에 그에 대한 보상과 유능한 고위 공무원의 양성으로 직업공무원제의 취지에 부합되기 때문이다. 한편으로 J자형의 보수곡선이 초래하는 인건비 부담의 문제를 해결하기 위해서 일정 연령에 도달한 근로자의 정년을 보장하거나 연장하면서 임금을 삭감하는 제도로 임금피크제가 있다.

5) 수당 : 정규적인 기본급 외에 특정사유로 받는 부가급을 말하며, 대체로 보수행정이 합리화되어 있지 못한 계급제의 나라에서 수당의 종류가 많다.

5. 보수결정의 기본원칙

1) 직무급의 원칙 : 보수는 직무가 갖는 곤란성과 책임성의 정도에 상응해야 한다.
2) 비교·균형의 원칙 : 민간의 임금, 동일한 공무원집단내에서 공무원 상호간의 보수(경력직 공무원) 및 공무원집단 상호간의 보수(경력직 공무원과 특수경력직 공무원 상호간의 보수)는 균형을 이루어야 한다.
3) 보수법정의 원칙 : 공무원의 보수에 관한 모든 사항은 법령에 의하여야 한다.
4) 정제적응의 원칙 : 보수는 상황에 적합하게 조정되어야 한다.
5) 중복보수금지의 원칙 : 공무원이 두 개 또는 그 이상의 직위를 겸임하는 경우 보수의 지급은 둘 중 보수액이 높은 직위의 것만으로 이루어져야 한다는 것을 말한다.

6. 우리나라의 보수체계의 문제점

1) 보수체계의 불합리성 : 보수가 직종 간에 심한 불균형현상을 초래하고 있으며 각종 수당이 많고 보수체계가 복잡하다. 공무원의 보수가 기본급 인상보다는 각급수당을 신설하여 기본급이 왜곡되고 부가급의 수량이 지나치게 비대화되었다.
2) 민간부분과 비교하여 낮은 보수체계 : 보수가 민간부분과 비교하여 상대적으로 낮다고 볼 수 있다. 낮은 보수는 공무원의 부패를 조장시키고 사기를 저하시키고 있다. 또한 낮은 보수는 유능한 인재를 이직시키는 요인이 되기도 한다.

3) 직무와 보수간의 낮은 연계성 : 직무와 보수간의 관계가 불명확하고 실제로 보수가 동기부여의 기능을 하지 못하고 있다. 성과급의 경우 타당한 실적측정이 곤란하고 평정자의 능력부족과 공정성이 확보되는지 의문이다. 특히 5급 이하의 하위직 공무원에게 지급하는 성과상여금은 전년도 업무실적에 따라 차등지급하고 있다. 그러나 성과상여금이 나누어 먹기식 지급과 평가자의 불공정한 평가에 의한 불만과 소외감, 위화감을 조성한다. 한편으로 고위직에 적용되는 연봉제의 경우 단기적이고 가시적인 업적에만 집착할 우려가 있다.

4) 보수결정의 비합리성 : 보수결정이 가족의 생계비를 기준으로 하지 않고 정치적 논리에 의해서 결정되고 있다. 물가가 인상되고 경제가 어렵다고 하여 공무원 보수를 삭감하는 경우에 하위직 공무원의 생활에 고통을 주어 사기저하를 초래할 수 있다.

7. 보수체계의 개선방안

1) 적정수준의 보수지급 : 공무원의 보수를 국영기업체나 민간기업의 임금수준과 비교해서 어느 정도 균형을 유지하도록 해야 한다. 그럼으로써 유능한 인재를 유치하여 행정을 보다 발전시킬 수 있다.

2) 수당제도의 합리화 : 비대화·왜곡되고 있는 수당을 본봉에 통합해야 한다.

3) 성과급제도의 실시 : 공무원의 근무성적을 보다 객관적으로 평가할 기준을 마련하여 근무성적을 점수화하여 급여를 지급하는 성과급제도를 실시해야 한다. 이는 공직사회의 경쟁을 촉진하여 공무원의 복지부동을 타파할 수 있다.

4) 각 직종·직급간의 불균형해소 : 직종간의 불균형현상은 공무원의 불만을 조장하므로 보수체계를 평등화할 수 있도록 보수체계를 조정할 필요가 있다.

제3절   연금제도

1. 의   의

연금제도란 공무원이 스스로 대비할 수 없는 질병·노령·장애·사망 등에 대하여 사회적인 연대에 의하여 보상해 주려는 사회보장제도의 일종이다. 따라서 연금제도의 목적은 공무원 및 유가족의 생활안정과 복지향상에 기여하려는 것과, 공무원의 사기를 앙양시키고 유능한 인재를 공직에 유치하기 위해서 필요하다. 공무원연금제도의 한 유형인 공무원 퇴직연금이 있다. 퇴직연금의 성질에는 은혜설과 거치보수설이 있다. 은혜설은 연금을 공무원이 국가에 장기간 충실히 근무한 보답으로 생각한다. 따라서 공무원은 기여금을 내지 않고도 일정기간 근무하면 연금을 지급받을 수 있다. 단 근무 중에 잘못이 있으면 연금혜택을 받지 못한다. 거치보수설은 연금이란 일종의 거치된 보수라는 것이다. 거치보수설은 공무원의 재적시 보수의 일부를 정부가 정립하에 관리하다가 퇴직 후에 본인에게 지급하는 것이다. 연금은 직업공무원제 확립에 불가결한 요소이다.

2. 연금제도의 목적

1) 공무원의 사회보장 : 공무원의 퇴직에 대하여 국가가 경제적 보상으로 공무원의 미래의 생활을 보장함으로써 사기를 고양시키기 위해서다.
2) 인사관리의 필요성 : 연금제도는 노령이 된 공무원이 퇴직할 수 있게 함으로써 행정상의 능률성을 도모할 수 있는 인사관리의 수단이 된다. 즉 정부 입장에서 생산성이 떨어진 공무원을 지속적으로 근무하게 하는 것보다 적절한 연금을 지급함으로써 퇴직하게 하는 것이 오히려 경제적이고 조직을 젊게 할 수 있다.

3. 지급기간에 따른 분류와 재원조성방식

(1) 지급기간

공무원의 연금급여는 단기급여와 장기급여로 나누어진다. 장기급여로는 퇴직급여, 장해연금, 유족급여 퇴직수당 등이 있다. 단기급여로는 공무상 요양비, 공무상 요양일시금, 재해부조금·사망조위금 등이 있다. 이 가운데서 가장 중요한 것은 퇴직급여를 들 수 있는데 20년 이상 재직한 공무원에게는 사망시까지 매월 지급하는 퇴직연금과 한꺼번에 지급하는 퇴직연금일시금이 있다.

(2) 재원조성방식

1) 기금제와 비기금제 : 기금제는 필요한 재원을 마련하는 방법으로 미리 기금을 마련하

는 방법과 국가의 일반세입금 중에서 연금지출에 소요되는 재원을 마련하는 비기금제
가 있다. 미국과 한국은 기금제이다.

2) 기여제와 비기여제 : 기여제는 정부와 공무원이 공동으로 재원을 조성하여 연금을 마
련하는 제도이다. 우리나라의 경우 정부와 공무원 개인의 비용부담률은 5 : 5로 동등
하다. 개인기여금은 점점 더 높아질 전망이다. 비기여제는 재원조성을 전액부담하는
제도이다. 한편 공무원연금법 적용대상은 상시 공무에 종사자로서 장·차관위원회의
상임위원은 포함되나, 선거직으로 대통령, 국회의원 등은 제외된다. 군인은 군인연금
법이 따라 적용된다.

4. 공무원연금제도의 문제점과 개선방향

(1) 문 제 점

1) 공무원연금이 고갈되고 있다. 이는 구조조정과 명예퇴직으로 인해 많은 퇴직금을 일
시에 지급해야 하는 이유와 연금의 합리적 운영을 하지 못한 데 원인이 있다. 연금혜
택자는 증가하고 연금부담률은 민간부문과 비교하여 적다. 공무원의 보수가 기본급
보다 수당이 비대화되어 있어, 이를 시정하도록 하여 공무원의 연금부담률을 적정히
해야 한다.

2) 연금기금의 운영이 비효율적이다. 연금기금은 대규모 국가의 공적자금이다. 우리나라
의 경우 연금기금을 사회개발에 활용하면서 예탁수익률을 낮게 적용하였으며 또한 연
금으로 운영하는 후생복지사업들이 비효율적으로 운영되어 왔다.

(2) 개선방향

1) 연금제도의 문제점들을 개선하기 위해서는 정부예산에서 연금재정을 지원하여 연금
의 고갈로 인한 공무원의 심리적 불안을 해소하고, 연금기금과 복지사업의 운영의 개
선책을 마련해야 한다.

2) 우리나라의 연금제도의 개혁안으로 최저복무기간을 20년에서 10년으로 공무원 기여
금을 기준소득월액의 9%로 인상하고 연금지급개시연령은 65세부터로 연장하였으며
재직기간의 상한연장도 36년까지 인정하였다. 또한 전·현직 공무원 모두 유족연금지
급을 기존 70%에서 60%로 하향조정하였다.

제 4 절   신분보장

1. 의   의

공무원의 신분보장은 공무원이 자기의사에 반하여 관직을 상실하거나 혹은 관직의 보유에 따른 각종의 권리를 함부로 제한 내지 빼앗기지 않도록 제도적인 보장을 약속하는 것을 말한다. 우리나라 현행 국가공무원법 제68조는 경력직 공무원은 형의 선고, 징계처분 또는 이 법에 정하는 사유에 의하지 아니하고는 그 의사에 반하여 휴직·강임 또는 면직을 당하지 아니한다고 규정하고 있다. 다만 직무등급이 가장 높은 등급의 직위에 임용된 고위공무원단에 속하는 공무원은 그렇지 않다. 특수경력직 공무원은 대부분 신분보장을 받지 못한다.[1]

2. 신분보장의 필요성

1) 공무원의 신분이 보장됨으로써 행정의 안정성·계속성을 확보할 수 있고, 공무원의 전문성·능률성을 향상하기 위한 것으로 직업공무원제의 필수요소이다.
2) 외부의 압력 및 정치적 영향을 배제하여 행정의 중립성·공평성을 보장할 수 있으며 인사권자의 자의방지를 함으로써 공무원의 사기를 높일 수 있다.
3) 신분보장으로 공직자의 창의적·자율적인 직무수행을 촉진시킬 수 있다. 공무원의 신분보장이 안 되면 윗사람의 눈치만 보고 소극적 태도로 공무수행에 임한다.

3. 신분보장의 한계

1) 공무원의 신분보장을 너무 지나치게 하면 행정에 대한 민주통제 및 관리자의 감독이 어렵고 관료의 특권화와 무사안일주의를 초래하게 되며, 무능한 자나 불필요한 자를 공직에서 배제할 수 없다. 그러므로 신분보장은 절대적 보장이 아닌 일정한 한계가 있어야 한다. 신분보장이 공무원이 한번 채용되면 잘못이 있더라도 절대로 면직시킬 수 없다면 무능한 공무원들이 양산되고 공무원들이 국민의 이익보다는 자신의 이익을 추구하는 형태가 발생할 수 있다. 공무원의 신분을 보장하는 이유가 개인의 이익을

---

[1] 단 특수경력직에서도 감사위원이나 소청심사위원은 일정기간 동안 신분보장을 받는다.

위해서가 아니다. 공무원이 맡은 임무를 지속적으로 수행함으로써 국가와 국민에게 봉사하려는 것이다.

2) 우리나라의 경우 법적으로 신분이 보장되고 있으나 실질적으로 공무원의 신분을 위협하는 수단이 많다. 즉 감원제도, 징계절차를 거치지 않은 직위해제, 권고사직, 직권면직, 좌천 등이 있다.

4. 공무원의 신분에 영향을 미치는 제도

(1) 정년제도

정년제도란 공무원의 직무수행능력의 기준을 연령에 두고 일정한 연령에 달하였을 때 본인의 의사와는 무관하게 당연히 퇴직시키는 제도를 말한다. 정년제도는 법이 정한 일정한 연령이 되면 공직에서 물러나게 하므로 공직에 젊은 인력의 등용은 신진대사를 원활히 하고 자동화·정보화에 대응하여 정부업무의 능률적인 수행을 위해서 필요한 제도이다.

1) 연령정년제

① 연령정년제란 정년연령에 도달하면 해당 공무원을 자동적으로 퇴직시키는 제도를 말한다. 연령정년제는 고령자의 퇴직을 촉진시키고 젊은 사람에게 승진의 기회를 넓혀줄 수 있으나 한편으로 평균수명이 늘어나고 있는 추세에 비추어 볼 때 우리나라의 경우 정년이 너무 낮다고 볼 수 있다. 현재 우리나라 공무원의 정년은 60세이다.

② 연령정년제도는 고령자들의 퇴직을 촉진하여 조직의 신진대사를 원활히 할 수 있고, 인적자원의 계획수립과 시행하기가 용이하다는 장점이 있다. 그러나 풍부한 경험과 유용한 인적자원을 강제적으로 퇴직시켜 오히려 유용성이 있는 인적자원을 활용할 수 없고, 정년을 앞둔 공무원들의 무사안일한 근무자세가 발생할 우려가 있고, 부하직원의 평가나 감독을 소홀히 할 우려가 있다.

2) 근속정년제

공무원이 공직에 임용된 후에 일정한 근속기간이 지나면 자동적으로 퇴직시키는 제도를 말한다. 이 제도는 공직의 유동성을 높일 수 있다는 장점을 가지고 있다.

3) 계급정년제[2]

① 의의 : 공무원이 일정기간 동안 승진하지 못하고 동일계급에 머무는 경우 기간의 만료와 함께 자동적으로 퇴직시키는 제도이다. 군인·검찰 등 일부 특정직에 적용된다.

② 계급정년제의 장점

㉠ 전통적인 관료문화를 신속히 타파하는 데 도움을 준다. 계급정년제는 공직의 유동률이 높아 전통적인 관료행태를 가진 공직자는 물러나고 새로운 인재들이 정부에 흡수된다.

㉡ 국민이 공직에 참여할 수 있는 기회가 증가되어 정부관료제의 민주화에 기여한다.

㉢ 무능한 공무원을 도태시킬 수 있는 방편이 될 수 있다.

㉣ 공무원의 유동률을 적정선에 끌어 올릴 수 있다. 이는 공무원이 발전할 수 있는 기회를 넓히고 필요한 새로운 인재를 받아들이기 용이하다.

㉤ 계급정년제가 징계, 면직 등의 다른 강제퇴직보다는 객관적으로 운영될 수 있다.

③ 계급정년제의 단점

㉠ 계급정년제는 직업공무원제의 관념에 배치된다. 즉 계급정년제가 정부의 목적과 이익을 위해서 공직에 참여한 개인을 희생시키며, 해당 공무원의 신분불안으로 사기가 저하될 수 있다.

㉡ 계급정년제가 직업적 안정을 해치고 공무원의 사기를 저하시킬 위험이 있다.

㉢ 정부업무에 숙달된 인력배제로 정부에 손실을 가져온다. 신규인력을 훈련시키고 업무에 정통하도록 하는 것은 하루아침에 이루어지지 않는다.

㉣ 퇴직기준의 획일적 적용으로 행정의 계속성·안정성을 저해한다.

(2) 징계제도

1) 의의

징계란 법령·규칙·명령위반 등에 대한 처벌을 하는 것을 의미한다. 예컨대 직무상의 의무위반·직무태만·체면 또는 위신을 손상했을 때 징계의 대상이 된다. 징계는 공무원으로 하여금 직무를 보다 성실히 수행하도록 함과 동시에 행동규범을 준수하도록 하는 통제의 성격을 지닌다. 그러므로 징계는 자주 행하는 것으로 바람직하지 못하며 부하직원이 잘못이 있으면 일차적으로 훈계하도록 해야 한다. 그러나 부하직원의 행태가 아주 나쁘면 즉각

---

2) 김중양, 1998, <인사행정론> 서울: 법문사.

징계조치를 하며 조직의 기강을 확립해야 한다. 우리나라의 경우 징계사유가 지나치게 추상적이고 포괄적이어서 징계의 빈도가 저조하고 징계를 받더라도 잘못이 외부에 노출된 경우에만 징계하고 있다. 징계의 종류는 다섯 가지로 세분화되어 있다.

2) 징계의 종류

① 견책 : 전과에 대해 훈계하고 회개하는 하는 것으로 공식절차에 의하면 인사기록에 남는다. 징계처분 중에서 가장 가벼운 징계이며 6개월간 승급이 정지된다.

② 감봉 : 1월 이상 3월 이하의 기간 동안 보수의 3분의 1을 감한다. 1년간 승급이 정지된다. 강임은 징계가 아니다. 강임은 직제나 정원의 변경 시에 같은 직렬 내에서 하위 직급에 임명하는 것을 말한다.

③ 정직 : 1월 이상 3월 이하의 기간 동안 공무원의 신분은 보호하되 직무에 종사하지 못하고 보수의 전액을 감한다. 1년 6개월간 승급이 정지된다.

④ 해임 : 해임이란 공무원관계를 해제하는 징계처분이다. 해제사유가 있는 경우는 임명권자는 직권해임할 수 있으며, 이 경우에 필요한 절차를 거치지 않았다고 하더라도 해임처분은 위법이 아니다. 퇴직급여에 영향이 없으나 3년간 임용자격이 제한된다. 다만 공금횡령과 유용 등으로 해임된 경우는 퇴직급여의 1/8~1/4이 지급제한되고 징계부과금이 금액의 5배내에서 부과할 수도 있다.

⑤ 파면 : 공무원을 강제로 퇴직시키는 처분으로 5년간 임용자격이 제한되고 퇴직급여의 1/4~1/2이 삭감된다. 다만 5년 미만인 근무자는 퇴직급여의 1/4이 삭감된다.

3) 징계기관과 절차

① 징계기관

우리나라 정부의 징계위원회의 종류와 관할범위는 다음과 같다.

㉠ 중앙징계위원회 : 국무총리소속하에 설치되며, 위원장 1인은 행정안전부장관을 포함하여 위원 17명 이상 33명 이하의 공무원위원과 민간위원으로 구성된다. 민간위원의 수는 위원장을 제외한 위원수의 1/2 이상이 되어야 한다. 위원장이 회의마다 지명하는 8명의 위원(민간위원이 5명 이상) 중 5인 이상의 출석과 출석위원 과반수의 찬성으로 징계를 의결한다. 중앙징계위원회는 고위공무원단에 속하는 공무원, 5급 이상 공무원, 연구관 및 지도관의 징계사건, 국무총리가 징계의결을 요구한 6급 이하 공무원·연구사, 지도사 징계사건 중앙행정기관 소속의 6급 이하 공무원의 중징계요구사건을 다룬다.

ⓒ 보통징계위원회 : 중앙행정기관 소속으로 6급 이하 공무원 등의 징계사건을 심의·의
결하고 담당한다. 위원장 1명을 포함하여 9명 이상 15명 이하의 공무원 위원과 민간
위원으로 구성된다. 민간위원의 수는 위원장을 제외한 위원 수의 1/2 이상으로 한다.

② 절차

㉠ 징계사유가 발생하면 해당 기관의 장이 관할징계위원회에 징계의결을 요구한다. 징계
의결요구서가 접수되면 중앙징계위원회는 60일 이내에, 보통징계위원회는 30일 이내
에 징계에 관한 의결을 한다. 징계사건을 심의할 때에는 징계대상자도 징계위원회에
출석하여 진술할 수 있다.

㉡ 징계처분권자는 징계의결서를 받은 날로부터 15일 이내에 이를 집행하여야 한다.

(3) 감 원

감원이란 정부조직의 사정변경 때문에 일부의 공무원이 필요 없게 되어 퇴직시키는 것을
말한다. 이는 전적으로 정부의 사정에 의한 일방적·강제적 퇴직이다. 국가공무원법 제70조
는 직제와 정원의 개폐 또는 예산의 감소 등에 의해서 폐직과 과원이 발생시는 임용권자가
공무원을 직권으로 면직시킬 수 있다고 규정하고 있다.

(4) 직위해제와 대기명령제도

1) 직위해제란 공무원으로서의 직분은 유지되면서 직무담임을 해제하는 행위를 말한다.
직위해제사유는 직무수행능력·태도 및 근무성적이 극히 불량한 자, 파면·해임·정직
등 중징계의결이 요구 중인 자, 형사사건으로 기소된 자, 고위공무원단에 속하는 공무
원 중 근무성적이 불량하여 수시적격심사요구를 받은 자 등이다. 형사사건으로 기소
된 공무원은 반드시 직위를 해제하는 것이 아니고 임용권자가 직위해제 여부를 구체
적으로 검토하여 결정한다.

2) 대기명령이란 직무수행능력이 부족하거나 근무성적이 극히 불량하여 직위가 해제된
자에 대하여 3개월 이내의 기간 대기를 명하고 능력회복 및 태도개선을 위한 교육훈
련 또는 특별한 연구과제의 부여 등 필요조치를 취하는 제도를 말한다. 대기명령을
받은 자가 그 기간 중 능력향상이나 근무향상을 기대하기 어렵다고 인정될 때에는 징
계위원회의 동의를 거쳐 직권면직을 할 수 있다.

(5) 면   직

면직이란 공무원의 신분을 상실시키는 행위를 말한다. 면직은 의원면직과 일방적 면직의 2종으로 나누어진다.

1) 의원면직

의원면직이란 공무원자신의 사의표시에 의하여 공무원관계를 소멸시키는 행위를 말한다. 공무원의 사의표시가 있어도 임용권자에 의한 면직처분이 있기까지는 공무원관계는 존속한다. 강요에 의한 사직원 제출에 의한 처분은 무효사유가 된다. 그러나 실제로 많은 경우에 강요에 의한 권고사직을 당하는 경우가 있다.

2) 일방적 면직

본인의 의사와 상관없이 일방적으로 행해지는 면직처분이다. 이는 징계면직과 직권면직으로 나누어진다.

① 징계면직은 해임과 파면이 있다.

② 직권면직 : 직권면직이란 공무원관계를 계속 유지할 수 없는 사유를 이유로 일방적으로 행해지는 면직처분을 말한다. 국가공무원법 제70조는 다음 사항의 경우에 직권면직을 할 수 있다고 규정하고 있다.

　㉠ 직제와 정원의 개폐 또는 예산의 감소 등에 의하여 폐직과 과원이 발생되었을 때는 직권면직이 가능하다. 이 경우 관할징계위원회의 의견을 들어야 한다.

　㉡ 휴직기간의 만료 또는 휴직사유가 소멸된 후에도 직무에 복귀하지 아니하거나 직무를 감당할 수 없을 때는 직권면직이 가능하다.

　㉢ 대기명령을 받은 자가 그 기간 중 능력 또는 근무성적의 향상을 기대하기 어렵다고 인정된 때, 이 경우는 징계위원회의 동의를 얻어야 한다.

　㉣ 전직시험에 3회 이상 불합격한 자로서 직무수행능력이 부족하다고 인정될 때이다.

　㉤ 징병검사, 입병 또는 소집의 명령을 받고 정당한 이유 없이 이를 기피하거나 군복무를 위하여 휴직 중에 있는 자가 근무를 이탈하였을 때이다.

　㉥ 당해 직급에서 직무를 수행하는데 필요한 자격증의 효력이 상실되었거나 면허가 취소되어 담당직무를 수행할 수 없게 된 때에는 직권으로 면직시킬 수 있다.

(6) 전보(좌천) · 권고사직 · 명예퇴직제도

1) 전보(좌천) : 정식 징계절차를 거치지 않고 직장내의 인간관계를 고려하여 중앙에서
   지방으로 내려 보내거나, 요직에서 한직으로 좌천하는 데 활용되어 왔다.
2) 권고사직 : 법적 근거는 없지만 파면해야 할 사람을 자발적 퇴직의 형식을 갖추면서
   강제퇴직시키는 제도이다. 권고사직은 편법으로 사용되고 있다.
3) 명예퇴직제도 : 공무원으로서 20년 이상 근속한 자가 정년퇴직 전에 자진퇴진하는 경
   우 예산의 범위내에서 명예퇴직수당을 지급한다. 명예퇴직제도는 장기근속자에 대한
   명예로운 퇴직기회 부여와 퇴직시 금전적으로 보상함으로써 그동안의 노고를 보답하
   고, 공무원들의 사기진작과 공직사회의 신진대사에 기여하기 위하여 마련하는 제도
   이다.

5. 소청심사제도

(1) 의   의

　소청심사제도란 공무원이 징계처분, 기타 그 의사에 반하는 불리한 처분을 받은 경우에
그에 불복하여 이의를 제기하는 경우, 이를 심사하여 구제하는 절차이다. 우리나라의 경우
준사법적 합의제 의결기관으로 인사혁신처에 설치된 소청심사위원회에서 담당한다. 그 외
헌법상 독립기관은 독립기관별 소청심사위원회에서, 지방자치단체는 시도별 소청심사위원
회에서 담당하고 있다. 소청심사제도는 공무원의 권익보장과 행정질서 확립을 목적으로 하
는 제도이다.

(2) 심사청구특성

1) 심사청구특성은 신분상의 불이익처분으로 징계처분, 강압에 의한 의원면직, 휴직, 강
   임, 직위해제 등이 해당되며 복직거부 등의 부작위 등이다. 그러나 근무성적평 정·인
   사탈락에 의한 불복은 소청이 인정되지 않는다.
2) 대상공무원 : 대상공무원은 신분보장이 되는 경력직 공무원이 해당되며 특수경력직
   공무원은 소청을 청구할 수 없다.
3) 소청심사특징 : 소청심사제도는 행정소송을 하기 전에 의무적 사항이다. 따라서 소청
   을 청구하지 않고서는 행정소송을 할 수 없다. 또한 소청심사위원회의 결정은 처분청

의 행위를 기속한다.

(3) 청구심사기관과 결정

1) 중앙인사위원회의 소청심사위원회는 위원장 1명 포함한 5~7명 이하의 상임위원과 상임위원 수의 2분의 1이상인 비상임위원으로 구성하되, 위원장은 정무직으로 한다.

2) 소송심사청구기간은 징계처분·강임·휴직 또는 면직처분을 행할 때는 공무원에게 처분사유가 기재된 설명서를 교부해야 하는데 이 경우 공무원은 이를 받은 날로부터 30일 이내에 소청을 제기할 수 있다. 소청심사시에 소청인은 진술권을 가지며, 진술의 기회를 부여하지 않는 소청심사위원회의 결정은 무효이다. 근평결과, 승진탈락, 변상명령 등은 소청 대상이 되지 않는다.

3) 소청심사위원회는 소청사건을 접수한 날로부터 60일 이내에 재적위원 중 2/3 이상 출석, 출석위원 과반수 합의로 결정된다. 다만 불가피하다고 인정되면 소청심사위원회의 의결과 30일 연장이 가능하다.

4) 소청을 제기한 자가 소청심사위원회의 결정에 불복이 있을 때에는 결정서를 송달받은 날로부터 90일 이내에 관한 행정법원에 행정소송을 제기할 수 있다. 소청심사위원회의 결정은 처분 행정청을 기속하며, 행정소송은 소청심사위원회의 심사·결정을 거치지 아니하면 제기할 수 없다. 특수경력직 공무원과 검사는 소청 대상에서 제외된다.

> ### 제5절   제안제도와 고충처리제도

1. 제안제도

(1) 의   의

제안제도란 행정의 개선을 가져올 수 있는 새로운 아이디어를 제안하도록 하고, 그것이 행정의 능률화에 기여한 경우에 정도에 따른 적정한 보상을 하는 제도를 말한다. 일반적으로 제안이란 정부의 모집에 응하여 행정운영의 능률화를 위한 창의적인 의견을 말하나, 창안이란 심사결과 채택된 대안을 말한다. 제안제도의 목적은 행정능률의 향상으로 업무개선을 가져오는 데 있다.

(2) 제안제도의 장·단점

1) 장점

① 저렴한 비용으로 행정의 관리개선이 가능하며 행정의 능률화를 기할 수 있으며 하위
   계층의 참여기회의 제공으로 하의상달의 촉진 및 인간관계의 개선에 도움이 된다.
② 공무원의 창의력을 활용할 수 있고, 관리층과 하급자간의 의사소통을 촉진시킨다.
③ 직무에 대한 관심을 갖게 하고 공무원의 근무의욕을 고취할 수 있다.
④ 조직구성원에게 인정감·일체감·귀속감을 높여주어 사기를 앙양시킨다.

2) 단점

① 조직구성원간의 경쟁심리를 자극하여 인간관계의 악화를 초래할 수 있다.
② 제안에 대한 합리적인 심사가 어렵고, 심사에 장기간 시간이 요구된다.
③ 상사와 대립되는 의견을 제안하는 경우 상·하간에 긴장과 갈등의 우려가 있다.

2. 고충처리제도

(1) 개   념

고충처리제도란 공무원의 조직생활과 관련하여 고충을 심사하여 그 해결책을 강구하는 절차이다. 즉 공무원이 인사운영이나 근무조건에 불만이 있는 경우 애로사항을 해결하려는 제도이다. 고충처리제도는 소청심사제도와 같이 공무원의 권리와 신분을 보장하기 위한 제도이다. 따라서 고충처리절차에서 다루는 것은 조직생활상의 문제에 한정되는 것이 원칙이다.

(2) 필 요 성

고충처리제도는 근로조건과 인사관리, 기타 신상문제를 해결함으로써 공무원의 신분보장과 직업공무원제도의 발전에 기여하고 공무원의 사기를 앙양시키며 공무원의 권익을 보장한다. 우리나라는 1981년 공무원 고충처리 규정을 제정하여 인사관리, 근로기준, 신상문제 등에 불만이 있는 경우에 고충심사를 청구할 수 있다.

(3) 처리절차

고충처리는 일차적으로 감독자가 처리하는 비공식절차와 고충처리를 전담한 기관에서 해

결하는 공식절차가 있다.

1) 비공식절차에 의한 처리

고충처리는 공식절차보다는 비공식절차에 의해서 처리하는 것이 바람직하다. 비공식처리는 감독자가 직원과의 대화를 통해서 해결함으로써 직원들의 불평사항을 보다 빨리 발견하여 신속히 처리하는 장점이 있다.

2) 공식절차에 의한 처리

① 공식절차는 법적으로 보장된 고충처리전담기관에서 처리한다. 중앙고충심사위원회의 기능은 소청심사위원회가 관장한다. 중앙고충심사위원회는 5급 이상 공무원의 인사상담 및 고충을 심사한다. 보통고충심사위원회는 소속 6급 이하 공무원의 인사상담과 고충을 심사한다. 고충심사는 30일 이내에 결정하여 통보해야 한다.

② 공무원들이 직장생활에 불만이 발생할 수 있다. 즉 열악한 작업환경, 과중한 업무부담, 동료화의 불화문제, 불공평한 인사, 상관의 지나친 간섭과 통제 등으로 스트레스가 발생할 수 있다. 이러한 불만은 감독자는 직원의 불평사항에 대해서 신속히 처리하는 것이 바람직하나, 감독자에 의한 고충을 처리할 수 없는 경우는 독립된 합의제 기관인 고충처리심사위원회를 통해서 처리하는 것이 바람직하다.

(4) 고충심사대상

1) 근무조건 : 봉급·수당 등 보수에 관한 사항, 근무시간·휴가에 관한 사항, 업무량, 시설안전 등 근무환경에 관한 사항, 주거·교통 및 식사편의제공 등 후생복지에 관한 사항 등이 대상이 된다.

2) 인사관리 : 승진·전직·전보 등 임용에 관한 사항으로서 임용권자의 재량에 관한 사항, 근무성적평점·교육훈련 등 인사행정의 기준에 관한 사항 등이 해당된다.

3) 신상문제 : 성별·연령별·종교별 등에 관한 차별대우, 기타 개인의 정신적·심리적·신체적 장애로 인하여 발생되는 직무수행과 관련된 사항 등이다.

(5) 소청심사제도와 비교

소청심사제도는 공무원이 징계처분, 기타 그 의사에 반하는 불리한 처분을 받은 경우에 그에 불복하여 이의를 제기하여 이를 심사하여 구제하는 행정심판제도이다. 이러한 점으로 보아 소청심사제도는 사법적 보완기능을 통해서 공무원의 권리를 구제한다. 그러나 고충처리제도는 공무원의 불만이나 애로사항을 해결하기 위해서 인사상담을 통해서 공무원들의 심리적 불안감을 해소하는 데 중점을 두고 있다. 따라서 고충처리제도는 사법적 보완기능이 없다.

제6장 공무원의 행동윤리규범

공무원의 행동윤리규범

제1절   정치적 중립

1. 의   의

1) 공무원의 정치적 중립이란 어느 정당이 집권하든 공평무사하게 봉사하는 것을 의미한다. 즉 공무원은 국민에 대한 봉사자이며 국민에 대하여 책임을 져야 하는바, 공무원은 특정정당이나 특정단체의 이익을 위해서 봉사하는 것이 아니며 오직 국민을 위해서 봉사하는 공복이어야 한다.

2) 공무원의 정치적 중립은 실적주의의 등장과 밀접한 관계가 있다. 실적주의는 엽관주의 폐해로 등장했다. 엽관주의하에서 공무원은 특정정당에 좌우되어 국민보다는 정당을 위해서 봉사하여 행정의 비능률을 초래하고 행정의 계속성을 저해시켰다. 따라서 실적주의 확립으로 공무원의 정치적 중립이 유지되면 행정은 정치적 간섭을 벗어나 공무원의 신분을 보호함으로써 행정의 안정성과 계속성을 확보할 수 있다.

3) 공무원의 정치적 중립이 현대행정에서 공무원이 정치로부터 완전히 단절되어야 하는 것을 의미하는 것은 아니다. 공무원의 정치적 중립이 공무원을 정치적으로 무감각하게 만들거나, 정책형성에 공무원의 참여를 배제하자는 의미는 아니다. 따라서 공무원의 정치적 중립은 정치집단의 압력을 배제하는 것이지 행정이 정치로부터 단절을 의미하는 것이 아니다.

2. 정치적 중립의 필요성

1) 공익의 증진과 민주정치의 기본질서의 확립 : 공무원의 정치적 중립이란 어느 정당의
   지도자가 정권을 잡든 공무원은 동등한 충성심을 발휘하여 공평하게 봉사하여야 한
   다. 그럼으로써 공익을 증진하고 민주정치의 기본질서를 확립시킬 수 있다.

2) 행정의 안정성·계속성의 유지 : 공무원의 정치적 중립성을 유지함으로써 공무원의 신
   분이 보장되어 행정의 안정성·계속성을 유지할 수 있고 직무수행에 전념할 수 있다.
   특히 직업공무원제의 이러한 역할은 매우 중요하다. 또한 관료제의 비정치화를 통하
   여 정권교체마다 발생하는 행정의 동요를 예방할 수 있다.

3) 행정의 능률성·전문성의 확보 : 공무원의 정치적 중립은 정치집단의 압력이 배제되어
   행정의 능률성·전문성을 확보할 수 있다.

4) 관료제의 신뢰성 회복과 공직의 부패방지 : 공무원집단이 특정정치세력에 좌우되면 국
   민을 위해서 봉사하기보다는 정치세력의 시녀로 전락한다. 공무원의 정치적 중립을
   지킴으로써 정부에 충성을 하고 관료제에 대한 국민의 신임을 확보하고 공직의 부패
   를 방지할 수 있다. 개발도상국가에서는 공무원의 정치적 중립을 엄정하게 함으로써
   정치체제내의 균형을 유지할 수 있다.

3. 정치적 중립의 내용

공무원의 정치적 중립은 두 가지로 나누어 볼 수 있다. 하나는 정치세력의 간섭을 못하게
히는 외부간섭으로부터 보호와 공무원의 징치활동을 세한하는 것이다. 즉 공부원의 정당의
가입금지, 특정정당의 지지·반대금지 등이다. 일반적으로 엽관주의나 정실주의의 폐해를
겪었던 국가일수록 공무원의 정치활동을 제한하고 있는데 미국이 대표적이다. 미국은 공무
원의 정치적 중립이 엄격히 요구되고 있다. 펜들턴(Pendleton)법에 의하여 공무원의 정치적
중립원칙이 명시되었으며, 뉴딜정책 실시와 더불어 정당의 정책침해를 막기 위하여 공무원
의 정치활동을 광범하게 제한하는 해치(Hatch)법이 제정되었다. Hatch법의 공무원의 정치
활동에 관한 주요 금지내용을 살펴보면 다음과 같다. 공무원의 선거자금제공의 금지, 선거
운동금지, 공무원의 입후보금지, 공무원조합의 정치활동금지 등이다. 영국은 적응성이 높은
정치제도를 발전시켜 온 영국은 미국과 달리 공무원의 정치활동도 지나치게 제한하지 않고
있다.

4. 정치적 중립에 대한 비판

1) 공무원의 정치적 중립을 강조하게 되면 국민의사 형성과정에서의 공무원 의사가 배제된다. 한 나라의 인구의 상당부문을 차지하는 공무원집단을 국민의사 형성과정인 정치과정에서 배제하는 것은 무리라는 견해이다. 즉 공무원의 정당활동을 배제하면 공무원들의 의사가 정책결정과정에 반영될 여지가 없다.

2) 민주주의 원칙에 위배된다. 민주정치의 원칙은 정치활동에 대한 광범한 참여를 바탕으로 한다. 그런데 공무원에게 정치활동을 제한한다는 것은 민주주의 원칙에 반하며, 어느 특정집단만의 정치적 자유를 제한하는 것은 불공평하다는 것이다.

3) 참여적 관료제의 발달을 저해한다. 참여적 관료제란 중간관리층 이하의 공무원들이 정책결정에 참여하고 자기의견을 대내외적으로 표현할 수 있는 관료제를 말한다. 그런데 공무원의 정치참여제한은 참여적 관료제의 발전을 저해한다고 본다.

4) 정치·행정 일원론에 위배된다. 오늘날 정치와 행정을 연속과정으로 이해할 때 공무원의 정치적 중립을 주장할 이유가 없다는 견해다. 엽관주의 폐해가 심했던 과거의 상황은 정치로부터 행정을 배제함으로써 행정의 안정성·전문성을 유지할 필요가 있었다. 그러나 오늘날은 정치행정 일원론적 상황에서 공무원의 정치활동을 엄격히 규제할 필요가 없다고 본다.

5) 오늘날 공무원의 능동성을 강조하고 있다. 공무원의 정치적 중립의 강조는 국민의 요구에 공무원들이 무관심한 태도를 갖게 하며, 사회의 다양한 집단의 의견의 조정이 요구되는 시기에 공무원의 정치적 중립은 적합하지 않다고 본다.

5. 우리나라 공무원의 정치적 중립

(1) 국가공무원법상의 제약규정

공무원은 정당, 기타 정치단체의 구성에 관여하거나 이에 가입할 수 없으며, 공무원은 선거에 있어서 특정정당 또는 특정인의 지지나 반대를 할 수 없다. 다만, 대통령령으로 정하는 특수경력직 공무원은 정치운동의 금지에 관한 공무원법의 규정이 적용되지 아니한다.

(2) 정치적 중립이 미약한 이유

1) 공무원의 민주적 공적관이 확립되지 못하여 공무원이 진급이나 출세를 위해서 특정정

당과 밀착하는 경향이 있었다. 이러한 이유는 그동안 우리나라가 평화적 정권교체가 거의 이루어지지 않았기 때문이다. 정당간의 정권교체가 이루어지면 공무원은 특정정 당에만 정보를 제공하는 행태는 사라질 것이다.

2) 정실인사로 인한 공무원의 낮은 신분보장 때문이다. 정부수립 후 우리나라의 공무원집 단은 그 자체가 정치화되기보다는 정치세력에 의해서 이용당하기도 했다. 새로운 집권 당은 개혁과 구조조정이라는 명분으로 고위직 공무원을 관직으로부터 추방하였다.

6. 공무원의 정치적 중립 확보방안

1) 공무원 윤리의식의 확립 : 공무원은 개인적 입장을 떠나 국가를 위해서 봉사한다는 사 명감을 가지고 직무에 전념해야 한다. 이러한 윤리의식이 확립됨으로써 공무원의 음 성적인 선거운동을 예방할 수 있다.

2) 정치환경의 정상화 : 정치적 중립은 정치적, 사회적 여건이 선행되어야 한다. 즉 정당 간의 평화적 정권교체나 건전한 선거제도가 확립, 정치체제의 균형발전, 정당제도의 발달 등이 정착되므로 정치적 중립은 확립될 수 있다.

3) 인사의 공정성 확보 방안장치 마련 : 인사의 공정성을 위해서 직업공무원제와 실직제 를 바탕으로 하는 인사행정이 정착되도록 해야 한다. 인사의 공정성 확보가 마련되지 않으면 공무원은 정치적 상관관계에 의한 압력으로부터 벗어날 수가 없다.

4) 국민의식수준의 향상 : 민주적 정치윤리관을 확립하기 위해서는 공무원뿐만 아니라 국민의 높은 정치의식과 주권의식이 확립되어야 한다. 국민의 높은 정치의식은 국민 들이 행정을 감시·비판하여 징치세력과 결탁하는 행정의 부패를 예방할 수 있다. 오 늘날 행정은 정치세력을 비롯한 외부세력과 결탁하여 그들의 이익을 옹호할 가능성이 있다. 이러한 문제점들을 사전에 예방하기 위해서는 시민들의 행정에 대한 통제가 강 화되어야 한다.

제2절 공무원단체

1. 의 의

공무원단체란 공무원의 근무조건을 유지·향상시키기 위하여 구성하는 단체를 의미한다. 일반적으로 노동조합의 형태를 갖추는 공식적 집단만을 의미한다. 따라서 공무원단체는 공무원의 복지증진, 사기향상, 공무원의 자율권 신장에 중점을 둔 공식적이고 합법적인 공무원단체조합을 말한다.

2. 공무원단체에 관한 논의

공무원단체의 구성에 대해서 부정적 측면과 긍정적 측면에서 살펴볼 수 있다. 모셔(Mosher)는 공무원노조는 근로자의 권익보호를 위해서 정치활동을 한다고 보아 공무원단체를 부정적 관점에서 설명하였다. 그러나 니그로(Nigro)는 공무원단체가 구성되면 실적제를 강화할 수 있다고 보아 공무원단체를 긍정적 관점에서 설명하고 있다.

(1) 전통적 입장에서 공무원단체를 부정하는 이유

1) 공무원은 일반근무자와 구별되는 특수한 지위에 있으므로 공무원단체는 금지해야 한다는 입장이다. 즉 공무원 스스로 국가기관의 지위에 있고 정부의 활동이 공익을 추구하므로 영리를 추구하는 사기업과는 다르기 때문이다.

2) 공무원의 근무는 정부와 특별권력관계이기 때문이다. 즉 정부의 조직과 활동은 국민의 일상생활에 큰 영향을 미치고 있다고 본다.

3) 공무원단체는 국민에 대한 봉사자라는 공복관념에 상반되기 때문이다.

4) 공무원단체가 구성되면 노조의 간섭으로 관리층의 인사권을 제약하기 때문이다.

5) 공무원단체가 인정될 경우 쟁의행위로 인한 행정중단이 발생하면 국민에게 결정적 타격을 줄 수 있기 때문이다.

(2) 현대적 입장에서 공무원단체의 긍정적 측면

1) 실적제의 강화 및 공무원의 질적 향상을 가져올 수 있다. 실적제 강화가 공무원단체활동과 대립되는 측면도 있으나 양제도가 양립하여 상승효과를 가져올 수 있는 것으로

본다. 공무원의 임금과 근로시간이 법에 규정되어 있고, 능력과 실적에 의한 승진을 원칙으로 하는 실적제가 공무원의 근무조건의 개선, 보수문제, 고충처리문제 등에 주된 관심을 갖는 공무원단체의 활동과는 갈등을 초래할 수 있다. 그러나 이러한 문제가 협상을 통해서 해결된다면 행정의 능률향상을 가져올 수 있다. 따라서 현재의 세계적 추세는 현대의 실적제 개념에 공무원단체의 활동이 포함되는 것으로 인식하는 경향이 있다. 그러므로 공무원단체는 실적주의를 보완하는 것이다.

2) 대내적 민주화가 행정의 대외적 민주화에 기여한다. 즉 공무원단체 허용을 대내적으로 부패방지, 상관의 횡포방지, 자율권 신장, 잘못된 행정관리의 개선 등을 가져와 국민을 위한 행정의 질이 높아진다고 본다.

3) 공무원단체가 행정의 민주화와 행정발전에 기여한다. 공무원단체는 상하간의 의견교환을 통하여 하급공무원의 고충을 행정에 반영할 수 있으며 권위주의적 행정풍토를 개선하여 행정발전에 기여한다고 본다. 그러나 공무원단체는 관리층의 재량을 축소시키고 상사의 부하직원에 대한 처벌이 어려워져 관리자의 조직을 관리하는 데 어려움과 행정능률의 향상을 저해할 수도 있다.

4) 공무원단체가 공무원들의 부패방지와 직업윤리를 확립하는 데 기여할 수 있다. 공무원들이 공무원단체를 통해서 건전한 직업윤리향상을 위해서 공무원 스스로 정화 활동을 전개한다면 부패방지와 공직윤리의 확립에 기여한다.

3. 공무원단체의 필요성

1) 공무원단체가 구성되면 공무원의 고충을 입법부와 관리층에게 알릴 수 있다. 따라서 공무원단체는 집단의사표시의 통로가 된다.

2) 관리층으로 하여금 일반공무원의 실태를 적절히 파악하게 하는 역할을 한다.

3) 관리층과 하부구성원과의 상호이해의 증진과 대내적 민주화에 이바지한다.

4) 공무원노조의 구성으로 공무원들의 일체감을 형성할 수 있고, 구성원간의 상호 유대관계가 강화되고, 공무원들의 사기앙양에 기여할 수 있다.

5) 행정윤리관의 확립 및 공무원의 부패방지 등에 기여한다. 공무원단체가 스스로 자발적인 조직을 통해서 국민의 봉사자의 이념을 구현하면 공무원들이 직업적인 행동규범으로 이탈되는 것을 예방하는 역할을 수행함으로써 건전한 윤리를 확립시킬 수 있다.

4. 공무원단체의 활동범위

1) 단결권 : 헌법과 법률이 정하는 바에 따라 공무원단체를 구성하는 것이다. 영국·프랑 스·독일 등 대부분의 국가가 인정하고 있다.

2) 단체교섭권 : 공무원이 근무조건을 향상시키기 위해 일시적 또는 계속적으로 단체를 통하여 관리층과 자주적으로 교섭하는 권리를 말한다. 다만 정책결정과 인사문제 등 은 교섭대상은 아니다. 단결권을 인정하고 있는 나라에서는 대개 허용한다.

3) 단체행동권·파업권 : 단체행동이란 단체교섭이 순조롭게 진행되지 못할 경우 공무원 단체가 파업이나 태업 등으로 실력행사를 하는 것을 의미한다. 행정의 공공적 성격으 로 대부분의 국가에서는 이를 금지 또는 제한하고 있다. 미국은 1947년 태프트 하틀 리(Taft-Hartly)법에 의해서 단체행동권을 금지했다. 프랑스와 영국 등은 하위직 공무 원에게만 단체행동권을 극히 제한적으로 인정하고 있다.

5. 우리나라의 공무원단체 현황

(1) 구성현황

우리나라는 현재 현업관서인 체신노동조합(우체국 집배원)과 교원노동조합 그리고 일반직 노동조합이 구성되어 있다. 체신노동조합은 근로 3권을 모두 인정받고 있다. 그러나 교원노 조와 일반노조는 단체행동권이 금지되고 있다.

(2) 일반직 노동조합

1) 공무원의 노동기본권을 보장하고 근무조건의 개선과 사회적·경제적 지위 향상을 위 해서 6급 이하의 일반직 공무원 및 연구 또는 특수기술직 열의 일반직 공무원, 특정 직 공무원 중 6급 이하의 일반직 공무원에 상당하는 외부행정·외교정보 관리직공무 원, 6급 이하의 일반직 공무원에 상당하는 별정직 및 계약직 공무원이다. 가입금지대 상자는 인사·보수를 수행하는 공무원, 교정·수사·소방공무원 등이다.

2) 설립단위는 국회, 법원, 선거관리위원회, 헌법재판소, 행정부 각 지방자치단체(특별시, 광역시, 도, 시, 군, 자치구)에서 설립할 수 있다. 노동조합을 설립하려는 사람은 고용노 동부장관에게 설립신고를 제출해야 한다.

3) 단체교섭의 대상으로 공무원의 보수와 복지 그 밖의 근무조건에 관한 사항이며, 행정안전부는 공무원노조제도 운영과 개선에 관한 사항을 관장한다.

4) 복수노조의 인정으로 전국공무원노동조합, 공무원노동조합총연맹, 전국민주노동조합 등이 설립되어 있으며, 공무원노조는 정치활동과 단체행동권이 금지되어 있다.

5) 노조전임자의 지위는 다음과 같다. 공무원은 임용권자의 동의를 받아 노동조합의 업무에만 종사할 수 있으며 노조 전임기간동안 무급휴직으로 처리한다. 노조 전임자의 보수는 조합회비로 보상한다. 또한 노조전인자는 전임자임을 이유로 신분상의 불이익을 받지 않도록 하고 있다.

6) 공무원직장협의회는 국가기관, 지방자치단체 및 그 하부 기관단위로 설립하되, 기관에는 하나의 기관에는 하나의 협의회만을 설립 할 수 있다. 따라서 공무원 노조와는 달리 직장협의회는 복수의 협의회는 허용되지 않는다. 전국단위 결성과 전임은 금지된다. 6급 이하의 일반직 공무원이 가입대상이다. 그러나 노동운동이 허용되는 공무원이나 지휘·감독의 직책에 있는 공무원, 인사·예산·경리·비서·경비·자동차 운전 등에 종사하는 공무원은 가입이 금지된다.

(3) 교원노동조합

교원노조는 단결권과 단체교섭권은 인정하며 단체행동권은 인정하지 않는다. 단결권의 내용을 살펴보면 가입대상교원은 교장·교감 등 관리·감독자나 대학교수를 제외한 일반교원이다. 결성단위는 시·도의 전국단위조직이 가능하고 학교단위노조의 설립은 금지된다. 단체교섭의 사항은 임금·근로조건·후생복지 등 교원의 경제적·사회적 지위향상에 관한 사항이 포함된다. 교섭단위는 시·도, 교원노조는 시·도 교육감이 하며, 전국교원노조는 교육부장관, 사학은 학교법인 연합체와 교섭한다.

(4) 공무원단체의 활성화 방안

1) 공무원단체가 활성화되기 위해서는 국민의 민주적 가치관이 확립되고 결사의 자유가 널리 인정되는 사회의 기반이 형성되어야 한다. 즉 공무원단체활동을 민주사회에서 발생할 수 있는 정당한 갈등의 표현으로 인식하는 사회가 형성되어야 한다.

2) 공무원단체는 사회적 책임의 중요성을 충분히 인식하고 정치문제에 대해서 절제하고, 노조 스스로 국가와 국민을 위한 대안을 마련하는 자세를 가져야 한다.

3) 정부와 공무원단체 사이에 상호협력관계가 성립될 수 있는 분위기가 조성되어야 한다.

(5) 앞으로의 방향

공무원단체활동은 단순한 공무원만의 권익을 주장하기 위한 것이 아니라 세계화·국제화시대에 있어서 우리나라가 선진국가로 가는 길목에서 국가위상을 높이기 위해서도 필요한 활동이다.

제3절 공직윤리와 충성

1. 공직윤리

(1) 행정윤리의 의의

1) 개념

윤리에 관한 개념규정은 학자들마다 이견이 있으나 일반적으로 사람이 지켜야 할 행위의 규범을 말한다. 따라서 공직윤리란 공무원이 국민전체에 대한 봉사자로서 공무수행과정이나 공무원의 신분으로서 지켜야 할 가치기준 내지 행동규범을 말한다.

2) 행정윤리의 중요성

① 행정의 기능이 양적·질적으로 대규모화·복잡화되면서 정부가 민간부문에 대해 적극적인 개입을 하게 되었으며 특정개인이나 집단의 이해관계에 큰 영향을 미친다.

② 행정권력의 비대화로 권력이 남용과 부패를 초래할 가능성이 높아지게 되어 이러한 위험성을 줄이기 위해서 윤리성이 강조된다.

③ 행정이 추구하는 공익달성을 위해서 공직윤리가 요구된다. 즉 일반적으로 공무원들은 무사안일주의, 효과가 적은 정책의 은폐, 법을 집행하면서 자신의 행위를 정당화시키는 방향으로 해석할 우려가 있으며, 뇌물의 대가로 특정기업에 특혜를 줄 수 있으며, 뇌물을 받지 않더라도 특정집단에 유리하게 행정업무를 처리할 수가 있다. 이러한 문제점들이 발생할 가능성이 있으므로 업무를 직접 담당할 공무원들은 국민의 이익과 사회의 이익 그리고 국민전체에 대한 봉사자로서 공공목적의 달성을 위해서 공직윤리가 확립되어야 한다.

(2) 국가공무원법상의 공직윤리의무

공무원의 윤리내용은 법적 의무로서 그 준수를 강제하거나 혹은 공무원이 자율적으로 행동지침으로서 준수하게 된다. 행정윤리의 내용은 국가공무원법과 공직자윤리법과 같은 법적 규제와 공무원윤리헌장과 같은 자율적 규제가 있다.

1) 법적 규제

우리나라 공무원이 법적 의무로서 준수하여야 할 행동규범을 국가공무원법에서는 다음과 같이 규정하고 있다.

① 성실의무 : 공무원은 국민전체에 대한 봉사자로서 공익을 위하여 성실히 직무를 수행해야 한다. 성실의무는 공무원의 의무의 원천이 되는 기본적 의무이다.

② 법령준수의무 : 공무원은 법령을 준수해야 한다. 법령을 위반하면 징계책임을 지며 형사책임과 민사책임의 원인이 된다.

③ 복종의무 : 공무원은 직무를 수행하면서 소속상관의 직무상의 명령에 복종하여야 한다. 다만 직무명령이 중대하고 명백한 하자가 있는 경우는 복종을 거부할 수 있다.

④ 직장이탈금지의무 : 공무원은 정당한 이유없이 직장을 이탈하지 못한다.

⑤ 비밀엄수의 의무 : 공무원은 퇴직 후에도 직무상 취득한 비밀은 엄수해야 한다.

⑥ 청렴의무 : 공무원은 직무와 관련하여 사례·증여·향응을 받을 수 없다.

⑦ 외국정부의 영예 등의 수령규제 : 공무원이 외국정부로부터 영예 또는 증여를 받은 경우에는 대통령의 허가를 받아야 한다.

⑧ 영리업무 및 겸직금지 : 공무원은 공무 이외의 영리를 목적으로 하는 업무에 종사하지 못하며 소속기관장의 허가없이 다른 직무를 겸할 수 없다.

⑨ 친절·공정의무 : 공무원은 국민전체의 봉사자로서 주어진 업무를 친절하고 공정히 직무를 수행해야 한다.

⑩ 품위유지의 의무 : 공무원은 직무의 내외를 불문하고 품위를 손상하는 행위를 하여서는 아니 된다.

⑪ 정치운동의 금지 : 공무원은 정당이나 그 밖의 정치단체의 결성에 관여하거나 가입할 수 없다.

⑫ 종교중립의 의무 : 공무원은 종교에 따른 차별 없이 직무를 수행해야 한다.

2) 자율적 규제

자율적 규제란 공무원이 직업윤리로서의 행동규범·행동기준을 자발적으로 설정하여 이에 따라 행동하도록 규율하는 것을 의미한다. 우리나라는 공무원의 윤리적 행동규범으로서 공무원윤리헌장을 선포하였다. 이 헌장에서는 공무원의 신조로서 국가에는 헌신과 충성을, 국민에게는 정직과 봉사를, 직무에는 창의와 책임을, 직장에서는 경애와 신의를, 생활에는 청렴과 질서를 규정하고 있다.

(3) 공직자 윤리법

1) 의의 : 공직자 및 공직후보자의 재산등록, 등록재산 공개 및 재산형성과정 소명과 공직을 이용한 재산취득의 규제, 공직자의 선물신고 및 주식백지신탁, 퇴직공직자의 취업제한 및 행위제한 등을 규정함으로써 공직자의 부정한 재산증식을 방지하고, 공무집행의 공정성을 확보하는 등 공익과 사익의 이해충돌을 방지하여 국민에 대한 봉사자로서 가져야 할 공직자의 윤리를 확립함을 목적으로 한다.

2) 공직자 윤리법의 내용

① 재산등록 의무자 : 대통령, 국무총리, 정무직 공무원, 지방의회의원, 4급 이상 공무원, 법관, 대령 이상 장교, 대학총장, 총경 이상 경찰공무원이다.

② 재산공개 의무자 : 대통령, 국무총리, 국무위원, 국회의원, 국가정보원의 원장 및 차장 등 국가의 정무직 공무원, 지방자치단체의 장, 지방의회의원 등 지방자치단체의 정무직 공무원, 일반직 1급 국가공무원 및 지방공무원과 이에 상응하는 보수를 받는 별정직 공무원, 국가정보원의 기획조정실장, 고등법원 부장판사급 이상의 법관과 대검찰청 검사급 이상의 검사, 중장 이상의 장관급 장교, 치안감 이상의 경찰공무원, 지방국세청장 및 3급 공무원 또는 고위공무원단에 속하는 공무원인 세관장 등이다. 등록대상 재산으로는 본인, 배우자 및 직계존비속의 재산, 비영리법인에의 출연재산과 외국재산, 부동산소유권, 전세권, 광업권어업권, 1,000만 원 이상의 현금수표 유가증권 채권 채무, 500만 원 이상의 귀금속 골동품이 포함된다. 허위신고자는 징계, 해임 등 조치와 2,000만 원 이하의 과태료부과 등 제재조치를 받게 된다.

③ 선물수수신고와 등록의무 : 공무원 또는 공직유관단체의 임직원이 외국 또는 그 직무와 관련하여 외국인으로부터 선물을 받은 경우에 소속기관과 단체의 장에게 신고하고

해당 선물을 인도하는 것을 말한다. 이러한 선물은 신고 즉시 국고에 귀속된다.

④ 취업제한 : 대통령령으로 정하는 직급이나 직무분야에 종사한 공무원과 공직유관단체의 임직원은 퇴직일부터 3년간 퇴직 전 5년 동안 소속하였던 부서의 업무와 밀접한 관련이 있는 영리를 목적으로 하는 기업체 등에 취업할 수 없다. 관할공직자윤리위원회의 승인을 받은 때에는 그러하지 아니하다.

⑤ 주식백지신탁의무 : 공직자의 보유주식에 대해 직무관령성이 인정될 경우 보유주식을 매각하거나 신탁계약을 체결하는 제도이다. 우리나라는 2005년부터 공직자윤리법에 규정하고 있다. 재산공개대상자 및 기획재정부 금융사무 및 금융위원회 소속 4급 이상 공무원은 본인 및 이해 관계자가 보유한 주식의 총가액이 3천만을 초과하는 경우에 해당 주식을 매각하거나 주식백지신탁에 관한 계약을 체결하고 해당 등록기관에 신고하여야 한다.

⑥ 퇴직공직자의 업무취급제한 의무 : 이 제도는 전관예우 근절을 목적으로 퇴직 공직자의 취업 이후 부적절한 행위를 규제하는 업무제한 제도를 2012년부터 도입하고 있다. 구체적으로 내용을 살펴보면 모든 공무원은 재직 중에 직접 처리한 특정 업무를 퇴직 후에 취급할 수 없으며 기관업무기준 취업심사대상자는 퇴직 전 2년부터 퇴직할 때까지 근무한 기관이 취업한 취업제한기관에 대하여 처리하는 특정업무를 퇴직한 날로부터 2년 동안 취급할 수 없다.

표 6-1 업무취급제한과 취업제한 의무 비교

업무(행위) 취급제한	모든 공무원	재직 중 직접 취급한 업무를 퇴직 후 취급할 수 없다.
	기관업무기준 취업심사대상자	퇴지 전 2년부터 퇴직할 때까지 근무한 기관이 취업한 취업제힌기관에 대해 처리하는 업무를 퇴직한 날부터 2년 동안 취급할 수 없다.
취업제한	취업심사대상자	퇴직 전 5년 동안 소속하였던 부서 또는 기관과 밀접한 관련성 있는 취업심사대상기관에는 퇴직 후 3년간 취업할 수 없다
<예외> 관할 공직자윤리위원회의 승인을 받은 경우 업무취급 및 취업 가능하다.		

(4) 공직윤리를 저해하는 요인

1) 전근대적 행정행태와 가치관 : 행정내부에 있어서의 학연과 지연을 중시하는 사고방식으로 조직을 운영하며 구조화된 부패가 형성되어 행정윤리 확립에 있어서의 저해요인으로서 작용하게 된다.

2) 인사행정의 불합리성과 보수수준의 비현실성 : 공무원의 정실·외부압력 등으로 인한 정실주의의 경향은 능력이나 실적 위주의 인사관리를 저해하여 공직윤리를 저해한다. 또한 보수의 비현실적인 책정은 공무원의 부정행위를 유발시키는 원인이 될 수 있다.

3) 국민통제의 취약성과 내부통제의 무력화 : 이익집단의 행정기관에 대한 예속화, 언론기관의 통제약화, 각종 감사기관의 역할의 형식화는 행정윤리를 저해하는 요인이 될 수 있다.

4) 관직사유관의 인습 : 공직을 국민에 대한 봉사의 수단으로 생각하기보다는 개인의 출세의 수단으로 보는 사고방식은 부정부패에 빠질 우려가 있다.

(5) 공직자윤리법과 이해충돌방지의무

우리나라는 2005년부터 공직자윤리법의 규정에 의해 이해충돌방지의무(공직자윤리법제2조의 2)를 규정하고 있다.

1) 국가 또는 지방자치단체는 공직자가 수행하는 직무가 공직자 재산상의 이해와 관련되어 공정한 직무수행이 어려운 상황이 일어나지 아니하도록 노력하여야 한다.

2) 공직자는 자신이 수행하는 직무가 자신의 재산상 이해와 관련되어 공정한 직무수행이 어려운 상황이 일어나지 아니하도록 직무수행의 적정성을 확보하여 공익을 우선으로 성실하게 직무를 수행하여야 한다.

3) 공직자는 공직을 이용하여 사적 이익을 추구하거나 개인이나 기관·단체에 부정한 특혜를 주어서는 아니되며 부당하게 사용해서는 안 된다.

4) 퇴직공직자는 재직 중인 공직자의 공정한 직무수행을 해치는 상황이 일어나지 아니하도록 노력하여야 한다.

(6) 행정윤리관 확립요인

1) 전근대적 행정행태를 극복하기 위해서 공무원들의 윤리의식을 재고해야 한다. 윤리의식의 재고를 위해서는 공무원의 가치관을 변화시키는 교육훈련을 강화해야 하며, 윤리의식 수준이 높은 공무원을 선발하기 위한 방안의 연구도 강구되어야 한다.

2) 각종규제를 완화하여 부조리를 예방해야 한다. 공무원의 부조리를 없애기 위해서는 그동안 정부주도의 경제발전을 추구하면서 강화된 각종규제를 완화시키고 법령을 현실에 맞게 개정하여 부정의 소지를 원칙적으로 없애야 한다.

3) 부정부패에 대한 엄격한 법집행과 처벌을 강화해야 한다. 공무원이 업무수행과정에서

뇌물을 주고 받음이 확인되면 엄격한 법집행으로 처벌을 강화해야 한다. 그동안 구조화된 부정부패가 자주 발생하는 것은 해당 공무원의 가벼운 처벌과 또한 형사처벌을 받더라도 사후에 집행유예로 석방되는 사례가 많았다. 깨끗한 공적 풍토를 조성하기 위해서는 뇌물을 받은 공무원은 강력한 처벌을 하고 공무원이 취득한 불법수익은 철저히 추적하며 환수하도록 해야 한다. 그러기 위해서는 윤리관련 법과 제도의 정비가 필요하다.

4) 정보공개로 행정의 투명성을 확보해야 한다. 행정윤리가 중요한 이유가 행정관료의 광범위한 재량권행사에 기인한다. 공무원들이 각종 인·허가업무, 정책결정과정에 재량권을 남용할 가능성이 있다. 이러한 과정에서 행정정보를 공개하여 투명성이 확보되면 부정부패가 일어날 가능성은 적어진다.

5) 적정한 보수체계의 확립과 공정한 인사가 이루어져야 한다. 비현실적인 보수체계를 적정화하여 공적비리를 예방해야 한다. 생활고에 시달리는 공직자에게 청렴을 강조하고 행정윤리의 준수를 강요하는 것은 현실성이 없다. 보수가 적으면 공무원이 다른 부업을 갖게 되어 공직자로서의 업무를 소홀히 할 수 있다.

2. 공무원의 충성

(1) 의   의

충성이란 공무원에게 요구되는 가장 높은 차원의 가치적인 행정윤리 규범이다. 이는 어느 개인에 대한 헌신이 아니라 그 국가의 기본 정치이념에 헌신을 의미한다. 즉 민주국가에서의 기본 정치이념은 헌법에 규정하고 있으므로 충성은 헌법에 규정된 자유민주주의 이념에 대한 헌신을 의미하는 것이다.

(2) 필 요 성

1) 국가의 안보를 확보하기 위해서 필요 : 우리나라는 남북이 대치상태에 있어 공무원에게 민주주의에 대한 투철한 신념과 국가에 대한 충성이 요구되고 있다. 정부는 임용과정에서 국가정치체제에 반대하는 신념을 갖고 있거나, 헌법의 기본질서를 파괴하는 행동을 한 자는 선발과정에서 배제한다.

2) 국가의 기본이념을 유지하기 위해서 필요 : 공무원이 정부활동을 수행하는 데 있어서 국가의 기본이념과 체제를 옹호하는 데 열성적인 태도를 가짐으로써 국가에 충성을

할 수 있다.

(3) 충성조사

1) 우리나라의 충성심사(신원조회)는 임명권자가 주관하되 임명예정자가 신원진술서를 작성·제출하면 수사기관에서는 그 진실과 추가적 사실유무를 조사하게 한다. 조사대상은 전체공무원으로 한다.
2) 충성심사는 개인의 인권을 침해할 가능성이 있으므로 무한정한 것이 되어서는 안 되고 외부에 표현된 행위에 대해서만 판단해야 한다.

(4) 충성과 인권

1) 공무원의 충성의무는 민주사회의 기본가치와 상충되는 측면이 있다. 자유민주주의 정치체제는 개인의 자유와 가치가 중요하다. 그러므로 정부는 국민의 자유와 권리를 보호할 의무도 있지만 국가안보를 이유로 인권을 침해해서는 안 된다. 그러나 국가의 기본질서를 유지하기 위해서는 국가를 직접 관리하고 업무를 수행하는 공무원들에게 충성을 요구하지 않을 수 없다. 따라서 국가안보와 개인인권과의 조화가 필요하다.
2) 우리나라의 경우 신원조회제도가 비공개적으로 이루어져 본인이 불리한 처분을 받을 수도 있다. 신원조회가 안보에 관련된 직종에서는 엄격하게 이루어지고 있다. 이러한 현상은 자칫 자기의 행위가 아닌 친족의 행위로 불리한 처분을 받을 수 있다. 이러한 경우에 본인의 진술기회가 주어지도록 하는 것이 바람직하다. 이렇게 함으로써 충성의무는 헌법의 기본질서 유지와 개인의 자유와 권리를 보호하도록 해야 한다.

제 4 절   행정상의 부패

1. 의   의

(1) 개   념

부패란 관료가 자신의 직무와 관련하여 의식적으로 부당한 이익(사익)을 취하거나 공익을 침해하는 행위를 말한다. 부패는 공무원이 지켜야 할 행동규범의 하나인 청렴의무를 위반하는 행동이다. 공직의 부패는 독직행위,[1] 뇌물수수행위, 공금행령행위 등이 포함된다. 부패행위란 공직자가 직무와 관련하여 그 직위 또는 권한을 남용하거나, 법령을 위반하여 자기 또는 제3자의 이익을 도모하는 행위나, 공공기관의 예산사용이나 재산의 취득과 관리·처분 과정에서 공공기관에 대하여 재산상 손실을 가하는 행위를 말한다.

(2) 부패의 접근법

1) 기능주의적 관점(순기능론) : 1950년대까지는 부패는 국가발전이나 산업화의 부산물로 보았다. 개발도상국가에서 관료는 국가발전의 주체이다. 따라서 이들 관료에게 뇌물이 주어지면 관료는 자신의 역할을 적극적으로 수행하고 보다 유연성 있는 태도를 보인다고 보았다. 기능론자들은 부패를 국가발전의 반대급부로 치러야 할 희생으로 정당화하는 안이한 사고방식을 가졌다.

2) 후기기능주의적 관점(역기능론) : 1970년대 이후는 부패는 국가발전을 저해하는 하나의 괴물로 인식하였다. 후기 기능주의자들은 지도자의 부패행위가 조직구성원들의 부패를 가져와 부패가 확산되고 만연하여 구성원들이 부패불감증을 가져온다고 보았다. 일반적으로 본래의 역기능을 정리하면 부패는 행정에 대한 불신을 가져오고 사회기강이 무너진다. 또한 금품제공은 부실공사로 이어질 가능성이 커 국고손실의 가능성이 크고 공무원들이 이권부서에 가기 위해서 로비로 공무원들간의 갈등이 조성되며, 사치와 인플레이션의 가능성도 있다.

3) 체제론적 접근 : 그 나라의 문화적 특성·제도상의 결함·구조상모순·공무원의 부정적 행태 등의 복합적 요인에 의하여 발생하는 부패이다.

4) 사회문화적 접근 : 특정한 지배적 관습이나 경험적 습성과 같은 것이 부패를 조장한다고 보는 입장이다.

5) 도덕적 접근 : 개인의 윤리와 자질의 탓으로 돌리는 경우로 개인의 성격이나 독특한 습성과 윤리 문제가 부패 행태와 밀접한 관련이 있다고 본다.

6) 제도적 접근 : 사회의 법과 제도상의 결함에 의해서 발생한다고 보는 경우다. 일반적으로 통제장치가 미비한 경우에 발생한다.

7) 구조적 접근 : 공직자들의 잘못된 의식구조가 부패의 원인이라는 입장이다.

---

1) 독직행위란 공직자가 그 업무를 수행하는 것이 그의 의무로 되어 있음에도 불구하고 이에 대한 대가를 요구하는 것을 말한다.

8) 시민문화적 접근 : 건전한 시민문화의 결핍으로 인하여 발생하는 경우로 시민들이 부패의 원인이라고 본다.

9) 거버넌스적 접근 : 부패를 정부·사회간 구조와 맥락의 문제로 인식하는 경우다. 주로 정책주도적인 통치체제에서 비롯된 것으로 다양한 주체들의 참여에 의한 수평적 체제로의 전환으로 부패를 줄일 수 있다고 본다.

2. 부패의 유형

1) 권력형 부패 : 권력형 부패(정치적 부패)란 정책결정이전 단계에서 정치인들이 정치권력을 부당하게 행사하여 이권에 개입하는 형태를 말한다. 주로 정치인이 주축이 된다.

2) 관료형 부패 : 관료형 부패는 다음과 같이 분류된다. 자기직무를 게을리함으로써 발생하는 직무유기형 부패, 관료가 특정단체나 개인을 후원하는 후원형 부패, 공금의 횡령으로 발생하는 사기형 부패, 뇌물을 매개로 이권이나 특혜를 불법적으로 제공하는 거래형 부패 등이 있다. 관료형 부패는 민원부서 등의 하급관리자들과 관계가 있다.

3) 제도적 부패 : 제도적 부패는 부패가 제도화되어 있어 관행화된 급행료를 요구한다. 이러한 경우는 조직의 공직적 행동규범이 예외적인 상황이다. 제도적 부패는 부패에 가담하지 않는 사람은 위협과 보복을 당하며, 부패적발의 공식적 책임을 진 사람은 직무수행을 꺼린다. 이러한 부패는 정부의 불신을 초래하고 국가사회의 생존과 발전을 저해시킨다.

4) 백색 부패 : 구성원 다수가 어느 정도 용인된 관례화된 부패를 말한다.

5) 회색 부패 : 사회체제에 파괴적인 영향을 미칠 수 있는 잠재성을 지닌 부패로 사회구성원 가운데 일부 집단은 처벌을 원하지만 다른 일부 집단은 처벌을 원하지 않는다.

6) 흑색 부패 : 사회체제에 명백하고 심각한 해를 끼치는 부패로 구성원 모두가 인정하고 처벌을 원하는 부패이다. 법률로 규정하여 처벌한다. 다만 회색 부패는 윤리강령으로만 규정할 뿐 법률로 규정하는 것은 아니다.

3. 부패의 원인

1) 공무원의 낮은 급여는 생계유지를 위한 부패를 조장하고 만연시킬 우려가 있다. 생계의 위협을 받고 있는 공무원에게 국가에 봉사와 청렴을 기대하기란 곤란하다.

2) 신분불안은 부정과 부패의 유혹에 빠지기 쉽다. 장래의 신분불안의 경우에 자칫 한탕주의에 연류될 가능성이 있다.

3) 관존민비사상, 제1차 집단을 중시하는 생활방식, 정을 강조하는 풍조, 관의 민에 대한 시혜의식 등의 후진적 행정문화가 부패의 조성을 유도하게 된다.

4) 행정절차의 복잡성이나 수속의 까다로움은 국민의 입장에서는 시간낭비와 고통을 주게 되므로 이를 회피하기 위해 국민은 급행료를 지불케 된다.

5) 정부주도의 경제발전은 각종 규제를 강화시켜 부패의 소지가 발생할 수 있다.

6) 외적 통제체제인 입법부와 민중통제의 취약으로 부패의 소지가 발생한다.

7) 공무원들의 사명감의 부족과 직업윤리의 타락은 부패를 유발하는 근본적인 요인이다.

4. 부패방지에 대한 대안

부패는 행정서비스의 공급체계를 왜곡시켜 행정권력에 대한 불신을 초래하고 사회의 기본적 기강을 무너뜨려 국가발전을 심각하게 저해시킨다. 이미 선진국가들은 부패추방을 위해서 각종 법률을 제정했으며 부패에 대해서 엄격히 대처하고 있다. 부패 방지를 위한 대안을 제시하면 다음과 같다.

1) 공무원들이 생계위협을 받지 않도록 생활급의 보수가 지급되어야 한다.

2) 절차의 간소화와 규제완화 등의 행정관리·절차의 개선이 요구된다. 왜냐하면 절차가 복잡하면 시민은 급행료를 지불하여 시간과 고통을 줄이려고 한다.

3) 공정한 인사관리를 정착시키도록 하여 승진·전직·전보시 뇌물이 상납되는 일이 없도록 해야 한다. 또한 인사행정에 학연·혈연·지연 등의 인사를 불식시켜야 한다.

4) 공무원의 교육훈련을 실시하여 새로운 공무원상의 확립을 고취시켜야 한다.

5) 관주도형의 경제발전을 지양하여야 한다. 왜냐하면 관주도의 경제발전을 추구하면 행정은 민간기업과 결탁할 가능성이 커진다.

6) 행정을 분권화하여 시민의 참여와 통제가 용이하도록 해야 하고, 공개행정을 지향하여 주민이 행정을 감시·비판하도록 해야 한다.

7) 사회윤리가 확립되어야 한다. 즉 행정의 환경을 이루는 시민들의 가치관이 변해야 한다. 아울러 행정의 감시·통제하는 외부통제가 강화되어야 한다. 최근 각종 시민단체들이 각 분야의 전문가들로 구성하여 행정을 감독하는 것은 행정의 윤리 확립과 부패를 척결하는 데 도움이 될 수 있다.

8) 차관급 이상의 공직자, 지방자치단체장, 공공기관장 등의 고위공직자는 임용 전 이해 관계를 맺었던 민간과 인허가문제, 재정보존, 공사계약에 일정한 기간동안 배제하거 나, 투명한 제도적 장치의 마련이 필요하다.

5. 외국의 부패방지

1) 미국은 정부윤리법을 제정하여 공직자 재산등록제를 실시하고 있으며, 공무원의 독직 및 이권에 관한 법률제정을 통하여 공직자의 부패를 엄격히 규정하고 있다. 싱가포르 도 부패행위방지법을 제정하여 공직자의 부패를 규정하고 있다. 싱가포르의 경우 부 패행위의 처벌대상을 공직자뿐만 아니라 일반국민도 포함시키고 있다.
2) 부패방지를 위한 국제사회의 노력을 살펴보면 다음과 같다.
   ① 국제투명성협회는 국가청렴도지수를 매년 조사하여 발표하고 있다.
   ② OECD에서는 해외공여뇌물에 대해서는 조세공제제도의 폐지를 공고하였다. 1999 년에는 해외뇌물방지협약에 따라 외국공무원에게 뇌물을 주면 형사처벌조항을 신 설했다.

6. 부패방지제도

(1) 부정청탁 및 금품 등 수수의 금지에 관한 법률(김영란법)

2015년 제정된 법안으로, 2012년 김영란 당시 국민권익위원회 위원장이 공직사회 기강 확립을 위해 법안을 발의하여 일명 '김영란법'이라고도 한다. 공직자들의 공정한 직무수행 을 저해하는 부정청탁 관행을 근절하고 공직자 등의 금품 등의 수수행위를 직무관련성 또 는 대가성이 없는 경우에도 제재가 가능하도록 하여 공직자 등의 공정한 직무수행을 보장 하고 공공기관에 대한 국민의 신뢰를 확보하려는 법이다. 청탁금지법에 따르면 금품과 향 응을 받은 공직자뿐만 아니라 부정청탁을 한 사람에게도 과태료가 부과된다. 또한 공직자 는 배우자가 금품을 받은 사실을 알면 즉시 신고해야 하며, 신고 의무를 어길 시에는 형사 처벌 또는 과태료 처분을 받게 된다. 공직자를 비롯해 언론인, 사립학교교직원 또한 적용대 상이다.

1) 부정청탁 금지 : 누구든지 직접 또는 제3자를 통하여 직무를 수행하는 공직자 등에게 부정청탁을 해서는 아니된다. 공개적으로 공직자 등에게 특정한 행위를 요구하거나

공익적 목적으로 고충 민원을 전달하는 행위 등은 예외로 한다.

2) 금품수수금지 : 공직자 등은 직무관련 여부 및 기부·후원·증여 등 직무 관련성이나 대가성에 관계없이 동일인으로부터 1회에서 100만원 또는 매 회계연도에 300만원을 초과하는 금품 등을 수수하면 형사처벌(3년 이하의 징역 또는 3000만 원 이하의 벌금)을 받도록 규정했다. 또한 직무 관련자에게 1회 100만 원(연간 300만 원) 이하의 금품을 받았다면 대가성이 입증되지 않더라도 수수금액의 2~5배를 과태료로 물도록 했다. 다만 원활한 직무 수행, 사교·의례·부조 등의 목적으로 공직자에게 제공되는 금품의 상한액을 설정했다. 음식물은 3만 원, 경조사비는 5만원, 현금 및 상품권 등을 제외한 선물은 5만 원, 농축수산물(화훼 포함)은 10만 원을 기준으로 한다. 외부강의의 경우 사례금 상한액은 40만원이다.

(2) 국민감사청구제도

1) 국민은 공공기관의 사무처리가 법령위반 또는 부패행위로 인하여 공익을 현저히 해하는 경우 대통령령으로 정하는 일정한 수(300인) 이상의 국민연서로 감사원에 감사를 청구할 수 있다. 다만 국가기밀과 안전보장에 관한 사항, 수사·재판 및 형집행에 관한 사항, 사적인 권리관계 등은 제외한다.

2) 청구된 감사는 감사실시 여부를 접수일로부터 30일 이내에 결정해야 하며, 감사결과를 감사청구인에게 통보해야 한다.

(3) 비위공직자 취업제한제도와 주식백지신탁

1) 공무원이 비위로 인해서 면직되면 공공기관이나 퇴직 전 5년간 소속하였던 부서의 업무와 유관한 공·사기업체에 퇴직일로부터 5년간 취업하지 못하도록 했다.

2) 주식백지신탁의무 : 재산공개대상자와 기획재정부 및 금융위원회 소속공무원 중 대통령령이 정한 자는 본인과 그 이해관계자가 모두가 주식백지신탁에 관한 계약을 체결한다. 이는 재임기간 동안에 투자내역을 모르게 할 수 있다.

(4) 내부고발자보호제도(부패방지 및 국민권익위원회 설치운영에 관한 법률)

1) 의의

내부고발은 조직구성원인 개인 또는 집단이 불법·부당·부도덕한 것이라고 보는 조직내의 일을 대외적으로 폭로하는 행위이다. 만연된 내부비리를 척결하기 위해서 내부고발자를 보호하고 있다. 최근에는 제도화된 부패를 타파하고, 윤리적 신념에 의한 조직비리를 고발한 사람을 위해서 법적 보호장치를 마련하고 있다.

2) 부패행위의 범위와 신고

부패행위의 범위는 공직자가 직무와 관련하여 그 지위 또는 권한을 남용하거나 법령을 위반하여 자신과 제3자의 이익을 도모하는 행위, 공공기관에 예산상 손실을 끼치는 행위를 말한다. 누구든지 부패행위를 알게 된 때에는 국민권익위원회에 신고할 수 있다. 공직자가 그 직무를 수행함에 있어서 다른 공직자가 부패행위를 한 사실을 알게 되었거나 부패행위를 강요 또는 제의받는 경우에는 지체 없이 수사기관·감사원·국민권익위원회에 신고해야 한다. 신고 시 신고자의 인정사항과 신고취지 및 이유를 기재한 기명의 문서로 하여야 하며 신고대상과 부패행위의 증거를 함께 제시해야 한다. 위원회는 접수한 신고사항을 그 접수일부터 60일 이내에 처리해야 하며, 필요시 30일 이내에 연장할 수 있다. 조사기관은 신고를 이첩 받은 날부터 60일 이내에 감사·수사 또는 조사를 종결하여야 한다.

3) 신분보장과 벌칙

① 부패행위를 신고했다는 이유로 집계 등의 신분상의 불이익이나 근무조건상의 차별을 받지 않는다. 또한 신고자는 신변에 불안이 있는 경우에 신변보호조치를 할 수 있다.

② 내부고발자에 대한 신변보호를 위반하여 인적사항 공개금지의무를 위반한 자는 5년 이하의 징역 또는 5천만원 이하의 벌금에 처한다. 또한 내부고발자에 대한 신분보장 위반하여 불이익 조치를 하거나 신분보장 등 조치결정을 이행하지 아니한 경우 위반 종류에 따라 최대 3년 이하의 징역 또는 3천만원이하의 벌금에 처한다. 신고 등을 방해하거나 신고 등을 취소하도록 강요한 자는 2년 이하의 징역 또는 2천만원 이하의 벌금에 처한다.

(4) 비위면직자 취업제한제도

비위면직자의 취업제한은 부패방지와 국민권익위원회의 설치와 운영에 관한 법률로 규정하고 있다. 공직자가 재직 중 직무관련 부패로 당연퇴직·해임·파면된 경우 퇴직 전 5년간 소속하였던 부서의 업무와 유사한 일정 규모 이상의 민간기업에 퇴직일로부터 5년간 취업할 수 없도록 제한한 제도이다.

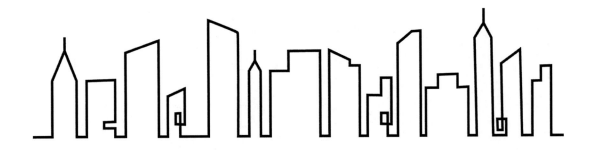

INTRODUCTION TO PUBLIC ADMINISTRATION

제5편

재무행정

제 1 장   재무행정론의 기초이론

제 1 절   재무행정의 의의

1. 의 의

1) 재무행정이란 국민의 다양한 욕구를 충족시기키 위해서 행정부가 사회로부터 재원을 동원하고 배분하는 일체의 활동을 말한다. 재무행정론의 연구대상은 시대의 변천에 따라 달라진다. 초기의 재무행정의 영역은 예산과정론에 한정시켜 그 영역을 예산의 편성·예산의 심의·예산집행·회계기록·회계검사 등으로 한정시켰다. 그러한 연구경향은 법률·제도적 접근과 행정관리론적 입장에서 재무행정이 연구되었다. 그러나 제2차 세계대전 이후 사회과학에 행태주의적 접근이 강조되면서 재무행정분야도 예산과정에 있어서 참여자들의 행태분석과 범위를 예산이론과 예산과정에 포함하게 되었다.

2) 공공부문의 재정활동은 공공기관의 활동과 정부활동으로 구분된다. 정부활동은 주체에 따라 지방정부의 재정과 중앙정부의 재정으로 구분되고 중앙정부의 재정은 기금과 예산으로 분류된다. 여기서 재무행정의 범위를 중앙정부의 예산과 그 운영에 한정한다.

제 2 절 **예산의 본질**

1. 예산의 개념

(1) 예산의 일반적 개념

예산이란 국가를 운영해 나가는 데 필요한 경비를 배정하는 것으로 일정기간 동안 정부 정책이나 사업계획서의 예정을 의미한다. 예산을 보다 더 구체적으로 설명하면 다음과 같이 정의할 수 있다.

1) 예산이란 일정기간의 국가의 수입과 지출의 예정액 또는 계획안이다.
2) 예산은 한 나라의 정치적·경제적 세력의 이해관계를 반영하는 정책이다.
3) 예산은 사전에 예상되는 수입·지출의 계획안으로서 국민의 경제생활에 의식적으로 영향을 미치는 법률적으로 허용된 최고관리층의 종합적 계획이다.

(2) 예산의 형식적 개념과 실질적 개념

1) 예산의 형식적 개념(법률적 개념): 예산은 헌법과 예산회계법에 의거하여 정부가 일정한 형식에 따라 편성하고 국회의 심의·의결을 거쳐 확정된 1회계 연도 동안의 세입·세세출의 예정적 계산을 의미한다. 보통 예산이라 할 때에는 형식적 개념의 예산을 가리킨다.
2) 예산의 실질적 개념: 예산의 실질적 개념이란 그 내용과 성질에서 본 개념으로서 국가의 재정수요와 이에 충당할 재원을 비교하여 배정한 1회계연도에 있어서 세입·세출의 예정적 예산을 말한다.

(3) 예산과 재정

1) 재정은 예산보다 광범위한 개념이다. 공공재정의 영역은 국가재정, 지방재정, 공공기관의 재정으로 분류된다. 국가재정은 예산과 기금으로 나누어지며, 예산은 일반회계와 특별회계가 있다.
2) 지방재정은 예산과 기금으로 분류되고, 예산은 일반회계와 특별회계가 있다. 공공기관의 재정에서 공공기관은 공기업, 준정부기관, 기타 공공기관으로 나누어지며 적용되는 법률은 '공공기관의 운영에 관한 법률'이 적용된다.

(4) 예산의 성격

1) 정치원리 : 예산이 이루어지는 활동무대가 권력적 상호작용이 발생하는 정치적 타협과 협상이 전개된다. 우리나라도 예산을 따내기 위해서 각 부처는 기획재정부장관과 예산실장 등을 상대로 대통령 관심사항이라는 점을 강조하여 총력전을 펼친다. 예산은 정치적 이념을 반영하기 때문에 정부는 예산을 편성할 때에 대통령의 핵심공약이나 중점·관심사항은 예산편성 초기부터 1순위이다.

2) 경제적 원리 : 예산은 자원을 합리적으로 배분해야 하기 때문에 사업의 우선순위분석과 예산편성 이전에 타당성조사가 필요하다. 타당성조사는 대규모개발사업에 앞서 시행되며 이 조사를 통해서 사업의 경제적 분석, 투자우선순위, 재원조달방법 등을 검증한다. 타당성조사가 기술적 타당성을 검토하는 반면, 예비타당성조사는 경제적 타당성을 주된 조사대상으로 삼는다. 국가재정법 시행령 제13조는 총사업비가 500억 원 이상이고 국가의 재정규모가 300억 원 이상인 사업에 대하여 실시하도록 규정하고 있다.

3) 정보제공 : 예산은 지출항목, 지출사업 등에 관한 정보를 제공해준다.

4) 점증주의 특징 : 예산은 매년 점진적으로 편성되는 특징을 지닌다.

(5) 예산과 법률

정부예산은 매년 국회의 의결을 거쳐 확정되며, 형식에는 법률주의와 의결주의가 있다. 우리나라의 경우 예산이 매년 "국회가 의결"의 형식을 취하고 있다. 따라서 우리나라의 예산은 법률이 아닌 의결의 형식을 띠어 구속력이 약하다. 따라서 예산은 법률의 하위의 효력을 갖는다.

2. 예산의 기능

(1) 예산의 정치적 기능

1) 예산은 정치과정을 통하여 실질적으로 가치를 배분하고 국민의 이해관계가 조정되므로 객관적 합리성 못지않게 정치성이 작용된다.

2) 예산과정에서 관련인들의 행태를 살펴보면 먼저 다원주의 입장은 예산이란 개인을 분석단위로 하면서 예산과정을 개인과 집단의 상호작용에 의해서 이루어진다고 보았다. 점증주의는 예산에서 기준이 전년도예산이며 결정은 타협과 조정에 의해서 이루어진

다고 보았다. 관리주의는 조직을 중심분석단위로 삼아 엘리트가 예산결정에 큰 영향을 행사한다고 보았다. 조합주의는 예산은 정부관료집단과 이익집단과의 연합세력에 의해서 예산이 결정된다고 보았다. 미국에서도 정치관리예산이 백악관이나 관리예산처의 정치적인 계산에 의해서 결정된다고 본다. 이러한 모형은 대부분 서구의 예산과정을 대상으로 구성된 이론들이다.

3) 우리나라의 경우 대통령·행정각부처·여당 등이 예산과정에 개입하고 있다. 각 부처는 예산편성 담당자를 상대로 학연, 지연 등을 동원하거나 압력단체를 동원하거나 사적 친분관계 등을 통해서 자기부처의 예산을 증액하려고 한다. 예산과정은 규범적으로 합리성을 추구하거나 현실적으로 다양한 인간관계자의 정치적 타협의 산물이다.

(2) 경제적 기능

1) 경제안정화 기능 : 경제의 안정과 성장을 위해서 예산이 정부활동을 조절한다. 경제가 불경기일 때는 조세제도, 세출제도, 공채발행 등을 통하여 경제를 활성화시키고 호경기일 때는 이러한 제도들을 억제하는 정책으로 경제를 안정시키는 기능을 수행한다.

2) 경제성장촉진기능 : 개발도상국가의 경제성장을 위한 예산의 자본형성기능을 말한다. 즉 정부는 공채나 외국차관으로 자본을 형성하여 사회간접자본을 육성하고 교육과 기술의 개발에 투자함으로써 경제성장의 토대를 마련한다.

3) 소득재분배기능 : 예산은 재화와 용역이 누구에게 어떻게 분배되었는가의 소득분배에 대해서도 영향을 미친다. 정부는 예산을 통해서 소득분배의 형태를 좋은 방향으로 재분배하기 위한 여러 가지 조치를 취한다. 조세면에서 누진율을 적용하여 고소득자에게 세금을 무겁게 부과하거나, 지출면에서는 실업수당 등 사회보장을 위한 지출을 통하여 소득을 재분배한다.

4) 자원배분기능 : 자원배분이란 어떤 재화나 용역이 사회적으로 바람직한 생산과 소비수준을 유지하는가를 보여주는 것이다. 특히 자원배분기능은 개발도상국가에서 발전사업의 추진을 위하여 중요한 의미를 가지는 것으로 국민이 필요로 하는 도로·국방·공원 등과 민간기업이 투자를 외면하는 우주사업·원자력발전소 건설·복지사업 등에 자원을 배분한다. 예산의 자원배분기능은 재정을 통해서 시장실패를 치유한다. 공공재는 외부효과가 크고 비배제성의 특성을 갖기 때문에 정부가 재원을 지원하여 공공재를 공급해야 한다. 이는 정부가 재정을 통해서 효율적인 자원배분을 이루고자 하는 것이다.

(3) 행정적 기능

쉬크(A. Schick)는 예산의 기능을 통제, 관리, 기획 등으로 분류하였다.

1) 재정통제기능 : 근대 예산제도가 입법부의 행정부에 대한 민주통제의 수단으로 사용되어 왔으며, 현대 예산제도도 국민의 대표기관인 입법부를 통하여 행정부를 통제할 수 있는 수단이 되고 있다. 오늘날의 예산제도가 통제중심주의에서 관리중심·계획중심·감축중심주의로 전환되고 있지만 입법부의 재정통제기능은 중요성이 계속되고 있다.

2) 관리적 기능 : 중앙예산기관은 각 부처의 사업계획의 검토와 평가를 하고, 이에 소요되는 경비의 분석을 통하여 계획과 예산을 일치시킨다는 점에서 관리적 기능을 갖는다.

3) 계획기능 : 조직의 목표를 결정하고 이 목표를 성취하기 위하여 투입될 자원을 결정하고 예산을 배정하는 일련의 과정을 의미한다.

4) 감축기능 : 경제불황으로 자원의 부족과 예산을 절감하기 위해서 정부지출을 감축하는 관리기능을 말한다. 즉 저성장시대는 불필요한 정부지출을 줄여 작은 정부를 지향하게 되므로 예산의 감축기능이 강조된다. 감축기능은 영기준예산제도와 관계가 있다.

5) 주민참여기능 : 예산편성단계에서 주민의 참여를 중시하는 제도로 우리나라 지방예산 편성과정에 주민이 참여할 수 있도록 절차를 마련하고 있다.

(4) 법적 기능

예산의 법적 기능이란 예산은 의회에서 심의·확정된 범위내에서만 행정부는 예산을 집행할 수 있는 것을 의미한다. 예산이 법률의 형식을 취하는 경우는 세입·세출예산 모두 법적 구속력이 있다.

제 3 절 예산의 원칙

1. 의   의

예산의 원칙이란 예산의 편성·심의·집행·회계검사과정에 있어서 준수해야 할 준칙들을 말한다. 입법국가에서의 예산의 원칙은 행정부에 대한 의회의 통제수단으로서 발전되어 왔다. 그런데 이에 비해 현대 행정국가에서의 예산의 원칙은 정부기능의 확대와 강화로 인해 정부의 재정활동의 범위가 넓어지게 되었고 국민경제에 있어서 재정의 중요성이 강조되어 과거의 통제중심의 원칙에서 벗어나 행정관리의 합리화를 위한 예산의 적극성을 강조하였다.

2. 전통적 예산의 원칙

입법국가시대의 통제중심적 예산의 원칙은 행정부의 위법한 지출의 방지와 국민의 부담을 줄이기 위한 것이다. 이는 의회가 재정활동을 통해서 국민의 요구를 충실히 구현하고자 하는데 의미가 있다. 전통적 예산의 원칙은 노이마르크(F. Neumark)에 의해 주장되었다.

1) 공개성의 원칙 : 예산의 부정을 예방하고 책임소재를 명백하게 하기 위해서 예산의 전 과정을 국민에게 공개해야 한다는 것이다. 이 원칙은 정부활동의 투명성 확보에 근본 목적이 있다. 그러나 국가예산 중에는 국방비·정보비·외교활동비 등 그 내역을 공개적으로 밝힐 수 없는 경우가 있다. 공개성의 원칙에 대한 예외로 신임예산이 있다. 신임예산은 의회가 예산의 총액만 정해주고 그 예산의 구체적인 용도는 행정부가 결정하여 지출하도록 하는 제도이다. 전시 등 비상시는 지출을 요하는 항목이나 금액을 미리 정확하게 예측할 수 없을 뿐만 아니라 수시로 필요한 신규사업을 위한 예산을 즉시 마련해야 하기 때문에 행정부의 재량에 맡기는 것이다. 영국에서 제1·2차 세계 대전 때 실제 사용되었다.

2) 명료성의 원칙 : 모든 국민이 알기 쉽게 예산을 분류하여 편성해야 한다는 것이다. 왜냐하면 예산이 너무 개괄적이거나 세분화되어 있으면, 그 내용을 국민들이 파악하기 어렵기 때문이다. 명료성의 원칙은 명세성의 원칙과 관계가 있다. 명세성의 원칙은 예산이 구체적으로 항목화되어야 하는 것으로 품목별 예산이 이에 속한다. 예외적으로 총괄(총액)예산이 있다.[1]

3) 한정성의 원칙 : 예산은 사용목적·범위 및 기간에 있어서 명확한 한계가 있어야 한다. 따라서 목적 외 사용금지, 계상된 금액 이상의 지출금지, 회계연도 경과 지출금지 등

---

[1] 총괄(총액)예산이란 각 부처가 사용할 수 있는 예산총액의 한도를 정해주고 그 안에서 각 부처가 부처의 우선순위에 따라서 예산을 지출할 수 있도록 하는 제도이다. 총액계상예산은 세부사업별로 예산을 책정하지 않고 총액규모만을 정해서 편성하는 예산을 의미한다.

을 주된 내용으로 한다. 예외로서 목적 외 사용으로 이용과 전용이 있으며, 계상된 범주를 이탈한 사용으로 예비비, 추가경정예산, 회계연도 독립의 법칙의 예외로 이월·계속비·조상충용, 과년도수입, 과년도지출 등이 있다.[2]

4) 완전성의 원칙 : 예산은 정부의 모든 재정활동에 빠짐없이 반영시켜야 한다. 즉 모든 수입과 지출은 예산에 계상하여야 한다는 원칙으로 이는 국가의 모든 수입·지출을 예산에 계상함으로써 예산전체를 명료하게 할 뿐 아니라 예산에 대한 국회와 국민의 통제를 용이하게 한다. 완전성의 원칙을 총계예산주의의 원칙이라고도 한다. 예외로 순계예산, 기금, 수입대체경비, 현물출자, 외국차관의 전대(외화자금의 차입) 등이 있다.

5) 단일성의 원칙 : 예산은 구조면에 있어서 복수예산이 아닌 하나로 존재해야 한다는 원칙이다. 일반회계만으로 구성되어야 한다는 의미가 있다. 복수 예산은 예산의 전체적인 관련성이 명확하지 않게 되며, 따라서 국민이 예산을 이해하기가 어렵게 되고 의회의 예산통제권도 저해된다. 예산 단일의 원칙에 의하면 예산은 일반회계 예산으로만 구성되어야한다. 예외로 추가경정예산, 특별회계, 기금 등이 있다.

6) 사전의결의 원칙 : 행정부가 예산집행을 하기 전에 의회에서 먼저 심의·의결되어야 한다는 원칙이다. 즉 예산의 집행은 의회가 의결한 범위내에서 행하여져야 한다는 것이다. 예외로서 사고이월, 준예산, 전용, 예비비, 재정상의 긴급명령, 선결처분 등이 있다.

7) 통일성의 원칙 : 예산에 계상된 특정한 수입과 지출을 직접 연결시켜서는 안 되는 원

2) 예산과목이란 예산의 내용을 명백히 하기 위해서 일정한 기준에 따라 구분한 것이다. 예산과목은 세입예산과목과 세출예산과목으로 구성된다. 세입예산은 조직별, 성질별로 구분되며 관(款)·항(項)·목(目)으로 구분한다. 세출예산은 중앙관서의 조직별 구분에 의하여 기능별, 성질별 또는 기관별로 장(章)·관(款)·항(項)·세항(細項)·목(目)으로 구분한다. 장·관·항의 과목들은 국회의 의결대상이기 때문에 입법과목이라 하며 이를 이용이라 한다. 세항·목은 행정부가 예산의 집행을 용이하게 하기 위하여 행정부의 재량에 맡겨져 있기 때문에 행정과목이라 하며 이를 전용이라 한다.
기관별·소관별 분류는 중앙관서의 조직별 분류에 해당한다.
세출예산에 있어서 장은 그 기관의 기본목표를, 관은 기능을, 항은 사업계획을, 세항은 활동별을, 목은 품목별을 의미한다.
예산과목의 분류체계 – 세입예산과목 : 관·항·목
　　　　　　　　　　 – 세출예산과목 : 장·관·항·세항·목
　　　　　　　　　　　　　　　　(입법과목)(행정과목)
조상충용 – 회계연도 독립의 원칙의 예외로서 세입이 세출에 비해서 부족할 경우에 익년도 세입을 미리 앞당겨 사용하는 것을 말한다.
지방재정법은 조상충용을 한 금액은 다음연도의 세입세출예산에 편입해야 한다. 또한 미리 지방의회의 의결을 얻어야 하고, 안정행정부장관에게 즉시 보고하도록 되어 있다.

칙이다. 예를 들면 자동차세를 도로건설비에만 충당하는 것을 금지하는 원칙이다. 이는 수입금 직접사용금지의 원칙을 의미한다. 국고금관리법에는 중앙관서의 장은 다른 법률에 특별한 규정이 있는 경우를 제외하고는 그 소관에 속하는 수입을 직접 사용하지 못한다고 규정하고 있다. 통일성의 원칙에 대한 예외로 특별회계, 목적세, 수입대체경비, 기금이 있다.

8) 엄밀성의 원칙 : 예산추계가 가능한 정확해야 된다는 것이다. 예산은 사전 예측에 불과하여 예산이 결산과 완전히 일치할 수 없지만 예산이 결산과 지나치게 불일치해서는 안 된다는 것이다. 그러므로 세입과 세출을 정확히 계산하여 잉여나 부족이 발생하지 않도록 해야 한다. 엄밀성의 원칙을 정확성의 원칙이라고도 한다.

표 1-1   전통적 예산원칙과 예외

예산의 원칙	예 외		
공개성의 원칙	신임예산, 한국의 국방비, 외교활동비, 정보비		
완전성의 원칙	순계예산, 기금, 수입대체경비, 현물출자, 외국차관의 전대		
단일성의 원칙	특별회계, 추가경정예산, 기금		
한정성 원칙	사용목적 : 이용, 전용		
	사용범위 : 예비비, 추가경정예산		
	사용기간 : 이월, 계속비, 과년도수입, 과년도지출, 조상충용		
사전의결의 원칙	준예산, 전용, 사고이월, 예비비지출, 재정상 긴급명령, 선결처분		
통일성 원칙	특별회계, 목적세, 기금, 수입대체경비		

3. 현대적 예산의 원칙

현대적 예산의 원칙은 통제위주의 전통적 원칙에서 벗어난 예산의 적극성과 관리성을 강조한 것으로 행정부가 현대의 복잡하고 다양한 정치·경제·사회문제의 해결을 위해서 예산의 융통성과 신축성을 인정해야 한다는 입장이다. 즉 현대적 예산의 원칙은 정책목표를 달성하기 위한 효과적인 수단으로 인식해야 하며 또한 예산의 신축성도 고려해야 한다는 것이다. 스미스(H. D. Smith)는 행정부의 관리를 위한 현대적 예산원칙을 제시하였다.

1) 행정부계획의 원칙 : 예산은 행정부의 사업계획을 반영하여야 한다는 것으로 예산의 편성은 사업계획 수립과 밀접하게 직접적으로 관련성을 갖지 않으면 안 된다. 따라서 예산은 행정부가 수행해야 할 모든 활동과 책임을 반영하는 정부의 사업계획서를 말한다.

2) 행정부 책임의 원칙 : 행정부는 국회의 의도를 충실히 반영시켜 예산을 경제적으로 집행할 책임을 말한다. 이 원칙은 예산의 집행시에 적법성·합목적성·경제성·효과성 등을 추구해야 한다는 것이다.

3) 보고의 원칙 : 예산의 편성·심의·집행은 각 행정기관의 재무보고·업무보고에 근거를 두어야 한다. 이 원칙은 자의적인 예산관리를 배척하고 정확한 정보와 현실성 있는 사업을 토대로 한 예산을 의미한다.

4) 적절한 수단구비의 원칙 : 재정통제와 신축성 유지를 위한 필요한 예산안 편성지침, 예산배정제도, 예비비제도 등 제도적 수단을 갖추어야 한다는 것이다.

5) 다원적 절차의 원칙 : 정부기능이 복잡하고 다양하므로 이에 상응할 수 있는 신축성 있는 예산절차가 마련되어야 한다는 원칙이다. 정부가 추진하는 활동이나 사업은 종류나 목적면에서 매우 다양하므로 다원적인 예산절차가 필요하다.

6) 행정부 재량의 원칙 : 의회는 예산을 세목별로 의결할 것이 아니라 총괄예산으로 통과시키고 집행상의 재량을 행정부에 부여해야 한다는 원칙이다. 왜냐하면 의회가 너무 세밀하게 통과시키면 집행상의 재량이 없어 예산사용의 효율성이 저해되기 때문이다.

7) 시기 신축성의 원칙 : 예산은 의회가 의결해 주고 그 집행시기는 경제사정의 변동에 따라 행정부가 결정하도록 하는 것이다.

8) 상호교류적 예산기구의 원칙 : 중앙예산기관과 각 부처 예산담당기관은 상호간의 의사전달이 원활하게 이루어져야 한다는 원칙이다. 효율적인 예산의 운영은 양 기관의 의사소통을 활발히 함으로써 실현될 수 있는 것이다.

4. 공공지출관리의 규율

시크(A.Shick)는 공공관리의 재정 건전성을 위한 세 가지 규범을 제시하였다.

1) 거시적 관점에서의 총량적 재정규율 : 예산총액에 대한 효과적인 통제를 의미하는 것으로 예산총액은 각 부처의 예산 요구를 단순히 수용해서는 안 되며 분명하고 의도적인 결정의 결과를 강조하였다. 이는 개별부서의 미시적 관점보다 정부의 재정과 경제정

책과 관련된 예산운용전반에 관한 거시적 결정을 의미한다.

2) 미시적 관점에서 배분적 효율성 : 예상 지출의 편익이 큰 분야에 예산액의 집중배정으로 배분적 효율성이 높아진다고 보아 투자의 우선순위를 강조한다. 미시적 관점에서 각 재정 부문 간 재원배분의 효율성을 주장한 이론이다.

3) 운영상의 효율성 : 운영상의 효율성은 관리상의 부문 내의 효율성을 강조한 이론이다. 이러한 관점에서 배분적 효율성이 부문 간의 효율성을 주장했다는 점에서 차이가 있다. 따라서 운영상(기술상)의 효율성은 투입과 산출 관계에서의 효율성으로 단위 부문 내의 낭비요소를 제거하고 지출의 생산성의 재고가 되면 운영상의 효율성은 향상된다고 보았다.

제 4 절 예산의 종류

1. 일반회계와 특별회계

(1) 의 의

일반회계예산이란 일반적 국가활동에 관한 국가의 총수입과 총지출을 망라하여 편성한 예산을 말한다. 일반회계는 국가의 기본적이고 중요한 경비를 계상하고 있으며 흔히 예산하면 일반회계를 의미한다. 일반회계예산은 국가의 고유기능을 수행하기 위해 필요한 예산이므로 그 세입은 원칙적으로 조세수입을 재원으로 하고 그 밖의 과태료 등 세외수입과 이월금, 차입금 등이 포함된다. 특별회계예산이란 특정한 세입으로 특정한 목적에 충당하기 위한 예산이다. 특별회계예산은 예산단일의 원칙·통일성의 원칙에 대한 예외이다. 특별회계는 법률로 설치하며 국회의 심의를 받는다. 특별회계는 원칙적으로 이를 설치한 소관부처가 관리한다. 최근 정부의 통합재정을 추구하는 차원에서 특별회계의 설치요건을 엄격히 하고 있어 중앙관서의 장이 특별회계를 설치하고자 할 때는 입법예고 전에 기획재정부장관의 타당성 심사를 받아야 한다.

(2) 특별회계의 특징

1) 특별회계의 재원은 국민의 세금이 아닌 별도의 특정한 수입 또는 일반회계로부터 전

입금이다.

2) 정부기업예산회계법의 적용을 받는다. 따라서 특별회계는 기획재정부장관의 사전승인
   없이도 목간전용이 가능하며, 자금차입과 자금조달이 용이하도록 국채발행이 가능하
   고, 이익자기처분의 원칙을 두어 초과수입은 그 수입에 관련된 직접비에 사용할 수
   있게 하였다.

3) 발생주의 원칙이 적용되며, 국회의 심의를 받는다.

4) 매회계연도마다 감가상각을 실시하고 원가계산을 한다.

(3) 특별회계의 장·단점

1) 특별회계의 장점 : 특별회계는 정부가 사업을 운영하는 경우에 수입과 지출을 명백히
   하며, 행정기관의 재량범위를 넓혀 줌으로써 능률의 증진과 경영의 합리화를 기할 수
   있다. 또한 특별회계는 안정된 자금을 확보하여 안정적으로 사업운영을 할 수 있게
   한다. 특별회계의 운영으로 행정기능의 전문화·다양화에 기여할 수 있다.

2) 특별회계의 단점 : 특별회계는 예산구조가 복잡하게 되며 국가재정의 전체적인 관련
   성의 파악이 곤란하다. 또한 입법부의 예산통제가 어려워진다. 또한 목적세와 함께 재
   정팽창의 원인이 되어 재정인플레이션을 초래한다.

(4) 특별회계의 종류

1) 국가에서 특정한 목적의 사업을 운영하는 경우로 기업특별회계와 책임운영기관이 이
   에 속한다. 기업특별회계는 우편사업 특별회계·우체국예금 특별회계·양곡관리 특별
   회계·조달특별회계가 있다.

2) 정부가 특정한 자금을 보유하여 운영하는 경우로 지하철, 상수도 등의 국민편익사업
   에 장기자금을 융자하는 자금관리특별회계가 이에 속한다.

3) 기타 특정한 세입으로 특정한 세출에 충당함으로써 일반회계와 구분하여 계획할 필요
   가 있는 경우로 환경개선특별회계, 국유림임야특별회계가 이에 속한다.

(5) 일반회계와 특별회계의 관계

1) 일반회계와 특별회계 관계는 상호간에 교류가 있다. 우리나라의 특별회계 중 기업특
   별회계는 일반회계로부터 전입금을 받을 수 있고 발생한 잉여금은 일반회계로 전입시
   킬 수 있도록 되어 있다. 우리나라의 경우는 특별회계가 일반회계로부터 전입금을 받

는 경우가 더 많다.

2) 일반회계와 특별회계는 서로 중복되어 있으므로 국가의 진정한 예산규모를 파악하려면 이러한 중복액을 공제해야 하며 이를 예산순계라고 한다.[3]

2. 예산의 성립시기에 따른 구분

(1) 본 예 산

본예산은 정상적인 절차를 거쳐 확정된 최초의 예산을 말한다. 원칙적으로 모든 예산집행은 본예산에 의해 이루어져야 한다. 그러나 사전적으로 결정된 예산이 경제·사회변동에 신축성 있게 적응하기는 어려운 일이다. 본예산을 당초예산이라고도 한다. 본예산은 회계연도 개시 90일 전까지 국회에 제출하고 국회는 회계연도 개시 30일 전까지 이를 의결한다.

(2) 수정예산

수정예산이란 예산안이 국회에 제출된 이후 본예산이 성립되기 이전에 부득이한 사유로 인하여 그 내용의 일부를 수정하여 제출하고 이를 확정시키는 예산을 말한다.

(3) 추가경정예산

1) 추가경정예산이란 예산안이 국회를 통과하여 예산이 성립된 이후 예산에 변경을 가할 필요가 있을 때 이를 수정·제출하여 반드시 국회의 심의와 의결을 거쳐야 한다. 추가경정예산은 예산이 국회를 통과하여 성립한 다음에 변경하는 것인 데 대하여 수정예산은 예산이 국회를 통과하기 전에 수정하는 제도이다.

2) 추가경정예산의 특징은 다음과 같다.

① 정부는 국회에서 추가경정예산안이 확정되기 전에 이를 미리 배정하거나 집행할 수 없다. 또한 추경예산은 본예산과 별도로 성립되지만 일단 성립되면 본예산과 통합하여 운영한다.

② 법령에 따라 국가가 지급하여야 하는 지출이 발생하거나 증가하는 경우는 추경예산을 편성할 수 있다.

---

3) 예산순계＝일반회계＋특별회계의 중복된 부분을 말하며, 예산총계＝일반회계＋특별회계를 말한다.

③ 전쟁과 대규모 자연재해가 발생한 경우, 경기침체나 대량실업, 남북관계의 변화, 경제
   협력 등 대내·외에 중대한 변화가 발생할 우려가 있는 경우가 아니면 추가경정예산
   을 편성할 수가 없다.

3. 예산불성립시에 대처방안 종류

예산은 사전승인의 원칙에 의거하여 국회의 승인을 거친 후에 정부가 예산을 집행할 수
가 있다. 그러나 새로운 회계연도 개시 전까지 국회가 예산안을 의결하지 못할 경우에 국가
의 기본적인 활동을 위하여 일정한 범위 내에서 지출을 허용하는 제도가 필요하다. 이러한
제도는 여러 나라에서 실시하고 있다. 영국은 잠정예산, 프랑스는 가예산, 미국은 전년도예
산을 답습하는 것이 관례화되어 있으며, 우리나라는 준예산제도를 사용하고 있다.

  1) 잠정예산 : 잠정예산이란 예산불성립시에 일정기간의 예산을 국회의 의결을 거쳐 국
     고지출을 허가하는 제도이다. 영국·캐나다·일본에서 사용하고 있다.
  2) 가예산 : 가예산은 예산불성립시에 최초 1개월분을 국회의 의결로 집행할 수 있도록
     한 제도이다. 잠정예산과 차이점은 1개월 동안이라는 제한이 있다는 점이다. 우리나
     라의 제1공화국에서 사용한 경험이 있다.
  3) 준예산 : 준예산이란 새로운 회계연도가 개시될 때까지 예산안을 의결하지 못하는 경
     우, 정부는 국회에서 예산안이 의결될 때까지 전년도예산에 준하여 지출하는 예산이
     다. 지출용도는 헌법이나 법률에 의하여 설치된 기관 또는 시설의 유지비, 법률상 지
     출의 의무가 있는 경비, 이미 예산으로 승인된 사업의 계속을 위한 경비 등이다. 준예
     산에 의하여 집행된 예산은 당해연도의 예산이 성립되면 그 성립된 예산에 의하여 집
     행된 것으로 간주한다.

표 1-2   예산불성립시의 예산집행제도 비교

종 류	기 간	국회의 의결	지출항목	채택하는 국가
준 예 산	제한 없음	불필요	한정적	독일·한국
잠정예산	수개월	필 요	전반적	영국·캐나다·일본
가 예 산	1개월	필 요	전반적	우리나라 제일공화국

4. 기타예산의 종류

1) 총계예산과 순계예산 : 총계예산은 예산계상방법에 있어서 세입·세출의 총액을 계상한 예산을 말한다. 총계예산은 국가의 재정규모를 명확히 함으로써 예산에 대한 국민의 이해를 촉진시키고 국회의 심의를 용이하게 한다. 또한 예산의 집행에 대한 책임을 명확히 하기 위하여 대부분의 나라에서 이 제도를 채택하고 있다. 순계예산은 예산을 계상함에 있어서 경비를 공제한 순세입 또는 순세출만을 계상하는 것을 말한다.

2) 예산총계와 예산순계 : 예산총계는 일반회계와 특별회계를 합한 예산이다. 예산순계는 일반회계와 특별회계의 합에서 중복된 부분을 공제한 부분이다.

5. 통합예산

(1) 통합예산의 의의

통합예산(통합재정)이란 공공활동을 수행하는 모든 예산 및 기금을 말한다. 즉 공공부문의 일반회계, 특별회계, 기금을 말한다. 따라서 통합예산은 중앙정부의 일반회계예산과 특별회계 및 각종기금, 그리고 각급 지방정부의 일반회계예산과 교육비 특별회계 예산 등을 포함한 개념이다. 통합예산은 현행 예산을 그대로 유지하면서 이와 병행하여 재무활동을 종합적으로 파악하기 위하여 만들어진 정부총예산이다. 우리나라는 국제통화기금의 권고에 따라 1979년도부터 이 제도를 도입하였다.

(2) 통합예산의 효과

우리나라 법정예산은 중앙정부와 지방정부예산, 각종기금으로 나누어져 있어 국가전체의 재정활동 규모를 파악하기가 어려웠으나, 통합예산은 이를 모두 포함하는 정부의 재정활동을 체계적으로 분류함으로써 재정이 국민경제에 미치는 영향을 효과적으로 파악하고자 하는 예산제도이다. 다만, 통합예산은 법정예산은 아니며, 법정예산은 그대로 유지하면서 이와 병행하여 발표·작성한다.

(3) 통합예산의 포괄범위

공공부문에서 비금융공공부문이 포함되며 공공금융부문이 제외된다. 예를 들면 한국전력·산업은행·한국통신 등은 제외한다. 비금융공공부문은 일반정부와 비금융공기업이 있다. 일반정부는 순수정부활동을 수행한다. 일반정부는 중앙정부와 지방정부가 포함된다. 비금융공기업의 4개 기업특별회계는 통합예산 범위에 포함된다. 기금도 통합예산에서 제외되는 경우가 있다. 즉 공금융기금인 산업기반신용보증기금, 기술신용보증기금, 신용보증기금, 수출보험기금, 재산형성저축장려기금, 외국환평형기금은 제외된다.

(4) 통합예산의 특성

1) 통합예산은 예산총계 개념이 아닌 예산순계개념으로 작성된다. 왜냐하면 재정 건전성 파악을 위해서 회계 간 전출입 등 이중거래나 내부거래를 모두 제거하기 때문에 순세출·순세입규모로 작성된다.
2) 통합예산의 세입은 경상거래와 자본거래를 구분하는 경제적 분류로 작성되며, 세출예산은 국가예산의 기본방향 파악을 위해 경제성질별·기능별 분류로 작성된다.
3) 통합예산은 회계가 아닌, 재정통계를 나타내므로 현금주의로 작성된다.

(5) 통합예산의 장단점

통합예산의 장점으로는 정부예산의 규모를 정확히 이해할 수 있으며 그 예산범위를 포괄적

그림 1-1   통합예산의 포괄범위(점선안은 통합예산에 포함되지 않음)

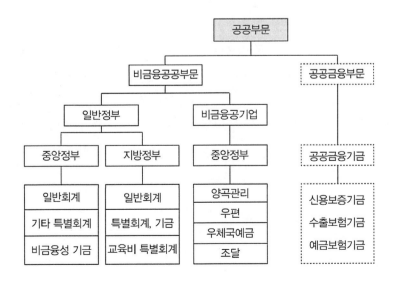

으로 파악하기 때문에 국가정책의 기본방향의 파악이 용이하여 재정의 국민경제효과분석이 가능하다. 그러나 문제점으로 공기업의 제외로 통합적으로 재정관리가 미흡하다는 점, 현금주의에 기초하고 있어 비용과 수익의 정확한 파악이 곤란하고 재정의 범위가 국제적 기준과 부합하지 않는 점 등이다.

6. 기   금

(1) 의   의

1) 기금이란 국가가 특정한 목적을 위하여 특정한 자금을 운용할 필요가 있을 때에 업무의 융통성과 효과성을 높이고자 마련된 재원이다. 기금은 법률로써 설치할 수 있는 자금을 의미하며, 세입세출예산에 의하지 아니하고 예산 외로 운용하는 자금이다. 정부의 재정활동이 주로 일반회계나 특별회계로 운용하고 있으나 특정분야의 사업에 대하여 지속적이고 안정적인 자금지원이 필요한 경우에 예산과는 별도로 정부가 직접 기금을 조성하여 운영하거나, 민간이 조성하여 운영하는 기금에 출현하여 정부의 정책을 실행할 수 있다.

2) 기금의 재원이 상당부분 정부출연금이나 민간부담금 등 공적재원이므로 국회의 예산심의의 대상이다.

3) 기금은 일반회계로부터 전입금이나 정부출연금에 의존하여 유상적 급부가 원칙이며 예산단일성, 완전성, 통일성의 원칙의 예외이다.

4) 기금의 유형으로 금융성 기금과 비금융성기금이 있다. 금융성 기금은 돈을 빌려주어서 이자수입을 얻는 것으로 통합예산에서 제외하며, 30%의 범위 내에서 국회의 심의와 의결 없이 주요 항목에 대한 지출금액의 변경이 가능하다(예 : 신용보증기금, 주택금융신용보증기금 등). 비금융성기금은 특정목적을 가진 기금으로 주로 돈을 쓰는 것이다. 통합예산에 포함되며 20% 범위 내에서 국회의 심의와 의결 없이 중요항목에 대한 지추금액의 변경이 가능하다(예 : 청소년 육성기금, 과학기술진흥기금 등).

표 1-3 예산과 기금의 비교

비교기준	차 이 점	
	예　산	기　금
급부의 성격	조세수입을 재원으로 무상적 급부가 원칙	일반회계로부터 전입금이나 정부출연금 의존, 유상적 급부
확정절차	국회의결	기획재정부장관과 협의·조정, 국회의결
예산통일의 원칙	통일성의 원칙적용	적용되지 않음
수지체계	세입·세출의 수지에 의존	조성과 운용 체계를 바탕
집행절차	합법성에 입각하여 엄격히 통제	합목적성 차원에서 자율성 보장
계획변경	30% 변경시 국회의결	추경예산편성

(2) 기금의 설치와 운용

1) 중앙관서장이 기금을 신설하고자 하는 경우는 입법예고하기 전에 재정정책자문회의의 심의를 거쳐 기획재정부장관의 심사를 받아야 한다. 이는 기금의 무분별한 신설들을 억제하고자 하기 위해서다.

2) 발생주의에 의한 기업회계방식이 적용되며, 수익률향상을 위해서 주식과 부동산에 투자할 수 있다.

(3) 기금운용과정 및 변경절차

1) 기금관리주체는 매년 1월 31일까지 당해 회계연도부터 5회계연도 이상의 기간 동안의 신규사업 및 주요 계속사업에 대한 중기사업계획서를 작성하여 기획재정부장관에게 제출한다.

2) 제출된 기금운용계획안은 재정정책자문회의의 자문과 국무회의 심의 및 대통령의 승인을 거쳐 확장된다.

3) 정부는 기금운용계획안을 회계연도 120일전까지 국회에 제출하여야 하며 국회예산결산특별위원회의 심의와 국회의결로 확정된다.

4) 기금관리주체는 기금운용계획 중 주요 항목 지출금액을 변경하여 집행하고자 하는 경우는 국회의결을 거쳐야 한다. 다만 주요 항목 지출금액의 10분의 2 이하는 범위는 국회의결을 필요로 하지 않아 탄력적 운용이 가능하다.

5) 기금관리주체는 회계연도마다 기금의 결산보고서를 작성하여 다음연도 2월말까지 기획재정부장관에게 제출해야 한다.

6) 기획재정부장관 소속하에 재정정책자문회의에서 기금관련 정책을 심의한다.

7) 기금운용의 평가는 기금운용의 투명성과 효율성을 높이고 기금운용에 대한 종합적이고 전문적인 분석을 통해 기금정책 수립과 제도개선에 기여하고자 기획재정부장관은 회계연도마다 기금운용실태를 조사하고 평가하여 그 결과를 국무회의에 보고한 후 국회에 제출한다.

(4) 기금의 문제점과 개선방향

일반적으로 기금의 문제점들을 살펴보면 국회의 통제를 어렵게 하고 기금이 목적 외에 사용되거나 낭비의 원인이 되기도 하며, 기금의 경쟁적 설치로 유사한 기금간의 중복이 초래되어 공공자금의 효율성을 저하시키며, 예산제도를 복잡하게 하여 국민의 이해를 어렵게 하고 통제가 곤란하여 운영의 신뢰성과 투명성의 확보가 어렵게 한다.

기금의 개선방향은 유사기금이나 기금이 특별회계와 사업내용이 유사한 경우에 통합할 필요가 있으며, 기금이 임의적으로 사용하거나 유용하는 사태가 발생할 수 있으므로 통제가 강화되는 방안을 강구해야 하며, 기금의 증가는 예산제도를 복잡하게 하므로 각 부처의 기금신설을 억제하도록 해야 한다. 이를 위해서는 관계법령을 개정하여 기금설치요건을 강화할 필요성이 있다.

7. 세계잉여금

1) 의의 : 세계잉여금이란 매 회계연도 세입과 세출의 결산상 발생한 잉여금을 의미한다. 즉 재정운용결과 세입이 예산보다 초과된 경우나 지출이 당초 예산보다 적게 집행된 불용액이나 이월액으로 구성된다(초과세입이나 세출불용).

2) 국회의 동의 없이 집행할 수 있으며 세계잉여금의 사용 및 출현은 국가결산보고서에 대한 대통령의 승인을 얻은 이후에 할 수 있다.

3) 세계잉여금 사용의 우선순위 순서로 처리된다.
   ① 교부세 및 지방교육재정교부금 정산
   ② 공적자금상환기금에의 출현
   ③ 국채 또는 차입금 등 채무상환

④ 추가경정예산의 재원
⑤ 다음연도 세입에의 이입

제 5 절   **예산의 분류**

1. 의   의

예산의 분류란 예산의 내용이 되는 세입과 세출을 정확히 파악하고 비교가 용이하도록 일정한 기준에 따라 유형별로 나누어 체계적으로 배열하는 것이다. 세입·세출을 어떤 기준에 따라 어떻게 구분하는가 하는 문제는 예산론에서 중요시된다.

2. 예산분류의 목적

1) 사업계획의 수립과 예산심의 용이 : 예산의 분류를 통하여 사업계획의 수립을 돕고 예산의 심의를 용이하게 한다. 이에 적합한 분류방법으로 기능별 분류와 조직별 분류가 있다.
2) 예산집행상의 효율성 : 예산의 분류를 통하여 예산집행상의 효율성을 높일 수 있다. 효율적인 예산집행에 이바지할 수 있는 분류는 조직별 분류와 품목별 분류가 있다.
3) 회계책임의 명확성 : 예산은 회계책임을 용이하게 하고 행정에 대한 입법부 통제가 용이하도록 분류되어야 한다. 이에 적합한 분류방법은 품목별 분류가 있다.
4) 경제분석의 기능 : 예산분류의 또 하나의 목적은 경제안정이나 자원개발을 위하여 정부활동의 경제적 효과를 정확하게 분석하는 데 있다. 즉 정부의 세입·세출이 국민소득과 고용에 미치는 효과, 소득분배, 자본형성에 대한 정부의 기여도 등이 분석될 수 있어야 한다. 경제성질별 분류와 관계가 있다.

3. 분류의 방법

(1) 기능별 분류

1) 의의

기능별 분류는 세출예산에 관한 분류방법으로서 국가의 주요 기능에 따라 분류한다. 이 방법은 행정부의 예산정책의 수립을 용이하게 하고 입법부의 예산심의를 돕는 데 주목적이 있다. 정치활동에 대한 개략적인 정보를 일반시민에게 제공해주므로 일명 '시민을 위한 분류'라고도 한다. 이 분류방법은 일정한 기간 중에 있어서 정부활동의 변천을 분석하는 데 유익한 분류방법이다. 기능별 분류를 보다 세분화한 것이 사업계획별 분류이며 사업계획별 분류를 다시 세분한 것이 활동별 분류이다. 국가재정법상 장(章)은 기능별 분류와 관계가 있다.

2) 특징

① 기능별 분류는 국가의 기능을 대 항목으로 분류한 것이기 때문에 어느 한 부처의 예산만을 포함하지 않는다. 예를 들면 일반행정비 하면 외교, 외교부 등 각 부처의 일반행정비를 포함한다. 또한 세출예산만 적용되며 세입예산은 적용되지 않는다.

② 일반행정비는 될 수 있는 한 적게 책정되어야 한다. 일반행정비가 많이 책정되면 기능별 분류의 의의가 감소된다. 왜냐하면 일반행정비는 국민을 위한 국가기능이 아니기 때문이다.

③ 정부활동이나 사업이 두 개 이상의 기능에 해당하는 사업이 많이 있다. 예를 들면 군인들의 자녀를 위한 학비는 국방비에도 속할 수 있고 교육비에도 속할 수 있다.

3) 우리나라의 예산의 기능별 분류

① 방위비 : 방위비, 기타
② 교육비 : 초·중·고등학교, 대학교육 등
③ 사회개발비 : 관광 및 문화, 보건, 환경, 사회보장, 주택 및 지역 등
④ 경제개발비 : 농수산개발, 국토자원 보존 및 개발, 전력 및 동력, 과학기술
⑤ 일반행정비 : 입법 및 선거, 사법 및 경찰, 인건비와 관서운영경비 등
⑥ 지방재정지원 : 지방재정교부금 등
⑦ 채무상환·기타 : 예비비 등

4) 기능별 분류의 장점

행정부의 사업계획 수립과 입법부의 예산심의를 용이하게 하며 행정부의 예산집행에 신축적 대응이 가능하여 예산지출의 효율성을 높일 수 있다. 또한 국민의 정부활동에 대한 이해를 용이하게 하며, 총괄계정에 적합하고 탄력성이 높다.

5) 기능별 분류의 단점

예산에 대한 입법부의 효율적인 통제가 어려우며 회계책임이 명백하지 못하고, 기능별 분류의 대 항목은 기관 또는 부처를 포괄적으로 망라하고 있으며 따라서 어느 부처에서 무엇을 하는지가 명백하지 않다. 또한 공공사업을 별개로 범주로 삼지 않으며 정부의 활동이나 사업은 두 개 이상의 기능에 중복되는 경우가 있다.

(2) 조직별 분류

1) 예산을 편성하고 집행하는 주체에 따라서 부처별·소관별·기관별로 분류하는 방법으로 우리나라의 경우 중앙관서별로 구분하고 있다. 우리나라 조직별 분류는 세입·세출 예산에 공히 적용되고 예산분류에서 가장 오래된 방법이다.
2) 장점으로 입법부의 재정통제에 효과적이며 분류범위가 크기 때문에 총괄계정에 적합하고, 경비지출의 주체가 명백하므로 회계관리책임이 명백하고, 예산의 유통과정이 명확히 드러난다. 국회에서 예산심의가 가장 용이하며 신속하고 능률적인 예산집행이 가능하다.
3) 단점으로는 경비지출이 주체별로 이루어졌기 때문에 경비지출의 목적을 밝힐 수 없으며, 세입·세출의 국민경제에 미치는 경제적 효과를 파악할 수 없다. 또한 조직의 전반적인 성과나 예산의 전체적인 성과를 파악할 수 없다.

(3) 품목별 분류 (항목별 분류)

1) 품목별 분류란 급여·여비·시설비 등 지출의 대상을 중심으로 분류하는 방법으로 가장 오래되고 보편화된 분류이다. 어떠한 예산제도를 채택해도 품목별 분류가 병용되어 사용된다. 왜냐하면 예산의 지출시에는 구체적인 품목별로 이루어지기 때문이다. 우리나라의 세출예산과목인 장·관·항·세항·목 중 목이 품목별 분류에 해당된다.
2) 장점으로는 회계책임을 명확히 하며 지출의 합법성을 강조하는 회계검사에 용이하며,

행정에 대한 입법통제가 가능하며 인사행정에 유용한 정보와 자료를 제공한다.

3) 단점으로는 품목별 분류는 세부적인 지출의 대상에 중점을 두기 때문에 정부활동의 전체적인 상황을 알 수 없으며, 정책수립에는 도움이 되지 못하며, 예산의 신축성을 저해할 우려가 있다. 또한 세목별 분류이므로 각 행정기관의 총괄계정에는 적합하지 않다.

(4) 경제성질별 분류

1) 예산이 국민경제에 미치는 영향을 파악하는 데 도움을 주기 위한 분류방법으로 정부 정책을 결정하는 데 유용한 자료를 제공함을 그 목적으로 한다. 경제성질별 분류는 정부의 수입과 지출이 국민경제의 기본적 구성요소인 소득·소비·저축·투자 등에 어떠한 영향을 미치고 있는가를 파악하려는 것이다(국민경제예산). 현재 사용되는 우리나라의 경제적 분류의 요소는 예산을 먼저 세입과 세출로 나누고, 다시 이를 경상계정과 자본계정으로 나누고 있다. 우리나라 경제성질별 분류요소로 통합예산 등이 있다.

2) 경제성질별 분류의 장점으로는 정부의 예산이 국민경제에 미치는 영향을 파악할 수 있고 예산의 경제적 효과분석이 용이하며, 경제정책·재정정책 수립이 용이하며, 국가간의 예산경비의 비중·비교가 가능하며, 인플레이션과 디플레이션을 방지할 수 있다.

3) 단점으로는 경제성질별 분류 자체가 경제정책이 될 수 없고 정부예산의 경제적 영향의 일부만을 측정할 수 있으며, 정책결정을 담당하는 고위공무원에게는 필요하나 예산실무자들에게는 그렇게 유용하지 못하다. 또한 항상 다른 분류방법과 병행하여 사용하여야 하고, 자체로서 소득의 분배나 산업간의 자원배분에 정부가 어떠한 영향을 끼쳤는가를 정확하게 측정하지는 못한다.

(5) 사업계획별 분류와 활동별 분류

1) 사업계획별 분류 : 각 부처의 업무를 몇 개의 사업계획으로 나누고, 그에 따라 예산을 배분하는 분류방법을 말한다. 사업계획별 분류는 기능별 분류와 활동별 분류의 교량적 역할을 한다. 사업계획별 분류는 각 부처의 예산요구서 작성에 기틀을 제공하며 사업계획 및 이를 수행하는 데 필요한 재정소유, 사업진도 등을 분석·검토하는 데 도움을 주는 분류방법이다. 이 분류는 계획예산제도와 관계가 깊다.

2) 활동별 분류 : 사업계획별 분류를 세분한 것으로서 예산안의 편성, 집행상황, 회계업무처리를 용이하게 하는 분류방법이다.

(6) 프로그램 예산제도

1) 프로그램 예산제도는 프로그램(사업)을 중심으로 예산을 편성하는 제도이다. 즉 예산의 전 과정인 예산의 편성, 심의, 집행, 결산을 모두 프로그램 단위로 하는 것이다. 여기서 프로그램이란 개별 사업단위의 묶음을 말한다. 이 제도는 우리나라의 중앙정부는 2007년, 지방정부는 2008년부터 공식적으로 도입하고 있으며 지방정부에서는 사업예산제도라고 한다.

2) 프로그램 예산제도의 특징

① 사업중심의 예산편성으로 성과지향적인 예산편성과 운용이 가능하다. 즉 프로그램 예산제도는 세세한 사업단위에 초점을 두는 것이 아니라 보다 넓은 단위의 프로그램을 중심으로 운영되어 자율성과 책임성이 부여된다. 따라서 성과 책임을 보다 용이하게 확보할 수 있다.

② 프로그램 예산제도는 행정부 내 실국을 단위로 한 조직 중심의 프로그램 구조이다. 따라서 실국을 중심으로 관리의 책임성, 성과의 책임성, 적정한 수준의 자율성이 확보된다.

③ 프로그램 예산제도에서의 예산과목 체계가 단순해지고 예산과 기금을 비롯한 모든 재정자원을 포괄하는 것이 가능해진다. 즉 프로그램 예산구조는 기존의 복잡한 예산 과목 체계에서 기능별 분류―사업별 분류―품목별 분류로 단순화된다.

④ 프로그램 예산 제도는 일반회계, 특별회계, 기금이 통합적으로 관리됨에 따라 유사한 목적의 재정자원은 동일한 프로그램으로 구성이 가능하기 때문에 사업의 중복에 따른 예산의 낭비를 방지할 수 있다.

장	관	항	세항	세세항	목	세목
분야	부문	프로그램	단위사업	세부사업	편성비목	통계비목
기능별 분류		사업별 분류			품목별 분류	

3) 프로그램예산의 장점

① 프로그램 예산 제도는 프로그램 단위로 성과책임이 부여되고 자율성이 부여되므로 기업형 정부구축에 용이하며 단위사업별 예산규모 파악에 용이하다.

② 여러 재정자원의 단순화와 통합화로 사업의 성과관리에 대한 책임이 강화되고 재정집행의 투명성과 효과성을 높일 수 있다.

제6절 예산관계조직

1. 의 의

국가의 재정은 국민경제에 차지하는 비중이 크므로 어느 한 기관이 모든 권한을 독점적으로 행사하지 않는다. 일반적으로 행정부에 예산의 편성과 집행의 권한을 부여하고, 입법부는 감시와 통제하는 제도적 장치를 마련한다. 행정부에서도 재정에 관한 권한을 한곳에 집중시키지 않고 분산시키고 있다. 따라서 재무행정의 조직체계는 중앙예산기관, 국고수지총괄기관, 중앙은행으로 구성된다.

2. 재무행정의 조직

1) 중앙예산기관 : 예산의 편성과 집행을 총괄하는 기관을 말한다. 내각책임제를 채택하고 있는 국가들은 중앙예산기관이 재무부에 속해 있다. 영국의 재무부 등이 여기에 속한다. 미국의 관리예산처는 행정수반 직속형이다.

2) 국고수지총괄기관 : 정부의 수입과 지출을 총괄하는 기관을 말한다. 수입은 조세정책을 수립하고 수입을 예측하고 징수계획을 수립하여 이를 징수한다. 지출은 지출계획을 수립하고 자금을 배분하고 국고금을 관리한다. 우리나라는 기획재정부가 국고지출 총괄기관이다.

3) 한국은행 : 한국은행은 금융정책을 수행하는 정부기관으로서 정부의 모든 국고금의 출납업무를 대행한다.

4) 국회예산정책처 : 국회의장의 직속기관으로 국회의 재정통제권을 강화하고 행정부에 대한 견제와 감시를 효율적으로 수행하기 위해서 설치되었다. 국회예산정책처의 설치로 국회의 재정통제권을 실효성 있게 행사할 수 있다.

3. 재무행정조직체계

재무행정의 조직은 중앙예산기관, 국고수지총괄기관, 중앙은행 그리고 각 부처 예산기관이 있다. 일반적으로 중앙예산기관과 국고수지총괄기관이 분리되는 경우를 삼원적 체계라 하고 통합된 경우를 이원적 체계라 한다.

(1) 삼원체계

1) 예산기구가 행정수반직속형으로 삼원체제 재무구조는 중앙예산기관, 국고수지총괄기관, 중앙은행이 분리된 형태이다. 예를 들면 미국의 경우 재무행정조직이 관리예산처·재무부·연방준비은행으로 나누어져 있다. 우리나라의 경우는 2008년 이전에 기획예산처, 재정경제부, 한국은행으로 구분되어 삼원체제였으나, 2008년부터는 기획예산처와 재정경제부의 통폐합으로 이원체제이다.

2) 삼원체제의 장점은 중앙예산기관이 행정수반의 참모역할을 수행함으로써 강력한 행정력을 발휘할 수 있고 분파주의를 방지할 수 있다. 그러나 중앙예산기관과 국고수지총괄기관의 분리로 세입과 세출의 유기적 관련성이 저하될 수 있다.

(2) 이원체제

이원체제는 중앙예산기관과 국고수지총괄기관이 통합되어 있는 경우로 주로 내각책임제 국가는 이원체제이다. 영국이나 일본의 재무성이 여기에 속한다. 우리나라도 현재 기획재정부가 유사하다.

제 7 절　예산회계관계법률

정부예산의 운영은 법의 범위 안에서 이루어지므로 예산관계법규의 기초는 헌법이다. 헌법에는 예산과 관련된 여러 규정이 있다. 예를 들면 준예산, 계속비, 예비비, 추가경정예산, 국채 및 국고채무 부담행위, 조세법정주의 등을 규정하고 있다. 예산관련 기본법률은 국가재정법, 정부기업예산법, 공공기관의 운영에 관한 법률 등이 있다.

1. 국가재정법

(1) 목   적

국가의 예산·기금·결산·성과관리 및 국가채무 등 재정에 관한 사항을 정함으로써 효율적이고 성과지향적이며 투명한 재정운용과 건전재정의 기틀을 확립할 목적으로, 기존의 예산회계법과 기금관리기본법을 통합하여 제정된 법률이다. 따라서 국가재정법은 국가재정에 관한 총칙법으로 국가의 예산 및 기금운용의 기본지침이 되는 법률이다.

(2) 주요 내용

1) 성인지(性認知)예산서 작성 : 정부는 예산이 여성과 남성에게 미칠 영향을 미리 분석보고서를 작성하여야 한다. 성인지예산서에는 성평등 기대효과, 성과목표, 성별 수혜분석 등을 포함하여야 한다.

2) 국가재정 운용계획의 수립 : 정부는 재정운용의 효율화와 건전화를 위하여 매년 당해회계연도부터 5회계연도 이상의 기간에 대한 국가재정운용계획을 수립하여 회계연도개시 120일 전까지 국회에 제출한다.

3) 성과중심의 재정운용 : 각 중앙관서의 장과 법률에 따라 기금을 관리·운용하는. 자는 재정활동의 성과관리체계를 구축해야 한다. 따라서 각 중앙관서장은 예산요구서를 제출할 때에는 다음연도 예산의 성과계획서 및 전년도예산의 성과보고서를 기획재정부장관에게 제출해야 한다.

4) 재정정보의 공표 : 재정활동의 투명성 증진을 목적으로 국가의 주요한 재정정보를 매년 1회 이상 공표하도록 한다. 주요한 재정정보는 예산·기금·결산, 국채·차입금, 국유재산의 현재액 및 통합재정수지 등이다.

5) 각종제도 도입 : 국가재정법은 조세지출예산제도(조세감면의 구체적 내역을 예산구조를 통해서 밝히는 것), 총액예산제도(세부내용을 미리 확정하기 곤란한 사업), 예비비타당성조사제도 등을 도입하도록 하였다.

(3) 국가재정법 재16조의 예산원칙

재정건전성 확보의 원칙, 국민부담 최소화의 원칙, 재성성과의 원칙, 투명성과 참여성의원칙, 성인지효과평가의 원칙 등이 규정되어 있다.

2. 정부기업예산법

(1) 의   의

정부기업예산법은 기존의 기업예산회계법이 개정된 것으로 이 법률의 적용범위는 기업형 태로 운영하는 정부사업의 우편사업, 우체국예금사업, 양곡관리사업 및 조달사업의 기업형 책임운영기관과 같이 특별회계이다.

(2) 정부기업예산법의 특징

1) 발생주의 회계원칙

정부기업예산법은 사업의 경영성과와 재정상태를 명확히 하기 위하여 재산의 증감과 변 동을 발생의 사실에 따라 계리한다고 규정함으로써 현금주의가 아닌 발생주의 원칙을 채택 한다. 현금주의와 발생주의에 대해서 다음과 같이 정리할 수 있다.

① 현금주의란 현금지급단계에서 인식하는 회계처리방식이다. 현금주의는 회계거래가 발 생하였더라도 실제로 현금을 받아야만 이익을 냈다고 보는 시각이다. 그러므로 채권·채무도 없으며 재고자산이나 고정자산도 없다. 현금주의 회계방식은 공공부문회계에 서 사용되며 간단하고 이해하기 쉽다. 그러나 현금회계는 자산과 부채로 계정분류를 하지 않기 때문에 공공자본과 소득에 관한 정보를 제공하지 못한다. 즉 국유자산인 토지를 불하할 경우에 그 수입은 조세와 동일하게 재정의 수입원천이 되며 당해 회계 연도 중에는 자금력이 좋으나 실제는 공공자본의 침식으로 나타난다.

② 발생주의 회계란 비용과 수익은 그것이 발생한 사실에 근거하여 계상하는 회계거래 를 말한다. 발생주의는 회계거래가 발생한 경우에 현금이 들어오지 않아도 수익이 증 가한 것으로 본다. 즉 발생주의란 현금의 수납사실이 아닌 자산의 실질적인 증감과 변동의 사실에 따라 계산한다. 예를 들면 돈을 빌려준 후에 일정한 기간이 지나서 결 산일에 이자를 받지 못했지만 결산일에 이자가 생긴 것처럼 회계처리를 하는 것이다. 발생주의 장점은 투입비용에 대한 원가계산과 감각상각 등의 제공으로 업무성과와 정 확한 단위비용의 산정이 가능하고, 복식부기의 적용으로 회계상의 오류방지가 가능하 고, 자산과 부채의 정확한 파악과 미래의 현금지출에 대한 정보(신용카드)제공으로 실 질적인 건전재정성의 평가에 유리하다.[4) 또한 가격의 정확한 산정으로 재정의 투명성

---

4) 발생주의의 도입은 복식부기의 도입이 전제조건이 된다.

과 책임성이 확보된다. 다만 채권의 발생시점에 수익이 기록되지만 부실채권도 있을 수 있으며, 발생주의는 재고자산의 평가, 감가상각방법의 선정의 과정에서 성과가 과대표현되는 등 주관성의 개입의 소지가 있다. 또한 발생주의 회계는 현금주의 회계보다 복잡하고 전문적인 지식이 요구된다. 따라서 정부 내의 전문가가 부족한 경우는 발생주의 회계를 정부부문에 도입하는 데 어려움이 있다.

2) 원가계산제도

특별회계로 운영되어 사업능률의 증진, 요금결정의 기초를 제공하고 경영의 합리화를 위해서 원가계산을 한다.

3) 감가상각제

고정자산을 명확히 하기 위해서 매회계연도마다 감가상각을 하도록 되어 있다.

4) 재무재표 작성

대차대조표·손익계산서 등 재무제표의 작성에 의하여 자산상태를 정확히 파악하고 경영성과를 분명히 하도록 하였다.

5) 예산의 신축성

예산집행에 있어서 수입금 마련 지출제도를 두어 사업의 합리적 운영을 기하였고, 목간 적용이 가능하며, 국채발행과 자금차입이 가능함으로써 정부기업 예산운용의 탄력성을 높였다.

6) 독립채산제의 원칙 불인정

독립채산제의 원칙은 인정되지 않고, 국회의 예산심의를 거치며 특별회계로 운영된다. 정부기업은 일반회계로부터 전입금을 받을 수 있고 특별회계의 잉여금은 일반회계로 전출할 수도 있다.[5]

---

5) 독립채산제란 국가재정에서 분리하며 독자적으로 경영하는 것을 독립채산제라 한다. 공기업의 운영은 필요한 자금을 정부의 지원보다는 자신의 노력으로 조달되고 수익자 부담에 따라 기업자신의 수입에 의해서 지출을 보전하는 경영을 하도록 해야 한다.
〈기본원리〉
㉮ 수지적합의 원칙 : 공기업의 지출은 모두 자체수입으로 충당해야 한다는 것을 의미한다. 이를 위해서는 공기업의 합리적인 요금결정이 전제되어야 한다.

.

(나) 자본자기조달의 원칙 : 소요자본의 민간자금시장에서 구하거나 또는 채권발행에 의하여 조달하는 경
우에 재무관리의 자주성과 자본의 효율적 운영을 할 수 있다.
(다) 이익자기처분의 원칙 : 공기업이 경영잉여가 발생하였을 때 그 잉여를 국고에 납입하는 것이 아니라
기업이 자기목적을 위해서 자주적으로 처리하고 손실이 발생하였을 경우에는 자체적으로 해결해 나
간다는 원칙을 말한다.

제 2 장   예산과정

제 1 절 예산과정

1. 예산과정의 개념

예산과정은 예산의 편성·예산심의·예산집행·회계검사와 결산의 단계로 이루어진다. 각 단계는 별개로 분리되어 수행되는 것이 아니라 상호의존적이며 연관되어 있다. 예산편성과 집행은 행정부에서 담당하고 예산심의는 입법부에서 담당한다. 회계검사는 독립적인 기관인 감사원에서 담당한다. 이처럼 예산편성에서 결산에 이르는 순환적 과정을 예산과정(예산주기)이라 한다.

2. 예산과정의 성격

1) 예산과정은 그 과정의 각 단계에서 가치배분을 둘러싼 정치투쟁 형태를 지닌 정치적 성격을 지닌다. 예산의 정치적 성격은 의회제도와 밀접한 관계가 있다. 과거 의회가 국왕에 대한 견제역할을 담당하던 시기는 예산의 정치적 성격은 소극적이었으나 19C 중엽 이후부터는 국민경제에 있어서 재정적 지출의 중요성이 커졌다. 이때부터 예산은 부의 배분과 조정을 위한 수단적 역할이 강조되어 여러 이익집단의 의견을 반영하게 되었다. 오늘날의 예산은 정부가 수행해야할 사업에 대한 타당성을 놓고 합리적 관점에서 검토하고 결정해야 하지만, 한편으로 정부의 사업의 수행은 정치투쟁의 결

과이다. 각 집단은 보다 많은 이익을 추구하기 위해서 정부에 많은 예산을 요구한다. 대통령은 국민에게 공약사업이나 자신의 통치철학에 보다 많은 예산을 확보하려고 하며, 정당은 유권자에게 공약의 실현을 위해서 예산의 편성이나 심의과정에 영향력을 행사한다.

2) 예산과정은 4개의 과정이 반복적으로 이루어지는데, 4개의 과정이 완료되는 데는 3년이 걸리며 동태적 성격을 띤다. 그러므로 예산은 주기적으로 반복되는 과정이며 예산의 각 단계는 상호의존적이며 연관되어 있다.

3) 예산과정은 합리성을 기준으로 하여 자원을 배분하는 의사결정과정이다. 따라서 정부예산은 분석적 방법을 사용하여 자원배분의 최적화를 추구한다.

3. 재정민주주의

(1) 개 념

재정민주주의를 전통적 입장에서는 국가의 재정활동이 국민의 대표기관인 의회에 의해서 감시되고 통제되어야 한다는 의미다. 현대적 입장에서는 재정주권이 납세자인 국민에게 있다는 것을 의미한다. 즉 재정민주주의란 예산상의 의사결정 및 예산운영을 민주화한다는 것을 의미한다. 우리나라의 경우 주로 지방정부에서 논의된다. 지방재정법 제39조에 의하면 지방자치단체장은 대통령령으로 정하는 바에 따라 지방예산편성과정에 주민이 참여할 수 있는 절차를 마련하여 시행하여야 한다는 규정을 두고 있다.

(2) 내 용

1) 경제학자 빅셀(K. Wicksell)은 재정민주주의를 국가가 사회구성원인 시민으로부터 세금을 거두어 그것으로 시민의 재정선호를 반영한 예산을 의미한다고 설명하였다. 그러므로 재정민주주의는 시민에 의한 예산감시운동과 예산편성단계에서 주민의 참여가 강조된다.

2) 시민들의 재정선호가 반영되는 방식은 첫째, 예산상의 의사결정과정에 시민참여가 이루어지는 것이다. 이러한 제도적 장치는 예산 편성단계에서 공청회, 시민대표의 참여, 재정수요의 조사, 주민투표제 등이다. 우리나라도 지방예산편성과정에 주민이 참여할 수 있는 절차를 마련하였다. 둘째, 예산에 시민의 재정선호가 제대로 반영되었는지를 시민이 직접 감시하고 통제하는 것이다. 제도적 장치는 정보공개청구, 주민감사청구,

내부고발자보호, 주민소환제도이다.

제 2 절   예산의 편성

1. 의   의

예산편성이란 1년 동안 국가활동에 소요되는 경비를 미리 계산하는 것이다. 그러므로 예산편성은 다음 회계연도에 정부가 수행할 정책이나 사업계획을 재정적인 금액으로 표시하는 과정이다. 예산편성은 일반적으로 중앙예산기관과 대통령이 예산편성의 주도권을 장악하고 위해서 아래로 내려오는 하향적(Top-down) 예선편성인 거시적 예산편성이 있다. 또한 전통적 방식인 각 부처의 예산요구로 시작되어 중앙예산기관이 이를 조정하는 상향식(Bottom-up)방식이 있다.

2. 예산편성의 형식

예산의 형식적 내용은 일반회계의 경우 예산총칙, 세입·세출예산, 명시이월비, 계속비, 국고채무 부담행위로 예산회계법 제19조에 예산의 형식적 내용을 5가지 규정하고 있다.[1]

(1) 예산총칙

당해 회계연도의 재정운영에 대한 기초적 사항에 관하여 국회의 의결을 얻어 두는 예산조문이라고 한다. 예산총칙에는 세입·세출예산, 명시이월비, 계속비와 국고채무부담행위에 관한 총괄적 규정을 두고 있으며, 국채 또는 차입금의 한도액과 재정증권의 발행과 일시차입금의 한도액 등을 규정하고 있다.

---

1) 특별회계의 경우는 예산총칙, 추정손익계산서, 자본계정, 계속비, 명시이월비, 국고채무부담행위로 구성된다.

(2) 세입·세출예산

1) 세입·세출예산이란 일회계연도 내에 있어서의 수입과 지출의 추계를 말한다.
2) 세입·세출예산은 예산의 핵심적 내용이며 예산의 대부분을 차지한다. 예비비는 예산
   총칙에 포함되지 않고 세입·세출예산에 포함된다.

(3) 계 속 비

계속비란 완성에 수년을 요하는 공사나 제조 및 연구개발사업은 경비의 총액을 국회의
의결을 얻어 지출할 수 있게 하는 예산형식이다. 계속비의 연한은 당해 회계연도로부터 5
년 이내이다. 그러나 개정된 예산회계법은 필요한 경우에는 국회의 의결을 거쳐 연장할 수
있도록 하였다.

(4) 명시이월비

세출예산 중 연도내에 그 지출을 필하지 못할 것이 예측될 때에는 미리 국회의 승인을
얻어 다음연도에 이월하여 사용할 수 있는 경비이다.

(5) 국고채무부담행위

국고채무부담행위란 법률에 의한 것과 세출예산금액 또는 계속비의 총액의 범위안에서 지
출할 경비 이외에 국가가 채무를 부담하는 행위를 말하며 미리 국회의 의결을 얻어야 한다.

3. 예산편성과정에서의 예산관료들의 역할

1) 소비자의 역할 : 소비자의 역할을 하는 관료는 주로 중앙관서의 장을 말하며 이들은
   소비지향적·확장적·쇄신적 태도를 갖는다.
2) 삭감자의 역할 : 삭감자의 역할은 중앙예산기관으로 저축지향적이고 보수적인 성격을
   갖는다. 중앙관서장이 필요 이상의 예산요구를 신청하기 때문에 세입을 고려하면서
   예산배정을 하는 중앙예산기관은 각 부처의 예산요구액을 삭감하는 데 주력하나 현실
   적으로 정치적 압력으로 한계에 부딪치고 있다.
3) 수문장의 역할 : 수문장의 역할은 행정의 최고책임자이다. 즉 대통령은 각 부처의 예
   산계획을 검토하고 통제할 수 있는 권한이 있다. 왜냐하면 각 부처는 보다 많은 예산

을 확보하려고 하나 정부의 재정은 한계가 있으므로 대통령은 예산팽창을 억제하는 문지기 역할을 수행한다. 그러나 대통령은 통제할 수 있는 권한은 있지만 재량적 여지가 상당히 한정되어 있다.

4. 예산편성의 절차

우리나라의 예산편성이 종전의 상향식 편성(예산요구)에 최근의 하향식 편성이 가미되었다. 상향식(bottom-up) 예산편성이란 각 부처에서 예산요구서를 제출하면 중앙예산기관에서 각 부서의 예산요구서를 검토하고 시정하여 예산을 확정하는 방식이다. 하향식은 국가전체의 재정계획에 따라 지출한도를 정해주면 그 범위내에서 예산을 편성하는 제도이다.

1) 중기사업계획서의 제출 : 각 중앙관서의 장은 매년 1월 31일까지 당해 회계연도로부터 5회계연도 이상의 기간 동안 신규사업과 기획재정부장관이 정하는 주요 사업에 대한 중기사업계획서를 기획재정부장관에게 제출해야 한다. 사전에 중기사업계획서를 제출하게 하는 목적은 주요 사업의 예산을 미리 조정하여 예산편성의 방향을 정하고 각 부처의 소요예산을 사전에 파악하고 한정된 법정 예산편성기간에 집중되는 업무량을 분산할 수 있기 때문이다.

2) 국가재정 운용계획의 수립 : 정부는 재정운용의 효율화와 건전화를 위해서 매년 당해 회계연도부터 5회계연도 이상의 기간에 대한 재정운용계획을 수립하고 기획재정부는 각 부처가 제출한 중기사업계획서상의 신규사업과 계속사업계획을 기초로 연차별 재정규모와 부처별 지출한도의 초안을 협의·준비한다. 지출한도 계획의 초안은 국무회의에서 확정하여 발표한다.

3) 예산안편성지침과 기금운용계획안작성 지침을 시달 : 기획재정부장관은 국무회의의 심의를 거쳐 대통령의 승인을 얻은 다음 예산안편성지침을 매년 3월 31일까지 각 중앙관서의 장에게 시달하여야 한다.[2] 예산편성지침에는 재정운용의 방향, 예산편성의 중점사항, 예산편성을 위한 요구지침, 지출한도를 포함하여 통보한다.

4) 예산요구서 제출 : 각 부처는 편성지침서가 내려오기 전부터 자료를 수집하여 예산요

---

2) 예산편성지침은 각 부처가 예산을 편성하는데 지침이 되는 문서로 재정운용의 방향을 제시하는 가이드라인이다. 동지침에는 중앙관서별로 지출한도가 포함된다. 예산편성지침과 기금운용계획안작성지침은 국회 예산결산특별위원회에도 보고하여야 한다.

구서 작성에 대비하고 있다가 각 부처의 우선순위를 반영한 예산요구서, 즉 세입세출
예산, 계속비, 명시이월비 및 국고채무부담행위 요구서를 작성하여 매년 5월 31일까
지 기획재정부장관에게 제출하여야 한다.

5) 기획재정부의 예산협의(예산의 사정)[3] : 기획재정부는 각 부처의 예산요구서를 다음연
   도 예산규모의 전망과 가용자원을 고려하면서 종합적으로 분석·검토한다. 분석의 초
   점은 각 부처의 예산요구가 지출한도와 편성기준을 준수하였는지 등이다. 예산사정과
   정에서 소관부처의 의견을 수렴하기 위해서 각 부처의 예산담당관과 예산협의과정을
   거친다. 예산사정과정에서 실무자급에서 해결할 수 없는 경우는 기획재정부장관은 해
   당 부처장과 협의한다. 다만 헌법상 독립기관의 예산요구액을 삭감할 때는 국무회의
   에서 당해 기관장의 의견을 구한다.
   일반적으로 각 부처의 예산확보전략은 관련단체를 동원하거나, 대통령의 공약사업이
   라는 점을 강조하거나, 사업의 우선순위를 조정하여 인기 있는 사업은 우선순위를 낮
   게 하고 인기 없는 사업은 우선순위를 높게 설정하는 방안, 언론플레이로 언론의 지
   원을 얻는 방법, 국회의원의 힘을 활용하는 방법 등이다. 이러한 문제점을 해결하기
   위해서 예산요구액에 한도액을 설정하여 예산의 불합리성을 막을 수 있다. 우리나라
   의 경우 총액예산제도의 질서로 불필요한 관행이 많이 줄었다고 하나 아직도 정치적
   인 논리에 의해서 예산이 결정된다. 또한 전년도예산과 비교해 증감된 예산요구액만
   을 중점적으로 시정하는 증감분석법의 적용이다. 이 방법은 손쉽게 사용하는 방법이
   나 예산사정기관이 증가된 예산항목에 관심을 보이다보니 각 기관이 필요한 기본예산
   액에 대한 검토가 등한시 될 수 있다.

6) 국무의회의 심의와 국회 제출 : 기획재정부의 예산안사정이 끝나면 이를 국무의회의
   심의와 대통령의 승인을 얻어 정부안을 확정한 후 정부는 회계연도 개시 120일 전까
   지 관계서류와 같이 국회에 제출하여야 한다.

---

3) 예산의 사정(review)이란 중앙관서가 제출한 예산요구서에 담긴 사업의 내용을 분석하고 소요예산을 산출
   하는 작업을 말한다.

5. 우리나라 예산편성상의 문제점과 개선방안

(1) 문 제 점

1) 정부가 다음연도의 경제에 대한 낙관적 성장률 전망으로 예산규모를 부풀린다. 이유는 씀씀이를 줄이지 않기 위해서 성장률을 일부러 높여 잡는다.

2) 각 부처의 예산요구액이 크다. 따라서 각 부처 예산편성에 많은 시간이 소요되고 예산사정은 예산요구액을 삭감하는 데 주력하다 보니 실질적인 예산사정이 되지 못한다.

3) 예산액의 배분이 비합리적이다. 합리적 자원배분기준을 제시하는 종합적인 계획과 정책의 우선순위에 따라 예산이 배정되어야 하는데 오히려 역행되고 있다. 즉 예산편성과정이 정치성을 띠어 각 부처 예산배정에서 영향력이 강한 부처와 그렇지 못한 부처 간의 차이가 있으며 각 부처장관의 정치적 능력이 예산능력과정에 영향력이 행사된다.

4) 예산사정이 전년도 답습주의에 의존하여 전년도와 비교하여 차이가 있는 부분만을 사정한다.

5) 중앙정부의 경우 예산편성과정이 비공개적이고 국민참여가 이루어지지 않고 있다.

제 3 절 예산의 심의

1. 의   의

(1) 입법부 예산의 심의의 이유

예산심의란 의회가 행정부에서 수행할 사업계획의 효율성을 검토하고 예산을 확정하는 것이다. 의회가 예산을 심의한다는 것은 국가기획 및 사업계획의 수준을 결정하고, 정부의 재정규모와 지출예산의 총액을 확정하며, 국민의 대표기관인 입법부가 행정부의 재정활동을 통제·감독하는 기능을 수행하고, 한정된 자산의 합리적 배분이라는 성격을 갖는다.

(2) 예산심의과정에 영향을 미치는 요인

1) 권력구조와 정당의 기율 : 일반적으로 대통령제를 채택하는 국가는 행정부에 대한 의

회의 견제가 강하므로 예산심의가 엄격하다. 또한 의원의 예산심의 활동은 소속정당의 통제를 받아 당지도부의 지시에 따라야 한다. 이유는 다음에 선거의 공천권을 보장받기 위해서 정당의 방침에 순응하지 않을 수 없다.

2) 이익집단의 영향 : 국회의 예산심의에 대한 이익집단의 압력이 선진국가에서는 크게 작용한다. 우리나라에 경우는 국회보다는 이익집단의 압력이 행정기관에 치중되어 왔다.

3) 지역성의 작용 : 국회의원은 예산심의과정에서 자신의 지역구에 관심을 가진다. 즉 의원은 지역구의 예산확보를 위해서 행정기관을 상대로 로비를 하거나 자신의 지역구에 보다 많은 예산을 확보하기 위해서 활동한다.

4) 당파성의 작용 : 일반적으로 여당은 정부예산에 대해서 협조적이나 야당은 비협조적이며 오히려 예산심의를 통해서 정치적 협상을 하려고 한다.

5) 국회의원의 가치관 : 국회의원의 의식구조, 가치관이 예산심의에 영향을 미칠 수 있다. 우리나라의 경우는 국회의원들이 국가발전의 입장보다는 지역 편향적이고 특정집단의 이익을 추구하는 경향이 강하다.

6) 불충분한 정보와 의원의 전문성 : 예산을 체계적·합리적으로 심의하기 위해서는 국회가 정부보다 많은 정보를 가지고 있는 경우에만 타당하다. 정보를 행정부가 독점하고, 의원의 해당 분야에 전문성이 부족하면 심도 있는 예산심의가 힘들다.

2. 예산심의의 유형

(1) 대통령중심제와 내각책임제

우리나라나 미국과 같이 대통령중심제하에서는 예산심의가 비교적 엄격하게 이루어진다. 한편, 내각책임제하에서는 내각이 국회의 다수당의 한 위원회로 간주되므로 정부의 예산안이 국회의 심의과정에서 수정되는 일은 거의 없다.

(2) 예산형식-법률주의와 예산주의

1) 법률주의 : 예산은 법률과 동일한 형식을 취한다. 따라서 세입과 세출예산을 매년 의회가 법률로 확정한다. 영국과 미국에서 채택하고 있으며 조세제도는 일년세주의를 택한다. 세입예산과 세출예산이 법률적 구속을 받게 된다. 따라서 의회에서 통과된 예산은 세출예산법이 된다.

2) 예산주의(국회의결) : 예산이 '국회의 의결'의 형식을 취하게 된다. 즉 예산의 형식이

법률이 아니다. 따라서 행정부에서 편성한 예산을 매년 의회가 의결한다. 그러나 세출
예산은 법률에 준하는 구속을 받게 되나 세입예산은 법률적 구속을 받지 않는 단순한
참고자료이다. 세입은 예산과는 별도의 조세법에 따라 징수된다.

표 2-1 예산과 법률의 비교

	예 산	법 률
제 출	정 부	정부·국회
제출기한	회계연도 개시 90일 전	시간제약이 없다
거부권 행사	대통령거부권 불가능	대통령거부권 행사가능
공포절차	공포가 필요 없다 국회의결로 확정	공포로 효력발생
시간적 효력	회계연도에 한정	계속적 효력 발생
심의과정에 증액여부	증액과 새비목설치 불가능	법률수정 가능

(3) 예산심의의 한계

우리나라에서 헌법 제57조의 규정에 의하여 국회는 정부의 동의 없이 정부가 제출한 세
출예산 각 항의 금액을 증가하거나 새 신항목을 설치할 수 없다고 규정하고 있다. 미국의
헌법에는 이에 대한 아무런 규정이 없다. 그러므로 미국의 경우는 의회가 예산안의 폐지·
삭감할 수 있으며, 새로운 비목의 설치나 증액도 가능하다.

3. 우리나라의 예산심의

1) 국정감사 : 국정감사는 소관상임위원회별로 매년 정기국회 집회일 이전에 감사시작일
   부터 30일 이내의 기간을 정하여 감사를 시행한다. 다만 본회의 의결이 있는 경우는
   정기회 기간 중에도 감사를 실시할 수 있다.
2) 시정연설 : 회계연도가 개시되기 120일 전까지 예산안이 국회에 제출되면 본회의에서
   대통령의 시정연설과 기획재정부장관의 예산안 제안설명이 행하여진다.
3) 상임위원회의 예비심사 : 1981년 1월 이후 국회법 제77조의 규정에 따라 예비심사를
   거치지 않도록 되었으나 1983년에 다시 부활하여 각 상임위원회별로 예비심사를 거

치게 되어 있다.

4) 예산결산특별위원회의 종합심사 : 각 상임위원회의 예비심사를 거친 후 예산결산특별 위원회의 심사를 거친다. 예산결산특별위원회는 여야의원 50인 이내로 구성되는 특별 위원회로서 예산안의 종합심사와 계수조정 등의 역할을 수행한다. 예산안을 종합·조 정하기 위해서 계수조정소위원회를 구성하고 구체적인 심사를 한다. 계수조정소위원 회는 가장 실질적인 심의과정이다. 계수조정소위원회의 예산심의는 공개하며 회의록 도 작성하도록 의무화했다. 이는 국회활동의 투명성을 확보하기 위해서다. 일반적으 로 소위원회의 수정안은 예결위원회의 안으로 채택되고 있다. 예산결산특별위원회는 특별하다고 인정한 안건을 효율적으로 심사하기 위해서 설치한 특별위원회지만 상설 위원회이다. 예산결산특별위원회는 상설화되어 활동기간을 정하지 않는다.

5) 본 회의 의결 : 예산결산특별위원회의 심사가 끝나면 본 의회에 상정되어 그 의결을 얻 도록 되어 있다. 국회는 예산안을 회계연도 개시 30일 전까지 의결해야 한다. 본회의 의결이 끝나면 예산은 성립되며 예산은 법률이 아니므로 별도의 공포는 하지 않는다.

4. 우리나라 예산심의의 특징

1) 우리나라는 영·미와는 달리 예산이 법률이 아니고 의결의 형식이다. 따라서 예산은 법률보다 하위의 효력을 갖는다.

2) 국회는 행정부의 동의없이 정부가 제출한 세출예산 각 항의 금액을 증액이나 새 항목 을 설치할 수 없다.

3) 국회위원회는 그 소관에 속하는 의안과 청원 등을 심사하는 상임위원회와 필요하다고 인정되는 안건을 효율적으로 처리하기 위한 특별위원회가 있다(예: 예산결산특별위원회). 일반적으로 각 상위위원회는 소속부처와의 이해관계 등에 있어서 선심성 예산의 편성 이 높다.

4) 상임위원회가 증액한 예산을 예산결산특별위원회에서 상임위원회의 동의 없이 삭감할 수 있다. 상임위원회는 세출예산에서 상임위원회의 의원들과 소속부처간의 이해관계 가 일치하여 선심성 예산의 편성이 이루어진다.

5) 정보위원회는 국정원의 예산심의를 비공개로 하며, 정보위원회의 심사는 예산결산특 별위원회의 심사로 본다고 규정하여 투명성이 낮다.

5. 우리나라 예산심의의 문제점과 개선방향

(1) 예산심의의 문제점

1) 예비심사를 담당하는 상임위원회가 전문성의 원칙에 의한 배정이 아니라 소속정당의 정치적 안배의 형식으로 배정되고 있다. 이는 예산심의에 있어서 의원들의 전문성의 결여로 심도있는 예산심의를 어렵게 한다.

2) 의원들의 국민대표의식의 미약성으로 개인의 이권이나 출신지역구의 이해관계에 주로 관심을 가진다. 세출예산에 대하여 의원들의 국가차원보다는 지역구나, 특정이익집단을 의식하여 특정예산을 증액시키는 경향이 심하다. 또한 부처에 대해서도 소관 상임위원회와는 일종의 연대의식을 가지고 있어 관련부처의 예산을 옹호하려고 한다.

3) 의원신분의 불안정성으로 국회의원들이 원내활동에 충실하기 어렵고 다음 선거에 대비하기 위해 정치자금의 마련에 신경을 써야 한다.

4) 국민의사가 예산심의과정에 잘 반영되지 않고 있다. 이는 국민들이 의원들의 입법활동과 예산심의의 활동에 대해서 무관심하게 된다.

5) 예산심의 기간이 짧아 졸속심의가 이루어지고 있다. 실제로 예산심의 기간 중 정책질의 시간이 너무 많고 심의가 우선순위에 따라서 이루어지기보다는 삭감규모를 먼저 정하고 이에 짜맞추기식의 심의가 이루어지고 있다.

(2) 개선방안

1) 예산심의과정에서 정당간의 대립으로 예산이 졸속으로 심의되고 결국 시간에 쫓기다보니 예산안이 제대로 검토되지 않고 통과되는 경우가 많다.

2) 국회의원들이 지역구 예산챙기기에 나서다보니 예산을 삭감하고 통제하기보다는 오히려 예산이 증가하는 경우가 많다.

3) 결산과 회계검사의 결과자료들이 다음의 예산심의과정에 반영되도록 해야 한다. 이를 위해서 감사원의 각종자료들을 예산심의에 이용하도록 할 필요가 있으며 예산관련 정보시스템을 구축해야 한다.

제 4 절　예산의 집행

1. 의　　의

1) 예산집행이란 국가의 수입·지출을 실행하는 모든 행위를 말한다. 따라서 예산집행은 단순히 예산에 정하여진 금액을 국고에 수납하고 국고로 지불하는 것만을 말하는 것이 아니다. 국고채무부담행위의 실행이나 지출원인행위도 예산집행에 포함된다. 예산의 집행은 예산에 계상된 세입·세출뿐만 아니라 예산성립 후에 일어날 수 있는 세입·세출 전부를 포함한 국가의 수입·지출의 실행에 관한 모든 행위를 의미한다.

2) 예산집행은 서로 상반된 2개 목표를 가지고 있다. 하나는 입법부의 의도를 구현하고 입법부에서 정하여 준 재정적 한계를 엄수하는 재정통제이고, 다른 하나는 예산성립 후의 변동에 적응하기 위해서 행정부 신축성을 유지하기 위한 것이다.

2. 집행상의 재정통제

의회에서 확정된 예산은 입법부 의도를 계수적으로 표현한 것이다. 그러므로 행정부는 입법부 의도를 구현하기 위해서 의회의 의견을 거친 금액과 사업의 범위내에서만 예산을 집행해야 한다. 행정부는 의회에서 결정한 한계를 준수해야 한다.

(1) 예산의 배정

예산배정은 예산집행의 첫 단계이다. 예산배정은 예산집행을 위한 실행계획으로서 사업계획의 실현을 위해서 자금을 할당하는 절차이다. 즉 중앙예산기관장이 각 중앙관서의 장에게 분기별로 집행할 금액과 책임의 소재를 명확히 하는 절차이다. 이는 지출원인행위의 근거가 되며 일시에 자금이 집중적으로 지출되는 것을 최소한 줄일 수 있다. 지출원인행위는 지출원인행위를 할 권한을 부여한 것이지 자금교부는 아니다. 우리나라의 예산배정은 1년을 4분기별로 나누어 수립하고 수입과 지출계획은 월별로 나누어 작성한다.

(2) 예산의 재배정

예산배정이 끝나면 중앙관서장이 산하재무관에 월별 또는 분기별로 집행할 수 있는 예산을 배정해 주는 것을 말한다. 예산의 재배정은 각 중앙관서의 장으로 하여금 각 산하기관의 예산집행 상황을 감독하고 재정적 한도를 엄수하게 하는 데 목적이 있다.

(3) 지출원인행위의 통제

지출원인행위는 국가의 지출원인이 되는 계약이다. 이를 담당하는 회계기관은 원칙상 중앙관서의 장이나 실제로 재무관이 한다. 재무관은 그 실적을 월별로 기획재정부장관에게 보고해야 한다. 계약시 일정금액 이상의 계약은 상급기관의 승인을 얻도록 하여 수입과 지출의 균형을 유지하고 있다.

(4) 정원과 보수의 통제

공무원 정원증원이나 처우개선을 안전행정부장관이 할 때는 중앙예산기관과 사전에 협의해야 한다. 왜냐하면 인건비는 국가예산 중 큰 비중을 차지하고 있기 때문이다.

(5) 회계기록·보고체제를 통한 통제

각 중앙관서는 자체의 수입과 지출에 관한 기록을 작성하여 보고하도록 되어 있다. 이러한 보고체제의 목적은 수입과 지출의 균형과 자금집행과 사업진행과의 일치여부를 확인함으로써 예산집행의 효율성을 위해서다.

(6) 총사업비제도

총사업비란 개개의 사업에 소요되는 모든 경비를 총괄하는 용어이다. 중앙관서의 장은 완성에 2년 이상 소요되는 사업(고속도로·댐·지하철 등)은 그 사업규모, 총사업비, 기간을 정하여 미리 기획재정부장관과 협의해야 한다. 이와 같은 대규모 사업을 합리적으로 조정·관리함으로써 재정지출의 증액과 팽창을 억제할 수 있다. 그러나 한국개발연구원에 따르면 총사업비 관리대상 사회간접자본의 분석결과 오히려 처음보다 늘어났다고 한다. 이는 토지수용과정에서 보상액의 증가와 설계변경의 이유도 있지만, 예산확보에 치중한 나머지 최초 사업비를 지나치게 낮게 잡고 시행과정에서 증가하는 경우가 많다. 이유는 일단 공공사업이 시작을 하면 중도에 포기가 불가능하기 때문이다.

(7) 예비타당성조사

1) 대규모 개발사업의 경우 본격적인 타당성조사 및 기본설계 이전에 개략적인 사전조사를 통하여 타당성을 검증하여 대형사업의 신중한 착수와 재정투자의 효율성을 높이기 위한 제도이다.

2) 대상사업은 총사업비가 500억 원 이상이고 국가의 재정지원규모가 300억 원 이상인 신규사업에 대해서 기획재정부장관의 예비타당성조사를 의무화했다. 또한 국회의 요구가 있는 사업도 조사를 실시한다.

3) 예비타당성조사는 주체가 중앙예산기관이며, 조사범위가 당해 사업뿐만 아니라 국가재정 전반에 걸치며, 정책적 측면에서 실시한다.

3. 예산집행의 신축성 유지

(1) 의   의

예산집행의 신축성이란 예산이 성립된 후에 일어나는 사정변동에 적응하고 예산을 효율적으로 관리·집행하기 위하여 세출예산을 지출목적 이외에 사용하거나 정하여진 금액을 초과하여 사용하거나 또는 다음 회계연도로 넘겨서 사용할 수 있게 하는 것을 말한다. 일반적으로 예산집행의 신축성이 필요한 이유는 경비절약과 경제안정을 위한 역할을 수행하고, 예산의 효율적인 집행을 위해서는 행정재량권을 부여할 필요가 있기 때문이다.

(2) 신축성 유지의 방법

1) 예산의 이용과 전용

① 예산의 이용이란 입법과목인 기관·장·관·항간의 상호융통을 말하며, 이는 사업의 내용을 변경하기 때문에 국회의 의결을 얻은 것에 한하며 기획재정부장관의 승인을 얻어야 한다. 실제 이용실적은 거의 없다.

② 예산의 전용이란 행정과목인 세항과 목 사이에 상호융통하는 것이다. 전용은 행정재량에 맡겨 있어서 국회의결이 불필요하며 기획재정부장관의 승인을 얻어야 한다. 다만 기획재정부장관이 정한 범위안에서는 기획재정부장관의 승인없이 전용할 수 있다. 행정과목 중에서 봉급과 공공요금은 1995년 이후는 전용이 가능하다. 이용과는 달리 전용은 연말에 많이 발생한다.

2) 예비비

① 예측할 수 없는 예산외의 지출 또는 예산초과지출에 충당하기 위하여 정부는 일반회계예산총액의 100분의 1 이내의 금액을 예비비로 세입세출예산에 계상할 수 있다.[4]

---

4) 예산외지출이란 예산편성 당시에는 전혀 예측할 수 없었던 사건이 발생하여 경비지출이 필요한 경우이며,

미리 사용목적을 지정해놓은 목적 예비비는 별도로 세입세출예산에서 계상할 수 있으나 공무원 보수 인상을 위한 인건비 충당을 위해서는 예비비 사용목적을 지정할 수 없다.

② 각 중앙관서의 장은 예비비의 사용을 필요로 하는 경우에는 그 이유, 금액을 명백히 한 명세서를 작성하여 다음연도 2월 말일까지 기획재정부장관에게 제출한다. 기획재정부장관은 예비비 사용서를 작성하여 국무회의의 심의를 거쳐 대통령의 승인을 얻어서 사용한다. 예비비 사용에 관해서는 차기 국회의 승인을 얻어야 한다. 예비비는 기획재정부장관이 관리한다. 예비비의 설치시 국회의 의결을 거쳐야 한다. 이는 종류별 전체금액을 승인받은 것이다.

③ 예비비는 국회에서 부결한 용도, 예산성립 전부터 존재하던 사태, 국회개회 중에 거액의 예비비의 지출이 제한된다.

3) 예산의 이체

① 예산의 이체란 정부조직 등에 관한 법령의 제정·개정 또는 폐지로 인하여 그 직무권한에 변동이 있는 때에 예산집행에 관한 책임소관을 변경시키는 것이다.

② 기획재정부장관은 당해 중앙관서장의 요구에 의하여 그 예산을 이체를 할 수 있다. 이체는 책임소관만 변동될 뿐 사용목적과 금액은 변동하지 않는다.

4) 예산의 이월

당해 연도 내에 사용치 못한 예산을 다음연도의 예산으로 넘겨 사용하는 것을 말한다. 이월의 종류는 명시이월과 사고이월이 있다.

① 명시이월 : 세출예산 중 연도 내에 그 지출을 필하지 못할 것이 예측될 때에는 미리 국회의 승인을 얻어 다음연도에 사용하는 제도이다.

② 사고이월 : 연도 내에서 지출원인행위를 하고 불가피한 사유로 인하여 연도내에 지출하지 못한 경비와 지출원인행위를 하지 아니한 부대경비의 금액에 한하여 인정된다. 한번 사고이월한 경비는 다음연도에 사고이월하는 것이 허용되지 않는다.

예산초과지출이란 예산에 일정한 금액을 예상하였으나 그 후 사정변경으로 예산에 부족액이 생겨 경비의 초과지출이 필요한 경우이다. 예비비와는 별도로 헌법상 독립기관인 국회, 법원, 헌법재판소, 중앙선거관리위원회의 소관별 지출항목에는 예비금 항목이 있다. 예비금은 예측할 수 없는 지출에 충당하기위해서 국회법, 법원조직법, 헌법재판소법의 규정에 별도로 예산항목에 계산된 것이다.

표 2-2 명시이월과 사고이월의 비교

명시이월	사전예측 가능	사전의결의 원칙	재차이월 가능	실적 적다
사고이월	불가피한 사유	사전의결의 원칙의 예외	재차이월 금지	실적 많다

5) 계속비

① 의의 : 회계연도 독립의 원칙에 대한 예외가 되는 계속비란 완성에 수년도를 요하는
공사나 제조 및 연구개발사업에서는 경비의 총액과 연부액을 정하여 미리 국회의 의
결을 얻은 범위 내에서 수년도에 걸쳐 지출할 수 있는 경비를 말한다. 계속비에 의해
서 지출할 수 있는 연한은 당해 회계연도로부터 5년 이내라는 제한이 된다. 그러나
필요한 경우 예외적으로 10년 이내로 국회의결을 거쳐 연장할 수 있도록 하였다.

② 특성 : 회계연도 독립의 원칙의 적용으로 계속비의 경우도 그 차년도부터 매년의 연
부액은 다시 국회의 의결을 얻어야 지출할 수 있다. 영국과 서독은 계속비 제도가 없
으나 미국은 세출예산 중에서 수년도에 걸쳐 지출할 수 있는 다년도 세출예산제도가
있어 계속비 제도의 필요성이 없다.

③ 계속비의 장점과 한계 : 계속비제도는 착수된 사업을 중도에 중단되거나 정치적 결정
으로 인한 예산삭감을 방지할 수 있어 공사진행을 안정적으로 추진할 수 있다. 그러
나 일단 착수되면 수정이나 중단이 어려워 재정운영의 경직성을 초래한다.

6) 예산의 긴급배정

기획재정부장관은 필요한 경우에는 대통령령이 정하는 바에 의하여 회계연도 개시 전에
예산을 배정할 수 있다. 예를 들면 외국에서 지급하는 경비, 교통이나 통신이 불편한 지방
에서 지급하는 경비, 범죄수사 등 특수활동에 소요되는 경비, 선박의 운영·수리 등에 소요되
는 경비, 여비, 경제정책상 조기집행을 필요로 하는 공공사업 등이다. 긴급배정과 유사한 배정
으로 당겨배정과 조기배정이 있다. 당겨배정은 해당 분기 도래 전에 앞당겨 배정하는 것이고,
조기 배정은 사업의 조기 집행을 위해 연간 예산을 상반기에 집중 배정이 있다.

7) 국고채무부담행위

① 의의 : 국고채무부담행위란 법률에 의한 것과 세출예산금액 또는 계속비 외에 국가가
채무를 부담하는 행위를 말한다. 이러한 행위를 할 때는 미리 예산으로서 국회의 의

결을 얻어야 한다. 예를 들면 2년 이상의 기간으로 건물을 임차하는 경우는 장래 국고부담이 예견되는 경우이다. 이때 당해연도 이후에 부담해야 하는 채무가 국고채무부담행위다. 따라서 국고채무부담행위는 국가가 빚을 지는 것이다.

② 특성 : 국고채무부담행위는 채무부담행위를 할 권한만 인정받는 것이므로 실제지출을 할 때는 국회의 의결을 얻어야 하며 실제지출은 당해 연도가 아닌 다음 회계연도부터 이루어진다. 또한 국고채무부담행위가 세출예산 금액범위를 벗어난 행위로 본다.

8) 수입대체경비

수입대체경비는 모든 수입은 국고에 납부하고 이를 직접 사용하지 못한다는 국고통일주의의 예외이다. 수입대체경비는 국가가 특별한 역무를 제공하고 그 제공을 받은 자로부터 비용을 징수하기 위하여 소요되는 경비이다. 각 중앙관서의 장은 수입의 범위안에서 관련 경비의 총액을 지출할 수 있는 경우의 당해 경비를 말한다. 이 제도는 수입을 국고에 수납하고 다시 배정을 받아 지출하는 번거로운 절차를 간소화시켜 준다. 대상경비로는 대법원의 등기소의 등기부 등·사본발행경비나, 외교부의 여권발급경비 등이다.

9) 총액계상예산제도

총액계상예산제도란 예산편성에 있어서 세부내용을 미리 확정하기 곤란한 사업의 경우 세부내역 없이 총액규모로만 예산을 계상하는 제도이다. 세부내역은 집행단계에서 각 중앙관서의 장이 자율적으로 결정한다. 총괄예산이란 구체적으로 용도를 제한하지 않고 포괄적인 지출을 허용하는 예산제도이다. 즉 예산이 세항이나 목으로 세분화된 명세(明細)예산은 신축성이 저해되므로 기능, 사업계획 등 보다 큰 항목을 기준으로 하여 예산을 승인하는 제도이다. 총괄예산은 신임예산과 유사하다.

10) 대통령의 재정·경제에 관한 긴급명령

국가가 재정·경제상의 중대한 위험에 처한 경우 국회의 승인을 얻지 않고 대통령은 긴급명령을 내릴 수 있다.

11) 예비타당성 조사

① 담당부서의 본격적인 타당성 조사 및 기본설계 이전에 기획재정부가 사전에 경제적 분석과 정책적 분석을 통해서 사업의 추진여부를 결정하는 제도이다.

② 2000년부터 적용하고 있는 제도로 대규모 사업의 신중한 착수와 재정투자의 효율성

을 높이기 위해서 총사업비가 500억 이상이면서 국가재정규모가 300억 이상인 신규 사업이 해당된다. 조사의 분석은 내용편익비 등이 내포된 경제적 분석과 지역경제의 파급효과 균형발전을 위한 낙후도 평가 등이 실시된다. 다만 공익적 가치가 큰 사업인 공공청사, 문화재 복원, 국가안보에 관련된 국방사업 등은 제외된다.[5]

4. 수입과 지출

예산의 집행은 국가의 수입과 지출을 실행하고 관리하는 모든 행위를 의미한다. 즉 세출예산뿐만 아니라 세입예산의 수입절차도 포함한다.

(1) 수입사무

한 회계연도에 있어서 국가의 모든 수입을 세입이라 한다. 따라서 세입은 지출의 원인이 되는 일체의 현금적 수입이다. 수입사무기관이란 세입을 조사·결정하고 이를 수납하는 기관을 말한다. 기획재정부 장관은 수입의 징수와 수납에 관한 사무를 총괄하고, 중앙관서의 장은 그 소관수입의 징수와 수납에 관한 사무를 관리한다.

(2) 지출사무

1) 의의

지출이란 어떤 목적을 위해 돈을 지급하는 행위로 지출의 절차는 기획재정부장관이 확정된 예산을 각 중앙관서가 집행할 수 있도록 권리를 부여하는 예산의 배정과 자금의 배정을 한다.

2) 지출사무기관

① 지출관리기관 : 국가의 지출을 총괄하는 기관은 기획재정부이며 각 중앙관서의 장은 각 소관부서의 지출에 관한 업무를 관정한다.

---

5) 총사업비관리제도
  ① 중앙관서의 장은 완성에 2년 이상 소요되는 사업으로서 대통령이 정하는 대규모사업에 대해서 그 사업규모·총사업비 및 사업기간을 정하여 미리 기획재정부장관과 협의를 하여야 한다.
  ② 대상 사업은 국가가 직접 수행하거나 국가대행사업, 국고보조금 받는 민간사업 가운데 사업기간이 2년 이상으로 총 사업비가 500억 이상, 건축 사업은 200억 이상인 경우다. 이 제도는 재정투자의 생산성향상과 사업촉진과정에서 총 사업비의 대폭증액을 방지하기 위함이다.

② 재무관 : 배정된 금액 내에서 지출원인행위를 담당한다. 즉 지출의 원인이 되는 계약
행위 등을 의미한다.

③ 지출관 : 지출이란 국고에서 현금이 지급되는 행위이다. 지출관은 재무관으로부터 지
출원인행위 관계서류를 송부받고 지출을 명하는 기관이다. 지출관이 지출을 명하고자
할 때는 법령이 정하는 바에 따라 국고금의 지급사무를 수탁하여 처리하는 자의 계좌
로 이체하여 지급한다. 2003년부터 국고금 관리법의 제정으로 전자이체제도가 새로
도입되었다. 따라서 지출관이 국고금의 지급사무를 수탁하여 처리하는 자에게 계좌이
체를 하는 것은 지출행위로 본다.

④ 통합지출관 : 2개 이상 관서의 국고금의 통합지출을 담당하는 기관을 말한다.

⑤ 출납기관 : 출납기관은 지출관의 명령에 따라 현금의 지급을 행하는 집행기관이다.

3) 지출의 특례

지출의 특례한 정상적인 지출절차를 밟지 않는 모든 지출을 의미한다.

① 관서의 운영경비 : 중앙관서의 장이 관서를 운영하는 데 드는 경비로 관서운영경비는
관서운영경비 출납공무원이 지출관으로부터 교부받아 지급한다. 관서운영경비 출납공
무원은 교부된 자금의 범위 안에서 지급원인행위를 할 수 있고, 운영경비집행시 정부
구매카드를 사용하도록 하여 집행의 투명성을 높이도록 하였다.

② 선금급과 개산급 : 선금급과 개산급의 지급은 그 성질상 미리 지급하지 않은 경우에
업무수행에 지장을 초래할 경우 지급하는 경비를 말한다. 예를 들면 운임·임대료·여
비 등이 관련된다.

③ 과년도지출 : 과년도지출은 지나간 회계연도의 경비를 현연도예산으로 지출하는 것이
다. 이는 지나간 회계연도의 경비가 채권자로부터 청구가 없었거나 하는 이유로 지출
하지 않았던 것은 한 년도예산으로 지출하여 채권자를 보호하는 데 목적이 있다.

표 2-3 선금급과 개산급의 비교

선 금 급	확정된 금액을 미리 지급하는 것으로 예를 들면 정기간행물의 비용, 운임, 임대료 등으로 정산할 필요가 없다.
개 산 급	확정되지 않은 금액에 대해서 개략적으로 계산하여 우선지급 하는 것

5. 예산집행의 문제점

1) 예산집행의 신축성 결여 : 신축성을 유지하기 위한 제도적 방안이 마련되고 있으나 실질적으로 신축성은 제약되고 있다. 즉 예산의 이용은 국회의 의결을 거쳐 기획재정부장관의 승인을 얻어야 하고 예산의 전용도 기획재정부장관의 승인을 얻어야 한다.

2) 자금의 적기 공급 부진 : 국가재정법상으로는 예산배정과 자금공급의 일원화를 기할수 있도록 되어 있으나 실제로는 자금공급이 적기에 이루어지지 않는 일이 많다.

3) 예산과목의 세분화 : 배정된 자금이 적시에 공급되어야 하나 그렇지 못한 경우가 많아 사업계획의 집행이 지연되는 경우가 많다.

4) 통제중심주의의 예산제도 : 예산제도가 아직도 통제중심적이어서 정부의 예산집행의 신축성을 제약하고 있다. 또한 예산집행권이 집권화되어 있어 조직의 상층부에서 집행이 운용되고 있다.

5) 행정인의 책임성·윤리성의 미확립 : 행정인의 책임성과 윤리성이 확립되지 않아 행정의 부조리와 비능률을 초래하고 있고, 배정 받은 예산은 일단 당해 연도에 모두 소비하는 경향이 있다.

6. 예산집행의 개선방안

1) 집행기관에 재량권을 주고, 신축성을 위한 절차의 간소화가 이루어져야 한다. 즉 예산집행의 권한을 담당직원에게 위임하고 전용·이용 등의 절차를 간소화해야 한다. 예를들면 전용의 효율성을 높이기 위해서 예산과목인 목(目)의 수를 줄여야 한다.

2) 예산집행은 확정된 예산을 정부가 실현해 가는 과정이므로 예산의 의도를 반영하기 위해서는 의회와 시민단체 등의 예산집행과정에 지속적인 통제가 필요하다.[6]

3) 정부의 투자사업이 효율성을 증진하도록 해야 한다. 앞으로 각 부처간, 각 부서간의 사업의 연계가 이루어지도록 하여 업무의 중복과 빈번한 사업변경이나 폐지가 없도록 해야 한다.

---

[6] 성과중심의 재정운용을 위해서 재정사업 자율평가제도가 시행되고 있다. 평가는 사업수행부처가 하며 기획재정부가 확인·점검하여 평가결과를 재정운용에 반영한다. 대상사업을 모두 평가하지 않고 매년 3분의 1만 평가한다. 평가결과 일반사업과 정책사업으로 구분 일반사업의 매우우수·우수인 경우는 예산을 증액하고, 미흡·매우미흡인 경우는 예산 10%을 삭감한다.

제 5 절   회계검사

1. 의   의

회계검사는 예산과정 중에서 마지막 단계로서 행정부가 집행한 예산에 관한 기록을 체계적으로 검토하는 행위를 말한다. 회계검사는 검사기관의 독립성이 보장되어야 한다. 행정부 소속이라 할지라도 행정수반으로부터 독립된 지위를 부여하여야 한다. 회계검사를 통해서 재정보고서가 작성된다.

1) 회계검사의 대상은 회계기록이며, 회계기록은 단순히 회계장부가 아닌 회계와 관계있는 모든 기록을 말하며, 회계검사는 기장자 이외의 제3자에 의하여 행해져야 한다. 그러므로 기장자 자신이 회계검사는 할 수 없다.

2) 회계기록의 사실여부에 대한 정부(正否)검증절차이다. 여기서 정부검증절차란 부기 기록이 각 거래를 적정하게 해석하고, 경제적·법률적 사실을 진실하게 표시했는지를 입증하는 것이다.

3) 지출의 합법성 여부를 따지는 적부검사이며 검증결과에 대하여 검사인의 비판적 의견이 표시되어야 한다.

2. 회계검사의 목적

1) 전통적 회계검사는 행정부는 입법부의 의도를 충실히 구현했느냐를 강조하므로 지출의 적법성을 중요시하였다. 이러한 합법성의 회계검사가 불법지출을 방지할 수 있으나 부당한 지출이나 낭비를 방지하는 데는 한계가 있다.

2) 현대적 회계검사는 회계검사의 초점과 내용이 과거의 합법성 위주의 회계검사에서 프로그램의 능률성과 효과성을 평가하는 방향으로 전환되고 있다. 그러므로 회계검사의 내용이 단순히 재정의 합법성 이외에 전반적인 행정관리에 초점을 두고 직무감찰까지를 회계검사의 대상으로 한다. 또한 회계검사 대상기관이 확대되고 있다. 즉 정부투자기관이나 정부보조기관까지도 검사대상이다.

3) 일반적으로 회계검사의 목적은 행정의 합법성 확보, 국가재정의 낭비방지, 경리상 부정의 적발, 시정조치, 정책계획의 수립에 반영 등이다.

3. 회계검사기관의 유형

(1) 회계검사기관의 위치

1) 영·미형(입법부형) : 회계검사기관을 입법부에 소속시키는 형태로서 미국·영국 등이 이에 속한다. 회계검사기관이 입법부 소속이므로 회계검사 결과는 의회에 제출되며, 행정부에 대해서 강한 재정통제력을 발휘할 수 있다.

2) 대륙형(행정부형) : 회계검사기관이 행정부에 소속하는 유형으로 한국 등이 이에 속한다. 대륙형은 행정부에 그 집행결과를 검사할 기관이 소속되어 회계검사의 통제력이 낮다.

3) 독립형 : 회계검사기관을 입법·사법·행정 3부 중 어느 것에도 속하지 않는 독립된 기관으로 두는 형태로서 프랑스·독일·일본 등이 이에 속한다.

(2) 단독제와 합의제

1) 단독제 : 단독제는 회계검사기관의 장이 단독으로 기관의 업무를 지휘하는 형태를 말한다. 미국과 영국의 회계검사기관이 이에 속한다.

2) 합의제 : 합의제는 합의제 기관인 검사관 회의가 회계검사기관의 업무를 지휘하는 형태를 말한다.[7] 우리나라 감사원과 일본의 회계검사기관은 합의제 기관이다.

(3) 헌법기관과 비헌법기관

1) 헌법기관 : 대부분의 국가는 헌법에서 회계검사기관에 관한 규정을 두고 있으며 우리나라·일본·독일·필리핀 등이 해당된다.

2) 비헌법기관 : 성문헌법을 가진 미국의 회계검사원은 법률에 의한 기관이다.

---

7) 우리나라의 경우, 감사원이 감사위원회와 사무처로 구성되어 있고 감사원장은 감사위원회의의 의장이 된다고 규정되어 있다. 감사원장은 사무처를 장악하고 대통령이 임명하므로 단독제라는 견해(유효)와 감사위원회가 주요 결정이 가능하다고 보아 합의제란 견해(권영성)가 대립되어 있다.

4. 우리나라 회계검사기관

(1) 감사원의 위치와 조직

우리나라 감사원은 대통령소속하에 헌법기관으로서 직무에 관한 독립성을 갖고 있다. 감사원은 세입·세출예산을 매년 검사하여 대통령과 다음연도 국회에 그 결과를 보고하여야 한다. 감사원은 원장을 포함하는 7인의 감사위원으로 구성되는 감사위원회와 사무처로 조직된다. 감사원장은 국회의 동의를 얻어 대통령이 임명하여 감사위원은 감사원장의 제청으로 대통령이 임명한다. 감사원장과 감사위원의 임기는 4년이다.[8]

1) 직무상의 독립성 : 감사원은 직무수행에 있어서 정치적 압력이나 간섭을 받지 않는다.
2) 인사상의 독립성 : 감사원장은 국회의 동의를 얻고, 감사위원은 감사원장 제청으로 각각 대통령이 임명하며, 임기는 4년이고 1차에 한하여 중임할 수 있다.
3) 예산상의 자주권 : 기획재정부장관은 감사원의 세출요구액을 감액할 때는 감사원의 의견을 구하여야 한다.
4) 규칙제정상의 독립성 : 감사원은 감사사무처리에 관한 규칙을 제정할 수 있다.

(2) 감사원의 기능

1) 결산확인 : 감사원은 회계검사를 통하여 국가의 세입·세출의 결산을 확인한다.
2) 회계검사 : 감사원은 국가 및 법률이 정한 단체의 회계검사를 한다. 회계검사사항은 필요적 검사사항과 선택적 검사사항으로 나누어진다. 필요적 검사사항은 감사원이 반드시 회계검사를 할 의무가 있는 사항이며 주로 공공기관의 회계에 관한 것이다. 선택적 검사사항은 국가와 지방자치단체와 계약을 체결한 자, 국가기금을 관리하는 자 등이다.
3) 직무감찰 : 감사원은 공무원의 비위를 시정·방지하고, 행정운영의 개선·향상을 위하여 행정기관의 사무와 공무원의 직무를 감찰한다.[9]
4) 검사결과의 처리 : 우리나라의 감사원은 징계를 요구할 수 있는 권한을 갖는 데 불과

---

8) 감사원법 참조.
9) 직무감찰은 회계감사와 비교하면 다음과 같은 차이가 있다. 회계검사는 국가의 모든 기관(입법부, 사법부, 행정부)이 대상이 되나 직무감찰은 입법부와 사법부는 제외하고 행정부만을 대상으로 한다. 직무감찰은 공무원의 비위를 시정·방지하고 행정운영의 개선을 목적으로 한다.

하여 감사원이 할 수 있는 처리방법으로 변상책임의 판정, 징계·문책·해임의 요구, 시정·주의요구, 개선요구, 고발, 대통령에 대한 수시보고 등이 있다.

5) 심사청구의 심리·결산 : 감사원은 감사를 받은 자의 직무에 관한 처분과 기타 행위에 관하여 이해관계가 있는 자는 감사원에 그 심사를 청구할 수 있다. 감사원은 심사의 청구가 있을 때는 적당한 조치를 취해야 한다.

6) 의견진술 : 국가의 각 기관은 회계관련법령을 제정·개폐할 때에나 회계관련법령의 해석상 의문이 있을 때에는 감사원의 의견을 구하여야 한다.

5. 회계검사의 문제점과 개선방향

1) 통제중심의 회계검사 : 우리나라의 회계검사는 주로 통제위주의 요식성·적법성만을 따지고 예산집행의 능률성·효과성을 간과하고 있어 행정부의 정책수행의 효과를 파악할 수 없다. 또한 합법성 위주의 회계검사는 회계공무원의 예산을 부당하게 사용하는 것을 막을 수 없다. 그러므로 회계검사가 예산집행의 능률성·효과성까지 평가·분석하여 정부지출의 전체적인 성과는 가져왔는지를 평가하도록 해야 한다.

2) 독립성의 확보 : 감사원이 행정부에 소속되어 있으므로 행정수반의 정치적 압력을 받을 우려가 있다. 앞으로 감사원이 독립성이 확보될 수 있는 방안이 강구되어야 한다.

3) 사후검사의 지양 : 사후검사는 회계공무원의 위법성만 문제삼으므로 업무집행의 합목적성은 고려되지 않는다. 정책의도와 행정목적의 바람직한 구현을 위해서는 사전검사제도를 도입하는 것이 좋을 것이다.

제6절 결 산

1. 의 의

1) 결산이란 회계연도내에 있어서의 국가의 수입과 지출의 실적을 확정적 계수로서 표시하는 행위이며 예산에 의하여 수입·지출을 한 정부의 사후적 재정보고를 의미한다.

2) 일반적으로 결산은 다음과 같은 의미를 지닌다.[10]

① 결산은 행정기관이 예산을 운용한 결과를 사후적으로 확인하는 심사과정이다.

② 결산은 역사적·정치적이다. 즉 결산은 사후적인 관계로 일단 집행된 내용을 무효할 수 없다. 부당한 지출이 있는 경우는 그 책임을 물을 수 있으며, 확인된 내용은 다음 연도 예산을 편성할 때 교훈으로 삼을 수 있다.

③ 결산은 예산집행의 공식적 책임해제이다. 즉 예산에 대한 국회의 심사가 완결되어야 그 운영이 종결된다. 이는 정부의 예산집행, 책임이 최종적으로 해제되는 법적 효과를 지닌다.

④ 결산은 환류이며 정책평가이다. 결산은 예산집행의 결과에 대한 반성의 계기를 마련하고 결산의 결과 부당한 지출이나 행정의 비능률이 발생했는지를 판단하게 된다.

⑤ 결산은 교육·홍보과정이다. 결산을 통해서 공무원들은 사업과 정책을 보다 더 효과적으로 수행할 수 있는 방법을 학습하게 되며 예산결과를 국민들에게 홍보함으로써 국민을 교화시켜 체제의 정통성을 확대할 수 있다.

2. 결산의 특성

1) 예산은 회계검사기관의 검사·확인과 국회의 심의·의결에 의하여 확정되며 그 효과로서 예산집행에 대한 정부책임이 해제된다.

2) 결산은 정부의 위법·부당한 지출이 있는 경우에 그 지출행위를 무효 또는 취소하는 법적 효력을 가지는 것은 아니며 다만 정치적·도의적 책임을 묻는 데 그친다. 즉 결산과정에서 불법과 부당한 지출이 발견되어도 이를 무효나 취소로 할 수가 없다.

3) 결산은 1회계연도간에 있어서의 예산집행의 실적이며, 따라서 예산과 결산은 대체적으로 일치하나 완전히 일치한다는 것은 거의 있을 수 없다. 예산과 결산이 일치하지 않는 이유는 다음과 같다. 예산성립 후의 예비비의 지출, 예산의 다음연도에의 이월이나 당해 연도의 불용액, 예산성립 후의 정세변동에 적응하기 위한 신축성 있는 예산집행, 정부의 위법·부당한 지출 등이다.

---

10) 신무섭, 1997, <재무행정론>, 서울: 대영문화사.

3. 우리나라의 결산제도와 문제점

(1) 결산의 절차

1) 출납기한(출납사무의 완결)

① 출납정리기한 : 결산은 예산집행의 실적인 수입·지출의 출납사무가 완결되어야 그 내용을 확정할 수 있다. 출납정리기간은 원칙상 12월 31일이다.

② 출납기한 : 세입·세출의 출납의 장부정리 완결시한은 다음연도 2월 10일까지이며 그 뒤는 정정되지 않는다.

③ 결산보고서 작성 : 각 중앙관서의 장은 매 회계연도마다 그 소관이 속하는 결산 보고서를 작성하여 익년도 2월 말까지 기획재정부장관에게 제출한다.

2) 감사원의 결산검사·확인

감사원은 결산과 첨부서류를 검사하고 그 보고서를 다음연도 5월 20일까지 기획재정부장관에게 다시 보내야 한다. 감사원에 의한 결산확인은 결산의 합법성과 정확성에 관한 최종적인 판정이며 예산의 국회제출을 위한 전제조건이다. 그러나 감사원의 결산확인은 과거의 수입과 지출을 대상으로 하는 까닭에 설사 결산에 비합법적이더라도 무효하거나 취소하지 못한다.

3) 국회의 결산심의

정부가 감사원의 검사를 거친 결산 및 첨부서류를 다음연도 5월 31일 전까지 국회에 제출하면 국회는 본회의에 보고하고 상임위원회의 예비심사와 예산결산특별위원회의 종합심사, 본회의에서 의결됨으로써 결산이 확정된다.

(2) 결산의 문제점

1) 결산에 대한 인식부족 : 관료나 국회의원들이 결산을 과소평가하는 경향이 있다. 또한 국회의원들은 결산에 관한 정치적 책임을 추궁하는 데 소극적이다.

2) 결산자료의 미비 : 정부의 결산자료가 전문가가 아닌 사람에게는 이해하기 힘들어 국회의원이 세밀하고 정확한 검사에 한계가 있으며, 결산을 검토할 시간적 여유도 충분히 주어지지 않았다.

3) 결산의 심사결과 위법 또는 부당한 사항이 있을 시는 국회가 본회의 의결 후 정부 및

해당 기관에 변상 및 징계조치를 할 수 있으나, 국회의 시정조치요구를 제대로 이행
하지 않을 경우에 국회가 이를 강제할 수단이 사실상 없다.

(3) 개선방향

1) 국회의 결산심사가 실효성을 갖기 위해서는 감사원의 회계감사기능을 국회로 이관할
   필요성이 있다.

2) 예산결산특별위원회가 예산심의에 치중하고 있어 상대적으로 결산심사는 소홀히 한
   다. 따라서 결산만을 담당하는 결산위원회를 별도 구성하여 보다 심도 있는 결산이
   이루어지도록 해야 한다.

제 3 장   예산제도

제 1 절   예산결정이론

1. 의   의

예산결정이란 예산상의 의사결정을 의미한다. 즉 예산결정이론은 환경으로부터 자원을 동원하여 그 자원을 정책이나 사업계획에 배분하는 데 있어 적용되는 기준을 말한다.[1] 예산결정에 관한 기본적인 문제를 제기한 사람이 키(v.o.key)이다. 키는 어떠한 근거로 'A사업 대신에 B사업에 예산을 쓰는가'라는 의문을 제기했다. 키의 의문 이래 예산결정이론이 발달하게 되었다. 예산결정이론은 일반적으로 전년도를 기준으로 하는 점증주의와 투입과 예산과 산출을 비교하는 합리주의로 나누어 볼 수 있다.

2. 점증주의

(1) 개   념

1) 점증주의는 전년도의 예산액을 기준으로 다음연도의 예산액을 결정하는 방법이다. 합리성의 기준에서 볼 때 점증주의는 정치적 합리성을 추구하기에 경제적 측면에서 보면 비합리적이며 주먹구구식 성향이 다분하다. 품목별 예산과 성과주의 예산제도는

---

[1] 가재창·심재권 공저, 1999, <신재무행정론>, 대전: 충남대출판부.

점증주의에 의한 결정방식이라고 볼 수 있다.

2) 점증주의는 인간능력 및 정보의 한계로 현실적인 예산의 결정은 타협과 협상에 의해서 이루어지는 제한적 비교과정이다. 또한 예산결정현상이 정치적·관료적 과정의 관점에서 파악되어 예산결정과정은 수많은 관련기관의 상호작용에 의해서 예산결정은 이미 정해진 결정규칙과 절차에 따라 이루어지며 그 과정에 많은 준자율적인 의사결정이 이루어지는 분할적 점증주의가 일어난다.

(2) 점증주의의 특징

1) 여러 가지 정책대안 중에서 한정된 몇 가지 대안만을 대상으로 하며 예산과정은 보수적·정치적·단편적이다. 그러므로 점증주의는 예산결정과 관련된 모든 요소들을 종합적·체계적으로 취급할 수 없다.

2) 예산결정과정은 수많은 관련기관의 상호작용으로 예산결정은 이미 정해진 규칙과 절차에 따라 결정된다. 그 과정에 많은 준자율적 의사결정점이 존재한다.

3) 점증주의는 예산사업의 대부분이 전년도사업과 밀접한 관련을 맺고 있어 쇄신적인 예산결정을 할 수 없다. 즉 금년도 예산규모의 결정에 가장 중요한 것은 전년도예산이다.

4) 점증주의는 제한된 합리성을 강조하고 갈등의 해결방안으로 협의를 중시한다. 또한 예산결정은 경험에 의해서 이루어진다. 경험에 의해서 문제해결방법을 찾는다. 점증주의 이론은 실증적 이론으로서 높은 평가를 받고 있지만 규범적 관점에서는 한계를 가지고 있다. 즉 점증주의는 예산결정과정의 실태를 설명하는 실증적 이론의 성격을 지닌다. 그러므로 점증주의는 복잡한 예산현상의 과정 및 결과의 실제를 설명하는 실증적 이론으로 발전되어 왔다.[2]

(3) 점증주의 장점

1) 점증주의는 전체보다는 부분에 초점을 맞추어, 부분에서 전체로 향하는 상향적 예산조절과정에 역점을 두어 이해관계의 갈등을 조정하는 데 유리하다.

2) 점증주의는 예산과정의 예측가능성이 높아 예산관계자의 심리적 안정을 주며 정치체제와 행정의 안정성을 확보할 수 있으며 민주성·형평성 등의 가치를 고려할 수 있다.

---

2) 정정길, 1988, <정책결정론>, 서울: 대명출판사.
가재창·심재권, 1999, <신재무행정론>, 대전: 충남대출판부.

(4) 점증주의 단점

1) 점증주의는 실제로 분석이 경시되어 새로운 대안의 개발을 등한시하므로 의사결정이 보수적인 성향으로 쇄신과 변화를 추구하기가 곤란하다.

2) 점증주의는 기존의 체제와 이익을 옹호한다. 점증주의가 협상과 타협을 통한 과정에서 특정집단의 이익을 대변할 가능성이 있으며 기득권을 옹호할 수 있다.

3. 합리주의

(1) 개   념

합리주의는 경제원리에 입각한 접근방법으로 예산결정에 관련된 모든 요소를 과학적인 분석기법을 사용하여 종합적으로 평가하여 예산결정과정상에 고도의 합리성을 추구하려는 것이다. 합리주의적 예산결정방식은 과학적 분석기법을 주요 대안의 평가수단으로 삼고 있는 계획예산제도, 목표관리, 영기준예산제도 등이 관련 있다.

(2) 합리주의의 특징

1) 사회적 목표의 명확한 정의가 이루어진다. 합리주의는 목표나 가치를 명확히 정의할 수 있다고 본다. 또한 사회를 한 개인처럼 단일체로 간주하여 사회적 후생함수를 도출해 낼 수 있다고 본다. 또한 합리주의 예산은 목표수단분석을 전제로 하기 때문에 목표에 대한 사회적 합의가 도출될 수 있다는 가정을 전제로 한다. 목표의 정의는 대안선택이 가능하고 정책이나 사업계획의 파악이 가능하여 사업간의 비교를 할 수 있다.

2) 합리주의의 예산결정은 규범적 성격이 강하다. 이는 예산결정방식이 해야 하는 것으로 보는 입장이다.[3] 그러나 예산결정방식이 실제로 이루어지고 있는 것으로 보면 실

---

3) 예산결정현상은 실증적 이론과 규범적 이론으로 구분된다. 실증적 연구는 객관적 관찰을 통하여 과학적인 지식을 발견할 수 있다는 신념하에 구성요소들간의 인과성을 조사함으로써 사회에서 발생하는 여러 현상을 설명하고 예측하려는 연구방법이다. 실증적 방법은 자원배분이 실제로 어떻게 이루어지고 있으며 또한 결정자가 이의과정에서 어느 정도 영향을 미쳤는가를 기술하고 설명하는 것을 연구목적으로 한다. 예산과정을 이해하기 위해서 예산관련 여러 집단들을 연구해야 한다. 따라서 결정자들의 행동과 태도에 대한 규칙성을 찾으므로 연구방법이 귀납적이다. 규범적 연구는 한정된 자원을 배분할 때 바람직하고 합리적 방안을 수리학 추리를 통해 접근한다. 따라서 합리적, 당위적, 연역적 특징을 지닌다. 예산결정자는 명확한 목표와 목표를 달성하기 위한 여러 대안과 그 대안이 초래할 결과를 알고 있어야 한다. 그러므로 이 방법

증적 측면이다.[4]

3) 합리주의는 목표달성을 위한 가능한 대안의 탐색을 강조한다. 그러므로 합리주의는 목표를 달성할 수 있는 수단을 체계적으로 연구한다. 대안은 여러 대안 중에서 최선의 대안을 선택한다. 따라서 합리주의는 하향적·거시적으로 분석된다.[5]

4) 합리모형은 목표와 수단을 구부하여 분석하는 목표·수단분석을 실시한다.

(3) 합리주의 한계

1) 합리주의는 경제적 합리성을 강조하여 실제 예산과정에서 일어나는 참여자들의 행태나 정치적 과정을 소홀히 한다. 이는 합리주의가 규범적 방법에 의존하기 때문이다.

2) 대안의 비교·분석에 많은 비용이 소요된다. 합리주의는 분석적 방법이 예산결정과정의 주요 무기로 등장한다. 체제분석·비용편익분석 등을 다룰 수 있는 전문가가 필요하며 대안을 문서로 작성하는 데는 많은 시간이 요구된다.

4. 쉬크(Schick)의 자원희소성과 공공지출관리의 규율

(1) 자원의 희소성

자원의 희소성이란 사회구성원의 욕망에 비해서 그 욕망을 충족시켜 줄 수단인 공공자원이 제약되어 있는 상태를 말한다. 희소성은 상대적인 것으로 쉬크는 점증적 예산자원의 이용가능성에 초점을 맞추어 네 가지 유형을 제시하였다. 첫째, 완화된 희소성은 충분한 자원을 가지고 있는 상황으로 신규사업과 새로운 공약사업이 가능한 경우이며 둘째, 만성적 희소성은 일상적인 예산부족상태로 신규사업의 추진이 곤란한 경우이다. 셋째, 급격한 희소성은 가용자원이 계속사업의 수준에 머물러 계속사업의 점증적 증가분이 추진이 곤란한 경우로 임기응변적 예산이 편성된다. 넷째, 총체성 희소성은 이미 지금까지 해오던 계속사업도 곤란한 정도로 가용자원이 충분치 못한 상황이다.

은 인간은 지나치게 합리적 존재로 보고 있다. 따라서 규범적 접근방법이 비현실적이라는 비판이 제기된다. 규범적 연구는 가치 등을 중시한다(가재창·심재권 저, 1999, p.74 참조).

4) 윤영진, <재무행정론>, 서울: 대영문화사, 1999.

5) 거시적 예산결정은 흐름이 집권적·하향적으로 중앙예산기관장이 참여하여 예산총액결정으로 예산이 편성된다. 정치관리예산이나 신성과주의 예산과 관계된다. 미시적 예산결정은 분권적·상향적으로 각 부처와 중앙예산기관의 관료들의 참여로 예산이 편성되며 개별부처사업에 초점을 둔다. 영기준예산과 관계되며 배분적 효율성·운영상 효율성과 관계가 깊다.

(2) 재정운영의 새로운 규범

쉬크는 재정운영의 새로운 규범으로 공공지출관리의 세 가지 규범을 제시하였다.

1) 총량적 재정규율 : 최근 신성과주의 방법으로 중앙예산기관이 지출한도를 사전에 설정함으로써 예산총액의 효과적 통제를 중시한다. 이는 만성적인 재정위기를 극복하고자, 중앙예산기관에 권한을 부여하여 거시적으로 지출한도를 설정한다.
2) 총량적 재정규율 : 부문 간 효율과 자원배분의 효율을 의미하며, 거시적 관점보다 미시적 관점에서 각 개별 재정부문간 자원배분을 통한 재정지출의 효율성을 도모한다.
3) 운영상의 효율성 : 투입에 대한 산출의 비중을 높이는 데 중점을 두는 기술적(생산적) 효율성의 관점으로 관리의 효율을 의미한다. 배분적 효율성이 위배되는 경우는 특정 목적을 위해서 기금을 조성하거나 중기적인 계획 없이 단기예산편성하는 경우이나, 운영상의 효율성이 위배되는 경우는 실업을 줄이기 위해서 공무원 수를 증가하는 예산의 경우이다.

5. 예산제도의 변화와 예산개혁

일반적으로 예산의 기능의 변화에 따라 새로운 예산이론이 정립되고, 예산개혁이 이루어졌다. 예산형태와 기능은 1920년대의 통제기능의 품목별예산제도, 1940년대 관리기능의 성과주의 예산, 1960년대 기획중심의 계획예산제도, 1970년대 감축기능의 영기준예산제도, 1980년대 하향식 예산제도가 대두하게 되었다.

1) 제1단계 : 1920년대와 1930년대에는 통제지향적인 품목별예산제도가 발달되었다. 품목별예산제도는 주로 세출이 있어서 부당한 지출억제와 낭비를 줄이고, 정부기관이 의회가 결정한 지출한도를 엄격하게 하는 데 중점을 두었다.
2) 제2단계 : 1950년대에는 관리지향적인 성과주의 예산제도가 발달되었다. 성과주의 예산제도는 정책이나 중점사업의 효과를 예측하고 조정을 강조함으로써 지출된 예산에 대하여 최대한의 성과를 확보할 수 있는 방법이다.
3) 제3단계 : 1960년대에 장기적인 문제에 관심을 가지고 기획과 예산을 연결시켜 효과성을 높이고자 계획예산제도가 발달되었다.
4) 제4단계 : 1970년대에 석유파동을 계기로 예산의 낭비를 줄일 수 있는 감축관리가 대두되었다. 이러한 감축기능을 충족시키기 위한 목적으로 사업의 우선순위에 중점을

두는 영기준예산제도가 발달되었다. 영기준예산은 전년도예산을 고려하지 않고 백지
상태에서 예산을 편성한다.

(5) 제5단계 : 1980년과 1990년대에 강조되고 있는 예산은 통제와 목표달성지향인 하향
적 예산제도이다. 하향적 예산제도는 중앙예산관리체제가 확립됨으로써 중앙예산기관
이 지출과 사업계획목표를 설정한다.

표 3-1   예산제도 발달과정 비교

예 산 별	연 도	기본방향	기 능	정책결정방식	특 징
LIBS	1920~1930	통 제	회 계	점 증 식	회계책임명확
PBS	1930~1950	관 리	관 리	점 증 식	정부사업과 활동파악
PPBS	1960년대	기 획	기 획	집 권 화	경제적 합리성
MBO	1970년대	관 리	상식적 지식	분 권 화	부하의 참여
ZBB	1970~1980	의사결정	관리와 기획	분 권 화	사업의 우선순위결정
BPM	1980~1990	전체목표 달성	광범한 지식	하 향 식	전체목표달성
NPB	1990년대	책임성의 확보	광범한 지식	하 향 식	정부의 산출 또는 성과를 중심으로 예산운영

제 2 절   품목별 예산제도(LIBS)

1. 의   의

1) 품목별 예산제도(LIBS: Line Item Budgeting System)는 예산의 편성·분류를 정부가 구입하
고자 하는 지출대상을 말하는 것이다. 우리나라의 경우는 예산과목을 장, 관, 세항, 목
으로 구별하는데 이 중 목중심으로 예산을 편성하고 분류하는 것으로서 급여·연금·잡
급·수당·여비 등이 해당된다.

2) 품목별 예산제도는 기본단위가 품목이다. 이들 품목은 크게 지출대상은 인건비, 물건
비, 경상이전비, 자본지출, 융자 및 출자, 보전재원, 정부내부거래, 예비비 및 기타 등
을 의미한다. 이 제도는 대부분의 국가에서 채택하고 있으며 예산의 가장 근본적인

형태로 남아 있다. 왜냐하면 품목별 예산제도가 지출의 정확성과 합법성을 통제하는 가장 유효한 예산제도이기 때문이다.

3) 품목별 예산제도는 투입측면에만 초점을 맞추어 편성되므로 정부가 투입을 통해서 달성하고자 하는 사업이나 지출에 따른 성과의 파악이 어렵다는 단점이 있다.

2. 품목별 예산의 장·단점

(1) 장   점

1) 의회의 통제를 용이하게 하며 회계책임을 명확히 해준다. 따라서 이 제도는 행정부에 대한 재정통제라는 근대예산제도의 원칙에 충실한 예산으로 의회의 권한을 강화시킬 수 있다.

2) 지출의 합법성을 평가하는 회계검사에 용이하며, 운영방법이 비교적 간단하고 공무원의 재량의 범위를 축소시키며 공무원의 도덕적 해이가 문제될 때 유용하다.

3) 다음연도 예산편성을 용이하게 한다. 품목별 예산은 예산내역이 세밀하고 예산편성에 필요한 각종 자료가 들어 있어 다음연도 예산편성에 도움이 된다.

4) 사업별 예산편성이 아니기 때문에 이익집단의 압력을 덜 받는다.

(2) 단   점

1) 세부적인 지출의 대상에 중점을 두기 때문에 정부가 무슨 사업을 하고 있는지 국민에게 정보를 제공하지 못한다.

2) 지나친 세분화는 행정활동의 자유를 제약하고 예산의 신축성을 저해할 우려가 있으면 예산항목별 비용에만 관심을 가져 정책이나 다년간 사업을 소홀히 하기 쉽다.

3) 예산을 장기계획과 연결시킬 수 없으며 자원배분의 효율성을 저해한다.

제 3 절   성과주의 예산제도(PBS)

1. 배   경

품목별 예산제도는 정부가 국민을 위해서 무엇을 하는지 전혀 알 수가 없다. 왜냐하면 품목별 예산제도는 투자에 대한 통제에 중점을 두기 때문이다. 그러나 1930년대 세계대공황을 계기로 정부의 역할에 대한 인식이 달라짐에 따라 예산이란 국민의 이익을 위해서 재정적 자원의 효율적 동원으로 인식하여 정부의 일이 관리나 측정문제에 중요시되었다.

2. 의   의

성과주의 예산(PBS: Performance Budgeting System)이란 행정국가의 등장과 더불어 관리지향적 예산관에 입각하여 주요 사업을 몇 개의 사업으로 나누고 사업을 다시 몇 개의 세부사업으로 나눈 다음 각 세부사업별로 단위원가×업무량＝예산액으로 표시하여 편성하는 예산을 말한다. 성과주의 예산은 사업을 중심으로 편성하며 사업과 정책의 성과에 관심을 기울이므로 성과중심(사업중심)의 예산이다. 또한 단위원가와 업무량을 측정하여 정보의 계량화를 강조한다.

표 3-2   성과주의 예산산정과정

고속도로 100km 건설하는 경우
단위원가 : 업무측정단위(성과단위) 1개를 산출하는 데 소요되는 경비
업무측정단위 : 길이, 양, 무게로 표시한다.
100km 도로건설시 1km당 소요경비(자재비, 인건비)→10억 원
업무측정단위는 1km, 단위원가 10억 원, 업무량 100km
단위원가 10억 원×업무량100km=1,000억 원의 예산이 소요된다.

3. 예산편성방법

(1) 업무단위 및 측정단위의 개발

1) 성과주의 예산편성의 기준단위는 업무단위이다. 업무단위는 하나의 사업을 수행하는 과정에서 활동과 최종산물(성과·실적)로 이루어진다.[6] 업무단위는 사업별 분류와 품목별 분류 사이에 위치한다. 그러므로 사업은 여러 종류의 업무단위들로 구성되며 업무단위는 여러 활동과 최종산물로 이루어진다. 그리고 활동과 최종산물 등 기초로 하여 품목별 예산이 작성된다.[7]

그림 3-1 성과분류체계

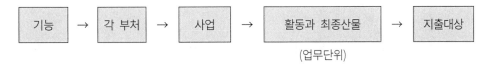

2) 업무단위(업무측정단위)를 선정하는 데 유념해야 할 사항은 다음과 같다.

① 선정된 단위는 동질성이 있어야 한다.

② 선정된 단위는 계산이 가능하고 완결된 업무를 표시해야 한다.

③ 선정된 단위는 척도의 일관성이 있어야 한다.

④ 하나의 사업의 단위업무는 가능한 한 단순하여야 한다.

⑤ 업무단위는 친숙한 용어를 표시하여 관계자들이 이해하기 쉬워야 한다.

(2) 예산액의 산정

업무측정단위가 개발되면 다음은 단위원가와 업무량을 계산한다. 단위원가란 업무측정단위 1단위를 산출 또는 수행하는 데 소요되는 경비를 말한다. 예를 들면 고속도로 1km를 건설하는데 소요경비를 말한다. 즉 고속도로 1km건설시 인건비, 자재비가 약 10억 원이라고

---

6) 윤영진, 2010, <새재무행정론>, 서울: 대영출판사.

7) 신무섭, 2009, <재무행정학>, 서울: 대영문화사.

계산할 수 있다.

4. 성과주의 예산의 특징

1) 정부가 사업을 수행하는 데 얼마의 비용이 소요되는지를 명백히 한다.
2) 정부가 구입하는 물품이나 수행하는 활동과 사업의 관계를 알 수 있다.
3) 예산관계자들에게 필요한 핵심기술은 관리적·행정적 기술이다.
4) 계획기능에 대한 책임은 분산되어 있으며, 예산기관의 역할은 자원활용 능률성의 증진이며 결정의 흐름이 상향적이다.

5. 성과주의의 예산의 장·단점

(1) 장   점

1) 성과주의 예산은 정부가 무슨 일을 하며, 얼마의 돈이 들며 어느 정도까지 완성하였는가를 파악할 수 있어 국민이 정부사업의 목적을 이해하기 쉽다.
2) 정부의 정책이나 계획수립을 용이하게 하는 동시에 입법부의 예산심의를 간편하게 하며, 또한 행정기관의 관리층에게 효율적인 관리수단을 제공한다.
3) 예산집행의 신축성과 자금배분의 합리화를 기할 수 있다. 왜냐하면 성과주의 예산은 구체적인 집행방법에 대해서 행정부에게 일임하므로 집행의 신축성이 부여된다.
4) 행정통제를 합리화시키며 실적의 평가를 용이하게 하고 실적의 분석을 통하여 얻게 되는 자료를 다음 회계연도 예산에 직접 반영시킬 수 있다.
5) 성과주의 예산은 명확한 정보의 제공으로 시민에 대한 정부의 홍보활동 개선에 기여한다.
6) 세출예산편성시 정부시책과 사업계획에 대한 관심을 높인다.

(2) 단   점

1) 성과주의 예산은 총괄예산 계정에는 유용하지 못하여 성과별 분류의 대상은 部·局 수준이 된다. 또한 사업계획에 중점을 두게 되므로 행정부에 대한 입법부의 엄격한 통제가 곤란하다.
2) 성과주의 예산은 이미 결정된 사업에 한정시켜 사업비용의 합리적 책정에 치중하므로

사업의 우선순위 분석이나 정책대안의 선택에 도움을 주지 못한다.
3) 회계책임의 한계가 모호하게 되고 공급관리가 소홀하게 될 우려가 있다.

6. 성과주의 예산제도의 도입상의 문제점

성과주의 예산제도를 도입하여 성공적으로 운영하기 위해서는 많은 문제점이 있지만 업무측정단위의 선정문제와 단위원가의 계산문제가 가장 중요한 것으로 이해되고 있다.
1) 업무측정단위의 선정 : 정부가 수행하는 모든 사업활동에 업무측정단위를 선정하여 업무를 양적으로 표시해야 하나 정부활동에는 한계가 명확하고 동질적으로 확실성 있는 최종산물이 존재하지 않는 경우가 많아 업무측정단위의 선정이 곤란하다.
2) 단위원가계산의 곤란성 : 단위원가란 업무측정단위 하나를 산출하는 데 소요되는 경비를 말한다. 그런데 단위원가를 계산해야 하는데 회계제도가 발달하지 못하고 유능한 회계직원이 부족한 경우, 경제가 불안정한 국가의 경우 등은 단위원가의 정확한 산출이 어렵다.
3) 효과성측정이 곤란 : 성과주의에서 말하는 성과는 최종목표에 도달하기 위한 사업요소로서의 성과이다. 즉 성과지표로서의 업무단위가 실질적으로 중간산물이다. 예를 들면 치안유지가 사업목표인데, 경찰운영과 경찰교육을 많이 한다고 해서 치안유지가 달성되는 것은 아니다. 따라서 성과주의 예산은 정부사업의 능률성을 측정하는 데는 유용하나 효과성의 측정은 곤란하다.

제4절 계획예산제도(PPBS)

1. 의 의

계획예산제도(PPBS: Planning Programming Budgeting System)란 장기적인 기획과 단기적인 예산편성을 유기적으로 연결시킴으로써 예산배분에 관한 의사결정을 합리적으로 행하는 제도를 말한다. 종래의 예산편성은 계획과 예산절차가 분리되어 행정의 비능률을 초래한다. 그러나 계획예산제도는 계획과 예산을 연계함으로써 계획기능과 사업의 효과성을 충족시킨다. 계획예산제도에서는 각종 사업을 수행하면서 절약과 능률도 중요하지만 사업을 수행하여 소기의 목표를 달성하는 효과성이 더 중요하다. 따라서 계획예산제도는 국가가 추구해야 할 목표를 중심으로 사업계획을 체계적으로 검토하여 자원을 합리적으로 배분하는 문제를 다룬다.

2. PPBS의 발달요인

1) 거시경제학의 발달 : 거시경제학과 미시경제학이 계획예산제도의 발달에 공헌하였다. 케인즈의 거시경제학의 발달은 계획예산제도에 대하여 장기적인 시계를 제공했다. 즉 재정적 목적을 위한 예산과정의 활용을 지지하는 사고방식이 확산되었다. 후생경제학은 한계효용의 원리를 제공함으로써 지출의 합리성을 높이는 데 기여하였다.
2) 의사결정기법·새로운 정보기술의 개발 : 비용효과분석 등 정보기술과 의사결정기술의 발달로 목표달성을 위한 가장 효율적인 각종 대안의 체계적 검토가 가능하게 되었다.
3) 계획과 예산의 관계중시 : 오늘날 계획기능이 강화되었고 예산도 국가정책의 계획적 표현으로 이해됨으로써 양자가 밀접한 관련성을 갖게 되었다. 종래에는 예산의 계획 기능이 기피되어 왔으며 계획은 예산과는 연계 없이 수립되었다.

3. PPBS의 특징

1) 목표의 명확한 설정 : 가능한 조직목표를 수량적으로 명확히 설정한다.
2) 체계적 분석 : 비용효과분석 등 과학적인 기법을 활용하여 의사결정자의 객관적 판단을 한다.
3) 장기적 시계 : 일정기간의 산출과 소요되는 모든 비용을 예측하여 장기적 시계에서 프로그램을 선택하고 예산결정을 하는 제도로 결정상이 초점이 다년도예산이다.

4. 계획예산제도의 주요 국면

계획예산제도를 이해하기 위해서 구조적 측면, 분석적 측면, 정보적 측면으로 나누어 살펴볼 필요가 있다.

(1) 구조적 측면

1) 사업구조 : 사업구조는 구조적으로 기획－사업계획－예산배정의 단계를 확립하는 것이다. 이 중에서 두 번째의 사업구조를 만드는 것이 핵심이다. 그러기 위해서는 장기계획을 수립하여 사업계획을 작성한다. 사업을 사업범주, 하위사업범주, 사업요소 등으로 구분한다. 이러한 결정은 조직의 상층부에서 한다.
2) 사업 및 재정계획 : 사업 및 재정계획은 사업구조에 대한 산출·비용·자금동원 등을 표시한 문서이다. 이는 장기적인 시계를 반영한 것으로 대개 계획기간이 5년이다.

표 3-3   사업구조의 예

목 표	주요 사업	세부사업 (하위사업)	세세부사업	사업요소
국방달성	전선방위	해상작전 지상작전	- 상륙작전부대 호송, 경비부대 - 보병부대 포병부대	해병사단 구축함 ○○사단 ○○부대

(2) 분석적 측면

계획예산제도는 사업계획을 마련하여 여러 대안을 분석·검토한다. 이때 사용되는 것이 비용편익분석이다. 이러한 분석작업을 거쳐서 사업요강, 이슈분석 등이 만들어진다.

(3) 정보적 측면

계획예산제도는 목표결정과 대안개발에 필요한 정보를 제공하기 위해 어떻게 문서를 만들고 보고체계를 확립하느냐가 중요하다. 미국 연방정부의 경우, 각 부처가 관리예산처에 제출한 문서는 사업요강·사업재정계획·특수분석연구 등이다. 특수분석연구는 하나의 문서로 기관장이 목표달성을 위한 대안 가운데 하나를 선택할 때 필요한 정보를 제공하는 것이다.

5. 성과주의 예산과 계획예산제도의 비교

1) 성과주의 예산이 작업의 과정을 중시하나, 계획예산은 작업의 목표를 중요시한다. 그러므로 계획예산제도는 정책의 목표가 명백하며 정책효과까지도 계량화할 수 있다.
2) 성과주의 예산의 기법이나 이념은 원가계산과 과학적 관리배경이나, 계획예산제도는 체제분석이 배경이 되었다.
3) 성과주의 예산은 계획책임이 분권화되나, 계획예산은 집권화된다. 또는 결정유형으로 성과주의는 예산결정이 점증모형에 따르나, 기획예산은 합리모형을 따른다.
4) 성과주의 예산이 부국별로 예산이 다루어지나, 계획예산은 포괄적으로 다루어진다. 그러므로 성과주의는 조직간의 장벽이 제거되지 않는다. 그러나 계획예산제도는 부처의 활동을 몇 개의 묶음으로 분류한다.

6. PPBS의 장·단점

(1) 장　　점

1) 의사결정의 일원화 : PPBS는 예산결정방식이 하향적이므로 의사결정의 절차를 일원화시킴으로써 최고관리층이 합리적인 결정을 가능하게 한다.
2) 자원배분의 합리화 : 계획예산제도는 많은 기법과 여러 가지 자료를 활용하여 예산을 편성하므로 자원이 합리적으로 배분된다.
3) 장기사업계획에 대한 신뢰성 : 장기에 걸친 효과와 비용을 분석하여 실현성 있는 계획이 작성되므로 장기적인 사업계획의 신뢰성을 높일 수 있다.
4) 최고관리층의 의지 구현이 가능 : 계획예산제도는 자원배분이 고위층에서 결정되므로 최고층의 의사를 행정에 반영할 수 있다.

(2) 단　　점

1) 지나친 중앙집권화의 초래 : 계획예산제도는 사업구조가 정책결정구조와 연결되어 대통령의 권한이 집중되고, 부처의 국·과보다는 장관에게 권한이 집중된다.
2) 성과의 계량화 곤란 : 정부의 사업요소는 계량화할 수 있는 최종산물로 선정되나 정부사업은 개별적인 공적 산출단위가 없어서 계량화가 어렵고 유형적 산출이 많지 않다.

3) 목표설정의 곤란 : 행정목표는 다양하고 목표설정에 있어서 이해관계 및 의견의 대립으로 인하여 목표를 정확하게 제시하기는 어렵다.

4) 예산작업의 곤란 : 정부사업이 무형적인 경우에 계량화가 어렵다.

5) 의회지위의 약화가능성 : 계획예산제도는 많은 기법과 여러 가지 자료가 활용되므로 의회의 예산통제기능이 약화될 우려가 있다. 또한 계획예산제도가 관리와 통제기능을 소홀히 하고 장기적인 기획만을 강조한다.

6) 일선 공무원의 소외 : 계획예산제도가 집권적인 결정구조를 가짐으로써 일선공무원들의 제도의 시행에 소극적이고 복잡한 분석기법을 이해하지 못한다.

표 3-4 LIBS · PBS · PPBS의 비교

비교기준	LIBS	PBS	PPBS
예산의 기능	지출통제	관리	계획
예산의 중심단계	집행단계	편성단계	편성전의 계획단계
직원의 기술	회계학(경리)	행정학(관리)	경제학
정보의 초점	물건비 · 인건비 등이 품목	활동 · 기능 · 사업	목표 · 정책
중앙예산기관의 역할	감시 · 통제	능률향상	정책에 관심
결정의 흐름	상향적	상향적	하향적
대안선택의 유형	점증모형	점증모형	합리모형
관리책임	분산	중앙	사업에 대한 감독책임자
기획책임	분산	분산	중앙집중
통제책임	중앙	운영단위	운영단위

제 5 절 목표관리

1. 의   의

목표관리(management by object)에 대한 개념의 정의는 학자들마다 차이가 있으나 일반적으로 조직의 상급관리자와 하급관리자가 참여하여 조직의 공동목표를 설정하고 그에 따라 생산활동을 수행하도록 하여 조직의 활동과 각 구성원의 기여도를 평가하는 관리기법을 말한다. 목표관리는 드러커(Drucker)와 맥그리거(McGregor)가 체계적으로 논의한 이래 오늘날 민간분야에서 널리 사용되고 있으며 공공부문에서는 계획예산제도의 한계점을 극복하고 예산관리의 쇄신을 도모하기 위해서 1973년 미국에서 예산기법의 일환으로 도입되었다.

2. 목표관리의 절차

목표관리의 주요 절차는 일반적으로 다음과 같은 단계로 이루어진다.

1) 목표설정 : 목표설정은 상사와 부하의 합의에 의해서 이루어진다. 목표는 측정 가능한 단기적 목표이다. MBO는 구성원들의 책임을 명확히 하기 위해서 목표는 보다 구체적이어야 한다. 단기적 목표는 대개 1년을 의미한다. 목표가 설정된 다음에는 구성원들에게 선택하는 데 어느 정도 자율성이 인정된다.

2) 업무수행과 중간평가 : 업무를 수행하는 과정에서 중간결과를 평가하여 합의된 목표와 비교하여 부적절한 목표를 수정하고 폐기한다. 중간평가의 주된 목적은 임무를 맡은 부하가 만족스런 성과를 보이는 지를 확인하고, 목표를 수행하는 데 필요한 새로운 인적·물적자원을 투입한다.

3) 최종평가 : 최종평가는 목표수행의 기간이 종료된 후에 부하의 목표달성도와 그 성취방법을 확인하여 업무담당자의 업적을 평가한다. 평가단계에서도 부하가 참여한다. 따라서 목표관리는 Y이론에 바탕을 두고 있다.

4) 환류 : 최종평가시 결과를 환류시켜 원래조직의 공통적인 상위목표에 비교함으로써 조직의 차기목표에 대한 새로운 방향이 제시된다.

3. 목표관리의 성공요건

1) 최고관리층이 MBO의 취지를 이해하고 적극적인 지원이 있어야 한다. 즉 최고관리층은 필요한 재원을 원활히 공급하고 직접 분위기를 조성함으로써 조직구성원들의 동기를 유발할 수 있다.

2) 조직의 구조와 과정이 MBO를 수용할 수 있도록 분권화되고 자율적인 관리절차가 형성되어야 한다. MBO를 실시하려면 참여자들에게 자율성을 인정하고 결과에 대하여 책임을 질 수 있도록 민주적 조직문화가 형성되어야 한다.

3) 환류과정이 형성되어야 한다. 목표관리의 평가와 환류를 통해서 집단의 문제해결능력과 개인의 업무수행능력을 증진시킬 수 있다.

4) 조직내의 어느 정도 안정성이 유지되어야 한다. MBO는 설정된 목표를 달성하는 데 조직 내외의 여건이 예측할 수 없을 만큼 급변하면 설정된 목표를 달성할 수 없다.

5) 높은 성과를 낸 사람에게 상응하는 보상을 해야 한다. MBO가 궁극적으로 조직의 효율성의 증진에 있으므로 조직구성원들의 동기유발을 하기 위해서는 목표를 달성하는 사람에게 상응하는 보상이 있어야 한다.

6) MBO는 조직의 장기적이고 일반적인 목표와 연관지어 설정되므로 다른 관리기능과 긴밀히 연관되어야 한다. 즉 기획, 예산, 인사, 심사분석, 근무평정 등의 행정관리기능과 연관성이 있어야 한다.

4. 목표관리의 장점

1) 생산활동을 조직의 목표성취에 지향시킴으로써 조직의 효과성과 생산성을 높인다.

2) 조직의 민주화를 통해 조직발전에 기여한다. 즉 조직의 목표는 집단구성원의 참여를 강조하기 때문에 집단토론과정이나 민주화는 생활화된다.

3) 조직구성원의 사기가 올라간다. MBO는 조직구성원들이 스스로 참여하여 결정한 목표이므로 목표성취과정과 업무수행과정에서 애착심과 만족감을 가진다.

4) 업무평가에 객관적 기준과 책임한계를 밝힌다. 또한 인적자원의 효율적 활용과 부하의 능력발전에 기여한다. 개인이 일하면서 배울 수 있으므로 개인의 성장·발전을 촉진시킨다.

5) 관료제의 부정적 측면을 제거한다. MBO는 참여적 관리의 강조로 관료제의 부정적 측면인 경직성, 무사안일주의, 법규만능주의, 인간의 수동적 태도 등을 제거시킨다.

6) MBO는 상사와 부하간의 의사소통을 원활히 함으로써 조직의 문제점을 파악하는데 기여한다. 사전에 문제점을 파악하면 문제가 확대되는 것을 미리 예방할 수 있고 조직목표성취에 기여할 수 있다.

7) MBO는 개인의 훈련수요를 파악하는 데 도움을 준다. 환류과정에서 과거의 실패원인을 분석하여 개인별 훈련수요의 파악이 가능해진다.

5. 목표관리의 단점

1) MBO는 실현가능성 있는 목표달성에 집착하므로 장기적·질적 목표보다는 단기적·양적인 면을 강조하기 쉽다. 또한 생산활동을 계량화할 수 있는 영역에서는 측정가능한 목표를 설정하고 성과의 측정이 용이할 수 있으나 조직의 목표나 성과를 계량화 할 수 없는 경우도 있다. 특히 행정조직의 목표는 다원적·무형적인 경우가 많다. 그러므로 MBO가 실시되면 조직구성원들은 측정 가능한 목표만을 중요시할 가능성이 있다.
2) MBO는 참여를 중요시하므로 운영하는 데 시간이 많이 소요되고 관리자는 과중한 서류작업에 시달리게 된다.
3) 권력성·강제성을 띤 조직에는 적용상의 어려움이 발생한다.
4) 정보조직에 MBO를 도입하는 경우에는 문제점이 발생한다. 즉 행정에는 행정성과의 측정이 곤란한 업무가 많고 계층제에서는 참여관리가 현실적으로 어려우며, 사기업과 달리 행정은 공공성과 봉사성을 강조하기 때문이다.
5) 불확실하고 변동이 심한 상황에서는 의도한 명확한 목표달성이 곤란하다.
6) MBO가 구성원들을 높은 수준의 목표설정보다는 달성하기 용이한 목표를 설정할 우려가 있고, 업무수행에서도 평가가 용이한 업무에 치중할 우려가 있다.

6. MBO의 특징

1) 분권화의 관리기법이다. MBO는 모든 구성원이 공동으로 참여하여 조직의 목표를 설정하므로 대표적인 참여적 관리방식이다.
2) MBO는 무형적 목표보다는 유형적 목표, 수량적인 목표를 중시한다.
3) MBO는 자발적 참여가 이루어지기 때문에 조직발전(OD)과 마찬가지로 Y이론적 인간관에 입각한다. 그러므로 MBO는 인간의 자율적 능력을 믿는 자기실현적 인간과의 영향을 받는다. 다만 MBO는 조직내부의 부하가 참여하나, OD는 외부인사가 참여한다는 점에서 차이가 있다.
4) MBO는 조직운영에 있어서 구성원간의 팀워크가 강조되며, 궁극적으로는 조직의 효율성 향상에 기여하고자 하는 관리기법이다.
5) MBO는 환류를 통해서 조직의 문제점을 파악할 수 있으므로 조직의 쇄신적·창의적 관리가 가능하다.

7. MBO와 PPBS와의 관계

목표관리와 계획예산제도는 목표를 설정하고 그 목표를 성취하기 위한 실천계획을 마련하고 결과에 대한 평가를 중요시한다는 점에서 유사하다. MBO는 광의의 행정관리기법이면서 하나의 예산관리제도이다. 양자를 비교하면 다음과 같은 차이가 있다.

1) MBO가 단기적·부분적 계획과 효과에 치중하나, PPBS는 장기적·종합적 계획에 치중한다. 따라서 PPBS는 예산전문가의 분석적 논리가 중요시되었다.

2) MBO가 분권화된 권위구조로 중하직 관료들의 협력이 중요하다. 그러나 PPBS는 집권화된 권위구조이며 정책결정이 하향적이다.

3) MBO가 누구나 쉽게 이해할 수 있는 상식수준의 관리기술이 요구되나, PPBS는 고도의 통계기법과 비용·편익분석이 요구되는 통계학적 전문성이 요구된다.

4) MBO가 관리기술의 일환으로 발달하여 주요 관심사항이 효율적인 목표성취를 강조하나, PPBS는 예산제도의 일환으로 발달하여 초점이 예산의 집행보다는 사업의 합리적 결정을 강조한다. 그러므로 계획예산제도는 상부에 결정된 사업을 중하직 관료들에 의해서 자동적으로 집행하는 것으로 보았다.

표 3-5 MBO와 PPBS의 비교

구 분	MBO	PPBS
계획기간	부분적·단기적 목표(주로 1년)	포괄적·장기적 목표(주로 5년)
권위구조	분권적·계선중시(상향적)	집권적·참모중시(하향적)
전 문 성	일반적 관리기술	통계학적 전문성
절 차	신축적	경직적(목표수정 불가)
적용범위	대내적	대외적
본 질	관리기술의 일환	예산제도의 일환
프로그램의 비교	산출량에 치중	비용·편익에 치중
기본관심사항	효율적인 목표달성	합리적인 자원배분

8. 조직발전(Organization Development)과 비교

MBO와 OD는 조직을 보다 좋게 만들기 위해 고안된 접근방법으로 양자가 긴밀한 관련이 있다. 즉 인간에 대한 가정이 Y이론의 입장이며, 결과지향적 목표를 강조한다는 점, 관료제의 쇄신방안이라는 점, 조직의 효과성을 제고시키려는 점, 조직목표와 인간의 목표를 조화적으로 통합시키려는 점에서 유사하다. 그러나 양자는 개혁의 주안점이 다르다.

표 3-6 MBO와 OD의 비교

구 분	MBO	OD
목 적	그때그때의 목표성취에 최대관심을 가지며 단기적 목표성취와 관리기법의 변화를 추구한다.	조직의 전반적이고 기본적인 변화를 추구한다.
추 진 층	상층부의 의지에 의해서 추진되지 않는다.	고위층의 의지에 의해서 추진된다.
담 당 자	특별한 전문가가 아닌 계선실무자	특별한 외부전문가
관리주요 내용	상식적 관리기법	인간의 행태변화
목 적	목적이 단순하다.	목적이 다각적이다. 조직의 효율성·실적에 대한 관심뿐만 아니라 환경의 적응능력 강조·

제 6 절   영기준예산제도(ZBB)

1. 의   의

1) 영기준예산(Zero Base Budgeting)이란 예산을 편성·결정함에 있어서 전 회계연도의 예산에 구애됨이 없이 조직전체의 모든 사업·활동에 대하여 영기준을 적용해서 각각의 효율성과 효과성 및 중요성 등을 체계적으로 분석하고 그에 따라 우선순위가 높은 사업·활동을 선택하여 실행예산을 결정하는 예산제도이다.

2) 영기준예산은 전년도예산을 기준으로 하여 계속사업도 신규사업과 같이 새로 분석 평가하여 우선순위를 정함으로써 예산과 사업계획에 관한 결정을 총체적으로 명확히 하려는 제도이다.

3) 우리나라는 1982년 영기준예산제도를 공식적으로 도입한 경험이 있다. 1981년 11월
   1일부터 예산개혁작업의 일환으로서 영기준예산제도 방식의 도입이 추진되었다. 미국
   은 1971년도 계획예산제도가 폐지되고, 목표관리예산이 1973년 닉슨대통령시절에 도
   입되었다. 목표관리예산제도가 닉슨의 퇴진과 함께 단명으로 끝나버렸다. 이후 1970
   년대의 작고 효율적인 정부를 구현하자는 목적아래 도입한 제도가 영기준예산제도와
   일몰법이었다.

2. 영기준예산의 편성절차

영기준 접근방식은 어느 조직에서나 똑같은 절차에 따라 적용되지 않고 기관의 특징에 따라
달리 적용된다. 그러나 일반적으로 다음과 같은 네 가지 기본단계가 있다고 한다.

1) 정책결정단위의 설정 : 결정단위란 조직의 활동에서 주요 업무를 말한다. 정책결정단
   위의 결정은 각 조직의 최고관리자의 직책에 속하며 조직이 당해 회계연도에 수행해
   야 할 활동을 상호비교, 평가할 수 있도록 구분한 사업·기능을 말한다.

2) 정책결정항목의 작성 : 정책결정단위의 목표·기능·활동 등을 포괄적으로 분석하여 문
   서로 정책결정항목을 작성한다. 결정항목이란 결정단위의 최고책임자가 최종적인 결
   정을 하는 데 필요한 모든 정보를 한데 묶어놓은 문서를 의미하여 ZBB에서 가장 기
   본이 되는 요소이다. 결정항목에 포함되는 사항은 사업의 목적, 사업의 구체적 내용,
   각 대안이 비용과 편익, 목표달성을 위한 대안, 투입될 노력과 비용 등이 포함되어야
   한다. 결정항목에 포함된 정보는 사업대안과 금액대안이다. 그러나 예산결정에는 사
   업과 금액에 대한 결정이 포함되어 있다.

3) 우선순위의 결정 : 우선순위의 결정이란 우선순위가 높은 의사결정항목을 배열하는 과
   정을 말한다. 즉 어떤 지방단체에 4개국이 가, 나, 다안의 단위사업분석표를 단체장에
   게 제출하면 단체장은 12개의 단위분석표 중에서 우선순위를 정한다. 이러한 과정을
   통해서 자원을 효율적으로 사용할 수 있는 순위와 수준율이 결정된다. 결정항목들에
   대한 상대적 평가를 통해 자원배분의 합리화를 위한 순위와 기준을 정하는 과정이다.
   이 과정에서 다음 회계연도에 예산을 어떻게 배정할 것인가의 여부가 결정되며 우선
   순위가 높을수록 예산의 배정가능성이 높다.

4) 결정항목별 실행예산 작성 : 의사결정항목에 대한 우선순위가 결정되어 수행해야 할
   사업과 활동이 확정되면 이에 따라서 예산을 편성한다.

표 3-7 ZBB와 점증적 예산의 비교

점증적 예산	ZBB
• 전년도가 예산편성의 기준(과거지향적)	• 영의 수준에서 새로 편성(미래지향적)
• 신규사업만 사용-편익 · 효과 분석대상	• 신규사업을 물론 계속사업도 분석대상
• 예산결정과정에서 화폐중심적	• 목표 · 활동중심적
• 최고관리층에 의사결정기능 집중	• 상향적 의사전달이 활발
• 매년 증가	• 삭감 가능

3. PPBS와 ZBB의 비교

(1) 유 사 점

계획예산제도와 영기준예산제도는 프로그램 중심의 예산을 편성하고, 체제이론의 기법을 활용하고, 자원의 합리적인 배분을 추구한다는 점에서 유사하다.

(2) 차 이 점

1) PPBS는 예산결정이 고위층에서 이루어지나, ZBB는 하부단위에서 예산을 결정하기 시작한다. 그러므로 영기준예산제도는 기획책임이 분산되어 있다.
2) PPBS가 요구되는 지식이 체제이론이나, ZBB는 관리능력을 강조한다.
3) PPBS가 기존의 조직구조보다 프로그램을 우선시하기 때문에 조직의 경계를 초월하나, ZBB는 기존의 조직구조를 토대로 하여 검토한다.
4) PPBS가 조직전체의 목표달성을 위하여 정책적인 면을 강조하나, ZBB는 국가목표와 연결된 각 사업의 달성을 위한 관리적 측면을 강조한다.
5) PPBS는 새로운 프로그램이나 기존의 프로그램간의 예산변동액에 주요 관심을 가지나, ZBB는 기존 프로그램의 계속적인 재평가에 주요 관심을 가진다.

4. ZBB의 장·단점

(1) 장   점

1) 재정운영과 자금배정의 탄력성 : 우선순위가 낮은 사업은 축소와 폐지가 가능하며 자

금배정이 융통성을 발휘하여 재정운영의 탄력성을 확보할 수 있다.

2) 사업의 전면적인 재평가와 자원배분의 합리화 : 조직의 모든 사업과 활동을 새롭게 평가하고 분석하여 효율성이 높은 사업에 자원배분이 이루어지도록 한다.

3) 관리자의 참여확대 : 영기준예산제도는 모든 수준의 관리자의 참여로 민주적이며 결정방식이 상향적이므로 하의상달이 촉진된다.

4) 조세부담 증가의 방지 : 우선순위가 낮은 사업을 폐지하여 국민의 조세부담을 억제하고 예산의 절약을 통하여 자원난시대에 대처할 수 있다.

5) 관리수단의 제공 : 영기준예산제도는 관리자는 직원의 근무실적 평가를 통하여 적절한 관리수단이 된다.

(2) 단   점

1) 시간과 노력의 과중 : 영기준예산제도는 조직계의 하부에서 상급관리자에게로 작업이 순차적으로 진행되어 시간과 노력이 요구된다. 또한 의사결정의 항목이 너무 많은 경우 많은 노력과 시간을 소비한다.

2) 사업축소·폐지의 곤란 : 공공부문에서는 지속적 업무가 많고 국민활동의 영속성이 고려되어야 한다. 또한 정부사업은 다양한 정치집단과 이해관계가 형성되어 있어 만약 기존사업을 폐지하는 경우 정치적 저항을 초래하게 되므로 정부사업의 축소·폐지가 사기업과 달리 어렵다.

3) 목표설정기능·계획기능의 위축 : 행정인의 활동이 능률성·효과성에 치중하고 상급관리자는 세부적 사항에 몰두하게 되므로 보다 더 거시적인 목표설정과 기획기능을 소홀히 할 가능성이 있다.

4) 관료들의 저항 : 영기준예산제도는 관료들의 업무과중을 초래하므로 저항이 발생하며, 기존사업의 폐지는 기득권을 침해하게 되어 관료들은 그들에게 불리한 것은 감추고 유리한 것만을 제시할 가능성이 있다.

5) 우선순위결정의 곤란 : 정책결정항목의 우선순위를 정하는 절차는 영기준예산제도의 가장 큰 어려움이다. 왜냐하면 우선순위 결정자가 조직의 최고관리자의 판단에 의해서 결정될 가능성이 많고 순위결정에 새로운 기법의 개발도 어렵기 때문이다.

6) 소규모 조직의 희생 : 영기준예산을 편성하다 보면 인원이나 예산이 적은 조직이 부당하게 희생될 수 있다.

표 3-8　ZBB의 특징

기본지향	주요 정보	의사결정	기획책임	중앙예산기관의 관심	필요한 지식
의사결정	사업·기관의 목표	참여적	분산	정책의 우선순위	관리와 계획

5. 우리나라 ZBB의 도입

1) 작은 정부의 이상을 구현하는 것은 정부조직의 효율적인 운영에 있다. 그 중에서도 정부의 불필요한 예산의 낭비를 막고 사업의 타당성을 검토하기 위해서는 우리나라에서도 영기준예산제도의 도입이 필요하다.

2) 무엇보다는 우리나라의 예산은 국방비, 지방교부금 등 경직성 경비가 너무 많은 비중을 차지한다. 이러한 예산의 경직성 경비가 많아 근본적으로 영기준예산을 적용할 소지가 별로 없었다. 그러나 경직성 경비도 3년 정도의 시간을 두고 타당성여부를 재검토할 필요성이 있다.

제7절　일 몰 법

1. 의　의

일몰법(Sunset Law)은 공공지출을 보다 강력한 법적 수단에 의하여 통제하기 위한 방안이다. 즉 일몰법(Sunset Law)은 제도화된 모든 정부사업과 기구들을 입법부 활동을 통해 주기적으로 재검토하여 평가하는 예산제도이다. 이 제도는 특정의 행정기관이나 사업이 일정기간이 지나 국회의 재보증을 받지 못하면 자동적으로 폐지되게 하는 법률을 말한다. 만일 이 기간 후에도 사업을 계속할 필요가 있으면 심의위원회의 심의를 거쳐 존속하게 하는 것이다. 일몰법은 정부의 비효과적인 사업이나 불필요한 조직, 정부조직이나 사업이 당초의 목표가 달성되어 현재의 시점에서 불필요한 조직 등을 일정시점에서 재검토하여 예산의 낭비를 줄이는 데 목적이 있다.

2. 일몰법의 특징

1) 입법부가 정부의 사업계획이나 특정의 행정기관이 일정기간이 지나면 폐지하는 제도적 장치로서 행정부의 불필요한 지출을 억제할 수 있다.
2) 일몰법의 기본목적은 행정기관이나 사업의 종결보다는 평가를 하여 행정부의 책임성을 증대시키고 행정의 비대화를 억제하기 위한 수단이다.
3) 일몰법은 입법기관이 사업과 조직을 재심사할 능력이 있어야 한다. 만약 입법기관의 심사능력이 취약하게 되면 강력한 저항을 가진 정부조직은 폐지하지 못하고 임시조직이나 주변의 조직을 폐지하는 데 그칠 수 있다. 그러므로 일몰법이 재기능을 하기 위해서는 입법기관이 능력과 권한이 있어야 한다.

3. 일몰법과 영기준예산제도와의 관계

(1) 공 통 점

일몰법과 영기준예산제도는 현재 수행하는 사업의 능률과 효과성을 검토하여 사업의 계속여부를 결정하기 위한 재심사과정이며, 자원의 합리적 배분을 위한 제도이며, 감축관리를 통한 재정절약이 목적이라는 점에서 유사하다.

(2) 차 이 점

1) 일몰법은 검토의 주기가 장기적이지만, 영기준예산제도는 매년 실시되며 단기적이다. 일몰법은 3~7년의 주기로 검토한다.
2) 일몰법은 예산심의과정과 관련이 있으나 입법과정에 중점을 두고 있으므로 예산심의와는 어느 정도 독립적이나, 영기준예산제도는 예산편성에 관련된 예산과정이라 할 수 있다.
3) 일몰법은 행정의 최상위계층의 중요정책을 심사하기 위한 것이며 검토의 중심은 사업의 종결여부이다. 그러나 영기준예산제도는 조직의 상층구조뿐만 아니라 중·하층구조까지 관련된다.
4) 일몰법은 예산심의와 관련되는 입법과정이나, 영기준예산은 예산편성과 관련된 행정과정이다. 그러므로 일몰법은 행정부의 사업에 일정기간 동안 유효하게 권한을 부여하는 법률이다.

4. 일몰법의 장·단점

일몰법은 공익에 대한 행정기관의 관심을 증대시켜 책임행정을 확보하는 데 도움을 주며, 입법부의 행정기관과 정부정책에 대해서 감시기능을 수행하는 장점이 있으나 실시에 많은 시간과 노력이 요구되는 단점이 있다.

제 8 절   정치관리형 예산

1. 의   의

1) 정치관리예산제도 : 정치관리예산제도(B. P. B budgeting－as－political management)란 그동안 상향식 예산제도의 반발이다. 즉 상향식 예산제도하에서는 예산집행과정이 중앙예산기관에게 요구서를 제출하고 여러 과정을 거쳐서 중앙예산기관의 일방적인 지침하에 각 기관의 예산을 정한다. 그러나 정치관리예산제도는 하향식 예산제도이다. 즉 총예산을 토대로 한 예산결정방식이다. 정부기능에 대한 지출한계를 정함으로써 정부의 지출을 통제하는 수단으로 작용한다. 즉 행정수반이 각 부처의 지출한도와 목표를 정해 재원을 배분하면 그 한도내에서 각 부처가 효과적인 방식으로 목표를 달성하는 하향식 예산의 방식이다.

2) 성립배경 : 미연방정부의 만성적 적자해소를 위한 노력의 일환으로 정부사업의 축소가 요구되었다. 즉 연방정부의 적자지출의 문제를 조정할 필요성이 제기되었다. 그러나 행정기관의 장은 자신의 사업에 대해 축소하는 것이 어렵기 때문에 백악관이나 관리예산처가 각 부처의 사업을 축소할 필요성이 제기되었다.

2. 정치관리예산의 형태

1) 목표예산 : 각 부서의 지출한도가 정부의 최고관리자에 의해서 설정되며 각 부서장은 집권적으로 설정된 지출한도내에서 그들의 목적을 효과적으로 달성하도록 한다.

2) 지출대예산 : 상층부에서 사업의 우선순위와 지출한도를 설정하고 하부기관에서 대안

간이 선택이 이루어지게 하는 하향식 자원배분절차이다. 지출대예산은 허용된 범위내에서 기관장이 예산의 자율권을 인정하는 지출통제예산제도와 유사하다. 지출통제예산제도는 각 부처가 부서내의 모든 지출항목을 없애버리고 부서의 책임자에게 재량권을 인정하며 마음대로 전용을 허용하는 제도이다.

3. 정치관리예산의 특징

1) 예산과정에 있어서 정부전반의 정책형성에 대통령의 지위가 종전보다 강화되었다. 즉 대통령이 정책결정과정과 예산과정에 직접 개입한다.
2) 점증적, 분배적 예산으로부터 경제예측에 중점을 두고 있다. 최고관리자들은 미시적 관리인 품목별 예산보다는 거시적인 정책문제에 초점을 둔다.
3) 세입예측에 크게 의존하고 있다. 따라서 추정된 세입의 대부분이 당해연도 예산배분 비율에 따라 부처들에게 할당된다.
4) 입법부 우위예산을 지향하는 제도이다. 하향식 예산제도가 띠고 있는 권위주의적 요소는 예산과 관련하여 행정부가 의회에 보다 공개적으로 협의할 것을 요구한다. 따라서 관리예산처는 의회의 소위원회에 출석하여 기관별 예산요구에 대한 설명을 하도록 되어 있다. 이렇게 함으로써 입법부가 행정부를 견제한다.

제 9 절 신성과주의 예산

1. 의 의

신성과주의 예산이란 결과중심의 예산제도로 예산집행 결과 나타난 산출물을 기초로 하여 책임과 보상을 실시하는 예산제도이다. 발달 이유로는 1980년대 신공공관리개혁의 일환으로 등장하였다. 신성과주의 예산제도는 총괄배정예산제도, 지출통제예산제도, 산출예산제도 등이 있다. 우리나라도 2007년 이후 성과중심의 재정운용을 규정하고 있으며 서울시는 2001년부터 도입하고 있다.

2. 신성과주의 예산의 특징

1) 신성과주의 예산은 1950년대 성과주의 예산과는 달리 예산이 재정에만 국한되어 운영 되지 않고 조직·인사·평가 등에도 연계되어 운영된다. 한편으로 신성과주의는 정부 성과를 공무원의 성과가 아닌 고객만족의 차원에서 강조된다. 따라서 성과지표는 시 민들에게 보고되어야 하며, 성과의 결과에 대해서는 예산담당자는 책임을 진다.
2) 총액배분자율편성예산제도로 성과목표를 통제하나 집행에 대한 재량(수단의 선택과 운 영)을 관리자에게 대폭적인 재량을 허용한다.
3) 과거의 성과주의예산이 투입과 산출의 관계를 강조하나, 최근의 성과주의예산은 산출 과 성과중심을 강조하는 효과성을 중요시한다. 또한 과거의 성과주의가 내용과 범위 가 상당히 광범위하여 정치적·도의적 책임이 중요시 되었으나 신성과주의는 성과목 표(구체적 목표), 성과지표(성과목표의 달성여부를 판별하기 위한 척도), 성과계획서, 성과보 고서 등을 토대로 구체적 책임을 강조한다.

표 3-9 과거성과주의와 신성과주의 비교

구분	과거 성과주의(1950년대)	신성과주의(1980년대)
초점	업무, 활동, 직접적 산출에 관심	결과에 관심, 효과성 강조
결정흐름	상향식(분권)	집권과 분권의 조화
성과의 관점	정부(공무원) 관점	고객 관점
성과의 책임	정치적·도의적 책임	구체적·보상적 책임(유인과 처벌)
범위	예산제도에 국한	국정전반의 성과관리와 연계
가정	투입은 성과로 이어진다 (단선적)	투입이 반드시 성과를 보장하지 않는다 (복선적)

3. 신성과주의 예산의 장·단점

신성과주의 예산의 장점으로 성과에 대한 책임성 향상과 성과정부의 투명한 공개로 재정 운용의 효율성을 제고할 수 있다. 단점으로 실제로 정부산출의 성과측정이 곤란한 경우가 있으며 부처간 업무의 다양화와 근무환경의 차이로 구성원 등이 억울한 불이익을 당할 수도 있다. 또한 신성과주의 예산이 과거의 1950년대의 성과주의 예산에 비해서 조직·인사 등 국정전반에 걸쳐서 광범위하게 연계되어 운영되지만 예산의 개혁은 포괄적이지는 못했다. 왜냐하면 이미 계획예산제도에서 예산의 형식이 프로그램 중심으로 전환되었고 발생주의회계방식을 적용하였기 때문이다.

4. 우리나라의 신성과중심의 재정의 현황

각 부처는 성과계획서를 기획재정부에 예산요구서와 함께 제출하면 각 부처는 성과보고서를 다음연도 2월 말까지 제출해야 한다. 현재 성과재정의 구축현황은 재정운용의 책임성을 강화하기 위해서 총액배분자율편성예산제도(top-down) 시행, 성과계획서와 성과보고서 작성의 의무화로 성과중심의 재정운영, 프로그램예산제도 도입, 디지털예산회계정보시스템 구축 등이다. 이러한 제도의 운영은 재정지출의 효율성과 재정운용의 투명성을 재고하기 위해서다. 그러나 아직까지 인식이 부족하고 성과보고서 작성이 주관적이다.

제10절 성인지예산

1. 의   의

예산의 편성과 집행과정에서 남녀에게 미치는 효과를 고려하여 남녀차별 없이 평등하게 혜택을 받을 수 있도록 하는 제도이다. 즉 여성과 남성의 요구와 관점을 고르게 통합하여 의도하지 않는 성차별이 초래되지 않도록 하는 것이다. 예를 들면 공공화장실에서 여성용 변기 숫자를 늘리거나 치마를 입고 시내버스를 타는 여성들의 편의를 위해 계단 높이는 낮추는 것이다. 이러한 제도는 남녀평등을 중요한 원칙으로 삼아 예산에 반영하자는 것이다.

2. 성인지예산의 역사

성인지예산제도는 1980년대 오스트레일리아에서 시작되어 1995년 '베이징세계여성회의'에서 행동강령으로 채택되었다. 현재 미국, 캐나다, 영국, 프랑스, 남아프리카 등 60여개 국가에서 시행하고 있다. 우리나라는 2006년 8월 국회 본회의를 통과하여 2008년부터 성인지 예산안 작성지침이 발표되었다. 2010회계연도부터 국가재정법에서 중앙부처의 성인지예·결산서 작성과 국회제출이 의무화됐다. 또 2011년 지방재정법 개정에 따라 지방자치단체의 장은 2013회계연도부터 성인지예·결산서를 작성해 지방의회에 제출하게 됐다.

3. 성인지예산의 특징

1) 성인지예산제도는 정부예산이 남성과 여성에게 미치는 영향이 다르다는 전제하에 여성과 남성에게 미치는 영향을 평가하고 이를 반영함으로써 남성과 여성이 동등한 수준의 삶의 질을 향유할 수 있다.

2) 예산이 성 중립적(gender neutral)이라는 기존의 가정은 남녀간의 평등문제를 수평적이고 형식적 관점에서 접근하나, 성인지예산은 남녀간의 평등을 실질적, 결과적 관점에서 접근한다. 그러므로 성인지예산제도 도입을 통해 여성과 남성의 서로 다른 정책수요를 고려해 질 좋은 서비스를 제공하고 궁극적으로는 실질적인 양성평등 실현에 기여한다.

3) 국가재정법과 지방재정법에서 성인지 예산서와 결산서의 작성을 의무화하여 정부는 예산이 여성과 남성에게 미칠 영향을 미리 분석한 보고서의 작성과 남성과 여성이 동등하게 예산의 수혜를 받고 예산이 성차별을 개선하는 방향으로 집행되었는지 평가보고서 작성을 의무화 하였다.

제11절 조세지출예산제도

1. 의   의

1) 조세지출예산제도란 조세지출로 인한 세수감소액을 종합적으로 분류하여 체계적으로 밝혀 국회의 심의·의결을 받도록 하는 제도이다.[8] 조세감면은 정부가 징수할 수 있

---

8) 조세지출이란 국가가 경제적·사회적 목적을 달성하기 위해서 세제상의 혜택을 통해 특정사업, 활동, 집단

는 조세를 포기하기 때문에 실제로 국가수입의 손실을 초래한다. 조세감면조치는 한 국가의 경제개발을 추진하는 과정에서 특정산업을 육성을 하기 위한 유용한 수단이 된다. 그러나 한편으로 조세감면의 남용은 과세의 불공평을 초래하여 특혜의 시비를 불러일으킬 수 있다. 이는 곧 국가수입의 감소와 합법적 탈세를 가져온다. 이러한 측면에서 조세지출은 세출예산상의 보조금과 같은 경제적 효과를 초래하므로 매년 국회의 심의대상이 되어야 한다는 논리에서 조세지출예산제도가 탄생하였다. 따라서 각종 조세의 감면을 통하여 민간의 경제활동을 지원하는 정부의 조치(예: 비과세, 소득공제)는 보조금으로 지급한 것과 같으므로 조세감면의 구체적인 내역을 예산구조로 명확히 할 필요성이 있다.

2) 우리나라는 2011년부터 도입하고 있다. 기획재정부장관은 조세감면·비과세소득공제·세액공제·우대세율적용 또는 과세이연(조세납부연기) 등 조세특례에 따른 재정지원의 직전 회계연도 실적과 당해 회계연도 및 다음 회계연도의 추정금액을 기능별·세목별로 분석한 보고서를 작성한다.

2. 조세지출예산제도의 장점

1) 매년 국회가 조세감면의 내역을 검토함으로써 조세지출로 인한 효과를 검토할 수 있으며 조세감면이 국가수입에서 차지하는 비율을 알 수 있다.

2) 조세지출이 법률에 따라서 이루어져 경직성과 지속성이 강하다. 이러한 특징으로 인해서 조세지출이 정치적 특혜의 시비가 있는지의 국민의 의혹을 해소시킬 수 있다.

3) 정부의 재정활동의 내역과 규모를 파악할 수 있고 과세의 형평을 증진시킬 수 있으며, 의회의 예산심사권의 강화로 재정민주주의를 실현할 수 있다.

4) 조세감면의 집행을 국회차원에서 통제함으로써 자원배분의 효율성을 높이고, 조세지출내역의 공개로 재정운용의 투명성을 높일 수 있다.

에게 지원을 해주는 것을 말한다. 일반적으로 예산상의 지출을 직접 지출(예산지출)을 하고 세제상의 특혜를 통한 지출은 간접 지출(조세지출)이라 한다. 조세지출은 예산지출보다 눈에 잘 띄지 않고, 조세감면으로 정부가 받아야 할 조세를 받지 않고 그만큼 보조금을 준 것과 같다는 의미에서 숨은 보조금이라 한다.

3. 조세지출예산제도의 단점

조세지출이 법률에 따라서 집행되어 시대적 상황에 보다 능동적으로 대처할 수 없다. 즉 최근의 첨단기술과 같은 특정 활동의 지원이나 중소업자의 조세감면 등이 적절한 시기에 집행될 수 없다.

제12절   자본예산

1. 의   의

자본예산(Capital budget system)이란 도로, 철도, 지하철, 발전소, 상수도 등을 건설하는 데 소요되는 예산을 말한다. 자본예산은 일반적으로 장기간에 걸쳐 지출이 이루어지며, 재원조달방법이 공채의 발행에 의존한다. 자본예산은 정부예산을 경상지출과 자본지출로 나누어 경상지출은 경상수입으로 충당시켜 수지균형을 이루며, 자본지출은 공채를 발행하여 충당함으로써 불균형예산을 편성하는 제도를 말한다. 따라서 자본예산은 복식예산을 기본적 구조로 갖는다. 경상적 지출이란 매 회계연도마다 반복적으로 지출되는 경비로 보통 조세수입으로 충당된다. 예를 들면 공무원의 급여나 관청의 사무용품비가 해당된다.

2. 자본예산의 특징

1) 자본예산은 지출이 장기간에 걸쳐 이루어진다. 자본예산은 철도, 공항건설과 같은 대형공사에 필요한 자금을 조달하므로 장기간에 걸쳐 이루어진다. 따라서 어떤 경우는 예산집행이 중단되기도 한다.
2) 재원조달이 금융기관으로부터 차입하거나 공채를 발행하는 형태를 취한다. 자본예산은 그 혜택이 여러 세대에게 미친다. 이러한 이유로 세대간의 부담의 형평성을 고려하여 단기적인 세입보다는 장기적인 공채를 발행하여 자금을 조달한다.
3) 자본예산은 경제정책의 이행수단이다. 자본예산이 불경기에 공채를 발행하여 재원을 조달하는 적자예산을 편성하고 경기가 회복되면 흑자예산을 편성하여 공채를 상환하

도록 하여 경제발전을 가져오도록 한다.

3. 자본예산의 발달과정

1) 미국의 자본예산 : 미국의 자본예산제도가 발전된 요인으로서는 공공시설을 추진하는 데 재원의 한정으로 적자재정과 공채발행에 의존할 수밖에 없었고, 공공시설의 투자에 조세수입에만 의존하지 않고 수익자 부담의 원칙에 의하여 공채를 발행함으로써 세대간의 비용의 부담을 균등하기 위해서 자본예산제도를 시행했다.
2) 스웨덴의 자본예산 : 스웨덴은 1930년대의 경제공황과 불경기, 실업문제 등을 타개하기 위하여 채택하였다. 예산은 매년 균형될 필요는 없으며 장기적으로 보아 전체로 균형이 이루어지면 된다고 보았다. 스웨덴은 자본예산은 국가적 차원에서 채택했다.
3) 발전도상국가의 자본예산 : 발전도상국가에서는 스웨덴의 경우와는 다르다. 즉 경기회복이나 실업자 구제보다는 경제성장을 이룩하기 위해서 자본예산이 필요했다.

4. 자본예산의 장·단점

(1) 장   점

1) 국가자산구조에 대한 명확한 이해를 가능하게 한다. 자본예산제도는 순자산상태의 변동과 사회자본의 축적·보존 등의 추이를 나타내는 데 사용될 수 있다. 자본시설에 대해서는 감가상각을 통해서 자산의 감소와 잔존가치를 파악할 수 있다.
2) 경상지출과 자본지출을 구분함으로써 자본지출에 대해 과학적 관리와 분석을 가능케 하며, 자본적 지출에 대한 시민들의 재정상황을 이해하기 쉽게 한다.
3) 중장기 재정계획과 연계하여 운용되므로 자원개발을 위한 효과적인 수단이 될 수 있다. 또한 정부의 재정계획 수립에 도움을 주고 정부의 신용상태를 높이는 데 유익하다.
4) 경기회복에 도움을 준다. 즉 경기불황기에 적자재정을 편성하여 고용을 증대시킴으로써 불황을 극복하는 데 도움을 줄 수 있다.
5) 자본예산은 수익자간의 부담의 형평성을 확보할 수 있다. 현재의 공공시설은 현세대뿐만 아니라 미래의 세대도 이용하므로 소요되는 경비를 공채로 하면 미래세대도 부담하게 되어 세대 간의 부담을 형평성을 실현할 수 있다.

528   제 5 편   재무행정

(2) 단   점

1) 적자재정을 은폐하기 위한 수단으로 악용될 수 있다. 자본예산의 적자와 경상예산의 적자를 혼합하면 적자의 구분이 불분명해지므로 이를 이용하여 경상계정의 적자를 은폐할 수 있다. 또한 시설을 위한 자본투자가 불경기극복의 유일한 대책이 아니다.

2) 인플레이션을 조장할 수 있다. 정부가 자본예산을 사용하는 경우에 공채의 발행이 불가피하여 통화량의 증가를 가져와 인플레이션의 발생가능성이 있다.

3) 정부자산에 대한 감가상각이 어렵다. 고정자산에 대한 감가상각이 정확하게 이루어져야 하나, 공공분야의 고정자산은 시장가격에 적용할 수 없는 경우가 많아 자산평가가 부정확하여 자산의 가치평가가 어렵다.

4) 계정의 구분이 불분명한 경우가 있다. 정부예산을 경상계정과 자본계정으로 구분하지만 두 계정의 구분이 사실 명확하지 않은 경우가 있다. 항만건설의 경우에 미국은 경상계정으로, 스웨덴은 자본계정을 계산한다.

5) 경제안정을 해치고, 수익사업에 치중할 우려가 있다. 자본예산이 수익사업에만 치중하여 영리성이 없는 사회복지사업은 경시하게 된다.

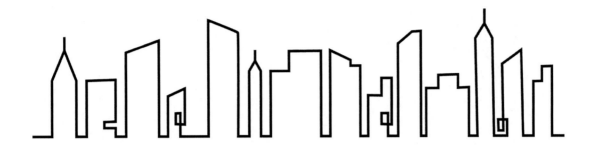

INTRODUCTION TO PUBLIC ADMINISTRATION

제6편

행정평가

제 1 장

행정책임과 통제

제 1 절 행정책임

1. 의 의

행정책임이란 행정기관이나 공무원이 공익, 국민의 기대, 행정목표, 정책이나 사업계획 등 일정한 기준에 따라 행동하여야 할 의무를 말한다. 따라서 행정의 업무수행은 책임의 전제가 된다. 일반적으로 행정책임은 다음과 같은 특징을 가지고 있다.

1) 행정책임은 일정한 행동을 하여야 할 의무를 전제로 하며 행동의 결과에 대하여 이루어진다. 행동의 결과란 행정행위의 내용을 의미한다. 그러나 최근에는 과정에 대한 책임도 강조되고 있다.

2) 행정책임은 일정한 자율성·재량성에 기인하여 발생한다. 왜냐하면 자유재량권이 없으면 남용의 위험도 없기 때문이다. 따라서 자유재량을 가지지 않은 사람에게는 행정책임은 없다.

3) 행정책임은 개인적 요구보다 공익적 요구에 충실하여야 하며 대체로 자신의 통제가 미치지 못하는 외부의 어떤 기준에 따라 행동할 것을 요구한다. 왜냐하면 행정책임은 자기책임하에 일어나는 모든 사태에 대한 책임을 의미한다.

4) 행정책임의 대상은 포괄적이다. 정치행정 이원론시대는 정책집행만이 대상이었으나 오늘날은 공공정책의 입안과 집행이 대상이 된다.

5) 행정책임은 궁극적으로 국민에 대해서 책임을 지는 것이다. 즉 정치인이나 공무원은

국민이 원하는 대로 업무를 수행해야 할 규범이 내포되어 있다. 그러나 현실적으로 행정책임의 주체는 대통령·국회·정당 등이다.

6) 행정책임은 행정통제를 통하여 보장되며 책임있는 행정활동은 공공행정에 있어서 오늘날 가장 중요한 규범으로 인식되고 있다. 일반적으로 행정책임은 행정통제의 목적이 된다. 행정통제를 강화하는 것은 행정책임을 보장하기 위해서다.

2. 행정책임 확보의 필요성

1) 행정의 전문화와 재량권의 확대 : 행정책임론의 등장은 행정기능의 질적 변화에 따르는 고도의 전문화·복잡화·다양화와 재량권의 확대로 외부통제의 효율성은 줄어들고 행정권력의 남용가능성이 높아가고 있기 때문이다.

2) 관료제의 폐해를 극복 : 관료제는 지나친 신분보장으로 인한 관료의 특권화를 초래하고, 무사안일주의 현상이 발생하고, 특정집단의 이익을 옹호할 가능성이 있기 때문에 행정책임이 요구되고 있다.

3) 막대한 예산권의 증가 : 정부의 막대한 예산권이 증가함에 따라 예산의 편성과 집행의 권한이 소수관료에게 있어 남용가능성이 많기 때문이다.

4) 국민통제의 취약 : 국민통제의 취약성으로 시민이 적극적으로 행정을 감시·비판·통제의 역할을 못하기 때문이다.

3. 행정책임의 유형

(1) 도의적 책임(responsibility)과 법률적 책임(accountability)

1) 도의적 책임은 공직자들의 직무행위가 도덕적 규범성을 위반했을 때 묻는 책임을 말한다. 일반적으로 도의적 책임은 국민의 요구나 희망에 대한 대응성까지를 포함하는 것을 의미한다. 그 의무를 이행하지 않았을 경우 법률상의 제재를 수반하게 되는 것을 법률적 책임(법적 책임)이라고 한다.

2) 도의적 책임이란 공식적인 지위·역할과 권한에 따르는 책임이 아니라 공직자로서의 인격적이고도 윤리적인 책임을 그 본질로 하며, 법률적 책임이란 행정기관과 공무원의 직위·권한·의무에 따르는 책임을 말하며 위반시 비판과 처벌의 대상이 된다.

3) 일반적으로 도의적 책임은 광범위하다. 도의적 책임은 공무원이 자신의 행위가 법적

으로 문제가 없더라도 그 행위에 대해서 책임을 질 수 있다. 그러므로 도의적 책임은 공유되는 성격을 지니며 국민의 공복으로서 의무를 지닌다. 그러나 법률적 책임은 행위의 결과가 법적 요구에 부합되어야 하며 공무원의 직위와 권한과 관계에서 성립되므로 공유할 수 없다.

(2) 정치적 책임과 기능적 책임

1) 정치적 책임은 행정조직 또는 행정공무원이 국민의 의사에 잘 부응하고 있는가 하는 것을 의미한다. 정치적 책임을 민주적 책임이라고도 한다. 즉 정치적 책임은 행정이 국민의사를 충분히 반영하고 있는가의 고도의 가치적 차원의 책임이다.
2) 기능적 책임(직업적 책임)은 행정공무원이 전문직업인으로서 주어진 직책과 기능을 직업윤리에 따라서 잘 수행하고 있는가 하는 데 대한 책임이다.

(3) 내재적 책임과 외재적 책임

1) 내재적 책임이란 관료자신의 마음속에 있는 기준에 의한 책임으로 전문지식이나 기술이 판단기준인 기능적·직업적 책임을 의미한다.
2) 외재적 책임이란 행정공무원이 입법부·사법부·국민 등의 행정환경에 대해 지는 책임을 의미하며 국민의 여망이나 요구, 국민정서 등에 부응하는 정치적·도의적·윤리적 책임 등과 관계된다.

(4) 합법적 책임과 재량적 책임

1) 합법적 책임은 행정활동이 법규에 위배되지 않도록 하는 책임이며 재량적 책임은 행정활동이 공익에 위배되지 않도록 하는 책임을 말한다.
2) 합법적 책임은 대외적으로 입법부·사법부에 대한 행정부의 책임을 의미하고, 대내적으로는 상사에 대한 부하의 책임을 의미한다. 재량적 책임은 공익을 증진하고 윤리적 기준에 위배하지 않을 책임을 의미하므로 행정에서 무엇이 공익인가, 공무원이 정책결정에서 주어진 재량권을 잘 행사하였는가의 책임문제가 발생할 수 있다.

(5) 객관적 책임과 주관적 책임

1) 객관적 책임이란 외부로부터 주어진 행동기준에 따라야 할 책임을 말한다. 즉 객관적 책임은 행동자에게 권한을 행사할 위치에 있는 주체가 원하는 대로 행동해야 하는 것

을 말한다.

2) 주관적 책임이란 행동자 스스로 책임이 있다고 느끼고 책임있게 행동하는 것에 중점을 두는 책임이다. 즉 개인의 가치관이나 윤리적 기준에 충실하려는 책임으로 내재적 책임과 유사하다. 객관적 책임이 사람이 맡은 역할에 대해서 법과 사회·조직의 요구에서 발생하나 주관적 책임은 개인의 양심에서 비롯되므로 도덕적인 성격을 지닌다.

4. 행정책임에 대한 논쟁과 경향

1) 파이너(Finer)의 견해 : Finer는 관료들의 행동방향은 자신들에 의해서 결정되어서는 안 된다고 주장하면서 입법·사법·정당 등의 외재적 책임을 강조하였다.

2) 프리드리히(Friedrich) 견해 : 20C 행정국가시대에서는 Friedrich는 "공공정책과 행정책임의 성질"의 논문에서 자신의 마음속에 있는 책임을 강조하는 관료들의 내재적 책임을 강조하였다.

3) 입법국가시대는 외재적 책임이 강조되었으나, 행정국가에 이르러 내재적 책임이 관심을 끌게 되었다. 즉 행정책임을 파악하는 기본입장은 종래의 외재적·민주적·합법적 책임으로부터 내재적·기능적·재량적 책임으로 중점이 전환되고 있다.

5. 행정책임의 기준

1) 명문규정이 있을 때 : 행정책임을 일차적으로 물을 수 있는 기준은 법규나 프로그램에 명시된 내용이 된다. 즉 공무원이 자기책임을 다하기 위해서는 우선 명문화된 기준에 합치될 것이 요구된다. 여기서 명문화된 기준은 법의 정신을 토대로 한다.[1] 명문규정이 있는 경우는 합법성(법률·명령·규칙 및 조례) 등과 국가공무원과 지방공무원법상의 복무규정의무 등이 기준이 된다.

2) 명문규정이 없을 때 : 법령에 행정의 기준에 관하여 명문의 규정이 없는 경우에는 규정이 있는 경우보다 힘들다. 이런 경우에는 행정인이 재량으로 행동할 수밖에 없는 것이다. 이 기준에 관하여는 여러 가지 견해가 있으나 일반적으로 행정이념·공익·직업윤리·고객의 요구 등이 기준이 된다.

---

1) 백완기, 2000, <행정학>, 서울: 박영사.

제 2 절　행정통제

1. 의　　의

1) 행정통제란 행정이 국민·입법부·행정수반이 원하는 방향으로 수행되고 있는가를 확인하고 만일 바람직한 방향으로 행정이 이룩되지 않을 경우 시정조치하여 조직의 목표와 규범으로부터 이탈되지 않도록 하기 위하여 제재를 하는 것을 말한다. 행정통제는 외부통제와 내부통제로 구분되는데, 외부통제란 행정부에 대한 입법통제·사법통제·민중통제 등을 의미하며, 내부통제란 행정부 자체가 스스로 통제를 가하는 것을 말한다. 행정부가 입법부의 시녀 역할밖에 못하던 입법국가시대에 있어서는 외부통제가 큰 비중을 차지하였으나, 행정기능이 상대적으로 확대되고 있는 행정국가에서는 내부통제가 더욱 중요시되고 있다.

2) 행정책임의 확보는 행정통제에 의해서 확보할 수 있다. 행정행위에 대해서 적절한 통제를 하지 않으면 목표달성을 할 수 없다. 행정통제는 조직의 목표달성을 위해서 조직활동을 결집시키는 과정이다. 그러므로 행정통제는 행정책임이행을 하도록 하는 활동이라고 할 수 있다.

2. 행정통제의 필요성

1) 행정부의 기능이 강화·확대되고 행정의 재량권이 점점 넓어지고 있다. 따라서 행정관료의 증대에 따른 권력남용의 예방을 위해서 필요하다. 여기서 행정권의 남용이라는 것은 포괄적인 표현으로서 구체적으로 살펴보면 공무원의 부정부패, 비윤리적 행태, 법규위반, 적법하고 타당한 행정절차의 위반 등을 포함한다.

2) 개발도상국가는 정치·행정문화의 낙후성으로 인하여 관료의 권위주의적 속성이 관료집단의 이익을 우선하고 국민에 대한 책임의식이 결여되어 있어 행정통제의 필요성이 요구되고 있다.

3. 행정통제의 원칙

(1) 행정통제의 원칙

1) 합목적성의 원칙 : 통제의 목적에 알맞은 통제수단을 사용해야 한다는 것이다.

2) 일치의 원칙 : 피통제자의 책임과 개인적 권한에 일치하게 이루어져야 한다.

3) 비교의 원칙 : 통제에 사용되는 모든 숫자와 보고는 요구된 수행기준과 비교할 수 있는 것이어야 하며 또한 과거의 실적과도 비교할 수 있어야 한다.

4) 즉시성의 원칙 : 계획과 통제는 밀접한 관련성을 가지고 있으므로 계획이 집행단계에 들어감과 동시에 통제를 해야 한다.

5) 적량성의 원칙 : 과도한 통제는 공무원의 사기를 침체시키고 창조성을 저해하기 때문에 적정수준의 통제가 필요하다.

6) 적응성(신축성)의 원칙 : 행정업무의 성질이나 필요성 등을 감안하여 상황에 맞도록 신축적이고 적응성 있게 대응해야 한다.

7) 명확성의 원칙 : 통제의 목적과 기준이 명확하게 인식할 수 있도록 통제가 이루어져야 한다.

8) 예외성의 원칙 : 대규모의 조직체에서는 관리자가 행정과정의 전부를 통제하기는 어려우므로 반복적·일상적인 업무보다 특별히 예외적인 사항만을 골라서 통제한다는 것이다.

4. 행정통제의 과정

1) 통제기준의 설정 : 통제기준은 특정목표와 조직 내 개별책임과 연계하여 고려한다. 통제시 조직의 전반을 통제한다는 것은 사실상 불가능하므로 전반적인 운영상황을 개괄적으로 파악하도록 해야 한다. 이를 전략적 지점이라 한다. 전략적 지점을 선정할 때는 적시성·균형성·포괄성 등을 고려해야 한다. 적시성이란 통제를 필요로 하는 편차의 발생을 신속히 발견할 수 있도록 하는 것을 말한다. 균형성이란 통제를 함으로써 전체적으로 균형성 있는 성과를 거둘 수 있도록 하는 것을 말한다. 포괄성이란 조직의 상위계층의 통제일 때는 조직전체 활동을 집약할 수 있도록 하는 것을 의미한다.[2]

---

2) 박용치, 1998, <현대행정학원론>, 서울: 경세원.

2) 성과의 측정과 평가 : 이미 설정된 조직목표와 통제기준에 따라서 사업성과를 비교측정한다. 성과의 측정단계에서 지나치게 가시적인 계량적 자료에 의한 측정이 되지 않도록 해야 한다. 또한 평가에서 행정이 국민의 요구에 순응하는 행정을 하고 있느냐도 고려해야 한다.

3) 시정조치 : 시정조치는 행정개선을 위한 일종의 환류기능이다. 일반적으로 시정조치는 다음과 같은 것들이 있다. 첫째, 계획의 실현가능성이 희박한 경우나 외부환경이 변화된 경우는 환경에 적응하기 위해서 계획자체의 수정이 요구된다. 둘째, 조직구성원의 동기를 유발시키기 위해서 교육훈련을 강화한다. 셋째, 행정성과를 증진시키기 위해서 조직참여자들에 대한 명령체계를 재검토하거나 부적절한 직원을 교체하는 방법이 있다.

5. 행정통제의 유형

(1) 외부통제

외부통제란 행정의 민주화를 확보하기 위해서 행정의 외부에서 행해지는 통제를 말한다. 따라서 행정의 내부에서 행해지는 행정통제와 구별된다. 외부통제는 민중에 의한 통제, 민중에 의한 통제, 사법부에 의한 통제, 옴부즈만제도가 있다.

1) 민중에 의한 통제

① 의의

민중통제란 일반국민 내지 민중이 행정기관을 간접적 또는 비공식적으로 통제하는 것을 말한다. 오늘날 입법통제·사법통제가 무력화됨에 따라 그 보완으로 민중통제가 중요시되고 있다.

② 방법

㉠ 선거 및 투표 : 국민투표 그리고 선거, 국민소환·국민발안선거 등이 해당된다. 선거에 의한 통제는 정책결정과 정책집행과정에서 일어나는 구체적인 사실에 대한 직접적인 통제는 아니며 간접통제의 성격을 띤다.

㉡ 정당 : 정당에 의한 통제는 그 나라의 정치문화에 따라서 효과가 다르며 정당은 가장 영향력 있는 단체이다. 일반적으로 정당은 국민의 의사를 통합하여 정치, 행정과정에 반영시키는 것이다.

ⓒ 이익집단 : 시민은 이익집단에 가입하여 또는 조직하여 자신의 의사를 행정에 반영시키고 정책결정에 영향을 미친다. 일반적으로 이익집단에 의한 통제는 선진국가에서는 영향력이 매우 강하다. 그러나 개발도상국가에서는 이익집단이 정치권력에 의존하고 있어 그 영향력이 약하다.

ⓔ 국민의 여론 : 국민은 여론을 조성하여 행정기관의 정책결정과정의 방향에 영향을 미치고 행정과정에서 비위사실이 발생했을 때는 시정하도록 압력을 가하는 역할을 한다. 이러한 역할을 수행하고 있는 것은 신문과 방송이다. 특히 신문이 올바른 통제수단으로 제 역할을 다하기 위해서는 언론기관의 중립성과 공정한 보도, 언론의 자유 등이 전제되어야 한다.

ⓜ 시민의 행정참여 : 시민참여는 공청회, 자문위원회, 협의회, 시민단체 등에 참여하여 정책결정과정에 영향을 행사하려는 것을 말한다. 시민참여가 정착되기 위해서는 정부의 정보공개와 시민참여의 제도적 장치가 필요하다. 시민단체(NGO)에 의한 행정통제는 오늘날 세계각국에서 행정통제의 중요한 주체로 등장하고 있다. NGO가 최근 국가권력을 통제하는 하나의 큰 세력으로 자리를 잡고 있다. 따라서 시민단체를 제5세력으로 부르기도 한다.

2) 입법통제

① 의의

의회에 의한 공식적 통제방법으로 통제의 제도화로 인하여 민중통제의 한계점을 보완하고 객관성을 가진 외부통제라는 장점을 가지고 있다.

② 입법통제의 방법

㉠ 예산심의와 결산심사를 통하여 행정부를 통제한다. 예산심의는 사전통제이나 결산심사는 사후통제이다. 기타 재정통제로 조세법률주의에 의해서 통제, 국정감사권 및 국정조사권에 의해서 행정의 통제, 국무위원에 대한 출석요구권·질문을 통한 통제, 고위공무원의 해임건의권·임명동의권 등이다.

㉡ 국회는 입법권을 가지고 행정부를 통제할 수 있다. 국회는 법률을 통해서 행정체제에 권한을 부여하기도 하고 그 활동을 제약하기도 한다.

㉢ 국회는 정책통제권을 행사한다. 민주국가에서 의회가 행정부를 통제한다는 것은 대통령을 통제한다고 볼 수 있다. 대통령의 긴급명령권에 대한 승인권, 선전포고에 대한 승인권, 일반사면 국회동의권을 통해 대통령의 정책을 통제한다.

3) 사법통제

① 의의

사법부가 국민의 권익이 행정부에 의하여 위법하게 침해되는 경우 이를 구제하고, 법률·명령의 위헌과 위법여부를 심사함으로써 행정을 통제한다.

② 사법통제의 방법

㉠ 행정소송의 심판 : 공무원의 위법·부당한 행정행위로 국민의 권리가 침해당한 경우 행정심판을 거쳐 행정소송을 제기한 경우에 행정소송에 대한 결정을 통해 법규적용의 잘못을 저지른 행정작용을 시정한다.

㉡ 헌법재판소에 의한 위헌심판 : 헌법재판소는 법원의 제청에 의하여 헌법에 위반되는 여부가 재판의 전제가 될 때에 심판한다.

㉢ 법원의 명령·규칙·처분의 심사 : 행정부의 명령·규칙이 헌법이나 법률에 위반되는 여부가 재판의 전제가 될 경우에 법원이 이를 심사하고 위헌과 위법으로 판단되면 명령·규칙의 적용을 거부할 수 있다.

㉣ 손해배상과 손실보상에 관한 재판 : 법원은 국가나 지방자치단체가 위법을 저질러 국민에게 손해를 입힌 경우와 국가나 지방자치단체가 합법적인 행위의 결과이지만 그로 인해 개인이 재산상 손해가 발생하는 경우는 이를 보전함으로써 행정을 통제한다.

(2) 내부통제

내부통제란 행정활동이 본래의 목표와 기본방침에 따라 수행되고 있는가를 확인하고 시정조치를 취하는 것을 말한다. 내부통제는 주로 행정기관의 공식적 통제를 의미한다. 이 밖에 비공식적 내부통제로 행정윤리에 의한 통제가 있다. 오늘날 행정통제가 필요한 이유는 정책과 사업계획의 효과를 분석하여 그 결과를 환류시켜 다음 정책수립에 반영하고 입법부 중심의 외부통제로는 행정의 책임성의 확보가 어렵기 때문이다.

1) 공식적 내부통제

① 행정수반에 의한 통제

② 국무총리 등의 정책과 기획에 의한 통제

③ 감사원과 국민권익위원회에 의한 통제

④ 행정문화나 심사분석 등의 운영통제

⑤ 요소별 통제로 안전행정부의 기구 및 정원통제, 기획재정부의 예산통제 등

2) 비공식적 내부통제

행정윤리에 의한 통제를 말한다. 행정윤리에 의한 통제는 행정부내의 어떤 통제보다도 중요시되고 있으며 공무원 자신들의 윤리적 기준에 입각한 자율적 통제라 볼 수 있다. 행정인의 행정윤리 확립을 위해서는 직업공무원제의 확립, 정치의 정상화, 교육훈련의 기회부여, 능력발전 기회부여 등이 전제되어야 한다.

6. 우리나라 행정통제의 문제점과 방향

(1) 문 제 점

1) 외부통제의 문제점

① 입법통제의 문제점으로는 행정은 전문화·복잡화되고 있는데 의원의 전문성 부족으로 한계가 있으며, 또한 정보의 행정부의 독점, 위임입법의 증가 그리고 국회의 자율성의 결여 등으로 입법통제가 실질적인 통제가 되지 못하고 형식화되고 있다.

② 사법통제의 문제점은 행정의 전문화에 비추어 사법부의 전문성의 결여로 한계가 있으며, 사법통제는 사후적·소극적 성격을 띤다. 즉 사법적 통제는 행정적 잘못을 사후적으로 시정하고 처벌하는 데 그친다.

③ 민중통제의 문제점으로는 이익단체활동의 미미와 낮은 시민의 참여의식 그리고 이익단체가 행정에 예속되는 경향이 있어 그 역할이 미미하다.

2) 내부통제의 문제점

① 내부통제를 위한 여러 제도가 갖추어져 있으나 상위층과 특수층은 통제가 무력한 반면, 권력과 지위가 낮은 하급기관은 통제가 강하다.

② 직업으로서의 윤리의식이 정착화되어 있지 않고, 전문직업화 수준이 낮아 기능적 책임의 확보가 어렵다.

③ 국민보다 상급자에 대한 책임의식이 강하고 대통령에게만 책임을 지려고 한다.

④ 통제가 지속적이지 못하고 일시적이고 단편적이며 환류가 되지 않고 있다. 객관적인 통제기준이 설정되지 않고 있으며 임기응변적 형식적인 통제가 행해지고 있다.

⑤ 통제가 과거중심적이고 소극적이다. 즉 행정목적의 적극적 성취보다는 기준준수의 외

형과 절차의 규칙성 확보, 공무원의 부정행위의 방지에 치중하고 있다.

(2) 통제의 방향

1) 통제의 효율성을 높이기 위해서 객관적인 통제기준을 설정하고 행정책임과 관련된 개인의 행태는 단기간에 변화될 수 있는 것이 아니므로 통제의 지속화가 필요하다.
2) 입법부와 통제를 활성화하기 위해서는 국정감사와 조사의 결과가 환류되도록 하여 문제가 있는 것을 시정조치가 되도록 확인해야 한다.
3) 행정의 전문화와 복잡화에 대비하기 위해서 사법부도 보다 전문적 심판을 할 수 있는 방안이 마련되어야 한다.
4) 민중통제가 활성화되기 위해서는 시민의 적극적인 참여의식이 형성되어야 한다. 또한 각종 압력단체가 다원화되고, 전문화되어야 한다.
5) 내부통제의 방안으로 강제적·처벌위주의 통제는 바람직한 통제가 아니므로 장기적으로 공무원의 자율적인 통제가 확립되도록 무엇보다도 공무원의 윤리의식과 사명감이 요구된다. 그러기 위해서는 지속적인 교육과 훈련을 실시해야 한다.
6) 행정정보공개를 통해서 외부통제가 활성화되도록 해야 한다. 정부와 국민과의 관계에서 국민은 정부나 공무원이 수행하는 업무에 대해서 알 수 없으므로 행정정보를 공개하여 국민들이 행정을 감사·비판하도록 해야 한다.

제 3 절　옴부즈만제도

1. 옴브즈만(Ombudsman)제도

(1) 의　의

공무원의 위법·부당한 행위로 인해 권리의 침해를 받은 시민이 제기하는 민원불평을 조사하여 관계기관에게 시정을 권고함으로써 국민의 권리를 구제하는 기관이다.

(2) 배　경

1) 입법·사법부에 의한 외부통제가 국민의 권익을 신속히 구제할 수 없어 그 보완책으로

옴부즈만제도가 도입되었다.

2) 옴부즈만제도는 1809년 스웨덴에서 발달되어 인접국가인 핀란드·노르웨이·덴마크 등이 채택하기 시작하여 오늘날 거의 서구국가에서 채택되고 있다. 옴부즈만제도는 전파과정에서 정통적인 옴부즈만제도가 각기 그 나라의 특성에 맞게 변형되어 시행되고 있다. 우리나라의 경우 국민권익위원회가 옴부즈만제도가 유사하다.

(3) 기능과 임무

1) 공무원의 위법하고 부당한 행위를 조사하여 민원인에게 결과를 알려주므로 행정관료와 국민간의 완충장치의 역할을 하며, 공정한 법 집행을 확보한다.
2) 입법통제의 보완기능으로 외부적·제도적 통제방법이다.

(4) 특   징

1) 입법부 소속공무원 : 옴부즈만은 입법부에 소속되는 공무원이며 입법부에서 선출된다. 의회는 임명의 권한만 가지고 있으며, 옴부즈만의 활동을 지휘·감독할 수 없다. 다만 조사활동에 관하여 연차보고서를 의회에 제출한다.
2) 정치적 독립성 : 당파를 초월하여 구성되며 직무수행상 독립성을 갖는다.
3) 간접통제 : 옴부즈만제도는 행정행위를 무효로 하거나 취소하지 못하고 사실의 조사가 주된 기능이다. 옴부즈만은 Watch dog without teeth(이빨 없는 집 지키는 개)라고도 하며 주된 권한은 조사·건의하여 사실을 밝혀내는 데 있으므로 간접통제이다.
4) 직권적 조사 : 시민의 요구나 신청에 의해서 활동을 시작하는 것이 일반적이나 신문보도 등을 토대로 직권으로 자발적 조사가 가능하다.
5) 신속·저렴한 처리 : 조사는 직접적·공개적·대면적으로 수행되며, 신속하고 저렴하게 처리한다. 따라서 옴부즈만제도는 고객지향적 제도이다.
6) 합목적성 문제도 조사·처리 : 옴부즈만은 행정행위의 합법성뿐만 아니라 합목적성의 문제도 조사할 수 있다. 즉 공무원들이 법령을 준수하였는지 여부와 책임을 이행했는지를 조사할 수 있다.
7) 조사대상의 다양성 : 옴부즈만은 행정행위의 불법행위에 한정되지 않고 부정, 비능률, 답변의 지연, 결정의 편파문제 등이 조사대상이 된다.
8) 조사대상 포괄성 : 조사대상은 행정부, 국가정보부서, 사법부활동 그리고 지방정부도 조사대상이 된다.

2. 국민권익위원회

(1) 의   의

국민권익위원회는 국민고충처리위원회, 국가청렴위원회, 국무총리행정심판위원회를 통합하여 2008년 신설된 국무총리소속 중앙행정기관이다. 따라서 세 기관에 분산된 고충민원치리, 부패방지, 행정심판 등을 통합하여 국민의 권익구제창구를 일원화하였다. 주요 업무는 국민의 권리보호와 권익구제 및 부패방지를 위한 정책의 수립과 시행, 고충민원의 조사와 처리 및 이와 관련된 시정권고 또는 의견표명, 고충민원을 유발하는 불합리한 행정제도 개선, 공공기관의 부패방지를 위한 시책 및 제도 개선사항의 수립권고 등이다. 이러한 업무를 처리함으로써 행정청의 위법하고 부당한 처분으로부터 국민의 권리를 보호하고 신속하고 충실한 서비스를 제공하고자 한다. 따라서 국민권익위원회는 우리나라의 옴브즈만제도이다.

(2) 국민권익위원회와 시민고충처리위원회의 구성

1) 국민권익위원회는 대통령이 임명하는 15인으로 구성되며 위원 중 1인의 위원장, 3인의 부위원장 그리고 위원 3인은 상임위원이다. 상임위원은 일반직 임기제 공무원이다. 임기는 3년이고 1차에 한하여 연임할 수. 있다. 국민권익위원회는 헌법상 기관이 아닌 법률상의 기관으로 국무총리소속 위원회이다.

2) 시민고충처리위원회는 국민권익위원회와 동일한 기능과 역할을 수행하여 지방자치단체 및 그 소속기관에 대한 고충민원의 처리와 관련제도를 개선할 목적으로 설치되었다. 위원의 임기는 4년이며 연임이 가능하다. 위원은 단체장이 지방의회의 동의를 얻어 임명한다.

(3) 국민권익위원회의 목적

1) 고충민원 : 고충민원에 관한 사항을 조사하여 처리하며, 시정권고도 한다.
2) 부패방지 : 부패의 발생의 예방과 부패행위에 대한 신고의 접수와 신고자의 보호와 보상을 담당하며, 공직자행동강령을 시행·운영한다.
3) 행정심판 : 위법, 부당한 행정처분이나 부작위로부터의 권익을 구제한다.
4) 제도개선 : 낡은 제도가 초래하는 국민불편, 고충과 구조적 부패 취약요인을 근원적으로 개선한다.

(4) 국민권익위원회의 특징

1) 국민의 입장에서 고충을 처리하며 신중한 처리를 위한 합의제 형태이다.

2) 처리절차가 간편하며 신청에 의한 조사만 가능하고 직권조사기능은 없다. 다만 직권에 의한 조정은 가능하다.

3) 적극적인 행정개선 및 통제가 가능하다. 즉 행정기관에 시정권고·설득·고발로 행정의 개선이 가능하다. 국민권익위원회의 권고 또는 의견표명을 받은 기관이나 단체는 이를 존중해야 하며 처리결과를 통보해야 한다. 그러나 국민권익위원회의 행위가 엄격한 법적 구속력이나 강제집행력을 갖는 것은 아니다.

4) 관할사항이 광범위하다. 즉 위법·부당한 처분은 물론이고 접수거부·처리지연 등의 소극적 행정행위도 가능하며(인·허가 민원서류의 부당한 거부) 불합리한 제도·시책도 취급한다(예: 인허가의 애매한 심의기준).

5) 국민권익위원회는 감사가 이미 착수된 사항이나 행정심판·소송 등 다른 법률에 의해서 진행 중인 사항은 다룰 수 없다. 또한 국민권익위원회가 행정부소속이기 때문에 국회·법원·헌법재판소·감사원·선거관리위원회·지방의회에 관한 사항은 제외된다.

(5) 국민권익위원회의 권한

1) 국민권익위원회는 고충민원을 접수한 날로부터 60일 이내에 처리한다. 다만 조정이 필요한 경우 등 부득이한 사유로 기간 내에 처리가 불가능한 경우에 60일 범위 내에서 연장할 수 있다. 결정내용은 지체 없이 신청인과 관계행정기관 등의 장에게 통지한다. 또한 위원회의 권고 또는 의견을 받은 관계행정기관 등의 장은 이를 존중하여야 하며, 그 권고 또는 의견을 받은 날로부터 30일 이내에 그 처리결과를 국민권익위원회에 통보하여야 한다.

2) 위원회는 당사자의 신청과 직권에 의한 조정, 합의의 권고, 고충민원에 대한 조사결과 처분 등이 위법·부당할 만한 상당한 이유가 있는 경우는 관계기관 등의 장에게 적절한 시정을 권고하거나 관계행정기관 등의 장에게 의견을 표명할 수 있다. 또한 제도나 정책 등의 개선이 필요하다고 인정되는 경우도 제도개선의 권고 및 의견을 표명할 수 있다. 따라서 국민권익위원회는 직권조사와 사전조사의 권한이 없다.

3) 민원고충의 조사·처리과정에서 직원의 고의나 중대한 과실로 위법·부당한 업무를 처리한 사실이 발견된 경우는 국민권익위원회는 감사원에, 시민고충처리위원회는 당해

지방자치단체에게 감사를 의뢰할 수 있다.

(6) 문 제 점

1) 국민권익위원회는 사전심사권이 없으며 사후심사제도이다. 또한 직무상으로는 독립되어 있으나 국무총리소속으로 설치되어 있어 독립성이 약하다.
2) 민원사항을 조사하여 관계기관에 시정조치를 권고할 뿐 강제성이 없고, 직권에 의한 조사기능이 없다.
3) 헌법상의 기관이 아닌 법률상의 기관으로 법률개정으로 조직을 개폐할 수 있어 조직의 안정성이 부족하다.

제 2 장   행정개혁과 감축관리

제 1 절   행정개혁

1. 의 의

1) 행정개혁이란 행정을 현재상태로부터 보다 나은 상태로 변동시키는 행정부의 계획적이고 의도된 변화이다. 즉 행정개혁은 행정조직의 구조변화, 새로운 기술의 도입, 행정인의 의식구조를 변화시키는 것이다. 유사한 용어로 조직혁신·조직발전·기관형성 등이 있다.

2) 행정을 연구하는 모든 활동의 궁극적 목적은 행정의 바람직한 방향의 설정에 있다. 즉 행정연구의 목적은 개혁의 처방에 있다. 일반적으로 개혁은 개혁추진자의 의지에 따라 추진되며 환경의 변화와의 관계에서 행정조직의 독자적인 노력으로 개혁이 가능하다는 입장과 행정을 사회적 산물로 인식하여 환경의 변화나 환경의 지지가 없으면 개혁은 성공할 수 없다는 입장으로 나누어 볼 수 있다. 일반적으로 개혁은 의도적인 환경의 변화를 추구하고 환경의 영향을 받으면서 개혁은 추진된다고 보아 상호의존적 관계에 있다고 볼 수 있다.

3) 행정개혁을 과거에는 구조, 기구, 절차를 바꾸는 것으로 생각하였으나 오늘날의 행정은 환경의 변화에 대응하고 새로운 행정수요에 대응하기 위해서 사전적·의도적 변동을 추구하는 종합적·거시적 성격을 띤다.

2. 행정개혁의 특성

1) 목표지향성 : 개혁은 바람직한 상태의 구현을 위해서 의식적으로 설정된 목표를 추구한다. 개혁의 목표는 사람의 가치에 따라 다르며 개혁의 목표상태를 설정할 때는 개혁추진세력의 철학과 이념이 반영된다.
2) 동태성·행동지향성 : 행정개혁은 불확실과 위험이 개재되는 환경속에서 미래를 향한 무엇인가를 이룩하려는 사람들간에 의식적인 행동이 전개되는 것을 의미한다.
3) 저항을 수반 : 행정개혁이란 인위적으로 현상유지를 변동하는 과정이므로 항상 저항세력을 수반한다. 그러므로 저항의 원인을 진단하고 이에 대처해야 한다.
4) 지속적 변화 : 행정개혁은 단발적·자연적이 아니라 지속적으로 추진되는 과정이다. 왜냐하면 조직내의 개혁의 필요가 언제나 상존하기 때문이다. 행정에서 단점이 거의 없는 완벽한 조직이란 존재할 수 없기 때문이다.
5) 포괄적 연관성 : 행정개혁은 개혁문제를 둘러싸고 있는 요인들의 포괄적인 연관성을 중시하고 그에 대처하는 활동이며 정치적 상황속에서 이루어진다. 개혁은 내적 요인과 환경적 요인의 영향을 받는다.

3. 행정개혁의 필요성

1) 정치이념의 변동, 권력투쟁의 작용, 혁명 등의 정치적 사태는 조직구조의 개편을 초래한다. 우리나라의 행정개혁은 주로 정치적 측면에서 개혁이 이루어졌다.
2) 사회적 변동에 따라서 정부의 역할이 달라지고 새로운 행정수요에 대처하기 위해서 행정개혁이 불가피하게 된다.
3) 과학기술의 발달은 행정에 영향을 미쳐서 행정조직과 운영에 변화를 가져오기 때문에 개혁이 요구된다. 특히 정보기술의 발전은 행정에 큰 영향을 미치고 있어 각종제도의 개혁을 초래하고 있다.
4) 불필요한 기능의 중복을 제거하고 행정능률을 향상하기 위해서다.
5) 기관장의 변동과 공공영역의 축소에 대한 국민의 요망이 있는 경우이다.
6) 인구증가의 고객의 다양한 행정서비스가 요구될 때 행정개혁의 필요성이 제기된다.

4. 행정개혁의 접근방법

행정개혁의 접근방법은 어떠한 요인을 조작하여 개혁을 추진하냐에 따라 일반적으로 구조적 접근방법, 과정적 접근방법, 형태적 접근방법으로 분류한다.[1]

(1) 구조적 접근방법

1) 구조적 접근방법은 공식조직에 중점을 둔 전통적 접근방법으로 고전적 조직이론의 과학적 관리법과 베버의 관료제 이론과 관계가 있으며 원리전략과 분권화 전략을 추구한다. 원리전략의 주요 내용을 보면 구조·직제의 간소화, 행정사무의 적절한 배분, 권한과 책임의 명확화, 통솔범위의 재조정 등을 대상으로 하는 접근방법이다. 분권화 전략은 조직의 계층의 수가 줄어드는 공식적 조직뿐만 아니라 관리자의 행태와 의사결정까지도 포함하는 종합적인 성격을 지닌다.

2) 구조적 접근방법의 입장은 조직의 내부구조에만 관심을 기울이다 보니 조직내의 인간적 요인이나 환경적 요인을 충분히 고려하고 있지 않다.

(2) 과정적 접근방법

1) 과정적 접근방법은 기술적 접근방법이라고도 하며 주로 조직내의 과정 또는 일의 흐름을 개선하려는 접근방법이다. 즉 의사전달, 정보관리, 행정의 전산화 방법 등을 대상으로 한다. 기술적 접근방법은 새로운 기술이 조직의 업무수행뿐만 아니라 조직의 형태나 인간행태에도 영향을 미칠 수 있다.

2) 영국의 홀데인위원회(Haldane Committee), 미국의 1·2차 후버위원회 등이 채택한 행정개혁의 접근방법이다. 리엔지니어링(reengineering)은 업무과정의 개혁방법을 추구한다.

(3) 행태적 접근방법

1) 행태적 접근방법은 조직안의 인간을 대상으로 하여 인간의 태도와 행동이 개선되면 인간행태의 변화가 조직구조의 변경과 새로운 기법의 고안을 가져온다는 데 근거한다.

2) 인간적 접근방법은 인간관계론과 행태과학에 근거한 조직발전의 기법을 활용하여 자

---

[1] Weiss는 개혁을 구조적, 기술적, 인간적, 의사결정적, 종합적 접근방법으로 나누어 설명한다.

율적으로 인간의 행태와 가치관의 변화를 유도하려는 접근방법이다.

(4) 종합적 접근방법

1) 종합적 접근방법은 체제관점에서 입각하여 구조·인간·환경의 상호관련성을 고려하여 개혁대상 구성요소들을 포괄적으로 관찰한다.
2) 종합적 접근방법은 변수상호간의 관계를 보다 포괄적으로 고려하나, 비중을 생각한다면 우선 정치인의 지지와 행정인의 참여가 중요하다. 다음으로 관계자의 지지, 국민의 지지 등이 중요하다고 볼 수 있다.
3) 종합적 접근방법은 오늘날 조직개혁의 가장 합리적 접근이라고 볼 수 있다.

5. 행정개혁의 과정

행정개혁의 과정은 학자에 따라 다르나 여기서는 케이든(G. Caiden)의 분류방법에 따라 다음과 같이 나눌 수 있다.

(1) 행정개혁의 필요성의 인식

개혁의 요인이 존재하고 개혁의 필요성에 대한 견해가 조직내외관계자에 의해서 제기되어야 한다. 개혁의 원만한 추진을 위해서는 저항세력을 약화시켜야 한다. 개혁의 요인은 객관적 요인과 주관적 요인이 있다.

1) 객관적 요인으로는 정치적 변화가 발생할 때, 새로운 행정수요가 발생할 때, 행정기관의 장이 변동이 있을 때, 새로운 기계가 발명되었을 때, 행정제도에 내재하는 기능의 중복·낭비·비능률을 제거할 필요성이 있을 때, 행정기관에 대하여 외부의 비판이나 위협이 가해질 경우 등이다.
2) 주관적 요인으로는 정치주체 또는 최고관리층이 일정한 시점에서 개혁이 필요하다는 것을 인식한 경우이다.

(2) 개혁안의 마련

1) 개혁안의 작성
① 외부전문가가 개혁안을 작성하는 경우는 많은 시간과 경비를 필요로 하며, 정치인이나 민간전문가의 참여로 국민의 지지를 얻기 쉽고, 개혁안이 보다 종합적이며 객관적

이며, 보고서가 길고 세밀하며 건의안이 보다 과격하다. 또한 행정조직의 구조문제나 행정원칙에 더 중점을 두기 때문에 전면적 변화를 시도할 수 있다. 그러나 내부저항이 발생할 수 있다.

② 국내자가 개혁안을 작성하는 경우의 특징은 공익보다 관료이익을 우선시킬 가능성이 크며 조직내부의 이익에 보다 관심을 두고 개혁안이 작성되며, 개혁안이 덜 세밀하고 비용이 덜 들며 보고서가 보다 짧고 중점적이며, 실제적인 정책·사업계획에 보다 더 관심을 둔다. 또한 개혁안의 집행이 보다 용이하고 빠르다.

2) 개혁전략

① 정치·사회환경 및 시기가 개혁에 유리하고 유능한 리더십이 있는 경우에는 개혁은 정부 전면에 걸쳐 일시에 적용할 수 있는 개혁전략을 채택할 수 있다. 전면적 전략은 신속한 변화의 도입이 가능하나 조직과 사회의 안정성을 저해하여 저항을 유발한다.

② 환경은 유리하나 리더십이 불충분하거나, 리더십은 충분한데 환경과 시기가 불리한 경우는 점진적 전략을 채택해야 한다. 점진적 전략은 사회와 조직의 안정성을 유지할 수 있으나 개혁대상의 반응과 그들의 수용태세 등을 고려하여 개혁을 추진하므로 신속한 변화를 유도하지 못할 우려가 있고 개혁의 방향과 목표를 상실할 우려가 있다.

(3) 개혁의 시행

개혁의 시행은 개혁안을 실천에 옮기는 것으로 많은 시간·노력을 필요로 하는 작업이다. 시행단계는 융통성이 있고 신축성이 있어야 한다. 왜냐하면 예측할 수 없는 상황이 발생할 수도 있기 때문이다. 또한 개혁안이 실행에 옮겨지기 위해서는 새로운 법안의 작성, 개혁에 필요한 인적·물적자원의 동원, 관계공무원의 훈련 등이 수반되어야 한다.

(4) 개혁의 평가

개혁의 평가는 기대한 효과를 성취하였는가를 확인하는 과정이다. 따라서 개혁의 평가는 당초 의도한 개혁목표의 달성 정도, 개혁이 단행된 이후 공무원의 직무수행능력의 개선 정도, 사기앙양 정도, 행정능률의 향상 정도 등을 기준으로 한다. 개혁의 평가에서 중요한 것은 성과를 측정하고 성과가 나타나지 않았을 경우에 그 원인을 분석하여 규명하는 것이다. 이러한 평가를 통하여 보다 나은 방법을 모색하고 있다.

6. 행정개혁의 저항과 그 대책

(1) 행정개혁의 저항원인

1) 상황적 조건

① 개혁으로 인해 불이익을 받는다고 생각하는 사람은 개혁에 저항한다. 개혁은 현재의 상태를 변화시키는 것을 전제로 한다. 그러므로 개혁으로 인해 기득권층은 손해를 가져올 수 있고 신분상의 불이익을 받을 수도 있다.

② 개혁을 추진하려면 자원이 충분해야 하나 자원이 부족한 경우에 개혁의 추진이 어렵다. 자원은 인적자원·경제적 자원·정보의 부족 등을 들 수 있다.

③ 기존행정에 투입된 비용이 많고 기득권 이익의 옹호자가 많으면 장애가 된다.

④ 정부관료집단의 보수적인 성향이 개혁의 장애요인이 될 수 있다.

⑤ 기존의 법령과 관행이 행정개혁을 추진하는데 공식·비공식적으로 장애요인으로 작용한다. 또한 정치적·사회적으로 혼란스런 환경은 개혁에 필요한 지지를 얻기 어렵고, 저항도 크게 발생한다.

⑥ 너무나 많은 개혁의 수요가 발생하는 경우에 개혁의 장애가 될 수 있다. 많은 부문의 개혁을 추진하게 되면 각 부문마다 저항세력이 발생하고 해결과정에서 과오를 범할 수 있다.

⑦ 개혁추진자의 불신대상자이거나, 개혁의 추진자가 국민으로부터 신망이 약한 경우에 저항이 발생한다.

⑧ 개혁의 내용과 목표에 문제가 있는 경우, 개혁추진의 방법에 문제가 있는 경우에 저항이 발생한다. 즉 성과의 불확실성이 높은 경우에는 저항이 발생한다.

2) 저항의 심리적 요인

개혁이 추진됨으로써 새로운 상황에 대한 불안감, 새로운 상황에 적응해야 할 재교육의 부담이 있는 경우, 개혁의 내용을 잘 모르는 경우, 개혁의 내용이 개인적 이익을 침해한다고 생각할 때는 저항을 수반한다.

(2) 행정개혁의 성공조건

1) 저항세력에 대한 진단이 필요하다 : 개혁은 새로운 변화를 추구하므로 항상 기존세력의 저항이 뒤따른다. 그러므로 개혁추진세력은 저항세력에 대한 파악과 그에 대한 대

비가 필요하다. 개혁은 물론 최고관리층으로부터 추진되지만 보다 더 성공적인 개혁이 되기 위해서는 다수의 지지를 받도록 해야 한다. 개혁은 추진세력이 저항세력을 압도할 때만 성공할 수 있다.

2) 개혁이 사회·문화적 상황을 고려하여 추진해야 한다 : 행정개혁을 추진할 때는 사회 전반적인 문제가 다각적인 면에서 고려되어야 한다. 개혁을 위해서는 무엇보다도 사회상황의 정확한 진단과 분석을 토대로 하여 추진되어야 한다. 또한 환경이 안정되어 있어야 한다. 사회적 갈등이 심한 환경 하에서는 개혁에 필요한 국민의 지지를 얻기가 어렵다.

3) 단순한 외국제도와 기술의 모방은 안 된다 : 개혁이 성공하기 위해서는 자국의 사회·문화적 토양 속에서 개혁이 뿌리내리도록 해야 한다. 외국제도의 무분별한 모방은 결코 성공할 수 없다.

4) 가외성을 고려해야 한다 : 개혁은 기능의 중복을 제거하고 능률의 증진에 있다. 그러나 행정에서 중복성은 조직의 신뢰성·안정성·창조성·적응성을 높인다는 것을 명심해야 한다. 행정개혁이 조직의 중복성만을 제거하려고 하면 눈앞의 단기적인 비능률은 제거되나 조직의 신뢰성과 안정성을 해칠 우려가 있다. 개혁은 장기적인 안목에서 추진하는 것이 바람직하다.

(3) 저항의 극복방법

1) 규범적·사회적 전략

① 규범적·사회적 전략은 저항의 동기를 약화·해소시켜 오히려 개혁에 동참하게 하거나 개혁의 필요성에 대한 인식을 높이는 전략이다. 이 방법은 저항을 극복하는 가장 근본적인 해결책이다. 규범적 전략은 개혁대상자가 자발적으로 참여할 수 있도록 기다려주는 시간이 필요하다고 보아 조직의 인간화를 주장하는 전략이며 오늘날 연구인들이 가장 선호하고 있다.

② 방법

   ㉠ 개혁과정에 구성원들의 참여를 확대시켜 개혁에 적극적으로 협조하도록 한다.

   ㉡ 새로운 지식을 익힐 수 있도록 교육훈련을 실시한다.

   ㉢ 행정인의 사명감을 고취시키고 조직에서 개인의 역할의 중요성을 인식시킨다.

   ㉣ 개혁이 추구하는 가치와 기존의 가치가 별로 다르지 않다는 차이점을 인식시켜 가치의 갈등으로 인한 저항을 극복하고, 지도자들이 솔선수범하거나, 불만을 해소

할 수 있는 기회를 제공한다.

2) 기술적 · 공리적 전략

① 기술적 · 공리적 전략은 관련자들의 이익침해를 방지하고 보상하여 행정과정의 기술적 요인을 조정함으로써 저항을 극복하는 전략이다. 그러나 기술적 전략은 지나친 양보로 개혁의 의미가 퇴색될 우려가 있다.

② 공리적 방법

  ㉠ 개혁의 시기를 적절히 조절하여 정치 · 사회환경이 유리한 시기에 행한다.

  ㉡ 점진적 개혁을 추진하며 기술적인 것부터 추진하며, 개혁에 의해 경제적 손실을 잃게 될 사람들에게 협상을 통해서 보상한다.

  ㉢ 개혁에 의해서 인사이동시 해당자들에게 불이익을 받지 않는다는 계획을 세워 제시한다. 즉 조직의 변동 시에 신분보장과 현보수의 유지를 약속한다.

  ㉣ 개혁의 방법과 기술을 융통성 있게 수정함으로써 저항을 줄인다.

3) 강제적 전략

① 강제적 전략은 저항을 근본적으로 해결하지 못하며 장래에 보다 큰 저항을 야기할 가능성이 있다. 이 방법은 개혁추진자가 강력한 권력이 수반되어 긴급을 요하는 상황에서 신속히 저항을 극복할 필요가 있을 때는 효과적이다.

② 강제적 방법

  ㉠ 의식적으로 긴장을 조성하거나 물리적 제재나 불이익의 위협을 가한다.

  ㉡ 상하서열관계에 의하여 저항을 억제하거나, 권력구조를 일방적으로 개편하여 저항집단의 세력을 약화시킨 다음 개혁을 추진하는 방법 등이 있다.

제 2 절 한국의 행정개혁의 방향

1. 의 의

행정개혁은 새로운 환경에 대처하여 국민에게 보다 능동적으로 질 좋은 서비스를 제공하는 것이 목표가 되어야 할 것이다. 그동안 우리나라의 행정개혁은 정권교체와 밀접한 관계가 있다. 개혁은 기득권 세력을 행정에서 몰아내고 새로운 집권세력이 행정의 각 부분을 독점하는 측면에서 추진되었다. 즉 우리나라의 행정개혁은 기술적 측면보다는 구조적 측면에 치중하였다. 그러다 보니 새로운 조직의 통폐합에 치우쳐 공무원들의 동요가 발생하여 개혁의 집행단계에서 시행착오를 겪기도 하였다. 또한 집권초기에 개혁을 밀어부쳐야 성공할 수 있다는 강박관념에 정치·사회·행정·교육 등 모든 부문의 일거에 개혁의 추진으로 개혁에 저항하는 집단이 많아져 개혁을 추진하는데 환경(국민)의 지지를 얻지 못했다.

2. OECD국가의 정부개혁

OECD국가의 행정개혁은 우리나라 개혁의 모델이 되므로 OECD국가의 행정개혁의 내용을 살펴보면 다음과 같다.[2]

(1) 정부개혁의 배경

각 국에서 정부개혁이 추진된 중요한 배경을 살펴보면 첫째, 공공부문을 둘러싼 외부환경의 급격한 변화, 둘째, 정부의 재정적자와 공공부채로 공공부문의 미래성장에 대한 한계인식 고조, 셋째, 세계화에 따른 정부역할의 중요성의 인식, 넷째, 공공부문의 효율성이 민간부문에 뒤떨어진다는 인식, 다섯째, 정부실패의 시정을 요구하는 시민의 요구증대, 여섯째, 정보기술의 발달 등이다.[3]

(2) OECD 정부혁신의 내용

1) 정부조직 및 구조개편

① 조직구조의 변화는 개혁을 가시적으로 보여주는 표시이며 구성원의 가치관과 행태의 변화를 초래하는 매우 중요한 역할을 한다.

② 전통적 조직구조가 불확실성보다는 예측가능성을 전제로 하여 기능중심의 조직설계이다. 그러나 그동안 세계화와 정보화의 급속한 진전으로 최근의 조직설계구조는 직원의 참여와 복잡성을 관리하는 능력을 갖추도록 조직구조의 설계가 요구된다. 즉 기

---

2) O·E·C·D란 Organization for Economic Cooperation and Development의 준말이다. 경제협력개발기구는 세계경제의 지속적인 성장과 복지증진을 목표로 선진공업국간의 상호경험과 정보를 교환하기 위해 1961년도 설립하였다.

3) 신정부혁신론, 총무처직무분석개혁단, 동명사, pp.61~175 참조.

능중심의 조직에서 성과중심의 조직으로, 투입위주의 중앙통제관리체제에서 서비스경
쟁체제로 전환, 고객수요의 만족을 위해서 파트너십의 강화, 수평적 팀제의 조직구조
의 개편 등이다.

③ 중앙관리기관의 집권체제에서 각 부처에게 권한위임과 자율성을 인정하고 있으며, 정
부부처를 축소하면서 부처내부의 유사관련기능들을 통폐합하였다. 또한 부처본부는
정책기능만 담당하고 사업운영기능은 기업형 책임조직으로 분리하였다.

2) 인적자원관리 개혁

① 인적자원관리란 사람을 조직의 가장 중요한 자산으로 여기고 이를 관리하는 정책을
의미한다.

② 인적자원관리의 원리를 살펴보면 사람을 비용으로 생각하지 말고 자산으로서 가치를
부여하며 지속적인 학습은 성공을 위한 투자라 생각하고 관리자에게 직원들을 융통성
있게 관리할 수 있는 권한을 주고, 경직된 규정과 기준을 강요하는 대신 결과를 성취
하는 데 중점을 두도록 한다.

③ 1980년부터 시작된 OECD국가의 인적자원관리의 개혁을 살펴보면 인적관리사항에
관한 규정집을 단순화시켰으며, 중앙인사관리기관으로부터 각 부처 및 관리자로의 권
한위임, 성과관리와 교육훈련의 대한 강조, 보수 및 임용조건·직급결정·정원·근무제
도에 있어서 보다 탄력적인 정책을 실시하였다.

3) 예산 및 재무관리 개혁

① OECD국가의 예산개혁의 목표는 과거의 행정절차와 규정에서 성과와 결과에 초점을
두고 있다. 성과중심의 개혁은 정부의 재정적자로 인한 예산절약의 요구증대와 그동
안의 정부사업계획과 예산의 지출이 비효율적이었다는 비판에서 시작되었다.

② OECD국가의 예산·재무 관련의 개혁내용은 다음과 같다.

　㉠ 지출총액에 대한 통제를 강화하였다. 지출통제를 강화하기 위하여 사용되는 방법
은 예산총액목표제도, 다년도 지출, 중기재정계획의 도입이다. 이 제도는 전통적
인 중앙통제를 완화하고 관리자에게 목표달성을 위한 융통성을 부여하고 권한의
위임을 강조했다. 선진국가의 예산개혁은 각 계층의 관리자들을 관료에서 경영자
로 변신을 강조하고, 예산운영상의 자율권확대, 관리자들의 책임성 강화에 목적이
있다. 이러한 예산제도로는 성과와 서비스의 질을 강조하는 산출예산제도가 있

다.[4] 산출예산제도는 공공서비스의 산출에 초점을 두고 각 부처의 산출물별로 소요경비를 산정한다. 또한 관리자에게 융통성을 부여하는 지출총액예산제도, 지출대예산제도, 총괄배정예산제도, 지출통제예산제도,[5] 호주의 총괄경상비예산제도[6] 등이 있다. 지출총액예산제도란 상층부에서 사업의 우선순위와 지출한도를 설정하고 정부는 목표 및 지출대한도내에서 예산요구를 할 수 있다. 이 제도는 상층부에서 지출한도를 정하지만 하부기관의 재량이 인정된다. 총괄배정예산제도는 중앙예산기관에서 총괄적인 규모로 재원을 배분한 후 각 부처가 재원범위내에서 사업우선순위에 따라 예산을 편성하면 다시 중앙예산기관이 이를 최종조정하는 제도이다. 이 제도는 각 부처의 사업별 우선순위가 반영될 수 있으며, 해당 부처의 책임성도 높일 수 있다. 호주의 총괄경상비제도란 각년도예산을 경상비와 사업비로 구분하고 경상비(운영경비)는 공무원의 인건비·행정관리비·자산운용비 등이 포함되도록 하여 경상경비를 각 부처의 책임자가 금액의 한도 내에서 재원을 효율적으로 사용하도록 하였다.

ⓛ 다년도예산제도의 도입과 함께 중기재정계획을 채택하였다. 다년도예산제도는 중기재정계획과 연계하여 자원의 합리적 배분을 달성하기 위한 제도이다. 그동안 일년단위의 예산회계제도는 일년마다 사업이 단절되어 사업추진의 효율성이 저하되었고 연도말 불용처리를 막기 위한 예산의 낭비를 초래하였다. 그러나 다년도예산제도는 5년 단위로 예산을 편성하므로 매년마다 예산편성으로 인한 업무량을 줄이고 사업시행의 효율성을 높일 수 있다. 다년도예산제도는 본래 미래예산수요를 예측하여 사업계획을 미리 확정해 두는 수단으로 사용된 제도이나 최근에는 사업확장으로 인한 예산증액을 막기 위해서 사용되고 있다. 즉 사업비 총액을 통제하려는 용도로 활용된다.

ⓒ 상업적, 경쟁적 접근방법을 택했다. 즉 사용자부담원칙의 적용, 징수된 수익금으로 자신의 운영비를 충당할 수 있도록 수익금의 보유, 서비스 공급의 독점적 지위를 없애고 서비스의 공급에서 서로 경쟁하도록 했다.

---

4) 산출예산제도는 공공재 및 서비스를 생산하는 과정을 투입-산출-효과의 단계로 구분하고 산출과 효과에 초점을 맞추어 예산을 편성하는 제도이다. 이 제도는 근본적으로 신성과중심예산제도이다.

5) 중앙예산기관이 예산의 총액만 정해주면 그 범위내에서 구체적인 항목별 지출은 집행기관의 재량에 맡기는 성과지향적 예산제도이다. 총괄예산과 관계가 있다.

6) 운영예산제도라고도 하며 우리나라 운영경비도 이와 유사하다.

ⓔ 발생주의 회계제도를 도입했다. 발생주의 회계방식은 상업화된 기관에 대하여 정부서비스의 가격을 보다 정확하게 산정할 수 있다.

4) 성과관리

① 성과관리란 성과향상을 위한 체계적인 접근방법으로 일명 사업계획관리라고도 한다. 성과관리제도는 관리자로 하여금 주어진 재량의 범위내에서 정해진 성과목표를 달성하도록 책임통제를 강화하기 위해서다.

② 성과관리에 포함되는 내용은 다음과 같다. 기관별 임무와 목적을 명확히 하고, 정부사업에 대한 목표를 설정하여 국민에게 공표한다. 관리자에게 절차 및 관리상의 자유를 허용한다. 목표대비 실제성과를 측정하고 최고관리자와 예산 및 인사관리기관에 보고토록 한다. 성과측정결과는 향후 사업자금 배정, 사업내용의 변경 등을 결정한 때 환류한다. 성과보고를 의회 또는 외부감시기관에 제공하고 그들의 심사의견을 반영한다.

③ 성과관리 개혁은 대개 중앙예산기구에 의해서 주도되며 예산절차와 전략계획 절차를 서로 연계한다. 중앙예산기관과 부처간에 합의된 성과목표 수준에 대한 대가로 일정한 규모의 재원을 할당해 준다.

④ 공공부문의 성과측정은 민간기업보다 어렵다. 왜냐하면 목표간의 중요도가 다르며 우선순위의 결정이 어렵기 때문이다. 성과측정은 하나의 정확한 과학은 아니며 성과정보를 활용하는 데는 가치판단이 요구된다. 실제로 정부부문에서 성과관리의 활용의 의도는 어떤 정확한 기준성을 찾아내는 것보다는 성과에 관한 인식을 높여 합리적인 의사결정을 도와주는 데 있다.

5) 시장원리 도입

① 정부개혁의 핵심적 요소는 정부의 비능률을 제거하기 위해서 정부에 경쟁원리를 도입하는 것이다. 즉 공공부문의 독점성을 지양하고 시장원리를 도입하여 공공서비스의 질 향상에 있다.

② 시장원리 도입의 일반적 방안은 다음과 같다.

ⓐ 내부시장화이다. 즉 유사한 기능을 수행하고 있는 다수의 행정기관간의 경쟁, 민관의 경쟁·사용자비용부담 등이 있다.

ⓑ 경쟁적 입찰을 통한 외부계약방안이다. 외부계약방식은 일시적 수요대응·고도의 전문성을 요하는 사업 등이 효과적이다.

ⓒ 서비스의 구매권 방법이다. 서비스구매권제도는 복지정책의 일환으로 활용될 수
있으나 소비자 권한을 확대하는 방법으로 새로운 관심을 받고 있다. 서비스구매권
제도는 소비자가 공급자를 자유롭게 선택하여 공급자들간의 경쟁을 촉진하여 서
비스의 질을 향상할 수 있다. 이러한 효과를 얻기 위해서는 진입장벽을 제거해야
하며 소비자는 적절한 정보를 가져야 한다.

ⓔ 공기업의 민영화를 추진한다. 시장원리 도입방안으로 구조적 접근방법인 공기업
의 민영화가 있다. 공기업의 민영화는 경쟁력 있는 기업을 만들어 생산성 향상과
서비스의 질을 개선할 수 있다.

(3) 각국 개혁전략

1) 영국

1970년대 말부터 시작된 영국의 정부혁신과정은 정부재정적자 증가, 국제기구의 압력,
새롭게 부각되고 있는 관리주의의 영향을 받았다. 특히 자유시장체제에 바탕을 둔 신보수
주의는 영국의 개혁에 크게 영향을 미쳤다. 일반적으로 영국의 정부혁신은 기능중심적 접
근방식이었다. 영국의 행정개혁의 초점은 작고 효율적인 정부를 건설하기 위해서 공공부문
을 최소화하고 민간경영방식의 도입이 중요한 내용이다. 영국의 행정개혁의 내용은 다음과
같다.

① 능률성진단(Efficiency Scrutiny)

1979년 대처수상시대의 개혁으로 비용절감, 서비스의 질 향상, 관리의 효과성의 기준을
적용하여 각 부처를 진단하여 불필요한 직무의 폐지와 축소와 민간이양 등을 단행하였다.
능률성진단은 공무원과 민간이 참여하여 90일간 실시되었다.[7]

② 재무관리개혁(Financial Management initative)

1982년 대처 행정부는 재무관리개혁을 단행하였다. 재무관리개혁은 각 부처에 대한 중앙
의 예산통제를 완화하여 주어진 재정한도 내에서 부처의 자율적인 권한을 확대하였다. 그럼
으로써 모든 관리자에게 재량권을 부여하고 자원의 활용에 대해서 개인이 책임지도록 했다.

---

7) 조직진단은 조직의 현황을 분석하여 문제점을 파악하는 것이다. 조직진단의 주체는 반드시 외부인이 참여
해야만 되는 것은 아니다. 다만 우리나라의 경우 1999년도에 실시해 조직진단은 외부전문가의 주도로 이
루어졌다.

③ 후속단계(Next steps)

㉠ 1988년 Next steps보고서는 정부부처가 맡고 있는 사업적 기능은 민영화·공사화·외부계약에 의해서 수행하도록 했으며 민간기업과 같이 생산성과 성과측정에 중점을 두게 되었다. 1988년 능률팀에서 작성한 Next steps보고서는 공무원제도와 정부조직을 개혁하는데 가장 혁명적인 계기를 마련하였다.

㉡ 또한 중앙정부가 수행하고 있던 집행적 성격의 기능을 정책기능으로부터 독립하여 책임집행기관(Executive Agency)이라는 새로운 형태의 책임경영조직으로 전환하였다. 그리고 집행기관에게 기관운영에 필요한 관리재량의 자율성을 인정하였다. 또한 집행기관의 사장을 공직내·외에서 공개경쟁을 통해서 임용하였다. 집행기관의 사장은 계약방식을 택했으며 매년기관의 목표달성성과에 대한 평가를 실시하였다.[8]

④ 의무경쟁입찰제도(Compulsory Competitive Tendering : CCT)

지방정부는 행정서비스의 제공방식의 지속적인 개선을 위해서 공공서비스 공급을 민간부문과 공개입찰을 통해서 제공하는 방식이다. 블레어 정부에서 폐지되었다.

⑤ 시민헌장(Citizens's charter)

㉠ 대처 정부의 후광으로 집권한 메이저 행정부는 지방정부가 공공정책의 목표와 그에 대한 수단을 명문화하는 제도로 시민헌장제도를 도입하여 지방정부의 각종 서비스 질 향상과 서비스의 선택 가능성을 높였다. 시민헌장은 주 내용이 고객서비스의 질 향상에 초점을 두었다. 즉 시민헌장제도란 모든 시민이 공공서비스의 고객이라는 인식을 기초로 하여 각 공공기관에 대하여 의무조항을 명시하고 일반국민이 누려야 할 권리를 명시한 것이다. 따라서 시민헌장은 공무원들의 의무를 규정한 것이다.

㉡ 우리나라의 경우 김대중정부에서 행정서비스의 헌장 제정지침을 마련하여 경찰, 외교 등 대부분의 중앙부처나 지방자치단체에서 유사한 제도를 운영하고 있다. 행정서비스의 헌장의 원칙은 서비스 내용이 구체적이고 명확하고, 가장 높은 수준의 서비스를 제공하며, 고객의 여론을 수렴하여 서비스 개선에 반영하도록 하여 고객 중심의 행정을 구현하도록 하였다

㉢ 시민헌장은 과거 도의적 차원에서 머물렀던 공무원의 의무를 법률적 차원으로 바꾼

---

8) 우리나라에서도 책임운영기관제도를 운영하고 있다. 책임운영기관의 설치운영에 관한 법률 제4조에서 기관의 주된 사무가 사업적·집행적 성질의 행정서비스를 제공하고, 성과측정기준의 개발과 성과측정이 가능한 사무, 기관운영에 필요한 재정수입의 전부 또는 일부를 자체 확보할 수 있는 사무에 대해서 실시한다.

것이다. 이는 시민헌장제도가 성과관리를 이룩하는 데 크게 기여하였다

ⓐ 시민헌장제도는 시민들이 종래의 수동적 수혜자의 입장에서 적극적인 선택권자의 입장으로 변화를 가져왔다. 시민헌장제도가 실시된 후 영국국민들의 행정서비스에 대한 신뢰도와 만족도의 향상을 가져왔다.

ⓜ 기관편의가 아니라 고객편의의 서비스를 제공한다. 민원행정에서 일회방문제도의 도입은 하나의 예가 될 수 있다.

ⓑ 시민헌장의 단점으로 서비스의 표준화로 공무원의 창의성과 유연성을 저해할 가능성이 있으며, 실제로 공공서비스의 품질을 구체화·객관화가 어렵다.

ⓢ 고객이 원하는 행정서비스를 정확·공정·친절하게 제공해야 한다. 고객위주의 행정이 되기 위해서는 서비스 표준이 분명하게 설정되고 서비스의 정확성과 신뢰성 등의 질적인 내용도 중요시되어야 한다. 따라서 고객헌장의 대상은 국가·지방자치단체뿐만 아니라 교육·철도, 버스·통신·병원행정·수도 등에 다양하게 적용될 수 있다.

ⓞ 잘못된 서비스는 사후구제제도가 마련되어 있다. 따라서 기관이 약속한 표준에 미달된 경우에는 적정한 보상을 해야 한다.

⑥ 시장성 테스트(Market Test)

시장성 테스트란 1990년대 메이저 행정부의 행정개혁조치의 하나로 특정한 공공 업무를 민영화, 민간위탁 또는 강제입찰 시킬 것인지의 여부를 결정하기 위한 사전검증 절차를 말한다. 시장성 테스트의 대상으로 적합한 업무는 지원집약적 사무, 전문가적 업무나지원, 기술수준이 급변하는 업무 등이다.

⑦ 공무원제도 개혁과 능률계획제도

1994년 정책백서에서 고급공무원에 대한 개방임용계약제를 시행하고 보수도 일정한 범위내에서 개인별로 결정하도록 하여 전반적인 공무원제도를 변화에 맞게 수정하였다. 또한, 각 기관은 의무적으로 종합적인 능률개선계획제도를 시행하도록 하였다. 능률개선계획은 각 부처가 3년간 부처별 운영경비한도를 설정하고 각 부처와 집행기관이 이를 지키도록 하였다.

2) 미국

1993년 클린턴 대통령이 취임하자 고어(Gore)부통령에게 정부를 완전히 새롭게 재창조하기 위한 방안을 강구하도록 하였다. 이에 고어 부통령 주도 아래 국정성과평가팀(NPR)을 설치하였다. NPR은 문제를 잘 아는 직업관료를 중심으로 구성하였다.

① 국정성과평가팀(National Performance Review)에 의해 주도된 개혁의 내용을 살펴보면 다음과 같다. 국정성과평가팀은 민간참여를 배제하고 공무원으로만 구성하였다.

　　㉠ 일선기관의 통폐합과 관리규정을 간소화, 일선직원들에게 권한을 부여하였다.

　　㉡ NPR의 정부재창조작업을 추진하였다. 즉 형식적 절차주의 제거, 결과중심의 관리 개혁, 고객우선주의 실천, 불필요하거나 중복된 사업과 기능배제, 경비절감, 분권 화전략 등을 추진하였다.

② 주요 개혁 입법

　　㉠ 1993년에 재정된 행정성과 및 결과에 관한 법률을 제정하여 산출결과를 중심으로 성과목표를 중시하도록 하였다.

　　㉡ 1994년에 연방인력 재편법을 제정하여 공무원 수를 줄이도록 하였다.

　　㉢ 1994년에 정부관리개혁법을 제정하여 재무제표에 위한 기업방식의 회계감사를 실 시하도록 하였다.

(4) OECD국가의 개혁과정에서 문제점

1) 민간부문과 공공부문 사이에는 근본적인 차이가 있다는 점을 고려할 필요가 있다. 민 간부문의 이윤추구논리는 정부부문에 적용은 한계가 있다. 즉 공공부문은 생산성도 중요하지만 공공성과 형평성도 고려해야 한다. 즉 정부는 시장이 아니다.

2) 공공부문은 목표를 설정하고 성과를 측정하는 데 많은 문제점을 야기시킬 수 있다. 실 제로 시장의 인센티브를 적용하는 것은 한계가 있으며 성과관리제도가 기관의 자율성 을 침해하고 불필요한 보고업무를 창출할 수 있다.

3) 권한위임과 분권화 등은 정부가 분열하고 정책의 응집성과 일관성이 상실되고 정책집 행으로부터 환류가 되지 않고 정부나 기관이 고객이나 지역적 이해에 포획당할 우려 가 있다.

4) 구조적 측면에서의 개혁으로 기구와 인원의 감축은 비용의 절감을 가져올 수 있으나 정부를 공동화시키고 건전한 정책개발능력을 저하시킬 우려가 있다. 인원의 감축은 직원의 사기를 저하시켜 개혁의 목표달성에 차질을 가져올 수 있다.

3. 우리나라의 재정개혁

(1) 총액배분자율예산편성제도(사전재원배분방식)

1) 도입배경

그동안 단년도 예산편성 중심의 폐단을 방지하고 상향식 예산제도가 가져온 문제점을 극복하고자 도입했다. 상향식 예산제도는 중앙예산기관과 부처간의 비합리적인 관행, 과다한 예산요구, 투입에 치중하여 재정지출의 사후관리가 미흡하다는 지적이 있었다. 이에 대한 대안으로 사전에 국가재원을 전략적으로 배분하고, 각 부처가 예산을 자율적으로 편성하는 Top-down방식의 자율예산편성이 도입되었다.

2) 의의

총액배분자율편성예산제도는 중앙예산기관에 의해서 부처별 지출한도가 사전에 전략적으로 배분된다. 따라서 총액배분 자율편성예산제도를 거시적·하향식 예산제도라 한다. 즉 지출한도나 장기계획 등 거시적이고 전략적인 배분을 위해서 중앙에서 결정되어 하달되기 때문에 하향적(Top-down)예산이라 한다.

3) 주요 절차

① 중앙예산기관의 국가재정운용계획 수립
② 국무회의에서 분야별·부처별 지출한도를 미리 설정하여 통보
③ 각 부처의 지출한도에 따라 예산요구서 작성·제출
④ 기획재정부의 국가재정운용계획의 정책방향과 부합하여 예산안 확정

4) 효과와 문제점

총액배분 자율예산편성제도가 중장기적 시각에서 재정규모의 검토로 재정의 경기대응조절이 가능하고, 전반적으로 각 부처의 자율성을 인정해주는 예산제도이다. 이는 그동안 각 부처의 과다한 예산요구와 중앙예산기관의 대폭삭감의 문제점을 시정할 수 있고, 재정운용의 투명성과 재정운용의 효율성을 향상할 수 있다. 그러나 중앙예산기관에 의해서 부처별 지출한도가 사전에 배분(할당)되기 때문에 각 부처는 그 한도 내에서만 예산을 자율적으로 편성하기 때문에 사전통제가 강화된 측면도 있다. 전략적 자원배분과정에서 부처의 지출한도에 대한 갈등이 발생할 수 있으며 부처의 자율은 오히려 예산통제가 곤란하다.

(2) 기타 예산개혁방안

총액규모만 예산에 반영하는 총액계산예산제도의 도입, 대규모 개발사업에 대하여 본격적인 타당성조사 및 기본설계 이전에 예비타당성조사실시, 완공에 장기간이 소요되는 대규모 사업에 대하여 총사업비제도실시, 성과관리제도, 성과급제도, 성인지예산제도, 기본사업비제도 등을 도입하여 실시하고 있다.

4. 점진적 개혁

(1) 점진적 개혁의 필요성

1) 조직구조 개편위주는 정치성·상징성·집권성·일회성 등의 문제가 있어 자율성·다원성·분권성·지속성을 의미하는 점진적 개혁이 우리 실정에도 검토해야 할 필요성이 있다. 점진적 개혁이란 단계적·소폭적인 개혁을 의미한다. 즉 점진적 개혁은 기능과 절차의 개선정부와 외부환경집단과의 상호작용을 통해서 추진하는 것이다.
2) 점진적인 개혁은 다른 나라의 경험이나 이미 알려진 개혁을 소폭적으로 추진하므로 피해를 입은 사람이 적어 저항이 약하고 예측가능성을 높일 수 있다. 또한 점진적 개혁은 습득된 경험을 활용하므로 경험의 지혜를 활용할 수 있다. 불확실성과 복잡한 세계에서는 실현가능성이 있는 부분부터 개혁을 단계적으로 추진하면 비교적 성공가능성이 높다고 본다.

(2) 점진적 개혁의 문제점

점진적 개혁은 개혁의 속도를 느리게 하고 중앙에서 개혁의 통제기능이 없고 다원주의적 토론과 타협으로 결정되기 때문에 개혁반대세력의 반발을 받게 되어 개혁의 목적과 방향을 상실할 우려가 있다. 또한 점진적 개혁은 개혁의 보수적 경향으로 기득권 세력을 옹호할 가능성이 있어 보다 근본적인 개혁을 추진하기 어려운 점이 있다.

(3) 점진적 개혁의 우리나라의 적용가능성

개혁은 혁명보다도 어렵다고 한다. 왜냐하면 개혁은 기득권 세력의 조직적인 저항과 개혁추진세력에 대한 기득권의 냉소적인 태도, 변화와 개혁을 거부하는 관료집단의 태도 때문이다. 정권교체와 더불어 시작되는 개혁은 가시적이고 상징적인 개혁을 원한다. 일반적으로 우리나라와 같은 환경에서는 점진적 개혁추구보다는 집권초기에 집권적 개혁을 추진하는 것이 효과적이라고 볼 수 있다. 왜냐하면 협상을 통한 개혁은 개혁의 속도가 느리고 기득권 세력의 개혁추진의 지연전략 등으로 대통령의 집권중반기에는 권력누수현상으로 개혁을 더 이상 추진할 수 없는 상황에 직면하기 때문이다. 따라서 우리나라의 상황에서는 사회·경제 적인 개혁은 집권적으로 하되 정부조직 개편과 교육정책의 추진은 점진적으로 추진하는 방안을 고려할 필요성이 있다.

5. 바람직한 행정개혁의 방안

1) 혁신의 방안을 보면 그동안 정부중심과 공무원 중심의 행정에서 시민위주와 고객위주로 전환해야 한다. 고객위주의 행정이란 국민이 정부의 주인인 동시에 고객이다. 따라서 행정에서 시민을 진정한 고객으로 섬기고 그들의 의견을 반영하여 행정을 운영하는 것이다. 그러기 위해서는 서비스 제공자를 다양화하여 경쟁을 통해서 서비스를 제공함으로써 서비스의 질을 높이고 고객들이 원하는 서비스를 제공해야 한다. 고객위주의 행정은 행정관리의 패러다임의 변화를 가져왔다.9) 앞으로 바람직한 고객지향의 방안들을 다음과 같이 정리할 수 있다.

① 정부조직체계의 변화 : 고객위주의 행정이 되기 위해서는 무엇보다도 고객위주의 조직개편이 먼저 이루어져야 한다. 최근 선진국가에서 추진되고 있는 행정서비스의 다양화(variety)·즉시화(instant)·안정화(peace)가 강조되고 있다. 행정서비스의 다양화란 행정서비스 제공의 경로의 다변화로 형식과 절차의 다양성을 의미한다. 즉시화란 행정서비스를 보다 신속히 제공하여 대기비용을 절감하는 것을 말한다. 안정화란 고객들에게 안정되고 편리한 서비스를 제공받을 수 있도록 하는 것이다. 이를 위해서는 공급자 중심의 구조를 고객위주의 구조로 개편해야 한다. 즉 일선 기관의 권한과 기능이 대폭 강화되어야 하고 민원행정사무실이 변화되어야 한다. 또한 의사결정과정에 부하직원들을 참여시켜 보다 바람직한 정책결정이 이루어지도록 해야 한다. 일선관료들은 정책이 집행되는 현장에서 대상집단들과 직접 접촉하여 업무를 수행하므로 집행현장의 문제점들을 정확히 알 수 있다. 이들을 정책

---

9) 패러다임의 변화는 과거의 생산량 중심에서 고객만족 중심으로, 양에서 질 중심으로, 기능중심조직에서 절차중심조직으로, 통제와 보호중심에서 경쟁중심으로 변화하고 있다.

결정과정에 참여시킴으로써 고객서비스의 향상과 정책이 보다 합리적으로 수행될 수 있다. 일선관료나 정책집행자에게 재량권을 많이 인정하면 행정의 효율성이 증가될 것이다.

② 행정기관이나 공무원의 행태변화 : 고객지향적인 정부를 위해서는 먼저 행정기관이나 공무원의 행태변화가 이루어져야 한다. 공무원들의 행태변화를 위해서는 교육·훈련이 필요하며 제도적인 유인도 뒤따라야 한다. 고객은 행정으로부터 어떠한 차별도 없이 서비스는 공평하게 공급되어야 하고, 언제나 정중하고 친절한 담당직원의 도움을 받을 수 있어야 한다. 이러한 서비스를 제공받기 위해서는 공무원의 고객지향의 마인드 확립이 중요하다.

2) 성과지향의 행정을 실현해야 한다. 과거의 투입물 중심으로 정부사업을 파악해서는 정부가 그 사업을 통하여 달성하고자 하는 목표를 알 수 없다. 따라서 정부의 활동에 대한 평가가 사용한 자원의 양에서 생산한 서비스의 양에 의해서 정부사업을 파악하는 것을 성과중심의 행정이라 한다. 즉 성과중심적 행정(결과중심적 행정)은 투입보다는 결과에 의해서 조직의 성과를 측정한다. 일반적으로 결과중심의 행정이 되기 위해서는 다음과 같은 방안들이 있다.

① 정부조직의 변화와 정부기능의 재검토 : 정부조직을 규칙과 절차를 엄수하는 체제로부터 결과의 성취에 책임을 지는 체제로 전환되어야 한다. 먼저 지나치게 세분화로 발생하는 각 부처의 할거주의를 극복하기 위해서 정부부처를 통·폐합을 통해서 수평적 부처조직의 확대개편이 이루어져야 하며, 정부조직을 재검토하여 불필요한 기구와 업무를 줄이도록 해야 한다. 즉 반드시 정부가 수행해야 할 필요가 없는 업무는 민영화를 추진하고 외부조직을 통한 서비스 조직을 확대되도록 해야 한다.

② 인적자원관리체계의 변화 : 인사권을 각 부처에게 위임할 필요성이 있다. 이미 선진국가에서도 부처공무원의 채용·배치·보수수준 등을 부처에게 위임하고 있다. 또한 선진국가에서 실시하고 있는 실적평가제도의 도입이 필요하다. 실적평가제는 성과계약서를 통해서 이루어진다. 실적계약서를 통해서 경영책임자의 의무를 명확히 하여 담당자가 목표의식을 갖고 업무를 수행한다. 담당자는 계약서를 통해서 평가를 받아 급여수준을 연계시킬 수 있다. 그러나 이러한 성과계약서가 정착되고 성공하기 위해서는 먼저 공무원의 의식의 변화와 이를 평가할 수 있는 객관적인 기준이 정해져야 한다.

③ 예산에 있어서 활용방안 : 우리나라에도 2007년도부터 전 부처로 확대 설치하고 있는 총액인건비제도의 시행이다. 이 제도는 중앙예산기관과 조직관리 기관이 총 정원과 인건비 예산의 총액만 정해주면 각 부처는 범위 안에서 재량권을 발휘하 여 인력운영 및 기구설치에 대한 자율성과 책임성을 부여받는다.10)

효율성 배당제도(Expenditure Control Budget)란 각 부처가 부서내의 모든 지출항목 을 없애버리고 부서의 책임자가 필요에 따라 물적자원을 마음대로 전용할 수 있 는 제도이다. 이 제도는 미국의 캘리포니아에서 처음 도입되었다. 이 제도의 장점 은 지출우선순위에 따라 예산집행이 신축적으로 이루어져 자원배분의 효율성을 높이고, 연말의 예산낭비를 줄일 수 있다. 예산절감을 목적으로 한 신공공관리의 행정개혁의 일환으로 성립된 지출통제예산제도가 있다. 지출통제예산을 예산총액 만 통제하고 구체적인 항목별 지출은 집행부의 재량을 확대하는 성과지향적 예산 제도이다. 이 제도는 효율성 배당제도와 연계되어 시행한다. 효율성배당제도는 경 상비지출의 효율화를 위해서 매년 승인된 경상비의 일정금액을 의무적으로 절감 하는 제도이다.

또한 산출예산제도가 있다. 산출예산제도는 성과중심의 재무행정이다.11) 이 제도 는 실제수입과 지출의 정확한 파악을 위해서 발생주의 회계제도가 사용된다. 발생 주의는 비용과 수익은 그것이 발생한 사실에 근거하여 계상하는 것이다. 발생주의 는 사용자부담·수익금보유 등으로 상업화된 기관에 정부서비스의 가격을 정확하 게 산정하는 데 도움을 주며 경영성과를 명확히 할 수 있다. 이러한 선진국 제도 를 기반으로 하여 현재 우리나라의 4대 재정개혁은 다음과 같다.

첫째, 국가 재정운용계획의 수립이다. 즉 정부는 재정운용의 합리화나 조정화를 위해서 매년 당해 회계연도부터 5회계년도 이상의 기간에 대한 재정운용계획을 수립하여 회계연도 개시 120일전까지 국회에 제출한다.

둘째, 총액배분자율편성 예산제도이다. 재정당국이 분야별·부처별·부문별 지출한

---

10) 현재 총액인건비제도는 기관운영의 자율성 재고를 위해서 국 단위는 현행 직제 규정대로 운영하되, 과 단 위만 자율성이 인정된다. 단점으로 자율성부여로 재량권남용과 무분별한 증원으로 직급 인플레이션 유발 가능성이 있다.

11) 산출예산제도는 1989년 뉴질랜드가 도입한 예산제도이다. 이 제도는 공공서비스의 산출에 초점을 두고, 각 부처의 산출물별로 소요비용을 산정하는 방식이다. 1994년도 국세청의 경우 정책자문·납세자정보서비스· 조세부과 및 징수 등의 항별산출물과 각 항별산출물에 대한 목별산출물에 대해서 수량·품질 등에 기초한 세부적인 예산을 책정하였다(윤영진, p.358).

도(총액으로 배분)를 제시하면 각 부처는 소관 정책과 우선순위에 입각하여 자율적
으로 지출한도 내에서 사업의 재원을 배분하는 제도이다(하향적 예산편성제도).

셋째, 성과관리제도의 도입이다. 성과중심의 재정운용을 위해서 재정사업의 목표
와 성과지표를 설정하고 지표에 대한 평가결과를 재정운용에 반영하기 위해서다.
넷째, 디지털 예산회계시스템의 도입이다. 예산과 회계 그리고 정보를 하나로 통
합하거나 연계하여 재정 전체 업무처리가 동일 시스템에서 이루어지고 관련 정보
가 생성되는 시스템을 의미한다. 국가재정운용계획, 총액배분자율편성예산, 성과
관리제도, 복식부기, 발생주의 회계, 프로그램예산 등의 재정혁신 시스템을 연계
하여 운용된다.

④ 책임운영기관제도실시 : 정부가 수행하고 있는 사무 중 공공성을 유지하면서 경쟁
원리가 가능한 사업은 기관장이 책임을 지고 운영하도록 해야 한다. 최근 우리나
라에서도 이 제도를 실시하고 있다. 책임운영기관의 설치·운영에 관한 법률 제4
조는 기관의 주된 사무가 사업적·집행적인 경우에 성과측정이 가능한 사무, 기관
운영에 필요한 재정수입을 자체 확보할 수 있는 사업에 대해서 실시한다고 규정
하고 있다.

3) 시장원리를 도입하여 서비스의 질을 높이도록 해야 한다. 공직에 시장원리의 도입은
공공부문의 독점적 요소를 제거하고 시장원리를 도입하여 서비스의 경쟁을 통해서 성
과를 향상시키는데 목적이 있다. 선진국가에서 시행하고 있는 방안 중에서 우리나라
에 적용할 수 있는 내용들을 살펴보면 정부의 임무수행에 민·관의 경쟁을 통해서 서
비스를 제공하도록 한다. 이는 행정기관의 서비스 공급의 독점에서 오는 비용의 무감
각과 비효율성을 해소할 수 있다. 기타 시장원리의 도입방안으로는 사용자부담의 확
대실시, 외부계약 등이 있다.

4) 규제완화를 추진해야 한다. 정부가 각종규제를 강화하게 되면 정부기구의 확대로 부
패발생의 가능성이 높고, 행정업무의 지연을 초래하고, 시장경쟁체제의 효율성의 저
하를 가져올 수 있다.

5) 공직사회를 개방해야 한다. 공직사회의 개방은 활발한 신진대사를 통하여 조직전체의
새로운 기풍을 조성하고 폐쇄적인 관료집단에 우수한 인재의 등용으로 행정서비스의
질을 높일 수 있다. 우리나라의 경우도 고위공무원단 직위에 20% 이내를 대내외 전문
가 중에서 공개경쟁채용하여 최소한 2년 이상의 계약제로 임명하고 성과급을 지급하
고 있다. 앞으로 보다 많은 인재들이 정부의 정책과정에 참여할 수 있도록 중앙정부

뿐만 아니라 지방정부 또는 다른 행정관서에도 확대 실시할 필요성이 있다. 공직사회의 개방과 함께 고려해야 할 점은 정부의 고용관계에서 탄력적인 근무제도의 도입을 검토해야 한다. 이를 위해서는 관련 법규의 개정을 통해서 파트타임제 도입, 시간근무시간제도 도입, 각 부처간의 인적교류가 확대되도록 해야 한다. 이러한 공직의 변화는 공무원의 직접 안정성을 저해할 수 있다는 점을 명심해야 한다. 또한 개방형 제도의 도입함에 있어서 인적충원이 전문성보다는 고위직의 친분관계나 정치적인 영향으로 변질되지 않도록 해야 한다. 이는 오히려 행정의 부패와 행정의 비능률을 초래할 수 있다.

제 3 절   감축관리

1. 의   의

1) 행정국가와 더불어 시작된 정부기능의 확대와 국가재정 팽창은 1970년대를 기점으로 자원의 고갈과 환경변화에 따른 정부기능의 효율화에 대한 관심이 증대되었다. 따라서 실천적 수단으로 영기준예산제도와 일몰법 등이 발달되었다. 이러한 현상은 우리나라에서도 작은 정부의 구현의 목표를 실현하기 위해서 정부예산의 절약방법이 요구되고 있다. 이러한 측면에서 볼 때 감축관리는 행정개혁의 한 형태라고 볼 수 있다.

2) 감축관리란 행정조직내에서 역기능이거나 중복적이고 불필요한 기능, 기구, 인력, 예산·정책·사업·절차 등을 계획적으로 축소하거나 정비하는 행위라고 할 수 있다. 감축관리는 역기능적이거나 불필요한 기구·정책만을 정비하는 데 그 목표가 있는 것이 아니라 자원난을 극복하기 위해서나, 세수입의 감수로 말미암아 필요한 기능·기구·정책까지도 정비하지 않을 수 없다는 데 감축관리의 어려움이 있다.

3) 감축관리의 본질은 결정의 측면에서 볼 때에 정책의 종결과 새로운 정책형성의 통합이고 관리 면에서는 주로 예산의 절감으로 이해할 수 있으므로 감축관리는 영기준예산이나 일몰법의 맥락에서 설명된다.

2. 감축의 원인

1) 인구의 이동 : 대표적인 예로서 농촌지역의 초등학교 취학아동의 감소로 인하여 일부 초등학교가 폐쇄되는 경우이다.

2) 문제의 재정의 : 어떤 조직이나 정책이든 문제해결을 위해 존재한다. 그러므로 문제가 해결되었거나 재정의하게 되면 조직이나 정책도 감축하거나 정비되어야 한다(예: 정신병원).

3) 정책의 유효성 상실 : 정책이 불필요해지면 프로그램의 폐지가 요구된다. 그동안 무수한 많은 정책들이 추진되어 왔지만 우선순위가 낮아진 정책의 폐지는 고려되지 않았다. 그러나 감축관리에서는 목표가 달성되었거나, 불필요한 정책은 의도적으로 종식시킨다.

4) 자원의 부족과 조직의 위축 : 자원난으로 긴축재정이 필요한 경우, 조직의 정치적 영향력이 약화되거나 쇠퇴하게 된 경우는 인원과 예산의 감축을 가져온다.

5) 환경의 소멸 : 조직존립의 목적이 되는 환경의 변화로 더 이상 행정수요가 발생하지 않은 경우는 조직을 축소하거나 폐지하게 된다.

6) 조직이 정치적으로 취약한 경우 : 내부적 요인의 하나로서 조직의 정치적 취약성을 들 수 있다. 예산의 절감이나 환경으로부터의 감축의 요구에 대한 조직의 저항력이 약한 경우는 조직이 감축된다. 한편으로 조직의 축소나 변화시키려는 정부정책에 조직구성원들의 조직적 저항은 조직의 감축을 저해하는 요인이 될 수 있다.

3. 감축의 저해요인

1) 심리적인 저항 : 공무원과 정책의 수혜자들은 사업과 정책이 없어지는 것에 대해서 저항한다. 실제로 사업·조직·정책을 새로 시작하기는 쉬워도 이들을 종결하거나 감축하기는 어려운 것이다. 이러한 까닭에 환경의 변화로 인하여 사업이나 정책을 끝내야 함에도 불구하고 끝내지 못하는 경우가 많은 것이다.

2) 이해관계자의 반대 : 조직이 담당하는 사업·정책이 감축의 위협에 직면하면 조직내부의 집단들이 그들의 힘과 전술을 동원하여 반대하는 경우 조직과 정책의 감축은 어렵다.

3) 관료조직의 영구성 : 관료조직은 근본적으로 안정성과 영속성을 가지므로 변경과 종

식에 대한 저항력을 지니고 있다. 관료조직은 환경에 대한 적응력을 지니고 있는 까닭에 쉽사리 소멸하지 않으며, 조직이나 정책은 처음 만들기는 쉬워도 폐지나 중단시키기는 매우 어렵다.

4) 법적인 제약 : 조직, 사업, 정책의 감축은 법적 제약으로 인하여 실패할 가능성이 많다. 왜냐하면 합법적 절차에 따라 하다보면 많은 시간이 소요되기 때문이다.

5) 높은 비용 : 조직이나 정부의 감축은 많은 비용을 소요한다. 경제적 비용뿐 아니라 정치적 희생도 요구하는 경우가 많다. 정책이나 사업을 감축하기 위해서는 대안을 제시해야 하는데, 대안개발에 소요되는 비용과 부작용에서 오는 여러 가지 비용은 감축의 저해요인이 된다.

6) 동태적 보수주의 : 관료조직은 능동적인 실체이다. 즉 조직의 목표가 달성되었거나 환경적인 요인으로 목표의 달성이 불가능한 경우 조직은 새로운 목표를 발견하는 행태를 가져와 감축관리를 어렵게 한다.

4. 감축의 방법

1) 조직과 인력의 정비 : 불필요한 사업의 폐지 또는 필요 이상으로 확장된 조직과 정원을 정리·축소함으로써 감축관리를 달성할 수 있다. 이 방안은 가장 기본적인 감축관리의 방안이다. 이 방법은 구성원의 저항을 초래하므로 합리적인 기준을 제시한 다음에 단계적 추진이 바람직하다.

2) 영기준예산과 일몰법의 도입 : 경비의 과다정책을 축소하고 행사비용·판공비·정보비 등을 줄임으로써 예산절감의 효과를 가져올 수 있다. 또한 일몰법의 도입으로 기능이 소멸되었거나, 우선순위가 낮아진 정책에 예산투입을 줄일 수 있다.

3) 정부기능의 축소 : 정부가 수행하던 업무를 민간부문에 이관·위탁하여 공공부문의 감축을 추진할 수 있다. 또한 규제완화를 통해서도 감축관리는 실현할 수 있다. 규제완화는 정부의 간섭을 줄이고 시장경제의 자율성을 강조하므로 행정기구를 줄일 수 있다.

4) 공무원의 동결과 감축 : 공무원 수의 증가는 인건비와 밀접한 관계가 있다. 인원의 증가는 재정의 증가를 초래하므로 정부는 공무원의 동결과 감축을 통해서 정부기구를 축소하고 비용을 절약할 수 있다. 우리나라의 경우도 1999년 1월 국가공무원총정원령을 제정하여 국가공무원의 총정원의 최고한도를 정하고 있다.

5. 감축관리의 기본방향

1) 감축관리는 조직의 부분적 입장에서 논의되는 것이 아니라 전체적인 기본목표 입장에서 추구되어야 한다. 신뢰성을 생명으로 삼고 있는 조직은 조직의 존립목적을 강화시키기 위해서 중복현상이 발생한다. 따라서 감축관리의 기본목표는 행정의 전체적인 효율성을 높이는 방향이 되어야 한다.

2) 감축관리는 가외성과 조화되는 것이다. 감축관리와 가외성은 외관상 갈등관계에 있다. 그러나 감축관리와 가외성은 상호보완관계에 있다. 왜냐하면 궁극적으로 조직 전반의 효과성과 문제해결능력을 증진하고자 하는 동일한 목적을 가지고 있기 때문이다.

3) 감축관리는 단순히 기구축소와 예산절약이 아니라 조직전체의 효과성을 향상시키는 것이다. 따라서 감축관리는 계속적인 정책과 조직을 재조정하는 방향으로 추진되도록 해야 한다. 즉 조직의 존립에 필수적인 기구·예산·사업 등도 개선시키고 불필요한 기능·사업 등을 지속적으로 제거하는 것이다.

4) 감축관리가 경제성만을 강조하여 사회적 형평성 등의 행정윤리를 저해해서는 안 된다. 정부의 서비스에 가장 많이 의존하는 계층이 중산층보다는 서민계층이다. 감축의 전략에서 생산성을 기준으로 한다면 정치적 영향력이 약한 서민들이 행정으로부터 서비스를 제공받지 못할 우려가 있다. 따라서 능률성을 지나치게 강조한 감축관리는 사회적 약자를 소홀히 할 수 있다는 점을 간과해서는 안 된다.

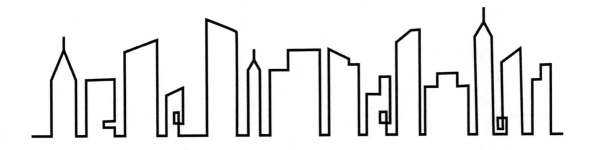

INTRODUCTION TO PUBLIC ADMINISTRATION

제7편

지방행정

제1장 지방행정의 기본이념

제1절 지방행정의 의의

1. 지방행정의 개념

지방행정의 개념정의는 다양하나 지방행정은 지방자치를 의미한다. 지방자치란 지역주민들 스스로 대표자를 선출하여 그들로 하여금 지방단체를 구성하고 지방사무를 주민들의 의사에 의해서 처리하는 행정을 의미한다. 다만 우리나라에서는 지방행정을 지방자치단체가 처리하는 행정 중에서 자치행정과 위임행정을 포함한다. 그러므로 중앙정부가 지방에 일선기관을 설치하여 그들로 하여금 처리하는 행정은 지방행정에 포함되지 않는다.

2. 지방행정의 특성

1) 지방행정은 일정한 지역을 단위로 한다. 지방행정은 국가안의 일정한 지역을 단위로 하여 지역의 특성에 맞게 개별적·다원적으로 실시하여 지방행정 목표는 주민의 복지향상과 지역개발이다.
2) 지방행정은 일선행정이다. 지방행정은 주민과 직접 대화를 통하여 지방의 발전을 구현해나가는 일선행정이다. 따라서 지방행정은 중앙행정과 같은 문서행정이 아니라 실제로 뛰어다니면서 현실적인 결과를 직접 구현하는 실천행정이다.
3) 지방행정은 현실적인 생활행정이다. 지방행정은 주로 주민의 일상생활에 직결되는 사

무와 지방주민들의 복리증진에 관한 사무를 처리하는 행정이다. 따라서 지방행정은 주택, 상·하수도, 보건, 위생, 도로, 교통, 교육, 문화, 소방, 청소, 생활보호 등을 처리한다.

4) 지방행정은 자치행정이다. 지방행정은 일정한 지역안의 사무를 지방주민 또는 대표자를 통하여 처리한다. 지방행정은 지역의 사무는 중앙의 통제를 받지 않고 스스로 처리하는 것을 원칙으로 하며, 지방자치단체가 중앙정부의 하급기관이 아닌 독자적 위치에서 사무를 처리하는 행정이다.

5) 지방행정은 종합행정의 성격을 띤다. 지방행정이 종합행정의 성격을 띤다고 보는 경우는 국가의 하급행정기관과 비교하여 하급행정기관의 행정이 특정적·부분적인 데 반하여, 지방자치단체가 처리하는 행정은 지역내의 모든 행정사무를 종합적으로 처리한다.

6) 지방행정은 주민이 주인이다. 최근 지방행정은 자치단체의 정책결정과 집행과정에 주민의 참여권을 명시하여 지방행정에 주민의 의견이 반영되도록 하며, 조례와 규칙의 개정과 감사청구가 제도적으로 보장되고, 지방의회 의정활동의 정보가 주민에게 공개하도록 하고 있어 주민권리의 확대가 실현되고 있다. 이는 주민이 주인인 주민자치의 시대를 의미한다.

제 2 절   중앙집권과 지방분권

1. 개   념

중앙집권이란 정책의 결정권과 정책집행의 권한을 중앙정부가 가지고 있는 조직형태를 의미하며, 지방분권이란 정책의 결정권과 정책집행의 권한이 지방정부에 있는 조직형태를 의미한다. 중앙집권은 법률적으로 중앙과 지방간의 권한분배를 기준으로 분류하는 것이므로 중앙집권은 국가가 지방자치단체에 대하여 상대적으로 강력한 지휘·감독권을 가지는 것을 의미한다. 지방분권이란 행정적 분권이 아니라 자치적 분권을 의미하므로 국가는 지방자치단체에 대하여 강력한 감독권을 행사할 수 없다. 자치적 분권은 지방정부의 중앙정부에 대한 관계는 어느 정도 독립적이며 기능적인 협력관계에 있다. 자치적 분권이란 본래 주민의사에 따라 행정을 수행하는 지방분권을 의미한다.

2. 집권화와 분권화의 촉진요인

(1) 집권화의 촉진요인

1) 권위주의가 팽배와 한 사회에서는 집권화가 나타난다. 인간관계나 조직간의 관계에 있어서 상·하간의 위계질서가 강조되는 수직적 사회구조는 집권화의 경향이 있다.
2) 일반적으로 신설된 소규모 조직일수록 집권화의 가능성은 높다. 신설된 소규모 조직은 제도보다는 한 개인에 의해서 운영되기 때문이다.
3) 하위층의 사람들이 무능하거나 판단능력이 없을 때는 집권화 경향이 있다.
4) 전쟁이나 비상사태같은 위기가 존재하면 집권화 경향이 있다.

(2) 분권화 촉진요인

1) 최고관리층이 기획기능에 전념할 필요가 있을 때는 분권화가 요구된다.
2) 관리자의 양성과 하위계층의 사기앙양을 위해서는 분권화를 실시해야 한다.
3) 신속한 업무처리를 요할 때, 민주적 통제의 강화를 위해서, 지방실정에 적응하기 위해서는 분권화를 실시하는 것이 요구된다.
4) 인간간의 관계와 조직 간의 관계에 있어서 다원주의와 평등의식이 생활화되었을 때는 분권화 가능성이 높다.
5) 조직이 오래되고 큰 조직일수록 제도적으로 움직이기 때문에 분권화 가능성이 높다.
6) 지방정부에 유능한 공무원이 확보되어 있는 경우나, 지방자치단체의 재정자립도가 높으면 분권화를 촉진시킨다.
7) 주변환경의 불확실성이나 가변성은 분권화를 촉진시킨다고 볼 수 있다. 여기서 불확실이나 가변성은 예측할 수 없는 상황적 변화가능성을 말하는 것으로 상황적 변화에 신속하게 대처하기 위해서는 분권화가 요구된다고 볼 수 있다.

3. 중앙집권과 지방분권의 장점

(1) 중앙집권의 장점

1) 행정의 통일성 : 전국적으로 행정의 통일성을 실현할 수 있다. 예를 들면 측량단위설정, 근로기준설정 등은 중앙집권이 유리하다. 또한 사회전반에 걸친 의도된 정책이나 사업을 추진하기 위해서는 통일성과 신속성이 요구되므로 중앙집권이 유리하다.

2) 행정의 경제적 능률을 증진 : 중앙집권에서는 집중구매제도에 의한 예산의 절약을 도모할 수 있어 행정의 경제적 능률이 가능하다.

3) 지방자치단체간의 행정·재정력의 조정 : 지방자치단체간의 행정, 재정력을 조정하여 균형을 유지하는 데 도움을 준다. 중앙집권화는 자치단체간의 격차가 클 때 중앙정부의 재정지원을 통하여 이를 효과적으로 균등화시킬 수 있다.

4) 대규모 사업 : 전국적으로 대규모 사업에 적합하다. 즉 고속전철의 건설, 신공항건설 등 광역적 규모의 사업을 효율적으로 추진할 수 있다.

5) 행정관리의 전문화의 촉진 : 중앙집권화는 행정관리의 전문화를 가져올 수 있다. 즉 인사관리나 예산관리기능을 지방단체에게 분권화하면 자치단체는 본연의 업무수행에 치중하여 소홀히 하기 쉬우나 중앙집권화하면 인사나 예산의 전문가를 중앙정부가 확보하여 전문화를 촉진시킬 수 있다.

6) 행정의 위기시 신속대처 : 중앙집권은 국가가 어떤 위기에 처했을 때 신속히 대처할 수 있다. 외국의 침략을 받아 예비군을 동원해야 할 긴박한 상황시 예비군동원령을 중앙정부가 가지고 있을 때는 위기에 신속하게 대처할 수 있다.

(2) 지방분권의 장점

1) 지역특수성과 실정적응 : 중앙집권에서는 행정의 통일성을 확보한 나머지 획일행정의 폐단을 가져오나, 지방분권에서는 지방의 문제는 해당 지방자치단체에서 처리하기 때문에 지방의 특수사정을 충분히 고려할 수 있다.

2) 민중통제 : 지방분권은 주민과 가까운 곳에서 지방자치를 행함으로써 지방정치와 행정에 대한 민중통제를 강화하고 행정의 민주화를 실현할 수 있다.

3) 사회적 능률 : 중앙집권에서는 경제적 능률을 증진할 수 있으나 지방분권은 정치적 측면에서 아래로부터 민주주의를 실현하여 관리의 민주화를 가져오며 장기적인 안목에서 효과성을 중시하는 사회적 능률에 기여할 수 있게 된다.

4) 지방공무원의 관리자 양성 : 정책결정권이 중앙집권에 있는 중앙집권체제에서는 지방공무원들이 의사결정을 담당할 기회가 없었으나 정책결정권을 지방자치단체가 가지고 있는 지방분권체제에서는 지방공무원들이 자치행정과 자치조직권을 행사할 수 있어 관리자로 양성될 수 있다.

5) 지방주민들의 사기향상 : 지방분권하에서는 그 지방의 발전과 운영을 그 지방이 스스로 설계하고 관리하기 때문에 주민들의 참여를 가능케 하여 주민들의 사기를 앙양시

킬 수 있으며, 주민들은 자발적인 입장에서 문제를 해결하기 때문에 책임감이 생긴다.
6) 행정능력의 향상 : 지방분권 하에서는 지방자치단체에게 권한이 분산되어 있어서 각
   지방자치단체에서 행정기술의 향상과 관리자의 양성을 기함으로써 행정능력의 향상
   을 도모할 수 있다.

4. 지방분권의 유형

(1) 포괄적 수권형

1) 의의 : 포괄적 수권형이란 중앙정부가 처리해야 할 사항과 법률로 금지된 사항 이외
   는 지방자치단체가 그 주민의 일반적 이익을 위해서 어떠한 사무라도 처리할 수 있도
   록 헌법이나 법률에 일괄적으로 권한을 부여하는 방식을 말한다. 포괄적 수권형은 유
   럽대륙국가 등에서 채택하고 있다.
2) 장점 : 포괄적 수권형은 지방자치단체에 융통성을 부여하므로 지방자치단체가 그 행
   정수요에 적합한 행정을 할 수 있게 하며, 자치단체에 대한 권한부여방식이 간편하다.
3) 단점 : 중앙정부와 지방정부간의 사무처리의 한계가 불명확하고, 지방자치단체의 권
   한을 중앙정부가 규정하므로 자치단체의 권한을 침해할 우려가 있다.

(2) 개별적 수권형

1) 의의 : 개별적 수권형이란 국가가 특별법에 의하여 지방자치단체가 처리할 수 있는
   사항을 개별적으로 부여하는 방식이다.
2) 장점 : 개별적 수권형은 중앙정부와 지방정부간의 사무배분과 그 한계가 명확하다.
3) 단점 : 중앙정부가 특별법을 제정하여 개별적으로 권한을 부여하므로 법제정시 어떤
   문제가 정치적 쟁점이 될 경우에 신속히 대응할 수 없다.

(3) 기관별 분권

기관별 분권이란 일정한 공공기관에 법인격을 부여함으로써 일정한 자치권을 행사하도록
하는 방식이다. 기관별분권을 특수한 분권이라고도 하며 특수한 행정사무를 처리하기 위해
서 특별지방자치단체를 설치하는 유형이다.

지방자치단체의 사무

1. 의   의

사무는 국가사무와 지방사무가 있다. 국가사무는 국가전체의 이해관계가 있는 사무로 중앙정부가 직접 처리한다. 외교·국방·물가정책 등이다. 지방사무는 지방자치단체가 수행하는 것으로 기대되는 일정한 공공서비스의 업무를 말한다. 지방자치법에서는 지방자치단체의 사무범위를 관할 구역의 자치사무와 법령에 따라 지방자치단체에 속하는 사무로 규정하고 있다. 지방사무는 자치사무와 위임사무로 나누어진다. 위임사무는 다시 개별법령에 의해 지방자치단체에게 위임된 단체위임사무와 지방자치단체장에게 위임된 기관위임사무가 있다.

2. 사무의 종류

1) 자치사무(고유사무)의 의의 : 자치사무란 지방자치단체의 관할구역에 관한 사무로서 그 지방주민의 복리에 관한 사무를 포괄적으로 처리하는 기능을 수행한다. 이러한 사무는 지방자치단체가 자기의 의사와 책임 및 부담하에서 자주적으로 처리한다는 의미에서 자치사무라 한다. 자치사무는 당해 자치단체가 그 시행여부를 자율적으로 결정할 수 있다. 주로 상하수도, 도서관, 주민등록, 쓰레기 처리 등의 주민복지사무다.

2) 자치사무(고유사무)의 특징 : 지방자치단체가 자치사무를 수행하는데 소요경비는 원칙적으로 지방자치단체의 재원으로 충당하여야 한다. 자치사무는 지방자치단체가 자기의 의사와 책임하에 자주적으로 처리하는 사무이므로 국가의 감독은 원칙적으로 합법적 감독이나 교정적 감독과 같은 소극적 감독에 그치고 사전적 감독은 행사할 수 없다. 사무처리에 지방의회는 관여할 수 있다.

3. 단체위임사무

1) 사무위임사무의 의의 : 단체위임사무는 지방자치단체가 법령의 특별한 규정에 의하여 국가 또는 다른 지방자치단체로부터 위임받아 처리하는 사무를 말한다. 단체위임사무라도 일단 지방자치단체에게 위임된 이상 자치사무와 마찬가지로 지방자치단체의 사무로 취급되어 처리된다.

2) 단체위임사무의 특징 : 단체위임사무란 그 사무의 성질상 전국적 이해관계가 있을 뿐
아니라 지방적 이해관계를 가지고 있으므로 지방자치단체가 이를 처리하는 데 필요한
경비를 국가와 지방자치단체가 분담하는 것을 원칙으로 하고 있다. 단체위임사무의
예로는 각종 예방접종사무, 시·군의 재해구호사무, 도의 국도유지 및 수선사무, 시와
군의 국세징수사무, 시·군의 조세징수사무 등이 있다. 단체위임사무에 대한 중앙정부
의 감독은 합법성, 합목적성, 교정적 감독에 한정되고 사전적 감독은 할 수 없다.

4. 기관위임사무

1) 기관위임사무의 의의

기관위임사무란 법령의 규정에 의하여 국가 또는 상급자치단체로부터 지방자치단체의 장
에게 위임된 사무를 말한다. 이러한 사무는 지방적 이해관계보다 전국적 이해관계가 크
므로 이론상으로 국가가 지방에 하급행정기관을 설치하여 직접 처리해야 하나 이를 자치
단체의 집행기관에 위임하여 국가의 하급행정기관과 동일한 지위에서 처리한다.

2) 기관위임사무의 특징

기관위임사무의 주체가 자치단체가 아니라 자치단체의 집행기관이며 위임사무 역시 지방
자치단체의 사무가 아니므로 지방의회는 원칙적으로 처리에 관여할 수 없다.

이러한 특징으로 보아 기관위임사무의 처리에 필요한 경비는 원칙적으로 전액을 국고에
서 부담한다. 기관위임사무의 예로는 인구조사, 국회의원의 선거에 관한 사무 등이다. 국가
의 감독은 교정적 감독과 합법적 감독만 아니라 예방적 감독과 합목적성 감독도 할 수 있
어 중앙집권화의 요인이 된다.

3) 기관위임사무의 문제점

① 기관위임사무를 지방자치단체가 처리하는 경우에 지방자치단체를 중앙정부의 하급기
   관으로 전락시키는 중요한 요인이 된다.
② 기관위임사무의 증대는 상대적으로 지방자치단체에 대한 중앙통제를 강화시키고, 지
   방행정에 대한 지방의회와 주민통제를 약화시킨다.
③ 기관위임사무 증대는 행정의 책임과 권한의 소재를 불분명하게 하며, 지방자치단체
   장이 국가사무보다 지방적 사무를 우선 처리하여 국가사무의 지연을 초래할 가능성

이 있다.

④ 지방자치단체에 기관위임사무가 많아지면 전국적인 획일행정으로 지방의 특성과 지방의 창의성이 저하된다.

5. 사무와 중앙정부의 통제

1) 지방자치법 제166조에 의하면 중앙행정기관의 장이나 시·도지사는 지방자치단체의 사무에 관하여 조언 또는 권고하거나 지도를 할 수 있으며 이를 위해 필요하면 지방자치단체에 자료제출을 요구할 수 있다. 또한 위임사무에 대해서도 지도와 감독을 규정하고 있다. 즉 지방자치단체나 그 장이 위임받아 처리하는 국가사무에 관하여 시·도에서는 주무장관에게, 시·군 및 자치구에서는 1차로 시·도 지사에게, 2차로 주무장관의 지도·감독을 받는다. 이는 국가 사무이기 때문에 상급자가 감독권이 행사되는 것이다.

2) 지방자치단체의 사무(고유사무나 단체위임사무)에 관한 그 장의 명령이나 처분이 법령에 위반되거나 현저히 부당하여 공익을 해한다고 인정될 경우는 시·도에 대해서는 주무부장관, 시 군 및 자치구에 대해서는 시·도지사가 기간을 정하여 서면으로 시정을 명하고, 그 기간 내에 이행하지 않을 경우에 이를 취소·정지할 수 있다. 다만, 이 경우 자치사무에 관한 명령이나 처분에 대하여는 법령을 위반한 것에 한한다. 지방자치단체의 장은 자치사무에 관한 명령이나 처분의 취소 또는 정지에 대하여 이의가 있으면 그 취소 처분 또는 정지처분을 통보 받은 날로부터 15일 이내에 대법원에 소를 제기할 수 있다(지방자치법 제169조).

3) 지방자치단체장이 법령의 규정에 따라 그 의무에 속하는 국가위임사무의 관리 및 집행을 명백히 게을리한 때에는 주무부장관 또는 시·도지사가 기간을 정하여 서면으로 그 이행할 사항을 명령할 수 있다. 만약 해당 자치단체장이 명령을 이행하지 않으면 해당 자치단체의 비용부담으로 대집행이나 행정상·재정상 조치를 할 수 있다.

지방자치단체의 장은 이행명령에 이의가 있을 경우는 이행명령서를 접수한 날로부터 15일 이내에 소를 제기할 수 있다. 이 경우 지방자치단체장은 이행명령의 집행을 정지하게 하는 집행정지 결정을 신청할 수 있다. 직무수행명령은 기관위임사무만 적용되며 감독청의 직무이행명령권은 지방자치단체의 장에 대한 것이다.

표 1-1 시정명령과 직무이행명령의 비교

	시정명령	직무이행명령
대상	고유사무, 단체위임 사무	기관위임사무
사유	법령위반이나 부당한 처분	관리나 집행을 게을리 했을 때
형식	서면으로 기간을 정하여 시정을 명령	서면으로 기간을 정하여 시정을 명함
불이행시	취소 · 정지	대집행이나 행정상 · 재정상 조치
이의시	대법원에 접수한 날로부터 15일 이내 소 제기	대법원에 접수한 날로부터 15일 이내 소 제기

4) 행정안전부장관이나 시·도 지사는 지방자치단체 사무에 대하여 보고를 받거나 서류·장부 또는 회계를 감사할 수 있다. 다만 감사는 법령위반사항에 대해서만 실시한다.

5) 지방자치법 제172조에 의하면 지방의회의결과 재의결에 대한 통제가 가능하다. 즉 지방의회의 의결이 법령에 위반되거나 공익을 현저히 해한다고 판단되면 시·도에 대하여는 주무장관이, 시·군·자치구는 시·도 지사가 재의를 요구하게 할 수 있고 재의요구를 받은 지방자치단체장은 의결사항을 송부 받은 날로부터 20일 이내에 이유를 붙여 지방의회에 재의를 요구해야 한다. 재의요구에 대하여 재의의 결과 재적의원 과반수 출석과 출석위원 3분의 2 이상의 찬성으로 전과 같은 의결을 하면 그 의결은 확정된다.

6) 지방자치법 제172조는 지방자치단체장은 재의결된 사항이 법령에 위반된다고 판단되면 재의결된 날로부터 20일 이내에 대법원에 소를 제기할 수 있다. 필요하다고 인정되면 그 의결의 집행을 정지하게 하는 집행정지결정을 신청할 수 있다. 만약 주무장관이나 시·도 지사는 재의결된 사항이 법령에 위반된다고 판단됨에도 불구하고 해당 지방자치단체장이 소를 제기하지 아니하면 그 지방자치단체의 장에게 제소를 지시하거나 직접 제소 및 집행정지결정을 신청할 수 있다.

제 4 절 **지방자치의 이론체계**

1. 지방자치의 요소

1) 일정한 지역과 주민 : 지방자치는 일정한 지역을 중심으로 하여 자치권을 가진다. 또한 주권자라고 할 수 있는 지역주민이 존재하게 된다. 여기서 말하는 지역주민은 단지 한 지역에서 모여 산다는 것만을 뜻하는 것이 아니라 같은 문화와 공동체의식을 가진다.

2) 자치권 : 자치권이란 법인격을 가진 지역적인 통치단체로서 지방자치단체가 지역과 주민을 지배하고 그 관할사무를 스스로 처리할 수 있는 권능을 말한다. 자치권에서는 자치입법권, 자치조직권, 자치행정권, 자치재정권이 있다. 일반적으로 지방자치를 실시하기 위해서는 자치권, 지역, 주민의 3대 요소가 필요하다. 자치입법권으로 조례와 규칙이 있다. 조례는 의회가 규칙은 지방자치단체장이 제정한다. 조례의 제안은 지방자치단체장이나 지방의원 10인 이상의 연서나 재적위원 1/5 이상의 연서로 가능하다. 개정된 자치법은 주민조례 발안제도를 도입하여 주민이 직접 조례안을 의회에 제출할 수 있도록 하였다. 지방자치단체장의 재의요구는 가능하나 조례안의 일부에 대하여 또는 조례안을 수정하여 재의를 요구할 수 없다. 자치조직권의 권한으로 행정기구와 지방공무원과의 정원과 관련하여 2013년 기준인건비제도가 시행되면서 자치조직의 자율성과 책임성이 확대되었다. 기준인건비제도란 중앙부처의 총인건비제도와 유사한 제도로 지방자치단체의 행정기구와 정원기준 등에 관한 규정 제4조에 따라 지방자치단체는 기준인건비를 기준으로 기구와 정원을 자율적으로 운영하되 자율성과 책임성을 부여한다. 중앙정부의 총인건비제도는 총 정원과 인건비총액을 통제하기위해서 총 정원은 행정안전부가, 인건비 총액은 기획재정부가 정한다. 그러면 기구설치와 직급의 자율을 부여하는 것이다. 그러나 지방정부의 기준인건비총액을 행정안전부가 정하고 지방정부에게 기구와 직급에 설치에 자율을 부여하여 성과를 책임지도록 하는 제도이다. 이를 보다 구체적으로 보면 행전안전부장관은 지방자치단체의 행정수요와 인건비를 고려하여 매년 기준인건비를 산정하고 지방자치단체장에게 통보한다.

2. 지방자치의 필요성

(1) 정치적 필요성

1) 민주주의의 이념의 실현 : 지방자치는 지역주민들의 참여와 토의를 통하여 자주적으로 결정하고 집행하므로 민주주의의 이념의 실현이 가능하다.
2) 민주주의의 훈련장 : 지방자치는 지역의 주민과 그 대표자들이 참여하여 지역문제를 처리하므로 민주주의 훈련장의 역할을 수행한다.
3) 지방자치는 독재정치에 대한 방파제 : 국가기능의 확대에 따라 행정권이 강화되고 직업적 관료가 비대해질 때에는 국정의 독재화 가능성이 있는데 지방자치는 이러한 독재정치의 견제의 역할을 할 수 있다.

(2) 행정기술적 필요성

1) 지역의 특성에 맞는 행정 : 지역의 여건과 구체적 수요는 해당 지역주민들이 잘 알고 있기 때문에 각 지역에 맞는 행정의 실현을 위해서는 그 지역주민들의 참여에 의한 지방자치의 실시가 필요하다.
2) 정책의 지역적 실험 : 각 지방자치단체가 새로운 정책을 창안하여 실시한 결과, 효과가 있는 경우에 다른 자치단체가 채택함으로써 정책을 개선할 수 있다. 지방자치는 권한이 지방정부에 있으므로 지방자치단체는 다양한 정책을 실시할 수 있다.
3) 지역안의 종합행정 : 지방자치단체는 일정한 지역 안에서 실시되는 여러 분야의 행정을 주민대표기관의 책임아래 처리하기 위해서 필요하다.
4) 분업을 통한 효율행정 : 지방자치는 주민의 일상생활과 직결되는 사항은 지방단체에 일임하고 중앙정부는 전국적 사항과 관련된 업무를 처리하므로 분업을 통한 행정의 효율성을 가져온다.
5) 국가영역의 확대화에 대처 : 중앙정부가 전국을 일괄해서 통치하기 어려운 경우에 지방자치를 통하여 각 지역의 구체적인 문제의 처리는 그 지역의 지방자치단체가 처리함으로써 국가영역의 확대에 대처할 수가 있다.

제5절 신중앙집권화와 신지방분권화

1. 신중앙집권화

(1) 의 의

신중앙집권화란 현대국가의 새로운 경향으로 지방자치제도가 발전했던 국가에서 행정국가화 현상과 광역행정으로 인해 중앙정부가 지방정부에 대하여 기술적, 재정적 지원을 증대하거나 지방기능이 중앙으로 이관되고 새로운 협력관계로서의 중앙체제가 강화되는 현상을 말한다.

<절대군주국가의 중앙집권>   <신중앙집권화>

① 지배적 집권   →   지도적 집권
② 위압적 집권   →   협동적 집권
③ 윤리적 집권   →   기술적 집권
④ 관료적 집권   →   사회적 집권
⑤ 권력적 통제   →   비권력 통제

(2) 신중앙집권화의 촉진요인

1) 과학·기술의 발달 : 과학·기술의 발달이 행정의 과학화·전산화·행정능력의 발달을 가져와 행정업무를 중앙정부로 하여금 주도적으로 발휘하도록 하였다.
2) 교통·통신수단의 발달 : 교통과 통신수단의 발달은 중앙정부가 지방의 사무처리를 신속하게 처리할 수 있으며, 즉각적인 지시와 통제를 가능케 하였다.
3) 생활권의 확대 : 주민의 생활권이 확대되어 어떠한 사회·경제문제 해결이 전국적·광역적 규모의 단위에서 처리하도록 요구된다.
4) 국민적 최저생활의 유지 : 지역사회의 경제적·사회적 불균형이 발생할 경우에 국가가 전체의 입장에서 지역간의 불균형을 조정할 필요성이 있다.
5) 국제적 긴장 : 국제사회에서 긴급한 상황이 발생하는 경우가 있다. 그러한 경우에 전 국민이 일시에 총동원될 수 있는 집권체제가 필요하게 되었다.
6) 공공재정의 비중의 증대 : 현대국가에서는 물가의 안정, 고용기회의 증대, 국제수지의 개선, 경제성장의 유지 등 공공재정의 중요성이 증대되고 있다. 이러한 상황에서 중앙

정부는 국가전체의 견지에서 지방자치단체의 재정을 조정하지 않을 수 없다.

7) 행정기능의 양적 증가와 질적 복잡화 : 산업사회의 발달에 따라 행정기능의 양적 증가는 물론 질적 복잡화가 초래되어 지방자치단체가 이러한 상황에 적응할 수 있는 행정·재정·기술적 능력을 갖추고 있지 못하기 때문에 중앙정부의 지방정부에 대한 원조와 지도가 늘어나게 되었다.

8) 복지국가지향의 국가정책 : 복지국가지향의 국가정책은 적극적인 행정관여가 필요하게 되어 신중앙집권화 경향이 발생한다. 그러나 최근 신공공관리론의 영향으로 작은 정부를 추구하는 상황에서는 복지분야의 업무가 축소된다.

2. 신지방분권화

(1) 의   의

과거의 지방자치는 중앙정부의 권력을 절대군주 권력으로 보고 군주에 대한 방어대항적인 의미를 가지고 있었다. 그러나 오늘날의 중앙정부는 민주주의 방식에 의하여 구성된 민주적인 권력이며, 중앙정부와 지방자치단체는 동반자적인 관계에 있다. 따라서 오늘날의 지방자치는 중앙정부와 협조적인 관계가 성립된다. 이러한 지방분권을 신지방분권화라고 한다.

(2) 신지방분권의 성격

신지방분권화는 과거시대의 지방분권과는 그 성격의 차이가 있다.

<과거지방분권>   <신지방분권>

① 절대적 분권 → 상대적 분권
② 항거적 분권 → 참여적 분권
③ 배타적 분권 → 협력적 분권
④ 소극적 분권 → 적극적 분권

(3) 신지방분권의 촉진요인

1) 중앙집권의 폐해 : 중앙집권에 의한 국가운영은 정치적 영향으로 지역간의 불균형과 소득격차를 발생시키며 지역의 특성에 맞는 행정을 구현할 수가 없다.

2) 국제화와 세계화의 대두 : 세계화에 대처하기 위해서는 중앙정부가 직접 지시하고 지

도를 기다리기 전에 지방자치단체 스스로 제품을 개발해야 한다.

3) 도시화의 발전 : 도시발전의 초기단계는 수위도시를 중심으로 인구와 산업이 집중되나 사회가 발전됨에 따라서 인간의 정주패턴이 대도시 중심에서 교외지역으로 또는 지방중소도시로 분산되는 현상이 나타난다.

4) 대중문명에 대한 염증 : 오늘날 대중매체 등에 의해서 인간은 독자적인 판단과 선택보다는 대중매체가 주는 암시에 따라 피동적으로 선택되어 인간의 무력화가 초래된다. 이러한 대중문명에 염증을 느끼고 있는 인간이 자신의 개성과 자주성을 추구하려는 심리가 다시 중요시되고 있는데 이러한 심리적 상태가 지역사회의 고유성을 중시하는 지방분권화의 정신적 기초가 된다.

5) 정보화의 진전 : 정보의 발달은 인간이 혼잡한 도시지역을 벗어나 전원지역에 거주를 가능케 한다.

제 6 절   주민자치와 단체자치

1. 의   의

지방자치제도는 유럽에서 발달되었다. 하나는 영국을 중심으로 발전한 주민자치이며, 하나는 프랑스와 독일을 중심으로 발달한 단체자치이다. 영국에서는 일찍이 민주주의가 발전하여 지방의 자치적 전통이 확립되었고 지역의 문제는 국가의 통제를 받지 않고 스스로 처리하는 전통이 확립되었다. 그러므로 영국의 자치는 주민이 당연히 자치권을 가지는 것으로 인식되었다. 반면에 프랑스와 독일의 대륙법 국가에서는 절대군주의 전통이 강하여 중앙정부에 항거하는 의미의 자치가 형성되었다. 그러므로 자치권도 국가의 일부로 보았으며 자치권의 인정주체를 국가로 보았다.

2. 주민자치와 단체자치의 비교

1) 자치의 의미 : 주민자치는 지방자치의 기본이 자기통치사상에 따라 지역의 모든 사무처리는 중앙의 간섭을 배제하고 주민이 스스로 또는 그 대표자를 통하여 처리한다는

정치적 의미의 자치행정이나, 유럽대륙의 단체자치는 국가로부터 상대적으로 독립된
지위와 권한을 인정받아 사무를 처리하는 법률적 의미의 자치행정이다.

2) 인정주체 : 주민자치는 자치권의 인정주체가 주민이나, 단체자치는 국가이다.

3) 자치권의 범위 : 자치권이 주민으로부터 주어진 주민자치는 자치단체가 행사할 범위
가 광범위하나, 자치권이 국가(중앙정부)로부터 주어진 단체자치는 자치권의 범위가
주민자치에 비해 협소하다.

4) 중시하는 권리 : 주민자치는 지방자치단체와 주민과의 관계를 중시하여, 지방행정에
의 주민참여가 활발하나, 단체자치는 국가와 지방단체간의 상관관계를 중시하여 국가
로부터 독립성이 강하며 주민참여는 주민자치에 비교하여 미약하다.

5) 이념 : 주민자치는 지역주민들이 사무를 대표자 또는 스스로 처리하는 자기책임성에
입각한 민주주의 이념을 실현하는 것인 데 비하여 단체자치는 자치단체가 그 자신의
의사와 목적을 가지고 국가의 간섭을 배제하며 행정을 수행한다는 지방분권의 이념을
나타낸 것이다.

6) 권한부여방식 : 주민자치의 권한부여방식은 지방자치단체의 권한을 특별법에 의하여
부여하는 개별적 수권형이고, 단체자치의 권한부여방식은 헌법이나 법률로 일괄적으
로 권한을 부여하는 포괄적 수권형이다.

7) 중앙통제방식 : 주민자치는 외부통제인 입법통제와 사법통제에 중점을 두는 데 비하
여, 단체자치는 내부통제인 행정통제에 중점을 둔다.

8) 중앙과 지방의 관계 : 주민자치는 중앙정부와 지방정부가 상호기능적 협력관계를 유
지하나, 단체자치는 중앙정부가 국가권력으로 자치단체를 지휘·감독하는 권력적 감
독관계에 중점을 둔다.

9) 지방정부 형태 : 주민자치는 의결기관인 동시에 집행기관을 겸하는 기관통합형을 채
택하나, 단체자치는 의결기관과 집행기관을 분리하여 기관대립형을 채택한다.

10) 자치단체의 성격과 사무구분 : 주민자치는 지방정부가 처리하는 사무를 자치사무와
위임사무로 구별할 필요가 없으므로 단일적 성격을 가지나, 단체자치는 자치사무와
위임사무를 구별하여 지방정부가 자치사무를 처리할 때는 자치단체의 성격을 갖지만
국가의 위임사무를 처리할 때는 국가의 하급행정기관의 지위의 성격을 띤다.

11) 지방세 : 주민자치는 국세와 지방세를 명확히 구분하여 자치단체는 독립세로서의 지
방세를 독자적으로 부과징수하는 데 비하여, 단체자치는 중앙정부가 조세를 부과징수
하여 그 세입 중의 일정한 비율을 자치단체의 재원으로 부가세주의를 채택한다.

표 1-2 주민자치와 단체자치의 비교

변 수	주민자치(영국)	단체자치(프랑스 · 독일)
자치의 의미	정치적 의미(자기통치사상)	법률적 의미
자치권의 인정 주체와 범위	住民이 자치권을 인정하며 자치권의 범위는 광범위	중앙정부(국가)가 자치권을 인정하며 자치권의 범위는 협소
중시하는 권리	지방정부에 주민참여	자치단체의 국가로부터 독립(자치권)
이 념	민주주의	지방분권
권한부여방식	개별적 수권형	포괄적 수권형
중앙통제방식	입법통제, 사법통제 (외부통제)	행정통제(내부통제 중심)
중앙정부와 지방 정부의 관계	협력관계	감독관계
지방정부 형태	기관통합형	기관대립형
우월적 지위	의결기관	집행기관
자치단체의 성격	단일적 성격(자치단체)	2중적 성격(자치단체, 국가의 하급기관)
사무구분	자치사무와 위임사무를 구분하지 않음	자치사무와 위임사무를 엄격히 구분함
지방세제 (地方稅制)	독립세주의 (獨立稅主義, 독자적으로 부과징수)	부가세주의(附加稅主義, 중앙정부가 조세를 부과징수하여 그 수입 중 일정한 부분을 지방자치단체의 재원으로 한다. 지방세의 종류가 복잡하다)

3. 주민자치와 단체자치의 접근

1) 주민자치와 단체자치의 차이는 연역상의 차이에 불과하여 오늘날에 지방자치의 개념을 파악하고 특정한 국가의 지방자치의 특징을 분석하는 하나의 근거로 이용되고 있다.

2) 일반적으로 주민자치와 단체자치는 제1 · 2차 세계대전을 거치면서 상호 접근되어 왔으며 대부분 국가는 주민자치와 단체자치를 혼합채택하고 있다.

3) 영국과 미국은 주민자치에 단체자치적 요소를 채택하고 있으며 행정통제가 강화되어 신중앙집권화 경향이 나타나고 있으며, 제2차 세계대전의 전승국인 프랑스는 단체자치의 바탕위에 영국형의 주민자치의 요소를 도입하였다. 그러나 제2차 세계대전의 패전국인 독일과 일본은 영국과 미국의 주민자치요소를 도입하였다.

제 7 절 TQM

1. TQM의 배경

최근 새로운 행정관리방식으로 행정서비스의 질이 중요시되는 총체적 질관리(total quality management)가 강조되고 있다. TQM이 발달된 배경을 보면 공공부문에서 종래와 같은 관리방식인 독점중심적, 계층체계적 조직, 내부지향적인 관리방식으로는 공공부문이 고객의 질적 수요에 적극적으로 대처할 수 없다고 보았다. 따라서 높은 수준에 올라와 있는 국민의 질적 요구에 대응하기 위해서는 국가의 공공서비스에 대하여 국민이 만족할 수 있는 방안의 모색이 필요하게 되었다.

2. TQM의 개념

TQM이란 조직전반에 걸쳐서 상품과 서비스의 질을 향상시키는 것이다. TQM은 고객만족을 서비스질의 제1차적 목표를 삼고 구성원의 광범위한 참여하에 생산성을 향상시키는 데 목적을 둔 관리원칙을 말한다.

3. TQM의 전제조건

1) TQM의 성공적인 추진을 위해서는 최고관리자의 리더십과 열의가 중요하다. 최고관리자가 확신을 가지고 추진해야 하며 최고관리자의 교체와 관계없이 지속적으로 운영될 수 있도록 제도적 방안이 마련되어야 한다.
2) TQM에서의 서비스와 품질은 고객의 관점에서 정의되어야 하므로 목표가 고객지향적으로 되어야 한다. 따라서 제품과 서비스 내용 등이 소비자에 의해서 이루어져야 한다.
3) TQM은 조직구성원의 참여를 전제로 한다. 구성원의 참여를 위해서는 품질관리를 활성화하여 품질의 중요성을 강조하고 성과에 대한 보상체계가 확립되도록 해야 한다.

4. TQM의 특징

1) TQM은 고객이 서비스질의 최고결정자이며, 서비스의 질은 구성원의 개인적인 노력이

아니라 체재내에서 활동하는 모든 구성원에게 좌우되므로 전조직원이 참여하여 민주적인 경영을 원칙으로 한다. 따라서 TQM은 계획과 문제해결이 개인의 노력보다는 집단적 노력이다. 계획과 문제해결의 주된 방법이 집단적 과정이다.

2) TQM은 서비스의 질은 고객만족에 초점을 두어 목표는 계속 변동되므로 공무원 스스로가 관료주의에서 탈피하고 스스로 문제를 파악하여 대처하는 조직문화를 형성한다. TQM에 분권화를 강조하지만 계서제의 완전한 타도를 주장하지는 않는다. 즉 하급직원들의 의견을 수렴하고 조직의 모든 계층에 구성원들은 개방적이나 관리자들의 결정권을 배척하는 것은 아니다.

3) TQM은 일상업무 추진과정에서 효율성, 사기앙양, 태도의 변동 강조로 비합리성은 제거한다. TQM은 서비스의 변이성을 방지하기 위해서 서비스가 일관성이 없거나 바람직한 기준을 벗어나지 않도록 하여 서비스의 질이 떨어지는 것을 방지한다.

5. 전통적 관리와 TQM의 비교

1) 전통적 관리는 관리체제가 수직적이고 집권화되어 있으나, TQM은 수평적 구조를 이루고 탈계층화되어 있다.
2) 전통적 관리는 주체가 관리자 또는 전문가 중심이나, TQM은 서비스의 질이 구성원의 개인노력이 아니라 체제내에서 활동하는 모든 구성원에 의해서 좌우된다.
3) 전통적 관리는 예산에 기초한 단기적 계획을 강조하나, TQM은 목표성과의 개선에 기초한 장기적인 유연한 계획을 강조한다.
4) 전통적 관리는 의사결정기준이 불확실한 과정과 직감에 의존하나, TQM은 과학적 절차에 의한 사실에 기초한다.
5) 전통적 관리는 품질관리가 문제점을 관찰하여 사후에 수정하나, TQM은 문제점에 대한 예방관리를 중시한다. 따라서 TQM은 결점이 없어질 때까지 개선활동을 되풀이하여 사전에 결점을 예방하도록 한다.

6. MBO와 TQM의 비교

TQM도 MBO와 마찬가지로 하급직원들의 참여를 허용하고 분권화를 강조한다. 그러나 MBO는 부하의 참여로 목표를 설정하므로 MBO의 관심이 내부적이고, 수량적 목표에 치우쳐 잘못하면 행정의 질 저하를 초래할 수 있다. MBO는 목표달성이 되면 관리상의 문제점들은 은폐될 수 있다. 그러나 TQM은 이러한 문제점들은 보완할 수 있다.

7. 공공부문에 TQM의 적용상의 한계

일반적으로 TQM이 공공부문에 도입됨으로써 공공서비스의 질이 향상되고, 구성원의 발전과 성장을 가져오며, 일선 하위자의 참여로 조직의 민주화가 실현되고, 행정의 책임성의 강화, 소비자존중 등의 긍정적 측면이 있다. 그러나 한편으로 다음과 같은 문제점도 있다. 첫째, 공공부문의 품질은 측정하기 어렵고, 공공부문의 소비자는 중첩되어 존재하며, 각각의 소비자는 서로 갈등적 위치에 있는 경우가 있다. 둘째, 공조직의 관료적 문화가 TQM의 장애가 될 수 있다. 공공조직은 그동안 비경쟁성, 계층제 위주의 관리방식에 익숙하여 스스로 대처하고 참여적 관리방식인 TQM의 적용이 어렵다. 셋째, 공공부문이 목표는 다양하고 목표가 불분명하다. 따라서 공공부문에 TQM의 적용시 목표의 측정이 어렵고, 소비자가 서비스의 질을 평가하기 어려운 분야가 있다.

제 8 절 **지역이기주의**

1. 의   의

지역이기주의란 특정지역에 대한 애착심과 지역의식을 토대로 국가전체의 이익보다 그 지역의 이익만을 추구하는 현상을 말한다. 지역이기주의는 지방자치의 실시를 계기로 확대되는 경향이 있다. 지방자치가 실시되면서 자기지역에 혐오시설의 설치를 반대하여 행정이 지연되고 비능률을 초래하고 있다.

2. 지역이기주의의 특징

1) 문제의 심각성을 들 수 있다. 쓰레기 매립장과 같은 혐오시설의 설치의 기피는 물론이고 고아원·양로원 등의 사회복지시설도 입지하지 못하므로 심각한 사회문제를 야기

하고 있다. 이러한 지역주민의 이기주의 행태는 행정의 안정성, 공공성을 저해시키는 요인이 되고 지방자치단체와 주민과의 갈등을 조성한다.

2) 지역이기주의는 불확실성을 토대로 전개된다. 혐오시설이 인간에게 얼마나 해로운지에 대한 불확실함 속에서 지역이기주의가 전개된다.

3) 지역이기주의는 해결 곤란한 문제가 많다. 이해당사자들이 다양하고, 원인도 복잡하여 해결하기가 곤란하다.

3. 지역이기주의에 대한 긍정적 주장

1) 지역이기주의를 긍정적 입장에서 보는 사람들은 정의론에 입각하여 개인의 권리보호를 강조한다. 지역이기주의가 왜 발생하는지 원인을 살펴보면 부당한 입지선정에 주민들이 반발하거나, 행정상의 결정과정에 주민의견수렴이 미흡하거나, 특정주민에게 과도한 희생을 강요하거나, 정당한 보상이 미흡하거나, 또는 정부의 해결과정에서 불성실한 태도 등에 의해서 발생한다.

2) 긍정적 입장은 지역이기주의의 원인에 중점을 두고 있으며, 지역이기주의를 이를 해결하기 위한 정당한 활동으로 이해할 것을 주장한다.

4. 지역이기주의에 대한 부정적 주장

1) 지역이기주의를 부정적 입장을 주장하는 사람들은 주로 공리주의적인 입장에서 국가나 사회의 이익을 강조한다. 공리주의적 입장에서 지역이기주의는 쓰레기 소각장과 같은 공공시설의 입지를 어렵게 하고, 환경문제의 의사결정지연으로 환경문제를 악화시키며, 주민들이 물리적 행동으로 인한 정부의 공신력 저하, 지역간의 갈등을 증폭시켜 사회를 불안하게 하는 등 역기능을 초래한다고 본다.

2) 부정적 입장은 지역이기주의의 결과에 중점을 두고 있으며, 지역이기주의가 만연되면 국가전체나 사회공동의 이익을 희생시킨다고 주장한다.

5. 지역이기주의의 행태

1) 기피적 이기주의 : 지방자치단체 또는 지역주민들이 지역내의 일정한 시설의 설치 등

을 반대하는 현상을 말한다. 기피적 이기주의는 혐오시설과 핵처리시설 등의 위험성
이 있는 시설의 설치를 반대하거나, 장애복지시설 등의 공익시설, 개발제한구역의 설
정반대 등이 해당된다. 이를 님비(NiMBy: Not in My Back yard)현상이라고 한다.
2) 유치적 지역이기주의 : 지방자치단체 또는 지역주민이 자기이익이 되는 시설 설치를
적극 유지하면서 전개하는 이기주의다. 예를 들면 도청소재지를 자기지역에 유치하는
것 등이다. 이를 핌비(PiMFy: Please in My Front yard)현상이라고 한다.

6. 지역이기주의의 원인

1) 중앙정부와 지방자치단체간 또는 광역자치단체와 기초단체간의 기능과 권한이 모호한
경우나 조정하는 정부활동이 미미한 경우에 발생한다.
2) 1차 집단적인 공동체의식의 우선시하는 풍토, 행정에 대한 불신, 최근 지역개발로 인
한 환경문제가 중요시됨에 따라 환경에 대한 관심증대 등으로 이기주의가 발생한다.
3) 입지선정절차 과정에서 정책입안자가 지역주민의 의견을 제대로 수렴하지 않으므로
해당 지역주민의 반발의 원인이 되기도 한다. 특히 사업을 먼저 추진하고 다음에 보
상하는 결정방식은 주민의 반발과 사업의 추진을 어렵게 한다.
4) 주변지역에 납골당의 설치나 쓰레기 소각장의 설치 등의 혐오시설이 들어서면 해당 지
역의 재산가치가 하락될 경우에 발생하거나, 피해보상이 충분하지 못하면 발생한다.
5) 주민들의 의식수준 향상으로 주민의 권리의식이 증대했기 때문에 발생하기도 한다.

7. 지역이기주의의 극복방법

1) 지역이기주의 극복의 전제는 지역이기주의를 무조건 해악시하는 사고방식에서 벗어나
문제를 적극 해결하려는 사고전환이 선행되어야 한다. 또한 구조적 측면으로 주민의
사를 반영할 수 있는 제도적 장치가 마련되고 정보공개 등이 이루어져야 한다.
2) 입지선정에서 지역의 형평 등의 확보가 되어야 한다. 형평성이 확보되지 못하면 대상
지역의 반대는 지속된다. 입지선정시 일방적 선정보다는 지역간의 협상을 통한 입지
결정이 이루어지도록 해야 한다.
3) 문제발생시 조정제도의 정비와 조정자의 확보가 되어야 한다. 현행자치법은 분쟁의
발생이 대비할 조정제도를 규정하고 있다. 지방자치단체간의 분쟁발생시 문제를 적극

적으로 해결하는 적극적인 분쟁조정위원회가 되어야 한다. 갈등을 해결하는 주체는 제1차적으로 분쟁당사자이다. 당사자 간의 해결은 직접 협상에 의한 해결로 보다 바람직한 방법이라 할 수 있다. 그러나 당사자 간 합의가 안 될 경우에 제3자가 개입하게 된다. 제3자에 의한 방법은 분쟁조정제도에 의한 방법이다. 지방자치법 제149조에 의하면 시·도 간 또는 그 장간의 분쟁이나 광역과 기초단체 간 또는 그 장간의 분쟁의 해결을 위해서 중앙분쟁조정위원회를, 동일 광역내의 기초지방자치단체간의 분쟁조정을 위해서 지방분쟁조정위원회를 둔다. 분쟁조정위원회는 공익을 현저히 저해하거나 신속한 조정이 필요하다고 인정되면 직권조정이 가능하다. 효력은 법적 구속력이 있다. 지방자치법 제170조는 직무이행명령과 대집행조치를 취할 수 있도록 하고 있다.

4) 중앙정부와 지방정부간의 분쟁 시에 중앙행정기관의 장과 지방자치단체장이 사무를 처리할 때 의견을 달리하는 경우 협의·조정하기 위해서 국무총리소속의 행정협의조정위원회를 둔다. 협의조정은 직권에 의하지 않으며 지방자치단체의 장의 신청에 의하여 협의·조정한다. 행정협의조정위원회의 결정에 대하여 법적 구속력은 있으나 조정사항의 불이행에 대한 이행명령이나 대집행 등의 실질적 구속력 확보장치가 없어 강제력이 없다.

제 9 절   레짐이론(Regime Theory: 도시통치론)

1. 의의

레짐의 일반적 의미는 정치체제를 의미하나 학술적 의미는 비공식적인 실체를 가진 통치연합을 말한다. 레짐이론이 발달된 배경은 미국과 영국에서 1980년대 후반부터 1990년대 중반까지 도시거버넌스 비교연구가 활발히 진행되면서부다. 레짐이론은 지방정부 수준의 거버넌스를 다룬 이론으로서 도시가 변화되는 이유에 대해서 설명하고 있다. 즉 레짐이론은 도시정치에 있어서 지방정부와 민간부문간의 상호 의존성을 강조하면서 도시정부가 실제로 어떤 식으로 운영되고 있는 지을 설명하면서 이들 두 부문의 행위자들 간의 협조와 조정문제에 연구의 초점을 두고 있다.

2. 레짐의 유형

(1) 스톤(Stone)유형

레짐개념을 이론적으로 가장 체계화시킨 인물이다. 스톤의 애틀란타 연구에서 애틀란타시의 도시경제와 정치상호간의 상호의존성을 분석한 결과 애틀란트시는 기업엘리트, 선출직 정치인, 언론사간의 연합에 의한 통치체제를 구축하였으며 시민협력이 강조되었다. 유형은 다음과 같다.

① 현상유지레짐

기존의 사회경제적 관행을 변화시키려 하지 않는다.

친밀성이 높은 소규모 지역사회에서 나타난다. 따라서 크게 민간자원의 동원이 필요치 않으며 일상적 서비스제공이 주요업무이다. 관련행위 주체 간 친밀성이 높으므로 갈등이나 마찰이 적은 편이고 생존능력은 강하다.

② 개발레짐

지역성장을 추구하는 유형이다. 따라서 도시의 성장추구와 쇠퇴방지를 위해 토지이용을 변화시키는 데 주된 관심이 있다. 그러므로 지역개발을 적극적으로 추진한다. 따라서 지역개발을 적극적으로 추진하는 과정에서 관련행위 주체 간 갈등이 심하다. 생존능력이 비교적 강한 편이다.

③ 중산계층진보레짐

중간계층의 주도하에 추구하는 유형이다. 따라서 환경보호, 삶의 질의개선, 적극 고용, 인종적 편견 개선 등 다양한 사회적 목적을 위한 진보적 가치를 추구한다. 정부의 강력한 규제정책이 시행된다. 그러므로 정부, 기업관계는 대체로 자발적이 아니라 강제적이다. 시민의 참여와 감시가 강조되며 생존능력은 보통수준이다.

④ 하층기회확장

저소득층의 기본적인 경제욕구충족과 이익확대를 지향하는 유형이다. 저소득층을 위한 직업교육 강조, 교통접근성 향상, 소규모 사업과 주택소유기회 확대 등이 강조된다. 대중동원이 가장 큰 통치과제로 대두된다. 생존능력은 약하다.

(2) 스토커와 모스버거(Stoker and Mossberger)의 유형

스토커와 모스버거는 비교연구에서 사용할 수 있는 레짐의 유형들을 발전시켰다. 도시레짐은 그들의 목적, 참여자들의 동기, 그리고 지방 및 비지방적 환경간 관계 등에 의해 상이하다고 주장한다. 레짐의 유형을 다음과 같이 분류하고 있다.

① 도구적 레짐

미국의 연구에서 주도적으로 나타나고 있다. 프로젝트의 실현지향성, 가시적인 성과, 그리고 정치적 파트너십 등이 특징적이다. 이러한 레짐들은 구체적인 프로젝트와 관련되는 단기적인 목표에 의해 구성되며, 단기적인 실용적인 동기가 함께 내포되어 있다. 올림픽 게임과 같은 주요한 국제적 이벤트를 유치하기 위해 구성되는 레짐은 도구적 레짐의 일례가 될 것이다.

② 유기적 레짐

굳건한 사회적 결속체와 높은 수준의 합의를 특징으로 하는 레짐으로서 이들 레짐은 현상유지와 정치적 교섭에 초점을 두고 있다. 그들은 흔히 외부적 영향에 대해 오히려 적대적이며, 소규모 도시들은 대체로 유기적 레짐을 유지하려 한다.

③ 상징적 레짐

상징적 레짐은 흔히 과도기적 역할을 수행하며 도시발전의 방향에 있어 변화를 추구하려는 도시에서 나타난다. 따라서 기존의 이데올로기나 이미지를 재조정하려 한다. 이해관계에 관해서 본질적인 상이성이 참여자들간에 존재하고 지배적인 가치에 대해서도 상당할 정도의 불확실성이 존재한다.

제2장 지방자치단체의 일반이론

제1절   지방자치단체

1. 지방자치단체의 종류

(1) 보통지방자치단체

1) 보통지방자치단체란 해당 지역 안에서 종합적인 자치기능을 수행하는 단체를 말한다. 지방자치단체는 특별시·광역시·도, 특별자치도·특별자치시 그리고 특례시·시·군·자치구의 2종으로 되어 있다. 특별시·광역시·도, 특별자치도·특별자치시는 광역지방자치단체이며 특례시·시·군·자치구는 기초지방자치단체이다.

2) 특별시·광역시·도와 시·군·자치구는 법적으로는 대등한 관계이고 원칙적으로는 상·하의 관계가 존재하지 아니한다. 그러나 기관위임사무를 처리하는 경우는 상하관계가 성립된다.

(2) 특별지방자치단체

① 특별지방자치단체란 특정한 목적을 수행하거나 특수한 행정사무를 처리하기 위해서 설치되는 단체를 말하다. 우리나라의 특별지방자치단체는 지방자치단체조합이 있다. 지방자치단체조합은 지방자치단체의 하나 또는 둘 이상의 사무를 공동으로 처리하기 위해서 관계지방자치단체간의 합의에 의해서 설립하는 법인이다.

② 특별지방자치단체는 기능이 종합적 사무처리가 아닌 특정적·한정적인 사무를 처리하

- 599 -

며 구성원이 주민이 아닌 지방자치단체이다.

③ 특별지방자치단체는 별도의 법인격을 가지며, 설립과 해산시 지방의회의 의결과 감독기관의 승인을 얻어야 한다. 우리나라의 경우 서울·경기·인천의 지방자치단체들이 구성원인 광역 수도권 교통조합인 특별자치단체가 있다.

2. 지방자치단체의 의론적 정의

1) 특별시는 수도로서 특수성을 고려하여 다음과 같은 특혜를 인정하고 있다. 다른 지방자치단체 차관급이지만 서울특별시장은 장관급이다. 행정안전부장관이 서울특별시의 자치사무를 감사하고자 할 때에는 국무총리의 조정을 거치도록 하였으며, 행정안전부장관이 서울시의 지방채발행의 승인 여불을 결정하고자 할 때는 국무총리에게 보고하도록 되어있다.

2) 자치구는 특별시와 광역시, 특별자치시의 관할 구역안에 둔다. 광역시의 설치기준은 법정화되어 있지 않다. 따라서 광역시 설치가 정치적 요인에 의해서 결정되는 경우가 있다. 일반구는 인구 50만 이상의 시에 둔다.

3) 특별자치도(제주도)는 2006년 제주특별자치도 설치를 위한 특별법 제정을 통해서 설립되었다. 제주특별자치도는 특별법을 통해서 도지사 직속의 자치경찰단을 두며, 도에는 자치경찰단, 행정시(제주시)는 자치경찰대를 두고 있다. 도의 자치경찰단은 도지사가 임명하고 도지사의 지휘·감독을 받는다. 제주특별자치도의 경우에 제주시와 서귀포시는 기초자치단체로 지위가 아닌 행정시로의 지위를 가진다. 따라서 시장은 도지사가 임명한다. 또한 제주틀별자치도의 경우에 특별지방행정기관의 설치가 금지되며, 자치이념에 부합하기 위해서 제주특별자치도의 감사위원회가 설치되어있다. 감사위원회는 제주특별자치도청 소속기관으로 위원장을 포함한 7인 이내의 위원으로 구성된 합의제 기관이다. 감사위원회의 설치로 감사원과 국정감사를 제외한 중앙행정기관의 감사를 받지 않는다.

4) 특별자치시(세종시)는 광역자치단체이다. 세종시는 특별법에 의해서 정부의 직할로 설치되며 기초지방자치단체인 시·군·자치구의 설치를 금지하였으며 국무총리 소속으로 세종특별자치시지원위원회와 감사위원회가 설치되어 있다.

5) 인구 100만 이상의 도시는 특례시 명칭을 부여한다. 특례시는 기초자치단체의 지위를 유지하면서 광역시급의 위상에 걸맞은 행정과 재정의 자치권이 주어진다.

6) 우리나라의 교육자치는 집행기관은 주민의 직접선거에 의해서 선출하며 일반행정조직
   의 장과 분리하나, 교육자치의 의결기관은 지방의회로 일원화하여 교육위원은 따로
   구성하지 않는다. 교육감은 정당에서 공천권을 행사하지 않는다.

3. 지방자치단체의 계층구조

우리나라의 지방자치단체는 특별시·광역시·도와 특별자치시·특별자치도의 광역자치단체와
시·군·자치구의 기초자치단체로 구성되어 있다. 따라서 우리나라의 경우는 지방자치단체
가 2층 구조이다. 2층제의 장점과 단층제의 장점은 다음과 같다.

(1) 2층 구조의 장점

1) 행정기능을 분업적으로 수행할 수 있다. 즉 주민의 일상생활과 직결되는 기능은 기초
   지방자치단체가 처리하고 대규모 사무는 광역자치단체가 담당할 수 있다.
2) 국가의 감독기능을 광역자치단체가 수행할 수 있다. 중앙정부가 기초자치단체를 직접
   감독할 수 없으므로 광역자치단체로 하여금 감독권을 부여하여 국가기관의 위치에서
   기초자치단체를 감독할 수 있다.
3) 광역자치단체가 중간적 위치에서 국가와 기초자치단체간의 원활한 관계를 유지할 수
   있도록 연락기능·조정기능을 수행한다.
4) 기초자치단체가 본연의 기능을 제대로 수행하지 못할 때 광역자치단체가 기능을 대신
   해서 보완적 기능을 수행할 수 있다.
5) 국가의 통치구역에 불과하였던 특별시·광역시·도 등이 자치권이 부여되는 자치단체
   로 변모하는 것은 민주주의 원리가 신장되었음을 의미하므로 민주주의의 원리를 확산
   시킬 수 있다.

(2) 단층제의 장점

1) 2중 행정과 2중 감독의 폐단을 방지하고 신속한 행정을 도모할 수 있다.
2) 행정을 수행함에 있어서 낭비를 제거하고 능률을 증진시킨다.
3) 행정책임을 명확하게 할 수 있다.
4) 중층제에 비하여 지역의 특수성과 개별성을 존중할 수 있다.

5) 자치단체가 중앙정부에 주민의 의사와 여론을 신속히 전달하고 중앙정부의 정책이나 계획을 주민에게 정확히 주지시킬 수 있다.

4. 기능배분

(1) 기능배분의 원칙

1) 불경합의 원칙 : 권한과 책임의 명확화 원칙이라고도 하며 국가와 지방단체간에는 사무를 처리할 때 서로 경합하지 않도록 권한과 책임을 명확히 해야 한다는 것이다.

2) 기초자치단체 우선의 원칙(현지성의 원칙) : 국가와 지방자치단체에서 사무위임시 주민통제가 용이하도록 광역자치단체보다는 기초자치단체에게 가능한 많은 사무를 배분해야 한다는 것이다. 자치법 제10조는 기능배분의 원칙으로 불경합의 원칙과 기초지방자치단체 우선의 원칙을 규정하고 있다.

3) 경제성의 원칙(능률적 집행의 원칙) : 국가가 사무위임시 지방자치단체의 규모, 행정과 재정능력을 고려하여 배분해야 하는 원칙이다.

4) 종합성의 원칙 : 사무위임시 국가가 특별지방행정기관보다는 지방자치단체에 사무를 위임하여 지방자치단체가 종합적으로 업무를 처리하도록 해야 한다는 것을 의미한다.

(2) 중앙과 지방간의 기본배분이론

1) 다원주의 : 중앙과 지방간 기능배분은 역사적으로 오랜 시일 진화과정을 거치면서 점진적으로 제도화되어 온 것이라고 보는 관점이다. 이와 같은 기능배분의 바탕에는 합리성의 증진이라는 원리가 작용해 왔다. 우리나라도 이러한 관점에 입각하여 중앙정부와 지방정부간의 기능분담을 논의해 왔다. 다원주의는 행정적 합리성을 강조하여 중복배제, 책임성의 증진, 최적규모단위(규모의 경제), 시민참여의 촉진 및 분권화, 중앙정부의 과부하 방지, 중앙정부에 의한 통제가능성 고려 등을 강조한다.

2) 신우파론 : 신우파론은 공공선택론적 관점에서 시장의 기능을 강조한 이론이다. 중앙과 지방정부간의 기능배분 문제를 개인후생을 극대화하고자 하는 시민과 공직자 개인들의 합리적 선택행동에 비롯되는 것으로 본다. 지방정부의 활동을 재배분정책, 배당정책, 개발정책의 세 가지 유형으로 구분하여 재배분정책은 중앙정부가, 개발정책은 지방 또는 중앙정부가, 배당정책은 지방정부가 각각 담당한다.

3) 계급정치론 : 정부간 기능배분 문제를 지배계급들의 자신들의 이익을 추구하기 위한

계급간 갈등의 산물로 인식하는 입장이다. 즉 국가는 자본가 계급의 이익추구를 위한 도구로 인식하며 지방정부는 부르주아의 이익을 보호해주는 구조의 한 부분으로 이해하는 입장이다.

4) 엘리트론 : 엘리트론의 대표적인 모형은 이원국가론이다. 이 이론은 국가기능에 관한 신맑스주의의 관점을 일부 수용하면서 정부수준간의 상이한 의사결정방식에 관한 신베버주의의 입장을 근간으로 구성된다.

5) 레짐이론 : 지방정부가 지역사회문제를 자체적으로 해결이 어려운 경우에 지방정부가 민간부문의 주요 주체들과 협력과 연합을 통해서 지방자치를 이끌어간다는 이론이다.

제 2 절   지방정부조직

1. 의   의

지방자치단체의 구성형태는 의결기관과 집행기관을 어떻게 설치하느냐에 따라 기관통합형과 기관대립형으로 나눌 수 있다. 기관통합형은 지방의회가 집행기능과 의결기능을 모두 수행한다. 기관대립형은 지방의회는 의결기능만 수행하고 집행기능은 자치단체장이 수행한다. 국가와 마찬가지로 지방자치단체도 배분된 기능을 수행하기 위해서 기관을 필요로 한다. 우리나라의 경우 의결기관으로서는 지방의회가 있고, 집행기관으로서는 일반집행기관과 교육·학예집행기관이 있으며, 일반집행기관은 다시 지방자치단체장, 예컨대 서울특별시장·광역시장·도지사·시장·군수·자치구청장이 있으며, 소속기관과 지방자치단체의 하급행정기관으로는 자치구가 아닌 구청장·읍장·면장 및 그 보조기관으로 구성된다.

2. 기관통합형

(1) 의   의

기관통합형은 지방자치단체의 정부조직에 있어서 의결기관과 집행기관을 모두 단일의 기관에 귀속시키는 유형으로 국가의 정부조직 형태에 있어서 의원내각제와 유사하다. 기관통합형에 속하는 예로서는 영국의 의회형과 미국의 위원회형이 있으며 장·단점은 다음과 같다.

(2) 기관통합형의 장점

1) 지방행정에 대한 권한과 책임이 의회에 통합·집중되어 있으므로 이론상 민주정치와 책임정치의 구현에 가장 적합하며, 의결기관과 집행기관간에 대립·마찰이 없으므로 지방행정의 안정성을 유지할 수 있다.
2) 자치행정은 주민의 의사에 따라 공정하고 신중하게 수행될 수 있다.
3) 지방행정이 의회를 중심으로 수행되므로 정책효과의 극대화를 가져올 수 있다.

(3) 기관통합형의 단점

1) 지방행정의 행정의 종합성과 통일성을 유지하기 곤란하다.
2) 기관통합형은 견제와 균형의 원리가 배제되어 권력남용의 우려가 있다.
3) 지방의회가 정치기능과 행정기능을 모두 수행하므로 지방행정에 정치적 요소가 개입할 여지가 있으며 지방행정이 비전문가에 의해서 좌우될 우려가 있다.

3. 기관대립형

(1) 의 의

지방자치단체의 정책결정기능과 정책집행기능을 각각 다른 기관에 분담시켜 기관간에 견제와 균형이 이루어지도록 하는 형태로 국가의 정부형태에 있어서 대통령제와 유사한 제도다. 기관대립형은 강시장·의회형과 약시장·의회형의 두 가지로 나누어진다. 한국은 현재 강시장·의회형과 가까운 제도이다.

(2) 기관대립형의 종류

1) 강시장·의회형 : 강시장·의회형이란 시장은 공무원임명권, 예산안제출권, 거부권이 인정되는 제도로서 의회에 비해서 시장의 권한이 강하다. 따라서 강시장·의회형은 시장이 행정집행을 주도한다.
2) 약시장·의회형 : 약시장·의회형은 우월적 시의회를 이론적 기초로 하고 집행권에 대한 불신을 반영한 것이다. 시장은 시의회의 의결사항에 대해서 거부권이 없으며 인사권도 없다. 예산은 의회에서 편성되며 예산관리책임도 시의회가 가진다.

3) 기관대립형의 장점

① 집행기관의 장은 주민의 직접선출로 주민통제와 단체장은 주민의사를 행정에 반영하기 쉽다.

② 의결기관과 집행기관의 분리로 권력의 횡포와 부정을 예방할 수 있다.

③ 책임자의 직선으로 행정책임의 명백화가 가능하다.

4) 기관대립형의 단점

① 의회와 시장 간의 마찰로 지방행정의 혼란을 초래할 수 있다.

② 직접선거로 정치적 부담을 안게 되어 특혜나 인사의 공정성이 문제가 발생할 수 있다.

제 3 절   중앙과 지방의 관계

1. 의   의

중앙과 지방의 관계가 상·하의 관계로 보느냐, 대등관계로 보느냐는 시대와 나라에 따라 다르다. 일반적으로 정부간 관계는 한 국가내의 모든 계층의 정부단위간에 일어나는 상호작용을 의미한다. 정부간 관계에 대한 대표적 유형은 wright의 이론이 있다.

2. 라이트(Wright)의 정부간 관계모형

라이트는 정부 간 관계를 대등형, 내포모형, 중첩모형으로 나누어 설명하고 있다. 라이트의 이론은 미국의 연방–주–지방정부간의 관계를 분석하기 위해서 만들어진 모형이다.

1) 대등모형(분리형) : 대등모형은 연방정부와 주정부간에는 확실히 경계를 설정하나 지방정부는 주정부에 포함된다. 주정부와 지방정부간에는 종속관계로 지방정부는 부여된 자치권만 행사한다. 중앙정부와 지방정부의 관계가 인사·재정이 완전히 분리되어 있으므로 서로 독립적이고 자치적으로 운영된다. 따라서 중앙과 지방간의 갈등의 소지가 있다.

2) 내포모형(포괄권위형) : 내포모형은 연방정부가 주정부의 지방정부를 완전히 포괄하

고 있는 형태이다. 이 모형은 지방이 중앙에 전적으로 종속되어 있는 경우로, 국가가 자치권을 폐지할 수 있다고 본다. 내포(포괄권위)는 딜런(Dillion)의 법칙과 관계가 있다. 딜런의 법칙이란 중앙과 지방과의 관계에서 지방은 중앙에 예속관계이며, 자치권을 국가가 인정하는 입장이다.

3) 중첩모형 : 중첩모형은 정부기능의 상당부분이 연방정부, 주정부, 지방정부에 의해서 동시적으로 작용한다. 자치권은 상대적으로 협소하며, 영향력도 제한되어 있다. 즉 지방정부의 인사, 재정권에 관한 권한이 상호의존적이다. 또한 각 정부들에 고유한 영역은 크지 않으며 많은 부분에서 서로 중첩되어 있으며, 중앙과 지방은 정치적 타협과 교환이 이루어진다.

표 2-1 정부간 관계

모　형	정부관 관계	권　위	사　무
대등모형	독 립 적	독 립	고유사무
중첩모형	상호의존적 관계	협 상	고유사무 > 기관위임사무
내포모형	의존적 관계	계 층	기관위임사무가 주종

3. 엘콕(Eleock)의 모형

1) 대리인모형 : 라이트의 포괄권위형과 비슷하다. 지방은 단순히 대리인에 불과하며 지방정부는 중앙정부의 위임된 사무를 처리한다.

2) 동반자형 : 라이트의 대등모형(분리형)과 유사하다 중앙과 지방은 서로 대등하며 동반자적 관계이다.

3) 교환모형 : 라이트의 중첩형과 유사하다. 중앙과 지방은 상호의존적 관계에 있다.

4. 무라미츠(Muramatsu)의 모형

1) 수직적 통합모형 : 중앙정부가 지방정부를 지시·명령에 의해서 일방적으로 통제하는 형태를 의미한다.

2) 수평적 협력모형 : 중앙정부와 지방정부가 상호협력하면서 상호의존관계를 형성한다.

제 4 절 집행기관과 지방의회

1. 집행기관

(1) 우리나라 집행기관의 구성

우리나라에서는 기관대립주의 아래 시장형제도를 채택하고 있다. 따라서 집행기관과 의결기관이 분리되어 있고 시장은 의회보다 권한이 강하다. 시장은 거부권과 예산편성권이 있다. 서울특별시에는 특별시장, 광역시에 광역시장, 도에 도지사를 두고, 시에 시장, 군에 군수, 자치구에 자치구청장을 두어 이들이 해당 지방자치단체를 대표하면서 자치단체사무를 총괄하도록 하고 있다.

(2) 집행기관의 지위

1) 국가의 집행기관장으로서의 지위 : 지방자치단체의 장은 국가의 행정을 일선에서 책임지는 한도 내에서 국가기관의 지위에 서게 된다.
2) 지방자치단체 대표로서의 지위 : 지방자치단체장은 대외적으로 당해 지방자치단체를 대표하고, 내부적으로는 지방의 자치사무와 단체위임사무를 집행하는 최고책임자로서의 지위를 가진다. 지방자치단체장이 이중적 지위를 가짐으로써 갈등이 존재할 수 있다. 그러나 지방자치단체 대표로서 이 지위가 본질적이며, 국가의 일선기관의 지위는 부수적이라고 본다.

(3) 지방자치단체장의 권한

1) 통할·대표권 : 지방자치단체장은 그 자치단체를 대표하고 사무를 통할한다. 다만, 교육사무에 관해서는 통할권은 교육감이 행사한다. 지방자치단체장은 전반적인 행정기능을 종합·조정하고, 자치단체의 의사를 대외적으로 표시할 수 있다. 사무통할권은 내부업무에 대한 유기적 종합성을 확보하는 조정권을 의미한다.
2) 사무의 관리·집행권 : 지방자치단체장은 당해 자치단체사무와 법령에 의하여 위임된 사무를 관리·집행한다.
3) 지휘·감독권 : 지방자치단체장은 국가기관의 지위에서 그 관할구역내에 있는 하급행정청을 지휘·감독한다. 즉 시·도지사는 시장·군수·자치구청장에 대한 지휘·감독권을 가지며, 시·도지사는 산하 지방자치단체의 사무에 대하여도 법령에 위반하였거나,

현저히 공익을 해한다고 인정될 때에는 이를 최소, 정지 또는 시정명령을 할 수 있다.

4) 규칙제정권 : 지방자치단체장은 법령 또는 조례가 위임한 범위안에서 그 권한에 속하는 자치사무와 기관위임사무에 관해서 규칙을 제정할 수 있다.

5) 소속직원의 임면권 : 지방자치단체의 장은 소속직원을 지휘·감독하고 법령과 조례와 규칙이 정하는 바에 의하여 그 임면·교육훈련·복무·징계 등에 관한 사항을 처리한다. 다만 지방의회에 소속된 직원의 임명권은 지방의회의 의장이 행사한다. 지방의회 인사권 독립은 지방의회의 자율성과 독립성을 보장해주기 위한 조치이다.

6) 기관·시설의 설치권 : 지방자치단체장은 그 소관사무의 범위 안에서 필요한 때에는 대통령령 또는 당해 지방자치단체의 조례가 정하는 바에 의하여 직속기관, 사업소, 출장소, 합의제행정기관 등을 설치할 수 있다.

7) 사무위임권 : 지방자치단체장은 사무를 법령에 다른 규정이 없는 한, 시·도지사와 시장·군수 및 자치구의 구청장에게 위임하여 처리할 수 있다.

8) 선결처분권 : 지방자치단체의 장은 지방의회가 성립되지 아니한 때와 지방의회의 의결사항 중 주민의 생명과 재산보호를 위하여 긴급하게 필요한 사항으로서 지방의회를 소집할 시간적 여유가 없거나, 지방의회에서 의결이 지체되어 의결되지 아니한 때에는 의회의 승인을 거치지 않고 사무를 우선처리할 수 있다. 선결처분권은 지체 없이 지방의회에 보고하여 승신을 받아야 하며, 지방의회의 승인을 받지 못하면 그때부터 효력은 상실된다.

(4) 자치단체장의 신분

지방자치단체의 장은 정무직 지방공무원이며, 지방의회의원도 정무직 지방공무원이다. 피선거권은 선거일 현재 계속해서 60일 이상 그 지방자치단체의 관할구역에 주민등록을 가진 자로 한다. 선거제 지방자치단체장의 임기는 4년이며, 그 계속 재임은 3기에 한한다.

(5) 지방자치단체의 행태

지방자치실시로 지방자치단체장은 전시효과만 겨냥한 각종 이벤트위주의 행사, 장밋빛 청사진을 제시하기도 한다. 이러한 현상은 핌투(PiMToo)라 한다. 한편으로 지방자치단체장이 임기 중에 부담이 될 만한 사업을 추진하지 않은 현상을 님투(NiMToo)라 한다.[1]

---

1) PiMToo는 Please in MY Term of office의 준말이며, NiMToo란 Not in My Term of office의 준말이다.

(6) 소속 행정기관

1) 직속기관 : 지방자치단체는 그 소관사무의 범위안에서 필요하면 대통령령이나 대통령령으로 정하는 바에 따라 지방자치단체의 조례로 자치경찰기관(제주특별자치도에 한한다), 소방기관, 교육훈련기관, 보건진료기관, 시험연구기관 및 중소기업지도기관 등을 직속기관으로 설치할 수 있다.
2) 사업소 : 지방자치단체는 특정업무를 효율적으로 수행하기 위하여 필요하면 대통령령으로 정하는 바에 따라 그 지방자치단체의 조례로 사업소를 설치할 수 있다.
3) 출장소 : 지방자치단체는 원격지 주민의 편의와 특정지역의 개발촉진을 위하여 필요하면 대통령령으로 정하는 바에 따라 지방자치단체의 조례로 출장소를 설치할 수 있다.
4) 합의제행정기관 : 지방자치단체는 그 소관사무의 일부를 독립하여 수행할 필요가 있으면 법령이나 그 지방자치단체의 조례로 정하는 바에 따라 합의제행정기관을 설치할 수 있다.
5) 자문기관의 설치 : 지방자치단체는 그 소관사무의 범위에서 법령이나 그 지방자치단체의 조례로 정하는 바에 따라 심의회·위원회 등의 자문기관을 설치·운영할 수 있다.

(7) 하부행정기관

자치구가 아닌 구에 구청장, 읍에 읍장, 면에 면장, 동에 동장을 둔다. 이 경우 면·동은 제행정면·행정동에 말한다. 자치구가 아닌 구의 구청장은 일반직 지방공무원으로 보하되, 시장이 임명한다. 하부행정기관은 자치단체장이 일반직 공무원 중에서 임명한다.

2. 지방의회

(1) 지방의회의 지위

1) 의결기관 : 지방의회는 지방의 대표들로 구성되는 합의제 의결기관으로서의 지위를 가진다. 의회는 자치단체의 정책과 입법, 주민의 부담, 그밖에 지방자치단체의 운영에 관한 사항을 심의하여 결정한다.
2) 대표기관 : 지방의회는 주민이 선출한 주민대표로 구성하여 지방자치단체의 의사를 심의·결정하는 것이므로 주민의 대표기관으로서의 지위를 가진다.
3) 입법기관 : 지방의회는 지방자치단체의 자치법규의 근간인 조례의 제정권을 가지는

입법기관으로서의 지위를 가진다. 법률의 위임이 있는 경우 주민의 권리제한이나 의무부과에 관한 사항 및 과태료를 규정할 수 있다(1천만 이하).

4) 집행감독기관 : 지방의회는 의회의 결정사항이 집행기관에 의해서 제대로 실현되고 있는지를 감독·확인하는 집행감독기관으로서의 지위도 가진다.

(2) 지방의회의원의 보수와 운영

지방의회의원의 보수는 과거 명예직으로 규정되었으나 2003년 자치법의 개정으로 금전적 보상을 받도록 했다. 즉 지방의회의원에게 의정자료를 수집하고 연구하거나 이를 위한 보조활동에 사용되는 비용을 보전하기 위하여 매월 의정활동비를 지급하고 있다.

(3) 지방의회의 권한

1) 발의권 및 의결권 : 지방자치법은 지방의회에서 의결할 의안은 지방자치단체장이나 재적의원 5분의 1 이상 또는 10명 이상의 연서로 발의한다고 규정하여 지방의회에 발의권을 부여한다. 지방의회의 권한 중에서 가장 중요한 권한이다. 우리나라는 지방자치단체의 사무 중 중요한 사항만을 열거하여 의결하도록 하는 제한적 열거주의를 채택하고 있다. 지방자치법에 열거된 사항은 반드시 의회의 의결을 거쳐야 한다.[2]

2) 행정사무감사 및 조사권 : 지방의회는 매년 1회 당해 지방자치단체의 사무에 대하여 감사를 실시하고, 지방자치단체의 사무 중 특정사안에 관하여 본회의 의결로 본회의 또는 위원회로 하여금 조사하게 할 수 있다. 우리나라의 경우 행정감사권의 범위가 1994년 지방자치법의 개정으로 기관위임사무에 대해서도 국회와 상급지방정부 의회가 직접 감사하기로 한 사무 외에는 그 감사를 각각 해당 지방의회가 할 수 있도록 하였다.

3) 청원수리권 : 지방의회는 주민의 대의기관으로서 주민이 지방정부의 업무에 관련하여 제기하는 이의나 불만사항 또는 희망사항을 수리할 수 있다. 지방의회에 대한 청원은 지방의회의원이 소개를 얻어 제출해야 한다. 청원의 내용이 재판에 간섭하거나 법령

---

[2] 자치법 제39조(지방의회의 의결사항)
① 조례의 제정·개정 및 폐지 ② 예산의 심의·확정 ③ 결산의 승인 ④ 법령에 규정된 것을 제외한 사용료·수수료·분담금·지방세 또는 가입금의 부과와 징수 ⑤ 기금의 설치·운용 ⑥ 대통령령으로 정하는 주요 재산의 취득·처분 ⑦ 대통령령으로 정하는 공공시설의 설치·처분 ⑧ 청원의 수리와 처리 ⑨ 외국단체와 교류협력에 관한사항 등이다.

에 위반되는 사항일 때는 지방이원은 청원을 수리하지 않는다.

4) 직원의 임용권: 지방의회는 내부조직과 인사에 관한 권한을 가진다. 따라서 지방의회는 의회 직원의 임용권을 가진다. 이는 집행부를 감시·견제하는 지방의회의 자율성과 독립성을 강화하기 위한 것이다.

5) 의견표시권 : 지방의회는 당해 지방자치단체와 밀접한 관계가 있는 경우에는 지방의회로 하여금 의견을 표시하게 하는 의견표시권을 부여하고 있다.

6) 선거권 : 의회는 법령이 정하는 바에 따라 선거권을 가진다. 즉 의장단의 선거가 그 예이다.

제 5 절   주민참여제도

1. 주민참여제도

(1) 주민투표제도

1) 의의 : 주민투표제는 지방자치단체의 주요정책 사안에 대하여 직접주민표결로 결정하는 제도이다. 지방자치법 제14조는 지방자치단체장은 주민에게 과도한 부담을 주거나 중대한 영향을 미치는 지방자치단체의 주요 결정사항 등에 대하여 주민 투표에 부칠 수 있다고 규정하고 있다. 다만, 동일한 사항에 대하여 주민투표가 실시된 후 2년이 경과되지 아니한 사항은 주민투표를 실시할 수 없다.

2) 주민투표청구권과 효력 : 주민투표청구권자는 주민, 지방의회, 자치단체장, 중앙행정기관의 장이 청구할 수 있다. 이를 보다 구체적으로 살펴보면 다음과 같다. 지방의회는 제적의원 과반수 출석과 출석의원 3분의 2 찬성으로 그 지방자치단체장에게 주민투표의 실시를 청구할 수 있으며, 지방자치단체장은 직권에 의하여 주민투표를 실시하고자 할 때는 그 지방의회의 재직의원 과반수 출석과 출석의원 과반수의 동의를 얻어야 한다.

① 중앙행정기관의 장은 지방자치단체의 폐치(廢置)·분합(分合) 또는 구역변경, 주요 시설의 설치 등 국가정책의 수립에 관하여 주민의 의견을 듣기 위하여 필요하다고 인정하는 때에는 주민투표의 실시구역을 정하여 관계 지방자치단체의 장에게

주민투표의 실시를 요구할 수 있다. 이 경우 중앙행정기관의 장은 미리 행정안전부장관과 협의하여야 한다. 이 경우 지방자치단체의 장은 주민투표의 실시를 요구받은 때에는 지체 없이 이를 공표하여야 하며, 공표일로 부터 30일 이내에 그 지방의회의 의견을 들어야 한다.

② 주민투표에 부쳐진 사항은 주민투표권자 총수의 3분의 1 이상의 투표와 유효투표수 과반수의 득표로 확정된다. 다만 행정구역 개편에 대한 주민투표는 예외에 속한다. 투표결과 전체 투표수가 주민투표권자 총수의 3분의 1에 미달되는 때에는 개표를 하지 아니한다.

(2) 주민투표 제외대상

① 법령이나 재판중인 사항
② 국가나 다른 지방자치단체의 권한 또는 사무에 속하는 사항
③ 예산 및 각종 내용 부담 관련사항
④ 행정기구 설치·변경에 관한 사항
⑤ 공무원의 인사·정원·신분과 보수에 관한 사항
⑥ 동일사항에 대해 주민투표가 실시된 후 2년이 경과되지 않은 사항

2. 주민조례개폐청구제도

1) 의의 : 주민발안제도의 일종으로 지역주민들이 해당 지방의회에 직접 조례를 발의할 수 있다.
2) 요건 : 18세 이상의 주민의 연서로 공공시설의 설치 요구 등을 할 수 있다. 다만 법령에 위반되거나 지방세·사용료·수수료의 부과징수 관련사항 행정기구의 설치·변경에 관한 사항은 할 수 없다.

3. 주민감사청구

1) 의의 : 지방자치단체와 그 장의 권한에 속하는 사무처리가 법령에 위반되거나 공익을 현저히 해친다고 인정되면 18세 이상의 주민은 감사를 청구할 수 있다.
2) 청구요건 : 18세 이상의 주민이 시·도는 300명, 인구 50만의 이상의 대도시는 200명,

기타 시·군·자치구는 150명 이상의 연서로 시·도는 주무장관에게, 시·군·자치구는
시·도 지사에게 청구한다.

3) 청구제외대상 : 수사와 재판에 관한 사항, 개인의 사생활 침해할 우려가 있는 사항, 감
사중인 사무, 감사청구는 사무처리가 종료된 날로부터 2년을 경과한 경우

4) 결과의 처리 : 감사청구한 날로부터 60일 이내에 감사청구된 사항에 대하여 감사를 종
료해야한다. 또한 감사청구를 처리할 때 청구인에게 반드시 의견진술의 기회나 증거
제출의 기회를 주어야 한다.

4. 주민소송

1) 의의 : 지방자치단체의 기관 및 직원의 공급지출이나 재심처분·회계 등 재무행위가 위
법하다고 인정되어 주민이 감사기관에 감사를 청구하고도 그 감사결과에 불만족하는
경우에 법원에 재판을 청구하는 제도이다.

2) 주민소송의 특징 : 앞서 반드시 주민감사청구를 거쳐야 하며 감사 청구한 주민 중에
그 감사결과에 불복이 있는 경우에 통지로부터 90일 이내에 소를 제기해야 한다.

5. 주민소환

1) 의의 : 지방자치단체장과 의원의 직권남용이나 직무 유기, 위법·부당한 행위에 대하여
주민의 서명으로 소환사유를 명시하여 관할 선거관리위원회에 주민소환 투표의 실시
를 청구할 수 있다.

2) 주민소환 대상과 요건 : 선출직의 지방의원과 단체장, 교육감이 해당된다. 주민소환의
남용방지를 위해서 임기개시일로부터 1년 이내 임기만료일로부터 1년 미만인 경우,
해당 공직자에 대한 주민소환투표를 실시한 날로부터 1년 이내인 경우는 청구가 불가
능하다.

3) 소환결정규정 : 투표권자 총수의 3분의 1이상의 투표와 유효투표 총수 과반수 찬성으
로 확정한다.

지방재정의 의의

1. 지방재정의 개념

지방재정이란 지방자치단체의 자치활동을 재정적 측면에서 파악한 것으로 자치단체가 행하는 예산·결산·회계 및 재화에 관한 활동을 말한다. 지방자치단체의 재정 및 회계에 관한 기본법으로 지방재정법이 있다.

2. 지방재정의 특성

(1) 사경제와의 비교

1) 공공성 : 지방재정은 지방자치단체의 공공수요에 충당할 공공재를 생산, 공급하기 위하여 재원을 확보하고 지출을 행한다. 이러한 공공성으로 말미암아 지방재정에는 시장원리의 적용이 제한된다.

2) 강제성 : 지방재정에 있어서 수입은 강제적으로 징수되는 지방세 등을 기본으로 하고 있으며 일체의 지출은 법규에 따라 행하여진다.

3) 계획성 : 지방재정은 반드시 예산의 성립을 전제로 하며 그 운용은 성립된 예산에 따라 계획적으로 운영된다.

(2) 국가재정과의 대비

1) 다양성 : 지방자치단체는 계층·규모·기능·입지·산업구조 등에 있어서 천차만별한 것이기 때문에 지방자치단체들의 재정이 내용이나 규모 등은 매우 다양하다.

2) 제약성 : 지방재정은 중앙정부에 의하여 일정한 제약을 받는 것이 특징이다. 즉 지방자치단체는 조직, 인사, 재정에서 자주성을 누리는 것이 원칙이지만 지방자치단체도 국가의 통치조직의 일환을 형성하고 있으므로 그 일체의 재정활동도 국가가 제정한 법규의 범위 안에서 이루어지며 국가로부터 많은 통제를 받고 있다.

3) 응익성 : 국가재정에는 응능주의가 지배적인데 비하여 지방재정에 있어서는 이익을 보는 사람이 세금을 내는 응익주의가 강하게 지배하고 있는 것이 특징이다.

4) 준공공재 : 국가재정이 순수공공재를 주로 공급하나 지방재정은 준공공재(상수도와 도로)가 주로 공급된다.

3. 지방수입의 분류

1) 자주재원과 의존재원 : 자주재원이란 해당 자치단체가 자주적으로 결정 실현하는 재원을 말하고, 의존재원이란 해당 지방자치단체 외의 주체, 즉 국가나 상급지방자치단체에 의하여 결정·실현되는 재원을 말한다. 자주재원은 지방세와 세외수입이, 의존재원은 지방교부세, 국고보조금, 조정교부금 등이 포함된다.

2) 일반재원과 특정재원 : 일반재원이란 지방자치단체가 어떠한 경비에도 자유롭게 지출할 수 있는 재원을 말하고, 특정재원이란 그 지출할 수 있는 비용의 용도가 한정되어 있는 재원을 말한다. 일반재원은 지방세·세외수입·지방교부세가 있고, 특정재원은 국고보조금·조정교부금 등이 있다.

3) 경상재원과 임시재원 : 경상재원은 회계연도마다 계속적으로 확보될 수 있는 재원이고 임시재원은 회계연도마다 불규칙적으로 확보되는 재원을 말한다. 경상재원으로는 지방세·사용료·수수료·보통교부세가 있고 임시재원은 특별교부세·부동산매각수입·지방채 등이 있다.

4. 지방재정의 운영원칙

1) 지방자치단체는 재정을 수지균형의 원칙에 따라 건전하게 운영되어야한다. 또한 주민의 복리증진을 위해 재정을 효율적으로 운영해야 한다.

2) 지방자치단체는 예산이 여성과 남성에 미치는 효과를 평가하고 그 결과를 지방자치단체의 예산에 반영하기 위해 노력해야 한다.

3) 재정을 계획성 있게 운용하기 위해서 매년 중기지방재정계획을 수립하여 지방의회에 보고하고 이를 행정안전부장관에게 제출해야 한다.

제 2 절   지방재정자립도

1. 의   의

지방재정자립도란 지방자치단체의 세입구조를 지방세수입·세외수입·지방교부세·국고보조금으로 구분하여 그 가운데 지방세수입과 세외수입의 합계액이 세입총액 가운데서 차지하는 백분비를 말한다.

2. 재정자립도의 문제점

1) 재정규모와는 무관 : 지방자치단체의 재정자립도는 실제에 있어서 재정규모와는 무관하여 재정자립도가 비슷하다고 해서 재정규모가 비슷한 것은 아니다.

2) 세출구조의 무시 : 지방재정자립도는 지방자치단체의 세입구조만을 고려하고 있을 뿐 그 세출구조는 전연 고려하고 있지 않다. 즉 재정자립도는 지방자치단체의 세출상의 경상적 경비와 투자적 경비의 구성비를 전연 고려하지 않는다.

3) 지방채수입의 자주재원 산입 : 지방자치단체가 지방채를 발행하여 얻은 수입은 장차 이를 상환하지 않으면 안 되는 부채이다. 따라서 지방채는 지방자치단체의 자주재원이 될 수 없다.

4) 지방교부세 효과의 연산정 : 지방교부세를 받는 경우에 실제로 그 지방자치단체의 재

정규모는 그 받은 금액만큼 재정력은 강화되나 재정자립도는 오히려 낮아지는 것으로
된다. 따라서 재정자주도에서는 지방교부세가 포함된다. 즉 재정자주도란 지방자치단
체 일반회계 세입 중에서 자체수입과 자주재원을 합한 비율을 말한다. 재정자주도는
재정자립도보다 더 포괄적 개념으로 재원활용능력을 표시하는 지표로 활용된다.

5) 재정자립도는 일반회계 세입을 대상으로 한다. 비록 지방재정에서 일반회계가 중요하
지만 특별회계의 비중도 상당히 크므로 일반회계만을 대상으로 하여 재정자립도를 계
산하는 것은 한계가 있다.

3. 우리나라의 지방재정

중앙정부와 비교할 때에 지방자치단체의 예산의 재정자립도가 낮아 중앙정부에 의존도가
높고, 예산결정의 불확실성도 높다. 그러다 보니 추가경정예산편성의 빈도가 높고, 간혹 준
예산제도의 편성도 발생한다.

제 3 절 지 방 세

1. 지 방 세

(1) 개 념

지방세란 지방자치단체가 그 기능을 수행하는 데 소요되는 일반적 경비에 충당하기 위해
서 그 구성원인 주민 또는 그 구역안에서 일정한 행위를 하는 자로부터 직접적인 대상없이
징수하는 재화로 지방수입의 중추적인 지위를 점하고 있다.

(2) 특 성

1) 지방세는 지방자치단체가 과세권에 근거하여 강제적으로 부과·징수하는 재화이다.
그 부과징수는 반드시 법률의 근거를 요한다. 탄력세율제도란 세법상 정해진 세율을
법률의 위임에 의해서 대통령령이나 조례로 다르게 정할 수 있도록 하였다. 대통령령
의 규정사항으로 자동차세, 담배소비세가 있으며 조례규정사항은 주민세, 재산세 등

이 있다.

2) 지방세는 개별적인 특정한 수익과 관계함 없이 지방자치단체의 일반주민 또는 그 구역 안에서 일정한 행위를 하는 자로부터 징수한 재화이다. 지역자원시설세는 소방시설, 오물처리시설 등 공공시설에 필요한 비용을 충당하기 위해서 광역자치단체에서 부과하고 있다.

3) 지방세는 지방자치단체의 일반적 경비의 재원조달을 목적으로 징수하는 재화이다. 또한 지방세는 금전으로 표시하고 금전으로 징수되는 것이 원칙이다.

4) 2010년도부터 도입된 지방소비세와 지방소득세는 의존재원 중심인 지방재정구조를 개선하기 위한 제도이다. 즉 어려운 지방재정 여건을 고려하고, 조세제도를 통한 지방정부간 재정을 조성하는 제도이다. 지방소비세는 국세인 부가가치세 일부(21%)를 지방세로 돌려 활용함으로써 자치단체의 재정자립도를 높일 수 있다. 지방소득세는 지방자치단체의 주민을 대상으로 과세되며, 소득의 크기에 따라 소득분 주민세와 종업원분 사업소득세가 통합되어 신설된 세금이다.

5) 서울시 재산세는 자치구세다. 그러나 서울특별시의 경우 자치구간의 재정불균형문제를 개선하기 위해서 재산세의 경우 특별시세 50%, 자치구의 50%로 공동과세하고 있다.

(3) 지방세의 원칙

1) 보편성의 원칙 : 지방세의 세목은 그 세원이 특정지역에 편재하지 않고 각 지방자치단체에 고루 분포되어 있는 것으로 하여야 한다는 원칙이다. 이는 지방자치단체 사이의 재정수입의 균형화를 위해서 필요하다.

2) 안정성의 원칙 : 지방세의 세목은 경기감수성이 적고 연도에 따라 세수의 변동이 심하지 않은 것으로 하여야 한다는 원칙이다.

3) 응익성의 원칙 : 지방세는 국세에 비하여 능력에 상응한 부담보다도 공공서비스로부터 이익을 받은 정도에 상응하는 부담이 더 필요하다는 원칙이다.

4) 분담성의 원칙 : 지방자치단체의 구역 안에 거주하는 주민은 그 자치단체의 행정에 소요되는 경비를 널리 분담하여야 한다는 원칙이다.

5) 정착성의 원칙 : 지방자치단체의 과세객체는 가급적 해당 자치단체의 관할구역안에 정착해야 한다. 이는 과세행정상의 정확성이 보장되는 것이어야 한다는 원칙이다.

6) 자주성의 원칙 : 자치단체가 과세행정상 자치성을 보장할 수 있어야 한다. 즉 세목·과세표준·세율 결정 등을 자주적으로 할 수 있어야 한다.

(4) 지방세의 구조

표 3-1 지방세의 종류

구 분		지방세의 종류
도 세	보통세	취득세, 등록면허세, 레저세, 지방소비세
	목적세	지방교육세, 지역자원시설세
시 · 군세	보통세	주민세, 재산세, 자동차세, 담배소비세, 지방소득세
	목적세	
특별시 · 광역시세	보통세	취득세, 주민세, 자동차세, 담배소비세, 레저세, 지방소비세, 지방소득세
	목적세	지방교육세, 지역자원시설세
자치구세	보통세	등록면허세, 재산세
	목적세	

(5) 지방세의 문제점

1) 지방세원의 빈약 : 지방세원이 매우 빈약하여, 지방재정규모(일반회계)에서 지방세수입이 점하는 비중은 약 38%에 불과하다. 특히 중·소도시와 군의 대부분은 지방세수입으로는 인건비조차 충당하기 곤란할 정도로 빈약하다.

2) 세원의 지역적 편차 : 세원이 대도시에 지나치게 편재되어 있어 대도시와 농촌지방자치단체간의 격차가 심하다.

3) 지방세수의 신장성 저조 : 증가하는 지방재정수요에 따라 지방세수의 신장성이 필요하나 지방세는 신장성이 낮다. 왜냐하면 지방세는 주로 자산과세를 중심으로 배분되어 있고, 신장률이 높은 소득과세나 소비과세의 배분이 극히 빈약하기 때문이다.

4) 획일적 세제와 과세자치권의 결여 : 부담의 균형을 위해 세목·세율·과세방법 등을 법률로 규정하고 있으며, 자치단체에 세목의 설정을 금지하고 있다.

제 4 절   세외수입

1. 의   의

1) 개념 : 세외수입이란 광의로 이해할 때에는 재정수입 가운데서 지방세, 지방교부세, 국고보조금을 제외한 수입을 뜻한다.

2) 세외수입의 특성 : 세외수입을 그 종류, 수입근거, 형태 등이 매우 다양하며, 세외수입은 지방자치단체의 여건에 따라 불균형적이며, 회계연도에 따라 불규칙하다. 세외수입은 수입형태를 현금으로 하는 외에 수입증지로 하는 경우도 있다.

2. 세외수입의 종류

1) 사용료와 수수료 : 사용료란 지방자치단체의 공공시설을 사용함으로써 얻는 이익에 대한 대가로서 징수하는 공과금을 말한다. 수수료란 지방자치단체의 사무처리에 의하여 서비스를 제공받은 특정인으로부터 그 서비스의 대가로서 징수하는 공과금을 말한다.

2) 재산임대수입 : 재산임대수입이란 지방자치단체가 소유하는 잡종재산의 운영 또는 매각에 의한 수입을 말한다.

3) 분담금 : 지방자치단체의 재산, 공공시설(도로)로 인하여 주민의 일부가 특히 이익을 얻은 경우에 그 이익을 얻은 자로부터 그 이익의 정도에 따라 징수하는 공과금이다.

4) 교부금(징수교부금) : 시·군이 국세, 도세, 하천사용료, 도로사용료 등을 징수하는 경우에 그 징수위임기관인 국가 또는 시·도가 자치구·시·군에 교부하는 것으로 형식적으로는 위임한 세입징수사무에 소요되는 경비를 보상하는 의미를 가지나 실질적으로는 시·도와 자치구·시·군간의 재원분재의 의미를 가진다.

5) 기부금 : 기부금이란 주민, 기업 등 민간부분의 자발적 의사에 따라 일정한 금액이 그 용도의 지정 없이 지방자치단체에 납입되는 금액을 말한다.

6) 이월금 : 이월금이란 동일한 회계에 있어서 전년도에 생긴 잉여금액 가운데서 현년도로 이월된 금액을 말한다.

7) 전입금 : 전입금이란 지방자치단체의 다른 회계 또는 기금으로부터 자금의 이동이 생기는 회계조작상의 수입을 말한다.

8) 사업장 수입(경영수익사업) : 지방단체가 공공목적을 위해서 공공부존자원을 효율적으

로 활용하여 얻는 수익을 말한다.

9) 과징금 : 행정법상의 의무를 위반한 사업자 개인에 대해서 금전적 제재를 말한다.

10) 복권발행수입 : 지방단체가 문화·예술 복지향상의 목적으로 기금의 재원에 충당하기 위해서 복권을 발행함으로써 얻는 수익을 말한다.

<h2>제 5 절 지방교부세</h2>

1. 의   의

지방교부세는 지방자치단체의 부족한 재정을 국가가 지원하여 자치단체간의 재원균형화 기능을 수행하기 위한 제도이다. 즉 지방재정 조정을 위한 전형적인 제도이다. 지방교부세는 지방재정의 지역간의 불균형을 시정하기 위하여 내국세액의 일정비율(19.24%)과 종합부동산세 전액, 담배 개별소비세 45%를 재원으로 하여 일정한 기준에 따라 각 지방자치단체에 배분하여 교부되는 지방자치단체의 일반재원을 뜻한다. 한편, 특별시·광역시와 자치구간의 재정형평성을 구현하기 위한 제도로 조정교부금제도가 있다.[1] 조정교부금의 용도는 특별한 제한이 없다.

2. 지방교부세의 특성

1) 지방교부세는 국가로부터의 단순한 교부금이 아니고 본래 지방자치단체의 공유적인 독립재원의 성격을 가진다. 이러한 독립재원으로서의 특질은 지방교부세의 교부율이 법령으로 고정되어 있다. 즉 내국세의 일정비율로 그 금액에 법으로 정해져 있다.

2) 지방교부세는 국고에서 지출되기는 하나 일단 교부된 지방교부세는 그 비용의 용도를 지방자치단체가 자유로이 결정할 수 있는 일반재원이 되는 것이다.

3) 지방교부세의 총액결정방식은 예산계상방식과 정액계상방식으로 나누어진다. 우리나

---

1) 조정교부금제도는 지방교부세제도와 유사한 제도이다. 우리나라의 경우 특별시·광역시와 자치구간의 재정 조정장치가 없어 조정교부금제도에 의하여 재정조정기능을 수행하고 있다. 조정재원은 특별시·광역시가 부과하는 취득세·등록세 수입액에 조례가 정하는 일정비율을 곱하여 산정한다.

라는 정액계상방식이다. 정액계산방식은 교부세총액을 미리 정해진 방식에 따라 국가 예산에서 계상하여 이를 각 지방자치단체에서 배분하는 방식이다.

4) 지방교부세는 지방자치단체의 재원의 균형화와 재원의 보장기능을 수행한다. 지방교 부세가 경제의 불균형발전에 따른 지방자치단체간의 세원의 편재를 조정하는 역할을 수행하고, 자치단체의 행정운영에 필요한 재원을 보장하는 기능을 수행한다. 따라서 지방교부세가 자치행정권을 보장하는 역할을 한다.

3. 지방교부세의 종류

1) 보통교부세 : 중앙정부가 각 지방자치단체의 재정력 균형을 위해 각 자치단체의 재정 부족액을 산정해 용도에 제한을 두지 않고 교부하는 재원이다. 재원은 내국세 총액의 19.24% 중 97%에 해당하는 금액으로 지방자치단체별 기준재정수입액이 기준재정수 요액에 미달하는 규모로 산정하여 교부한다. 다만 자치구의 경우에는 해당 특별시 또 는 광역시 통해 교부함으로 보통교부세의 직접 교부대상에서 제외된다.

2) 특별교부세 : 분권교부세 및 지방양여금 도로사업보전금을 제외한 교부세총액의 45에 해당되는 금액을 재원으로 다음의 경우에 교부한다. 첫째, 기준재정수요액의 산정방 법으로 파악할 수 없는 지역현안에 대한 특별한 재정수요가 있는 경우, 둘째, 재해복 구나 재해예방을 위한 특별한 재정수요가 있는 경우, 국가적 사업장려사업, 국가와 지 방자치단체간 긴급한 협력이 필요한 사업 또는 지역역점시책 등 특별한 재정수요가 있을 경우다. 재원은 내국세 총액의 19.24% 중 3%에 해당하는 금액이다.

3) 부동산교부세 : 부동산 세제개편에 따르는 자치단체 세수감소분 보전하기 위해서 국 가가 국세인 종합부동산세의 전액을 부동산교부세라는 명칭으로 지방자치단체의 재 정여건과 지방세 운영상황 등을 고려해 지방자체단체에 교부하도록 했다.

4) 소방안전교부세 : 지방자치단체의 소방 인력 운용, 소방 및 안전시설 확충, 안전관리 강화 등을 위하여 자치단체에 대하여 교부하는 특정재원이다. 재원으로 담배에 부과 되는 개별소비세 총액의 45%에 해당되는 금액이다.

4. 지방교부세의 문제점

1) 지방교부세는 일반재원으로서의 기능을 충분히 발휘하지 못하고 있다. 즉 교부세가

국고보조금화하는 변칙적 운영으로 지방재정으로 자율적 운용의 여지가 축소되고 있으며 교부재원배분의 산정방식이 불합리하므로 기준 재정수요액 산정지표의 개편과 단위비용의 합리적 재조정 등이 필요하다.

2) 특별교부세의 배정방식이 정형화되지 못하고 자의적이며, 지방교부세는 지방자치단체 간의 재정균형화기능에 미흡하다. 이유는 법정교부율이 너무 낮고 국고보조금제도와 관계없이 독립적으로 운영되고 있기 때문이다.

3) 지방교부세는 인구가 많을수록 유리하고, 자치단체의 징세노력을 제고하는 체제가 미흡하다. 즉 지방자치단체가 적극적인 세수확보의 노력보다는 중앙정부로부터 지방교부세를 받으려는 행태가 나타날 수 있다. 개선방안으로는 정치적 목적으로 이용되는 특별교부세의 비중을 축소할 필요가 있으며, 배분기준결정시 인구와 경제규모가 큰 지방자치단체에게 유리한 문제점을 보완할 필요가 있다.

제 6 절 국고보조금

1. 의   의

국고보조금이란 국가가 시책상, 자치단체의 재정사정상 필요하다고 인정될 때에 그 자치단체의 행정수행에 수요되는 경비의 일부 또는 전부를 충당하기 위하여 용도를 특정하여 교부하는 것을 말한다.

2. 국고보조금의 특성

1) 특정재원 : 국고보조금은 그 용도가 정해져 있는 특정재원이다. 즉 국고보조금은 자치단체의 특정한 사무나 사업의 수행을 장려하려고 할 때에 그에 소요되는 경비를 충당하는 것을 조건으로 하는 국가가 교부하는 자금이다.

2) 의존재원 : 국고보조금은 국가로부터 교부되는 자치단체의 의존재원이다. 의존재원 가운데서도 그 용도의 제한, 보조의 불예측성, 강력한 감독, 통제 등을 통하여 안정성과 자율성이 없는 재원이다.

3) 경상재원 : 국고보조금은 매년 경상적으로 수입되는 경상재원임을 특질로 한다. 따라서 지방자치단체의 수입 중 재산매각수입·기부금·이월금과 같은 임시수입과 구별된다.

3. 국고보조금의 종류

1) 교부금 : 교부금이란 본래 국가가 스스로 수행하여야 할 사무를 지방자치단체 또는 그 기관에 위임하여 수행하는 경우에 그 소요되는 경비에 충당하기 위하여 교부되는 보조금이다. 예를 들면 대통령 또는 국회의원선거, 국민투표 등을 지방자치단체가 수행하는 경우에 그 경비를 전액 교부하는 보조금을 말한다.
2) 부담금 : 지방자치단체 또는 그 기관이 법령에 의하여 실시하여야 할 사무나 사업이 국가와 지방자치단체 상호간에 이해관계가 있고 또한 그 원활한 사무처리를 위하여 국가가 그 경비를 부담하지 않으면 안 될 때에 그 경비의 일부 또는 전부를 부담하는 것을 말한다.
3) 장려적 보조금 : 국가가 정책상 필요하다고 인정할 때 또 지방자치단체의 재정사정상 특히 필요하다고 인정될 때에는 자치단체에게 보조금으로 교부되는 자금을 말한다.

4. 국고보조금의 문제점

1) 국고보조금은 용도가 정해져 있는 특정재원이다. 따라서 중앙정부의 강력한 통제와 지배를 받게 되어 지방자치의 자주성이 약화된다.
2) 중앙의 각 부처는 소관사무와 관련하여 보조사업을 확대시키려 하지만 재정자금의 부족으로 보조금이 각 지방자치단체에 적게 지원되고 있다.
3) 국고보조금에 따른 지방자치단체에 재정적 부담을 초래하기도 하며, 국고보조금이 해당 회계연도 개시 전에 알려야 하나 현실적으로 그렇지 못하다(불안정성).
4) 보조금의 종류는 많지만 보조금의 규모는 갈수록 영세화되고 있다.
5) 교부절차의 번잡성으로 행정적 비용이 과다 발생하고 있다.

제 7 절   지방정부 상호간의 재정조정

1. 조정교부금

(1) 중앙정부가 운영하는 지방교부세제도와 유사한 제도로 조정교부금제도가 있다. 조정교부금이란 특별시와 광역시, 자치구 사이의 재정격차를 해소하고 균형적인 행정서비스를 제공하기 위한 제도이다. 실제로 서울특별시의 경우 자치구간의 재정자립도 등의 차이로 주민의 행정서비스의 제공의 차이가 발생한다. 이러한 문제점을 해결하기 위한 제도가 조정교부금제도이다.

한편으로 서울특별시를 제외한 광역시·도는 그 관할구역내의 시·군의 재정을 보전하기 위해서 기초지방자치단체에 교부하는 재정보전금의 명칭을 조정교부금으로 통일하였다.

(2) 지방재정법 29조는 시·도의 시·군간의 재정격차를 조정하기 위해서 시·도지사는 다음 각 호의 금액의 27%(인구 50만 이상의 시와 자치구가 아닌 구가 설치되어 있는 시의 경우에는 47%)에 해당하는 금액을 관할 시·군 간의 재정력 격차를 조정하기 위한 조정교부금의 재원으로 확보하여야 한다. 다음 각 호의 금액은 시·군에서 징수하는 광역시세·도세의 총액과 해당 시·도의 지방소비세액을 전년도 말의 시·군의 인구를 곱한 금액을 의미한다.

(3) 시·도지사는 제1항에 따른 조정교부금의 재원을 인구, 징수실적(지방소비세는 제외한다), 해당 시·군의 재정사정, 그 밖에 대통령령으로 정하는 기준에 따라 해당 시·도의 관할구역의 시·군에 배분한다. 다만 시·도지사는 화력발전·원자력발전에 대한 각각의 지역자원시설세의 100분의 65에 해당하는 금액을 화력발전소·원자력발전소가 있는 시·군에 각각 배분하여야 한다.

(4) 특별시장 및 광역시장은 대통령령으로 정하는 보통세 수입의 일정액을 조정교부금으로 확보하여 조례로 정하는 바에 따라 해당 지방자치단체 관할구역의 자치구 간 재정력 격차를 조정하여야 한다. 조정교부금은 일반적 재정수요에 충당하기 위한 일반조정교부금과 특정한 재정수요에 충당하기 위한 특별조정교부금으로 구분하여 운영하되, 특별조정교부금은 민간에 지원하는 보조사업의 재원으로 사용할 수 없다.

제4장 　　　　　　　　　　　　　　　　　　 광역행정과 구역

제1절 **광역행정**

1. 의　의

(1) 개　념

　광역행정이란 행정의 능률성과 효과성을 향상시키기 위해서 기존의 행정구역을 초월하여 보다 넓은 지역에 걸쳐 행정을 종합적으로 처리하는 것을 의미한다. 그러므로 광역행정은 지방자치단체와 지방자치단체간에 협력을 통하여 사무를 공동으로 처리하는 것이다.

(2) 촉진요인

1) 사회, 경제권의 확대와 균형화를 위해서 광역행정이 요구된다. 즉 교통·통신의 발달, 매스컴의 보급은 전통적 사회의 공통의식이 약화되고 사회의 균형화가 촉진되고 있다. 이에 따라 행정수요도 광역적으로 발생하게 되었다.

2) 산업의 발달과 지역개발을 추진하기 위해서 필요하다. 산업이 고도로 성장함에 따라 산업 및 인구의 지역적 편재와 지역사이의 격차가 발생하여 산업입지 및 인구의 균형적 배치가 필요하게 되었다. 광역행정은 이러한 문제점을 효과적으로 대처할 수 있다.

3) 행정에 있어서 막대한 투자재원을 필요로 하는 것은 각 지방자치단체별로 운영하는 것보다 몇 개의 자치단체가 합동으로 운영하는 것이 효율적이다.

4) 지방자치단체의 행정·재정력이 격차로 인하여 자치단체간의 행정서비스의 불균형이

발생하고 있다. 이러한 불균형현상을 해결하고자 광역행정이 요청된다.

5) 대도시권안의 행정사무에는 광역적으로 처리하여야 할 사무가 많다. 즉 상·하수도, 도로, 교통, 쓰레기, 도시계획, 보건, 위생, 공원, 환경 등의 처리에 있어서 광역행정이 요청된다. 그러나 문화예술은 공동체의식과 지방색을 바탕으로 하므로 광역행정의 대상이 아니다.

(3) 광역행정의 특징

① 광역행정은 지역간 평균화된 행정서비스를 제공할 수 있으며, 급변하는 사회변동에 신속하게 적응할 수 있다. 그러나 광역행정은 그 본질상 중앙집권주의적 행정방식으로 지방주민의 영향력 약화를 초래하고 지방자치단체의 책임성이 약화될 수 있다. 따라서 광역행정은 주민참여의 약화와 공동체의식을 저해할 수 있다.

② 광역행정은 자치단체의 관할 구역을 넘는 행정수요에 대응하면서 서로 협력을 통하여 사무를 처리함으로써 집권과 분권의 조화를 이룬다. 또한 기능배분의 재분담을 도모하고 행정의 사회환경의 변화에 대응하는 지방행정방식이다.

2. 광역행정의 방식

(1) 공동처리의 방식

1) 둘 이상의 지방자치단체가 상호협력관계를 형성하여 행정사무를 공동으로 처리하는 방식이다. 공동처리방식은 단독으로 처리할 수가 없는 사무·사업을 굳이 연합이나 합병하지 않고 처리함으로써 사무처리의 융통성과 효과성을 높일 수가 있으나, 강제력이 결여되어 연대성이 약하다.

2) 공동처리의 방식으로는 협의회, 기관의 설치, 일부 사무조합, 사무의 위탁, 연락회의, 직원파견 등이 있다.

(2) 연합의 방식

1) 둘 이상의 지방자치단체가 독립적인 법인격을 그대로 가지면서 그 전역에 걸친 단체를 새로 창설하여 사무를 처리하는 방식이다. 연합방식은 공동처리방식의 취약성을 극복하고 연합체 자체의 사업주체성이 확보되나, 연합방식은 기초자치단체의 자주성을 침해할 위험성이 있다.

2) 연합방식으로는 자치단체연합체, 도시공동체, 복합사무조합 등이 있다. 지방자치단체
연합은 일정한 광역권 안의 여러 지방자치단체가 연합하여 특별지방자치단체의 성격
을 가진 연합체를 구성하는 것이다. 도시공동체는 대도시권 안에 있는 기초지방자치
단체인 시(市)들이 공공시설의 설치를 위해서 행정단위를 구성하는 것이다. 복합사무
조합은 둘 이상의 지방자치단체가 계약에 의해서 몇 가지 사무를 동시에 처리하는 경
우다.

(3) 통합의 방식

1) 일정한 광역권 안에 여러 단체를 포괄하는 단일 정부를 설립하여 광역사무를 처리하
는 방식이다. 통합방식의 장점은 광역권안의 여러 자치단체를 통합하여 광역사무를
능률적·경제적으로 해결해 나가며, 광역권 안에 불균형하게 분포된 자원을 균형 있게
배분할 수 있으나, 각 자치단체의 개별적 특수성이 무시되며 주민참여가 어려워진다.

2) 통합의 방식으로는 합병, 흡수통합, 전부사무조합 등이 있다. 합병은 몇 개의 지방자
치단체를 통폐합하여 하나의 지방자치단체를 설립하는 것이다. 흡수통합은 하급지방
자치단체가 가지고 있는 권한이나 지위를 흡수·통합하는 것이다.

(4) 특별구역의 지정방식

특수한 광역적 사무를 처리하기 위해서 자치구역과는 별도로 구역을 지정하는 방식이다.
특별구역방식은 법령에 의해서 구역을 지정한다.

3. 광역행정의 사무기준

(1) 골격기준과 세포기준

1) 골격기준 : 골격기준이란 광역도시권내의 도시상호간에 이해관계가 직결되어 있는 기
능들은 광역행정단위에서 해결하는 것을 의미한다. 예를 들면 도시계획, 교통, 통신,
전기, 주택 등과 같은 도시공공서비스 시설들을 인접 도시들과 함께 광역적으로 처리
하는 것이 효과적이다.

2) 세포기준 : 지방주민의 이해관계가 직결되는 기능 혹은 사무는 지방정부에 일임하여
처리하는 것을 말한다. 이러한 경우에 각 지방자치단체는 그 지방주민에게 직접 서비
스를 제공할 수 있다. 예를 들면 초등학교·중학교·경찰·병원 등이다.

(2) 환경체계기준

환경체계기준은 해안, 하천 등을 대상으로 한다. 해안, 하천 등은 다수의 지방자치단체 구역을 통과하고 있다. 대규모의 용수공급·대기오염·수질오염 등의 문제는 개별 자치단체 의 해결보다는 광역적 차원에서의 해결이 바람직하다.

(3) 고도의 전문화된 서비스기준

대학·연구소 등의 고등교육시설과 종합병원, 박물관 등과 같이 고도의 전문화된 지식과 서비스를 필요로 하는 시설 등은 규모경제원리의 영향을 받는 관계로 광역적 단위로 처리 된다.

(4) 협력체계기준

도시공동서비스 중에서 고도의 전문화된 지식과 서비스를 필요로 하는 시설들은 광역행 정권을 단위로 하여 여러 자치단체가 함께 처리하는 것이 경제적이고 효과적이다. 예를 들 면, 마약·범죄·쓰레기 수거 등의 사무는 여러 자치단체가 협조하여 처리함이 바람직하다.

(5) 형평기준

광역행정은 서비스의 형평성을 고려하여 실시할 수 있다. 즉 광역도시권내의 서비스 제 공이 형평의 원리를 기준으로 할 때에 광역행정은 광역권내의 지역격차를 해소하고 공평하 게 도시문제를 해결할 수 있다.

4. 우리나라의 광역행정방식

지방자치단체는 다른 지방자치단체로부터 사무의 공동처리에 관한 요청이나 사무처리에 관한 협의·조정·승인 또는 지원의 요청을 받으면 법령의 범위에서 협력하여야 한다.
1) 지방자치단체 상호간의 분쟁조정 : 지방자치단체 상호간이나 지방자치단체의 장 상호 간 사무를 처리할 때 의견이 달라 다툼이 생기면 다른 법률에 특별한 규정이 없으면 행정안전부장관이나 시·도지사가 당사자의 신청에 따라 조정할 수 있다. 다만, 그 분 쟁이 공익을 현저히 저해하여 조속한 조정이 필요하다고 인정되면 당사자의 신청이 없어도 직권으로 조정할 수 있다.

행정안전부장관이나 시·도지사가 분쟁을 조정하고자 할 때에는 관계중앙행정기관의 장과의 협의를 거쳐 제149조에 따른 지방자치단체 중앙분쟁조정위원회나 지방자치단체 지방분쟁조정위원회의 의결에 따라 조정하여야 한다.

2) 행정협의회 : 지방자치단체는 2개 이상의 지방자치단체에 관련된 사무의 일부를 공동으로 처리하기 위하여 관계지방자치단체간의 행정협의회를 구성할 수 있다. 이 경우 지방자치단체의 장은 시·도가 구성원이면 행정안전부장관과 관계중앙행정기관의 장에게, 시·군 또는 자치구가 구성원이면 시·도지사에게 이를 보고하여야 한다.

지방자치단체는 협의회를 구성하려면 관계 지방자치단체간의 협의에 따라 규약을 정하여 관계 지방의회의 보고를 거친 다음 고시하여야 한다. 협의회에서 협의가 이루어지지 않는 경우에 관계 지방자치단체장이 협의를 요청하면 서울의 경우는 행정안전부가, 시·군의 경우는 시·도지사가 조정할 수 있다. 또한 협의회가 결정한 사항은 그 결정에 따라 사무를 처리해야 한다. 따라서 구속력이 인정된다.

3) 지방자치단체조합 : 2개 이상의 지방자치단체가 하나 또는 둘 이상의 사무를 공동으로 처리할 필요가 있을 때에는 규약을 정하여 그 지방의회의 의결을 거쳐 시·도는 행정안전부장관의, 시·군 및 자치구는 시·도지사의 승인을 받아 지방자치단체조합을 설립할 수 있다. 다만, 지방자치단체조합의 구성원인 시·군 및 자치구가 2개 이상의 시·도에 걸치는 지방자치단체조합은 행정안전부장관의 승인을 받아야 한다. 지방자치단체조합은 법인으로 한다. 지방자치단체조합은 조합회의(의결기관)과 조합장(집행기관)을 둔다. 지방자치단체조합은 한정적 사무를 처리하며 구성원은 주민이 아닌 지방자치단체이다. 따라서 지방채 발행이나 독자적인 재산권을 행사할 수 있으나 주민에 대한 과세권은 없다(예: 수도권 광역교통조합).

4) 협의체 : 지방자치단체의 장이나 지방의회의 의장은 상호간의 교류와 협력을 증진하고, 공동의 문제를 협의하기 위하여 전국적 협의체를 설립할 수 있으며 전국적 협의체가 모두 참가하는 지방자치단체 연합체를 설립할 수 있다(예: 교육감협의체).

협의체나 연합체를 설립한 때에는 그 협의체의 대표자는 지체 없이 행정안전부장관에게 신고하여야 한다.

제2절 구 역

1. 의 의

1) 구역이란 단체의 관할권이 미치는 지역적 범위를 말한다. 구역은 질적 개념인 동시에 법적·행정적 개념이다. 즉 구역은 일정한 목적을 달성하기 위해서 국토공간을 구분한 지리적 경계인 동시에 공공기관 또는 단체의 관할권이 미치는 지역적 범위라고 할 수 있다. 지역은 그 기준에 따라 다음과 같은 몇 가지 유형으로 나눌 수 있다.

2) 자치구역과 행정구역 : 자치구역은 지방자치단체의 관할권이 미치는 지역적 범위를 말하며, 행정구역은 국가 또는 지방자치단체가 행정상의 편의를 위하여 그 내부에 설정하여 놓은 지역적 단위를 말한다. 우리나라의 경우 특별시·광역시·도·시·군·자치구는 자치구역이며, 행정구역은 특별시·도·시·군·자치구·읍·면·동이 해당된다. 우리나라의 지방자치단체는 자치구역과 행정구역의 성격을 동시에 지니고 있다고 하겠다.

2. 밀스파우(A. C. Millspaugh)의 구역설정기준

1) 공동사회 : 자치단체의 구역은 공동사회의 범위와 가급적 일치해야 한다.

2) 적절한 서비스단위 : 적정규모의 행정단위가 되기 위해서는 적정한 행정량을 가진 구역이어야 한다는 것이다. 밀스파우는 행정구역으로서 최소인구 단위는 2만 5천명으로 보고 있다.

3) 재정자립도 : 재정적인 자립도로서 진정한 지방자치를 확보하기 위해서는 자치단체의 자체수입으로 그 행정을 지탱할 수 있어야 한다.

4) 행정편의에 따르는 구역 : 자치단체의 구역은 주민의 집행기관에의 접근이 용이하고 행정처리에 편리하도록 설정되어야 한다.

3. 지방자치단체의 구역개편

(1) 구역개편의 필요성

1) 환경변화에 대응 : 산업화, 도시화에 따르는 사회·경제적 여건의 변화에 적응하기 위

해서 필요하다. 즉 우리나라의 도, 군의 구역은 조선시대 말기나 일제시대 초기에 설정된 것이므로 그 이후 많은 사회변동에 따라 구역개편의 필요성이 증대되고 있다.

2) 지방행정기능의 양적 확대 : 최근의 지방자치단체의 기능의 확대에 따라 종래와 같은 소규모 지방자치단체로는 증대된 기능을 수행할 수 없기 때문이다.

3) 광역행정에 대한 수요증가 : 광역행정에 대한 수요증가에 대비하기 위해서 필요하다. 즉 주요 기능이 주요 도로건설, 도시계획, 도시정비 등의 수요가 증가함에 따라 이러한 행정은 기존의 행정구역에 장애됨이 없이 계획되고 실시되어야만 행정의 효율성을 가져올 수 있다.

4) 행정의 전문화·기술화 : 최근 지방자치단체가 직업교육·보건위생교육 등의 전문화된 기능을 담당함에 따라 이러한 기능을 수행하기 위해서는 소규모 지방자치단체의 행정·재정력으로는 불가능하기 때문이다.

5) 교통과 통신의 발전 : 교통과 통신의 발전으로 광역에 걸쳐 행정수행을 가능하게 만들었기 때문에 구역개편의 필요성이 제기되고 있다.

6) 균등행정의 실시 : 지방자치단체간의 격차가 심한 경우에 이를 완화하여 균등행정을 실시하기 위해서 구역개편이 필요하다.

(2) 구역개편의 규정

1) 우리나라 지방자치법은 명칭과 구역을 바꾸거나 지방자치단체를 폐지하거나 신설하거나 나누거나 합칠 때에는 법률로 정하되, 다만 자치단체의 관할구역 경계변경이나 한자명칭 변경은 대통령령으로 정하며, 지방자치단체를 폐지하거나 설치하거나 나누거나 합칠 때 또는 그 명칭이나 구역을 변경을 할 때는 관계지방의회의 의견을 들어야 한다.

2) 자치구가 아닌 구의 읍·면·동의 구역을 폐지하거나 설치하거나 나누거나 합칠 때에는 안전행정부장관의 승인을 얻어 당해 지방자치단체의 조례로 정한다. 다만, 명칭과 구역의 변경은 그 지방자치단체의 조례로 정하고, 그 결과를 특별시장·광역시장·도지사에게 보고한다.

3) 시·읍의 설치기준은 시(市)는 그 대부분이 도시의 형태를 갖추고 인구 5만 명 이상이 되어야 한다. 도농(都農)복합형태의 시는 인구 2만 명 이상의 도시형태를 갖춘 2개 이상의 지역의 인구가 5만 명 이상의 군, 이 경우 군의 인구가 15만 명 이상이어야 한다. 읍은 그 대부분이 도시형태를 갖추고 인구 2만 명이 되어야 한다.

제 1 절   정보사회

1. 정보사회

(1) 의   의

정보사회란 통신기술과 컴퓨터의 영향으로 정보의 처리·축적·전달능력이 획기적으로 증대되면서 기술과 정보가 사회변화와 발전의 중요한 원동력이 되는 사회를 말한다. 정보사회는 인간의 정신노동을 증진시키기 위해서 컴퓨터기술에 크게 의존한다. 정보란 어떤 목적에 유용하게 사용될 수 있는 데이터의 집합을 말한다. 정보의 생산·가공·전달 등을 의식적으로 행하는 활동의 총체를 정보화라 한다.[1]

(2) 정보사회화에 대한 관점

정보통신기술이 정보사회화에 어떠한 영향을 미치는가의 논쟁은 대체로 세 가지 측면으

---

[1] ① 정보사회를 학자들에 따라 다르게 표현하고 있다. 초산업사회, 포스트모던, 후기산업사회, 전자정부시대라고도 표현한다. ② 정보사회의 특징으로 토플러(A. Toffler)는 미래의 충격에서 다양화, 복잡화, 분권화를 강조하였다. 다양화란 정보사회에서는 소비자는 공장에서 만들어진 똑같은 제품보다는 자신의 욕구에 맞는 상품을 구입하며, 복잡화는 한 문제의 해결을 위해서는 많은 전문가들이 복잡한 공동작업이 필요하다. 분권화는 시간과 공간을 초월한 사회를 말한다. 분권화란 수직적이고 권위적인 권력구조가 분권화된 수평적 조직으로 바뀌는 것을 말한다(정철현, 정보체계론, pp.11~12).

로 나누어 설명할 수 있다.

1) 낙관론 : 정보사회화는 인간에 삶의 질을 높이는 데 기여하고 자동화로 인한 생활의 편리함, 사무의 능률성, 중앙과 지방과의 정보격차해소가 된다고 보았다.

2) 비관론 : 국제관계에 있어서 힘 있는 다국적 기업에 의한 정보의 집중화는 국가간의 격차를 더욱 확대하게 하며, 중앙으로 권한의 집중과 사회적 불평등을 심화시킬 수 있다고 보았다.

3) 신중론 : 신중론은 정보사회와 과정에서 인간이 정보를 어떻게 활용하며 관련제도를 어떤 방향으로 구성해 나가느냐 하는 의지가 중요하다고 본다. 왜냐하면 정보사회의 이중적 효과를 강조하기 때문이다. 즉 정보사회는 참여민주주의의 수준을 높여줌과 동시에 다른 한편으로는 개인의 자율성과 정보의 평등권을 위협하기 때문이다.

(3) 정보사회의 특징

1) 정치적 측면에서의 변화 : 정보화사회에서 정치체제는 의회민주주의보다는 참여민주주의와 분권화된 지방자치활성화가 이루어질 것이다. 왜냐하면 정보의 흐름이 증대되고 행정구조와 기능이 확대될수록 권한을 상층부에서 하층부로 위임하는 분권화가 이루어진다. 일반적으로 분권화는 급변하는 환경과 국민의 다양한 행정수요에 적절히 대응할 수 있다. 또한 국민들의 의식수준이 높아짐에 따라 정책결정에 참여하려는 욕구가 확대된다. 정보화사회에서는 정보와 지식·기술을 소유한 기술관료의 역할이 중시될 것이다. 사회구조가 급격한 변화와 복잡성을 띠게 되면 개인은 정보수집과 평가에 한계가 있으므로 기술관료에게 의존도가 높아질 것이다.

2) 경제적 측면에서의 변화 : 산업구조가 자본집약에서 기술 및 정보집약의 산업구조로 전환이 이루어지며, 생산활동은 다품종소량생산체제와 고부가치산업체제로 변화하며, 생산의 자동화가 기업과 사무실에서 이루어질 것이다. 또한 하드기술에서 소프트기술로 변화한다.

3) 사회적 측면에서의 변화 : 사회체제가 계층적 사회에서 계층간의 형평성이 증대되는 수평사회로 전환된다. 정보사회는 컴퓨터를 이용한 통합적 정보망의 구축으로 모든 사람이 정보를 어디서나 취득하고 활용할 수 있으며, 국가간의 커뮤니케이션과 교류가 증대되며, 사회적 지위가 개인의 능력에 의해서 평가되는 실적주의 사회가 도래되며, 여성의 사회참여가 확대될 것이다.

4) 문화적 측면에서의 변화 : 문화면에서는 문화의 세계화와 문화의 다양성이 공존하는

세방화(glocalization)가 나타날 것이다.[2]

표 5-1 산업사회와 정보화사회의 비교

	산업사회	정보화사회
기본능력	육체적 노동력의 강화	정신적 노동력의 강화
생 산 력	물질적 생산력 (개인 생산능력의 증대)	정보생산력 (최적행위 선택능력의 증가)
사회형태	계급사회(중앙집중)	기능사회(분권화)
정부형태	의회민주주의	참여민주주의
조직형태	관료제	Adhocracy
시대정신	인간해방	인간과 자연의 공생
경제구조	제조업 중심의 상품경제	정보산업 중심의 에너지 경제
가치기준	물질가치(생리적 욕구)	시간가치(자기실현의 욕구)

(4) 정보사회와 행정과의 관계

정보사회화가 진행되면서 행정수요가 어떻게 달라지는가를 살펴보면 다음과 같다.

1) 네트워크의 구축으로 행정수요가 증가하며 인터넷을 통한 각종 사회문제가 발생하여 행정은 문제를 해결하기 위해서 더 많은 인력과 비용이 필요해질 것이다.

2) 정보화는 공공부문에 대한 다양한 정책적 요구로 나타날 것이다. 즉 행정에 대해서 높은 질적 서비스를 요구하게 되고, 문화에 대한 행정수요를 증대시킨다. 따라서 문화시설의 확충이 요구된다.

3) 정보사회에서 행정수요의 증대는 그만큼 행정이 담당해야 할 업무의 확대를 가져오면서 행정수요 또한 더욱 복잡해진다. 예를 들면 외국과의 전자상거래의 문제가 발생시는 전문가가 필요하다.

4) 정보통신망의 발전은 행정이 정보매체를 효과적으로 사용하는 것을 가능케 하여 정보통신망이 잘못하면 국가의 일방적 홍보정책으로 사용될 수 있다.

---

2) 세방화란 세계화(globalization)와 지방화(localization)가 통합한 개념이다. 가장 지방적인 것이 세계무대에서 인정받을 수 있다는 것이다.

(5) 정보화사회의 제영향

1) 정보화는 행정사무가 자동화되어 창구서비스의 종합화·일원화가 이루어지며, 각 부처 간의 공통적인 정보체계를 구축하기 위해서 행정서식이 통일되고 간소화된다.

2) 주민들이 가까운 주변에서 각종 증명서를 발급받을 수 있다.

3) 전자결제가 가능하여 신속·정확한 업무수행이 가능해진다.

4) 주민 누구나 행정에 대한 접근이 용이하므로 형평성을 구현할 수 있다.

5) 행정정보체계가 구축되면 대민관계에서 행정공개제도가 정착되며 행정의 부패와 부조 리가 감소하고 친절한 대민서비스가 이루어진다. 정보화는 시민들이 정부의 정책결정 과정을 투명하게 하며, 정부의 행위와 관련된 규칙·규제 등을 알 수 있으므로 국가적 이슈에 대한 해결방안을 제시하고 시민참여를 증진시킨다.

6) 가정의 뉴미디어의 보급과 통신체계구성 등의 행정 외부환경 변화로 행정서비스의 내용이 다양해진다.

7) 행정정보체계는 중복되거나 반복되는 업무를 기계화로 처리하므로 인력·예산 등의 절감을 가져오며, 정보자료의 수집·저장·산출 등과 같은 정보자료처리의 단순한 육 체적 작업은 감소되며, 구조적이고 반복적인 관리자의 의사결정이 자동화됨에 따라 중간관리층의 역할은 감소된다. 따라서 조직형태는 전통적인 피라미드 구조에서 종위 에 럭비공을 올려놓은 것과 같은 형태로 변한다. 왜냐하면 일상적인 의사결정은 컴퓨 터로 처리되고 중요한 의사결정은 최고관리층이 처리함으로써, 중하위계층의 업무에 진공상태가 발생하여, 이를 극복하기 위해서 상위계층에 속했던 결정권을 하위계층으 로 폭포수처럼 내려주기 때문이다.3)

8) 과학적 관리방법의 활용으로 정책과정이 합리화된다. 또한 행정의 정보화가 정책과정 에 미치는 영향을 살펴보면, 정책의제설정단계에서 광범위한 자료수집과 분석이 가능 하다. 이 단계에서 중하위관료들의 역할이 증대된다. 따라서 행정의 정보화는 정책결 정과 집행의 과학성과 능률성을 높인다.

9) 정보네트워크를 통한 정보공개로 행정의 민주성과 투명성을 실현할 수 있다.

10) 대민관련서비스가 전산화되어 가정에서 민원업무가 가능해진다.

11) 행정정보화의 영향으로 중·하직종의 일상적인 업무가 창의적인 업무를 추구하게 되

---

3) 하미승, 1999, <정보체계론>, 서울: 법문사.

며 조직구성원의 정보분석력과 창의력이 종전보다 더 요구된다.

(6) 정보사회의 문제점

1) 개인의 정보가 국가나 기업·단체·사회집단에 광범위하게 수집되어 사생활 침해우려가 있으며, 개인은 좋은 정보는 본인이 소장하고 불필요한 정보만 유통시키는 정보의 그레샴법칙이 발생할 수 있다.

2) 정보사회에서는 기계의 중계에 의한 의사소통이 많아져 대인관계의 비인간화를 초래할 가능성이 높다.

3) 정보과잉현상으로 정보에 대한 무감각현상이나 무기력 사태를 초래할 우려가 있다.

4) 개인간 정보격차가 심화될 가능성이 있다. 또한 정보화사회는 지방의 중앙에 종속, 정보선진국이 후진국을 종속화할 가능성이 있다. 특히 서방 선진국가들이 경제발전을 지속하기 위해서 정보화를 저개발국가들을 수탈하는 수단으로 이용될 수 있다. 선진국가들의 다국적 기업들이 전세계의 정보통신을 활용하여 그들의 이익을 추구할 수 있으며, 군사연구개발로부터 파생된 기술적 지식을 영리목적으로 활용할 수 있다.

제 2 절 정보화 정책

1. 정보화 정책

(1) 행정정보화

1) 행정정보화란 행정의 업무처리방식을 혁신하고 국민들을 대상으로 행정서비스의 질을 향상시키며 국가사회의 정보화를 위한 정보기반을 구축하는 것이다.

2) 업무처리의 혁신을 위해서 행정사무를 전산화가 이루어지는 전자정부의 구현으로 일반국민이 쉽게 행정기관에서 필요한 정보를 받을 수 있는 체계를 마련하는 것이다.

3) 정보화 정책의 구체적 내용으로 행정정보를 공개함으로써 행정과정에 주민참여를 촉진하고 일회방문 행정서비스의 실현이 가능하다.

(2) 정보공개와 개인정보의 보호

1) 행정정보공개는 국민에게 알권리를 보장하고 국정에 대한 국민의 참여와 국정운영의 투명성을 확보하는 것을 목적으로 한다.

2) 개인정보의 보호를 위해서 우리나라는 1994년 1월 공공기관의 개인정보보호에 관한 법률을 제정하여 공공기관은 정보보유목적 이외의 목적에 개인정보를 임의적으로 사용하거나 정보주체 이외의 다른 기관에 개인정보를 제공하는 것이 금지된다.

(3) 초고속통신망

초고속통신망구축사업은 1994년부터 추진했으며 디지털기술을 이용하여 광섬유로 모든 정보를 교환하는 최첨단 고속통신망이다. 초고속정보통신망 구축사업은 공공기관의 초고속 국가정보통신망과 민간의 초고속공중정보통신망으로 나누어 추진하였다.[4]

(4) 전자정부

1) 전자정부란 정보기술을 활용하여 행정기관의 사무를 전자화함으로써 행정기관 상호간 또는 국민에 대한 행정업무를 효율적으로 수행하는 정부를 말한다.[5] 전자정부는 문서 없는 정보를 구현함으로써 고객의 요구에 보다 빨리 대응하여 대국민서비스를 증진할 수 있다.

2) 전자정부의 7가지 정책

① 일회방문(one-stop) 행정서비스 실현 : 행정전산망의 구축으로 시간적·공간적 제약을 극복하고 언제·어디서든지 표준화된 서비스 또는 복수의 서비스를 하나의 창구에서 한 번의 신청으로 제공받는 것을 말한다.

② 온종일(non-stop) 서비스의 실현 : 정보통신네트워크를 통하여 행정서비스의 이용시간을 24시간으로 확대하고 서비스 제공을 국민이 편리한 시간에 제공받을 수 있도록 하는 것을 말한다.

③ 행정서비스 제공의 지리적 한계극복 : 전자적 수단에 의한 행정서비스 제공의 원격제

---

4) 초고속정보통신망이란 공공기관, 기업, 가정까지 첨단광케이블망으로 연결하여 음성자료, 영상 등의 정보를 주고받는 최첨단 통신시스템을 말한다.

5) 전자정부구현을 위한 행정업무 등의 전자화촉진에 관한 법률 제6439호 제2조.

공을 확대하는 것이다. 즉 행정전산망을 이용하여 가까운 지역에서 온라인으로 서비스를 신청하거나 제공받을 수 있는 것을 말한다.

④ 행정정보의 전자적 공개 : 행정전산망을 통하여 공공기관이 보유하고 있는 정보를 국민에게 적극적으로 제공하는 것을 말한다.

⑤ 정보전달의 전자화 : 국민에게 부여하는 각종신고, 신청, 보고 등을 전자화하여 행정기관과 국민의 부담을 줄이도록 하는 것이다.

⑥ 법정보존문서의 전자매체화 : 그동안 종이에 의한 문서보존을 각종 디스크에 보관하는 것을 말한다.

⑦ 전자문서교환 : 행정과 민간간의 거래에 있어서 전자문서교환체제를 구축하고 이를 위하여 전자문서 표준화제정, 전자문서 유통체계에 대한 법적·제도적 장치 등을 추진한다.

3) 전자정부의 구현 및 운영원칙

① 대민서비스의 전자화 및 국민편익의 증진
② 행정업무의 혁신 및 생산성 및 효율성의 향상
③ 정보시스템의 안전성, 신뢰성의 확보
④ 개인정보 및 사생활 보호
⑤ 행정정보의 공개 및 공동이용의 확대
⑥ 중복투자방지 및 상호운용성 증진
⑦ 정보기술아키텍처 기반의 전자정부 구현·운영
⑧ 행정정보의 기관 간 공동이용을 통한 전자적 확인가능사항의 민원인 제출요구 금지
⑨ 개인정보의 당사자 의사에 반한 사용금지(법령에 정한 경우 제외)

(5) 정보체계의 아웃소싱(Outsourcing)

1) 의의

아웃소싱이란 기업 등이 핵심역량을 강화하거나 비용절감을 목적으로 조직기능 및 업무일체를 전문공급업체에 위탁하는 것을 말한다. 아웃소싱의 분야는 급여, 보안, 안내, 복리후생, 시설관리·정보체계 등의 모든 업무가 가능하다. 최근 행정정보체계의 운영·관리에서 아웃소싱의 중요성이 인식되어 우리나라도 1998년 기획예산위원회를 중심으로 아웃소싱에 대한 방안을 마련하기 시작하였다. 정보화 부문은 많은 전문인력이 요구되나 행정부서가 다양한

각 전문가를 자체적으로 보유하기가 어렵기 때문에 아웃소싱에 의한 업무수행이 요구된다.

2) 장점

① 정보체계의 아웃소싱은 환경이나 기술변화에 신속한 대응이 가능하고, 비용이 절감되며 전문적인 서비스를 국민들에게 제공할 수 있다.

② 각 기관은 핵심사업에 전념할 수 있고, 시장의 규모경제를 활용할 수 있어 비용이 절감된다.

3) 단점

① 내부정보의 보완유지가 어렵고, 행정정보체계가 외부업체에 종속가능성이 있다.

② 공급자와 계약이 이루어지면 계약중단이나 파기가 어렵고, 추가적 비용이 발생할 우려가 있고, 내부전산 전문인력의 반발을 초래할 우려가 있다. 이는 장기적으로 내부전문가를 육성하는 문제와 상반된다.

(6) 유비쿼터스정부(U-government)

1) 의의

유비쿼터스 정부란 언제 어디서나 존재한다는 라틴어에서 유래한 것으로 국민이 언제 어디서나 중단 없이 통신망에 접속하여 원하는 행정 서비스를 받을 수 있는 환경을 갖춘 정부를 말한다.

2) 특징

① 전자정부는 온라인 네트워크를 기반으로 신속하고 투명한 행정서비스 제공을 목표로 하고 있는 반면, 유비쿼터스정부는 브로드밴드와 무선 모바일 네트워크, 주위환경을 감시하는 센싱기술, 칩 기반으로 한 지능적인 업무수행과 개개인의 수요에 맞는 맞춤 행정서비스 제공을 목표로 한다.

② 컴퓨팅(Computing), 커뮤니케이션(Communication), 접속(Connectivity), 콘텐츠(contents), 조용함(Calm) 등 5C의 5Any[Any Time, Any Where, Any device, Any network, Any servicee] 언제, 어디서나, 어느 기기로도 구애받지 않고 경제적이며 편리하게를 지향한다.

③ 실질적인 고객지향성 · 실시간성 · 지능성 · 형평성 등을 중시하며 시민참여도를 제고한다.

제 3 절 행정정보공개

1. 의 의

1) 행정정보공개란 국민이 행정기관이 보유하고 있는 정보를 이용할 수 있도록 하는 제도이다. 국민은 행정정보공개를 청구할 수 있으며 행정기관은 국민이 요구한 정보를 공개할 의무가 있다.

2) 우리나라의 정보공개법상의 정의는 공공기관이 직무상 작성·취득하여 관리하고 있는 정보를 열람하게 하거나, 그 사본과 복제물을 교부하는 것을 말한다. 전국 최초로 정보공개조례를 제정하여 시행한 지방자치단체는 1991년 7월에 청주시이다. 중앙정부도 1996년 2월 공공기관의 정보공개에 관한 법률이 제정되면서 본격적인 정보공개제도를 실시하였다.

2. 정보공개의 과정

1) 정보공개를 요구하는 청구인은 행정기관에 정보공개청구서를 제출한다. 정보청구는 모든 국민이 할 수 있으며 정보공개기관의 범위는 국가·지방자치단체, 정부투자기관, 공단 등 정부산하단체, 입법부, 사법부 등이 포함된다.

2) 청구서를 받은 행정기관은 원칙적으로 10일 이내에 공개여부를 결정해야 한다.

3) 정보공개청구인은 공개청구에 대한 행정기관의 결정에 불복하는 경우는 이의신청, 행정심판, 행정소송을 제기할 수 있다.

3. 비공개대상정보

공공기관은 모든 정보는 공개되는 것이 원칙이지만, 국가전체의 권익이나 개인의 프라이버시 침해의 위험이 있는 다음의 정보는 제외된다(정보공개법 제9조).

① 다른 법률 또는 법률에서 위임한 명령에 따라 비공개 사항으로 규정된 정보

② 국가안전보장·국방·통일·외교관계 등에 관한 사항으로서 공개될 경우 국가의 중대한 이익을 해할 우려가 있다고 판단되는 정보

③ 공개될 경우 국민의 생명·신체 및 재산의 보호에 현저한 지장을 초래할 우려가 있다고

인정되는 정보

④ 진행 중인 재판에 관련된 정보와 범죄의 예방, 수소, 공소, 형 집행, 교정, 보안처분에 관한 사항으로 공개될 경우 그 직무수행을 현저히 곤란하게 하거나 형사피고인의 공정한 재판을 받을 권리를 침해한다고 인정할 만한 상당한 이유가 있는 정보

⑤ 감사·감독·검사·시험·규제·입찰계약·기술개발·인사관리에 관한 사항 등으로서 공개될 경우 업무의 공정한 수행이나 연구·개발에 현저한 지장을 초래한다고 인정할 만한 이유가 있는 정보

⑥ 해당 정보에 포함되어 있는 성명·주민등록번호 등 개인에 관한 사항으로서 공개될 경우 사생활의 비밀 또는 자유를 침해할 우려가 있다고 인정되는 정보. 다만 직무를 수행한 공무원의 성명 및 직위는 공개대상이다.

⑦ 법인·단체 또는 개인의 경영상·영업상 비밀에 관한 사항으로서 공개될 경우 법인 등의 정당한 이익을 현저히 해칠 우려가 있다고 인정되는 경우

⑧ 공개될 경우 부동산 투기·매점매석 등으로 특정인에게 이익 또는 불이익을 줄 우려가 있다고 인정되는 정보

4. 정보공개의 필요성

1) 행정정보의 공개는 행정의 투명성을 높이며 부패를 방지할 수 있다. 정보공개는 정부가 국민에 대한 기본적인 책임이다. 정보공개를 통해서 공무원의 권력남용과 행정업무의 공정성을 확보할 수 있으며, 행정의 부정과 비리도 방지할 수 있다.

2) 정보를 공개함으로써 국민의 행정에 대한 신뢰를 높일 수 있다. 행정정보의 공개를 정부가 능동적으로 하여 국민의 행정에 대한 적극적인 참여를 촉진시키고, 행정의 신뢰를 증진할 수 있다.

3) 정보공개는 국민의 알권리를 보장한다. 국민이 자신의 권익과 관련된 정책을 알고자 하는 권리는 국민의 기본적 인권으로 파악되고 있다. 정보를 공개하여 국민의 알권리를 충족시키는 것이 국가가 국민의 이익을 보장하는 것이다.

5. 정보공개의 문제점

1) 개인정보의 유출로 인한 사생활침해가 우려된다. 공공부문에서 개인정보의 사용과 유

통이 크게 증가하고 있다. 컴퓨터의 발달은 개인정보의 축적을 용이하고 빠르게 처리할 수 있어 개인의 프라이버시 침해우려가 있다. 더욱이 사회보장, 세무행정, 범죄수사는 개인정보의 사용을 확대시키고 있다. 즉 정보의 급격한 유통으로 인하여 정보를 목적 외에 사용하거나, 권한이 없는 자가 파일에 접근하여 개인 데이터를 변조하거나 정보를 외부에 누설할 가능성이 있으며, 데이터를 유통시켜 특정개인에 대한 잘못된 판단을 하게할 우려가 있다.

2) 정보공개제도를 운영하는 데 비용이 많이 들고 업무의 차질이 우려된다. 최근 주민의 정보공개요구로 업무의 지장을 초래하고 이러한 욕구는 인원증가로 이어질 수밖에 없다.

3) 정보공개에 따라 정보공개의 혜택의 불공평성을 초래할 수도 있다.

4) 정보공개로 범죄자에게 악용의 소지가 있다. 비정당한 방법으로 개인의 사생활을 침해하여 곤경에 빠뜨리거나, 정보가 부당한 목적으로 사용될 수도 있다.

5) 정보공개는 담당공무원의 업무에 소극적이고 위축될 우려가 있다. 왜냐하면 말썽이 생기면 개인의 책임전가로 이어지기 때문이다.

찾아보기

기타

참고문헌

.

●

.

영문문헌

Ackoff, R. L. et al. (1981), A prolgque to National Development, Philadelphia: Univ. Pennsylvania social systems Sciences Department.

Andersocn. James E. (1984), *Public Publicy—Making*, New York: Holt, Rinehart and Winston.

Alder, C. P. (1972), Existence, Relatedness and Growth, New York: The Free Press.

Argyris, Chris. (1965), *Organization and Innovation*, Homewood, I11.: Irwin.

Argyris, Chris. (1957), *Personalit and Organization: The conflict between System and the Individual*, New York: Harper and Row.

Bailey, Stephen, K. (1968), "*Objectives of the Theory of public Administration*", in James C. Charlesworth, ed.

Barzelay, Michael. (1992), Breaking through Bureaucracy: *A New vision for menaging in Government*, Berkeley, Calif: University of California Press.

Bauer, Raymond. (1967), *Social Indicators*, Cambridge, Mass: MIT Press.

Bennis, Warren G. and Slater, P. E. (1968), *The Temporary Society*, New York: Harper & Row.

Blau, Peter M. (1955), *The Dynamic of Bureaucracy*, Chicago: University of Chicago Press.

Blau, Peter M. and Mayer, Marshall W. (1971), *Bureaucracy in Modern Society*, 2nd ed., New York: Random House.

Blau, Peter M. and Scott. W. Richard. (1962), *Formal Organizations*, San Francisco: Chandler.

Bozeman, Barry. (1993), *Public Management*: The state of theart, San Francisco, Jossey Bass.

Caiden, Gerald E. (1982), *Public Administration*, 2nd ed., Pacific Palisades, Calif: Palisades Publishers.

Caiden, Gerald E. (1969), *Administrative Reform*, Chicago: Aldine.

Chandler, J. A. (1991), *Local Government Today*, Manchester and New York: Manchester University Press.

Dahl, Robert A. (1976), and Lindblom, Charles E., *Politics, Economics and Welfare*, 2nd ed., Chicago: University of Chicago Press.

Dror, Yehezkel. (1971), *Desigh for Policy Science*, New York: American Elsevier Publishing.

Dror, Yehezkel. (1971), *Ventures in Policy sciences*, New York: Elsevier.

Dror, Yehezkel. (1968), *Public Policy Making Reexamined*, San Francisco: Chandler.

Drucker, Peter F. (1974), *Management: Tasks, Responsibilities, Practices*, New York: Harper and Row.

Dye, Thomas R. (1976), *Policy Analysis*, Alabama: Univ. of Alabama Press.

Dye, Thomas R. (1971), *The Politics of Equality*, New York: Bobbs—Merrill.

Dye, Thomas R. (1966), *Politics, Economics, and the Public: Policy Outcomes in the American States*, Chicago: Rand McNally.

Dye, Thomas R. and Gray, Virginia. (1980), *Determinants of Public Policy*, Boston: Lexington.

Etzioni, Amitai(ed.). (1961), *Complex Organizations: A Sociological Reader*, New York: Holt, Rinehart and Winston.

Fiedler, Fred E. (1967), *A Theory of Leadership Effectiveness*, New York: Mcgraw—Hill.

Frederickson, H. George. (1980), *New Public Administration,* Alabama: University of Alabama Press.

Galbraith, Jay R. (1977), *Organization Design*, Addison—Wesley Publishing Company.

Gant, George F. (1979), *Development Administration: Concepts, Goals, Methods*, Madison, Wisconsin: University of Wisconsin Press.

Gawthrop, Louis C. (1969), *Bureaucratic Behavior in the Executive Branch: An Analysis of Organizational Change*, New York: Free Press.

Golembiewaski, Robert T. et al.(ed.). (1976), *Public Administration: Readings in Institutions, Behavior*, 3rd ed., Chicago: Rand McNally.

Golembiewaski, Robert T. (1977), *Public Administration: as a Developing Discipline Part I, Perspectives on Past and Present*, New York: Marcel Dekker.

Gordon, George, J. (1982), *Public Administration in America*, 2nd ed., New York: St. Martin's Press.

Gorthner, Harold F. (1984), *Administration in the Public Sector*, 2nd ed., New York: John Wiley and Sons.

Hodgkison, Christopher. (1978), *Towards a Philsophy of Administration*, New York: St. Martin's Press.

Kaplan, A. (1964), *The conduct of inquiry*, Sanfrancisco: Chandler.

Katz, Daniel and Kahn, Robert, L. (1978), *The Social Psychology of Organizations*, 2nd ed., New York: John Wiley and Sons.

Kramer, Fred A. (1981), *Dynamics of Public Bureaucracy: An Introduction to Public Management*, 2nd ed., Cambridge, Mass: Winthrop.

Kramer, Fred A.(ed.). (1977), *Perspectives on Public Bureaucracy*, 2nd ed., Cambridge, Mass: Winthrop.

Kuhn, Thomas S. (1970), *The Structure of Scientific Revolutions*, Chicago: Univ. of Chicago Press.

Lane, Fredericks S.(ed.). (1987), *Current Issues In Public Administration*, 5th ed., New York: St. Martin' s Press.

Lee, Robert D. (1979), Jr., *Public Personnel Systems*, University Park Press, 1979.

Levine, Charles H. et al. (1990), *Public Administration*, Scott, Forseman and Company.

Lindblom, Charles E. (1980), *The Policy—Making Preocess*, 2nd ed., Englewood Cliffs, N. J.: Prentice—Hall.

Lindblom, Charles E. (1971), *Strategies for Decision Making*, Urbana: University of Illinois Bulletin.

Luthans, Fred. (1981), *Organizational, Behavior*, 3rd ed., New York: NcGrwa—Hill.

Marc, James G. (1958), and Simon, Herbert A, *Organizations*, New York: John wiley and Sons.

Marini, Frank(ed.). (1971), *Toward a New Public Administration*, Scranton: Chandler.

Maslow, Abraham H. (1954), *Motivation and Personality*, New York: Harper and Brothers.

McGegor, Douglas. (1960), *The Human Side of Enterprise*, New York: Mcgraw Hill.

Milton, Charles R. (1981), *Human Behavior in Organizations: Three Levels of Behavior*, Englewood Cliffs, N. J.: Prentice—Hall.

Mitchell, Terence R. (1978), *People in Organizations: Understanding Their Behavior*, London: McGraw—Hill.

Morrow, William L. (1980), *Public Administration: Politics, Policy, and the Political System*, 2nd ed., New York: Random House.

Mosher, Frederick C. (1975), *American Public Administration; Past, Present, and Future*, Ala.: University of Alabama press.

Mosher, Frederick C. (1968), *Democracy and the Public Service*, New York: Oxford University of Alabama Press.

Nachmias, David. (1979), *Public Policy Evaluation: Approaches and Methods*, New York: St. Martin's Press.

Nigro, Felix A. and Nigro, Lloyd G. (1981), *The New Public Personnel Administration*, 2nd ed., Itasca, Illinois: F. E. Peacock Publishers.

Ostrom, Vincent. (1974), *The Intellectual Crisis in American Public Administration*, revised edition, Ala.: University of Alabama Press.

Perrow, Charles A. (1972), *Complex Organizations: A Critical Essays*, Glenview, Ill.: Scott Forseman.

Peters, B. Guy. (1978), *The Politics of Bureaucracy: A Comparative Perspective*, New York: Longman.

Presthus, Robert. (1976), *Public Administration*, 7th ed., New York: Ronald Press.

Presthus, Robert. (1965), *Behavioral Approach to Public Administration*, Tuscaloosa Ala: University of Alabama Press.

Pyhrr, Peter A. (1973), *Zero−Base Budgeting: A Practical Management Tool Evaluating Expenses*, New York: John Wiley and Sons.

Riggs, Fred W. (1973), *Prismatic Society Revisited*, N. J.: General Learning Press.

Riggs, Fred W(ed.). (1971), *Frontiers of Development Administration*, Durham, N. C. Duke University Press.

Riggs, Fred W. (1964), *Administration in Developing Countries: The Theory of Prismatic Society*, Boston: Houghton Mifflin.

Robbins, Stephen. (1983), *Organization Theory: The Structure and Design of Organization*, Prentice−Hall.

Rohr, John A. (1978), *Ethics for Bureaucrats: An Essay on Law Values*, New York: Marcel Dekker.

Rosen, Bernard. (1982), *Holding Government Bureaucracies Accountable*, New York: Prager.

Rourke, Francis E. (1978), *Bureaucracy, Politics, and Public Policy*, 2nd ed., Boston: Little,

Brown.

Schuman, David. (1976), *Bureaucracy, Organizations, and Administration: A Political Primer*, New York: Macmillan.

Simon, Herbert A. (1976), *Administrative Behavior: A Study of Decision−Making Precesses in Administrative Organization*, 3rd ed., New York: The Free Press.

Thompson, James D. (1967), *Organization, in Action*, New York: McGraw−Hill.

Thompson, Victor A. (1976), *Bureaucracy and the Modren World*, Morristown: General Learnign Press.

Thompson, Victor A. (1961), *Modern Organization: A general Theory*, New York: Knopf.

Urban, Michael E. (1982), *The Idology of Administration*, Albany: State Univ. of N. Y. Press.

Waldo, Dwight(ed.). (1980), *The Enterprise of Public Administration: A Summary View*, Novato, Calif.: Chander and Sharp Publishers.

Waldo, Dwight(ed.). (1971), *Public Administration in a Time of Turbulence*, Scranton: Penn.: Chandler.

Wildavsky, Aaron. (1980), *How to Limit Government Spending*, Berkeley: University of California Press.

Wildavsky, Aaron. (1975), *Budgeting*, Boston: Little, Brown and Go.

국문문헌

가재창 및 심재권, 1999, <신재무행정론>, 대전: 충남대학교.

강성철 외, 2014, <새인사행정론>, 서울: 대영문화사.

강용기, 2021, <현대지방자치론>, 서울: 대영문화사.

강인재 외, 1999, <한국행정론>, 서울: 대영문화사.

고영선, 1999, <아래로부터 정부개혁>, 서울: 박영사.

관악행정행정학회편, 1998, <행정과 가치>, 서울: 법문사.

권기헌, 2019, <행정학 강의>, 서울: 박영사.

──────, 2012, <정의로운 국가가 무엇인가>, 서울: 박영사.

──────, 2012, <전자정부론>, 서울: 박영사.

──────, 2011, <정책분석론>, 서울: 박영사.

김관웅, 1983, <행정과학서설>, 서울: 박영사.

김규정, 1999, <행정학개론>, 서울: 법문사.

―――, 1999, <행정학원론>, 서울: 법문사.

김남진, 1999, <행정법 Ⅰ·Ⅱ>, 서울: 법문사.

김동건, 2012, <비용·편익분석>, 서울: 박영사.

김동훈, 1999, <지방정부론>, 대전: 충남대출판부.

김동희, 2004, <행정법>, 서울: 박영사.

김병섭 외, 2009, <휴먼조직론>, 서울: 대영문화사.

김석준 외, 2002, <거버넌스이해>, 서울: 대영문화사.

――― 외, 2001, <뉴거버넌스와 사이버거버넌스연구>, 서울: 대영문화사.

――― 외, 2000, <뉴거버넌스연구>, 서울: 대영문화사.

김성태, 2007, < 신전자정부론과 전략>, 서울: 법문사.

김수영, 1987, <행정기획론>, 서울: 법지사.

김신복, 1991, <발전기획론>, 서울: 박영사.

김용우, 2004, <정부회계원리>, 서울: 대영문화사.

―――, 1996, <규제행정론>, 서울: 대영문화사.

김운태, 1986, <행정학원론>, 서울: 박영사.

김 원, 1987, <도시행정론>, 서울: 박영사.

김재기, 2013, <현대행정학>, 서울: 법문사.

김준기, 2009, <정부와 NGO>, 서울: 박영사.

김중양, 1999, <한국인사행정론>, 서울: 법문사.

김중양, 1996, <주해국가공무원법>, 서울: 언약.

김철수, 2013, <헌법학신론>, 서울: 박영사.

김태룡, 2011, <현대사회와 NGO>, 서울: 대영문화사.

―――, 2014, <행정이론>, 서울: 대영문화사.

김태영 외 2인, 2003, <사회과학논문작성과 통계자료분석>, 서울: 대영문화사.

김항규, 2010, <행정철학>, 서울: 대영문화사.

김현조, 2009, <지방자치론>, 서울: 대영문화사.

김호진, 1992, <한국정치체제론>, 서울: 박영사.

김홍래, 1999, <지방재정법해설>, 서울: 조세통람사.

노정현 외, 1994, <행정개혁>, 서울: 나남출판.

노화준, 2003, <정책학원론>, 서울: 박영사.

남궁근, 2010, <정책학>, 서울: 법문사.

민 진, 2012, <조직관리론>, 서울: 대영문화사.

─────, 1997, <행정학개설>, 서울: 고시연구사.

박균성, 2013, <행정법강의>, 서울: 박영사.

박동서, 2001, <한국행정론>, 서울: 법문사.

─────, 1998, <인사행정론>, 서울: 법문사.

─────, 1998, <한국행정의 소서신>, 서울: 법문사.

박문옥, 1974, <행정학>, 서울: 신천사.

박연호, 1998, <행정학신론>, 서울: 박영사.

─────, 1996, <인사행정개론>, 서울: 법문사.

박영희, 김종희 2017, <신재무행정론>, 서울: 다산출판사.

박용치, 1998, <현대행정학원론>, 서울: 경세원.

박우순, 1996, <조직관리론>, 서울: 법문사.

─────, 1996, <현대관리론>, 서울: 법문사.

박응격, 1999, <지방행정론>, 서울: 신조사.

─────, ·1993, <행정학강의>, 서울: 박영사.

박천오·박경효, 1996, <한국관료제의 이해>, 서울: 법문사.

박천오 외, 1999, <비교행정학>, 서울: 법문사.

방석현, 1995, <행정정보체계론>, 서울: 법문사.

배득종, 1999, <신재무행정: 좋은 예산을 찾아서>, 서울: 박영사.

백완기, 2000, <행정학>, 서울: 박영사.

─────, 1998, <한국행정학의 기본문제들>, 서울: 나남출판.

성낙인, 2009, <헌법학>, 서울: 법문사.

손재식, 1997, <지방행정론>, 서울: 박영사.

손희준, 2011, <지방재정론>, 서울: 대영문화사.

신두범, 1997, <행정학원론>, 서울: 박영사.

신무섭, 2014 ,<재무행정학>, 서울: 대영문화사.

신윤표, 1999, <행정학>, 서울: 박영사.

안문석, 1990, <정보체계론>, 서울: 법문사.

안해균, 1990, <정책학원론>, 서울: 다산출판사.

───, 1987, <현대행정학>, 서울: 다산출판사.

오석홍, 2013, <행정학>, 서울: 박영사.

───, 2013, <인사행정론>, 서울: 박영사.

───, 2011, <조직이론>, 서울: 박영사.

───, 2011, <조직학의 주요 이론>, 서울: 법문사.

───, 2010, <한국의 행정>, 서울: 법문사.

───, 2008, <행정개혁론>, 서울: 박영사.

───, 2005, <행정학의 주요 이론>, 서울: 법문사.

오연천, 1987, <한국재방재정론>, 서울: 박영사.

유민봉: 2013, <한국인사행정론>, 서울: 박영사.

유종해, 1998, <현대행정학>, 서울: 박영사.

───, 1995, <현대조직관리>, 서울: 박영사.

───, 1992, <행정윤리>, 서울: 박영사.

유 훈, 2009, <정책변동론>, 서울: 법문사.

───, 1999, <재무행정론>, 서울: 법문사.

───, 1998, <행정학원론>, 서울: 법문사.

───, 1993, <공기업론>, 서울: 법문사.

윤성채, 2007, <현대재무행정이론>, 서울: 대영문화사.

───, 2001, <정부와 예산>, 서울: 대영문화사.

윤영진, 2016, <새재무행정학>, 서울: 대영문화사.

윤우곤, 1996, <조직관리학>, 서울: 다산출판사.

윤재풍, 1985, <조직학원론>, 서울: 박영사.

이경은, 2000, <공공정책과 합리적 선택>, 서울: 박영사.

이규환, 1999, <한국지방행정론>, 서울: 법문사.

이달곤, 2012, <지방자치론>, 서울: 박영사.

이문영, 1995, <한국행정론>, 서울: 일조각.

이상안, 1999, <신경찰행정학>, 서울: 대명출판사.

이상철, 1998, <공기업강의>, 서울: 대영문화사.

이성복, 2000, <도시행정론>, 서울: 법문사.

이승철, 1994, <현대행정론>, 서울: 한남대학교 출판부.

이영조·문인수, 1998, <재무행정론>, 서울: 대명출판사.

이용규, 1996, <행정정보체계론>, 서울: 박영사.

이종수 외, 2019, <새행정학>, 서울: 대영문화사.

───, 2005, <정부혁신의 메커니즘과 전략>, 서울: 대영문화사.

───, 2002, <지방재정론>, 서울: 대영문화사.

이종익, 1998, <재무행정록>, 서울: 박영사.

이창길, 2013, <인적자원행정론>, 서울: 법문사.

이창원, 2004, <정보사회와 현대조직>, 서울: 대형문화사.

이창원·명승환, 2004, <정보사회와 현대조직>, 서울: 대영문화사.

이창원·최창현, 2012, <새조직론>, 서울: 대영문화사.

임도빈, 1997, <지방조직론>, 서울: 박영사.

장동희, 1995, <한국행정사>, 서울: 법문사.

전상경, 2001, <정책분석의 정치경제>, 서울: 박영사.

정세욱, 2000, <지방자치학>, 서울: 법문사.

정용덕, 2001, <현대국가의 행정학>, 서울: 법문사.

정정길 외, 2014, <정책학원론>, 서울: 대명출판사.

───, 1999, <행정학의 새로운 이해>, 서울: 대명출판사.

정정길·이달곤, 1997, <한국행정의 연구>, 서울: 박영사.

정철현, 2000, <행정정보체계론>, 서울: 법문사.

───, 1998, <행정학>, 서울: 법문사.

조만형, 1999, <포스트모더니즘과 행정이론>, 1999년 하계학술대회 발표 논문집, 서울행정학회.

조석준, 1999, <조직론>, 서울: 법문사.

───, 1997, <한국행정조직론>, 서울: 법문사.

조창연, 2002, <지방자치론>, 서울: 박영사.

조창현, 2012, <정부혁신의 비젼과 사례>, 서울: 한양대정부혁신연구소.

총무처 직무분석기획단, 1997, <신정부혁신론>, 서울: 동명사.

최병권, 2001, <현대경제학>, 서울: 법문사.

최병선, 2006, <정부규제론>, 서울: 법문사.

최봉기, 2004, <정책학>, 서울: 대영문화사.

최창호, 1998, <지방자치학>, 서울: 삼영사.

─────, 1999, <새행정학>, 서울: 삼영사.

하미승, 1996, <행정정보체계론>, 서울: 법문사.

하태권 외, 1999, <현대한국정부론>, 서울: 법문사.

한국지방자치학회, 2008, <한국지방자치론>, 서울: 박영사.

한원택, 2000, <지방행정론>, 서울: 법문사.

홍정선, 2013, <행정법특강>, 서울: 박영사.

홍준영, 1998, <행정과 법>, 서울: 대영문화사.

황윤원, 1996, <재무행정론>, 서울: 법문사.

기타문헌

고위공무원단 인사규정

기획재정부, 홈페이지

안전행정부, 민원서비스헌장

─────────, 지방자치단체의 예산개요(2004)

─────────, 홈페이지

국가재정법

국가회계법

국고금관리법

정부기업예산법

지방자치법

지방재정법

대한민국재정

매일경제신문

조선일보

연합뉴스

저자소개

조계표

단국대 행정학과 졸업
인하대 박사과정 졸업
단국대, 장안대, 대진대강사
경기도 교육청 9급지방공무원 출제위원
괴산군 주민자치센터 프로그램 운영지원 자문위원
괴산경찰서 징계위원회 민간위원
한국행정사학회 상임이사
중원대 경찰행정학과 교수

제2판
행정학입문

초판발행	2013년 12월 20일
제2판발행	2020년 10월 30일
지은이	조계표
펴낸이	안종만·안상준
편 집	전채린
기획/마케팅	김한유
표지디자인	이미연
제 작	고철민·조영환
펴낸곳	(주) 박영사
	서울특별시 금천구 가산디지털2로 53, 210호(가산동, 한라시그마밸리)
	등록 1959. 3. 11. 제300-1959-1호(倫)
전 화	02)733-6771
f a x	02)736-4818
e-mail	pys@pybook.co.kr
homepage	www.pybook.co.kr
ISBN	979-11-303-1125-8 93350

정 가   34,000원